LAS SEIS ESPOSAS DE ENRIQUE VIII

biografía e historia

b

Antonia Fraser

Las seis esposas de Enrique VIII

VERGARA
GRUPO ZETA

Barcelona • Bogotá • Buenos Aires • Caracas • Madrid • México D.F. • Montevideo • Quito • Santiago de Chile

Título original: *The six wives of Henry VIII*

Traducción: Antonio Bonano

1.ª edición: marzo 2005

© 1992 by Antonia Fraser
© Ediciones B, S.A., 2005
   para el sello Javier Vergara Editor
   Bailén, 84 - 08009 Barcelona (España)
   www.edicionesb.com
   www.edicionesb-america.com

ISBN: 84-666-2449-X

Impreso por Imprelibros S.A.

ÍNDICE

Para Harold con amor

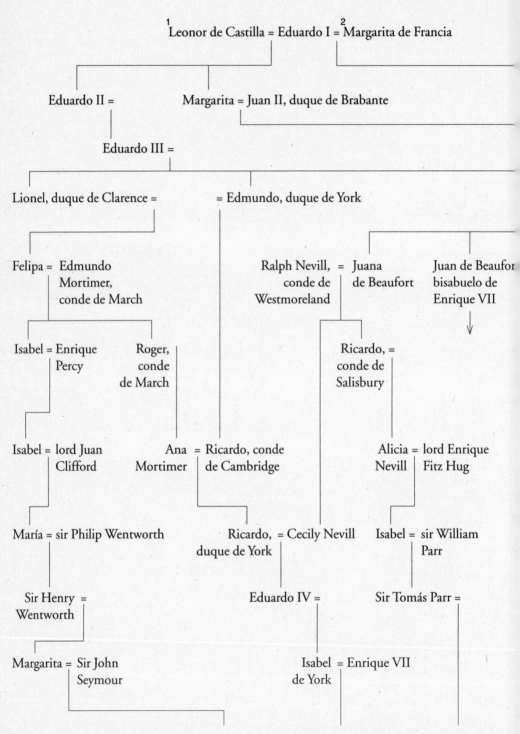

Leonor de Castilla = Eduardo I = Margarita de Francia
¹ ²

Eduardo II =   Margarita = Juan II, duque de Brabante

Eduardo III =

Lionel, duque de Clarence =   = Edmundo, duque de York

Felipa = Edmundo   Ralph Nevill, = Juana   Juan de Beaufor
         Mortimer,   conde de   de Beaufort   bisabuelo de
         conde de March Westmoreland   Enrique VII

Isabel = Enrique   Roger,   Ricardo, =
         Percy   conde   conde de
                   de March   Salisbury

Isabel = lord Juan   Ana = Ricardo, conde   Alicia = lord Enrique
         Clifford   Mortimer   de Cambridge   Nevill   Fitz Hug

María = sir Philip Wentworth   Ricardo, = Cecily Nevill   Isabel = sir William
                               duque de York   Parr

Sir Henry =   Eduardo IV =   Sir Tomás Parr =
Wentworth

Margarita = Sir John   Isabel = Enrique VII
            Seymour   de York

JUANA SEYMOUR = ENRIQUE VIII = CATALINA PARR

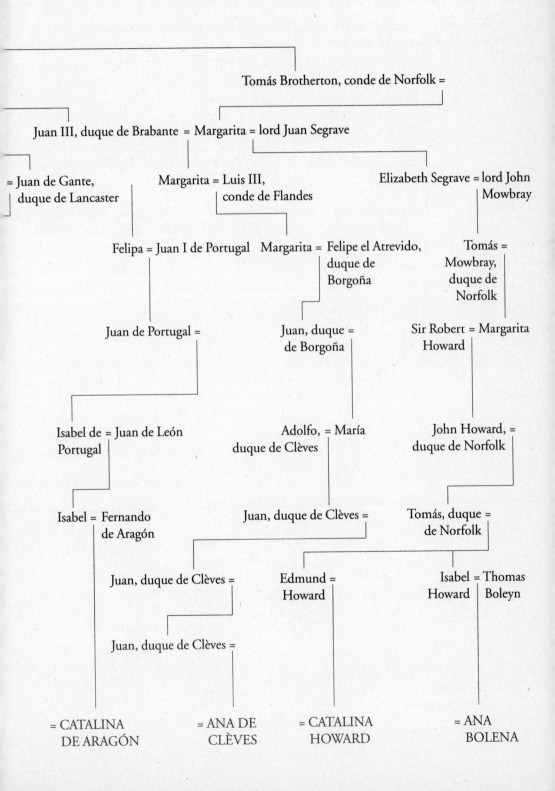

Tomás Brotherton, conde de Norfolk =

Juan III, duque de Brabante = Margarita = lord Juan Segrave

= Juan de Gante, duque de Lancaster

Margarita = Luis III, conde de Flandes

Elizabeth Segrave = lord John Mowbray

Felipa = Juan I de Portugal   Margarita = Felipe el Atrevido, duque de Borgoña

Tomás = Mowbray, duque de Norfolk

Juan de Portugal =

Juan, duque = de Borgoña

Sir Robert = Margarita Howard

Isabel de = Juan de León Portugal

Adolfo, = María duque de Clèves

John Howard, = duque de Norfolk

Isabel = Fernando de Aragón

Juan, duque de Clèves =

Tomás, duque = de Norfolk

Juan, duque de Clèves =

Edmund = Howard

Isabel = Thomas Howard | Boleyn

Juan, duque de Clèves =

= CATALINA DE ARAGÓN

= ANA DE CLÈVES

= CATALINA HOWARD

= ANA BOLENA

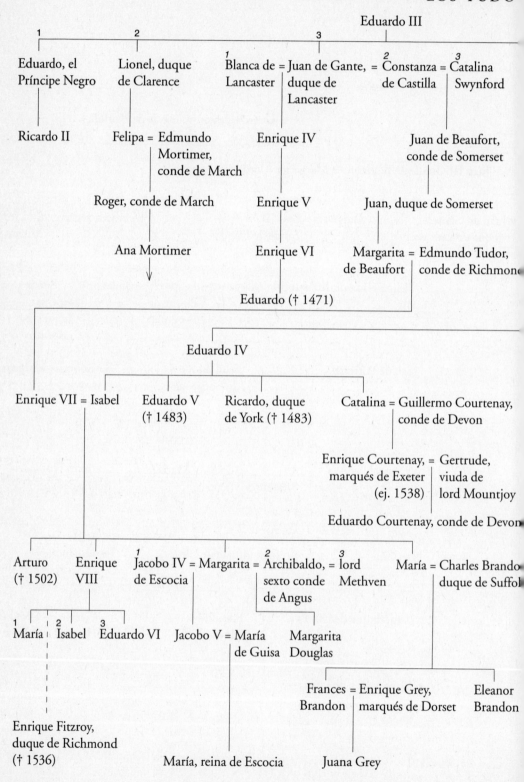

Eduardo III

| 1 | 2 | 3 | | |

Eduardo, el Príncipe Negro — Lionel, duque de Clarence — Blanca de Lancaster¹ = Juan de Gante, duque de Lancaster = Constanza² de Castilla = Catalina³ Swynford

Ricardo II

Felipa = Edmundo Mortimer, conde de March

Enrique IV

Juan de Beaufort, conde de Somerset

Roger, conde de March

Enrique V

Juan, duque de Somerset

Ana Mortimer

Enrique VI

Margarita de Beaufort = Edmundo Tudor, conde de Richmond

Eduardo († 1471)

Eduardo IV

Enrique VII = Isabel — Eduardo V († 1483) — Ricardo, duque de York († 1483) — Catalina = Guillermo Courtenay, conde de Devon

Enrique Courtenay, marqués de Exeter (ej. 1538) = Gertrude, viuda de lord Mountjoy

Eduardo Courtenay, conde de Devon

Arturo († 1502) — Enrique VIII — Jacobo IV¹ de Escocia = Margarita = Archibaldo,² sexto conde de Angus = lord³ Methven — María = Charles Brandon, duque de Suffolk

María¹ Isabel² Eduardo VI³ — Jacobo V = María de Guisa — Margarita Douglas

Enrique Fitzroy, duque de Richmond († 1536)

Frances Brandon = Enrique Grey, marqués de Dorset — Eleanor Brandon

María, reina de Escocia

Juana Grey

SUS RIVALES

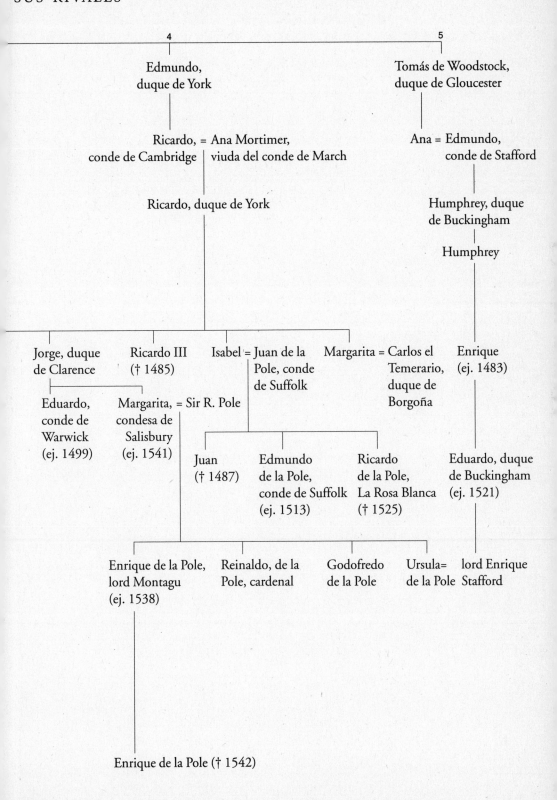

```
                    4                                      5
        Edmundo,                           Tomás de Woodstock,
        duque de York                      duque de Gloucester
              |                                     |
        Ricardo, = Ana Mortimer,              Ana = Edmundo,
  conde de Cambridge | viuda del conde de March        conde de Stafford
              |                                     |
        Ricardo, duque de York              Humphrey, duque
                                               de Buckingham
                                                    |
                                                 Humphrey
```

Jorge, duque de Clarence — Ricardo III († 1485) — Isabel = Juan de la Pole, conde de Suffolk — Margarita = Carlos el Temerario, duque de Borgoña — Enrique (ej. 1483)

Eduardo, conde de Warwick (ej. 1499) — Margarita, = Sir R. Pole condesa de Salisbury (ej. 1541)

Juan († 1487) — Edmundo de la Pole, conde de Suffolk (ej. 1513) — Ricardo de la Pole, La Rosa Blanca († 1525) — Eduardo, duque de Buckingham (ej. 1521)

Enrique de la Pole, lord Montagu (ej. 1538) — Reinaldo, de la Pole, cardenal — Godofredo de la Pole — Ursula= de la Pole — lord Enrique Stafford

Enrique de la Pole († 1542)

PRÓLOGO

«Divorciada, decapitada, muerta... divorciada, decapitada, muerta...»: éste es el ritmo que sigue el orden de las esposas de Enrique VIII, un interminable susurro respetuoso en los labios de quienes visitan los lugares históricos relacionados con ellas. Las seis mujeres han quedado grabadas en la memoria popular no tanto por su vida como por el modo en que esa vida terminó. De la misma manera, popularmente su carácter corresponde a estereotipos femeninos: la «esposa traicionada», «la tentadora», «la buena mujer», «la hermana fea», «la muchacha mala» y, finalmente, «la figura materna». Comprendí el peligro que eso entraña durante una visita al castillo de Hever, cuando oí a un informado escolar que comentaba ante un supuesto retrato de Ana de Clèves: «Es ella, la fea.» Algo con lo que estuvo de acuerdo su compañero: «Es verdad, es muy fea», respondió. Ambos estaban mirando, en realidad, un retrato de «la tentadora» Ana Bolena.

Un ejemplo más sutil es la consideración de las seis mujeres en términos religiosos, pues la suya fue una época en la que la religión y la reforma religiosa dominaban en Europa. En general se dice de Catalina de Aragón que fue una católica fanática, en el sentido actual de la palabra (aunque en su juventud se distinguió por su patrocinio del humanismo erasmista, el «nuevo saber»). Ana Bolena demostró una fuerte tendencia al protestantismo, nuevamente en el sentido actual, mucho antes de que la condena de Roma de su matrimonio con el rey la convirtiera en la aliada natural de los reformistas. Juana Seymour, que ha pasado a la historia como la reina protestante, seguía de hecho las antiguas costumbres en religión. Ana de Clèves, casada por su conexión «luterana», era católica de nacimiento. Catalina Parr fue la verdadera reina protestante. La verdad, como suele suceder en lo que respecta a la mujer en la historia, es más compleja y más interesante que la leyenda.

Mi primer objetivo al escribir este libro ha sido revelar a las mujeres que ocultan los estereotipos —en qué medida merecían sus etiquetas, si es que en realidad las merecían—, además de relatar seis vidas fascinantes en sí mismas, con independencia del modo en que terminaron. Con esta idea, siempre que me ha sido posible y sin demasiado esfuerzo, he intentado evitar la visión retrospectiva. En suma, aunque sabemos en efecto que Enrique VIII se casó seis veces, debemos olvidar que lo hizo.

El comienzo del siglo XVI fue una época en que las profecías eran algo común y se confiaba en los profetas: hombres y mujeres se esforzaban por descifrar antiguos versos de los que se podía sostener (o no) que habían pronosticado hechos tan importantes como la caída del cardenal Wolsey, la escisión de Roma y la disolución de los monasterios. Pero nunca nadie predijo que el rey se casaría seis veces y, en el caso de hacerlo, nadie lo hubiera creído. Por eso ninguna de sus seis reinas hubiera creído tampoco el destino que le aguardaba, predicho en su nacimiento: no una sino dos princesas morirían repudiadas. Es igualmente sorprendente que cuatro mujeres de origen bastante modesto se convirtieran en consortes reales. Y aún más sorprendente que dos de esas mujeres, en apariencia nada excepcionales, murieran como traidoras.

Por último, nadie hubiera podido vaticinar que el príncipe Encantado, esbelto y de cabello dorado que ocupó el trono de Inglaterra poco antes de cumplir dieciocho años, en 1509 —«el príncipe más hermoso de Europa»— moriría casi cuarenta años más tarde convertido en un monstruo por la obesidad, con una reputación más propia de Barba Azul que de un príncipe Encantado. No debemos olvidar que la historia de las seis esposas de Enrique VIII, con sus elementos de crimen pasional, *pathos*, horror y, a veces, comedia, azoró a Europa. El rey de Francia —que no era ajeno a los pasatiempos extramatrimoniales— se mostró incrédulo cuando le dijeron que su hermano de Inglaterra acababa de repudiar a su cuarta esposa después de seis meses de matrimonio por una criaturita núbil de quien nadie tenía noticia, lo suficientemente joven como para ser la nieta de su primera esposa. «¿La que es reina ahora?», inquirió Francisco I y, cuando le respondieron que así era, soltó un profundo suspiro. Una camarera indiscreta exclamó en 1540: «¡Qué hombre el rey! ¿Cuántas esposas tendrá?»

Mi segundo objetivo ha sido iluminar ciertos aspectos de la historia de las mujeres mediante esos célebres ejemplos, célebres principalmente por su matrimonio. Pero ésa es la cuestión: el matrimonio era el arco triunfal por el que debían pasar las mujeres, casi sin excepción, para llegar a la celebridad. Y tras el matrimonio seguía, en teoría, la completa abnegación de la mujer. La visión de la época acerca del matrimonio lo expresó de manera sencilla uno de los hombres que más comprendía la situación de las mujeres por entonces, el filósofo español Juan Luis Vives: «El amor de una mujer por el esposo implica respeto, obediencia y sumisión. No sólo las tradiciones de nuestros antepasados sino también todas las leyes humanas y divinas concuerdan con la poderosa voz de la naturaleza que exige a las mujeres observancia y sumisión.» Y sin embargo, Vives, curiosamente, era un público defensor de la educación de las mujeres, al que acudió Catalina de Aragón para educar a su hija María Tudor. En general, Vives consideraba a la mujer «algo frágil y de débil discreción, a la que se puede engañar fácilmente, lo que demostró nuestra primera madre Eva, a la que el Demonio convenció con un frágil argumento», porque ésa era la idea dominante.

Incluso sir Tomás Moro, considerado un insigne defensor de la instrucción femenina porque alentó la educación de su hija Margaret, en una ocasión manifestó la esperanza de que la criatura que ésta esperaba se le pareciera en todo salvo en «la inferioridad de su sexo». Detrás de los liberales Vives y Moro marchaban las personas, hombres y mujeres, que daban por descontada la inferioridad de la mujer y su subordinación al esposo. Si ésa era la norma para las esposas comunes que agachaban la cabeza ante esposos comunes, ¡cuánto más terrorífico debía de ser el poder de un esposo real! Nos ocupamos de seis mujeres que estuvieron casadas oportunamente con el poder supremo en la tierra, el jefe de Estado real y, desde 1534, el autoconstituido jefe de la Iglesia. No sorprende que Catalina Howard, joven e incrédula, estuviera convencida de que el rey omnipotente (con el que estaba casada) se enteraba incluso de los pecados mencionados en el confesionario. Catalina Parr, una de las pocas mujeres de la época cuyas obras (plegarias y meditaciones) se publicaron, fue explícita en cuanto al tema en su *Lamentation of a Sinner*: «Hijos de la luz... si son mujeres casadas, aprenden de san Pablo a ser obedientes al esposo.»

Es en la actualidad cuando se manifiesta la gran paradoja que hace que el estudio de la historia de las mujeres sea tan fascinante, e incluso tan divertido, para quienes se dedican a él, no sólo una patética crónica del sufrimiento. Personajes valientes y de muchos matices florecieron en la atmósfera de la teórica sumisión: incluso la ingenua Catalina Howard no sugería que no se cometieran ciertos pecados, sino sólo que no se los mencionara en el confesionario. Las otras cinco esposas, como veremos en el desarrollo de la historia, demostraron un notable temple y una capacidad de oposición de los que podrían enorgullecerse mujeres que viven en circunstancias más llevaderas en términos legales.

Si bien se trata de la historia de seis mujeres muy diferentes entre sí (en eso los estereotipos son acertados), es en esencia una narración coral que refleja el importante vínculo que existía entre las mujeres cuyas historias no pueden separarse netamente en compartimientos. En el ceremonial de la corte, Ana Bolena atendió a Catalina de Aragón antes de suplantarla, Juana Seymour atendió a Ana Bolena, Catalina Howard a Ana de Clèves, Ana Parr a Catalina Howard (e introdujo a su hermana Catalina en los círculos cortesanos). El rey Enrique no pasaba fácilmente de un matrimonio al otro (al menos no como un moderno divorciado múltiple). La estabilidad de su temprana vida matrimonial con Catalina de Aragón —casi veinte años, un período mucho más largo de cuanto en general se recuerda— dio paso a una época tempestuosa en la que con frecuencia hubo dos mujeres vivas que eran o habían sido reinas de Inglaterra. Si bien su destino no es tan conmovedor como el de Catalina de Aragón, la supervivencia extravagante y prolongada de Ana de Clèves en la corte inglesa en el papel honorario de «buena hermana» del rey, después de su divorcio, sin duda es uno de los episodios más extraños de la historia. Tenemos noticia de que se la vio bailar alegremente con la reina que había ocupado su lugar —Catalina Howard— en las celebraciones de Año Nuevo de 1541, mientras el viejo rey se iba cojeando a la cama para descansar su pierna enferma.

Sin duda, otros cambios se efectuaron con menos serenidad. Los celos de toda índole impregnan la historia, no sólo los celos desesperados de las reinas que se sentían abandonadas, sino también los celos sexuales del rey al saberse traicionado. La rivalidad también era inevitable cuando las apuestas eran tan altas en el gran juego de casarse con el rey de Inglaterra: para la mujer interesada y también para su país, si era una princesa, y para su familia, si era plebeya. Pero eso no es motivo para que el biógrafo perpetúe esas rivalidades casi quinientos años más tarde. Yo, personalmente, no he sentido la necesidad de tener una favorita entre las seis reinas, a diferencia de Enrique VIII, para el que Juana Seymour fue siempre su «verdadera esposa», la «enteramente amada», fundamentalmente porque le dio un hijo. Esa parcialidad lo llevó a entronizarla de manera permanente como consorte suya después de su muerte, en un enorme retrato dinástico de familia, cuando en realidad Catalina Parr era por entonces su esposa legal.

He intentado, por el contrario, encarar a cada mujer con la simpatía que siento que merecen todas, especialmente por haber padecido el destino poco envidiable (en mi opinión) de casarse con Enrique VIII. Al mismo tiempo, he tratado de mantener la imparcialidad del juicio moderno, que supone que ninguna de las seis esposas del rey se casó con él contra su voluntad. También he procurado ser imparcial con el propio rey: el eje gigantesco alrededor del cual giraron esas mujeres. Por supuesto, ésta no es su historia, sino la de ellas.

Para contar la historia sin confundir innecesariamente al lector, he preferido la claridad a la exactitud en el modo de escribir los nombres, aunque ello crea ciertas anomalías. También he fechado cartas y documentos como si el calendario comenzara el 1 de enero, como ahora, en lugar del 25 de marzo, como ocurría entonces.

Debo mucho, respecto de la redacción de este libro, a las obras de diversos estudiosos mencionadas en la Bibliografía. Deseo dar las gracias a la señorita Bärbel Brodt por la traducción y el asesoramiento sobre el material en alemán relacionado con Ana de Clèves, al marqués de Salisbury por permitirme citar el panegírico en latín de Robert Whittington a Ana Bolena, y al señor Richard Murray, que lo tradujo. A (lord) Hugh Thomas, por las conversaciones sobre la genealogía real española en el siglo XV. Al doctor H. C. Wayment por su concienzudo consejo sobre la heráldica de las reinas, representada en ventanas y vitrales. Al personal de la Biblioteca de Londres y de la Sala Redonda de Lectura de la Biblioteca Británica.

También desearía nombrar y dar gracias a las personas siguientes, que me han ayudado de maneras diferentes: la doctora Susan Brigden; el señor Lorne Campbell; la señora Enid Davies, archivera de la capilla de San Jorge; la doctora Maria Dowling; el señor Howard Eaton, administrador del National Trust, Blicking Hall; la doctora Susan Foister; el doctor Frantisek Frölick; el señor Tony Garrett; la profesora Barbara J. Harris; el señor Richard Hall, de la Cumberland and Westmorland Antiquarian and Archaeological Society; el señor S. J. Hession, de la catedral de Peterborough; el señor Peter Holman; el reverendo George

Howe, vicario de Santa Trinidad, en Kendal; el señor N. W. Jackson, del cuerpo de guardia de la Torre de Londres; la doctora Susan E. James; la doctora Lisa Jardine; el señor Mark Jones, antiguo conservador del Departamento de Monedas y Medallas, del Museo Británico; la señora Sharon Johnson, bibliotecaria fotográfica en las Armerías Reales; el doctor Rana Kabbani; el doctor Peter Le Fevre; la doctora Nati Krivatsky, de la biblioteca Folger Shakespeare, en Washington D.C.; el señor David Lyon, del Museo Marítimo Nacional; la señora Claire Messenger del Departamento de Impresiones y Dibujos del Museo Británico; el reverendo Michael Mayne, deán de Westminster; la señora E. Nixon, segunda bibliotecaria en la Sala de Títulos de la abadía de Westminster; el señor Richard Ollard; el señor Geoffrey Parnell del Grupo Asesor de Edificios y Monumentos de la Corona, Patrimonio Inglés; el señor Brian Pilkington; el señor John Martin Robinson, bibliotecario del duque de Norfolk; la señora Lynda Shaw, ayudante conservadora de manuscritos de la Universidad de Nottingham; el consejero W. Stewart, alcalde de Kendal, y el señor Percy S. Duff, tesorero de la ciudad; el señor David Spence, del Museo Marítimo Nacional; el señor Steven Tomlinson, del Departamento de Manuscritos Occidentales de la Biblioteca Bodleiana; el señor Simon Thurley, conservador en Hampton Court Palace; el general de división Christopher Tyler, vicegobernador de la Torre de Londres; el reverendo Randolph Wise, ex deán de Peterborough. Tal vez debiera agregar que, aparte de contar con la gente específicamente nombrada anteriormente, como siempre he efectuado mi propia investigación, que considero uno de los placeres y privilegios de mi vida laboral.

Le estoy particularmente agradecida a Jasper Ridley, que leyó el manuscrito e hizo importantes comentarios (cualquier error, por supuesto, es responsabilidad mía); a mi madre, Elizabeth Longford, que ejercitó su mente lúcida con el libro en una etapa temprana; a Douglas Matthews por el índice; a Michael Shaw de Curtis Brown; a Christopher Falkus e Hilary Laurie de Weidenfeld & Nicolson, y a Sonny Mehta de Knopf. En cuanto a la maravillosa Georgina Gooding, que pasó a máquina el manuscrito y lo guardó en disquete, debe de estar casi tan contenta como yo de que el rey Enrique VIII no se casara una vez más. Éste es un sentimiento que, sospecho, tal vez comparta mi familia y más que nadie mi esposo, en reconocimiento de cuyo aliento el libro le está justamente dedicado. Fue mi amigo Robert Gottlieb, de Nueva York, el que me sugirió que lo escribiera con palabras extrañamente imprecisas: «Ésta

puede no parecerte una buena idea, pero...» Para él, por último, mi agradecimiento, pues sin su sugerencia —y sin temor de caer en el tópico—
el libro nunca se hubiera escrito.

ANTONIA FRASER
Víspera de Todos los Santos, 1990
Día de la Virgen, 1992

PRIMERA PARTE

Catalina de Aragón

CAPÍTULO UNO

La queridísima esposa de Arturo

Mi queridísima esposa... en realidad esas cartas vuestras me han hecho tan feliz que imaginaba que contemplaba y abrazaba a Vuestra Alteza y conversaba con mi queridísima esposa.

Arturo, príncipe de Gales,
a Catalina de Aragón, 1499

La historia comienza en España. El 16 de diciembre de 1485, unos meses después de la histórica batalla de Bosworth Field, en la que Enrique VII se aseguró el trono de Inglaterra, nacía una princesa, Catalina. Era hija, no de uno, sino de dos monarcas reinantes, Isabel de Castilla y Fernando de Aragón, los Reyes Católicos, título que les otorgó el Papa.[1] Nacerían muchas princesas en Europa en esa época, hijas de poderosos reyes y duques cuyos destinos se ligarían y se entretejerían con el de Catalina. Pero a ésta y a sus tres hermanas mayores les estaba reservado un destino especial, puesto que su madre era reina de Castilla por derecho propio, además de consorte del rey de Aragón.

Catalina, la hija menor de Isabel y Fernando, pasó los primeros quince años de su vida (la mitad del promedio de vida de una mujer de aquella época y, según resultó, casi un tercio de la suya propia) bajo la tutela de su notable madre. La singular posición de Isabel como reina que ejercía su mandato armonizaba con esa combinación de carácter pío y éxito militar que la habían convertido en la maravilla de Europa durante la última década del siglo XV. En 1497, una mera reina consorte, Isabel de York, se refería a la «eminente dignidad y la virtud por las cuales Vuestra Majestad tanto brilla y descuella que vuestro celebrado nombre es aclamado en el exterior y difundido en todas partes».[2] La imagen de Isabel, indeleblemente impresa en Europa, marcó también a su hija Catalina.

En consecuencia, Catalina creció consciente desde su más tierna infancia de la posición en la que había nacido como hija e infanta de España; la conciencia de ser una verdadera princesa real (a diferencia de aquellas de menor rango) nunca la abandonó. Cuando nació Catalina, la guerra civil que había debido afrontar Isabel al acceder al trono era ya cosa del pasado. De niña Catalina tuvo la imagen no sólo de un rey y una reina que cumplían sus deberes, sino también la de una familia real floreciente.

Sus tres hermanas mayores, Isabel, Juana y María, habían nacido en 1470, 1479 y 1482 respectivamente, pero el nacimiento clave fue el del infante Juan, en junio de 1478. Siete años mayor que Catalina, el infante, bien parecido, alegre y aparentemente robusto, tenía la adoración de sus hermanas. También para los padres el nacimiento de Juan, después de un lapso de ocho años, fue un símbolo de la providencia divina. En Aragón, a diferencia de Castilla, regía la Ley Sálica, por la cual las mujeres no podían acceder al trono. Juan, sin embargo, podía ser el sucesor de ambos progenitores. Iluminaba el cuadro familiar el dorado resplandor de un futuro prometedor.

En la primavera de 1485, la reina Isabel se quedó embarazada una vez más. Cuatro años había pasado dedicada a batallar en la Reconquista de la zona meridional de España, en poder de los moros. Animada en parte por el fervor católico, en parte por una clase diferente de fervor —la expansión territorial—, Isabel, no menos que Fernando, se había sometido a los rigores de las campañas (abortando al menos un hijo a consecuencia de ello). Tampoco en esa ocasión permitió la reina que su estado le impidiera participar activamente en la empresa. En pleno verano asistió a la toma de Ronda, por entonces en poder de los moros. Hasta otoño Isabel no viajó hacia el norte con intención de descansar en Córdoba. Pero la ciudad estaba inundada, porque aquél fue un otoño excepcionalmente lluvioso, y fue por último en Alcalá de Henares, en un castillo perteneciente al arzobispo de Toledo, que Isabel dio a luz a la que sería su última hija.

El nombre elegido para ella fue significativo. La llamaron Catalina, por una princesa inglesa, Catalina de Lancaster, abuela de Isabel.[3] A la sangre real española y portuguesa que fluía por las venas de los hijos de

Isabel se sumaba una fuerte dosis de sangre Plantagenet. (Véase árbol genealógico 1.) La propia Isabel era descendiente por partida doble de Juan de Gante, tanto del primer matrimonio de éste con su prima Blanca de Lancaster como del segundo con Constanza de Castilla. (Fernando tenía también herencia Plantagenet, puesto que era descendiente, aunque bastante más lejano, de una hija de Enrique II.)

Los primeros años de la infancia de Catalina fueron de aventura y a veces arduos, como lo había sido el embarazo de su madre. La corte de Isabel seguía siendo poco más que un campamento. Hubo alarmas, como un incendio en la plaza fuerte, accidental o resultado de una pequeña incursión. Y Catalina estuvo presente durante una incursión mora conocida como «la escaramuza de la reina». En aquella ocasión, las damas de la corte, jóvenes y ancianas, se arrodillaron a implorar protección. No obstante, a pesar de los contratiempos, el avance de la Reconquista era inexorable. Catalina creció con el trasfondo del éxito militar. Como observó un contemporáneo en un juego de palabras, refiriéndose a Granada: «Se están comiendo grano a grano la granada.»[4] Poco después del sexto cumpleaños de Catalina, se obtuvo el triunfo definitivo.

En enero de 1492, Granada, último bastión del reino moro, cayó en manos de los monarcas españoles. Fernando e Isabel, acompañados de sus hijos, cabalgaron hasta el palacio de la Alhambra y tomaron posesión del mismo. A continuación se celebró una misa católica donde una vez habían imperado las ceremonias del Islam, presagio de los años más gloriosos de la monarquía española.

Ésos fueron también los años de la educación de Catalina. Isabel había llegado por accidente al trono, debido a la muerte de su hermanastro sin un heredero legítimo. Se había criado en un apartado convento sin la preparación necesaria para un estadista, mujer u hombre, en el escenario europeo. En particular, no sabía latín, y como ése seguía siendo el idioma de la diplomacia internacional, se había visto obligada a aprenderlo de adulta: una tarea tradicionalmente ardua. De ahí en adelante, el interés de la reina Isabel en el conocimiento y su auspicio del saber llevaron a un renacimiento general de los estudios clásicos en España y a la importación de estudiosos extranjeros, como el italiano Pedro Mártir de Anglería. Las mujeres no estuvieron excluidas de ese renacimiento. Hubo profesoras de retórica en Alcalá y Salamanca.

Pedro Mártir se jactó luego de haber sido «el padre literario adoptivo de casi todos los príncipes y de todas las princesas de España».[5] Celebrados humanistas como el poeta Antonio Geraldini también participaron

en la educación de los nobles porque, en lo que concernía a sus hijas, la
reina Isabel había decidido que tuvieran todas las ventajas que a ella le
habían sido negadas. En eso actuó no sólo como una madre prudente
sino también, de acuerdo con Fernando, como una monarca prudente.
Una vez asegurada la sucesión masculina, no fue visto como un desastre
el nacimiento de una princesa que, mediante un matrimonio de poder,
pudiera actuar como embajadora de sus padres. «Si Su Alteza nos da dos
o tres hijas más —escribió el cronista español Hernando del Pulgar a
Isabel, en 1478—, en el curso de veinte años tendréis el placer de ver a
vuestros hijos y nietos en todos los tronos de Europa.»[6] El nacimiento
de Catalina implicaba que Isabel tenía ahora cuatro potenciales enviadas. Decidió que debían estar bien preparadas.

En consecuencia, Catalina estudió no sólo el misal y la Biblia, sino
también a los clásicos como Prudencio y Juvenal, a san Ambrosio, san
Agustín, san Gregorio, san Jerónimo, a Séneca y los historiadores lati-
nos. Terminó hablando latín clásico con gran fluidez. Luego se pensó
que le convenía tener conocimientos de derecho civil y canónico, así
como de heráldica y genealogía: ¡qué importantes estas dos últimas para
una princesa del Renacimiento, que ocuparía su lugar en un mundo
complicado donde el escudo de armas a menudo simbolizaba el poder!
Ya se ha dicho que Catalina de Aragón hizo gala en Inglaterra de «una
calidad de la mente... con la que pocas reinas han rivalizado seriamente». Eso no era sorprendente.[7] Después de todo, se había criado en una
corte donde tanto mujeres como hombres reconocían que era «una condición universal de la humanidad desear saber».[8]

Aparte de los esfuerzos intelectuales, también se cuidaron las dotes
musicales, para el baile y el dibujo de Catalina, las tradicionales esferas
femeninas en el Renacimiento. Pero la reina Isabel también inculcó a sus
hijas otra tradición femenina más universal: el dominio de las destre-
zas domésticas, algo mucho más notable tal vez, ya que las que las prac-
ticaban se casarían con reyes y archiduques, no con comerciantes y agricultores. Se decía que la reina insistía en confeccionar todas las camisas
del rey Fernando. Sin duda, sus hijas aprendieron a hilar, tejer y hornear
pan: Catalina consideraba un deber y un derecho bordar las camisas
de su esposo. Y su constante preocupación por el bienestar de su esposo
—su ropa interior limpia mientras estaba de campaña, la necesidad repentina de una cena tardía en las habitaciones de ella— proporciona un
contrapunto doméstico a la realeza que Catalina llevó a la corte inglesa.

Hubo otro legado personal de Isabel a sus hijas y que tuvo importantes consecuencias emocionales. Lo cierto es que, cuando ocupó el trono, Isabel se declaró a sí misma —no a sí misma y a su esposo— «reina propietaria». Es decir, el trono castellano le pertenecía a ella, aunque Fernando siempre actuó como cogobernante. Isabel también se negó a cambiar las leyes sucesorias de Castilla, que permitían que su hija mayor la sucediera si ella moría sin un heredero varón, aunque en tal caso, Fernando, su primo segundo, hubiese sido el varón con más derecho al trono. Pero ese vigor público (debido tal vez al airado rechazo de los nobles castellanos a someterse a los aragoneses) iba unido a una privada sumisión de esposa a la autoridad de Fernando como marido y a una profunda creencia en la naturaleza de orden divino de todos los matrimonios, en particular el suyo, que había producido la fructífera unión de dos reinos.

A un esposo lo enviaba Dios. «Es él, es él», se dice que exclamó Isabel cuando conoció a Fernando y lo eligió sin dudar entre un grupo de jóvenes nobles.[9] Una esposa, fueran cuales fuesen sus derechos reales, se sometía al marido y, por supuesto, estaba unida a él de por vida; pero la misma cadena divina que la ligaba a ella también lo ligaba a él. Dos de las hijas de Isabel, Juana y Catalina, demostrarían, cada una a su manera, una obsesión absoluta por el esposo que les habían dado, en primer lugar por razones de Estado, pero seguramente también por la voluntad de Dios.

Luego estaba la Isabel piadosa: rigurosa, humilde, sincera, escuchando siempre la voz de sus consejeros religiosos, sus confesores, como para compensar mediante la sumisión, una vez más, como con su esposo, la augusta posición que ocupaba, tan desusada para una mujer. No obstante, es significativo para el futuro de Catalina que el ideal humanista, que sería propagado por Erasmo y luego por el español Juan Luis Vives, no requiriera el abandono de esa posición augusta en favor de un convento o un monasterio. Se consideraba completamente factible llevar una vida verdaderamente cristiana en el mundo, como otra clase de vocación.[10]

No puede sorprender que una mujer tan pía como Isabel fuera también fiel. Es realmente notable que la fidelidad conyugal haya sido otra característica común de las princesas europeas descendientes de Isabel. No poseían la sangre caliente de las Tudor, futuras cuñadas de Catalina, quienes en varias ocasiones permitieron que el corazón o los apetitos físicos se impusieran al cerebro.

La fidelidad, por otra parte, no era el lema del padre de Catalina, Fernando, cuyos descarríos eran la comidilla de Europa (Maquiavelo

eligió su faceta de estadista en *El príncipe*). Sus amoríos enfadaban a Isabel, como es común, sin disminuir su devoción, mucho menos su creencia en la naturaleza de orden divino de su matrimonio. En este sentido,
claro, Isabel no ofrecía un modelo distinto a sus hijas que crecían; por el
contrario, seguía el modelo aceptado de las reinas, consortes o imperan-
tes (e Isabel era ambas cosas). Podía ponerse furiosa con tales asuntos,
celosa como mujer, pero jamás se le hubiera pasado por la cabeza que
una amante pudiera llegar a convertirse en esposa. Eso para Isabel —o
para su hija— era impensable.

En cuanto a Fernando, su inteligencia y su habilidad para sobrevivir
probablemente fueran sus mayores legados a Catalina. (Aunque también era profundamente religioso, un aspecto de su carácter a veces ignorado en vista de la más celebrada piedad de Isabel.) Había antecedentes
tes de desequilibrio mental en la familia de Isabel. La inestabilidad de su
madre, una princesa portuguesa, pudo haber tenido su origen en la depresión posparto.[11] Esa tendencia se manifestaría trágicamente en una
de las hermanas de Catalina, pero ella mantuvo en general los impulsos
histéricos bajo estricto control; en el curso de todas sus tribulaciones
conservó la sólida cordura de Fernando. Con un sentido de la familia
tan arraigado desde la infancia, Catalina admiraba mucho a su padre:
la constante hostilidad de Fernando hacia Francia, por ejemplo, debida
a la posición geográfica de su propio reino de Aragón, era una de las actitudes paternas que formaron su carácter. Se acostumbró a considerar
las aventuras de su padre como un modo de velar por los intereses nacio-
nales.

Era de esperar que las alianzas matrimoniales planeadas por el rey
Fernando para sus hijos reflejaran su interés por neutralizar o, mejor aún,
rodear Francia. Las piezas fundamentales en esta partida de ajedrez dinástico, con todo Europa como tablero, eran Borgoña y Austria. En 1477
sus casas se habían unido por el matrimonio de María de Borgoña, heredera de Carlos el Temerario, con Maximiliano de Austria. El conveniente nacimiento de un hijo y una hija de esa pareja de Habsburgo, de una
edad que podía conciliarse con la de una princesa y un príncipe de España, puso al alcance de Fernando una jugada brillante. En agosto
de 1496, tres años después de que Maximiliano fuera nombrado emperador, la hermana de Catalina, Juana, que aún no había cumplido diecisiete años, partió hacia la corte borgoñona para casarse con el archidu-

que Felipe de Austria; en abril del año siguiente, su hermano de dieciocho años, el infante Juan, se casó con la archiduquesa Margarita, que había sido llevada a España.

Pero si los Habsburgo eran los más augustos, no eran los únicos jugadores de la partida. El primer matrimonio arreglado por el rey Fernando —el de su hija mayor Isabel con su primo don Alfonso de Portugal— reflejaba otra preocupación permanente. Tal como Escocia para Inglaterra, así era Portugal para España: un vecino cuya proximidad geográfica lo convertía permanentemente en un aliado potencial o en un enemigo potencial, de ahí la serie de matrimonios reales arreglados entre los dos pares de países durante ese período. Tampoco se permitió que la temprana muerte de don Alfonso perjudicara la alianza portuguesa: en 1496, Isabel fue inducida a casarse con el primo de Alfonso, el rey Manuel de Portugal.

Luego estaba Inglaterra. A primera vista, Inglaterra era una potencia menor en comparación con el poderoso trío formado por España, Francia y el que llegó a ser Imperio de los Habsburgo: su población, sumada a la de Gales, era de sólo dos millones y medio de habitantes. Siete millones y medio tenían Castilla y Aragón, quince millones Francia.[12] No obstante, Inglaterra gozaba de ciertas ventajas naturales en todo juego diplomático o militar. Aparte de las uniones anglocastellanas ya mencionadas, en una época se había pensado que la propia reina Isabel se casara con un príncipe inglés de la casa de York, Eduardo IV o tal vez el duque de Clarence. Una vez más, se trataba de una cuestión de posición geográfica. Los mercantes españoles que deseaban llegar a Holanda, los mercantes o viajeros borgoñones que se dirigían a España, necesitaban la protección de los puertos ingleses si Francia estaba cerrada para ellos. Además, en los años ochenta del siglo XV, no tan lejos de la batalla de Agincourt en términos de memoria popular, Francia era el enemigo por tradición de Inglaterra. Si bien sólo quedaba Calais de las posesiones inglesas en Francia, aún se mantenían y se expresaban en ocasiones las antiguas pretensiones inglesas al territorio francés e incluso al trono mismo de Francia.

El verdadero problema de un matrimonio real inglés, desde el punto de vista de Fernando, era la naturaleza inestable de la nueva dinastía. En agosto de 1485, Enrique de Lancaster se había establecido en el trono inglés como Enrique VII, el primer monarca Tudor. Fue, en último término, un ascenso asegurado a punta de espada, que él esgrimió en Bosworth Field. Porque sin duda había otros individuos con más dere-

cho dinástico, no sólo la muchacha con la que se casó, Isabel, hija de
Eduardo IV, sino otros representantes de la casa de York. (Véase árbol
genealógico 2.)

Incluso la posición de Enrique como heredero varón de la casa de
Lancaster era un tanto dudosa. Le venía por vía materna. Su madre era
Margarita de Beaufort, condesa de Richmond, descendiente del tercer
matrimonio de Juan de Gante con su amante, Catalina Swynford (Catalina de Aragón, descendía de sus dos primeros matrimonios «reales»).
El abuelo de Margarita, Juan de Beaufort, en realidad había nacido antes de ese matrimonio con Swynford, aunque luego fue legitimado. No
obstante, Enrique VII tuvo el cuidado de aclarar que no basaba su derecho al trono en el de su esposa, de la que podía suponerse que, como
hija mayor de Eduardo IV, había heredado el derecho de sus hermanos
desaparecidos, conocidos por la historia como «los príncipes de la Torre». El matrimonio entre Lancaster y York, según palabras de la dispensa papal «en el deseo de que todas esas divisiones sean dejadas de lado»,[13]
fue pospuesto deliberadamente hasta enero de 1486, y Enrique VII no
hizo coronar a su esposa hasta pasados casi dos años, cuando ya había
dado a luz a un hijo y heredero.

Por otra parte, si nunca se sugirió que Margarita de Beaufort, una
dama de firme voluntad y notablemente culta, que gozaba de buena salud a sus más de cuarenta años, ascendiera al trono, mucho menos la
más joven y más pasiva Isabel de York. Simplemente, el derecho de Margarita de Beaufort había sido transformado, con su entusiasta apoyo, en
el de su «más querido y único bien deseado en este mundo... [su] buen
rey... y único hijo amado».[14] Inglaterra no era Castilla y los ingleses no
tenían ningún precedente de reina gobernante. Si bien tanto la casa de
York como la de Lancaster habían subsistido en varias ocasiones por la
línea femenina, el derecho de Matilde, hija de Enrique I, a gobernar en
el siglo XII, había desencadenado una guerra civil con su primo Esteban.
Al final, la sucesión, no de Matilde, sino de su hijo Enrique II (en vida
de ella), no zanjó la cuestión de los derechos sucesorios femeninos.

Es comprensible que Enrique VII se sintiera vulnerable en cuanto a
su derecho real al trono. Pero este hecho tuvo desagradables consecuencias para aquellos, en particular los de sangre York, que podían llegar a
pretender tener más derecho a ocuparlo. Se procedió a juzgar y ejecutar
a tales posibles pretendientes. No obstante, la inseguridad fue un legado
manchado de sangre que el rey le pasaría a su hijo. No olvidemos que,
además de los genuinos rivales de la casa de York, Enrique VII también

se había enfrentado a dos pretendientes, Lambert Simnel y Perkin Warbeck, a comienzos de su reinado. Con la perspectiva de los siglos, no cuesta descartar sus falsas pretensiones de representar a varios herederos de la casa York, como los dos príncipes de la Torre, Eduardo V y Ricardo, duque de York, y Eduardo, conde de Warwick, hijo del duque de Clarence. Por aquel entonces, la duquesa Margarita de Borgoña, hermana de Eduardo IV y entonces tía putativa de esos jóvenes, los reconoció a ambos. Warbeck en particular siempre fue llamado «el duque de York» en los informes oficiales ingleses.[15] Lo que era aún peor, los vecinos depredadores, incluidos Francia y Escocia, apoyaban militarmente a los pretendientes, pues la situación les resultaba ventajosa para sí mismos. No eran asuntos fáciles de resolver.

Si las circunstancias volvieron receloso a Enrique VII, incluso paranoico, en lo concerniente a posibles rivales, Fernando de Aragón no bajó la guardia con la monarquía Tudor. Las primeras tentativas para que se celebrara el matrimonio del hijo de Enrique, Arturo, príncipe de Gales, con la hija de Fernando, Catalina, probablemente comenzaron en 1487, cuando Arturo (nacido en septiembre de 1486) tenía menos de un año y Catalina aún no había cumplido dos.[16] En apariencia, hubo un firme progreso. En abril de 1488 se le encomendó al doctor Rodrigo González de Puebla, un castellano de mediana edad con buenos antecedentes al servicio del Gobierno en España y un excelente dominio de idiomas,[17] que, con un asistente, redactara un tratado de matrimonio con los comisionados del rey inglés.

Hubo también mucho regocijo cortesano, en particular por parte inglesa. En julio, por ejemplo, Enrique VII felicitaba exageradamente a Fernando e Isabel por su último éxito contra los moros y esperaba que «los vínculos de sangre» reforzaran todavía más la amistad que ya existía entre ellos. Desde Londres, De Puebla escribió que el rey inglés estalló en un espontáneo *Te Deum laudamus* cuando se tocó el tema del matrimonio y de la alianza.[18]

La reacción española fue un tanto más fría. No entraba en los planes políticos de Fernando, conocido por buenas razones como «el astuto catalán», casar a una de sus bien instruidas embajadoras con un miembro de «una familia que cualquier día podía ser expulsada de Inglaterra», según expresó él mismo con ironía. Además, las recientes guerras civiles, las matanzas después de Tewkesbury, habían dejado en el continente la impresión de que los ingleses eran unos bárbaros. Así que cuando éstos empezaron a plantear los detalles de las condiciones, asuntos tales como la dote que debían darle los padres a Catalina o sus derechos de sucesión al trono de Castilla, los comisionados españoles insinuaron que «si se tiene en cuenta lo que les sucede cada día a los reyes de Inglaterra, sería sorprendente que Fernando e Isabel se atrevan a dar en matrimonio a su hija». De Puebla confiaba en que el comentario se hubiera hecho «con mucha cortesía», de modo que los ingleses «no se sientan molestos o se enfaden».[19] Pero cabe suponer que debieron de sentirse al menos un tanto ofendidos por tan franca referencia a su reciente historia turbulenta.

No obstante, para Enrique VII el matrimonio era lo suficientemente valioso como para tragarse uno o dos insultos corteses. El posterior Tratado de Medina del Campo, en marzo de 1489, fue su primer avance importante en términos de una alianza europea. Era esencial para Enrique que los pretendientes de la casa de York ya no obtuvieron refugio en suelo español, y tanto a Fernando como a Enrique los aliviaba estar unidos contra los franceses en el asunto de la lucha por Bretaña. Además, Enrique se había asegurado la promesa de una esposa para su hijo más importante que cualquier consorte inglesa desde la princesa francesa con la que se había casado Enrique V, Catalina de Valois.

Pero en las negociaciones matrimoniales reales, entre las promesas y los hechos había un abismo. La gran heredera María de Borgoña, por ejemplo, estuvo prometida más de siete veces antes de casarse con Maximiliano de Austria. Su hija, la archiduquesa Margarita, se educó en la corte francesa como la futura esposa de Carlos VIII hasta que él la abandonó de manera humillante por otra heredera, la duquesa Ana de Bretaña. Eso desató el comentario de la vivaz e inteligente Margarita mientras navegaba hacia España y los brazos del infante Juan, de que si perecía en el viaje, podían grabar en su tumba que había estado casada dos veces y seguía siendo doncella («*encore est pucelle*»).[20] En el gran juego dinástico, los compromisos formales, aun los matrimonios por poderes que teóricamente permitían que una princesa navegara hacia un país extranjero en la condición ya de esposa (como había hecho la archiduquesa Margarita), no eran hechos ciertos. No lo era nada que dejara un resquicio por el cual uno de los implicados pudiera escabullirse diestramente si le convenía a su país en ese momento.

Catalina de Aragón tenía poco más de tres años en la época de Medina del Campo. Cuando estudiaba la historia de sus antepasados ingleses —las aventuras del Príncipe Negro, Juan de Gante, del que descendía doblemente; la gran victoria de Agincourt— no aprendía oscuras leyendas sino elementos con los que forjarse una idea acerca de cuál po-

día ser su propio futuro como princesa de Gales. Luego estaban los
románticos relatos de la corte de otro Arturo, el rey legendario (la biblioteca de la reina Isabel contenía una versión española de esas historias). Los caballeros ingleses pasaban por la corte española de camino a
la cruzada, y los arqueros ingleses habían combatido a las órdenes de
lord Scales durante la Reconquista.[21] Todo eso —puesto que Catalina
no podía recordar una época anterior al tratado— contribuía a un fuerte sentimiento de un destino inglés.

Las negociaciones para el compromiso de la joven pareja, como se
había estipulado en Medina del Campo, no se iniciaron hasta finales
de 1496, poco antes de que Catalina cumpliera once años. Por entonces,
dados los distintos giros y cambios de la situación internacional en los
siete años precedentes, el matrimonio convenía a ambas partes. Además,
el doctor De Puebla estaba impresionado por el progreso de la estabilidad interna en Inglaterra (se sintió aún más feliz cuando al cabo de tres
años Edward, conde de Warwick, fue ejecutado y pudo contar satisfecho que «no queda ni una gota de dudosa sangre real en Inglaterra»).[22]
De manera que a Catalina se le inculcó a medida que crecía la lealtad a
los intereses de España y los de su propia familia. Si es cierto lo que afirman los jesuitas, hermanos de la Compañía de Jesús fundada por un
contemporáneo (y además compatriota) de Catalina, san Ignacio de Lo-
yola, respecto a la importancia de los primeros siete años de vida, entonces un destino inglés y la lealtad familiar fueron sus principios prácticamente desde que tuvo uso de razón.

En enero de 1497, la joven infanta encomendó al doctor De Puebla
que la representara en su compromiso. En consecuencia, el siguiente
mes de agosto, Arturo y Catalina se comprometieron formalmente en
Woodstock y De Puebla actuó en representación de Catalina. A pesar de
las reservas que ya hemos mencionado en cuanto a los compromisos reales, en teoría aquélla era una ceremonia solemne y vinculante. Si se con-
sumaba realmente tal compromiso *per verba de praesenti* (es decir, con
efecto inmediato, a diferencia de lo que sucedía en un compromiso *per
verba de futura*, para alguna fecha futura), para la Iglesia equivalía a un
matrimonio. Por supuesto, no había ninguna probabilidad de tal consumación estando Arturo en Inglaterra y Catalina en España. Pero a partir
de ese momento a Catalina se la llamó oficialmente princesa de Gales.

El compromiso también produjo un renovado intercambio de afectuosas cartas entre los cuatro padres reales. En diciembre de 1497, Enrique VII, para agradecer a Isabel sus recientes manifestaciones de estima, afirmó que sencillamente no podía imaginar un afecto más profundo o más sincero que el suyo. El matrimonio de sus respectivos hijos no haría más que asegurar la continuidad de su espléndida amistad. Isabel de York, por su parte, se felicitaba amablemente por «la afinidad», según ella decía, que hacía de Catalina «nuestra hija común».[23]

Una de las cuestiones molestas que planteaban los tratados matrimoniales entre jóvenes príncipes era cuándo y en qué etapa del desarrollo debía la princesa prometida partir hacia el país de su futuro esposo. (Eso, a su vez, se relacionaba con el tema de la entrega de su dote, algo siempre fastidioso, en especial para padres como Fernando de Aragón y Enrique VII, que estaban en disputa; si uno se estaba convirtiendo en el paradigma de la astucia diplomática, el otro se estaba labrando una reputación igualmente desagradable por su desmedida avaricia.) Una serie de instrucciones sobre la vida en la corte inglesa fueron despachadas a la «princesa de Gales» por su futura suegra y la mujer que era la reina madre en todo menos en el nombre, Margarita de Beaufort, condesa de Richmond. Catalina debía tratar de aprender francés hablándolo con su cuñada, de educación francesa, la archiduquesa Margarita, para poder conversar en ese idioma cuando fuera a Inglaterra.

La petición siguiente era que Catalina se acostumbrara a beber vino. «El agua de Inglaterra —escribió con tristeza Isabel de York— no es potable y, aunque lo fuera, el clima no permitiría beberla.»* Entretanto, al rey, según De Puebla, le encantaba hablar de Catalina, incluso babear por su pequeña nuera, un tributo a la reputación preeminente de Isabel: «Él dijo que daría la mitad de su reino si ella [Catalina] era como su madre.»[24] Pero mientras que Enrique estaba ansioso por la llegada de Catalina, el doctor De Puebla seguía aconsejando una demora diplomática.

Otro enviado español rival, don Pedro de Ayala, un personaje más mundano que De Puebla, acreditado ante la corte de Escocia pero que en realidad se pasaba el tiempo luciéndose en la corte inglesa, creía por el contrario que se debía enviar a Catalina lo antes posible. El suyo era un punto de vista de chauvinista que ilustra el desdén con que aún era tratada la vasta Inglaterra. Si bien reconocía que «los modales y el modo de vida de la gente de esta isla» le causarían «graves inconvenientes» a

---

* Beber agua se consideraba una suerte terrible; la gente que no bebía vino tomaba cerveza, cerveza liviana, que se elaboraba en la mayor parte de las casas.

Catalina, temía que «sólo cabe esperar que la princesa lleve una vida feliz si no recuerda aquello que no le permitiría disfrutar de lo que hallará aquí. Por lo tanto, sería mejor enviarla sin demora —escribió en julio de 1498—, antes de que aprenda a apreciar nuestros hábitos de vida [españoles]...».[25]

El domingo de Pentecostés —19 de mayo— de 1499, se celebró la primera de las ceremonias nupciales que unirían a Arturo, príncipe de Gales, con Catalina de Aragón, a las nueve de la mañana después de misa, en el Bewdley Palace de Worcestershire. El príncipe Arturo habló «en voz alta y clara», según el informe de De Puebla, para declarar que le complacía contraer «un matrimonio indisoluble con Catalina, princesa de Gales». Actuaba no sólo por obediencia al Papa y a su padre «sino también por su profundo y sincero amor por dicha princesa, su esposa».[26] (La referencia al Papa se debía a la dispensa papal otorgada para que Arturo hiciera sus votos: aún no había cumplido catorce años y estaba por debajo de la edad del consentimiento.) De Puebla, obedeciendo las pautas de la época, representaba el papel de la novia; no sólo tomó la mano derecha del príncipe en la propia y estuvo sentado a la derecha del rey en el banquete que siguió, sino que también metió una pierna de manera simbólica en la cama matrimonial real, como establecía la ley.

Una vez más hubo una manifestación pública de regocijo tierna, sentimental incluso. Y en esta ocasión se permitió a los jóvenes esposos tomar parte: Arturo empezó a escribir cartas en latín (el lenguaje mutuo) a su «queridísima esposa». Hay algo conmovedor en esas misivas de escolar, sin duda redactadas para él pero copiadas con evidente cuidado, con el elaborado encabezamiento también de su puño y letra: «A la princesa Katerine [*sic*], princesa de Gales, duquesa de Cornualles, *me plurimi dilecte* [la más estimada por mí].» Es como si con el lenguaje majestuoso el muchacho de trece años no consiguiera disimular la excitación por mantener una relación tan adulta. «En realidad esas cartas vuestras —escribió—, trazadas por vuestra propia [mano], me han deleitado tanto y me han hecho tan feliz que imaginaba que contemplaba y abrazaba a Vuestra Alteza y conversaba con mi queridísima esposa.»[27]

En cuanto a Fernando, tan poca confianza le merecía la negociación —o el negociador—, que encargó a otro enviado español en Londres que vigilara a De Puebla como un halcón, temiendo que el doctor hubiera sido sobornado por Enrique VII. Debía mantener los oídos abiertos a los rumores acerca de otro compromiso que se estuviera negociando para Arturo con una princesa de algún país rival y Catalina debía ser siempre llamada por su título de «princesa de Gales».[28] Otra condición sobre la que insistió el precavido Fernando, y que De Puebla negoció por él en el otoño de 1500, fue la celebración de un segundo matrimonio por poderes en Inglaterra una vez que Arturo hubiera llegado a la edad del consentimiento (ello demuestra las sospechas que alentaba Fernando no sólo acerca de Enrique VII sino también del valor de una dispensa papal).

De esta manera, otro «matrimonio indisoluble» fue contraído entre el príncipe y De Puebla en persona, Catalina en espíritu, en el castillo de Ludlow, en las fronteras de Gales, poco después de que Arturo cumpliera catorce años. De Puebla informó una vez más del sumo respeto que le habían demostrado como apoderado de la princesa de Gales —«más de cuanto hubiera recibido él nunca en su vida»— cuando se sentó a la mesa a la derecha del príncipe, instante en que le fueron presentados primero a él todos los platos del banquete. Fernando e Isabel se sintieron igualmente abrumados (al menos en público) por la rica emoción que sentían por Enrique. Siguieron los habituales clisés corteses: «Lo amamos a él y al príncipe de Gales, nuestro hijo, tanto que sería imposible amarlos más», etcétera.[29] Entretanto, seguían entre bastidores las maniobras por el traslado de Catalina a Inglaterra y el envío de su dote al rey inglés.

Finalmente se convino, en el curso del año 1500, que Catalina debía iniciar su viaje hacia Inglaterra poco después de su decimosexto cumpleaños. Pero la familia real de España, durante ese último año de la crucial adolescencia de Catalina, era muy diferente de la confiada unidad en que ella había sido criada. Fernando e Isabel habían sido golpeados por una serie de terribles tragedias personales, desastres familiares que destruyeron además la política europea de Fernando.

La primera fue la peor. En octubre de 1497, el adorado hermano de Catalina, el infante Juan, recién casado con la archiduquesa Margarita, murió tras una breve enfermedad. «Así decayó la esperanza de toda España», escribió Pedro Mártir.[30] La reina Isabel nunca se recuperó del golpe. Tenía cuarenta y seis años, y su salud, debilitada por sus ardorosas campañas en el curso de sus frecuentes embarazos, nunca había sido vigorosa. No había ahora ningún heredero varón directo para Aragón, mientras que la sucesión castellana pasaba a la hija mayor de Isabel, Isabel de Portugal. Y el destino no había terminado con los Reyes Católicos. La reina Isabel de Portugal murió en verano del año siguiente, a los veintiocho años, al dar a luz a su hijo Miguel, que durante el breve lapso de su existencia, reconocida su posición por los aragoneses, debía heredar los tronos tanto de España como de Portugal.

Después de la muerte del pequeño príncipe portugués Miguel, la sucesión pasó a la segunda hija de los Reyes Católicos, Juana, esposa del Habsburgo archiduque Felipe de Austria. Juana dio a luz un hijo, Carlos, en febrero de 1500. Se hizo evidente que ese infante heredero Habsburgo era el candidato más probable al trono de España así como al imperio de Maximiliano. El ascenso de Miguel habría permitido al menos al nieto de Fernando unir la península Ibérica. Pero ahora que habían muerto el hijo y la hija mayor de Fernando, sus matrimonios dinásticos, planeados con brillantez, lejos de aumentar el poder de su propia casa real, parecían entregar el trono de España a los Habsburgo.

Los últimos meses de la vida de Catalina al lado de su madre fueron melancólicos. Hasta su hermana María, tres años mayor, se había marchado: fue enviada en octubre de 1500 a casarse con su cuñado, el viudo rey de Portugal, en otro esfuerzo por preservar esa atesorada alianza. Los viajes majestuosos de Catalina por el noroeste a través de España, en el verano de 1501, no fueron más agradables. Hubo otros contratiempos: un nuevo levantamiento moro amenazó la despedida de Fernando de su hija menor. Catalina misma sufrió en el camino algo descrito como «una pequeña fiebre»,[31] una expresión que se aplicaba a diversas indisposiciones, en términos modernos tanto pudo ser gripe como un ataque (comprensible) de depresión adolescente.

Una de las últimas paradas de Catalina, antes de embarcarse en La Coruña el 17 de agosto, fue en Santiago de Compostela, donde pasó la noche orando en el templo consagrado a san Jacobo, como tantos cruzados lo habían hecho en el pasado. Pero sus oraciones no sirvieron para ahorrarle otro desastre una vez a bordo de la nave. Una feroz tormenta en la bahía de Vizcaya la llevó de regreso a las costas españolas. No fue hasta fines de septiembre que Catalina pudo volver a embarcar hacia una Inglaterra cada vez más impaciente por su llegada.

Después no faltarían cronistas que afirmaran que el problemático futuro de Catalina había sido presagiado por esos vientos inoportunos. Se dice que la propia Catalina comentó, a la vista del resultado de su primer matrimonio, que «esa tempestad auguraba alguna calamidad». Pero como las tormentas en la bahía de Vizcaya no constituían ninguna rareza, probablemente Catalina sufriera más por «la fatiga causada por un mar furioso», como lo expresó el propio Enrique VII, que por el peso de los presagios.[32] El segundo viaje no fue demasiado tranquilo —el tiempo en otoño siempre era turbulento— pero al menos se completó. El 2 de octubre de 1501 llegó a Plymouth Sound la pequeña flota enviada a escoltar a la princesa de Gales a Inglaterra.

«La princesa no habría sido recibida con mayor alegría si hubiera sido la salvadora del mundo», escribió un miembro del séquito español de Catalina.[33] Esta recepción se inició con la espontánea bienvenida ofrecida por el pueblo de West Country, conmovido por la valentía así como por el encanto y la dignidad de la joven princesa. En cuanto pisó tierra firme, a pesar de su indisposición —había estado verdaderamente descompuesta en el mar— y sin tiempo para cambiarse de ropa, Catalina pidió que la llevaran a una iglesia para dar gracias por haber llegado sana y salva. (Ahí estaban el espíritu y la instrucción de la reina Isabel.) El deleite de los ingleses con la novia real —no sólo la hija del rey de España que había llegado del otro lado del mar sino una princesa con verdadera sangre impoluta de los Plantagenet en sus venas— continuó durante su viaje al este hacia la corte inglesa, que por entonces residía cerca de Londres en el palacio de Richmond.

Después de tantas demoras y frustraciones, la excitación del rey Enrique era comparable a la de los súbditos que animaban el corazón de Catalina en el trayecto con sus leales aclamaciones (aunque no entendía las palabras, podía apreciar la intención). En el último momento decidió no aguardar a «la princesa de Gales» en Richmond, como se había dispuesto, sino salirle al encuentro con el príncipe Arturo, que venía de Ludlow. El palacio del obispo de Bath, en Dogmersfield, Hampshire, a unos sesenta y cinco kilómetros de Londres, sería el lugar del primer encuentro. Iba a ser agradable ver la inusual impetuosidad del rey inspirada por el peso prácticamente insoportable del afecto casi paterno del que sus cartas habían dado testimonio durante años. Pero había algo más artero en el fondo.

¿Qué aspecto tenía en realidad la princesa de Gales? Como un santo Tomás dudoso, el rey Enrique necesitaba ver con sus propios ojos a la esposa de su hijo, asegurarse de que fuera saludable, núbil —hasta donde los ojos podían ver, y en ese período se consideraba que las apariencias eran muy reveladoras— y preferiblemente también bonita. El rey, que había solicitado especialmente que las damas españolas de Catalina fueran beldades, no actuaba por mera codicia de los ojos (o de la mente). La relación entre un buen aspecto y un buen carácter, como aquélla entre una apariencia saludable y la fertilidad, era algo en lo que en mayor o en menor medida todos creían por entonces. Enviar a buscar a princesas a tierras lejanas siempre acarreaba un cierto grado de duda a pesar de los esfuerzos de los embajadores por inspeccionar los «bienes» (Arturo había sido presentado a los comisionados españoles años antes como un bebé en apariencia sanísimo).

Pero en Dogmersfield, las exclamaciones de éxtasis mutuo cesaron de manera repentina, porque se le dijo secamente al rey que ni se le ocurriera examinar personalmente a Catalina. Como esposa castellana de noble cuna, Catalina se mantendría cubierta por un velo tanto para el esposo como para el suegro hasta que se hubiera pronunciado la solemne bendición de la ceremonia final.* Hubo una momentánea desavenencia entre el vencedor de Bosworth Field, el hombre que se había apoderado de la corona inglesa dieciséis años antes sin vacilar en su determinación desde entonces, y una formidable matriarca española llamada doña Elvira Manuel, a quien la reina Isabel había encargado el cuidado de Catalina. Doña Elvira figuraba en la larga lista de las damas de Catalina (que incluía también a dos esclavas —probablemente prisioneras moras— para que actuaran como sus damas de honor) como «primera dama de honor y primera dama de compañía»; no iba a ceder ahora. Por su parte, el rey Enrique señaló que, dado que Catalina era su nuera, era en realidad una súbdita inglesa, de modo que las antiguas costumbres castellanas carecían de importancia.

Al final la disputa se resolvió en favor del futuro inglés de Catalina en oposición a su pasado castellano (una solución pragmática que se debe pensar que Isabel y Fernando hubiesen aprobado, a pesar del disgusto de una escandalizada doña Elvira). El velo se levantó. Catalina hizo una profunda reverencia en un gesto de simbólica obediencia al rey inglés.

¡Qué dicha que Enrique se sintiera encantado de inmediato con lo que vio! No había habido ninguna treta, ningún disimulo. Con una mezcla de alivio y deleite, el rey pudo decir de Catalina: «Mucho admiré su belleza, así como sus modales agradables y dignos.» El príncipe de Gales, obedientemente, siguió el ejemplo. En su vida había sentido tan-

---

* El uso del velo, desconocido en Inglaterra, era un elemento de herencia musulmana muy arraigado en la cultura española; el hecho de la conquista militar no impedía a las grandes damas españolas imitar las costumbres de las sofisticadas cortes musulmanas del sur.

ta alegría, les escribió a sus padres políticos unas semanas más tarde, como cuando contempló «el dulce rostro de su esposa».[34]

Aun si se tiene en cuenta la exageración diplomática, no cabe duda de que Catalina, en vísperas de su decimosexto cumpleaños, poseía una belleza juvenil y fresca que encantaba a los observadores, no sólo a los miembros de la familia de la que iba a formar parte. Sus mejillas rosadas y su piel blanca eran muy admiradas en una época en que el maquillaje —la «pintura»— era torpe, descarado y estaba mal visto. Se pensaba que una tez como la de Catalina indicaba un temperamento más sereno y alegre que la cetrina. Además, el cabello de Catalina era rubio y abundante, con reflejos rojizos, y sus rasgos bonitos y regulares en un grato rostro ovalado.

Tal vez el aspecto rubio de Catalina, tan alejado de la imagen convencional de una española de semblante oscuro, recordara a los que la veían su octavo de sangre inglesa: Tomás Moro, ocho años mayor que Catalina, fue uno de los que se burlaron de los escoltas españoles de la joven como «ridículos... pigmeos etíopes, como diablos salidos del demonio» en verdadero estilo xenófobo inglés. Pero de Catalina misma escribió: «Nada falta en ella que debiera tener la muchacha más bella.»[35]

Si su tez era su principal belleza, la principal desventaja de Catalina era su escasa estatura. Toda la gracia de su porte, inculcada durante muchos años en la corte castellana, no lograba disimular que era sumamente baja, diminuta. Años más tarde, un leal defensor admitió que era «de estatura algo escasa», y agregó rápidamente: «pero bonita también». Además era gordita, pero una grata redondez en la juventud era considerada deseable en aquella época porque indicaba futura fertilidad. En contraste, la voz de Catalina era sorprendentemente grave y profunda para ser mujer, y eso sin duda contribuía a la impresión de dignidad que daba a cuantos la conocían y compensaba la falta de centímetros.[36]

Catalina, por su parte, puede que hubiera estado menos encantada con el aspecto de su esposo si su educación hubiera alentado algo que no fuera la mayor deferencia en ese tema. Arturo, príncipe de Gales, tenía por entonces quince años, pero era tan pequeño y estaba tan poco desarrollado que parecía mucho menor. Había nacido prematuramente —al menos un mes, probablemente dos— y nunca se había recuperado del todo de ese mal comienzo en la vida. En cuanto a estatura, Catalina podía ser baja, pero le sacaba media cabeza a Arturo. El deseado varón heredero de las casas de York y Lancaster daba la impresión de ser un crío y, además, delicado.[37] Tenía la piel muy clara, como su esposa, pero sin las saludables mejillas sonrosadas de ella: el resultado era una mortal palidez. Los magníficos genes de su abuelo Eduardo IV, aquel gigante rubio, que unidos a los de su bella consorte Isabel Woodville servirían para hacer del hermano menor y de las hermanas de Arturo los más bellos y esbeltos príncipes y princesas de Europa, habían eludido todos al pequeño y triste príncipe de Gales.

El hecho de llamarse Arturo como el legendario rey podía parecer una burla, pero el frágil príncipe no había sido bautizado en honor del más augusto de sus míticos antepasados. La manipulación de la historia por parte de los Tudor en ese sentido fue posterior. Según su tutor, Bernardus Andreas, Arturo fue llamado así por el astro dominante en el momento de su nacimiento, probablemente Arcturus de la constelación de Boötes.[38]

Al menos, el príncipe había recibido, como su prometida, una excelente educación clásica. Andreas registraba que «había aprendido de memoria o leído con sus propios ojos y hojeado con sus propios dedos» autores como Homero, Virgilio y Ovidio, historiadores como Tucídides y Tito Livio. Como el latín había sido el idioma de la correspondencia de ambos, la tímida pareja de jóvenes al menos podía hablar en esa lengua, ya que Catalina no sabía inglés y Arturo no sabía español.

Lamentablemente, Catalina hablaba latín con fluidez, pero con una pronunciación diferente de la del rey Enrique y del príncipe Arturo, de modo que no lograba hacerse entender.[39] Sólo los obispos ingleses conseguían con perseverancia cierto contacto. El príncipe y la princesa tampoco podían bailar juntos, ya que el baile, importante como era en toda corte del Renacimiento, también resultaba completamente diferente. De modo que Catalina se contentaba con bailar una danza española mientras Arturo lo hacía al estilo inglés con algunas de las damas de la corte inglesa.

Pero nada de eso era causa de la más mínima preocupación, puesto que veía con buenos ojos a su «queridísima esposa». Para un matrimonio real de esa época, ya era de hecho una aventura notablemente feliz, con la pareja casi de la misma edad, parte de la dote ya pagada, el contrato casi completado. Con ánimo optimista, el rey Enrique llevó a su hijo y a su nuera hacia Londres para la que sería la última ceremonia nupcial en San Pablo.

CAPÍTULO DOS

La princesa en su poder

Es claro que el rey [Enrique VII] cree que puede hacer
todo lo que desea porque tiene a la princesa en su poder...

Fernando de Aragón
a su embajador en Londres, 1508

Catalina de Aragón fue acogida triunfalmente en la ciudad de Londres el 12 de noviembre de 1501. La reina Isabel, práctica como siempre, había solicitado que no se gastara demasiado dinero en la recepción de su hija, de modo que la nueva princesa de Gales no fuera «la causa de ninguna pérdida para los ingleses...», sino antes bien «la fuente de toda clase de felicidad». Una «parte sustancial» de la fiesta, creía ella, debía ser «el amor» que el rey Enrique VII demostrara por su hija política, un amor que no debía costar nada.[1]

Pero no era así como veía Enrique VII su triunfo al capturar al fin a su princesa española. La costumbre de Estado de la época era destacar el triunfo con el adecuado boato. Los preparativos para el espectáculo organizado por la ciudad de Londres se habían iniciado dos años antes. Seis escenas distintas saludaron a Catalina en su viaje a través de la ciudad desde Southwark. Todas tenían dos interpretaciones. Se esperaba que el populacho se impresionara de manera inmediata, además de divertirse, con la magnificencia desplegada ante sus ojos, como sucede con una parada militar moderna: el monarca que los regía se encontraba en buena forma. Pero cada escena tenía también un sentido más profundo, con significativas alusiones al pasado así como a un futuro glorioso. Catalina lo observaba todo con un sombrerito «de color encarnado» y adornos de encaje dorado sobre el pelo suelto: no hubo más velos.[2]

En el puente de Londres fue «Santa Catalina», «una joven rubia» que sostenía la tradicional rueda de la santa, la que saludó a su tocaya: «Tú tomaste este nombre... con verdadera confianza y amor, nombre que registraste en el más alto tribunal.» (La princesa francesa, Catalina de Valois, esposa de Enrique V, había sido saludada con alusiones semejantes a la santa y su rueda ochenta años antes.) Una santa británica, Úrsula, hija de un rey británico cristiano, acompañaba a santa Catalina en esta ocasión. En la segunda escena, la princesa era Hesperus, la estrella vespertina (Hesperia, o «tierra occidental», era el nombre que los romanos daban a España), mientras que Arturo se convertía en la estrella Arcturus de su nacimiento. En la tercera se pronosticaba un futuro espléndido para un matrimonio sobre el cual presidían el arcángel Rafael y el rey Alfonso de Castilla (de quien eran descendientes tanto Catalina como Arturo).

Los espectáculos posteriores se concentraban en la corte de Enrique VII, en la que a Catalina le daba la bienvenida Arturo, «vuestro esposo muy liberal». La humildad no estaba a la orden del día. Se comparaba la corte inglesa con una corte aún más poderosa, la de la futura «Nueva Jerusalén» celestial; Enrique era Dios Padre y Arturo su «Sol [o Hijo] de Justicia», uno de los títulos bíblicos del Cristo venidero.[3] Más terrenales eran las armas e insignias de los Tudor, el dragón rojo de Gales, el galgo que significaba Richmond y referencias a Juan de Gante, antepasado de Catalina. Finalmente, el «Honor» se dirigía a Catalina: «Por lo tanto, noble princesa, si perseveras con tu excelente esposo, reinarás sobre nosotros en ininterrumpida prosperidad.»

El matrimonio se celebró dos días más tarde, el 14 de noviembre, en la catedral de San Pablo, con el sonido de los trompeteros españoles que habían sido traídos para darle a su princesa una adecuada despedida nacional. Otra nota española fue el hecho de que Catalina, como sus damas, luciera mantilla con su traje impecablemente bordado de blanco y oro cuajado de joyas. Si los acontecimientos futuros arrojan anticipadamente su sombra, entonces Catalina tuvo que haber sentido cierto estremecimiento mientras era escoltada por el pasillo de la catedral por el hermano menor de su esposo, Enrique, duque de York, con su mano en la de él. El muchacho sólo tenía diez años, pero con sus piernas largas y sus hombros anchos ya había superado en mucho a Arturo, cinco años mayor.

Pero no hay prueba alguna de que Catalina sintiera ningún tipo de estremecimiento. Por el contrario, estaba completamente concentrada en agradar con su comportamiento (a pesar de las dificultades de lenguaje) al hombre al que había sido enseñada a aceptar como su nuevo «padre»: Enrique VII. Los arreglos del banquete que siguió a la boda fueron significativos al respecto. Catalina se sentó a la derecha del rey, pero el príncipe Arturo se sentó a una mesa aparte para los niños, con el príncipe Enrique y sus hermanas, la princesa Margarita, de doce años, vestida con un traje dorado, y la princesa María, de cinco, con un traje de terciopelo carmesí y detalles de piel.

El banquete se celebró en el castillo de Baynard, la histórica residencia londinense de la casa de York, donde se les había ofrecido la corona a Eduardo IV en 1461 y a Ricardo III en 1483. Un contemporáneo lo describía como «sin almenas y menos fortificado que un castillo, pero mucho más hermoso para acoger a príncipes de elevada posición». El castillo de Baynard había sido reconstruido por Enrique VII el año anterior y se empleaba principalmente para las celebraciones.[4] Sobre el río, entre Blackfriars y el muelle de la catedral de San Pablo (con Thames Street al norte), se solía acceder a él por vía acuática, como sucedía con la mayor parte de los palacios londinenses de ese período.

El «transporte», presumiblemente en litera, de Catalina y Arturo hasta el río para el embarque después de la ceremonia de la boda costó doce peniques según las cuentas reales.[5] Después, no sólo durante el banquete sino en todo el período de celebraciones oficiales posterior, no se consideró que Arturo tuviera ningún papel particular que desempeñar. Era demasiado inmaduro para participar en los torneos de caballeros, como le agradaría hacer a su robusto hermano menor en años venideros. (Y en esa ocasión fue el príncipe Enrique el que se quitó la chaqueta para bailar, a diferencia del príncipe Arturo, que bailó decorosamente con lady Cecil; Catalina, como en el primer encuentro de ambos, bailó con una de sus damas españolas.) Pero hubo una excepción: Arturo participó en una de las ceremonias, la de la noche nupcial que, como el banquete, tuvo lugar en el castillo de Baynard.

La pierna que el doctor De Puebla había puesto de forma simbólica en la cama del príncipe más de dos años antes, en el palacio de Bewdley, fue reemplazada ahora por la real. Así, finalizado el banquete, la princesa de Gales fue acostada formalmente con su esposo por una multitud de cortesanos, ingleses y españoles: los asistentes se retiraron luego a una sala exterior y los dejaron tendidos juntos por la noche según dictaban las complicadas normas de esa ceremonia en particular. Pero resulta sumamente dudoso que en ese o en cualquier otro momento la princesa gozara realmente de una unión más íntima con su joven esposo que con la pierna del buen doctor.

Por uno de esos irónicos giros del destino a los que es propensa la historia, la cuestión de la relación sexual, si es que la hubo, entre esos dos cándidos adolescentes, sería de suma importancia casi treinta años más tarde. Para entonces, Arturo estaba muerto desde hacía casi el mismo tiempo; Catalina se enfrentaba a la peor crisis de su vida. No hay ningún documento contemporáneo que recoja las ideas del príncipe Arturo sobre el asunto y no hay que dar crédito a los vulgares rumores tan convenientemente divulgados muchos años más tarde por cortesanos que, evidentemente, esperaban con ello favorecer los intereses de su amo. Por tanto nos quedamos con la afirmación de Catalina (de 1502, no de más de dos décadas después, como los relatos de los cortesanos), de que el matrimonio no se consumó.

Hubo una tercera persona, no obstante, autorizada a expresar una opinión de primera mano sobre ese punto tan delicado pero vital (como resultó ser): el segundo esposo de Catalina, Enrique VIII. O había descubierto que ella era virgen en su propia noche de bodas (solía jactarse de ello en su juventud) o no. Si sostenemos que Catalina, como los cortesanos de Enrique, no era una testigo imparcial, entonces la prueba más convincente de falta de consumación es que el propio Enrique VIII, años después no desmintió a Catalina al respecto cuando públicamente se lo desafió a negar que la hubiera encontrado «doncella» al casarse con ella.*

Volvamos a ese invierno de 1501 y a los breves meses de «vida matrimonial» de que gozaron Arturo y Catalina después de su boda y su noche compartida en el castillo de Baynard. Ya se ha comentado la inmadurez física de Arturo y lo bajo que era más que su esposa, de por sí pequeña. Eso no prueba que no hubiera alcanzado la pubertad (aunque parece improbable) y, aun cuando no la hubiera alcanzado en noviembre, pudo haber madurado en algún momento durante los meses siguientes. Catalina contó en el confesionario, años más tarde, al cardenal Campeggio, que habían compartido cama sólo en siete ocasiones y que en ninguna la había «conocido» Arturo.[6] Pero lo que realmente descarta

---

* Las alegaciones anecdóticas de los cortesanos y los comentarios de Enrique serán tratados con mayor profundidad en el momento oportuno de la narración.

la posibilidad de que se hubiese consumado la unión, dejando aparte todo lo comentado posteriormente, es que no obedecía a la costumbre de entonces.

En una época en que los matrimonios a menudo eran contraídos por razones de Estado entre niños o aquellos que se hallaban entre la infancia y la adolescencia, no se daba demasiada importancia al momento concreto de la consumación. Una vez que el matrimonio se celebraba oficialmente, podían pasar años antes de que se juzgara que había llegado el momento propicio. Había ansiosos intercambios de informes entre embajadores acerca del desarrollo físico; los padres reales podían pedir consejo en cuanto a la aptitud de sus retoños. Los comentarios recuerdan a veces los de los criadores que discuten acerca del apareamiento del ganado de raza, y la comparación no es tan exagerada. La procreación era el paso esencial siguiente en los matrimonios reales, tan interminablemente negociados.

Que una heredera se «estropeara» por verse obligada a tener relaciones sexuales y concebir hijos demasiado joven podía tener consecuencias importantes. Se consideraba que la gran heredera Margarita de Beaufort se había malogrado por el alumbramiento temprano. Parió al futuro Enrique VII cuando sólo contaba trece años y no volvió a tener hijos en el curso de cuatro matrimonios. Enrique sobrevivió, pero la existencia de un solo heredero era en principio un gran riesgo para toda familia en esa época de elevada mortalidad infantil, como lo demostraría repetidamente la escasez de herederos Tudor. Las negociaciones del matrimonio de Jacobo IV, rey de Escocia, y la hermana de Arturo, la princesa Margarita, habían comenzado en 1498. El problema consistía en que la novia sólo tenía nueve años, mientras que el rey de los escoceses contaba veinticinco. Tanto la madre de la princesa Margarita como su abuela, Margarita de Beaufort, esta última con un obvio interés en el tema, se preocupaban por la diferencia de edad y rogaron que se postergara la ceremonia matrimonial por temor de que se produjera la consumación: «Temen que el rey de los escoceses no aguarde y la lesione, poniendo en peligro su salud.»[7] (Finalmente se casaron en 1503, cuando la princesa Margarita cumplió catorce años.)

La salud del novio se tomaba con la misma seriedad. Por ejemplo, los médicos de la corte española creían firmemente que el hermano de Catalina, el infante Juan, se había debilitado pasando tanto tiempo en la cama con su esposa, con desastrosas consecuencias. Casaron a Enrique Fitzroy, duque de Richmond, hijo ilegítimo de Enrique VIII, con lady

Mary Howard cuando él tenía catorce años, pero el matrimonio quedó sin consumar porque Enrique murió de tuberculosis tres años más tarde; seguramente se pensaba que el acto sería demasiado exigente para un individuo de salud precaria. El hermano de Mary Howard, Thomas, conde de Surrey, convivió con lady Frances Vere tres años antes de la consumación del matrimonio cuando los dos tenían quince.

En el caso de Arturo y Catalina, al parecer se convino que no había que precipitarse. Enrique VII e Isabel de York estaban ansiosos por proteger la salud del hijo; Fernando e Isabel manifestaron que también se sentirían «más agradados que insatisfechos» si se posponía la consumación por algún tiempo, en vista de la «edad tierna» de Arturo. Ésas fueron las instrucciones que recibió doña Elvira que, como dueña resuelta, se podía confiar en que las pondría en práctica.[8]

El plan consistió en que Catalina permaneciera en Londres, bajo la tutela de su madre política (sin olvidar a su dominante abuela política), mientras se permitía que Arturo siguiera creciendo sin las distracciones de una esposa en tierras de Gales, en el castillo de Ludlow. Pero ese plan, que tenía un grato aspecto humano —Catalina conocería a su nueva familia y también aprendería inglés antes de forjar una apropiada relación con su esposo—, no se llevó a cabo. Catalina, princesa de Gales, se puso en marcha en diciembre hacia Ludlow.

El cambio de plan, que enfureció a los españoles, estaba relacionado con el dinero, es decir, la cuestión de la dote de Catalina. La dote de las princesas y otras muchachas opulentas de la época consistía en el pago inmediato por parte de los padres de una suma a cambio de la promesa de pleno apoyo económico en adelante de los bienes del esposo. Fernando había convenido entregar 200.000 coronas en el momento del matrimonio de su hija, a condición de que Catalina, en caso de enviudar, recibiera un tercio de los ingresos de Gales, Cornualles y Chester. Pero de las prometidas 200.000 coronas, Fernando sólo había enviado la mitad hasta el momento e inesperadamente anunció que una parte sustancial de la suma debida restante, 35.000 coronas, estaba siendo consignada en vajilla y joyas. Eso sin duda era hacerle una jugarreta al rey inglés ya que, como sucedía con todos los monarcas de la época, para él el dinero en efectivo era un bien esencial pero difícil de conseguir.

No le llevó mucho tiempo a Enrique VII idear un plan maquiavélico: en ese sentido, Fernando y Enrique eran igualmente hábiles. En el caso de que la princesa de Gales fuera enviada a Ludlow, el establecimiento de su casa allá inevitablemente implicaría un considerable despliegue de vajilla y joyas, como correspondía a esa posición acerca de la cual eran tan exigentes los españoles. Para ello, Catalina debería usar su propia vajilla. Eso a su vez impediría al rey español volver a referirse a «esas mismas joyas y vajilla, ahora de segunda mano», como parte de la dote debida a Enrique VII.[9] Los españoles de Londres, en particular don Pedro de Ayala, tenían plena conciencia del ardid, pero nada podían hacer al respecto.

Al menos realizaron una acción en la retaguardia. Se negaron a tomar una decisión por Enrique o a permitir que lo hiciera su princesa. El rey se preguntaba si la princesa debía partir y le confió a De Ayala que el Consejo compartía su indecisión; algunos de sus integrantes opinaban que convenía que Catalina viajara a Ludlow mientras que otros creían que no. Enrique le pidió entonces a Arturo que persuadiera a Catalina para que lo acompañara, pero ella se negó. De modo que el rey se vio obligado a consultar él mismo con Catalina. La joven hizo una de sus profundas reverencias y respondió muy cortés que no tenía otra voluntad que no fuera la del rey. De modo que el monarca se vio obligado a pronunciarse. «Con una gran demostración de pesar», le ordenó a Catalina que fuera con su esposo.[10] Finalmente, Catalina se trasladó a Gales con un considerable séquito español, incluida doña Elvira como vigilante sustituta de Isabel, y un capellán español.

El castillo de Ludlow era otra de las residencias con historia de la casa de York, pero de connotaciones menos afortunadas que el castillo de Baynard. El castillo, propiedad de Ricardo, duque de York, padre de Eduardo IV, había albergado a los jóvenes tíos de Arturo en la época de la muerte de Eduardo IV, en 1483; de ahí partirían hacia la capital, donde desaparecerían para siempre en las entrañas de la torre de Londres. Pero desde un punto de vista estratégico, estaba muy bien ubicado. Era un imponente fuerte normando construido sobre la roca, con magníficas vistas del valle del río Teme hasta las colinas de Clee y de Stretton, prácticamente inexpugnable salvo por el lado que daba al pueblo, típicamente inglés.

En Ludlow, aproximadamente a 240 kilómetros de Londres, pasaron el invierno Catalina y su séquito español.[11] Se sabe poco de ese melancólico idilio, salvo que los dignatarios galeses fueron a presentar sus respetos a su princesa y su príncipe, ya que Ludlow era la capital de Gales. Uno de esos dignatarios era el hombre al que Arturo llamaba «padre Rhys», sir Rhys ap Thomas, que recordaba a Enrique VII como el Tudor galés que luchaba por la corona inglesa en la época anterior a Bosworth

Field. Otro encuentro con un representante del turbulento pasado de Inglaterra fue más significativo para el futuro de Catalina.

El presidente del Consejo del Príncipe en Gales —el instrumento efectivo de gobierno— era sir Richard de la Pole, familiar de Enrique VII por parte de madre, pero por cuyas venas no corría sangre real que alentara su ambición. Pole era un protegido conveniente. (Había ayudado a organizar la boda del príncipe Arturo.) Por otra parte, Margaret, esposa de De la Pole, era una Plantagenet: su cara larga, delgada y aristocrática de delicada estructura ósea, labios finos y nariz aquilina era un recordatorio de la raza de la cual descendía. También estaba emparentada con la familia real: como hija del hermano asesinado de Eduardo, el duque de Clarence, era prima hermana de la reina Isabel de York. Desde la ejecución de su propio hermano en 1499 (una de esas muertes despiadadas por las cuales Enrique VII se había librado de indeseados rivales York-Plantagenet), Margaret de la Pole era también la única hija superviviente y heredera de Clarence. Además, nunca había sido declarada ilegítima, como les sucedió a Isabel y sus hijos cuando Ricardo III intentaba justificar legalmente su usurpación. (Véase árbol genealógico 2.)

Por el momento, esa herencia peligrosa estaba en suspenso. Enrique había casado deliberadamente a Margaret con un hombre en cuya lealtad confiaba; los hijos De la Pole, que tal vez un día reclamaron para sí el derecho de su madre, eran sólo bebés. Fue mucho más importante en Ludlow la firme amistad que surgió entre dos mujeres, de edades bastante distintas —Margaret de la Pole tenía casi treinta años—, pero que compartían, como se demostraría con el tiempo, el mismo tipo de carácter. Ambas tenían el encanto de la bondad, ambas eran educadas, pías y lectoras. Las dos eran afectuosas, aparentemente sumisas pero interiormente fuertes.

En la frontera galesa, esa primavera, el tiempo era notablemente frío y húmedo y, en consecuencia, abundaban las enfermedades. Hacia fines de marzo de 1502 empezó a deteriorarse la frágil salud del príncipe Arturo. Es posible que padeciera tuberculosis, aunque hubo un brote de peste en la vecindad y una epidemia de otro azote de la época conocido como «la enfermedad del sudor». Este mal era muy temido por los contemporáneos debido a su curso imprevisible: algunos enfermos se recuperaban pero otros morían «algunos en el curso de tres horas, algunos en dos horas, algunos estaban bien al mediodía y morían por la noche», como consta en una crónica.[12] La enfermedad del sudor parece la causa más probable de la muerte de Arturo, pues también Catalina enfermó.

Ella seguía gravemente enferma el 2 de abril, cuando murió el príncipe Arturo, a los quince años y medio; su «queridísima esposa» era ahora su viuda. Catalina de Aragón, a la edad de dieciséis años y tres meses, se había convertido en la princesa viuda de Gales. Si se planteó su propia muerte durante esa enfermedad, Catalina pudo haber recordado el breve e irónico epitafio sugerido una vez por su hermana política, la archiduquesa Margarita, para sí misma: había estado casada pero «*encore est pucelle*», seguía siendo doncella.

La noticia de la muerte del príncipe de Gales llegó a la corte en Greenwich por mensajero, bien entrado el día siguiente, 3 de abril. El Consejo tuvo la sensibilidad de convocar al confesor del rey Enrique, un fraile franciscano del monasterio cercano al palacio, para que le diera la noticia a Enrique, que hizo llamar a la infortunada madre del muchacho para ponerla personalmente al corriente. Isabel de York se comportó con mucho coraje; no se desmoronó sino que comentó que «la madre del propio Enrique no ha tenido más hijo que él, y Dios con su gracia, lo ha protegido y llevado al lugar que ocupa».[13] Ellos también tenían un hijo, Enrique, duque de York, que pronto llevaría el título de príncipe de Gales en sustitución de su hermano, así como dos hijas princesas, Margarita (comprometida con el rey de los escoceses) y María, de seis años.

Además, agregó la reina, la familia no estaba necesariamente completa, «los dos somos suficientemente jóvenes». En realidad, tenían treinta y seis y cuarenta y cinco años respectivamente: sólo tres años antes la reina había dado a luz a un tercer hijo, Eduardo, que había muerto. No era errada la confianza de Isabel de York en su propia fertilidad. Concibió, como había prometido, un mes después de la muerte de Arturo, y dio a luz a comienzos del siguiente mes de febrero. Lo que no previó fue que el bebé sería una niña, que la niña moriría y que ella misma fallecería poco después a consecuencia del parto.

La muerte del príncipe Arturo puso fin al breve período de bonanza en que la monarquía Tudor gozó del lujo de tener dos herederos varones directos para la corona, si bien jóvenes. La vida de un muchacho —del príncipe Enrique— no sólo acababa con la pesadilla del rey Enrique VII: la temida perspectiva de otros pretendientes rivales o incluso de la guerra civil. Ahora no carecían por completo de fundamento tales temores, basados en los derramamientos de sangre del pasado. Enrique VII, a los cuarenta y cinco años, con una vida dura a sus espaldas, había envejecido visiblemente. ¿Debía sucederlo un simple muchacho? Los comentarios subversivos de los que recibió informe el rey Enrique poco después de la muerte del príncipe Arturo revelaban que muchos eran partidarios de la idea de un varón adulto como sucesor, con suficiente sangre real como para apoyar su pretensión (como había hecho el mismo Enrique VII), no un niño.

Por ejemplo, el duque de Buckingham, de veintitrés años, imponente y buen mozo, había sido el dignatario de mayor lucimiento en la boda de Catalina. Su traje, que había costado 1.500 libras,[14] era una demostración no sólo de la enorme riqueza heredada por Buckingham sino también de la posición del joven como principal grande y único duque del reino, que además podía remontarse en sus orígenes hasta Tomás de Woodstock, hijo menor de Eduardo III. Se decía que «muchos grandes personajes» de la importante base continental inglesa de Calais estaban de acuerdo en que Buckingham era «un hombre noble y sería un magnífico gobernante».

Luego estaba Edmund de la Pole, conde de Suffolk, primo hermano de la reina, como Margaret de la Pole, puesto que era hijo de la hermana de Eduardo IV. Era el mayor de los varones aspirantes de la casa de York; si se volvía a desenterrar la antigua mentira sobre la ilegitimidad de todos los hijos de Eduardo IV, él tenía en realidad un derecho legítimo. Edmund de la Pole se había puesto prudentemente fuera del alcance de Enrique VII. Cuando el informador del rey le dijo que otros se habían referido a él como «vuestro traidor, Edmund de la Pole» eso no hizo que Enrique VII se sintiera seguro, menos aún cuando el informador añadió ominosamente que «ninguno de ellos habló de mi señor el príncipe», es decir, Enrique, por entonces de diez años.[15]

En Ludlow, el Consejo del Príncipe aguardaba órdenes acerca del funeral de Arturo mientras Catalina languidecía, enferma, al cuidado de sus servidores españoles. Apenas tres semanas más tarde el cuerpo de Arturo fue transportado a la luz de las antorchas a la iglesia parroquial de Ludlow; de allí, la procesión siguió a Bewdley (donde se había realizado el primer enlace por poderes de Arturo con Catalina). Fueron necesarios bueyes para tirar de la «carroza» que llevaba el ataúd por el barro en «el día más detestable, frío, ventoso y lluvioso y por el peor camino que he visto», según escribió un observador.[16] Se ordenó desde Londres que el príncipe fuera sepultado en la catedral más próxima, que resultó ser Worcester. En la capilla que posteriormente allí se levantó, los símbolos heráldicos de las rosas de York y Lancaster, el rastrillo de Beaufort y el haz de flechas personal de Catalina, sustitutivo de la granada, constituyeron un triste eco de las gloriosas celebraciones matrimoniales de sólo seis meses antes.

Catalina, princesa de Gales, se había convertido ahora en un problema de Estado, y para dos países. Isabel de York, con su característica bondad, despachó una litera adecuadamente sombría de terciopelo negro para llevar a la princesa a Londres cuando estuviera en condiciones de viajar.[17] En otro sentido, muy poco se pensó en los sentimientos personales de la muchacha que ahora se encontraba convaleciente en un país cuyo idioma hablaba escasamente o nada, rodeada por posesivos asistentes españoles cuya intención era aislarla aún más en nombre del honor que le correspondía. Sus allegados, tanto los protectores naturales, sus padres, como su nuevo protector Enrique VII, estaban mucho más interesados en los problemas prácticos que planteaba su futuro, incluido, por supuesto, el asunto de su dote.

La solución obvia era que Catalina se casara, o al menos se comprometiera, con el «que ahora es príncipe de Gales», como describió Fernando al joven Enrique. Eso se les ocurrió a los cuatro padres casi de inmediato. En España, Isabel y Fernando quedaron previsiblemente conmovidos por la noticia de la muerte de Arturo; cuando escribió Fernando, el 12 de mayo, que «la aflicción causada por todas las pérdidas anteriores ha revivido con ella», creemos que por una vez el mensaje convencional de condolencia del rey era sincero: las muertes del infante Juan y de la reina Isabel de Portugal seguían frescas en la memoria de sus padres.[18] Pero, una vez más, una alianza se veía amenazada y, en el caso de la muerte de Arturo (al que ellos no habían conocido), en lo primero que pensaron probablemente fue en el inestable equilibrio de poder.

Luego estaba la cuestión del dinero, escaso en España Fernando nunca había completado el pago de la segunda mitad de la dote de Catalina. En teoría, para los españoles todo podía ser muy simple. El dinero ya pagado por el primer matrimonio podía ser negociado para que contara para el segundo; la alianza angloespañola se mantendría intacta. Esta reanudación de las negociaciones no fue necesariamente mal recibida por el rey inglés, ya que se sabía en una posición de fuerza frente a España por dos razones. Primero porque indudablemente tenía a la viuda princesa de Gales en la corte inglesa. Segundo porque el príncipe Enrique, que cumplió once años a fines de junio de 1502, era un candidato maduro para uno de esos compromisos que, en caso necesario, podía repudiarse cuando él alcanzara la edad del consentimiento. Además, iba contra la naturaleza de Enrique VII devolver un céntimo del dinero ya recibido. Volviendo al tema de la dote de Catalina, ¿cuáles serían las disposiciones adecuadas para el nuevo tratado de matrimonio? En ese punto, las cosas, en teoría tan simples, se complicaban rápidamente.

Cuando el rey Fernando, poco después de la muerte de Arturo, decidió establecer si el matrimonio de su hija se había consumado o no, no se interesaba por el bienestar físico de Catalina. La cuestión era que la princesa viuda de Gales tenía el derecho a reclamar las 100.000 coronas pagadas como primera cuota de su dote, aun antes de recibir ella el estipulado tercio de los ingresos de Gales, Cornualles y Chester, si el matrimonio se había consumado. Pero como hemos visto, casi con seguridad no había sido ése el caso. Y doña Elvira juraba categóricamente al respecto. Es importante tener en cuenta para el futuro que, cuando doña Elvira juraba con tanta firmeza que la consumación no había tenido lugar, no estaba dando la respuesta más conveniente entonces para los Reyes Católicos. No obstante, la versión que ella dio de los acontecimientos convenció al rey Fernando: «Dios se había llevado a Arturo demasiado pronto.» A comienzos de julio de 1502, él estaba muy seguro de que «nuestra hija sigue como estaba aquí», es decir, virgen. Sobre esta base, Fernando instruyó a su representante, el duque de Estrada, para que negociara el nuevo matrimonio.[19]

Según sus instrucciones, Estrada debía comenzar por solicitar el retorno de Catalina a España: si no se producía de inmediato el compromiso con el príncipe Enrique, sería «muy importante para nosotros tener a la princesa en nuestro poder [en España]».[20] Pero es muy probable que se tratara de un mero ardid y que el regreso de Catalina dejando atrás su dote nunca se contemplara seriamente como una posibilidad. Más concretas eran las instrucciones de Estrada respecto de la manutención de la princesa, la suya propia y la de su casa. ¿Por qué se estaba obligando a Catalina a vivir de porciones de su dote, cuando debían mantenerla los ingresos de las propiedades que le habían sido asignadas de por vida? La crueldad de Enrique VII al negarse a mantener a su nuera en ese punto y esperar que ella viviera del dinero español era intolerable. Fernando señalaba que ni su hija viuda (Isabel de Portugal, después de la muerte de su primer esposo) ni su nuera viuda (la archiduquesa Margarita) habían esperado ingresos españoles para mantenerse. Se había iniciado el triste proceso por el cual Catalina de Aragón se vería atrapada entre la muela superior de la pobreza de Fernando y la muela inferior de la avaricia de Enrique VII.

El tratado de compromiso entre el príncipe Enrique y Catalina se firmó al verano siguiente, el 23 de junio de 1503. Fernando tenía sus propios motivos para necesitar la alianza inglesa y, dadas las circunstancias, el doctor De Puebla, su embajador establecido en Londres, arregló el mejor acuerdo posible[21] (aunque Catalina, a la que doña Elvira hacía comentarios sobre el doctor, estaba cada vez más convencida de que éste había antepuesto los intereses de su antiguo protector, el rey inglés, a los suyos propios).

La futura pareja requería un permiso especial, una dispensa del Papa. Según las reglas de la Iglesia, había un «impedimento». El matrimonio entre Arturo y Catalina había creado una «afinidad» entre ella y el hermano de Arturo. Parecía que Catalina se hubiese convertido en la hermana de Enrique antes que en su cuñada, mediante esa unión anterior: hermanos y hermanas, emparentados «colateralmente en primer grado», tenían prohibido casarse. (La prohibición universal de matrimonio entre padres e hijos se debía a que su parentesco era «en primer grado».)

Era la unión sexual entre marido y mujer, no la ceremonia de matrimonio, lo que se consideraba que creaba esa afinidad. Como veremos, el hombre que le había hecho el amor a una mujer podía necesitar una dispensa para casarse con una hermana de ésta, aunque no hubiera habido ninguna ceremonia al inicio de la primera relación (clandestina). Una clase distinta de dispensa hacía falta en el caso de un matrimonio que no se hubiera consumado: sobre la base de la «honestidad pública». No obstante la falta de consumación, había tenido lugar un primer matrimonio a la vista del público: ese hecho debía reconocerse antes de que pudiera considerarse legítimo el segundo matrimonio (aunque técnicamente ya lo fuera). Dado que el sentido de tales dispensas era establecer un matrimonio legal incuestionable, del cual —aún más importante— nacerían hijos legítimos, en general se tenía más en cuenta el futuro del segundo matrimonio que los hechos del primero.

Cuando el rey español pidió una dispensa de Roma para que Catalina se casara con Enrique, solicitó y le fue concedida una que hiciera constar el hecho de que el primer matrimonio «tal vez» (*forsitan*, en latín) se hubiera consumado. Ese «tal vez» causaría muchísimos problemas en el futuro. En ese momento, con el rey Fernando muy convencido de que el matrimonio no se había consumado, y la propia Catalina, y no digamos doña Elvira, negando de manera apasionada, se trataba obviamente de una maniobra española.[22]

El rey Fernando le escribió muy francamente sobre el tema a su embajador el 23 de agosto de 1503. «Es bien sabido en Inglaterra que la princesa sigue siendo virgen. Pero como los ingleses son propensos a utilizar, ha parecido más prudente precaverse como si el matrimonio se hubiera consumado... La dispensa del Papa debe estar en perfecta armonía con dicha cláusula del tratado [matrimonial].» El meollo del significado aparecía en la oración siguiente: «El derecho de sucesión [es decir, de todo hijo nacido de Catalina y Enrique] depende de la indudable legitimidad del tratado.»[23] De esa manera, el doctor De Puebla se veía también como capaz de obtener el mejor arreglo económico sobre la dote de Catalina; la princesa se enfadó, pero él descartó las protestas quitándoles importancia. En todo caso, era el padre de Catalina el principal promotor de la idea y quien, en cierto sentido, la traicionaba.

Tal dispensa —para que un hombre se casara con la viuda de su hermano— era poco habitual, pero no una completa rareza. Catalina de Aragón misma tampoco hubiese podido considerarlo un caso excepcional, ya que poco tiempo antes su propio cuñado, el rey Manuel de Portugal, se había casado con sus dos hermanas, Isabel y María, en rápida sucesión. (Terminó casándose en terceras nupcias con una sobrina de sus dos primeras esposas.) Había varios textos bíblicos que trataban acerca del caso. Uno —del Levítico— prohibía tal matrimonio y otro —del Deuteronomio— lo imponía explícitamente como un deber para el segundo hermano. Esos textos, que como el «tal vez» y los acontecimientos de la noche nupcial de dos adolescentes serían analizados exhaustivamente veinticinco años más tarde, pesaron poco o nada en su momento: era otra partida de poder político, con juveniles novios reales como peones.*

Pero había algunos nuevos y significativos peones en el tablero de ajedrez matrimonial. El derecho de Catalina de Aragón, como princesa de España, a encarnar la alianza más poderosa de que disponía Enrique VII, se había erosionado considerablemente desde la firma del tratado angloespañol original, quince años antes. Había que contar ahora por ejemplo, con nietos del emperador Maximiliano, es decir, la familia en desarrollo de su hijo Felipe el Hermoso y Juana, hermana de Catalina: si Carlos, el sobrino de Catalina, nacido en 1500, era el mayor rega-

* Es posible que el arzobispo Warham arqueara una ceja en 1503 en lo concerniente al texto del Levítico, pero unos años más tarde sus objeciones habían sido sofocadas.[24]

lo matrimonial masculino de Europa, sus hermanas Leonor e Isabel también constituían interesantes posibilidades como novias. Luego estaban la princesa Claudia, hasta ese momento única hija, un bebé todavía, de Luis XII de Francia y su esposa Ana de Bretaña, y Margarita de Angulema, de diez años, cuyo hermano Francisco debía heredar el trono de Francia (en aplicación de la Ley Sálica) si el rey Luis moría sin un hijo varón. Tampoco era Catalina de Aragón la única viuda en la escena europea. La ex cuñada de Catalina, la archiduquesa Margarita, que se había convertido en la esposa de Filiberto de Saboya, había enviudado por segunda vez hacía poco.

El destino matrimonial de Catalina de Aragón no se había simplificado con la muerte de su suegra, Isabel de York, en febrero de 1503, pocos meses antes de su compromiso oficial con el príncipe Enrique. En lo personal se vio privada de una protectora cuya presencia benévola habría podido significar una notable diferencia en los amargos años que siguieron. Públicamente, significó que Enrique VII, un viudo de cuarenta y seis años, volviera a ser para los fines de la diplomacia un soltero elegible. Hubo un rumor, que llegó a España, de que el rey se casaría ahora con su nuera.

Oficialmente, los Reyes Católicos reaccionaron con disgusto a tal propuesta: «Algo nunca visto antes, cuya mera mención ofende nuestros oídos.»[25] (Aparte de la diferencia de edad de la pareja, el rey Enrique y Catalina eran parientes en primer grado.) Pero, por supuesto, un aspecto más mundano repugnaba a los Reyes Católicos: el príncipe Enrique seguiría teniendo precedencia en la sucesión sobre todo hijo nacido de Catalina y su padre, de modo que era probable que la princesa española terminara sólo como una viuda de rey, no como madre de rey y posible regente del país. «Refiérase a ello como a algo que no será tolerado», escribió Fernando con firmeza.

Es probable que el rumor no tuviera ningún fundamento.[26] Sin embargo, su mera existencia (en una época en que se estaban llevando a cabo las negociaciones oficiales para el matrimonio de Catalina con el hijo del rey inglés) ilustra la naturaleza sibilina de la Europa matrimonial durante ese período. Además, el disgusto de Fernando ante la idea del rey Enrique como novio tiene un matiz irónico cuando se considera su propia conducta futura.

Octubre de 1504 vio la muerte de otra reina, la madre de Catalina, Isabel. Era la pía esperanza de Fernando que ella se hubiera ido a «un reino mejor y más duradero que los que regía aquí».[27] Desde luego la unificación de los reinos de Aragón y Castilla no había resultado duradera: la muerte de Isabel significó la sucesión de su hija Juana y Felipe el Hermoso, ausentes en Flandes. El rey Fernando, privado del título de «rey de Castilla» que había ostentado durante treinta años, quedó esforzándose en sus maniobras por retener el manejo efectivo de los dominios de su esposa como gobernador. Entretanto, la separación de Aragón de Castilla, con esta última pasando posiblemente al campo imperial, abrió todo un nuevo conjunto de perspectivas diplomáticas.

Por otra parte, el rey Fernando era un viudo maduro que se había transformado en soltero elegible (en este caso, un soltero necesitado de un heredero varón para Aragón). Rápidamente, al año siguiente, como consecuencia del Tratado de Blois con Francia, se casó con Germana de Foix. Además de ser la sobrina del rey de Francia, era a la vez su medio sobrina nieta. Ella tenía dieciocho años y él cincuenta y tres.

Esos rápidos cambios no presagiaban nada bueno para Catalina que, físicamente aislada en poder de Inglaterra, no tenía probabilidades de beneficiarse. En verano de 1505, cuando se acercaba el decimocuarto cumpleaños del príncipe Enrique (fecha en la que Catalina podía esperar con confianza que se celebraría el matrimonio real), rumores muy diferentes recorrían Europa. Se creía que el rey Enrique VII había puesto su mira en un matrimonio triple para vincular su propia familia con la casa imperial de los Habsburgo. La princesa María se comprometería con Carlos, heredero de los Habsburgo y de Castilla. El propio Enrique se casaría con la tía dos veces viuda de Carlos, la archiduquesa Margarita. Y Enrique, príncipe de Gales, se casaría con la hermana de Carlos, Leonor de Austria, la sobrina de siete años de aquella princesa de diecinueve que hasta ese momento lo había imaginado afectuosamente a él como su esposo destinado.

Dadas las circunstancias, el rey Enrique tramó una estrategia para liberar a su hijo en caso necesario. El 27 de junio de 1505, el día previo a su decimocuarto cumpleaños en que llegaba a la edad oficial del consentimiento, Enrique príncipe de Gales se desdijo formalmente de su compromiso con Catalina, princesa viuda de Gales y princesa de España.

Aun antes de que cayera ese golpe, Catalina estaba cada vez más triste. Tampoco el compromiso, dos años antes, había influido tanto en su bienestar como hubiese cabido esperar: por el contrario, las exigencias del rey Enrique se habían vuelto más vehementes. ¿Dónde estaba el resto de la dote? Tales preguntas iban acompañadas de corteses pero firmes negativas a proporcionarle más que una manutención mínima.

Las casas infelices no se manejan con facilidad. La mayor parte del tiempo, la princesa permanecía con doña Elvira y el resto de sus asistentes españoles aislada en Durham House, Strand, la residencia medieval de los obispos de Durham. Al menos tenía unos jardines agradablemente extensos hasta el río; pero a pesar de ellos no era la clase de retiro que doña Elvira consideraba apropiado. Una serie de incidentes desagradables marcaron los años de la viudez de Catalina, puntuados por una serie de partidas, que si bien en algunos casos aliviaban la tensión, también servían para incrementar su sensación de aislamiento.

Después de cinco años en Inglaterra, Catalina le comentaba a su padre que casi no hablaba inglés.[28] Pero ¿cómo iba a aprender, protegida por doña Elvira, ignorada u hostigada por el rey Enrique? La esporádica visita a la corte, la ocasional expedición de caza al bosque de Windsor no bastaban. El primero en partir fue el padre Alessandro Geraldini, el estudioso humanista que había sido su tutor en sus tiempos más felices en España. La había acompañado a Inglaterra como su confesor y capellán principal. Pero se creía que el padre Alessandro había difundido rumores en el sentido de que Catalina había quedado embarazada del príncipe Arturo: eso fue imperdonable para Catalina, tanto entonces como en años posteriores. Una indignada doña Elvira se aseguró de la destitución del padre Alessandro antes de finalizar 1502.

También las damas de la casa de Catalina se hubiesen alegrado de marcharse. No gozaban con la restringida vida de Durham House ni estaban contentas con la incapacidad de Catalina para proveerlas de la clase de dote que puede esperar la camarera de una princesa real. La propia Catalina no podía pensar en esa carencia suya «sin dolores de conciencia».[29] Sin embargo, su padre, enredado en sus propios problemas en España, no le enviaba para ella y menos para repartir. Pronto todos los lujos, todos los caprichos se descartaron. En la primavera de 1504, Catalina informó de que no tenía dinero suficiente para comprar los alimentos necesarios para sí misma y su casa.

Pero la partida de doña Elvira no fue voluntaria. Fue el resultado de un complot frustrado. El hermano de doña Elvira, don Juan Manuel, era un diplomático castellano en Flandes ansioso por asegurar una alianza entre el rey inglés y los nuevos gobernantes de Castilla que apartara definitivamente a Enrique VII de Aragón. Paralelamente, una de las personas que, al menos en teoría, podían sacar de la pobreza a Catalina

era su hermana mayor Juana, heredera de la madre de ambas. Catalina
fue inducida a escribirle a Juana, pidiéndole que solicitara una reunión
en Saint-Omer con Enrique VII: eso lo obligaría a cruzar a Calais, con
Catalina como parte de su séquito. Entonces la reina Juana, al advertir la
pobreza de su hermana, o la remediaría ella misma u obligaría al rey inglés a hacerlo.

Fue el despreciado doctor De Puebla quien puso fin a esa trama apelando apasionadamente a la lealtad de Catalina. Debía ser fiel a su padre. Catalina se enfadó, pero no renunció al proyecto. Doña Elvira, que
fue deportada a Flandes, se llevó consigo casualmente al capellán español que había sido el confesor de Catalina desde la partida del padre
Alessandro. Durante los dos años siguientes, Catalina no tendría siquiera la posibilidad de confesarse en su propio idioma. A pesar de todo, la
religiosidad austera y de mortificación se estaba convirtiendo en su consuelo. Lo sabemos por una carta que el Papa envió a Enrique, príncipe
de Gales, fechada el 20 de octubre de 1505, dándole a él, como esposo
(sic), autoridad para hacerla desistir de su voto de plegaria y ayuno rigu-
rosos, abstinencia y peregrinaje.[30] Tal fervor podía distraerla del verdadero propósito del matrimonio, a saber, la procreación. A nadie escapa
la ironía de esa carta en aquel momento. Sin embargo, como sucedía
con toda negociación en la que estuviera implicado Enrique VII, nada
era fácil, ni siquiera el repudio de la novia por parte del príncipe.

Una visita inesperada a Inglaterra de Juana y Felipe el Hermoso,
ahora reyes de Castilla, tuvo lugar en enero de 1506. Sin embargo no
trajo consigo la ayuda que doña Elvira había previsto que fluiría de una
hermana a la otra. La Armada Real, en viaje de Holanda a España, se
desvió de su rumbo a causa de una galerna y tuvo que hacer escala en
Weymouth. El rey Felipe fue a Windsor, donde lo recibió la corte. En
público, Catalina de Aragón recuperó momentáneamente su juventud
española: lució joyas en el cabello y bailó con dos de sus damas las gra-
ciosas danzas castellanas que había ejecutado por primera vez en Dogmersfield. Pero el posterior Tratado de Windsor, firmado el 31 de enero
entre el rey Enrique y el rey Felipe, amenazaba sin duda su futuro.

Inglaterra estaba ahora alineada con el imperio de los Habsburgo contra Aragón. Enrique VII llegó incluso a ofrecer su ayuda a Felipe
contra Fernando en caso de que Felipe tuviera que tomar posesión de
Castilla por la fuerza. A cambio, el rey Enrique se casaría con la archiduquesa Margarita. Se superaron las primeras etapas del muy deseado
compromiso de Carlos de Austria con la princesa María. (La princesa

cantó canciones españolas, que le había enseñado Catalina, en la recepción de la corte.) ¿Completaría el cuadro el príncipe Enrique comprometiéndose con Leonor, hermana de Carlos?

Además, la reacción fraterna que Catalina seguramente esperaba nunca se materializó. La reina Juana era una mujer muy agraciada (la más bonita de las hijas de Isabel); no obstante, era tan melancólica como histérica, obsesivamente celosa de su deslumbrante esposo y las relaciones de éste con otras mujeres. Por alguna razón, tal vez a causa de uno de sus erráticos estados de ánimo, la reina Juana fue llevada a Windsor algo después que su marido, y Catalina se marchó de la corte al día siguiente.

Se agudizó la ansiedad de la princesa. No sólo la pobreza sino también el rechazo parecían amenazarla. En abril de 1506 le dijo a su padre que «ella misma casi no tenía que ponerse» y que le había pedido al rey Enrique «con lágrimas en los ojos» dinero para alimentos, pero sin éxito. Y sin embargo, la situación no era clara: el rey Enrique mantenía deliberadamente una actitud ambivalente respecto al «compromiso» al que había obligado a su hijo a rechazar. En la misma época de las quejas de Catalina a Aragón, el joven príncipe Enrique, sin duda siguiendo órdenes del padre, se refería a ella (conversando con el cuñado de Catalina, el rey Felipe) como «mi queridísima y bien amada consorte, mi esposa la princesa».[31]

El lenguaje del príncipe Enrique recordaba las formales misivas de escolar del príncipe Arturo a su «queridísima esposa», casi diez años antes. Pero había una diferencia. El príncipe Enrique en realidad conocía a su esposa, su «bien amada consorte», desde su llegada a Inglaterra. Además, la partida de doña Elvira, sumada a la renuencia del rey a pagar por Durham House, implicaba que Catalina pasara más tiempo en la corte o trasladándose de uno a otro de los palacios menores del rey. En cualquier caso, Catalina podía encontrarse con los hijos reales. En suma, durante bastantes años el príncipe Enrique (y la princesa María) se habían visto con Catalina.

Esa proximidad no había sido deliberada. No era más que la consecuencia inesperada de la parsimonia de Enrique VII y el modo persistente en que trataba de mantener la presión sobre Fernando para que abonara el dinero persiguiendo a la hija. El rey ejercía un control absoluto sobre su hijo. Los observadores estaban sorprendidos por el hecho de que el príncipe viviera por completo bajo el pulgar del padre, prácticamente reducido; el rey, por temor a la seguridad del hijo o por un quisquilloso hábito de dominio, decidía cada detalle de su vida. Al año siguiente, Catalina le enviaría una conmovedora queja al padre: ni siquiera le habían permitido ver «al príncipe, su esposo» desde hacía cuatro meses, aunque vivían en el mismo palacio.[32]*

Para Enrique VII, el brusco alejamiento de Catalina de la compañía de su hijo era una maniobra más (como la del rey Fernando al apoyar cínicamente el mito de la consumación del matrimonio de Catalina). Pero se había permitido que se desarrollara una relación basada en la cercanía entre el muchacho que ahora rápidamente se acercaba a la edad adulta —el príncipe Enrique tenía dieciséis años en 1507— y la infortunada princesita, objeto de simpatía, sin duda, para todo corazón romántico. Tendría consecuencias importantes.

En cuanto a Catalina, fue por esa época que le dijo a la cara a Enrique VII, con un coraje digno de admiración, que consideraba «irrevocable» su matrimonio con el príncipe Enrique. Por supuesto se guiaba por el deber, la convicción religiosa y la educación recibida, así como por las instrucciones de su padre desde España. Pero el hecho de que el esposo en consideración fuera «de estatura muy apreciable» sin duda debe de haber tenido su importancia. «No hay joven más agraciado en el mundo que el príncipe de Gales», le dijo el doctor De Puebla al rey de Aragón en octubre de 1507. La sorprendente donosura del príncipe Enrique, incluidos sus miembros fuertes y atléticos «de tamaño gigantesco» según lo expresó De Puebla, empezaban a suscitar la admiración de los poco acostumbrados a tal perfección en los príncipes.[33]

Le quedaba poco tiempo a Juana para continuar con su obsesión por su esposo. Se obsesionó luego con su cadáver. Después de la muerte de Felipe, en octubre de 1506, la frágil razón de Juana empezó a derrumbarse; viajaba de un castillo a otro con el cuerpo insepulto del esposo en el ataúd como parte de su séquito. Curiosamente, en su visita a Inglaterra había impresionado a Enrique VII con su belleza. Era la única monarca de Castilla, y sin esposo. ¿Acaso no era él aún un soltero elegible? (El matrimonio con la archiduquesa Margarita nunca se celebró; ella encontró su verdadero destino gobernando Holanda como sabia y respetada regente.)

Dadas las circunstancias, hay algo patético en los esfuerzos del rey inglés por convencerse de que las historias sobre la locura de Juana eran

---

* El palacio de Richmond. Dada su vasta extensión, los palacios Tudor eran pequeños pueblos más que residencias; de ahí la facilidad del rey para mantener a Catalina apartada del príncipe de Gales: cada uno tenía su propia casa.

un ardid español para destituirla de sus derechos. Por otra parte, el entusiasmo del promotor de ese matrimonio, el doctor De Puebla, parece una burla: según él, aunque la reina de Castilla estuviera loca, eso no les importaría demasiado a los ingleses, dado que ya había dado a luz y presumiblemente volvería a hacerlo.

Una vez más, la situación distaba de ser simple. La cuestión del matrimonio con Juana, la hija de Fernando, volvía a poner a Enrique en situación de necesitar la ayuda aragonesa. Incluso aquel celebrado trofeo matrimonial, el nieto y heredero del rey, Carlos de Austria, era igualmente nieto y heredero de Fernando. El rey de Aragón podía apoyar o malograr su unión con la princesa María. El rey Enrique también se permitió escuchar otros cantos de sirena que le hablaban de seductoras novias con parentesco aragonés. Una sobrina de Fernando, la reina Juana de Nápoles, por ejemplo, era una viuda joven y una beldad celebrada. Si bien al rey Enrique le encantó cuanto oyó sobre ella, no confió en nada. Había que hacer más averiguaciones. ¿Pintaba? ¿Tenía vello sobre el labio superior? Había oído decir que sus senos eran más bien grandes y llenos y que se los «ajustaba un tanto altos». ¿Era dulce su aliento? Los embajadores no debían confiar en el informe de otros sino acercarse lo suficiente para verificarlo por sí mismos.[34]

Nada de eso alivió la hosca atmósfera de la corte inglesa. Las celebraciones exóticas eran cosa del pasado. Las fiestas matrimoniales de Catalina y Arturo habían resultado ser el último, y el mayor, espectáculo del reino. A pesar de todas sus fantasías acerca de esposas jóvenes y bellas, el verdadero placer del rey en esos tiempos consistía en jugar compulsivamente a las cartas o a los dados con los cortesanos. El dinero, de una u otra forma, seguía siendo la inspiración de sus acciones. Cuando el rey Fernando, mejoradas sus finanzas, logró enviar parte de la dote pendiente de Catalina, en julio de 1507, el rey Enrique respondió volviéndose contra la princesa y acusándola de tomar ilegalmente parte de la primera entrega. Su argumento fue que las joyas y la vajilla que ella había traído para el rey Arturo pertenecían a éste y por tanto correspondían a su padre en herencia; Catalina no tenía derecho alguno a tocarlas.

Las cartas de Catalina a su padre siguieron siendo tristes de leer.* El alimento y la ropa eran los temas recurrentes. Catalina sólo había conseguido comprarse dos trajes, de simple terciopelo negro, desde su llegada

---

* Los originales, en Egerton MSS, Biblioteca Británica, muestran la creciente tensión a medida que la caligrafía de ella se vuelve más grande y más frenética.[35]

a Inglaterra seis años antes, y se había visto obligada a vender sus brazaletes para pagarlos. Sus servidores iban harapientos. En cuanto a la comida, la situación había empeorado y no había modo de pagarla, salvo vendiendo su vajilla. Sin duda era deber del padre «socorrer a una joven princesa que está viviendo en una tierra extranjera sin protección».

No sorprende por tanto que su salud se resintiera. Sufría persistentes ataques de «fiebre baja», una vez más tanto podía tratarse de depresión como de cualquier otra enfermedad que curse con fiebre. El remedio contemporáneo de sangrar al paciente sólo pudo haber disminuido aún más su resistencia. En la primavera de 1507 le dijo a su hermana la reina Juana que se había recuperado y que estaba soportando su adversidad con fortaleza. Pero en agosto, Catalina le confió a su padre que «ninguna mujer de cualquier clase en la vida» podía haber sufrido más. Las afirmaciones del rey Enrique, un mes más tarde, de que acababa de enviarle 200 libras, de modo que sus sirvientes se las habían robado, y de que la quería tanto que no podía soportar la idea de que «estuviera en la pobreza», suenan absolutamente a falso.[36]

Siguió la intranquilidad en una casa castigada por la pobreza. La llegada, al fin, de un confesor español, debió de haber facilitado las cosas. Catalina había reclamado uno con urgencia a causa de la dificultad que para ella suponía confesarse en inglés. El recién llegado era un fraile franciscano observante, como había sido el confesor de la reina Isabel, mientras que el convento de frailes franciscanos observantes próximo al palacio de Greenwich también proporcionaba capellanes a la familia real inglesa. Catalina se sintió inmediatamente encantada con él. Lamentablemente, sus circunstancias no habían contribuido a hacerla buena jueza de la gente. Su terrible necesidad de apoyo en su círculo íntimo, si quería sobrevivir, la inclinaba a asociar las manifestaciones de lealtad a sus intereses, según ella interpretaba, con la decencia y la bondad.

A veces, eso se daba. Una nueva dama de compañía, María de Salinas, llegó de España en algún momento de ese período terrible. Descrita luego por Catalina como la persona que siempre la había consolado «en la hora de sufrimiento», María de Salinas resultaría ser una de las amigas y servidoras más devotas de Catalina.[37] Un poco más joven que su ama, sumamente hermosa en la juventud, estaba lejanamente emparentada con Catalina por el lado aragonés de la familia. Inés, hermana de María de Salinas, que se casó con un español que vivía en Inglaterra, puede haber sido una de las damas de compañía originales de Catalina.

La fidelidad no era la única buena cualidad de María de Salinas: también tenía tacto.

No podía decirse lo mismo del nuevo confesor, fray Diego Fernández. Sin duda no era tan terrible, «altivo y escandaloso de manera extrema», como lo pintaban sus detractores. Había quienes no encontraban en él «ni saber, ni aspecto, ni modales, ni competencia, ni crédito». Si bien eso era exagerar, fray Diego tampoco era el dechado de sabiduría y bondad que Catalina creía, «el mejor [confesor] que tuvo nunca una mujer en mi posición, con respecto a su vida así como a sus santas doctrinas y a su pericia en letras».[38]

En realidad, fray Diego era un hombre culto pero de familia pobre, que había estudiado en Salamanca y prosperado gracias al propio esfuerzo. El verdadero problema era que el fraile ejercía un control posesivo sobre todo lo relativo a la casa de la princesa, no sólo en los aspectos relacionados con su bienestar espiritual. Era una manía de poder que resultaba particularmente inadecuada en vista de la delicada relación de Catalina con la corte inglesa. Pero si alguna vez Catalina osaba cuestionar las decisiones del fraile, éste apelaba a la piedad de ella y la convencía de que lo que proponía era pecado: él, después de todo, no ella, estaba en posición de pronunciarse sobre tales asuntos. El embajador español opinó que con alguien «tan concienzudo» como Catalina era un juego fácil hacer «un pecado de todos los actos, de la clase que sean, si le disgustan a él».[39]

Hubo un incidente notorio cuando se arregló que Catalina cabalgara con la princesa María al palacio de Richmond para reunirse con la corte. En el último momento intervino fray Diego, alegando que Catalina había estado enferma durante la noche. «Vos no iréis hoy», declaró él. Por una vez, Catalina no cedió: cabalgar, en particular con la princesa María, era un placer y el rey la había invitado. Aun cuando fray Diego anunció que desobedecer su orden sería un pecado mortal, la normalmente sumisa Catalina persistió, demostrando la profundidad de su disgusto. Pero no consiguió convencer a su confesor. Después de una demora molesta, la princesa María se marchó. Catalina se quedó, descubriendo que estaba sin comida, ya que se había esperado que partiera. El rey se sintió «muy dolido», comprensiblemente en esta ocasión. Al día siguiente la supuesta muchacha enferma tuvo que viajar de la manera más humilde (para una princesa), asistida por tres mujeres a caballo, su chambelán —y fray Diego—, cuando habría podido desplazarse cómodamente con la princesa María.[40]

El rumor de que la influencia de fray Diego sobre la princesa se debía a alguna clase de relación sexual puede descartarse. La piedad de Catalina, su pureza de toda la vida, por no hablar de su conciencia, a menudo expresada, de su propia virginidad, hubiese hecho impensable tal episodio para ella, en realidad terrorífico. Pero por supuesto, desde el punto de vista de la figura de un fray Diego manipulador, no había ninguna necesidad de seguir un camino tan peligroso. La conciencia de Catalina y su soledad ya habían hecho de ella una presa fácil. El experto manejo por parte del fraile de sus temores escrupulosos era control suficiente. De todos modos, se entiende la reacción del nuevo embajador del rey Fernando, don Gutiérrez Gómez de Fuensalida, cuando exclamó que ojalá se pudiera encontrar «un honesto confesor viejo» como sustituto del problemático fraile.

Fuensalida llegó para reemplazar al doctor De Puebla, despedido a petición de Catalina, en 1508. Si Catalina valoraba demasiado a fray Diego, siempre había subestimado al doctor De Puebla en su obstinada convicción, originalmente sugerida por doña Elvira, de que él era la herramienta de Enrique VII. Una vez más, el aislamiento no había hecho de ella una buena jueza de los hombres. Puede ser que la sangre judía de De Puebla —era parcial o totalmente judío— hubiera contribuido a los prejuicios de doña Elvira, aunque muchos de los funcionarios de Fernando, antes de la expulsión de los judíos en 1492, eran conversos, es decir, judíos convertidos al cristianismo. La cuestión no fue de ningún modo tan clara en la sociedad española a partir de 1492 y difícilmente habría podido serlo (el propio Fernando, y por extensión Catalina, tenía sangre judía de la madre de él, Juana Enríquez).[41] Ello sin duda jugó en contra del doctor De Puebla, un funcionario mayor de edad y de clase media, sin grandes dotes sociales. Pero había algo más: el doctor De Puebla era una víctima propicia para Catalina, dado que el verdadero culpable, aparte de Enrique VII, era su propio padre por no enviar la dote. Dada la adoración que sentía Catalina por Fernando (en España ella había sido la preferida de él, la hija menor y favorita), culpar al doctor De Puebla proporcionaba una útil válvula de escape.

Fuensalida era un tipo de embajador muy diferente, un aristócrata que llegaba de la refinada corte borgoñona de Flandes, aunque tenía algún conocimiento de Inglaterra. Sin embargo, a Fuensalida no le fue mejor. Al menos De Puebla había mantenido buenas relaciones con el rey Enrique, comoquiera que Catalina hubiese interpretado esa relación; la constante insistencia de Fuensalida en el asunto del matrimonio de Catalina sacaba a Enrique de quicio. Desde el punto de vista de Catalina, en realidad, a Fuensalida le fue aún peor, dado que llegó con instrucciones de Fernando de que ese famoso y demorado matrimonio se celebrara de inmediato o que rescatara a Catalina con cuanto pudiera salvarse de su dote original y sus pertenencias y la devolviera a la patria. «Es claro que él [Enrique VII] piensa que puede hacer y pedir lo que se le ocurre —escribió Fernando—, porque tiene a la princesa en su poder.» Sin embargo, la propia Catalina afirmaba la naturaleza «indisoluble» de su segunda unión.[42]

El insulto se agregó al daño, al menos desde el punto de vista de los españoles, cuando Enrique VII trató de sustituir su propio matrimonio con la reina Juana, que seguía siendo atractiva para él, por el matrimonio original entre Enrique, príncipe de Gales, y Catalina. De esa manera esperaba preservar su amistad con Aragón. Cuando Fuensalida señaló indignado que el rey inglés estaba obligado por un contrato a casar a Catalina de Aragón con su hijo, Enrique VII replicó: «Mi hijo y yo somos libres.»[43] Eso fue, al menos para Fuensalida y su señor, la puntilla para el matrimonio de Catalina.

Catalina acusó a Fuensalida, y fray Diego se entrometió una vez más. Hubo un incidente ridículo con una de las damas, Francisca de Cáceres, que recibió una oferta de matrimonio del rico banquero italiano Francesco Grimaldi (implicado en los complejos arreglos para el pago final de la dote de Catalina). Doña Francisca, en vista de que no tenía dote, se consideró afortunada de haber conseguido un novio de tan buena posición; pero el hecho de que Fuensalida se alojara en la casa londinense de Grimaldi hizo que Catalina, alentada por fray Diego, sospechara una conspiración. Doña Francisca tuvo que dejar la casa y la boda se celebró en la de Grimaldi.[44]

El hecho era que, en opinión de Fuensalida, había llegado el momento de embalar las pertenencias de Catalina y de llevarse a la princesa de la torre inglesa, de la cual, en siete años, ningún caballero había intentado rescatarla. El matrimonio por poderes, de la princesa María con Carlos de Austria, príncipe de Castilla, en diciembre de 1508, hizo que la demora de Enrique VII en cuanto a la unión anterior pareciera mucho más gratuita. Un furioso Fuensalida se negó a asistir a las celebraciones de la corte y trató de prohibirle a la princesa que lo hiciera. No obstante, Catalina fue con la cabeza bien alta. Carlos era su sobrino, la princesa María su cuñada; orgullosamente, guardaría las formas. Cuando María, de doce años, pronunció «las palabras del matrimonio» per-

fecta y claramente en francés «sin sonrojarse, sin alto o interrupción», la
conmovedora visión llevó lágrimas a los ojos de muchos observadores.[45]
Pero si Catalina estuvo entre los que lloraban, pudo haberse reservado
también una lágrima por sí misma.

En la primavera de 1509, finalmente Catalina se rindió. En una carta a su padre, del 9 de marzo, le dijo que no podía seguir soportando el
miserable acoso de Enrique VII. Hacía muy poco que él le había dicho
que no tenía ninguna obligación de alimentarlos a ella y a sus servidores,
agregando desdeñosamente que le estaban dando la comida como una
limosna. Había recuperado la salud después de otra recaída de su enfermedad; deseaba regresar a España y pasarse el resto de la vida sirviendo a
Dios.[46] Ésa fue la expresión final de desesperación de la hija de la reina
Isabel, a la que habían llevado a creer que la vida en el trono, no en el
convento, era el destino para el que Dios la había puesto en la tierra.

Al mes siguiente Fuensalida inició los trámites para despachar las
pertenencias de Catalina a Brujas. Y entonces, de pronto, Catalina dejó
de estar en poder del rey Enrique. El 21 de abril, después de una breve
enfermedad, Enrique VII murió.[47] Habían pasado casi siete años desde
la muerte del príncipe Arturo. El hechizo se había roto.

CAPÍTULO TRES

El mundo dorado

Nuestro joven, natural, robusto y valiente... soberano... había asumido el cetro real... de este reino fértil y
abundante de Inglaterra... llamado el mundo dorado,
tal era la gracia de la abundancia que imperaba...

GEORGE CAVENDISH, *Life of Wolsey*

Seis semanas después de la muerte del viejo rey, el 11 de junio
de 1509, el nuevo rey, Enrique VIII, se casó con Catalina de Aragón en
el oratorio de la iglesia próxima al castillo de Greenwich. Él estaba a
punto de cumplir dieciocho años (el 28 de junio), ella tenía veintitrés.
La ceremonia fue breve y privada; Catalina vistió de blanco, con el pelo
largo y suelto como correspondía a una novia virgen.[1] Cuando describía
la noche de bodas que siguió, al rey Enrique le agradaba jactarse de que
en realidad había hallado a su esposa «doncella»; aunque años más tarde
trataría de hacer pasar esos comentarios por «bromas», parece poco probable que bromeara.[2] Fanfarronería juvenil aparte, es comprensible que,
en lo relativo a toda duda que quedara sobre la relación de su hermano
con Catalina, deseara aclarar el asunto de una vez por todas, según pensó entonces.

El día de San Juan tuvo lugar una celebración más pública y espléndida de la unión cuando, por órdenes del nuevo rey, su esposa com-
partió la ceremonia de coronación en la abadía de Westminster. Enrique VIII bien pudo haber apresurado deliberadamente la ceremonia de
matrimonio para que Catalina pudiera «acostarse en la Torre la noche
previa a la coronación». De esa manera, ella podía acompañarlo a través

de la ciudad de Londres en la tradicional procesión a Westminster la víspera de la coronación. Los londinenses podían observar a su nueva reina cuando pasaba en la litera, «soportada sobre el lomo de dos palafrenes blancos enjaezados con paño blanco de oro, su persona ataviada de raso blanco bordado, su cabello que pendía sobre la espalda, de gran extensión, bello y grato de contemplar, y sobre su cabeza una corona con abundantes y ricas gemas engastadas».[3]

Pero la coronación de una reina era más que una buena ocasión para que los súbditos leales alegraran sus ojos con muchísimo oro blanco y brillantes, e inspeccionaran los encantos de la dama (a menos que hubiesen presenciado aquella procesión previa con el príncipe Arturo, ocho años antes). Fue también un acto de Estado deliberado que no tenía que ver necesariamente con el matrimonio del rey: Isabel de York, como se ha comentado, no fue coronada hasta pasados dos años de su boda, tras el nacimiento de un hijo y heredero. Tomás Moro, en un estallido de éxtasis por el prometedor ascenso del nuevo monarca, destacó la contribución particular de Catalina: «Ella desciende de grandes reyes.»[4]

Se gastaron 1.500 libras en la coronación de la reina solamente: tres veces la suma que habían costado las celebraciones de la boda en 1501 y apenas 200 libras menos de lo gastado para la coronación del propio rey. Fueron necesarios alrededor de 1.830 metros de tela roja y otros 1.500 de tela escarlata de calidad superior. Se hicieron cuidadosas listas de aquellos con derecho a lucir la nueva librea de la reina de terciopelo carmesí. Catalina lucía por su parte una corona de oro, el borde engastado con seis zafiros y perlas y llevaba un centro de oro rematado con una paloma.[5]

En algunos momentos la ceremonia patinó un poco, como suele pasar cuando se siguen demasiado al pie de la letra las tradiciones. La fórmula empleada fue la de Enrique VII, de un cuarto de siglo antes, de modo que para llevar el cetro y la vara de marfil en la procesión de la reina hubo que nombrar a vizcondes, aunque no había ninguno en Inglaterra. Luego lord Grey de Powis fue puesto a conducir los caballos de la litera de la reina como lo había hecho lord Grey de Powis en 1485, pero resultó que ese lord Grey tenía sólo seis años.[6] Aparte de estas meteduras de pata, fue la suntuosa celebración de un nuevo orden.

Muchos se disponían a ganar y pocos, muy pocos, a perder. Por ejemplo, se nombró a muchos caballeros de la Orden del Baño para conmemorar la celebración: entre ellos figuraba un joven cortesano en ascenso llamado Thomas Boleyn, diligente y trabajador, casado con una mujer de la familia Howard que recientemente le había dado un hijo y dos hijas. Los perdedores eran los impopulares símbolos de la avaricia del viejo rey, Richard Empson y Edmund Dudley, que se habían ocupado de las tasas fiscales; fueron arrestados, acusados y ejecutados. Esos arrestos, unidos al perdón de Enrique VIII de ciertas multas impuestas a la aristocracia por su padre, contribuyeron a la atmósfera general de regocijo. Tomás Moro escribió sobre el nuevo clima: «Este día es el fin de nuestra esclavitud, la fuente de nuestra libertad; el fin de la tristeza, el comienzo de la dicha.»[7]

Tampoco la muerte de la vieja Margarita de Beaufort, abuela del nuevo rey, ocurrida pocos días después de la coronación, causó demasiada pena. Se juzgaba que, como Simeón, estaba dispuesta a partir tras haber visto el ascenso con éxito del heredero varón de su «queridísimo hijo». Figura fuerte como era, Margarita de Beaufort resultaba una reliquia de la antigua época del disenso. En cuanto a Catalina, era ahora no sólo la única reina, sino que, a diferencia de Isabel de York en el reinado anterior, era la única figura real femenina de Inglaterra.

Había una imagen favorita en la cultura de la juventud de Catalina, que se repetía en los romances y las historias que llenaban la biblioteca de su madre: la rueda de la fortuna.* «Somos como recipientes en una noria... uno arriba y otro abajo, uno lleno y otro vacío: es la ley de la fortuna que nada puede continuar mucho tiempo en el mismo estado del ser» (citado aquí de la famosa novela española *La Celestina*, publicada por primera vez en 1499).[8] Pero de la rueda de la fortuna, a veces tomada como emblema de la fortaleza cristiana, se esperaba que girara lenta aunque implacablemente. Rara vez da un giro más violento la rueda que el que llevó a Catalina de Aragón a su destacada posición. Apenas habían pasado dos meses desde la muerte del viejo rey, y no más de tres desde que Catalina lanzara su grito de desolación pidiendo su retorno a España «para servir a Dios» y observara cómo sus pertenencias eran despachadas a Brujas por Fuensalida. (El embajador tuvo ahora el honor de hacerlas devolver.)

¿Por qué se había producido ese cambio milagroso? Una explicación la daba el propio Enrique VIII en una carta a la archiduquesa Margarita como representante de la familia Habsburgo. Su padre, en el lecho de muerte, le había pedido a Enrique que procediera con el matrimonio, y el

---

* Por ejemplo, un contemporáneo de Catalina —también nacido en 1485—, Hernán Cortés, el conquistador de México, solía usarla.

nuevo rey había respetado el deseo del padre. Es verdad que Enrique VIII estuvo presente junto al lecho de muerte del padre, de modo que en teoría es posible que haya tenido lugar esa sorprendente súplica de último momento. Es en cualquier caso sumamente improbable. La explicación del nuevo rey fue simplemente un modo cortés de disimular el hecho de que, al casarse con Catalina, había plantado a Leonor de Austria, sobrina de la archiduquesa.

En cuanto a las intenciones de Enrique VII, podemos descartar el impulso sentimental de reparar el mal que le había infligido tantos años a su nuera. En diciembre había asegurado el vital matrimonio por poderes de la princesa María con Carlos, el heredero Habsburgo, sin entregar a su hijo. Enrique VII murió apenas un mes después de humillar una vez más a Catalina en cuanto al asunto de su manutención, sin dar ninguna otra prueba de un cambio de actitud.

Otra explicación es la que ofrecía Edward Hall en su *Chronicle*, publicada por primera vez hacia 1542 (un documento en cuyo curso Enrique VIII no puede hacer ningún mal). Hall culpaba al Consejo del Rey de aferrarse a la dote de Catalina (ahora al fin disponible) y de aconsejarle a él que el matrimonio sería en consecuencia «honorable y provechoso para su reino»; el rey «siendo joven y no entendiendo las leyes de Dios» aceptó.[9] Sin duda, asegurarse la dote de Catalina en lugar de verse en la posible necesidad de pagar a la princesa viuda de Gales, era un argumento convincente; luego estaba la necesidad de asegurarse al rey Fernando de Aragón como aliado contra Francia. Por último, continuaba incierta la situación dinástica en Inglaterra donde, si el rey Enrique hubiera muerto como consecuencia de un accidente en uno de los torneos de la coronación, en 1509, no estaba en absoluto claro quién hubiese sido su heredero, aparte de sus hermanas, a las cuales se aplicaban todas las antiguas reservas sobre la sucesión femenina, además de lo cual, una tenía trece años y la otra estaba casada con el rey de los escoceses. Una esposa adulta era mucho más atractiva en términos de fundar una nueva dinastía que, por ejemplo, Leonor de Austria, que sólo contaba once años y que era improbable que diera a luz hasta pasados unos cuantos.

La realidad es más romántica. Si bien las diversas argumentaciones en favor del matrimonio con la española pueden haber tenido también su peso —en especial en lo que concierne a los consejeros del rey—, fueron en esencia justificaciones de una decisión que el nuevo rey tomó por su cuenta. Y la tomó por razones de amor, no de política, gobernado por su corazón y no por la cabeza. Después de todo, no era difícil dar con argumentos en pro de una unión en la que había estado comprometido oficialmente seis años y que tenía evidentes ventajas materiales y diplomáticas.

Catalina misma siempre creyó que el único auténtico obstáculo para su felicidad era Enrique VII. Una vez le escribió a su padre que «su matrimonio pronto se celebraría si muriera el viejo rey» (como le dijo Fernando a Fuensalida en mayo de 1509). El rey Fernando también le recordó a Catalina sus propias palabras: que realizar el matrimonio «sería fácil» si Enrique VII era apartado de la escena (un hombre descrito con acierto por Fernando como «ni amigo suyo ni de ella.»).[10] Y la confianza de Catalina no era desacertada.

Durante toda su vida, el rey Enrique VIII tuvo una feliz capacidad para enamorarse: feliz al menos desde su propio punto de vista, pues era capaz de asegurarse el objeto de su pasión con razonable rapidez. (De sus seis celebrados matrimonios, cuatro fueron realmente por amor, uno por afecto, bordeando en el amor; el único matrimonio por puras razones de Estado fue un desastre inmediato.) En verano de 1509 era un hombre joven, ardiente, caballeroso, movido por los sufrimientos de la muchacha con la que había crecido considerándola su «más querida y bien amada consorte». No era difícil amar a la agradable y atractiva Catalina, con su carácter dulce y su evidente devoción al «príncipe su esposo», en especial por parte de un joven al que le habían sido negadas otras ocasiones para el romance.

Porque Enrique, no menos que Catalina, había pasado sus años de formación en el aislamiento, privado de compañía femenina, obligado a mantener casi todas sus conversaciones en presencia del padre, que cuidaba de su heredero con tanto celo como en una época se había ocupado doña Elvira de su propia protegida. Catalina de Aragón era la excepción: como su «consorte» (y princesa viuda de Gales) a ella se le permitió pasar suficiente tiempo con él en el curso de los años; se quejó amargamente cuando le quitaron ese privilegio. El príncipe Enrique pudo incluso haberle hecho ciertas promesas sobre el futuro a Catalina en vida de su padre: aunque no hay pruebas de ello, la seguridad de Catalina cuando le dijo a Fernando que el matrimonio «pronto se celebraría» si moría Enrique VII, apoya esa conjetura. Las palabras de Catalina sugieren, como mínimo, confianza en el carácter y en los tiernos sentimientos del joven príncipe.

Ahora el príncipe se había convertido en rey y Enrique era libre. Dada la represión de su juventud, no puede ser una coincidencia en tér-

minos psicológicos que la primera acción pública de Enrique VIII revir-
tiera por completo la política de su padre durante tantos años: se casaría
con Catalina de Aragón y abandonaría a Leonor de Austria. Pero desde el punto de vista de Enrique, había más en el matrimonio que un
mero desafío a la voluntad de su padre. Enrique VIII era impetuoso y
romántico: ahora tenía una oportunidad perfecta para casarse con su
primer amor y darle a su cuento de hadas, por así decirlo, un final feliz.
Cuando el joven rey le escribió a su padre político Fernando al mes
siguiente de su boda que, en el caso de seguir libre, elegiría a Catalina
antes que a cualquier otra, no hay razones para dudar de que, en el éxtasis juvenil del momento, decía la verdad.[11]

Para la reina Catalina, su nueva vida tenía todos los elementos de un
cuento de hadas, incluida la presencia de un joven y apuesto príncipe.
Nada tenía que ver con la imagen popular del rey Enrique VIII —el
francote rey Enrique, el monarca rechoncho de años posteriores—
el hombre con el que se casó Catalina de Aragón en 1509. Si pocas reinas han demostrado las capacidades mentales que poseía Catalina, pocos
reyes han sido dotados por la naturaleza con cualidades físicas tan notables como el joven rey Enrique. Se ha sugerido anteriormente que Enrique y sus hermanas, igualmente rubias y notables, debían su aspecto a la
herencia York por parte materna, no a su padre Lancaster. La semejanza
entre Enrique VIII y su abuelo Eduardo IV es sorprendente si se com-
paran sus retratos a edades similares. Eduardo era también esbelto y famoso en su juventud por su «belleza de persona». Su hija Isabel de York
heredó su buen aspecto rubio, mientras que el padre de Enrique VIII,
mucho más oscuro de pelo, su cara angosta y unos ojos pequeños como
cuentas que eran el comentario de todos los observadores, en general era
considerado por sus contemporáneos como de aspecto más francés que
inglés.[12]

No menos que Eduardo IV, Enrique VIII tenía la ventaja de parecer
un rey, o al menos encajaba con el ideal popular de rey. (Recuérdese que
su primo, el duque de Buckingham, durante aquel momento de nervios
después de la muerte de Arturo, cuando Enrique era sólo un niño, era
elogiado por ser «un hombre apuesto» que por tanto tenía probabilidades de ser «un magnífico gobernante».) Ésa era una época en que el aspecto físico del soberano formaba el centro de su corte, que constituía a
su vez el centro del país: era una época, también, en que los soberanos

aún conducían a su pueblo en la guerra. Enrique VIII fue afortunado porque, desde su más tierna infancia, despertó admiración por poseer lo que se consideraba que era el aspecto y el porte principescos perfectos.

Tomás Moro llevó una vez a Erasmo a visitar la sala de los niños reales en el palacio de Eltham: el teólogo holandés recordaba luego cómo Enrique, de ocho años, estaba erguido en medio de la sala, entre muchas personas, «ya con cierta actitud real; quiero decir dignidad de mente combinada con una notable cortesía». La adolescencia aumentó la deslumbrante impresión que causaba. Los comentarios de sorpresa del doctor De Puebla en 1507 acerca de los miembros gigantescos de Enrique fueron sólo los primeros de la larga lista de elogios que recibiría, no sólo en la lozanía de la juventud sino cuando ya contaba casi treinta años. En 1519, por ejemplo, cuando Enrique tenía veintiocho, el embajador veneciano Giustinian lo encontró «sumamente apuesto; la naturaleza no hubiera podido hacer más por él». Tenía una barba «que parece oro» y una tez tan delicada y clara como la de una mujer. Según Giustinian, era «la cosa más bella del mundo» ver al rey jugando a tenis, «su delicada piel resplandeciendo a través de una camisa de la más fina textura».[13]

Es de suponer que descripciones líricas como ésas tal vez se debían en parte al contraste entre el aspecto de Enrique VIII y el de la mayoría de los reyes. (¡Cuán pocos de ellos correspondían en realidad al ideal popular!) Cuando Enrique llegó al trono, Aragón, el imperio de los Habsburgo y Francia estaban encabezados por hombres mayores de mala salud. De la generación siguiente, los principales rivales de Enrique serían el nuevo rey de Francia, Francisco I, y Carlos de Austria y Castilla, que sucedió a su abuelo como emperador Carlos V en 1519. Francisco I, alto y de buen físico, tenía sin embargo un aire mefistofélico con su larga nariz, que ni siquiera los mejores pintores del mundo lograron disimular del todo. El futuro Carlos V, aparte de su capacidad mental, era decididamente desgarbado, un adolescente con el poco atractivo labio inferior prominente de los Habsburgo. En esas circunstancias, tal vez no fuera demasiado difícil para Enrique VIII ser «el más apuesto soberano» que Giustinian «hubiera visto nunca».

En lo que concierne al aspecto, el rey inglés hubiese podido sobresalir en cualquier compañía. Aparte de sus colores —el pelo dorado con reflejos rojizos, los ojos azules y la piel clara que todos elogiaban— su talla era heroica. El rey medía un metro ochenta y cinco de estatura, con hombros anchos y buenas piernas largas y musculosas, en una época en que los hombres eran más bajos que hoy, aunque no tan pequeños como a veces se sugiere. Sus armaduras, que actualmente se encuentran en la armería de la Torre de Londres, nos permiten hacernos una idea precisa de sus medidas (y además apreciar el aumento de su cintura con el paso de los años). En 1514, por ejemplo, la armadura del rey demuestra que tenía una cintura de 87,5 centímetros y un pecho de 105 centímetros; medidas que confirman el juicio de Giustinian de que todo su físico estaba «admirablemente proporcionado». En suma, Enrique VIII se parecía al príncipe de Gales de Shakespeare, Enrique V el Temerario, más que al francote rey Enrique en los primeros años de su reinado:

> *Vi al joven Enrique con su babera puesta,*
> *las escarcelas sobre los muslos, galantemente armado,*
> *levantarse del suelo como un Mercurio alado,*
> *y volverse con tanta ligereza*
> *como un ángel bajado de las nubes,*
> *para girar y manejar un fiero Pegaso*
> *y embelesar al mundo con noble equitación.*

La inagotable energía física del joven Enrique VIII, que siempre estaba saltando, bailando, cabalgando, cazando, luchando, justando, compitiendo, sorprendía al mundo: como el Enrique poético, también él embelesaba constantemente a los espectadores con su agilidad. Un enorme amor a la vida y al placer en todas sus formas exudaba de él, tan agradable de contemplar en un joven encantador, en particular en un joven que había heredado una prodigiosa fortuna de su cuidadoso padre. (Como a Enrique VII, le divertía jugar muchísimo dinero: muy a menudo perdía con las damas de la corte, mientras que su padre jugaba principalmente con sus amigos varones.) Las joyas, los materiales espléndidos, los bordados brillantes, los mantos «los más ricos y más soberbios que puedan imaginarse» le encantaban. En cuanto a sus consejeros, no sorprende que les hiciera gracia el animado hedonismo de su joven señor; temían que si lo desalentaban se volviera «demasiado duro con sus súbditos» como había ocurrido con el padre.[14]

Sin embargo, a pesar de la impaciencia del rey con toda actividad que implicara mantenerse inmóvil por demasiado tiempo —escribir cartas, por ejemplo, no fue nunca su pasatiempo favorito— no era un atleta de cabeza hueca. Enrique VIII, como su esposa Catalina (y como muchos príncipes y princesas del Renacimiento), había recibido una excelente educación, era un ávido lector, poseía una viva inteligencia y el debate teológico le interesaba mucho. La música era otra de sus pasiones. En 1515 fue descrito como capaz de tocar todos los instrumentos y de componer bastante bien; según otro informe, el rey era capaz de cantar «leyendo la música de un libro a primera vista». Dejaría un legado de más de treinta canciones y piezas instrumentales que había compuesto o arreglado, la mayor parte de las cuales probablemente daten del comienzo de su reinado. Mientras que las misas plañideras de John Taverner traían a la cabeza cosas solemnes, los títulos de las canciones del rey celebraban momentos alegres: «Pasatiempo con buena compañía»; «Es para mí una gran alegría»; «La época de la juventud, oh, mi corazón»; «Crece verde la santa y lozana juventud».[15]

Si no había sido difícil para el inocente Enrique enamorarse de Catalina, entonces debía de ser decididamente fácil para cualquier mujer amar a un hombre como era entonces Enrique, y Catalina de Aragón no era cualquier mujer: hacía años que era su esposa a los ojos de Dios, como ella creía firmemente. Además, los siete años de penurias y humillación habían dejado secuelas en Catalina.

Afortunadamente no estaba físicamente desmejorada. Después de todo, aún no tenía veinticuatro años en el momento de su matrimonio; todavía poseía toda la belleza que había encantado a su suegro cuando se levantó el velo en Dogmersfield, y encantó ahora a quienes la contemplaron en su coronación. Aunque pequeña, Catalina se mantenía agradablemente llena, no gorda (la enfermedad y las privaciones no habían favorecido su aumento de peso). Lo mejor de ella era el cabello y la tez, ambas cosas importantes según los cánones de belleza de la época: su cabello castaño dorado (más oscuro que el de Enrique) excepcionalmente espeso y «de muy larga extensión» le caía sobre la espalda hasta debajo de la faja; su tez blanca y rosada seguía encantando a quienes la miraban.[16] Catalina carecía del brillo excepcional de su esposo, pero de todos modos en 1509 causaba una impresión estupenda.

Era interiormente que llevaba las marcas. Catalina había sobrevivido y, finalmente, ganado. Sus plegarias habían sido atendidas. Como una santa medieval, había sufrido una serie de experiencias desgarradoras, sólo para triunfar; cabe suponer que poco pensaba en su ánimo la última carta desesperada del 9 de marzo en comparación con los años de constancia. Pero las privaciones influyeron en su carácter, cómo no podía ser de otra manera. Catalina de Aragón estaba tan influenciada por sus tribulaciones como antes lo había estado por su infancia feliz, con una madre y un padre triunfantes que inspiraban confianza. Ya no era la trémula muchachita que había llegado a Inglaterra descompuesta por mar, y aun así muy digna. Era mucho más fuerte, por supuesto, como suele serlo la gente que supera la adversidad sin quebrarse. No obstante, quedarían los recuerdos de aquella época terrible.

Por una parte, la sostendrían en la hora más oscura, peor que todo cuanto había soportado; el suyo era un carácter de acero templado. Por otra, esas experiencias también la convencerían de que aun los acontecimientos más horribles tenían, con la bendición de Dios, un final feliz; más que nunca creía que Enrique era no sólo su esposo legal sino el destinado. Si Catalina había logrado de muchacha reunir el coraje suficiente, a pesar de no tener amigos en un país extraño, para decirle a Enrique VII que su matrimonio era «irrevocable», y demostrar que tenía razón, era improbable que cambiara su modo de pensar en el futuro. Sobre todo, su reencontrada felicidad al lado de un marido alegre de dieciocho años no la previno acerca de que los muchachos alegres, a los que se les permite hacer su voluntad en todo, pueden convertirse en monarcas tercos, furiosos con cada frustración, del mismo modo que las muchachas encantadoras de mejillas sonrosadas pueden convertirse en mujeres maduras tristes, pesadas.

El consuelo de su profunda devoción religiosa probablemente la había salvado donde otra princesa hubiese podido hundirse, pero la misma religiosidad le dio una visión un tanto estrecha, extremista, de la moralidad. Fray Diego había sabido influir sobre su naturaleza concienzuda, aprovechándose de ella; la clase de piedad que le inculcó era rígida, ya que no permitía el cambio humano, ni siquiera los pecadillos humanos. Esas lecciones mundanas, tan importantes para la vida en la corte, que se aprenden inconscientemente y con mayor facilidad de forma progresiva, habían sido omitidas de la experiencia restringida de Catalina. Bajo presión extrema, Catalina de Aragón no se había quebrantado, pero no había aprendido a doblegarse.

Por el momento la corte inglesa pasaba su tiempo, según la reina Catalina le había escrito a su padre, en «continuada fiesta». La renovación percibida y sobre la cual había hecho comentarios Tomás Moro con éxtasis bíblico se convirtió en la práctica en una serie interminable de torneos, mascaradas y festejos ceremoniales. El hidalgo-ujier de Wolsey, George Cavendish, que escribió la biografía de su señor con la ayuda del propio Wolsey, lo resumió como sigue: «Nuestro natural, joven, robusto y valiente príncipe y señor soberano... al entrar en la flor de la agradable juventud, había asumido el cetro real y la diadema imperial de este reino fértil y abundante de Inglaterra... llamado el mundo dorado, tal era la gracia de la abundancia que imperaba entonces dentro de este reino.»[17] En cada torneo, el rey Enrique, como sir Corazón Leal o sir Corazón Valiente, competía con los colores de su dama y reina. Cada acto público se aprovechaba para enlazar las iniciales de ambos, desde en los falsos castillos erigidos como ornamentación hasta en los lazos de la armadura de él.*

En la lista de joyas depositadas en la Torre de Londres en 1520 había copas de oro, una de ellas cincelada con las iniciales de ambos unidas cerca del borde; un salero de oro ornamentado con las iniciales y rosas rojas esmaltadas; una bacía de oro con el borde guarnecido con rosas rojas y blancas así como con las iniciales de ambos, «obsequiado al rey por la reina». Las iniciales también fueron cinceladas en ricos candelabros para una capilla.[18]

Otro regalo de Catalina a su esposo consistió en un par de «buenas jofainas» que llevaban grabadas más formalmente las armas de Inglaterra y España. Los emblemas personales de Catalina, la granada —que se refería no sólo a su crianza en Granada, sino que era también un símbolo de fertilidad— y el haz de flechas, se mezclaban con las rampantes rosas Tudor. Ésa era ciertamente una época en que las insignias, los emblemas y los lemas personales nunca eran casuales. Las ventanas decoradas con las armas o lemas, las exhibiciones heráldicas en cada faceta de la vida pública y privada transmitían su mensaje ceremonial (hasta los bacines reales llevaban insignias).[19] Durante los primeros años de su reinado, el rey de Inglaterra demostraba constantemente por medios materiales su orgullo por su unión con la hija de España, y su devoción galante a su reina, que presidía su corte.

Las mascaradas —con disfraces elaborados que, por supuesto, no engañaban a nadie— eran una pasión del rey; por tanto, rápidamente se convirtieron en la pasión de toda la corte. Todo el mundo participaba, en particular los amigos jóvenes del rey y bastantes muchachas divertidas de muy buena familia que habían llegado a la corte esperando conseguir un matrimonio provechoso y pasar a la vez un momento grato.

---

* La armadura al menos se ha conservado (está expuesta en la armería de la Torre de Londres). La decoración era obra del guarnicionero de Enrique VIII, Paul van Vrelant (alrededor de 1514).

Una de esas muchachas era Bessie Blount, que fue a la corte por primera vez en 1513 cuando era muy joven. Bessie era una magnífica bailarina y tenía buena voz para el canto: sobresalía «en todos los buenos pasatiempos». Sobre todo, con su espíritu vivaz y sus energías, que igualaban las del rey, Bessie era divertida. Aun en su madurez, un visitante dijo que había pasado «un momento muy divertido con ella». En la Navidad de 1514 fue una de las cuatro «Damas de Saboya» de terciopelo azul y sombrero dorado que bailaron enfrentadas a los cuatro «Reyes de Portugal»: el rey fue el compañero de Bessie.[20]

El papel de la reina en todo eso no era tanto ser divertida —de hecho, su embarazo estaba avanzado para esa fecha— como sorprenderse, llena de desconcierto, no reconocer al rey, de pronto reconocerlo y, finalmente, felicitarlo con un generoso elogio. Eso Catalina de Aragón lo hacía muy bien, con mucha naturalidad. En esa Navidad, la reina quedó tan encantada por la «extraña vestimenta» de los enmascarados, que los invitó para que siguieran bailando en su propia cámara, después de lo cual agradeció al rey fervorosamente el rato maravilloso que había pasado (como espectadora) y lo besó. Al año siguiente, una banda de forajidos enmascarados, con indumentaria verde, y encabezados supuestamente por Robin Hood mismo, sorprendieron a la reina y a sus damas irrumpiendo en la cámara de ella. Con desusada presencia de ánimo, dadas las circunstancias, todas las damas decidieron bailar con los extraños en lugar de hacerlos expulsar. ¡Es de imaginar el azoramiento cuando los forajidos, desenmascarados, resultaron ser el rey y sus jóvenes caballeros! Enrique le preguntó a su esposa si las damas se atrevían a ir al bosque con tantos forajidos. Catalina repuso —la voz auténtica de una buena esposa— que «si le agradaba a él, ella estaba contenta».

En la corte del rey Enrique y de la reina Catalina había muchísimo ceremonial y formalidad, y muchísimo caos. Las reformistas Ordenanzas Eltham de 1525-1526 ilustran gráficamente la clase de desorden que imperaba (además de dar una idea de la necesidad constante de hierbas y perfumes para endulzar el aire, como se refleja en las cuentas reales).[21] Después de la comida —que debía tener lugar entre las diez y la una— y la cena —de las cuatro a las siete— la comida y la bebida que sobraban debían darse a los mendigos, en lugar de ser abandonadas a las moscas y los gusanos, y las carnes troceadas no debían darse a los perros. No debía haber «galgos, mastines, sabuesos u otros perros» en los palacios reales, aparte de unos cuantos perros de aguas pequeños para las damas (aunque las numerosas instrucciones que prohibían los perros en los dormitorios sugieren que, en general, esas órdenes eran desobedecidas). Los cocineros no debían trabajar desnudos, sino que había que darles ropa. No debía haber ayudantes de cocina desnudos o mal vestidos.

En cuanto a las habitaciones reales, los sirvientes tenían que levantarse a las seis y limpiar de toda suciedad la cámara privada del rey, de modo que estuviera aseada y saludable cuando él se levantara; que los pajes debían levantarse a las siete y las cámaras del rey y de la reina debían estar listas a las ocho. La entrada a la cámara del rey debía estar despejada, limpia, no debía haber en ella ni cerveza, ni agua, ni carnes troceadas ni otras sobras, ni una multitud de gente, de modo que el soberano pudiera tener «amplio pasaje» a la cámara de la reina.

Era de acuerdo con la costumbre que el rey y la reina vivieran en dos casas colindantes con sus propios servidores.[22] Por esta razón, la presencia de la reina fue muy bien recibida después de un intervalo de más de seis años, ya que aumentaba sustancialmente la cantidad de puestos disponibles en la corte. Había un comedor en el que se comía con gran ceremonia; por otra parte, sus respectivas suites eran imágenes especulares una de otra. El trazado variaba de un palacio a otro según su tamaño, pero en principio cada uno tenía una cámara privada, un dormitorio detrás, un vestidor, una sala para el desayuno, un gabinete u oratorio, un estudio o biblioteca y una cámara de baño. Esas suites generalmente estaban en el mismo piso, con los dormitorios tan próximos como fuera posible. La casa original de la reina Catalina estaba integrada por 160 personas, sólo ocho de las cuales eran españolas, aunque entre éstas había dos importantes figuras de su pasado, María de Salinas, que agradaba al rey (le había puesto su nombre a una nave) y fray Diego (al que no quería, pero que gracias al favor de Catalina sobrevivió a su servicio hasta 1515). El primer lord chambelán de Catalina era el venerable conde de Ormonde, un veterano de la Guerra de las Rosas, pero en mayo de 1512 su puesto fue ocupado por William Mountjoy (que se casó con Inés de Benegas, una de las damas españolas que le quedaban a la reina). Cortesano sofisticado que compartía los propios intereses de la reina, amigo de Erasmo y enamorado del saber humanista, Mountjoy la servía fielmente.

Era un modo de vida que no impedía la intimidad: el rey solía llevar visitantes sin previo aviso a una cena tardía en la cámara de la reina (su tercera comida importante del día) o de pronto decidía que quería comer carne, lo que la obligaba a darse prisa como cualquier esposa orgullosa de su manejo de la casa, decidida a satisfacer una necesidad masculina. La domesticidad de la vida de Catalina con sus damas era la contrapartida del papel más formal de la reina al presidir los torneos como la «dama» oficial del señor Corazón Leal. Una buena parte de ese tiempo libre lo dedicaba a bordar las camisas del rey —a menudo en blanco y negro, los colores de Castilla—, otra actividad de la que se enorgullecía Catalina y que, como la admiración de ella por los bailes y las competencias deportivas de él, no podía disgustar al esposo. Por supuesto, no había ninguna privacidad en ese modo de vida ni la contemplaba la arquitectura de la época.[23] Pero el significado de la palabra en el sentido moderno hubiese sido completamente ajeno a un rey o una reina del siglo XVI, mucho más a sus súbditos.*

El rey ni siquiera satisfacía sus necesidades naturales en privado: el papel del servidor del bacín, responsable del mantenimiento del sillico real (así como de la ropa interior y de los objetos del rey cuando viajaba), era en consecuencia uno de los puestos más importantes de la corte, porque implicaba la proximidad última a la persona del rey.[24] Cuando el rey Enrique VIII decidía hacer el amor con su esposa, descorrían las cortinas de su cama, se enviaba a buscar su camisón (o bata) y lo ayudaban a ponérselo, y se llamaba a una escolta de pajes o servidores del dormitorio para que lo acompañaran con antorchas por el pasillo hasta la cámara de la reina (era de esperar que el pasillo no estuviera demasiado sucio, pero de las Ordenanzas Eltham se deduce que el rey tuvo algunas experiencias desagradables en él). De ningún modo era ése un ritual inhibidor: así se habían comportado los antepasados de Enrique —reyes—, y así se conducirían los reyes que vinieran después de él.

Todo indica que el rey Enrique tomaba esa ruta conyugal con gran regularidad. Era joven y sano: en la tradición de san Agustín, Erasmo declaraba que el propósito del matrimonio no era gratificar «anhelos vehementes» sino procrear,[25] pero ¿quién podía impedirle a un hombre que hiciera ambas cosas al mismo tiempo? El rey necesitaba herederos, por lo cual tenía sobradas razones para hacer asiduamente el amor con su esposa. (Como se esperaba que hicieran todos los monarcas, si era humanamente posible; era lo contrario, cuando el rey no «iba a su esposa», lo que se advertía.) En el caso de Enrique VIII, dado su afecto por Catalina y el hecho de que ella no fuera ni vieja ni fea ni carente de encantos, era un deber de Estado pero también agradable.

---

* La mayoría de las personas nacían, vivían y morían entre lo que ahora se consideraría un montón de gente: nadie tenía verdadera intimidad, salvo el ocasional prisionero de Estado, que no la necesitaba.

Cuando Tomás Moro elogió a la reina en su coronación por el esplendor de sus antepasados, agregó: «Y será la madre de reyes tan grandes como sus antecesores.» A primera vista, esa profecía parecía contar con grandes probabilidades de convertirse en realidad. Era un buen augurio que Catalina de Aragón procediera de un linaje notablemente fértil: su madre había tenido cinco hijos supervivientes que habían llegado a la edad adulta; su hermana, la reina Juana, a pesar de su locura, tenía una familia de seis hijos, y su hermana menor María de Portugal daría a luz nada menos que nueve hijos. (Proceder de una familia donde abundaban los alumbramientos era siempre un punto en favor de una mujer, ya que se pensaba que ella, y no el hombre, era quien determinaba esos asuntos.) La reina Catalina concibió su primer hijo con adecuada prontitud después de la boda, en junio de 1509. Cuatro meses y medio más tarde el rey pudo escribirle a su padre político en España diciéndole no sólo que la reina estaba embarazada sino que «el niño en su vientre estaba vivo».[26]

La primera señal de vida del feto, aproximadamente a los cuatro meses, era siempre un momento importante; hasta ese momento las partes nunca se sentían absolutamente seguras de que estuvieran enfrentando un embarazo y no otro estado. No era que no entendiesen la importancia del ciclo de una mujer y su interrupción, pero los deseos de concepción eran siempre tan desesperados en el caso de las damas de alcurnia que alentaba el optimismo injustificado. La primera señal del feto hacía de una esperanza un hecho concreto.

Ese bebé, una hija, nació muerta a los siete meses, el 31 de enero de 1510. Por algún tiempo, Catalina no se lo comunicó a Fernando en España y, cuando lo hizo, le pidió que no se enfadara con ella, pues «ha sido la voluntad de Dios». (El padre, cuyo único hijo —un varón— con Germana de Foix había nacido y muerto en marzo de 1509, le había dado muchos buenos consejos para el embarazo, incluida la necesidad de desistir de escribirle a él con su propia mano.) En todo caso, para el momento en que Catalina le dio la noticia, el 27 de mayo, ya hacía siete semanas que estaba embarazada de nuevo, aunque, según la costumbre de la época, era demasiado pronto para mencionar el hecho.[27] Para fines de septiembre se pedían metros de terciopelo púrpura para «la sala de niños del rey». Y, júbilo de los júbilos, el 2 de enero de 1511 nació un hijo, al que llamaron Enrique por el padre, el abuelo y una larga línea que se extendía hacia atrás hasta los Enriques reales medievales.

El príncipe bebé fue bautizado el 5 de enero (la archiduquesa Margarita era la madrina). Dada su augusta posición, a pesar de que lo alimentaba un ama de cría, se consideró que el príncipe Enrique necesitaba de inmediato un trinchador, un bodeguero y un panadero, y por supuesto enseguida se presentaron voluntarios para ocupar esos puestos bien remunerados. Para la Candelaria, el 2 de febrero, se celebró un gran torneo para celebrar el feliz acontecimiento que, al parecer, había asegurado la sucesión Tudor.

El rey, como Corazón Leal, con su primo igualmente alto, sir Edward Neville, como Deseo Valiente, Guillermo, conde de Devonshire, como Buen Valor, y sir Thomas Knyvet como Pensamiento Feliz representaron a los desafiantes: los cuatro caballeros de la justa. El estilo caballeresco impregnó el acontecimiento, ya que la respuesta al desafío llegó en nombre de «Fama Noble, reina del reino llamado Corazón Noble», que se había enterado de «la buena y grata fortuna del nacimiento de un JOVEN PRÍNCIPE que le ha agradado a Dios enviarle a ella [la reina Catalina] y a su esposo: que es la mayor alegría y consuelo que puede existir para ella y el reino más famoso de Inglaterra».[28] La reina Catalina, por su parte, estuvo sentada con sus damas, sonriendo gratamente mientras el rey (que lucía los colores de ella) desmontaba una y otra vez a sus oponentes. En los momentos oportunos ella entregaba los premios: el rey obtuvo uno el segundo día.

Apenas unas cuantas semanas más tarde, las cuentas reales, que habían consignado numerosos pagos por terciopelo de color escarlata y carmesí para el torneo, pagaban a los comerciantes la tela negra para el sepelio del príncipe Enrique. Nobles, diez niños del coro de la capilla real y «ciento ochenta hombres pobres» formaron parte de la procesión a la luz de las antorchas del acostumbrado sepelio nocturno. El príncipe Enrique había vivido apenas cincuenta y dos días. Nunca se especificó la causa de su muerte, pero en una época de tanta mortalidad infantil, esa muerte en particular podía suponer una tragedia, pero no era nada extraordinario. Según *Chronicle* de Hall, la reina se lo tomó peor que el rey: ella «como una mujer natural, se lamentó mucho», mientras que él, «como un príncipe sabio, tomó ese doloroso lance con maravillosa prudencia».[29]

Sin duda el rey consoló a su reina, como sugirió Hall, de modo que con «su buena persuasión... se mitigó la pena de ella». No obstante, las cosas no habían marchado según los planes. Momentáneamente, el mundo no era tan dorado. Fue afortunado para Enrique VIII que existiera la política exterior para distraerlo de la tragedia doméstica, y dado

que la política exterior estaba fuertemente entrelazada con la del padre
de Catalina, fue afortunado también para ella poder participar de la
empresa.

Unos pocos meses después de su toma de poder —en agosto de
1509— el nuevo rey de Inglaterra recibió la visita del embajador del
monarca de Francia. Ese embajador, el abate Fécamp (que era sumamente gordo), comenzó con mal pie, anunciando que había ido a confirmar la paz solicitada al rey Luis por el rey Enrique. Al oír eso, el rey
Enrique se volvió hacia sus consejeros y preguntó: «¿Quién solicitó eso?
¡Pedirle yo la paz al rey de Francia, que no se atreve a mirarme, mucho
menos a hacer la guerra!» Y se marchó apresuradamente hacia un patio
donde al abate, que fue caminando pesadamente detrás, ni siquiera se le
había ofrecido un asiento.[30]
    La beligerancia natural de Enrique VIII contra Francia era algo que
sorprendía a todos los observadores. Fue el embajador veneciano el
que extrajo el corolario: dentro de poco invadiría el país. Esa beligerancia
—o espíritu combativo como se consideraba de forma más halagüeña—
no era sorprendente en un monarca ni fue mal recibida por los súbditos
de Enrique. El predecesor del rey Luis, Carlos VIII de Francia, había declarado en la última década del siglo XV, que «la guerra era la ocupación
de los reyes».[31] El cultivado lord Mountjoy, al comentar con su amigo
Erasmo las maravillas del nuevo reinado, comparaba deliberadamente la
avaricia de Enrique VII con la ambición heroica de su hijo: «Nuestro
[nuevo] rey no va detrás del oro, o de las gemas o de los metales precio-
sos, sino de la virtud, la gloria, la inmortalidad.»[32]
    Después de todo, la guerra era el definitivo torneo en el cual el enér-
gico joven podía obtener renombre a los ojos de sus pares reales así
como de su corte nativa. La idea de una marcha sobre Francia, en teórica persecución de ancestrales reivindicaciones, ni siquiera era un anacro-
nismo: Francisco I de Francia reivindicaría territorio italiano en el nombre de su bisabuela Visconti. El autor anónimo de la primera biografía
del rey Enrique V —significativamente redactada entre 1513 y 1514—
simplemente estaba explotando esos sentimientos cuando sugirió que
Enrique V había ido a Francia «para recuperar su justa y debida herencia
de ese lado del mar».[33]
    El genuino entusiasmo por la guerra del rey Enrique era muy conve-
niente para los intereses del rey de Aragón. El primer ensayo conjunto

contra Francia se produjo en 1512, cuando tropas inglesas al mando del primo de Enrique, el marqués de Dorset, fueron despachadas a Fuenterrabía, al sur, para ayudar a los españoles en su ataque. Examinado prácticamente, fue un desastre; los ingleses estaban abatidos por la fiebre o se quejaban por la falta de cerveza inglesa: sólo se benefició Fernando, que intentaba asegurar sus fronteras con la toma de Navarra. Eso no impidió que el rey Enrique se dispusiera a invadir personalmente Francia al año siguiente. A fines de 1513 casi había agotado su Tesoro, en otro tiempo repleto, cubriendo las necesidades de la guerra.

Una de sus decisiones más importantes fue designar a la reina como regente del reino en su ausencia. Era una medida natural, en cierto sentido, porque antes del ascenso del servidor del rey Thomas Wolsey, Catalina era la confidente más íntima de Enrique, la única persona que conocía todos sus planes, en la que él podía confiar por completo. Pero el nombramiento de la consorte del rey no era una medida automática en tal situación: de manera que también fue un tributo a la inteligencia y la capacidad diplomática de Catalina, que habían quedado bien demostradas en los primeros años del reinado de su esposo. Además, se esperaba que su tarea no fuera puramente formal: el rey y su Consejo, escribió Hall, «no se olvidaban de la antigua jugarreta de los escoceses, que es siempre invadir Inglaterra cada vez que el rey está ausente».[34]

Dado que la guerra del rey era en alianza con España y dada la confianza de éste en Catalina, ¿cuánto debía a la influencia «española» de su esposa su política exterior de guerra? A primera vista, los cinco años que le llevaba la reina sumados a la devoción de Catalina por su padre parecen indicar que habría ejercido un peso considerable al dirigir a su esposo hacia España. Sin duda, el rey Fernando así lo hubiese querido: en agosto de 1510 dictó exactamente el curso que debía seguir su hija para favorecer sus intereses. Pero ver sólo la enorme influencia de la reina es no tener en cuenta dos importantes elementos que apuntan en otro sentido.

El primero, la devoción casi fanática de Catalina por su esposo: el deber hacia él, dictado por Dios, estaba por encima del deber hacia su padre, y ese orden de prioridades también lo imponía Dios. Ella era en realidad tan cuidadosa en su conducta en ese sentido que, en diciembre de 1514, el embajador español ante el gobernador de Aragón se quejaba de que la reina de Inglaterra necesitaba una persona discreta e inteligente que la dirigiera, en la dirección correcta, hacia los intereses de Aragón: «La reina tiene las mejores intenciones, pero no hay nadie que le indique

cómo puede servir a su padre.» Fray Diego fue criticado por decirle a
Catalina (aunque eso sin duda habla en su favor) «que debía olvidar
España y todo lo español para granjearse el amor del rey de Inglaterra y
de los ingleses». Se decía que la reina Catalina, alentada también por
María de Salinas, estaba tan volcada en ese camino proinglés que nada la
desviaría de él.[35]

El segundo elemento contrario a la idea de que la reina Catalina fuera la principal instigadora era el carácter del rey Enrique, un joven león
cada vez más seguro de su propia fuerza. Con el tiempo se demostraría
que los intentos por influir en el rey en una dirección determinada sólo
daban fruto cuando el rey deseaba ir en esa dirección. Su encanto juvenil, su respeto por su padre político, su amor por su esposa sólo ocultaban su propia voluntad.

Hubo algunos indicios de ello. Antes de que el rey fuera a la guerra,
ordenó la primera ejecución «dinástica» del reinado, la del pretendiente
de la casa de York, el conde de Suffolk: «Vuestro traidor, Edmund de la
Pole», como una vez le había sido descrito a Enrique VII. El «traidor»
languidecía en la Torre de Londres desde 1506. Sus bienes fueron entre-
gados a la correcta Margaret de la Pole, ya viuda, a la que nombraron
condesa de Salisbury. En febrero del año siguiente, recibió el título de
Suffolk el compañero de Enrique en las juntas, nacido como simple
Charles Brandon. El gesto indicaba que había terminado la vida yorkista del título Suffolk. El rey Enrique VIII, no menos que el rey Enrique
VII, pretendía ser el amo en su casa Tudor.

Del mismo modo, la guerra contra Francia en 1513 encajaba con la
imagen que el rey tenía de sí mismo, de cómo debía comportarse un
monarca (y de paso demostraba a esos envejecidos reyes europeos que él
era una fuerza que debían tener en cuenta). Las maquinaciones del rey
Fernando en el sur, que necesitaba un movimiento de tenaza contra
Francia, y las plegarias de la reina Catalina, casualmente, coincidían con
sus más profundas inclinaciones.

Una vez que el rey partió hacia Francia en junio de 1513, las oraciones de la reina se centraron en su seguridad personal antes que en la victoria. Thomas Wolsey, por entonces limosnero del rey, era un excelente
conducto para los ansiosos mensajes de ella, ya que para el rey, como ya
hemos apuntado, la vida era demasiado corta (y excitante) para escribir
cartas. Catalina le dijo a Wolsey que se preocuparía todo el tiempo por
la salud del rey: no podría haber descanso para Catalina mientras el rey
estuviera tan cerca de «nuestros enemigos». El rey condujo su «ejército

real» en los sitios de Thérouanne y Tournai (que fueron tomadas) y en la batalla de las Espuelas (de la que huyeron los franceses). En realidad, él nunca estuvo siquiera cerca del frente —a diferencia de Francisco I, Carlos V y de su propio padre, Enrique VIII nunca combatió realmente—, pero si se leen las cartas de la reina parece todo lo contrario.[36]

El 13 de agosto, ella estaba una vez más ansiosa porque su esposo se encontraba tan cerca del sitio de Thérouanne: si no estaban aseguradas «su salud y su vida», escribió, «no veo nada bueno» como resultado de un sitio. Después de la batalla de las Espuelas, al menos la tranquilizó pensar que la presencia del sabio y anciano emperador Maximiliano moderaría a su impulsivo muchacho: «Pienso que con la compañía del emperador y con su buen consejo, su alteza [Enrique] no se aventurará tanto como yo temía antes.»

Entretanto, cuando no se preocupaba por el esposo (¿tenía él suficiente ropa interior limpia en Francia?), la reina hacía su trabajo como regente con energía y decisión. Los escoceses, liderados por Jacobo IV, cuñado del rey, aprovecharon la oportunidad para hacer «la vieja jugarreta» y atacaron la frontera septentrional inglesa.

A mediados de agosto, la reina escribió al rey: «Estoy terriblemente ocupada haciendo estandartes, banderas e insignias.» Ésa era una tradicional ocupación femenina. Pero la reina, como hija de su madre, que se había criado alrededor de campos de batalla, también se puso la capa de guerrera. Pedro Mártir, su viejo profesor, se enteró de que, «imitando a su madre Isabel», Catalina había pronunciado unas espléndidas palabras ante los capitanes ingleses, diciéndoles que estuvieran prontos a defender su territorio, «que el Señor les sonreía a aquellos que defendían a los suyos y que debían recordar que el coraje inglés superaba el de todas las demás naciones».[37]

Se dice que los hombres se sintieron «inflamados por esas palabras», que por otra parte fueron pronunciadas en inglés. A su español nativo, su latín fluido y el francés en que se había vuelto experta en los años en que era el único idioma que podía hablar en la corte inglesa, Catalina sumaba ahora un inglés bueno o discreto (aunque naturalmente debemos imaginarla hablándolo con un fuerte acento español).

La reina tenía planeado ir ella misma al norte, pero antes de su partida llegó la noticia de la colosal derrota escocesa en Flodden del 9 de septiembre. Un poema, *Scotish Feilde*, escrito para celebrar la victoria, se refería al hambre y la sed del ejército inglés bajo «nubes modeladas como alegres castillos allá arriba», el terror de las trompetas y, finalmente, la masa de escoceses muertos: «sin aliento yacen boquiabiertos bajo la luna». La flor de la nobleza de Escocia yacía allá, donde también murió el rey de los escoceses. Pero su cuerpo, tan herido y destrozado que sólo era reconocible por la chaqueta y la cruz, no quedó tendido bajo la luna. Fue llevado a Inglaterra, donde, al menos la reina, en un exceso de fervor, hubiese deseado enviar el cuerpo que estaba debajo de la chaqueta a Enrique VIII en Francia, como trofeo de guerra, «pero el corazón de nuestros ingleses no lo toleraría». La cruz, que pesaba más de medio kilo y enmarcaba un fragmento de la Cruz Sagrada con una cadena enjoyada, fue a parar al Tesoro real y la reina envió la chaqueta del rey de los escoceses, sin el cuerpo, a Francia. «En esto verá Vuestra Alteza cómo puedo mantener mi promesa —escribió ella—, enviándoos por vuestras banderas una chaqueta de rey.»[38]*

El orgullo patriótico de la reina por su logro se trasluce en sus cartas a Wolsey así como al rey. Pero tenía el cuidado de dar el crédito a quien correspondía: «Este asunto es tan maravilloso —le escribió a Wolsey—, que pareció obra sólo de Dios.» Pero luego no podía resistir agregar: «Confío en que el rey recordará agradecerle por ello» (como ella misma había hecho, en cuanto tuvo la noticia). Por fortuna, el rey lo hizo: se levantó una tienda de tela dorada, se celebró una misa, con un *Te Deum* y un sermón del obispo de Rochester, el «sabio y virtuoso» John Fisher, que había sido capellán de la abuela del rey, Margarita de Beaufort. Catalina insistió, en su mensaje al propio rey, refiriéndose a «la gran victoria que Nuestro Señor ha enviado a vuestros súbditos en vuestra ausencia», y rogándole personalmente que recordara dar gracias a Dios. «Estoy segura de que Vuestra Alteza no lo olvidará, que será causa de que os envíe muchas más grandes victorias, como confío en que lo hará.»[40]

La victoria de Flodden fue en realidad un acontecimiento militar importante: acabó con la amenaza escocesa durante una generación mediante la matanza de sus líderes; el príncipe Jacobo de Escocia, de dieciocho meses, que ahora ocupaba nominalmente el trono, era el sobrino del rey inglés y la regente era su hermana. Comparada con ésa, la victoria en la batalla de las Espuelas sobre los franceses, si bien formaba parte

---

* El hincapié en la chaqueta manchada de sangre del rey, con o sin el cuerpo dentro, no era tan vampírico como puede parecer; ésa era una época en que la identidad incluso del personaje más celebrado no era fácil de establecer. La chaqueta del rey era la valiosa prueba de que se trataba del cadáver de éste y no del de otro noble escocés.[39]

de una campaña de elevado coste, no pasaba de ser un control temporal que se olvidaría al año siguiente cuando el rey cambiara su política exterior.

No obstante, la reina Catalina celebró la batalla de las Espuelas como si lo cierto fuera lo contrario. «La victoria ha sido tan grande que creo que nunca antes se vio una batalla semejante», escribió ella al enterarse. Inglaterra se regocijaba y su reina más que nadie. Según decía una canción contemporánea: «Inglaterra regocíjate, tu rey ha cumplido su parte [contra los franceses].» Según otra historia, se oyó a Catalina exultante por «su» victoria en Flodden en detrimento de los logros de su esposo. «No fue gran cosa que un hombre armado tomara a otro —se supone que comentó—, pero ella [Catalina] enviaba a tres capturados por una mujer; si su esposo le enviaba a un duque cautivo, ella le enviaría un rey prisionero.»[41] Jactarse así no sólo era impropio del carácter de la reina, sino que nada tenía que ver con el tono de sus cartas. En cualquier caso, su elogio de los logros del rey —una victoria tan grande que «nunca antes se vio una batalla semejante»— era un poco excesivo (aunque a Enrique VIII pudo no haberle parecido así), tanto como los de la reina Isabel, que regularmente ponía al rey Fernando por las nubes en público, incluso por logros por los que hubiera correspondido que se enorgulleciera ella.

Tal vez pudiera acusarse a la reina Catalina de una amorosa insistencia de esposa en los deberes religiosos del marido. Eso no era demasiado significativo en esa época. Después de todo, formaba parte de la preocupación casi maternal por todos los aspectos de su bienestar, tanto material como espiritual: de la ropa interior limpia a una conciencia impecable. No hay motivos para creer que el rey no estuviera en 1513 encantado por esa devoción femenina de que era objeto. Y, cuando se reunieron —dos vencedores—, fue «tan amoroso el encuentro que todo el mundo se regocijó».[42]

Al año siguiente, el rey Enrique, furioso por el interés cínico del rey Fernando en la guerra reciente, hizo un cambio diplomático completo. Empezó a negociar la unión de su hermana, la princesa María, con Luis XII de Francia, que acababa de enviudar. El matrimonio por poderes de ambos tuvo lugar el 13 de agosto de 1514 y Catalina estuvo entre los que viajaron a Dover en octubre para acompañar a «la reina francesa», como llamaban a la princesa María, que partía hacia su nuevo país. Como la princesa María había estado formalmente comprometida con Carlos de Austria durante los últimos seis años (aunque nunca se habían conocido) no puede sorprender que los representantes de los

Habsburgo hablaran «vergonzosamente» del matrimonio de «una dama tan bella» y «un hombre tan débil, viejo y picado de viruelas».[43] La princesa tenía dieciocho años, su esposo cincuenta y dos. Muy cierto, la salud del rey Luis era terrible, pero como sólo tenía dos hijas necesitaba un heredero varón.

Encabezaba la escolta de «la reina francesa» en el exterior Charles Brandon, de treinta años, que había sido nombrado duque de Suffolk la primavera anterior. Suffolk era uno de esos ingleses grandes, apuestos y directos, al parecer irresistibles para las mujeres, cuya lealtad más profunda era no obstante hacia su señor y amigo, Enrique VIII. En los torneos, se decía, se comportaban «como Héctor y Aquiles». No particularmente inteligente o sutil, a diferencia del rey, el duque Charles era un hombre franco. Pero esas características no impidieron el meteórico ascenso de Suffolk, ayudado no sólo por el rey sino también por una serie de dudosas maniobras matrimoniales en que Suffolk al menos siempre terminaba económicamente favorecido.[44] Por ejemplo, se casó con una dama, que quedó embarazada, y a la que luego repudió en favor de su tía, veinte años mayor, para obtener una herencia también mayor. Luego hizo invalidar su matrimonio basándose en la relación entre tía y sobrina y, mientras se guardaba la herencia, volvió a casarse con la primera dama...

Una de las mujeres que hallaban irresistible a Suffolk era evidentemente la princesa María. Mientras sollozaba «junto al agua» antes de su partida de Dover, parece haberle sacado cierta promesa a su hermano en el sentido de que, si cumplía ese desagradable deber del matrimonio francés con el «enfermo» rey Luis por razones de Estado, cuando éste muriera a ella se le permitiera volver para elegir a su propio esposo. La imagen de Suffolk, glorioso en su juventud, blandiendo su gran lanza con su enorme vara de madera una y otra vez en el torneo por la boda francesa, es inolvidable. Él era observado por la joven reina, sentada muy erguida, mientras el esposo estaba demasiado débil para hacer otra cosa que permanecer tendido a su lado, después de intentar, probablemente sin éxito, consumar su matrimonio la noche anterior. Cuando murió el rey Luis, el 1 de enero de 1515, la «reina francesa» reclamó su promesa de un futuro más satisfactorio. Es decir, en una conmoción de lágrimas, logró persuadir a Suffolk para que se anticipara con sus actos a una futura ceremonia de matrimonio y luego anunció, tal vez mintiendo, que estaba embarazada. Suffolk se encontró explicándole a su furioso monarca que «nunca se vio llorar así a una mujer».[45]

Para la época, no era injustificada la ira del rey Enrique. Su promesa «junto al agua» no tenía valor porque la había hecho bajo presión emocional, del mismo modo que Suffolk se había sentido obligado a hacerle el amor a María porque lloraba. La mano de su hermana en matrimonio había asegurado una alianza con Francia; ella volvía a ser libre, la princesa más bella de Europa, y el hecho de que estuviera disponible podía aportarle otras ventajas. (Es cierto que el nuevo rey de Francia, Francisco I, podía reclamar en segundo matrimonio a la reina viuda de Francia: al menos, el compromiso secreto con Suffolk le había puesto fin a eso.) De todos modos, ése fue el método por el cual la nueva pareja, de vuelta en Inglaterra, finalmente obtuvo el perdón del rey. Ése fue el aspecto más interesante de todo el asunto desde el punto de vista del carácter de Enrique VIII. Gracias a las negociaciones de Wolsey, el rey recibió las más abyectas disculpas tanto de su amigo como de su hermana: ellos no habían deseado oponerse a su voluntad y pagaron además un precio considerable en joyas y vajilla de María. En vista del profundo afecto del rey por ambos, de la satisfactoria humillación de éstos y de su propia ventaja económica, permitió a la pareja volver a la corte en el verano.

El matrimonio francés no había sido un revés diplomático para la reina Catalina: nunca se manifestó públicamente a favor de la alianza proaragonesa, sólo sirvió como conducto para las negociaciones entre su esposo y su padre. En Thomas Wolsey, el rey había encontrado ahora un servidor cuya industriosidad igualaba de manera mágica su propio modelo de trabajo: órdenes enérgicas, ejecución implacable. Era además un individuo que, desde sus orígenes como hijo de un carnicero de Ipswich, se lo debía todo al rey; un hombre con un intelecto y un discernimiento que pocos podían igualar. En aquella época Wolsey no dictaba política pero tenía, por buenas razones prácticas, una excelente relación con la reina. Tampoco marcó la alianza francesa el fin de la proximidad política de Catalina con el rey, que seguía valorando de manera explícita tanto su lealtad (siempre una cualidad favorita para él) como su sensatez. Era, más bien, que sus sentimientos más profundos ya no coincidían de manera tan exacta en todos los sentidos; para ella, el episodio era un revés menor de la fortuna, no algo dramático.

En otros sentidos, la relación de ambos mostraba todos los signos de prosperar en términos de un matrimonio real feliz. Era cierto que aún no se había materializado el bebé que debía reemplazar al fallecido príncipe Enrique. Pero no se cuestionaba la fertilidad de la reina: volvió a concebir en la primavera de 1513, poco antes de que el rey viajara a Francia, aunque abortó en octubre. (Como no hubo preparativos para el parto, parece que fue aborto y no el nacimiento de un bebé muerto.) A comienzos de febrero de 1514, como ella le contó a su padre, dio a luz a un hijo al final del embarazo: «Un príncipe que no siguió viviendo luego.» Sin embargo, es importante no juzgar este relato de infortunio ginecológico según las pautas modernas, y mucho menos con el prejuicio que supone conocer el final de la historia. Se ha estimado que, en las familias aristocráticas de Inglaterra, sólo dos de cada cinco nacidos vivían.[46] Con una mortalidad infantil tan alta, la capacidad para concebir era lo importante. Hasta ese momento, en seis años, la reina había concebido al menos cuatro veces: aún no había cumplido los treinta. Y unos cuantos meses después del nacimiento del bebé en mayo de 1515, la reina volvió a quedar embarazada.

Aun cuando la pasión juvenil del rey por la reina inevitablemente se hubiera convertido en algo más parecido al cariño respetuoso, su fervor amoroso no tenía otra destinataria. En la primera década de su reinado, Enrique VIII se comportó como un esposo fiel. No tenía amantes fijas: los diversos rumores de romances en ese período, ni siquiera demasiados, se refieren a galanteos a la moda del Renacimiento, relaciones que seguían un modelo ardiente, subidas de tono pero no necesariamente sexuales.

Hubo informes de galanteos de Enrique en la corte de Flandes, en 1513. El rey, de veintidós años, un hombre en el continente sin su esposa, tocaba la flauta y demostraba su habilidad para bailar con la archiduquesa Margarita. En el siguiente mes de agosto una muchacha del campo, Etiennette La Baume, le envió una carta al rey, junto con un pájaro y «algunas raíces de gran valor que pertenecen a este país». Ella le recordaba el encuentro de ambos en Lila: «Vos me nombrasteis vuestro paje» y «me dijisteis muchas cosas bonitas *[beaucoup de belles choses]*». Agregaba: «Cuando nos separamos en Tournai, me dijisteis que cuando me casara os lo hiciera saber y ello me valdría 10.000 coronas.» Ahora le había agradado al padre de ella casarla y la joven esperaba el regalo... (Los archivos demuestran que Etiennette La Baume se casó con cierto Jean Neufchatel, señor de Marnay, en octubre de 1514, pero no dicen si el rey envió el dinero.)[47]

Anteriormente, en Inglaterra, había habido un episodio, en 1510, relativo a dos atractivas hermanas casadas del duque de Buckingham, lady Elizabeth Fitzwalter y lady Anne Hastings, que en virtud de su alto rango eran camareras de la reina. No está claro qué sucedió. Corrió el rumor de que el rey había deseado hacer avances con lady Anne. Estuvo implicado en el asunto William Compton, que por entonces ocupaba ese importante puesto de sirviente del sillico. Tal vez él actuara como intermediario para su amo, o tal vez fuese otro amante potencial de lady Anne. Luego lady Elizabeth Fitzwalter, por lo visto, causó problemas a su hermana con la señora de ambas, la reina.[48]

Del enfado del rey con la conducta de las damas de la reina que «insidiosamente espían todo momento inobservado» cabe deducir que no había sucedido nada importante para el momento en que lord Hastings apartó a lady Anne de la corte. Luego el rey insistió en que los Fitzwalter fueran despedidos. Finalmente, en un acceso de furia por el hecho de que el nombre de sus hermanas hubiera sido mancillado por alguien de origen tan humilde como Compton, el duque de Buckingham riñó con el servidor, fue reprendido por el rey y se marchó ofendido del palacio. Cuando el embajador español, informado por habladurías de la corte española, trató de sermonear a fray Diego acerca de la correcta conducta para la reina en tales circunstancias, el fraile le dijo que estaba muy mal informado. Y tal vez fuera cierto.

De todos modos, fue una tormenta en un vaso de agua y, como tal (con excepción de la arrogancia de Buckingham), rápidamente olvidada. Es significativo que la reina estuviera embarazada (del desdichado primer hijo, el príncipe Enrique) en el momento en que sucedió todo eso: el modelo de las «galanterías» del rey Enrique, y luego de sus amantes, parece demostrar que, de manera cabalmente masculina, consideraba los embarazos de sus esposas, no sólo de Catalina, como una justificación de peso para buscar consuelo en otra parte.*

En asuntos sexuales, Enrique VIII no era desde luego como su abuelo Eduardo IV, del que se decía que «no había mujer en ninguna parte... a la que siguiendo inoportunamente su apetito él no tuviera».[49] También era muy diferente de la mayoría de los monarcas de su época. (Eran bien conocidos los amoríos del nuevo rey de Francia.) A comienzos de 1516, Catalina ansiaba el nacimiento de su hijo, esperado en febrero. Sin duda, ése sería el príncipe sano que completaría la felicidad conyugal, iniciada tan sospechosamente por deseo del joven rey mismo. Sus siete años de penurias en poder de Enrique VII quedaban equilibrados por casi siete años en los que en gran medida había predominado para ella la buena fortuna, entronizada junto a Enrique VIII como su honrada consorte.

---

* Las relaciones sexuales durante el embarazo estaban mal vistas pues se consideraban peligrosas para la salud de la madre y su hijo, aunque esta norma no siempre se respetaba.

CAPÍTULO CUATRO

Ejemplo de matrimonio

¿Qué familia de ciudadanos ofrece un ejemplo tan claro de estricto y armonioso matrimonio? ¿Dónde se puede hallar a una esposa más ansiosa por igualar a su admirable esposo?

Erasmo sobre la corte inglesa, 1520

El 18 de febrero de 1516, a las cuatro de la mañana, la reina Catalina dio a luz una hija que fue llamada María. El parto había sido largo y duro, aunque la reina había tratado de protegerse contra los dolores del alumbramiento aferrando una reliquia santa —un cinturón— de su santa patrona. Aparte de los sufrimientos de la madre, el bebé era sano, robusto incluso. Dos días más tarde, esa nueva princesa, María Tudor, fue bautizada y luego, como era costumbre, confirmada de inmediato; el cardenal Wolsey era padrino de bautismo y Margaret, condesa de Salisbury, fue «su madrina ante el obispo», como se denominaba la segunda ceremonia de confirmación.[1]

Como en todo alumbramiento de toda dama real de esa época, se había esperado con confianza «un príncipe». La llegada de una princesa significó que las celebraciones fueran adecuadamente reducidas. Por ejemplo, los mensajeros que llevaron la buena noticia —modificada— a la Universidad de Cambridge recibieron sólo 28 chelines y 6 peniques de los censores, además de un poco de vino moscatel, mientras que los mensajeros que habían dado la noticia del nacimiento del bebé de corta vida en 1511 habían recibido más dinero —40 chelines— y más vino. Más arriba en la escala social, Giustinian, el embajador veneciano, se tomó deliberadamente su tiempo para presentarle sus congratulaciones al rey (aunque admitió que se habría apresurado a hacerlo si el bebé hubiese sido un varón). Y cuando finalmente lo felicitó, el embajador hizo un comentario poco afortunado aunque certero: «Vuestra Serenidad habría experimentado mayor satisfacción si [el bebé] hubiese sido un hijo.»[2]

Pero el rey Enrique estaba de buen humor. «Seguirán los hijos», le dijo a Giustinian. Señaló: «La reina y yo somos jóvenes.» Era el punto de vista expresado por una balada contemporánea sobre el tema de «esa bella damita»:

> *Y envíale pronto un hermano*
> *que sea el justo heredero de Inglaterra.*

La actitud oficial de la corte, de optimismo por el futuro, fue expresada por Mountjoy, ausente en Francia, en su carta de felicitación. Esperaba que el nacimiento de la princesa hiciera al rey «un padre tan feliz como no lo hubo nunca... y después de este buen comienzo que envíe muchos hijos para consuelo de Vuestra Gracia y [el de] todos vuestros súbditos fieles».[3]

El rey estaba contento y tenía derecho a estarlo. En realidad, había causa suficiente para el regocijo en el nacimiento de una hija, aparte de la alegre predicción (razonable, dadas las circunstancias) de que a continuación llegarían los hijos. Aunque seguía esperando un príncipe de Gales, el rey Enrique sin duda tenía una carta nueva y útil para jugar en la partida universal de las alianzas matrimoniales europeas. Recientemente se habían empobrecido de manera irritante sus recursos en ese campo. Su hermana María, ex reina de Francia,* ahora esposa del duque de Suffolk, obviamente ya no estaba a su disposición: de hecho, dio a luz un niño pocas semanas después que la reina Catalina, al que el rey, que fue el padrino, dio el nombre de Enrique.

La situación de la hermana mayor del rey, la reina Margarita de Es-

---

* A pesar de su nuevo matrimonio, la hermana del rey seguía siendo «la reina francesa» en la corte de Inglaterra, en reconocimiento de su condición real, superior a la de su segundo esposo; pero sería confuso llamarla así en esta narración, que incluye a una reina de Francia real. Es igualmente confuso llamarla María Tudor en vista del nacimiento de otra María Tudor, la hija del rey; por tanto, por una cuestión de claridad, la denominaremos en adelante María, duquesa de Suffolk, aunque nunca usara ese título en vida.

cocia, no era más prometedora. Se había casado en secreto con un noble escocés, Archibald Douglas, conde de Angus, un año después de la muerte de Jacobo IV en Flodden, por amor —él era joven y sumamente guapo— o para respaldar a Douglas contra Juan Estuardo, duque de Albany, que tenía el apoyo de los franceses. El gambito político, al menos, no dio resultado. El duque de Albany, como primo hermano del difunto rey, era el siguiente heredero del trono escocés después de los dos hijos de Jacobo IV, aunque había sido criado en Francia y se consideraba súbdito del rey francés; era un hombre que se había granjeado una gran reputación militar en las campañas italianas del Ejército francés. Ahora él se aseguró tanto la regencia del reino como la tutela de los muchachos; el hijo menor murió posteriormente. La reina Margarita huyó a Northumberland (donde tuvo una hija de Angus, llamada lady Margaret Douglas, en octubre de 1515). En la primavera de 1516, la reina Margarita fue al sur y, en mayo, se reunió con la corte inglesa en Greenwich. Por tanto, en el momento del nacimiento de la princesa María, las dos hermanas del rey Enrique, que una vez habían sido consortes de monarcas influyentes, no eran casaderas ni estaban en una posición de poder.

De modo que debemos ver el feliz alumbramiento de una princesa saludable por parte de la reina Catalina tal como era visto incluso por el propio rey: no como un fracaso, sino como algo bueno, o al menos prometedor, de lo que podían derivarse importantes consecuencias diplomáticas. Además, el mapa de Europa se había alterado radicalmente poco antes del nacimiento de María. En ese mundo nuevo, el rey Enrique necesitaba cuanta ventaja diplomática fuera posible —hubiese podido emplear un montón de princesas— si él debía mantenerse firme por Inglaterra.

El verano anterior, por un tratado del 17 de julio de 1515, el duque de Milán, el Papa, el rey Fernando de Aragón y el emperador Maximiliano se habían unido en una liga por la defensa de Italia contra las aspiraciones expansionistas del rey francés, Francisco I. En la batalla de Marignano, que tuvo lugar en septiembre, en la que los franceses triunfaron sobre los suizos, el rey Francisco luchó con gran valentía; no se dejó intimidar aunque fue golpeado tres veces con picas. Se decía que el rey Enrique, que después de todo no había luchado personalmente en Francia dos años antes a pesar de todos los temores —y los aplausos— de su esposa, estaba enfermo de disgusto por la noticia.[4] La presencia de un joven monarca agresivo en el trono de Francia —Francisco I había nacido en 1494 y era por tanto casi de la misma edad que Enrique VIII— significaba rivalidad en la esfera personal. En la esfera pública, era necesario replantear la política exterior inglesa, si Inglaterra no quería aislarse. Pero fue la muerte de Fernando de Aragón, el 23 de enero de 1516, lo que hizo oscilar la balanza del poder europeo en una nueva dirección.

La reina Catalina, que con tanta valentía había escrito en el pasado que las tragedias de sus bebés eran «la voluntad de Dios», nunca tuvo ocasión de decirle a su padre que Dios le había enviado al fin una hija saludable, aunque mujer. En realidad, la noticia de la muerte del rey Fernando le fue ocultada a la reina —y por lo mismo no se anunció públicamente en la corte inglesa— para que de la pena no se pusiera prematuramente de parto. Si bien hacía quince años que Catalina no veía al padre, desde su marcha de España, ese hecho no era de por sí particularmente significativo para las pautas reales del siglo XVI; el punto importante era el lugar primordial que él había ocupado en el afecto de ella.

El rey Fernando nunca había sido un rival para el rey Enrique como objeto central del amor de ella. Pero cuando se consideran los profundos sentimientos de Catalina por su padre, conviene tener en cuenta que ésos habían sido los sentimientos de una mujer sin hijos, emocionalmente congelada en el tiempo como una hija respetuosa. Ahora, simbólicamente, el nacimiento de su propia hija tenía lugar a pocas semanas de la muerte del padre. En adelante la pequeña princesa María constituiría el foco principal de las esperanzas y las lealtades familiares de la madre; mientras que la reverencia que tenía por la casa real española de la que procedía Catalina la transferiría a su sobrino, Carlos de Austria.

El joven de dieciséis años, al que la reina Catalina nunca había visto, distaba mucho de ser el príncipe castellano o aragonés de su imaginación, como tal vez ella recordaba a su atractivo hermano, el infante Juan. Entre otras cosas, el nuevo rey Carlos había sido educado en Borgoña, principalmente a cargo de su regente, la tía, la archiduquesa Margarita, y en la juventud hablaba francés más que español. Era comprensible que el rey Fernando muriera en la amargura ante la perspectiva de que los dominios por los cuales había luchado tanto tiempo y tan duramente fueran heredados por descendientes extraños. Pero español o no, el tren de la herencia de Carlos seguía rodando inflexiblemente hacia delante. La muerte del rey Fernando significaba que España fuera gobernada una vez más por una sola monarquía, siempre que Carlos pudiera hacer valer sus derechos.

El Tratado de Noyon del 13 de agosto de 1516 fue, desde el punto de vista inglés, una cruel señal de los cambios en Europa tras la muerte de Fernando. Al menos por el momento, unía al rey de Francia y al nuevo rey de Aragón y Castilla: uno debía quedar en libertad para perseguir sus intereses en Italia, el otro para consolidar su posición en España. Además, el envejecido emperador Maximiliano, el abuelo de Carlos, también participaba en la liga. Esto sorprendió aún más a Enrique VIII, que había imaginado que el emperador estaba a punto de unirse a él en una especie de alianza antifrancesa. Por la Paz de Cambrai del siguiente marzo de 1517, el emperador, Carlos y el rey de Francia convinieron públicamente ir unos en ayuda de los otros en caso de ser atacados, así como unirse en una cruzada compartida. Otros acuerdos secretos presagiaban el desmembramiento de Italia.

Al rey Enrique le inquietaba que Inglaterra quedara fuera de ese acuerdo. Era en ese sentido que la existencia de la princesa María ofrecía posibilidades de tratado y alianza.

En otros sentidos, ésos fueron años de satisfacción para la reina Catalina. Es cierto que los embajadores ya no hacían comentarios sobre su belleza, sino más bien al contrario. En un informe se la describía como más «fea que lo contrario». «Fea» sin duda era una exageración: su tez brillante seguía recibiendo elogios. Otro informe, escrito mucho después, que describía a Catalina «si no bien parecida, por cierto no fea», probablemente se acercara más a la verdad. Pero los numerosos embarazos de la reina no habían mejorado su figura, siempre más bien gruesa. Ahora estaba incuestionablemente gorda, era una mujercita rechoncha de más de treinta años con un esposo atractivo y atlético seis años menor. Esa diferencia de edad entre ambos, que nadie mencionaba en el momento del matrimonio, empezó a llamar la atención: en 1519 Catalina fue descrita como «la esposa vieja y deforme del rey» (presumiblemente en alusión a su figura baja y rechoncha en exceso); mientras que a Enrique se lo consideraba «joven y bien parecido».[5]

Pero no se esperaba que las reinas fueran grandes beldades, y como sucedía con los reyes, más a menudo se comentaba con sorpresa si eran hermosas (viene a la mente la hermana de Enrique, la encantadora María, de pelo rubio y cara ovalada). Al otro lado del canal, la reina francesa Claudia, pequeña como Catalina, pero en este caso realmente deforme —desde el nacimiento había caminado con una pronunciada cojera—, era considerada un partido excelente para el nuevo rey Francisco, pues era la hija mayor de su predecesor, Luis XII, y la esposa de éste, la heredera de Bretaña. Se esperaba que las reinas proporcionaran conexiones y una rica dote al casarse, y que hicieran las funciones de consorte con la requerida dignidad.

La reina Catalina hacía todo eso y mucho más. Su dignidad era imperturbable. Aun en su peor momento futuro se la elogiaría por lucir «siempre una sonrisa en el semblante». Por entonces el clima particular que le daba a la corte, no sólo por su afabilidad sino también por su saber y su piedad, provocaba la admiración general. Fue Erasmo el que elogió la corte de Enrique VIII en 1519 como «un modelo de sociedad cristiana, tan rica en hombres de los más altos logros que cualquier universidad podría envidiarla».[6] El interés y el auspicio de la reina por el humanismo era una parte importante del proceso que formaba esa sociedad, como lo indicaban los libros dedicados a ella.

Básicamente, el humanismo consistía en el uso de textos clásicos recién redescubiertos para ampliar la apreciación religiosa más que para obliterar la fe. Resultaba de natural interés tanto para el rey como para la reina, ya que ambos poseían una excelente educación clásica y también, de maneras diferentes, un sincero deseo de profundizar en su propia espiritualidad. Los intereses humanísticos se convirtieron en el distintivo de muchos cortesanos y estudiosos que rodeaban a la pareja real, incluido Erasmo (que dirigía más cartas a Catalina que a cualquier otra mujer), Thomas Linacre y Moro (en 1518 Moro era secretario de Enrique y había sido descrito como el «humanista manso» del rey).[7] El chambelán de la reina, William Mountjoy, había sido discípulo de Erasmo y seguía manteniendo contacto con él. El médico de la reina, el doctor Fernando Vittoria, era otro humanista.

El 31 de octubre de 1517, un sacerdote llamado Martín Lutero, interesado en reformar y purificar su Iglesia, clavó una lista de noventa y cinco tesis en la puerta de la iglesia en Wittenberg: su indignación por la manera corrupta en que la Iglesia vendía «indulgencias» —el perdón de los pecados a cambio de dinero— ya era incontenible. Resultó que había acercado una llama a la estopa. Si bien nadie hubiese podido prever con exactitud por dónde se difundiría el incendio, mucho menos su extensión, ardió con fuerza desde el comienzo.

En Londres, la reina discutía las cuestiones planteadas por Lutero con su confesor de la iglesia española de frailes observantes en Greenwich, fray Alfonso de Villa Sancta, que también mantenía una estrecha amistad con Tomás Moro.[8] Villa Sancta era una buena fuente de esclarecimiento: escribiría varias obras tales como *Problema Indulgentiarum*, una argumentación contra la postura de Lutero, y *De Libero Arbitrio, adversus Melanchthonem*, impresa en 1523 y dedicada a la reina (Philipp Melanchthon, profesor de griego en Wittenberg, apoyaba a Lutero). Villa Sancta le dio a la reina el título de *Fidei Defensor*, más habitualmente asociado con su esposo: a Enrique VIII se lo dio el Papa en octubre de 1521, por un trabajo rebatiendo a Lutero conocido como *La defensa de los siete sacramentos*.

Erasmo en realidad calificaba la erudición de la reina Catalina como superior a la del rey Enrique: su apoyo, creía, era más consistente. Es cierto que la reina Catalina era más severa. El rey Enrique, de menos de treinta años, seguía gozando de cada aspecto de la vida, desde la danza hasta el debate intelectual. La reina, cumplidos los treinta años, ya no bailaba —hay muchas referencias a que se retiraba temprano— aunque cumplía cabalmente con sus funciones oficiales en los banquetes estatales y en la recepción de los embajadores. Sabía realmente cómo se debían manejar las grandes ocasiones; brindó una «gran recepción» en verano de 1519, en Havering-atte-Bower en Essex, al rey y los rehenes franceses de la guerra reciente, que fue descrita como la «más espléndida» que se hubiera conocido y que encantó a Enrique.[9] No obstante, Catalina fue capaz de mantener el firme interés en los eruditos y los estudios, heredado de la reina Isabel, con menos distracciones. En conjunto, tenía menos intereses frívolos que Enrique. Era otra consecuencia de la diferencia de edad entre ambos, aunque menos obvia a primera vista que la diferencia física.

El episodio de los llamados «paniaguados» de 1519 ilustra el hecho de que, en realidad, había dos círculos en la corte de Enrique VIII, en sus primeros quince años aproximadamente. Estaban los elegantes francófilos, personas «todas francesas en comida, bebida y vestimenta, sí, y en vicios y jactancias franceses» (en ese círculo, una muchacha inglesa educada en francés podía ser admirada por sus gracias particulares, como descubriremos). Los «paniaguados» se contaban entre esos francófilos y eran jóvenes de la cámara privada del rey, hombres de su misma edad o menores, como Nicholas Carew y Francis Bryan, que en opinión de muchos tenían una relación demasiado familiar con él. En 1519 habían hecho una visita a la corte francesa tras una misión diplomática francesa en Londres. Se habían desmadrado lo bastante en la capital francesa como para cabalgar por sus calles disfrazados, arrojando huevos, piedras y «otras tonterías» a los inocentes transeúntes. Se habían excedido.

Cuando regresaron a la aburrida y vieja Londres, el cardenal Wolsey
aprovechó la oportunidad para reformar la casa del rey. Los jóvenes fueron reprobados y «cuatro tristes [es decir, sobrios] y ancianos caballeros», incluido sir William Kingston, fueron destinados a la cámara
privada.[10] Luego estaba el mundo más sosegado de los estudiosos y teólogos relacionados con Borgoña y las tierras del imperio. El rey se ma-
nejaba entre esos dos mundos; la reina, nacida en España, con poco en
común con las actitudes alegres de los paniaguados y con sus inclinaciones intelectuales humanistas, pertenecía al último de ambos.

Esa temprana corte Tudor no sólo destacaba por los hombres de «los
más altos logros» según la expresión de Erasmo: el genuino gusto de la reina por el saber puso de moda los intereses intelectuales de las mujeres, al
menos en las capas más altas de la sociedad, como había sucedido con la
reina Isabel en España. Fue la reina Catalina la que alentó a su cuñada
María, duquesa de Suffolk, a reanudar el estudio del latín. Margaret, condesa de Salisbury, que había sido nombrada institutriz de la casa de la princesa María (un puesto importante en términos del protocolo de la corte,
un tributo significativo a su sangre Plantagenet), solicitó una traducción
de la obra de Erasmo *De Immensa Misericordia Dei* a Gentian Hervet.[11]

El espectáculo de una dama real interesándose en los estudios no era
una novedad en Inglaterra. En un sentido, la reina Catalina no hacía
más que continuar la tradición de la abuela de su esposo, Margarita de
Beaufort condesa de Richmond: al morir una protectora, otra ocupó su
lugar. Porque, alentada por su capellán John Fisher, la *grande dame* de la
casa de Lancaster había seguido haciendo contribuciones a las universidades hasta el final. El St John's College de Cambridge, por ejemplo,
sólo fue fundado con la ayuda otorgada por ella en 1511, dos años después de su muerte, y empezó a funcionar en 1516. Ese arreglo de último
minuto fue desafortunado para el colegio: Enrique VIII demostró no ser
ningún sentimental con las últimas voluntades de su abuela y se negó a
dar al colegio subvención alguna que no estuviera específicamente esti-
pulada en el testamento. Pero la reina Catalina se mostró más servicial:
el colegio registró que ella «nos eximió de pagar las 50 libras que le de-
bíamos» por la transacción que les daba la propiedad de Riddiwell.[12]

Catalina, a su vez, estuvo relacionada con el Queen's College de
Cambridge, cuyo presidente, Richard Bekensaw, se convirtió en su limosnero en 1510, y como tal la atendía constantemente. En consecuencia, la reina fue reconocida como «una activa protectora» de los derechos
y estudios del colegio. Cambridge estaba convenientemente situada en

la ruta hacia el lugar de peregrinaje favorito de la reina en Walsingham, Norfolk; pudo haber visitado la ciudad en 1518 y 1519, y sin duda estuvo allá por tres días en 1521. Las cuentas del colegio muestran los gastos efectuados en diversas actividades al parecer inseparables de una visita real, como limpiar las calles, recompensar al mensajero que llevó la noticia de la llegada de la reina y procurar pescado para un banquete.[13]

Tampoco la reina fue indiferente a las demandas de otra parte. Cuando el obispo de Lincoln informó en la corte lo que estaba sucediendo en el Cardinal College de Oxford (el futuro Christ Church) en enero de 1525, pudo comunicarle a la reina que sería «una participante [beneficiaria] de las plegarias del colegio». La reina Catalina dijo sentirse muy agradecida al cardenal y «maravillosamente complacida» de enterarse de las plegarias. Visitó en Oxford, en compañía de Wolsey, el altar de la abadesa del siglo VIII santa Frideswide, patrona de la ciudad, y comió en Merton. Cuando visitó Corpus Christi, aún en compañía de Wolsey, fue recibida como si fuera «Juno o Minerva» y a cambio entregó un obsequio, la denominada Copa Granada.[14]

Si en un sentido ese patrocinio se remitía a la tradición medieval tardía de Margarita de Beaufort, en otro era muy de su época: el período breve y brillante de la corte humanista en Inglaterra, cuya escasa duración no debe consignarlo a la oscuridad. Pero había una significativa diferencia entre los logros personales de las dos damas reales. Margarita de Beaufort, a pesar de su gran biblioteca de libros ingleses y franceses, no era una erudita clásica: nunca le habían enseñado latín, como observó Fisher en un sermón después de su muerte, y sólo sabía leer los encabezamientos en latín de su devocionario.[15]

Cuando Margarita de Beaufort se interesaba en el tema de la educación, en términos de aprendizaje, estaba pensando en los caballeros jóvenes. A las damas jóvenes a su cuidado se les enseñaban las artes domésticas: Margarita de Beaufort, madre de un solo hijo varón, nunca tuvo ninguna razón práctica para interesarse en la educación superior de las jóvenes. Pero la reina Catalina, como veremos, pronto asumiría la importante tarea de educar a una hija real, como su madre, la gran Isabel, había hecho antes que ella. Era una importante diferencia.

Como su interés en el saber, la piedad de la reina aumentó con los años, como sucede con la mayoría de las personas de temperamento naturalmente religioso. El tiempo —y el pesar— provocarían una rutina religiosa que en muchos sentidos puede ser considerada excesivamente severa: la reina, «un espejo de bondad», se levantaba a medianoche para estar presente en los maitines de los frailes luciendo «una capa ordinaria», se pasaba la mayor parte de la mañana en su capilla, se arrodillaba sin cojines, lucía el hábito de san Francisco debajo de sus mantos... pero ese programa punitivo pertenece a un período posterior.[16]*

La reina, que fue durante tantos años la alegre consorte y «compañera de cama» de Enrique VIII, no tenía ninguna necesidad de prácticas tan austeras causadas por la desolación. En los años felices de su matrimonio, la reina Catalina agradaba a su esposo, más que nada por su observancia religiosa, se tratara de su amor público por los altares y los peregrinajes o sus devociones privadas. Enrique VIII no fue ninguna excepción de la regla general, según la cual un hombre que ama el placer se siente feliz de tener una esposa devota, siempre que ella no interfiera en sus placeres. Como sus súbditos, entonces, el rey Enrique respetaba a su reina por su admirable carácter, por ser «tan religiosa y virtuosa como pueden expresarlo las palabras», según manifestó el embajador veneciano.[18] Mostrar piedad, después de todo, era otro deber de una reina. Diez años antes, Fuensalida había comentado la bondad natural de Catalina, entonces considerada un problema porque no sabía hacerle frente a fray Diego, pero que era ahora una maravillosa ampliación de su papel como reina, tan conveniente en la posición que ocupaba, si no más, que la cuestión de su aspecto desmejorado.

La bondad de la reina Catalina iba inevitablemente unida a la cuestión de su caridad: ambas cosas son inseparables para la mente de la época. Cada precepto pío de la Iglesia ordenaba obras de caridad; cada mandato mencionaba la caridad a los pobres. En Catalina de Aragón la piedad y la caridad eran naturales, y como el tiempo demostraría, la harían muy popular entre los afortunados que las recibían. Una vez más, ése era el ideal de la buena reina, que daba libremente y con frecuencia a los pobres, cuya caridad era «no pequeña».[19]

Luego estaba su compasión. Según varios relatos tradicionales, ella introdujo la fabricación de encaje en los condados interiores, mejoró la jardinería inglesa, introdujo la ensalada superior. El más importante, en términos de la imagen ideal de una reina, es el relato de su intervención en el alboroto de los aprendices del 1 de mayo de 1517:

---

* Los detalles nos llegan en el relato de Jane Dormer, duquesa de Feria, que nació en 1538, dos años después de la muerte de la reina Catalina, pero que cuando era una joven mujer casada fue camarera de María, hija de Catalina y, por tanto, estuvo en condiciones de oír historias sobre los últimos años de la reina.[17]

Por lo cual, bondadosa reina, con feliz corazón,
oyó ella las gracias de las madres y el elogio,
y vivió amada toda su vida.

El embajador veneciano escribió el 19 de mayo de 1517 que 400 prisioneros estaban destinados a las galeras, «pero nuestra muy serena y muy compasiva reina, con lágrimas en los ojos y sobre sus rodillas dobladas, obtuvo el perdón de Su Majestad, realizándose el acto de gracia con gran ceremonia».[20] La tradición de la mujer real frágil y tierna pidiendo clemencia de rodillas al varón todopoderoso formaba parte de la historia inglesa desde que la reina Felipa salvara a los burgueses de Calais con sus súplicas al rey Eduardo III.

De cuna real, inteligente, pía y graciosa, la reina Catalina encarnaba en todos salvo un sentido —el aporte de un heredero varón— el ideal de la consorte de comienzos del siglo XVI. En 1518 pareció que remediaría su única deficiencia. (Como se ha notado, era axiomático, no sólo entonces sino en los siglos futuros, que la incapacidad de concebir era responsabilidad sólo de la mujer.) En algún momento de la primavera, tal vez a fines de febrero, volvió a quedar encinta. Hubo rumores sobre ello ya el 12 de abril, cuando Richard Pace, secretario de Estado, le escribió a Wolsey: «Se dice secretamente que la reina está embarazada.» Le rogaba a Dios «de corazón» que fuera un príncipe, «por la seguridad y el consuelo universal del reino». Para el 6 de junio, Giustinian había conseguido confirmar el informe recibido privadamente algún tiempo antes por «una persona digna de confianza».[21]

El anuncio público de ese acontecimiento próximo «tan encarecidamente deseado por todo el reino», según las palabras de Giustinian, tuvo lugar a comienzos de julio. Poco después, el rey le había escrito confidencialmente al cardenal Wolsey que confiaba en que «la reina, mi esposa, esté embarazada», pero que estaba muy ansioso por «moverla tan poco como puedo ahora», en principio no sólo para proteger su embarazo sino porque era uno de sus «momentos peligrosos» (presumiblemente la fecha habitual de su período cuando se creía que una mujer era propensa al aborto). El 5 de julio, Pace le contó jubiloso a Wolsey que, cuando llegó a Woodstock, la reina «le había dado la bienvenida con un gran vientre». Siguió un *Te Deum laudamus* ofrecido en San Pablo, como celebración oficial. Para fines de agosto, hasta el Papa se dice que estaba encantado con la noticia; como el resto del mundo, esperaba que el bebé fuera un príncipe, que sería «el soporte de la paz universal de la Cristiandad».[22]

El momento de ese embarazo de la reina tenía un sabor especial ya que, el 28 de febrero de 1518, la reina francesa le había dado al esposo un heredero después del nacimiento de dos hijas. De cara a la galería el rey de Inglaterra se regocijó y aceptó ser el padrino del delfín, llamado Luis. Interiormente, los sentimientos competitivos que alimentaba respecto del rey Francisco debieron aliviarse cuando su esposa, después de un lapso de dos años, volvió a quedarse embarazada. Pero había otro aspecto en el nacimiento de un príncipe francés que valía la pena considerar puesto que existía una princesa inglesa de aproximadamente la misma edad: el diplomático.

El propuesto compromiso del bebé delfín de Francia con la princesa María de Inglaterra, de dos años, fue la expresión simbólica de un nuevo acuerdo entre sus respectivos países, finalmente expresado en el Tratado de Londres del 4 de octubre de 1518. Ese acuerdo sería la respuesta de Inglaterra —o del cardenal Wolsey— a la Paz de Cambrai de marzo de 1517, que había dejado al país tan ingratamente aislado. El momento es importante, porque en la habitual convicción optimista de que muy pronto Catalina daría a luz a un sano príncipe, a María no se la veía por entonces como la potencial heredera del trono inglés. Al embajador veneciano, que se quitaba solemnemente el sombrero ante la princesa de dos años, el orgulloso padre le aseguró que era una niñita que nunca lloraba. Giustinian encantó a Enrique cuando repuso que eso se debía a que su destino —ser reina de Francia— no la inducía a las lágrimas.[23] Inglaterra y Francia se unieron para mantener la paz en Europa y la princesa María fue prometida oficialmente al delfín.

La alianza con Francia era el sueño de Wolsey, no de la reina; él era ahora el confidente más íntimo del rey en cuestiones de política, así como su diligente servidor. El cardenal Wolsey (lo era desde 1515) entendía muy bien cómo hacer que su voluntad armonizara con la del rey, de modo que costaba en su momento —y sigue costando— decidir en qué medida las iniciativas francesas surgieron del rey y en qué medida le fueron impuestas. Pero es obvio que el rey Enrique favorecía el tratado como un modo de volver al juego europeo. Además, el rey y el cardenal —y el rey francés— parecían haber sentido un auténtico deseo de disminuir las hostilidades. Un *rapprochement* anglofrancés tenía sentido para ambas partes, al menos en teoría, y el tiempo demostraría si era factible. El más reciente biógrafo de Wolsey ha sugerido que el cardenal también veía en la paz una oportunidad de dominar Europa muchísimo más económica que la guerra.[24] El Tratado de Londres fue debidamente ratificado por otras potencias europeas, exhaustas (como la francesa) por el hecho de que se había luchado prácticamente sin cesar en suelo europeo durante los veinticuatro años previos.

En cuanto a la posición de la reina en ese punto, obviamente su prestigio político siempre era mayor cuando Inglaterra estaba persiguiendo una política proespañola que cuando el clima era favorable a Francia, enemigo ancestral de su familia. Por la misma razón, no podía desear ver a su hija casada con un príncipe francés: su sobrino Carlos seguía siendo el soltero más elegible de Europa. Pero también ella parecía haber aceptado el objetivo pacifista del tratado como auténtico.

Luego, el 18 de noviembre, ocurrió la tragedia. El «príncipe» esperado tan confiadamente resultó ser una princesa, que nació muerta.*

En privado, el pesar de la reina sólo podía haber aumentado por el hecho de que la deslumbrante Bessie Blount había quedado embarazada del rey poco antes de su reciente y triste experiencia; aunque Catalina, con su habitual compostura, no hizo ningún comentario al respecto. Eso, sin duda, habría sido impropio de su carácter. En cambio, asistió (con el resto de la corte) a las festividades que dispuso el rey para celebrar el nacimiento del niño que, por otra cruel ironía, fue un varón saludable.

Como se ha comentado en el capítulo anterior, el rey Enrique conocía a Bessie Blount desde hacía años: ella frecuentaba la corte desde 1513 y era la pareja de baile preferida del rey. Bessie Blount era exactamente el tipo de muchacha descrita por Anthony Fitzherbert en *The Boke of Husbandrye* de 1523 como muy atractiva para los hombres: «parca» pero «alegre», «de buen ritmo» y «fácilmente asequible», y aunque «se mueve bien bajo un hombre», era de tan «alto metal» que siempre estaba «mordiendo el freno». Bessie probablemente se moviera bajo el compañero del rey, el duque de Suffolk, así como de algunos otros, a pesar de que era aún muy joven.[25]

Bessie nunca ocupó la posición privilegiada de la reconocida *maîtresse en titre* real, como no lo había ocupado nadie hasta entonces en la

---

* El embajador veneciano Giustinian, siempre interesado en esos asuntos, pensaba que el bebé había nacido un mes antes de lo previsto, pero eso no concuerda con su propio informe del 25 de octubre de que la reina se acercaba al momento del parto, ni con el hecho de que ya había rumores del embarazo de la reina para mediados de abril.

corte inglesa. El matrimonio que se le procuró, o poco antes o poco después del nacimiento del niño, no era particularmente atractivo. Se casó con cierto Gilbert Talboys, de familia «gentil» pero no noble, con el que siguió teniendo hijos. Era como si la concepción del bebé real hubiese sido más un feliz accidente en una carrera alegre que el símbolo de algún asunto amoroso grande y tórrido. Después de todo, para octubre de 1518 la reina estaba embarazada de ocho meses: se podía decir que el rey estaba ejerciendo su prerrogativa de consolarse en esos largos meses de teórico celibato.

El niño nació a comienzos de junio de 1519. Le pusieron el nombre de pila del padre y el tradicional apellido de un bastardo real, que indicaba orgullosamente su parentesco: Fitzroy. Fue otra señal del favor oficial que el cardenal Wolsey actuara como padrino de Enrique Fitzroy, así como antes había sido padrino de la hermanastra del bebé, María, casi tres años y medio antes. En adelante, el niño saludable, bello y vivaz fue «bien criado, el hijo de un príncipe». El rey sentía adoración por él, pero también amaba a su hija, por entonces una seductora y atractiva niñita con los colores del padre y los rasgos regulares y bonitos de la madre cuando niña. Esa aceptación de Enrique Fitzroy no era en sí misma excepcional en una época en que los nobles de toda clase, así como los reyes, veían como su deber ocuparse de sus bastardos.[26]

Si la reina Catalina sufría en su vida privada, en la esfera pública la elección de su sobrino como emperador Carlos V, hacia la fecha del nacimiento de Enrique Fitzroy, significaba que España era una vez más un aliado potencialmente valioso para Inglaterra. El rey francés había batallado mucho por su propia elección después de la muerte del viejo emperador Maximiliano en enero de 1519 y gastado mucho dinero en ello. Francisco fracasó, y si bien le aseguró al enviado inglés, sir Thomas Boleyn, que se sentía profundamente aliviado de no tener que soportar la carga del título, eso resulta poco creíble. La magnitud extraordinaria del poder territorial del nuevo emperador —que prácticamente rodeaba Francia— no podía dejar de amenazar los intereses franceses, atrayendo al mismo tiempo la atención favorable del nuevo aliado de Francia, Inglaterra.

La reina Catalina estaba bien situada para explotar esa situación, con su larga práctica en relaciones diplomáticas con España, tanto oficiales como extraoficiales. La alianza con Francia resultaba incómoda para muchos de la nobleza inglesa; luego estaba la posición de la princesa María como prometida del delfín. Aunque es importante comprender que, a comienzos de 1520, de ningún modo se habían perdido por completo las esperanzas de que la reina diera a luz un heredero varón —después de todo, Catalina tenía sólo treinta y cuatro años— al mismo tiempo la princesa era ahora la única hija legítima de su padre, sin ninguna perspectiva inmediata de otro hermano (o hermana). Las cosas eran distintas en la fecha en que se firmó el Tratado de Londres.

Además había también disputas sin resolver entre Inglaterra y Francia que iban de lo material —la cuestión de las joyas que legítimamente le pertenecían a María, duquesa de Suffolk, como reina viuda de Francia—, a lo político —el modo cruel en que los franceses habían apoyado al duque de Albany en Escocia, ayudándolo a suplantar a la reina Margarita, hermana de Enrique, y a su marido—. Asegurar la reunión de su sobrino y su esposo se convirtió en el principal objetivo diplomático de la reina. Tenía mucho sentido en términos familiares (ella aún no conocía al hijo de su hermana) y tenía sentido también en términos de un *rapprochement* angloespañol, tal vez incluso alguna especie de alianza familiar más estrecha.

El deseo de la reina de arreglar tal alianza se agudizó cuando se iniciaron los preparativos para un espléndido encuentro formal, en el continente, entre los aliados oficiales, los reyes de Francia e Inglaterra. En un momento de euforia, el rey Enrique (entonces bien afeitado) prometió dejarse la barba, que no se cortaría hasta que se hubiera reunido con su hermano de Francia. Curiosamente —pero sin duda Freud le hubiese dado cabal interpretación— la reina descubrió que no le agradaba la barba real, por lo que no mantuvo la promesa. El Campo de Tela Dorada, como pasaría a la historia esa empresa majestuosa, fue el foco de una cantidad extraordinaria de energía artística y de dinero ingleses, en los primeros meses de 1520. Al mismo tiempo, la reina se ocupó de persuadir al emperador de que visitara Inglaterra a su regreso de España, para al menos neutralizar en alguna medida esa reunión anglofrancesa.

En una ocasión la reina había reunido a su propio «consejo» —literalmente sus asesores— para tratar el asunto de la expedición a Francia cuando, inesperadamente, llegó el rey y se unió a ellos. Preguntó qué estaban discutiendo y los consejeros le dijeron que la reina había «hecho tales representaciones y mostrado tales razones contra el viaje [a Francia] como uno no hubiera supuesto que ella se hubiese animado a hacer, o incluso a imaginar». Pero la reina no fue el blanco de un estallido de ira real. Por el contrario, según el autor del informe —De la Sauch, el embajador francés, el 7 de abril— «a causa de ello la reina es tenida en mayor estima que nunca por el rey y su consejo».[27] En la práctica, la impopularidad de la expedición entre muchos nobles ingleses la favoreció.

La reina Catalina no logró impedir la gigantesca expedición de la corte, que empezó a moverse en dirección a Francia a fines de mayo. Eso no estaba a su alcance; ella actuaba como siempre, como peticionaria y conocía sus límites, sabía cuándo retirarse. Pero usando la misma táctica se aseguró de la llegada del emperador Carlos. Vientos contrarios lo retrasaron: esos mismos vientos que habían amenazado la llegada de Catalina desde España, siendo una joven princesa, hacía muchos años. El emperador llegó a Dover el 26 de mayo, escasamente antes de que embarcara la corte inglesa. El instinto político de Catalina no falló: el breve encuentro entre el emperador y el rey de Inglaterra fue un éxito.

El muchacho serio, más bien desgarbado, de cara alargada con el prominente labio inferior de los Habsburgo, que ella abrazó con éxtasis en las afueras de Canterbury, acompañada de una cabalgata de sus damas, se presentó con aire desconfiado ante su magnífico tío. En un largo desayuno —un desayuno familiar en el que ni siquiera el cardenal Wolsey estuvo presente—, se discutió el tema de la paz de Europa. (Presumiblemente, la conversación se desarrolló en francés, ya que el emperador no hablaba inglés ni español.) Es muy posible —aunque no puede demostrarse ya que no hay constancia escrita de lo conversado— que en esa ocasión se tocara el tema del compromiso de la princesa María con su primo hermano Carlos.

Es cierto que en aquel momento la niña estaba oficialmente comprometida con el delfín francés, pero nadie sabía mejor que esas tres figuras reales la naturaleza evanescente de tales compromisos. Contratos inflexibles se habían fundido con notable rapidez cuando las razones de Estado lo requerían. El primer compromiso de Carlos V había sido con Claudia de Francia, ahora la esposa del rey francés, cuando ambos eran bebés. Carlos había estado comprometido no hacía mucho con otra princesa niña, Luisa, primogénita de Francisco I y la reina Claudia, en la época del Tratado de Noyon (murió en 1518 a la edad de tres años). Por otra parte, había estado comprometido durante seis años con María Tudor la mayor, a la que pronto vería por primera vez en la corte inglesa como esposa del duque de Suffolk.

Los dos ex «esposos» —los había unido un matrimonio por poderes— se encontraron en un baile ofrecido por el emperador en Canterbury, en el palacio del arzobispo. Carlos también asistió a misa en la catedral de Canterbury el domingo de Pentecostés. Por otra parte, lo más notable de la visita del emperador fue la modestia y el respeto con que trató al rey Enrique: un modo de acercarse con tacto a cualquier monarca, y el rey Enrique no era una excepción. Yendo un poco más allá y referirse al rey Enrique como su «buen padre», Carlos V se hizo aún más grato.[28] (Era ocho años y medio menor que el rey Enrique, por lo que el gesto fue mejor recibido todavía.)

La reina Catalina comprobó feliz que su fe en ese acontecimiento familiar se justificaba plenamente; el afecto teórico que había sentido a distancia por el hijo de su hermana se convirtió en algo mucho más ferviente y, ella al menos, estaba convencida de que era correspondido. El rey Enrique, por su parte, se encontró en la agradable posición de su padre Enrique VII, en condiciones de hacer que Francia y el Imperio se enfrentaran. Aceptó un próximo encuentro con su sobrino, esta vez del otro lado del canal, siguiendo el Campo de Tela Dorada.

En cuanto al emperador de veinte años, así se lo describió al Papa el legado papal: «Este príncipe está dotado de un buen sentido y una prudencia que superan en mucho sus años, y en realidad tiene, creo, mucho más en la cabeza de lo que aparenta su cara.» La moderación preternatural de Carlos era algo que sorprendía a muchos observadores. Philipp Melanchthon escribió luego que «más glorioso y maravilloso que todos sus éxitos era el control que tenía el emperador de su temperamento. Nunca una palabra o una acción era altiva en lo más mínimo...».[29]

En contraste, la reina Catalina tenía un corazón cálido y sentimientos románticos sobre su pasado castellano, mientras que Enrique, que no creía mucho en ocultar sus emociones, estaba complacido por el halago de su sobrino. A ninguno de los dos le iba a ser fácil interpretar correctamente a ese joven tan modesto pero sutil e inteligente.

En comparación con los modales impecables del emperador al dirigirse al rey Enrique como a su «buen padre», la conducta del rey Francisco con Enrique VIII en el Campo de Tela Dorada fue mucho menos satisfactoria. Desde luego, no fue deferente, ¿cómo podía serlo? En realidad, ¿por qué debía serlo? Con cierta razón, el rey Francisco tenía fuertes sospechas de la posible implicación imperial del rey Enrique. Ellos eran dos soberanos, dos hombres enérgicos y competitivos que se acercaban a los treinta años —en plena juventud, podría decirse— y que eran iguales. Y como tales eran rivales inevitables. Además, gobernaban dos países que, con independencia de cualquier tratado que ahora los

vinculara, se habían combatido mutuamente con ardor en una época
tan reciente como 1513. (Los dos hombres habían estado presentes en
esa campaña, aunque nunca se habían encontrado.)

La alharaca que rodeaba el Campo de Tela Dorada no debe distraer la
atención del hecho de que se trataba de una fiesta sumamente cara que no
disfrutaban todos los presentes (como suele ser el caso en muchas fiestas
sumamente caras).[30] El coste de la aventura para la corona inglesa ha sido
estimado en 15.000 libras.* La comitiva del rey fue estimada oficialmente
como de poco menos de 4.000 personas y poco más de 2.000 caballos;
la de la reina de poco más de 1.000 personas y casi 800 caballos. Pero escu-
deros, servidores y otros agregados incrementaban mucho esos números.

La reina Catalina se contaba sin duda entre quienes no gozaron
demasiado de la experiencia. Sin embargo, vestida con toda la gloria hie-
rática de su rico traje, las preciosas joyas y perlas (consideradas las más
bellas de todas), con una mantilla española sobre la famosa cabellera aún
abundante, cumplió su papel. Además, tenía enternecedores recuerdos
de la reciente visita amistosa de su sobrino. Y el rey Enrique poseía la satisfacción de saber que se reuniría de nuevo con el emperador inmediatamente después de la reunión francesa. No era exactamente una conducta leal con su hermano —y aliado— el rey francés, pero tenía mucho
sentido en términos ingleses.

A pesar de todas esas corrientes subterráneas, el Campo de Tela Dorada fue un soberbio espectáculo. Los preparativos fueron arduos. Por
una parte, al rey Enrique se le pidió que enviara la ropa que usaba en los
torneos para medirla, de modo que cuando su hermano de Francia le ob-
sequiara ceremoniosamente con una coraza, le quedara bien. Por otra parte, sir Richard Wingfield mandó desde Francia una petición especial al rey,
ya en marzo: que las damas enviadas a través del canal fueran selecciona-
das no por el rango sino por la belleza, dado que la reina Claudia y Luisa
de Saboya, madre de Francisco I, estaban ocupadas buscando «las más
bellas damas y *demoiselles* que puedan encontrarse». Wingfield se aventuró a agregar: «Espero al menos, señor, que Su Alteza la reina traiga a tales
en su comitiva que el semblante de Inglaterra, que siempre ha obtenido
el premio, no lo pierda esta vez.»

* Es muy difícil estimar a qué equivalían tales sumas en términos de «dinero de
hoy», en particular porque en una época de inflación tales comparaciones suelen quedar desfasadas en cuanto se las pone por escrito. Es más esclarecedor señalar que eso era
la séptima parte de los ingresos anuales de la corona.[31]

Es posible que entre las bellas *demoiselles* llevadas por la reina Claudia estuviera una joven muchacha inglesa llamada Ana Bolena. Se movía por entonces en la corte francesa y hablaba un francés excelente; y como su padre, el embajador inglés ante Francia, había sido responsable de negociar muchos de los arreglos, su presencia hubiese sido lógica.[32] Pero no hay pruebas documentales de ello. De lo que quedó constancia fue de la decepción francesa chauvinista con las llamadas beldades inglesas (era evidente que Wingfield lo había previsto). Las consideraron bien vestidas pero espantosas; a los franceses los dejó azorados el hecho de que las damas inglesas bebieran todas de la misma botella de vino, y que además lo hicieran con notable frecuencia.

En cuanto a los preparativos más mundanos —aunque mundano no es el término más apropiado— dos o tres mil ingleses trabajaron preparando las tiendas donde se albergaría la corte. En cuanto a las provisiones, había una mezcla de lo tradicional como «los dulces vinos de Anjou que le encantaban al viejo rey Enrique [VII]» y atractivos platos nuevos como el pavo, que se estaba poniendo de moda mientras desaparecía el pavo real; el rodaballo y el salmón eran platos populares. Los espárragos constituían otra exquisitez nueva, como también las ciruelas en comparación con las peras, más habituales. Nadie se quedaba sin vino, de la calidad que fuera: fluían las fuentes de bebida y a los comensales se los incitaba a servirse en copas de plata.

Naturalmente, la exhibición heráldica era parte esencial en tal empresa; tanto Holbein como Clouet tenían que ver con los diseños. Irónicamente, María, hermana de Enrique VIII, que tenía un papel importante como conductora de las danzas por Inglaterra, usó el símbolo del puerco espín, el mismo que había adoptado en su breve vida matrimonial con el rey Luis XII. Otra belleza rival presente era la hermana de Francisco I, Margarita de Angulema, duquesa de Alençon. Descrita por el poeta Clément Marot como poseedora de un cuerpo de mujer, un corazón de hombre y una cabeza de ángel, Margarita de Angulema eligió con acierto una caléndula que se volvía hacia el sol.[33]

Pero las exhibiciones públicas, heráldicas o de otra clase, ocultaban el interés en que las dos parejas reales de Francia e Inglaterra fueran tratadas y se trataran mutuamente igual en todos los sentidos. La ubicación elegida, en una zona llamada desde antiguo «el valle dorado», ocupaba ambos lados de la frontera entre dos pueblos, propiedad de los ingleses y los franceses respectivamente: Guines (inglés desde el siglo XIV) y Ardres, que pertenecía a Francia. Por tanto, había que dar precedencia a los franceses en Guines, donde eran huéspedes, y a los ingleses en Ardres, donde los franceses eran anfitriones.

Fue conveniente para la reina Catalina, que ya no deseaba bailar en su propia corte, que su homóloga francesa, la reina Claudia, aunque muchos años menor, tampoco bailara. Conveniente pero también conmovedor: porque a los veintiún años, la reina francesa estaba muy pesada del quinto embarazo. El mes de junio anterior había dado a luz a su segundo hijo varón, el duque de Orléans. La reina Claudia daría a luz el 10 de agosto, y los franceses, preocupados por las relaciones de Inglaterra con el imperio, habían usado su avanzado embarazo como excusa para precipitar los acontecimientos. También habían señalado que una reunión en julio, que les hubiese convenido más a los ingleses, tendría consecuencias desafortunadas, porque el tiempo cálido haría que la gente bebiera más (vino) y también mostrara desagradables tendencias al desorden.

Curiosamente —para los franceses— el tiempo fue tan caluroso el 7 de junio, la fecha en que se encontraron los dos reyes, que un observador italiano comentó que no hubiera podido serlo más en Roma, en San Pedro. Pero los dos reyes se mostraron muy bien dispuestos, caminando juntos con la cabeza descubierta, al parecer inmunes al sol abrasador. Luego los torneos, las justas —la coraza de Enrique VIII estaba punteada por las iniciales suyas y las de su esposa—, las ceremonias eclesiásticas y los banquetes se sucedieron, como rondas de una intrincada canción, donde cada verso debía repetirse dos veces.

Si la reina Catalina recibía al rey Francisco, sentándose frente a él bajo un costoso dosel en Guines (el cardenal Wolsey estaba a un extremo de la mesa y María duquesa de Suffolk al otro), se podía estar seguro de que el rey Enrique estaba en ese mismo momento comiendo con la reina Claudia en Ardres. Cuando los dos reyes se hallaban en cónclave, entonces las dos reinas estaban ocupadas visitándose o, como en una ocasión en que el ceremonial bordeó la farsa, orando juntas en la misa. Lamentablemente, nunca pudo resolverse la cuestión de qué reina debía recibir primero la «pax» o beso de la paz de los obispos oficiantes... Al fin, la reina Catalina y la reina Claudia resolvieron el asunto abrazándose mutuamente y abandonando por completo el beso de paz.

Sin embargo, hubo unos cuantos acontecimientos imprevistos, algunos más afortunados que otros. Cuando el rey Francisco decidió hacer una visita por sorpresa —disfrazado— a la reina Catalina, esa veterana de las bromas de muchacho del rey Enrique supo manejar muy bien la situación. No tuvo ninguna dificultad en reconocerlo ni tampoco en simular amablemente que no lo reconocía. Pero cuando Francisco le hizo una visita inesperada semejante a Enrique, el resultado fue mucho menos afortunado.

«Venid, lucharéis conmigo», le gritó Enrique de pronto al rey francés.[34] Era un desafío que ningún cortesano inglés hubiese declinado, pero como la reina Catalina, los ingleses hubieran sabido cómo comportarse. El rey Francisco derribó pesadamente al suelo a su hermano de Inglaterra. Se le restó importancia al incidente, pero fue uno de esos detalles en apariencia sin importancia que no se olvidan. (Al menos, el rey Enrique venció al rey Francisco en ballestería.)

Todo terminó el 24 de junio con manifestaciones de eterna amistad común en todas las conferencias internacionales. El cardenal Wolsey, cuyo papel había sido destacado, se refirió a la brillante y bella hermana del rey francés como a su hija adoptiva. La madre del rey Francisco, la formidable Luisa de Saboya, se refirió a su vez a Enrique VIII como a su nuevo hijo adoptivo. Pero el rey Francisco procedería a usar sus elegantes pabellones y sus tiendas con incrustaciones para sus campañas militares, mientras que el rey Enrique, por su parte, partió rápidamente de regreso a su territorio inglés de Calais para preparar la segunda reunión con su sobrino el emperador.

Primero el rey Enrique cabalgó a Gravelines, donde conferenció con el emperador y la archiduquesa Margarita. Luego escoltó a la pareja imperial a Calais, donde hubo otro prolongado banquete —se dice que duró cuatro horas— en un palacio artificial construido especialmente para la ocasión. (Aunque se descompuso el tiempo: el fuerte viento y una lluvia torrencial arruinaron la estructura.) Siguieron dos días de conversaciones. A pesar del tiempo, esas charlas fueron positivas. Carlos, afortunadamente poco interesado en ruidosas competencias, siguió demostrando la deliciosa obediencia filial que había agradado tanto a su tío en Canterbury. Además, había asuntos que arreglar, o al menos que discutir. Con una hipocresía muy común en la época, el rey Enrique permitió que continuaran las ociosas conversaciones relativas al destino matrimonial de su hija María, a pesar de su compromiso con el «rubio... grande... y feliz» delfín.[35] También su padre había discutido el propio matrimonio de Enrique con Leonor de Austria a pesar de su enlace por poderes con Catalina de Aragón.

Esas conversaciones, la posibilidad de un matrimonio español para su hija, fueron muchísimo mejor recibidas por la reina Catalina que cuanto había surgido con el suntuoso trasfondo del Campo de Tela Dorada. Su estrella política volvía a ascender. Fue en 1520 que Erasmo escribió en elogio de la corte inglesa: «¿Qué familia de ciudadanos ofrece un ejemplo tan claro de estricto y armonioso matrimonio? ¿Dónde puede hallarse a una esposa más ansiosa por igualar a su admirable esposo?»[36] Aun teniendo en cuenta el amorío con Bessie Blount y el nacimiento de Enrique Fitzroy (los bastardos reales no eran nada nuevo en la historia inglesa), no parecía un veredicto excesivamente elogioso sobre el matrimonio de Enrique VIII y Catalina de Aragón en esa época.

El año anterior, el rey había encargado una tumba conjunta para él y su esposa. La ejecución de la tumba de Enrique VII había sido confiada al florentino Pietro Torrigiano en 1512. El 5 de enero de 1519 se firmó un contrato por una tumba semejante de mármol blanco y basalto negro. Costaría 2.000 libras y debía ser «más grande en un cuarto» que la tumba del padre del rey. Pero a diferencia de Enrique VII, que fue enterrado —y aún lo está— en la abadía de Westminster, Enrique VIII había elegido Windsor como su lugar de descanso. Ya en 1517, en una reunión de la Orden de la Jarretera, en Greenwich, declaró que «cuando el más alto Dios lo llamara de este mundo» haría enterrar su cuerpo en Windsor «y en ninguna otra parte».[37] En verano de 1520 no parecía haber ninguna razón por la cual el rey Enrique y la reina Catalina no debieran ocupar juntos un día esa majestuosa tumba en Windsor.

CAPÍTULO CINCO

Sin heredero varón

> Pero si el rey de Inglaterra muriera sin un heredero
> varón y la princesa María se convirtiera en reina de In-
> glaterra...
>
> Del tratado matrimonial
> entre Carlos V y la princesa María,
> 25 de agosto de 1521

La cuestión de la sucesión empezó a invadir la política de la corte inglesa a comienzos de la segunda década del siglo XVI. Abandonar la esperanza de concebir es, después de todo, un proceso insidioso en sí mismo,
con el que se alcanzan gradualmente las diversas etapas de la depresión.
Había precedentes alentadores: Isabel, esposa de Eduardo IV, tenía más de
cuarenta años cuando había dado a luz a su duodécimo hijo. La reina Catalina no abandonó la esperanza de inmediato, mientras que el rey seguía
«acostándose» con ella, de acuerdo con la costumbre. La ausencia de la soberana a causa de un peregrinaje a Walsingham en febrero de 1521 para
«cumplir una promesa» (de camino, la reina visitó Cambridge) puede muy
bien haber estado relacionada con las aspiraciones en ese sentido.[1]

Los rumores de la gente eran harina de otro costal. Ya no podía ig-
norarse lo obvio (aunque los especuladores desearan hacerlo): suponiendo que la reina lograra un nuevo embarazo, ¿qué garantía había de que
el resultado fuera un hijo vivo?* El optimismo acerca del nacimiento del

---

* Dada la falta de pruebas médicas, es imposible saber la causa de que nacieran
muertos los hijos de Catalina, aunque se barajase posibilidades como la toxemia recu-
rrente o una afección renal crónica.[2]

futuro «príncipe» fue menguando gradualmente a partir de 1518, hasta convertirse en escepticismo. La corte, el rey y tal vez, en último lugar, la reina, empezaron a afrontar la realidad: Enrique VIII no tenía un legítimo heredero varón y era improbable que lo tuviera. Es cierto que dentro de su círculo familiar inmediato, en términos de sangre, el rey tenía dos sobrinos, los hijos de la reina Margarita y de María, duquesa de Suffolk, respectivamente. Pero Jacobo V, nacido en 1512, era aún un niño, aparte de las complicaciones de su posición como rey de los escoceses; Enrique Brandon, hijo de María, era menor aún, de la misma edad que la princesa María.

Era una situación que suscitaba una inquietud atávica en un país en el que seguía vivo el recuerdo de la revuelta civil y las rebeliones de los pretendientes al trono. Seguía habiendo candidatos que causaban aprensión. Al otro lado del canal, por ejemplo, Richard de la Pole, ahora un cuarentón, había sido apoyado durante años por los franceses; conocido como la Rosa Blanca, era el hermano menor del yorkista Edmund de la Pole, ejecutado por Enrique en 1513. Inquietaba el modo de vida del rey, que nunca había sido cauto en lo relativo a los riesgos físicos y seguía cazando e interviniendo en torneos con tanta energía como de costumbre. Dado que su hija tenía el doble inconveniente de ser mujer y niña, ¿quién debía sucederlo en el caso de accidente? Estaba además el asunto, más abiertamente discutible, de la sucesión tras la muerte del rey en la plenitud del tiempo, cuando «el más alto Dios» lo llamara de este mundo y su cadáver fuera enterrado en Windsor.

El revuelo dinástico de la tercera década del siglo XVI no debe impedirnos ver el hecho de que en la década anterior —desde luego en la primera mitad y aun después de varias maneras—, la solución buscada siempre implicaba a la princesa María y a su esposo putativo. Es un punto que se debe tener en cuenta en el desarrollo de la historia de Enrique VIII y Catalina de Aragón, porque demuestra qué empeñado estuvo el rey esos años en hallar la solución dentro de su prolongado matrimonio con una reina a la que respetaba, aunque no la hubiese amado en un sentido romántico muchos años: casualmente una reina que también era la tía del todopoderoso emperador.

Se podría agregar a esto un comentario cínico: la reina Catalina estaba enferma y empeoraba mientras se acercaba a su cuadragésimo cumpleaños, en diciembre de 1525. Ella misma se refirió a «la incertidumbre de mi vida» tras una crisis de la enfermedad.[3] Cuando murió su propia madre, su padre enseguida había tratado de asegurarse un heredero varón; era posible que esa solución también estuviera abierta al rey Enrique. Pero eso, como la muerte inesperada del rey, no se podía discutir. Por entonces, el único modo en que el rey podía considerarse libre para volver a casarse y procurarse un hijo varón era tras enviudar, como sucedía con otros reyes del período.

A comienzos de 1521, la princesa María, que cumplió cinco años en febrero, aún estaba técnicamente comprometida con el delfín de Francia. Pero el rey Enrique se inclinaba de modo creciente hacia lo que consideraba, comprensiblemente, un destino mejor: el matrimonio de María con su primo hermano (dieciséis años mayor) el emperador Carlos V, la pareja que ya se había discutido tentativamente en 1520. El entusiasmo de la reina en este sentido caía sobre suelo fértil. El único ejemplo previo de sucesión femenina en la historia inglesa era el de Enrique I, que había dejado sus dominios a su hija Matilda; era un tema de controversia, ya que había seguido la guerra civil con Esteban, primo de Matilda. Pero lo incontrovertible era el hecho de que la sucesión final había correspondido al hijo de Matilda y nieto de Enrique I, Enrique II. Del mismo modo, Enrique VIII empezó a alentar sueños de un nieto, el hijo de Carlos V y de María (naturalmente, tal niño debía ser varón), que presidiría sobre una gran proporción del Viejo Mundo, incluida Inglaterra, y buena parte del denominado Nuevo Mundo, más allá de los mares.

En este contexto dinástico se entiende mejor la ejecución, en mayo de 1521, del poderoso pariente del rey, Edward Stafford, duque de Buckingham. Buckingham poseía sangre real y un enorme patrimonio, además de cierta altivez o arrogancia inadecuada en un monarca.[4] En realidad, estas cualidades habían convertido a Buckingham en el blanco de rumores sobre su aptitud para ocupar el trono ya desde 1501, tras la muerte del príncipe Arturo, porque él era adulto y varón. El tiempo no había enfriado la orgullosa convicción del propio Buckingham de que era «un hombre noble» que sería «un magnífico gobernante», en circunstancias favorables. Ya se ha hablado de su disgusto en 1510 cuando manchó la reputación de sus hermanas Stafford, de alta cuna según él, William Compton, de humilde cuna. Tampoco el tiempo había hecho mucho en cuanto a cambiar las circunstancias relativas a la sucesión inglesa en los últimos veinte años. Como antes, el duque de Buckingham seguía siendo el varón adulto mayor (tenía poco más de cuarenta años), poseía adecuada ascendencia real y vivía en Inglaterra; también tenía el favor público para desempeñar el papel de rey. En septiembre de 1519, el embajador veneciano registró que Buckingham era «muy popular» y «si el rey muriese sin herederos varones, fácilmente podría él obtener la corona».[5] (Véase árbol genealógico 2.)

Si Buckingham hubiese sido más prudente, más consciente de la historia y menos de su propio origen noble, le hubiese convenido considerar todo eso como un peligro potencial para sí mismo y su familia.* En cambio, negoció en 1519 para su hijo y heredero, lord Stafford, la pareja perfecta para despertar sospechas paranoicas acerca de sus intenciones. Lord Stafford se casó con lady Ursula de la Pole, que como hija de Margaret, condesa de Salisbury, tenía demasiada sangre real yorkista. Sumar derechos de sucesión para incrementar posibilidades era una maniobra bien entendida desde el pasado. Además, Buckingham manifestaba su hostilidad e incluso su desdén por Wolsey (basados en la política profrancesa de Wolsey y en la humilde cuna de Wolsey, respectivamente).

Un magnate como Buckingham habría podido sobrevivir a una actitud hostil contra Wolsey si no hubiera cometido además verdaderas indiscreciones sobre el tema de la sucesión. Después del imprudente matrimonio De la Pole-Stafford, hubo un incidente a fines de 1520 que llegó a los tribunales, y que enfadó mucho al rey, por el uso ilegal de librea que hacía Buckingham; también eso olía a súbdito excesivamente poderoso. Luego empezaron a difundirse rumores acerca de ciertas conversaciones de traición, comentarios jactanciosos de su familia, profecías sobre la futura grandeza de Buckingham, que él había escuchado imprudentemente.

El problema era que Buckingham nunca había condescendido a darle coba al rey. No había intentado convertirse en un miembro divertido de la corte, y la filosofía de pasar el tiempo en buena compañía, tan importante para el juvenil rey, no significaba nada para él. Por el contrario, Buckingham era «noble», escribió sir William Fitzwilliam, queriendo decir orgulloso, y —una frase particularmente sugerente— solía hablar «como un hombre que siente ira».[6] Buckingham tampoco era servicial, otro modo de obtener favor. El gran duque estaba arrastrando la chaqueta, y el hecho de que fuera una chaqueta magnífica, como la que había lucido en la primera boda de la reina Catalina y que costaba 1.500 libras, lo convertía en una demostración tremendamente amenazadora.

---

* Buckingham descendía de Thomas de Woodstock, el hijo menor de Eduardo III. El derecho de sucesión de Buckingham estaba por debajo del de las casas de York y Lancaster, que descendían de los hermanos mayores de Woodstock, ahora combinadas en la persona de Enrique VIII.

Buckingham fue arrestado en abril de 1521, llevado a la Torre de Londres y ejecutado un mes más tarde, tras un juicio por traición. Si bien solía decirse que lo tramó todo Wolsey, la conclusión del último biógrafo de Buckingham es que el duque era realmente culpable de las acusaciones: es decir, de pensamientos desleales, aunque la ley sobre pensamientos desleales —a diferencia de los actos desleales— por obvias razones era algo más dudosa.[7] El hecho significativo, desde el punto de vista de Enrique VIII y su creciente obsesión con la sucesión, era que todos los cargos se relacionaban con el tema de la muerte del rey sin un heredero varón.

Los títulos de Buckingham fueron confiscados; sus propiedades, incluidos el palaciego Penshurst y el fuerte Gloucester de Thornbury, pasaron a la corona. Para que la lección calara más hondo todavía, se penalizó también a la familia De la Pole, un temprano ejemplo de la culpabilidad por asociación que marcaría los años posteriores del reinado. Margaret, condesa de Salisbury, fue rebajada de su posición como institutriz de la princesa María, aunque su «noble cuna» y sus «muchas virtudes» (y, lo que era más importante, el afecto del rey por ella) le permitieron eludir la prisión. Pero su hijo mayor, lord Montagu, fue encerrado en la Torre; a Arthur de la Pole se lo obligó a abandonar la corte y se enviaron indicaciones a los señores de Venecia, donde estudiaba Reginald Pole, de veintiún años, en el sentido de que él ya no era *persona grata*. El mensaje fue lo bastante claro: quienquiera que gobernara Inglaterra tras la muerte de Enrique VIII, la sucesión recaería en alguien de su propia sangre y no se debían permitir sombras amenazadoras.

A pesar de la eficiencia con que se despachó el asunto de Buckingham —dos de sus hijos políticos se contaban entre los pares que lo condenaron a muerte— fue un incidente que causó cierta inquietud en su momento; hasta Hall registró que la gente «musitaba» sobre la razón, «y en cuanto a la verdad, hasta que se la conoció, hablaron mucho entre ellos». Las malas cosechas en la patria incrementaban la sensación de inquietud. En contraste con esto, iban a buen ritmo las negociaciones para el espléndido matrimonio de la princesa María, lo que hacía muy felices al rey y a la reina. En agosto, el cardenal Wolsey, en Brujas, negoció el tratado de matrimonio como parte de la «Gran Empresa» por la cual Enrique y Carlos harían la guerra contra Francisco. La formulación sugiere que al menos se contemplaba la posibilidad de que la princesa

María sucediera al padre. Como siempre, los arreglos relativos a la dote fueron objeto de duras negociaciones. Se afirmaba: «En caso de que el rey de Inglaterra muera sin heredero varón, y la princesa María se convierta en reina de Inglaterra, el emperador electo no tiene derecho a ninguna porción del matrimonio.» El texto del tratado se refería a la otra posibilidad —«Si nace un heredero varón del rey de Inglaterra, de modo que la princesa María no puede sucederlo en el trono»— que confirmaba la posición de la princesa.[8]

De modo que el rey Enrique se pasó jubilosamente al campo del emperador. En 1521, Francia y el imperio estaban una vez más en guerra en Italia por el derecho sobre Milán del emperador (al que Carlos había renunciado por el Tratado de Noyon en 1516, cuando era un gobernante más joven e inseguro). En el verano de 1522, el rey Enrique hablaba una vez más sobre sus propios antiguos derechos en Francia; se refería a sí mismo como al futuro «gobernador» de Francia, y se veía reemplazando a Francisco I un día, como su propio padre había reemplazado a Ricardo III.[9] En junio le declaró la guerra a Francia para reclamar su derecho al trono francés; se produjo una invasión tres meses más tarde y, el año siguiente, en septiembre, el duque de Suffolk conduciría una enorme expedición inglesa a través del canal. Los ingleses se sintieron alentados por la rebelión de otro sujeto muy poderoso de Francia, Carlos, duque de Borbón, mientras se esperaba que la archiduquesa Margarita de Holanda aportara tropas y dinero, entonces esenciales.

Entretanto, la visita de Carlos V a Inglaterra en junio de 1522 —la segunda al país, su tercer encuentro con Enrique VIII— constituyó un triunfo público para la reina Catalina. (No pudo haber previsto que sería el último acontecimiento público netamente jubiloso de su vida.) El emperador llegó con un séquito de 2.000 cortesanos y 1.000 caballos a Dover, donde el rey lo esperó y le mostró sus naves, que el joven elogió mucho. Atravesaron Canterbury hasta Gravesend, y desde allí, fueron en barca a Greenwich, donde los aguardaba la reina.

El poder del emperador ya era imponente. Por el Tratado de Bruselas, Carlos V le asignó la tierra austríaca hereditaria de los Habsburgo a su hermano menor Fernando, que el año anterior se había casado con la hija del rey Luis de Hungría. Pero eso no hizo otra cosa que expandir la influencia de los Habsburgo. Pocos años más tarde, tras la muerte de su hermano político Luis II, el rey Fernando fue elegido rey de Hungría y Bohemia (aunque Hungría estaba en poder de los turcos). Otra muerte repentina —la del papa de la familia Médicis León X a fines de 1521—

tuvo como consecuencia la elección del antiguo tutor de Carlos, Adrián de Utrecht, como Adriano VI. Tras su breve reinado, la elección de un segundo Médicis, Clemente VII, en noviembre de 1523, no hizo nada para disminuir el ascendiente del emperador. Clemente VII fue descrito por el embajador imperial ante la Santa Sede como una perfecta criatura de Carlos V: «Tan grande es el poder de Vuestra Majestad, que podéis convertir las piedras en niños obedientes.»[10]

Sin embargo, el 2 de junio de 1522, ahí estaba ese gran emperador arrodillado ante Catalina a las puertas del palacio de Greenwich, pidiéndole su bendición: «Porque ésa es la tradición de España entre tía y sobrino.» La reina Catalina sabía que los dos estaban unidos —como expresó ella luego— no sólo por la «consanguinidad» sino también por el «amor». Además, ese príncipe omnipotente se convertiría un día en el esposo de la niñita que había sido llevada a Greenwich para conocerlo. A los seis años y tres meses, la princesa María le dio a su prometido obsequios: caballos y halcones. Por su parte, él la vio «con gran júbilo».[11]

El emperador y su séquito se alojaron en el palacio de Bridewell, la nueva morada real que había comenzado a construir Enrique VIII en 1514 en el sur de Fleet Street, después del incendio de Westminster. (Aunque como aún no había dormitorios adecuados, el emperador durmió en Blackfriars; se construyó una galería especial, recubierta de tapices, que comunicaba con el nuevo palacio.) En Greenwich, adonde él llegó por río, los arcos triunfales contenían pareados que celebraban los títulos de ambos monarcas como defensores de la Cristiandad, uno como defensor de la fe (el título recientemente otorgado a Enrique por el Papa) y el otro de la Iglesia:

> *Carolus, Henricus, vivant defensor uterque*
> *Henricus fidei, Carolus ecclesiae.*

La cuestión de una cruzada conjunta contra los turcos, un deber religioso teóricamente apreciado por los monarcas cristianos, no podía descartarse sin duda, aunque como la propia reina Catalina expresó sucintamente a un español: «El rey de Francia es el mayor turco.»[12]

Después de la visita del emperador, el lenguaje de los ingleses, incluido el del cardenal Wolsey, hace evidente que la idea del matrimonio resultaba más atractiva con el paso del tiempo. Sobre todo el sueño de un nieto que gobernara toda Europa, «como Europa no había sido gobernada desde los tiempos de los romanos», sería «magnífica compensación» para Enrique VIII por su falta de un hijo varón.* Ahora Enrique hablaba habitualmente de Carlos como su hijo, y fue especialmente afortunado que Carlos V no tuviera ningún padre vivo que compitiera con las pretensiones de Enrique de ser su «*bon père*» (como había empezado a firmar el rey inglés). Carlos V le respondía del mismo modo. El 10 de mayo de 1522, por ejemplo, prometió hacer todo cuanto pudiera por Enrique VIII: «Tanto como un buen hijo debe hacer por un padre.»[14]

Estas demostraciones de familiaridad eran la fachada. El meollo del asunto lo había expresado Wolsey dos meses antes. Le dijo al embajador español, que lo transmitió, que el pueblo inglés debía considerar a Carlos V como «el heredero al trono de Inglaterra» si su propio rey no tenía un hijo varón. El 22 de marzo, Wolsey exclamó con teatralidad que esperaba antes de morir ver que el emperador tenía hijos (con la princesa María). Para fines de marzo, Wolsey instaba a los enviados españoles a asegurar al emperador que «nuestros corazones son suyos, y lo amamos no sólo como a un viejo amigo y aliado, sino como al hijo y heredero de este reino».[15]

Para la reina Catalina, el matrimonio imperial prometía mucho y no era amenazador. Sin duda no suscitaba el temor de la extinción nacional en su pecho. Eso era a causa no sólo de su sangre española, sino también de que se había hecho adulta en la firme creencia de que el matrimonio de una reina con un rey —Isabel de Castilla con Fernando de Aragón— era una feliz unión. ¿Por qué no debía suceder lo mismo con María de Inglaterra y Carlos de España? Ni la reina ni el rey parecían haber prestado demasiada atención a la diferencia de edad de la pareja, aunque podría habérseles ocurrido que la necesidad práctica de Carlos V de un heredero haría el período de espera demasiado largo para él. El duodécimo cumpleaños de la princesa María (la edad mínima para la cohabitación, suponiendo que la muchacha estuviera lo suficientemente madura físicamente) no se celebraría hasta febrero de 1528. La reina Catalina descartaba tales pensamientos en favor de educar a su hija para ser reina de España, como una vez Isabel la había educado a ella para que fuera reina de Inglaterra.

---

* Ésta es la conclusión de Garrett Mattingly, compilador de los pertinentes Documentos Estatales, cuyos estudios detallados lo convencieron de que «el vínculo que unió a Enrique más firmemente con el imperio no fue la interdependencia económica de Inglaterra y Holanda, ni el temor de la dominación francesa de Europa, ni el vínculo sentimental que constituía el hecho de que Enrique estuviera casado con la tía del emperador, sino el compromiso de Carlos V con la princesa María».[13]

En general, el cuidado que ponía Catalina en la educación de María consistía más en la supervisión y el nombramiento de profesores que en la enseñanza directa. Pero estudiaban latín juntas, ya que, cuando enviaron a María a Gales, la reina se refería a ello en una carta: «En cuanto a la escritura en latín, me alegra que paséis de mí al maestro Federston, porque os hará mucho bien aprender de él a escribir correctamente.» Con cierta avidez, la reina le pedía a la princesa María que le pasara sus ejercicios cuando Federston los hubiera corregido, «porque será un gran consuelo para mí ver que mantenéis vuestro latín y vuestra correcta escritura y todo».[16] Pero la influencia de la reina era de suma importancia en el proceso de educación de la hija (las dotes de la reina Isabel I a menudo han hecho que se pasaran por alto las de su hermanastra María). El estudioso al que ella consultaba principalmente —el humanista Juan Luis Vives— era un español como ella, aunque se había educado en Francia y había vivido en Flandes.

En 1521 la reina le daba a Vives una pequeña pensión, por intercesión de sir Tomás Moro, que lo había conocido en Brujas; se decía que «una estrella común» unía sus almas. Vives no llegó a Inglaterra hasta 1523 y su experiencia fue un tanto ambigua. Lector en Corpus Christi, Oxford, donde residió dos años, hallaba irritantes tanto el clima como la comida de Oxford: «El cielo está lleno de nubes y tormentas, tan triste como gris —escribió en una ocasión—. La comida es completamente repulsiva; el aire está lleno de enfermedades, algunas sin cura; la digestión aquí es lenta, pesada y dolorosa... Poco antes de escribir esta carta, tuve un terrible dolor de estómago.» Por otra parte, gozaba de la vida en la corte.[17]

Vives también mantenía una nutrida correspondencia con la reina, a quien dedicó *The Instruction of a Christian Woman*. En su prefacio, Vives explicaba que se sintió movido a escribirla «por el favor, el amor y el entusiasmo que siente Vuestra Gracia por el estudio y el aprendizaje sagrados». También le recordaba a su «singular protectora» su pasada historia: ella reconocería su propio «semblante e imagen» en muchas de las secciones, ya que la reina ha sido «doncella, esposa y viuda».[18]

Aparte de su relevancia para la princesa María, se trata de un importante documento. Sobre todo, el énfasis puesto en la necesidad de saber real (clásico) de toda mujer que tenga probabilidades de enfrentarse a la responsabilidad —incluida la crianza de hijos— demuestra la tendencia introducida en Inglaterra por la princesa del Renacimiento, Catalina, siguiendo el ejemplo de su madre. *The Instruction* se publicó finalmente en inglés, en 1540, traducido por Richard Hyrde. (Se conservó la dedicatoria a Catalina de Aragón, a la que se hacía anacrónica referencia como «reina... esposa de Enrique VIII».) El prefacio de Hyrde presentaba un argumento persuasivo: «Porque qué es más fructífero que la buena educación y el orden de las mujeres, la mitad de toda la humanidad, y también la buena conducta o las malas manchas de esa mitad» que afectan para mejor o para peor a la otra mitad.[19]

Vives, por su parte, negaba que el saber hubiera hecho nunca «astutas» (es decir, perversas) a las mujeres, y agregaba una larga lista de mujeres cultas de la historia, todas de impecable carácter moral. Concluía la lista, naturalmente, con las hijas «castas» pero bien educadas de la reina Isabel. Si no es del todo cierto que Vives educara personalmente a la princesa María —es posible que sus preceptos le fueran meramente transmitidos por Thomas Linacre, que sí lo hizo—, es obvio que la princesa fue criada de tal modo que valoraba su propio intelecto. Vives también inculcaba el estudio de las artes domésticas, elogiando a la reina Isabel por el modo en que lo imponía a sus hijas —«el trabajo con la lana siempre ha sido una ocupación honesta para una buena mujer»—, sin considerar las dos clases de educación mutuamente excluyentes.

Al mismo tiempo, la obra de Vives revela la estimación sumamente baja de la naturaleza moral de las mujeres —su pura inferioridad respecto de los hombres— que era corriente por entonces, aun entre los estudiosos que creían en la educación femenina. Vives escribía con elocuencia sobre la necesidad de la obediencia femenina y, aún más, del silencio femenino. La mujer, escribía, era «una cosa frágil, y de débil discreción, y puede ser ligeramente engañada, lo que demostró nuestra primera madre Eva, a la que el demonio sorprendió con un ligero argumento». Esto no debe considerarse intransigencia española: era una actitud universal. Incluso sir Tomás Moro, tan a menudo elogiado por su enfoque esclarecido de la educación de su hija Margaret Roper, compartía la creencia de que las mujeres eran frívolamente locuaces por naturaleza. Cuando Margaret estaba embarazada, él esperaba que su descendiente fuera como su madre en todo menos en el sexo y que, si desafortunadamente resultaba ser una niña, que ella «compensara la inferioridad de su sexo con su entusiasmo por imitar la virtud y el saber de su madre».[20]

Esa actitud determinaba de manera sutil pero firme la cuestión de la sucesión femenina: ¿se debía permitir que una de esas criaturas inferiores gobernara una nación de hombres? Por cierto que no, aun suponiendo que fuera capaz de gobernar. Cuando Dios actuaba misteriosamente al permitir que una mujer heredara un trono, la respuesta obvia era instalar a un hombre —un marido, un protector— a su lado; de ahí la concentración en un esposo adecuado para la princesa María.

En 1524, la reina Catalina le encargó a Erasmo, por mediación de su chambelán lord Mountjoy, un trabajo sobre el tema del matrimonio. Eso se ha interpretado a veces como un gesto de desesperación por la infidelidad del esposo. En realidad, es más probable que haya sido un interés intelectual propio, y una ayuda para la preparación de su hija, a la que sin duda aguardaba el matrimonio. Desesperarse por la infidelidad del marido no era como elegía actuar la reina Catalina. Cuando el rey Enrique reemplazó a Bessie Blount (ahora casada y madre del hijo de él) por una joven llamada Mary Boleyn, la reina Catalina no mostró ningún signo exterior de sentirse molesta. Al término de su aventura real, Mary Boleyn se casó, el 4 de febrero de 1521, con un hidalgo de la cámara privada llamado William Carey.[21] La reina asistió a las festividades de la boda, así como había honrado las celebraciones por el nacimiento de Enrique Fitzroy.

Mary Boleyn, como Bessie Blount, era aún muy joven cuando se casó: tenía veintidós años, tal vez.* Como Bessie Blount, era una muchacha vivaz e imparable que gozaba de todos los placeres que se ofrecían en la corte, incluidos los abrazos del rey. Cuando tenía quince años, había ido a la corte de Francia en la comitiva de la princesa María Tudor, donde había adquirido reputación de desenfrenada. Después de la muerte de Carey, formó una segunda pareja por amor. Eso fue considerado una imprudencia, tanto por principios como en la práctica; pero ella declaraba de su nuevo esposo: «Preferiría mendigar mi pan con él que ser la más grande reina de la Cristiandad.»[22]

A pesar de rumores posteriores que afirman lo contrario, ninguno de los hijos de María había sido engendrado por el rey Enrique: su hija Catherine Carey y su hijo Henry Carey, convertido en lord Hunsdon por su prima hermana la reina Isabel, nacieron en 1524 y 1526 respectivamente, cuando el asunto había terminado. (Podemos estar seguros de que Henry Carey hubiese sido aclamado con el mismo júbilo que Enrique Fitzroy si hubiera sido el hijo del rey.) Pero la aventura en sí no fue un mero rumor. Durante toda su vida, el rey Enrique demostró una renuencia bastante conmovedora a mentir directamente, como conse-

---

* Las fechas y el orden de nacimiento de la familia Boleyn —acerca de lo cual ha habido algunas discrepancias— se tratan en el capítulo siguiente.

cuencia tal vez de esa tierna conciencia de la que se enorgullecía. Acusado años más tarde de haber tenido un asunto con tres Boleyn, dos hijas
y una madre, lo mejor que podía hacer era replicar con modestia: «Nunca
con la madre.» Era su servidor Thomas Cromwell el que agregaba secamente: «Nunca con ninguna hermana, tampoco.»[23]

El asunto con Mary Boleyn tendría inesperadas consecuencias en
el futuro, dado que la relación sexual, como el matrimonio, creaba una
relación de parentesco entre dos personas: en el caso de dos hermanas,
colateral en primer grado. En su momento fue importante, porque se
repetía el modelo establecido por Bessie Blount: una vez más, una joven
vivaz, una bailarina incansable, se interesaba por un hombre que tenía
una esposa mayor y seria, a la que ya no interesaban esas cosas. Tanto
Bessie como Mary Boleyn eran damas de honor de la corte; no parecía
haber ninguna razón particular por la cual el rey Enrique no debiera seguir divirtiéndose con esas jóvenes dispuestas, confiando en la resignada
aceptación de la reina.

Seguían llegando los presentes del emperador desde España como señal de la seriedad de sus intenciones: dos mulas con arreos de terciopelo
carmesí y maravillosas guarniciones plateadas y doradas para el rey Enrique, y mulas con arreos igualmente espléndidos pero «según la moda española» para la reina.[24] Catalina seguía escribiéndole amorosamente a su
sobrino y futuro hijo político. (Él no le respondía.) Pero para el rey y Wolsey, la maniobrabilidad de la hija era como una moneda de oro valiosa:
otras negociaciones con la misma moneda no afectarían a su valor, en tanto no fuera entregada. Por tanto, comenzaron las negociaciones entre los
ingleses y los escoceses por otra unión: la de María y su primo hermano
por parte de padre, el joven Jacobo V, rey de los escoceses.

Esa pareja hubiese sido una de las probabilidades más interesantes
de la historia británica; ¿no habría adelantado en más de cincuenta años
la unión de las coronas?* Durante un tiempo parece que fue una opción
seria, al menos para algunos escoceses y muchos ingleses.[25] Sin duda, era
inteligente.

---

* Eso es sugerir que María y Jacobo V, juntos, habrían sucedido a Enrique VIII
(véase árbol genealógico 2), mientras que la historia no habría contado con dos joyas de
su corona: Isabel I y María, reina de Escocia, las hijas de Enrique VIII y de Jacobo V
respectivamente.

El obispo de Dunkeld, por los escoceses, predijo que ese «matrimonio conveniente» «uniría los reinos de Escocia e Inglaterra en perpetuo amor y unidad». Seguramente, todas las glorias militares de Enrique VIII no eran tan honorables para él, ni tan provechosas, como una buena paz. En cuanto a los ingleses, muchos de ellos eran suficientemente realistas para comprender que el ascenso de un Jacobo V al trono de Inglaterra, con María a su lado, no conduciría necesariamente a que Escocia devorara Inglaterra, sino más bien a lo opuesto. Jacobo era medio inglés (a diferencia del emperador); por parte de madre, era en realidad el heredero varón Tudor más cercano. Podía jurarle lealtad a su tío por anticipado, zanjando así una difícil cuestión entre Inglaterra y Escocia: la pretensión de Inglaterra de soberanía sobre los reyes escoceses; a cambio de esto, Jacobo sería aceptado como el próximo heredero del rey. La princesa María ni siquiera sería cogobernante: simplemente, proporcionaría la misma validez, por su ascendencia real (que pasaría a sus hijos), que Isabel de York había proporcionado a Enrique VII.

Pero había un problema: la antipatía profundamente arraigada entre las dos naciones arrojaba ciertas dudas sobre la predicción esperanzada del obispo Dunkeld. Los escoceses temían el imperialismo inglés y se aferraban a su antigua relación con Francia —la Alianza Auld de 1173— como medio para preservar su independencia. Los ingleses, por su parte, sentían disgusto y desdén por los escoceses. Las «viejas jugarretas» de los escoceses (esa expresión empleada antes de Flodden) y su hábito de atacar en el norte cada vez que los compromisos exteriores de Inglaterra la volvían vulnerable —como en 1513— llevaban al disgusto. En cuanto al desdén, sir Ralph Sadler lo expresó muy bien veinte años más tarde, con la exasperación propia de un funcionario colonial: «Bajo el sol no viven personas más bestiales y poco racionales que allá en todos sus grados.»[26] No obstante, durante cerca de dos años, pareció que esa antipatía podía subordinarse al mayor bien que aportaría el matrimonio —o al menos su perspectiva— a ambas partes.

Las diversas invasiones a Francia planeadas por el rey Enrique en apoyo del emperador le dieron un motivo de peso para romper la amenazadora alianza francoescocesa. La reina Margarita había vuelto a Escocia en el verano de 1517, pero ahora tenía problemas con su segundo esposo, Angus. Estaba ansiosa por divorciarse y finalmente consiguió hacerlo, en 1527, para casarse con Enrique Estuardo, lord Methven, con el que ya tenía un romance. El regente preferido en teoría por los escoceses, el duque de Albany, no sólo era profrancés, sino que estaba tan implicado en los asuntos de Francia como en los de Escocia; ninguna de sus estancias en Escocia duraba mucho tiempo. A fines de 1522, por ejemplo, el rey Enrique aprovechó su partida para ofrecer una tregua, que mencionaba el futuro matrimonio del rey Jacobo y la princesa María.

Las negociaciones no comenzaron formalmente hasta 1524, cuando por fin se marchó Albany y el rey Jacobo cumplió doce años. Si bien la campaña de 1523 del rey Enrique en Francia había fracasado porque la archiduquesa Margarita no proporcionó el adecuado apoyo de tropas y dinero, en teoría él seguía preparando otra invasión, más todavía si el rebelde duque de Borbón atacaba a los franceses desde dentro. En mayo de 1524 los ingleses firmaron un nuevo tratado con Borbón en el que éste prometía jurar lealtad a Enrique como rey de Francia tras el éxito de una invasión. Los escoceses, por su parte, estaban temporalmente agotados por su participación francesa: no les había servido demasiado estar siempre prontos a hostigar a Inglaterra en el interés nacional de los franceses. En tal clima, Wolsey sugirió grandiosas posibilidades. El 2 de agosto de 1524 le escribió a la reina Margarita que si su hijo, ella misma y los señores comisionados de Escocia procedían «directa, amorosa y noblemente» con el rey inglés, podía suceder «que tal matrimonio resulte para vuestro aludido hijo como los escoceses nunca conocieron parangón».

Cuatro semanas más tarde la reina Margarita respondió que los señores comisionados en realidad deseaban el matrimonio, pero estaban ansiosos por que su rey fuera nombrado «segunda persona» de Inglaterra, es decir, próximo sucesor de Enrique VIII; también se le debían conceder a Jacobo V adecuadas posesiones para «el príncipe del reino». Nadie negó en Inglaterra que esos deseos pudieran concedérsele. En realidad, los enviados ingleses en Edimburgo le escribieron a Wolsey comentando la gracia física y las dotes del rey escocés: elogiaban cómo cabalgaba, sus torneos, sus bailes y su canto. Además: «Es nuestro consuelo ver y concebir que, en su semblante y apostura, y en todas sus otras cosas, su gracia se asemeja mucho a Su Alteza el rey, nuestro señor.» (En los cuadros, Jacobo V realmente no se parece mucho a los Tudor: no hay duda de que los enviados estaban siguiendo su iniciativa diplomática.) A fines de noviembre se declaró una tregua entre Escocia e Inglaterra; ya en diciembre hubo enviados escoceses en la corte inglesa que manifestaron el tierno amor del joven rey por su tío y cómo necesitaba ayuda para salvaguardar su herencia «mediante un apropiado matrimonio». (El rey Enrique prometió debidamente esa ayuda.) En enero, la reina Margarita escribía sobre «la perpetua Pax» que ese matrimonio establecería entre los dos países.[27]

Pero tal «Pax» no estaba destinada a establecerse. Luisa de Saboya, la madre del rey francés, desestimó airada el asunto desde el principio: la princesa, dijo, ya había sido prometida tanto al delfín de Francia como al emperador, «y del mismo modo ellos [los ingleses] quebrarán la promesa hecha a los escoceses».[28] Pero Luisa de Saboya, como el duque de Albany, deseaban al rey escocés como esposo para una de las princesas francesas. De hecho, el rey Enrique no había faltado a su palabra con el emperador, salvo en la medida en que permitió que se realizaran otras negociaciones relativas a la mano de la princesa María, y eso, como se ha remarcado ya en grado suficiente, no era nada extraordinario, todo lo contrario. El emperador estaba ahora a punto de faltar a su palabra con el rey Enrique.

La historia de las negociaciones de un posible matrimonio entre Jacobo V y la princesa María es secundaria en la historia del matrimonio de Catalina de Aragón, salvo en la medida en que atestigua mejor el deseo del rey Enrique de dar con alguna solución a la sucesión de la hija de Catalina. Pero la traición del emperador —como fue considerada, tal vez con razón, en Inglaterra— era algo totalmente distinto. Tendría consecuencias muy perjudiciales para la relación entre Enrique y Catalina.

No hay razón para dudar de que el compromiso del rey Enrique con el matrimonio imperial hubiera sido absolutamente serio desde el comienzo, a pesar de sus maniobras con los escoceses. Ahí era donde estaba puesto su corazón (como el de Catalina). En la Navidad de 1524, Louis de Praet, el embajador imperial, al encontrarse con los embajadores escoceses en la corte inglesa, preguntó sin tapujos en qué dejaba eso el tratado imperial. Tanto el rey como el cardenal Wolsey le aseguraron que no tenían ninguna intención de romper la alianza: el juego era simplemente impedir que Jacobo V se casara con una princesa francesa.[29] Y ésa parece que era la verdad. El matrimonio angloescocés —la paz perpetua mencionada por la reina Margarita— se frustró por el deslumbramiento del rey Enrique con la idea de su hija convertida en emperatriz y de un nieto emperador.

La colosal victoria del emperador sobre los franceses en Pavía, en el norte de Italia, el 24 de febrero de 1525, incrementó el ansia del rey inglés por la alianza. La noticia de la victoria llegó a la corte inglesa el 9 de marzo a primera hora de la mañana. En una carta exultante, la archiduquesa Margarita describía cómo «todo el poder de Francia» había sido «derrotado». Las bajas eran incontables, el rey francés mismo había sido capturado. Las actitudes de Inglaterra y Escocia relativas a esta debacle pueden juzgarse por el hecho de que los ingleses inmediatamente celebraron una solemne misa de gracias, mientras que se decía que, en Escocia, Jacobo V de inmediato había cambiado sus ropas de raso carmesí por otras negras, «señal por la que los hombres juzgaron su corazón francés».[30] Lo mejor de todo, desde el punto de vista inglés puramente egoísta, fue la noticia de que había muerto en batalla Richard de la Pole, la Rosa Blanca.

Parte del tratado que se le impuso al vencido Francisco I se refería a un matrimonio. La reina Claudia había muerto el año anterior a los veinticuatro años, agotada por los alumbramientos (había tenido siete hijos en ocho años). Ahora Francisco I debía casarse con la hermana de Carlos V, Leonor de Austria, reina de Portugal, recientemente viuda.* De modo que dos de los tres reyes rivales se convertirían en hermanos políticos, mientras que Enrique VIII (como esposo de Catalina) se convertiría en su tío por matrimonio. En celebración del futuro, Leonor de Austria bailó una graciosa danza española ante el cautivo rey francés, su futuro esposo, como una vez Catalina de Aragón bailara ante la corte inglesa.

Entretanto, la reina Catalina gritó extasiada cuando se enteró de la noticia de Pavía. Le escribió a su sobrino el 30 de marzo para felicitarlo, culpando a «la inconstancia del mar» por el hecho de no haber recibido carta alguna de él en respuesta a las suyas: había una explicación más dolorosa, que rechazó, mientras admitía que «nada sería tan doloroso como pensar que Su Alteza ha olvidado... a su buena tía Catalina». Después de todo, la relación de ambos, basada en el «amor y la consanguinidad», exigía «que nos escribamos mutuamente a menudo».[31] Durante los tres últimos años, la idea del matrimonio español de su hija había sido para Catalina como una estrella guía que iluminaba con fuerza una vida que, por otra parte, iba entrando en una melancólica madurez. En los últimos años se habían producido las habituales discusiones sobre la dote, la usual disputa por el envío de la princesa a su nuevo país para que fuera educada a la manera española, como deseaban las Cortes. Pero Catalina no creía que fuese imposible solucionar los diversos problemas planteados.

---

* No hay que olvidar que una vez se había hablado de Leonor de Austria, ahora de unos veinticinco años, como esposa para Enrique VIII, cuando era príncipe de Gales; posteriormente, ella se casó con el rey Manuel I de Portugal, el viudo de dos de sus tías.

Ni siquiera un negociador experimentado y conocedor del mundo como Wolsey lo creía. El 30 de marzo de 1525, mientras continuaban las negociaciones, señaló indignado a los comisionados de la archiduquesa Margarita cuánto del posible beneficio inglés había sido sacrificado en favor del matrimonio imperial. Primero, se les había negado categóricamente a los franceses la mano de la princesa María. Luego los escoceses habían hecho una petición semejante y habían sido rechazados, aun cuando se habían ofrecido olvidar la alianza francesa, proporcionar casi 20.000 hombres a sus propias expensas para la invasión a Francia y además «tomar al rey Enrique como su superior [feudal]» durante la minoría de edad del rey Jacobo. Es cierto que los comisionados pensaban para sí que el cardenal protestaba un tanto excesivamente: dudaban de que los escoceses hubieran hecho nunca ofertas tan firmes. (De hecho, los escoceses no habían roto la Alianza Auld.) No obstante, el embajador inglés en Roma le aseguró al Papa, el 8 de abril, que el rey Enrique nunca concedería la mano de María a ningún otro que al emperador Carlos. Wolsey hablaba del magnífico matrimonio que un día se celebraría en Roma y de que pensaba estar presente en las celebraciones.[32]

En una fecha tan tardía como el 20 de abril, los enviados del emperador —con lo que ha sido calificada como una «completa falta de delicadeza» en vista de lo que estaba a punto de suceder— aún discutían sobre el deseo de las Cortes de que la princesa fuera a España, así como sobre la necesidad de algún pago inmediato de la dote. Se aconsejó que la princesa tomara lecciones de español. Los ingleses, por su parte, insistían con razón en que, si en realidad el emperador buscaba «una maestra» para enseñar a la princesa «según el estilo español», no podría hallar ninguna mejor en toda la Cristiandad que la que tenía: «Es decir, Su Alteza la reina, su madre, que viene de esa casa de España, que por el afecto que le tiene al emperador la nutrirá y la criará de modo que a él luego lo complacerá.» Wolsey incluso bromeaba: el rey, decía, esperaba enviar a su hija al emperador «*en son lit à Paris*» (en su cama a París); una alusión a la derrota de los franceses en Pavía.[33]

Sin embargo, ya el compuesto y reservado emperador se había apartado del proyecto inglés. Necesitaba una esposa que contentara a sus Cortes y pacificara a los súbditos españoles; necesitaba una esposa con una gran dote y, además, la necesitaba cuanto antes para empezar a tener hijos. Su candidata era otra prima hermana: Isabel de Portugal, hija de María, hermana de Catalina. Tenía veintitrés años y una espléndida dote de un padre con acceso a la riqueza colonial; su mezcla de sangre portuguesa y española, que prometía unidad ibérica, agradaba a las Cortes. La idea siempre había atraído al emperador. En 1522 ya había enviado un mensaje a Portugal, en el que pedía que se reservara una infanta soltera para él.[34] Carlos V se comprometió oficialmente con Isabel en julio de 1525 después de romper el compromiso inglés en mayo. Se casó con ella al año siguiente. Resultó que Isabel era también inteligente, madura y sensata; para coronarlo todo, no tardó en darle a Carlos V un heredero varón (el futuro rey Felipe II). Desde el punto de vista del emperador, Isabel de Portugal representaba una opción excelente.

Los hechos eran muchísimo menos felices desde el punto de vista del rey Enrique y la reina Catalina. Con independencia del hecho de que la pobre reina Catalina se sintiera tan traicionada como el rey Enrique (¿dónde estaban ese amor y esa consanguinidad que unían tan estrechamente a tía y sobrino?), el terrible ceño del rey se había vuelto hacia la esposa. En realidad, la conducta de Enrique VIII tras la ruptura del tratado de matrimonio por parte del emperador revela un nuevo aspecto de su carácter: una tendencia a descargar su frustración —no necesariamente sobre el culpable— con el objeto de aliviar su propia ira.

Públicamente, la actitud del rey era tan galante y encantadora como siempre. En marzo de 1524 había tenido lugar un incidente inquietante que, con la sucesión sin resolver, hizo estremecer de aprensión a la corte. El rey participaba en una justa con el duque de Suffolk, como habían hecho ambos tantas veces, cuando lamentablemente su rostro quedó «desnudo», es decir, no se había bajado la visera cuando su caballo empezó a correr en dirección a su oponente. Puede imaginarse el terror de los que observaban. Hubo gritos para que se detuviera, pero el rey no los oía. Lo alcanzó la lanza de Suffolk y el rey Enrique cayó pesadamente al suelo.[35]

Su peso no era el problema. (Si bien la armadura para el Campo de Tela Dorada de cuatro años antes revela un incremento natural de unos pocos centímetros en la cintura respecto de la de 1514, aún no había ganado mucho peso.) El problema fue que en la visera se clavaron las esquirlas de la lanza y sólo por un milagro el rey no perdió la vista. De inmediato Suffolk declaró que nunca volvería a competir con el rey. Enrique VIII, sin embargo, con gracia principesca, perdonó a los dos hombres que le habían entregado la lanza sin que tuviera baja la visera: «A nadie se debía culpar sino a sí mismo.» A pesar de la conmoción, procedió a tomar una lanza y corrió seis carreras para tranquilizar a los espectadores en cuanto a su estado.

No trataba a su esposa con tanta magnanimidad tras la decepción final del proyecto angloimperial.

Poco después de que el enviado imperial Peñalosa cumpliera la poco envidiable tarea de dar la noticia de la renuncia de su señor, el rey Enrique dispuso repentinamente el público ensalzamiento de su hijo ilegítimo de seis años, Enrique Fitzroy. Tal ensalzamiento debía realizarse en dos partes. La primera ceremonia, que tuvo lugar el 7 de junio, fue el nombramiento del niño como caballero de la Orden de la Jarretera: en la capilla de San Jorge en Windsor, ocupó el segundo lugar al lado del soberano. Catalina de Aragón observaba desde el sitio elevado reservado a la reina, decorado con sus granadas y orientado hacia el altar. Como Enrique Fitzroy había sido elegido el día anterior San Jorge, el 23 de abril, según la costumbre de la orden, la ceremonia no fue en sí misma tan ostentosa como la que siguió.

Dos semanas más tarde, el muchachito fue nombrado duque de Richmond (era el título de la abuela de Enrique VIII y el empleado usualmente para referirse a Enrique VII antes de su coronación). Recibió además el ducado de Somerset y el condado de Nottingham, títulos también de la familia real. El de Richmond tenía precedencia sobre todos los otros duques ya existentes o futuros, salvo aquellos nacidos legítimamente del cuerpo del rey, o del cuerpo de sus legítimos sucesores. Se conferían grandes propiedades al nuevo duque, que además fue nombrado gran almirante, teniente general al norte del Trent y custodio de todas las provincias hasta Escocia. Enrique, duque de Richmond, iría al norte para ser criado de la manera que convenía a su posición.

La reina Catalina estaba furiosa. Como todas sus esperanzas para el futuro estaban concentradas ahora en su hija concebida legalmente, no podía dejar de sentirse mortificada por esta celebración del bastardo varón. Pero en el pasado se había tragado insultos semejantes: los festejos públicos por el nacimiento de Enrique Fitzroy, por ejemplo, menos de un año después de que su propio hijo naciera muerto. Ahora había una diferencia. La reina, después de años de tratar al esposo con diplomática sumisión aparente, no ocultó ahora su resentimiento ni su profundo disgusto por todo aquel asunto.[36]

Eso hizo que el rey, a su vez, se pusiera furioso; no estaba acostumbrado a que su esposa se comportara de aquella manera, y la novedad no la hacía más agradable. Durante más de quince años, la reina Catalina se había ocupado de que las cosas fluyeran en la medida de lo posible alrededor del rey —ella conservaba todo el control doméstico—, y como hombre, marido y monarca, él deseaba que todo siguiera igual. Parece probable que su decisión de enviar a la princesa María a Ludlow, con su propia casa, se debiera a su enfado con la madre.

¿Hasta qué punto estaba justificada la indignación de la reina? Lo primero que hay que tener en cuenta es que su ira recuerda las cartas histéricas de su infeliz juventud como princesa de Gales. No gozaba de buena salud entonces como no había gozado antaño, y puede ser que la reina simplemente se sintiera demasiado enferma para mantener su habitual dignidad y ese tan elogiado semblante sonriente. A la vez, el hecho de que perdiera el control es en sí mismo una prueba de que el momento de la celebración de ambas ceremonias fue deliberado, y ella lo sabía. Estaba siendo castigada por la traición de su familia.

Eso, de todos modos, plantea la pregunta del propósito del rey Enrique, en términos de futuro, al encumbrar a su hijo. Lo que desde luego no intentaba era la pérdida de rango de su hija María. El rey otorgó a Richmond precedencia sobre «todo el mundo», pero como los futuros «duques», que serían cuestión legal del rey tendrían precedencia sobre Richmond, según el acta de nombramiento, obviamente, la posición de María quedaba a salvo. Por el contrario, Enrique llevó a cabo otra acción para tratar a María como «princesa de Gales». Se la había tratado tácitamente como princesa (o príncipe) de Gales en tiempos recientes, aunque formalmente nunca había recibido el título. La confusión de género —¿era ella acaso un «príncipe» como su abuela Isabel había sido un «rey católico»?— era en realidad un reflejo de la idea contemporánea de que el liderazgo femenino era en cierto modo antinatural. Las reinas y las princesas eran transformadas en reyes y príncipes honorarios. Vives, por ejemplo, dedicó su *Satellitum* a la joven princesa en julio de 1524, con una epístola dirigida «a María, príncipe de Gales: *Princeps Cambriae*».[37]

Ahora la princesa María era enviada a Ludlow, capital de la provincia de Gales, como administradora titular del reino de Gales, al igual que había sido enviado allí Arturo, príncipe de Gales. Se le dio una casa magnífica —165 personas, con capacidad para más de 300— adecuada para un príncipe de Gales; Margaret, condesa de Salisbury, que había recuperado el favor, se hizo cargo de ella. La princesa María tenía ahora la sustancia e, informalmente, el nombre de «gracia de mi señora príncipe» como la llamaba el Consejo.[38] Pero nunca fue nombrada príncipe (o princesa) de Gales, y nunca se hizo referencia a ella como tal en los documentos legales.* Sin embargo, para mucha gente a la que no inquietó el ensalzamiento del hijo ilegítimo, el traslado de la princesa María a Gales fue una prueba más de su posible papel como sucesora.

A pesar de todo su dolor por la partida —las casas previas de María habían estado todas próximas a la corte, lo que permitía las visitas frecuentes—, Catalina reconocía el deber de una princesa. María, al constituirse como delegada del padre (así como el nuevo duque de Richmond se establecía del mismo modo en el norte) seguía la tradición por la cual los reyes ingleses regían mediante la instalación ceremonial de sus vástagos. Ése era al menos un reconocimiento de la posición de su hija.

Si no pensaba disminuir la importancia de su hija, entonces ¿qué se proponía el rey Enrique a largo plazo favoreciendo a Fitzroy? Al establecer a su hijo ilegítimo, en un sentido el rey Enrique no hacía más que seguir precedentes bien conocidos: Arturo Plantagenet, hijo de Eduardo IV, había sido nombrado vizconde de Lisle, y el bastardo de Ricardo III capitán de Calais. La posibilidad de casarse de Enrique Fitzroy aumentaba muchísimo si mejoraba su posición, hasta el punto de poder aspirar a una perfecta princesa europea.

Al mismo tiempo la vida, incluida la de los reyes y los jóvenes, y sobre todo la de los miembros jóvenes de la familia real era sumamente incierta, como nadie sabía mejor que Enrique VIII, heredero de las casas de York y Lancaster. Cabe destacar el hecho de que los nombramientos simultáneos al de Richmond también indicaran cierta pertenencia al entorno real. Gilbert Talboys, el padrastro complaciente de Richmond, fue nombrado caballero. Pero el sobrino del rey, Enrique Brandon, hijo de María, duquesa de Suffolk, fue nombrado conde de Lincoln; Henry Courtenay, conde de Devon (primo hermano del rey, ya que era hijo de la hermana menor de Isabel de York), fue nombrado marqués de Exeter. Todo ello constituía un fortalecimiento de la posición de la familia del rey. Al promover a su hijo precoz y hermoso —su «joya mundana», a quien se decía que amaba «como a su propia alma»—, el rey

---

* Nunca ha existido una princesa de Gales por derecho propio. Aun cuando resultó obvio que la princesa Isabel, ahora la reina Isabel II, heredaría el trono de su padre, Jorge VI, el rey no permitió que fuera nombrada princesa de Gales, alegando que el título pertenecía exclusivamente a la esposa del príncipe de Gales (como mujer, la princesa Isabel siguió siendo una mera presunta heredera que, en teoría, podía ser desplazada mediante el nacimiento de un varón heredero hasta la muerte de su padre en 1592).

se permitía otra opción para el futuro sin comprometerse a nada concreto.[39]

Esa vaga idea de Richmond como sucesor del rey —porque sin duda no fue más que eso, a lo sumo— arroja sin embargo alguna luz sobre la actitud del rey en esa época con la reina Catalina. La madre de Richmond estaba casada con el nuevo caballero Gilbert Talboys; en ningún momento se había considerado su derecho a una posición más encumbrada que la de madre del bastardo del rey. Si el rey contemplaba —aun momentáneamente— el reconocimiento de Richmond como su heredero varón, entonces lo único que no podía contemplar en ese punto —ni siquiera fugazmente— era una segunda esposa que le diera un hijo legítimo.

En otoño de 1525 el rey y la reina estaban reconciliados. Mejoró la salud de Catalina, como ella misma contaba a la princesa María en una carta. De la princesa se le informó a Wolsey que estaba: «segura, señor, bien como puede estar una niña a su edad, como yo no he visto nunca, y de igual buen gesto y semblante». Wolsey agregó cumplidos a la amabilidad de la princesa y también a su porte digno.[40] Infatigablemente, el cardenal se preguntaba si el viudo Francisco I, de treinta y un años, podía ser un pretendiente adecuado para la princesa de nueve, a pesar de su compromiso con Leonor de Austria. En el norte, el duque de Richmond trataba de eludir el estudio del latín para irse a cazar, e intercambiaba graciosos mensajes y presentes con sus amistades —la reina Margarita y Jacobo V— de más al norte. Atractivo (y obstinado) como era, al menos estaba fuera de la vista. Cuando pasó su cuadragésimo cumpleaños, el 16 de diciembre de 1525, la reina Catalina deseó una vida de piedad aún mayor, aún más peregrinaciones. El rey Enrique, por su parte, seguía disfrutando plenamente en las mascaradas de la corte, las fiestas más brillantes de su reino.

Fue por esa época que la reina llevó a Vives consigo en su barca cuando viajó del palacio de Richmond a su convento favorito de Syon para orar. Vives habló sobre la naturaleza de la rueda de la fortuna, la imagen de los giros y los cambios del destino tan amada por los españoles. Entonces la reina le dijo que, ella personalmente si debía elegir entre los dos extremos, prefería la tristeza extrema a la felicidad extrema. En medio de la mayor infelicidad, reflexionaba, hay siempre algún consuelo, mientras que era demasiado fácil olvidar las cosas del espíritu en medio de la gran prosperidad.[41] Era la clase de comentario inocente, fortuito, que la gente recordaría mucho después como un presagio del trágico destino de la reina.

Pero en aquellos momentos la reina Catalina no tenía razón alguna para pensar que la rueda descendería aún más. Creía que se había llegado a un arreglo. Y entonces sucedió algo que derribó el mundo cuidadosamente construido y no del todo infeliz que la rodeaba. En la primavera de 1526, el rey se enamoró.

SEGUNDA PARTE

Ana Bolena

CAPÍTULO SEIS

Una damisela joven y lozana

Una damisela joven y lozana,
capaz de correr,
cantar y bailar a la perfección,
no carecía de atractivos para el amor;
hablaba francés culto y vulgar...

WILLIAM FORREST,
The History of Grisild the Second,
sobre Ana Bolena

El objeto del afecto del rey era una muchacha graciosa de ojos negros llamada Ana Bolena. (Familiarmente la llamaban Nan, como a la mayoría de las Anas de la época, y su apellido a veces se escribía Bullen, de ahí las cabezas de toro [*bull*] que formaban parte de las armas de su familia; pero la escritura uniforme no era una prioridad en el siglo XVI.) Había nacido hacia 1500 o 1501, probablemente en Blickling, Norfolk, donde sin duda pasó parte de su infancia.* Su fecha de nacimiento se situaría a fines de mayo o comienzos de junio.[1] Por tanto, en la primavera de 1526 Ana Bolena tenía veinticinco o veintiséis años aproximadamente.

Ése es el acuerdo de consenso sobre una fecha que no puede determinarse con absoluta certeza (como tantas cosas acerca de Ana Bolena). La corroboran varias fuentes: por ejemplo, se dice que Ana estaba en su

---

* Las palabras *HIC NATA ANNA BOLEYN*, que conmemoran su nacimiento, pueden leerse en el Great Hall debajo de un retrato en relieve de Ana Bolena; el Blickling Hall de los Boleyn fue reemplazado por el actual edificio jacobino.

decimoquinto año en 1514 y que tenía alrededor de veinte en 1521.[2] Si
bien se ha sostenido una fecha de nacimiento posterior,* 1500/1501
concuerdan con lo conocido de sus primeros años de vida y sus pocos,
poquísimos, hechos destacados. Esas dudas y esa confusión sobre la juventud de Ana Bolena tiene una explicación simple: se trataba de una
joven relativamente desconocida, que saltó a la fama súbitamente (o a la
notoriedad) ya en la edad adulta. Pasados unos cuantos años más se convirtió en una especie de «no persona» tras su caída. Tras una generación,
¡caramba!, era la madre de una soberana reinante. Ninguno de estos giros de la fortuna historiográfica hizo posible establecer con objetividad
los datos de su vida temprana, suponiendo que alguien se hubiese inclinado a hacerlo.

Respecto a los orígenes de Ana Bolena, estamos sobre terreno más
firme. La familia en cuyo seno había nacido no era una de las más grandes de la tierra, pero tampoco de baja estofa. Luego se puso de moda
reírse de su autoinventado linaje: por ejemplo, su tía política, Elizabeth
Stafford, duquesa de Norfolk (hija de Buckingham), pensaba que estaba
en su derecho a hacerlo, dado lo impecable del suyo propio. Pero esas
burlas eran el producto de los terribles celos que suscitaría Ana Bolena
en muchos niveles. En realidad, Ana Bolena era de cuna suficientemente buena como para que su pretensión de «descender de buena sangre
noble y sangre real pura» fuera absolutamente legítima,[4] aunque levemente parcial.

Porque Ana Bolena también tenía sangre de clase media, de comerciantes. Su bisabuelo, sir Geoffrey Boleyn, que se convirtió en alcalde de
Londres en 1457, era un rico comerciante en paños que compró Blickling Hall, en Norfolk (un condado donde los Boleyn eran conocidos
desde hacía al menos dos siglos como agricultores arrendatarios), y Hever Castle, en Kent.[5] Desde esa posición, el ascenso de los Boleyn fue
rápido; como sucedió con otras familias de la época, una serie de matrimonios nobles los transformaron hasta que hubieron dejado muy atrás
sus orígenes como comerciantes. Sir Geoffrey Boleyn se casó en segun-
das nupcias con la hija y coheredera de lord Hoo y Hastings; el hijo de
ambos, William Boleyn, hizo un matrimonio todavía más afortunado
con lady Margaret Butler, hija y coheredera del séptimo conde de Or-

---

* William Camden en su *Annals*, impreso en 1615, sugería en una nota al margen
como 1507: «*Anne Bolena nata MDVII.*» Pero Hugh Paget, en «The Youth of Anne
Boleyn», ha demostrado de manera convincente que eso es imposible.[3]

monde. A su vez, el hijo de esa unión, Thomas Boleyn, se casó con lady Elizabeth Howard, hija mayor de Thomas Howard, segundo duque de Norfolk. De modo que Ana Bolena contaba con un duque y un conde entre sus antepasados, así como con un hombre que se había hecho a sí mismo.

La «sangre real pura», que naturalmente enfatizaban los partidarios de Ana para eliminar el tinte de los paños, derivaba de su madre. Lady Elizabeth Howard descendía del rey Eduardo I y su segunda esposa, Margarita de Francia, cuyo hijo Thomas de Brotherton había sido nombrado conde de Norfolk. El título de Norfolk pasó luego a diversos herederos hasta recaer en Margaret Mowbray, que se casó con sir Robert Howard; el hijo de ambos, John, fue nombrado primer duque de Norfolk por Ricardo III en 1483. (Véase árbol genealógico 1.)

Según resultó, los descendientes de Eduardo I no eran pocos en Inglaterra a comienzos del siglo XVI. En un país con una aristocracia relativamente pequeña, unida por matrimonios, muchas familias nobles podían rastrear sus orígenes hasta él. La relación de Ana Bolena con su lejano antepasado se remontaba a principios del siglo XIII, por lo que podía parecer también algo remota. Pero eso es juzgar el linaje de Ana Bolena desde el punto de vista del siglo XX; en su época, cuando la sangre real confería tal mística a quien la poseía, aun una pequeña cantidad era una ventaja importante para las mujeres, dada su responsabilidad en la procreación. En particular se tenía muy en cuenta que el parentesco de una mujer un día podía darle al esposo «un príncipe».

Eso en cuanto a los antepasados de Ana Bolena; en términos prácticos, también fue de gran importancia que tantos miembros de su familia tuvieran importantes relaciones en la corte. De una u otra manera, según su grado, eran servidores reales. Sir Geoffrey Boleyn, fundador de la fortuna de la familia, había muerto hacía mucho, en 1463. Pero otro antepasado más distinguido, en términos de rango, Thomas Butler, séptimo conde de Ormonde, fue un veterano de la guerra de las Rosas que sobrevivió lo suficiente para convertirse en el primer lord chambelán de la reina Catalina en 1509, antes de morir a una edad muy avanzada en 1515. (Por lo mismo, la propia Ana debió de haberlo conocido.)

Volviendo a la familia de la madre, los Howard, su historia reciente había sido azarosa. El primer (Howard) duque de Norfolk había hallado la muerte en 1485 mientras apoyaba a Ricardo III y su ducado había sido confiscado, hecho que no se reparó hasta 1514. El segundo duque, el abuelo de Ana por parte de madre, obtuvo esa reparación gracias a su

destacada carrera militar y a toda una vida de servicio a la corona: suya
fue la victoria de Flodden, y el título de conde mariscal fue devuelto a su
familia. Por tanto, fuera cual fuese el pasado de los Howard —y el futuro de los Howard—, Ana Bolena nació en una familia que intentaba
consolidar su posición mediante una tradición de sólida lealtad, si no
exactamente desinteresada, con el monarca. La madre de Ana, como su
antiguo antepasado Ormonde, formó parte de la primera casa de la reina Catalina. El hermano de su madre, Thomas Howard, tercer duque
de Norfolk (pero conocido como el conde de Surrey desde 1514 y hasta
la muerte de su padre en 1524), había comandado la vanguardia contra
los escoceses en Flodden. Una larga e intrincada carrera en el servicio
público —y en el suyo propio— se inició con su nombramiento como
lord gran almirante en 1513.

Pero es en el carácter y en los talentos de Thomas Boleyn que debemos buscar la influencia de más peso en la carrera de su hija Ana, ya que
era un hombre notable. Thomas Boleyn nació en 1477, es decir, tenía
catorce años más que Enrique VIII (y aproximadamente la misma edad
que sir Tomás Moro). Sus apariciones en la corte se remontaban al matrimonio del príncipe Arturo y la princesa Catalina en 1501; había escoltado a la entonces princesa Margarita a Escocia en 1503 para su boda
con Jacobo IV. Fue escolta del cuerpo en el funeral de Enrique VII y lo
nombraron caballero en la coronación del nuevo rey. Sir Thomas Boleyn era un experto en las justas y participó en el torneo de 1511 para
celebrar el nacimiento del malogrado príncipe Enrique. Sus intereses locales en Blickling y Hever se debían al hecho de que era condestable
conjunto del castillo de Norwich y *sheriff* de Kent en 1512. Hasta ahí
no había nada notable en su carrera. Pero sir Thomas Boleyn era en sí
notable porque poseía un talento que lo distinguía de la mayoría de sus
compatriotas contemporáneos (y que lo haría destacar incluso entre los
ingleses de hoy): su talento para los idiomas y, por extensión, para la diplomacia.

En una época en que el papel de embajador con residencia permanente estaba en sus comienzos (se enviaban misiones individuales), la
existencia de un hombre que pudiera conversar fácilmente en las cortes
de Europa era una bendición. Además, sir Thomas era un hombre inteligente con inclinaciones intelectuales: Erasmo, al que encargaba obras,
solía llamarlo destacado erudito: *egregie eruditus*. Era trabajador y no tenía las tendencias deslumbrantes de otro enviado ocasional, Suffolk
(que había incluso flirteado con la archiduquesa Margarita, regente de

Holanda, antes de que la princesa María hiciera su voluntad con su boda apresurada). Podía ser «bastante afanoso» y «práctico», pero ésas no eran malas cualidades en un diplomático; incluso su principal defecto, la tacañería —en general se lo describía como «miserable»—, podía tener sus ventajas, dada la manera poco ortodoxa en que se financiaba entonces a los embajadores.[6] En suma, desde su primera misión en la corte de la archiduquesa Margarita en Bruselas, en 1512 (que duró alrededor de un año y tenía que ver con la proyectada invasión a Francia), sir Thomas Boleyn demostró ser un valor seguro.

Fue a sir Thomas a quien se le confiaron las detalladas negociaciones que condujeron al Campo de Tela Dorada, como embajador inglés en Francia desde 1519 hasta comienzos de 1520. (Fue tratado «a cuerpo de rey» en el bautismo del segundo hijo del monarca francés, Enrique, duque de Orléans, en junio de 1519.) Naturalmente, estuvo presente en el Campo de Tela Dorada y siguió luego con el rey Enrique para reunirse con Carlos V en Gravelines. Una vez más fue natural que ese experto lingüista (hablaba un latín fluido aparte de francés, lo que impresionaba a los embajadores extranjeros en Inglaterra) estuviera presente en ocasión de la visita de Carlos V en 1522.

Tal vez ese talento de sir Thomas Boleyn fuera en sí mismo parte de una tradición familiar. Su tío abuelo, el sexto conde de Ormonde, aunque de carácter más expansivo (elogiado por Eduardo IV por su «buena crianza y cualidades liberales»), fue un famoso lingüista y realizó muchas misiones europeas.[7] Comoquiera que sea, sir Thomas Boleyn ciertamente le transmitió ese talento a su hija Ana, así como la inteligencia adaptable que le permitía a él ejercerlo para su propia ventaja. (Y tal vez heredara también su decisión, disimulada por una fachada encantadora.) Puede parecer caprichoso escoger la facilidad de los Bolena para los idiomas como el primer eslabón en la larga cadena de circunstancias que terminarían con Ana Bolena como reina de Inglaterra. Sin embargo, al tratar de explicar la extraordinaria trayectoria de esa joven, es necesario concentrarse en cada elemento singular que la distinguía de sus contemporáneas (como había distinguido a su padre).

Fue como consecuencia de su primera misión, en la corte de la archiduquesa Margarita, que sir Thomas Boleyn pudo disponer que su hija menor Ana fuera educada allí. Ella tenía por entonces doce o trece años, la edad mínima para una *fille d'honneur*, de las que había dieciocho. A veces se ha afirmado que Ana Bolena era en realidad mayor que su hermana Mary, a pesar del hecho de que Mary se casó antes que ella. Pero la familia Boleyn siempre trató a Mary como la mayor, es más, en 1597, el nieto de Mary, lord Hunsdon, trataría de reivindicar el condado de Ormonde por derecho de la mayoría de edad de su madre sobre su hermana Ana en una carta al ministro Burghley de la reina Isabel; nadie discutió esa mayoría, aunque en el reinado de la hija de Ana Bolena había muchos que lo hubiesen hecho en el caso de no ser cierta.[8]

En realidad los tres hijos registrados de sir Thomas y lady Elizabeth Boleyn —Mary, Ana y George— nacieron muy seguidos poco después del matrimonio de los padres y, seguramente antes de la muerte del padre de sir Thomas, en 1505. Sabemos esto por el propio testimonio de sir Thomas a Cromwell en la década de 1530: «Cuando me casé tenía sólo 50 libras por año para vivir con mi esposa, en tanto viviera mi padre, y sin embargo ella me dio un hijo cada año.»[9] Tal vez esa temprana experiencia de pobreza unida a la fecundidad explicara la tacañería proverbial de sir Thomas: sin duda hace comprensibles los errores en cuanto al orden de la familia Boleyn. No obstante, parece correcto poner a Mary como a la mayor, nacida alrededor de 1499, el año siguiente al casamiento de los padres, luego Ana nacida en 1500 o 1501 y George no después de 1504 (si se tiene en cuenta que pueden no haber sobrevivido algunos de esos bebés que llegaban anualmente).

Mientras la joven Ana Bolena estaba en la corte de la archiduquesa Margarita —donde figuraba como «Mademoiselle Boullan»— escribió su primera carta conocida, en algún momento de 1513, dirigida a su padre. Estaba escrita en un torpe francés, puesto que estaba aprendiendo el idioma (aunque no es del todo mala para su época, cuando tan pocas mujeres, aparte de las pertenecientes a la realeza, sabían escribir). La carta estaba fechada en La Vure, ahora Terveuren, cerca de Bruselas. Comienza: «*Monsieur,* entiendo por su carta que desea que sea una mujer de reputación honesta cuando llegue a la corte», es decir, cuando Ana satisficiera la última ambición de su padre y se asegurara un buen lugar en la corte inglesa. Entretanto, ella se alojaba en una casa con otras *dames et demoiselles d'honneur* de Francia y España, así como de Holanda. Es obvio que Ana prosperó, exactamente como había esperado sir Thomas, ya que en una carta sin fecha de la archiduquesa Margarita al padre le canta sus alabanzas: «La encuentro tan presentable y tan grata, considerando su joven edad, que os estoy muy agradecida de que me la hayáis enviado...»[10]

Aun teniendo en cuenta la cortesía de las princesas, la excelente impresión causada por la joven Ana Bolena explica en gran medida por qué el padre hizo el esfuerzo de enviarla en primer lugar. Ana Bolena, a los trece años, tenía edad suficiente para demostrar un brillo particular, suficiente como para convencer al padre de que tenía una hija a la que convenía apoyar, una especie de estrella en términos de esperanzas paternales. Ella era, por ejemplo, de carácter muy diferente al de su voluble hermana Mary; mucho más inteligente y aplicada. Esas diferencias, que el curso respectivo de la vida de ambas demostraría ampliamente, habrían sido lo bastante obvias para el padre de las niñas como para que éste decidiera elegir a Ana y no a Mary para el puesto.

De la casa de la archiduquesa Margarita, Ana Bolena se trasladó a la de María, hermana del rey, «la reina francesa», cuando ésta fue a Francia en el otoño de 1514. Se reunió allí con su propia hermana, Mary. El porqué Ana se mudó no está claro, ya que sólo Mary Boleyn regresaría al año siguiente a Inglaterra con «la reina francesa», ahora duquesa de Suffolk. (Mary Boleyn trajo de regreso consigo una reputación que podía no ser exactamente «honesta» pero que le permitiría, sin duda por esa misma razón, captar la mirada inquieta de Enrique VIII.) No obstante, Ana Bolena se unió a la «reina francesa» en la corte, y después de la partida de ésta, se quedó en la casa de la nueva reina francesa, Claudia. Eso lo afirma de manera inequívoca el único biógrafo contemporáneo de Ana Bolena, De Carles.[11] Fuera cual fuese la razón de la ausencia de su nombre en la lista original de «la reina francesa» Mary, es obvio que fueron el talento lingüístico de Ana, su personalidad atractiva y sus modales encantadores lo que le valió ambos puestos: el breve período al servicio de la reina María y su posición mucho más importante con la reina Claudia. Había dado frutos el plan de sir Thomas Boleyn. Ella se adaptaba.

Ana Bolena permaneció en Francia durante los seis o siete años siguientes. Se convirtió, en efecto, en una francesa, o en una persona que sería considerada como tal en la corte inglesa, ya predispuesta a apasionarse por todo lo francés, desde la ropa hasta los modales. Ella también desarrolló un gran amor por todo lo francés, no sólo por el idioma, cuyos registros dominaba, sino también por la poesía y la música francesas.[12] Había otros aspectos menos agradables en la corte francesa: el libertinaje del rey Francisco, por ejemplo, poco tenía que ver con las aventuras divertidas y amables del rey Enrique. Pero la casa de su esposa Claudia, a la que estaba adscrita Ana, era, previsiblemente dadas las circunstancias, sumamente estricta. Ana Bolena aprendió el arte de agradar en la corte francesa, pero era el arte de agradar con su ingenio y sus dotes: conversación sofisticada, comentarios interesantes, alusiones coquetas, ésas eran sus armas; tal vez hacía promesas corteses, pero no era cuestión de cumplirlas. Cuando Ana Bolena regresó a Inglaterra, pudo hacerlo como «una mujer de reputación honesta»; ningún comentario enturbiaba su nombre.

Inevitablemente, Ana Bolena tuvo que haber conocido a muchos de los personajes reales de Europa durante ese período, si bien desde una posición humilde. (Como se ha observado, bien pudo estar presente en el Campo de Tela Dorada, aunque su nombre no aparece en las listas.) Pero hay indicaciones de que Ana Bolena trabó cierta amistad con Margarita de Angulema, diez años mayor que ella, la deslumbrante hermana de Francisco I. Ana lo daría a entender en el futuro, en una época en que necesitaba mucho demostrar que no era una advenediza. Se refirió a Margarita en 1534 como «una princesa a la que [ella, Ana] ha amado siempre mucho».[13]

No obstante, aun cuando la amistad haya sido tan cálida como sugirió Ana Bolena, de todos modos no pudo haberla infectado con su entusiasmo por la Reforma religiosa, como a veces se afirma. Margarita de Angulema, tras su matrimonio con el rey de Navarra en 1525, se convirtió en la protectora de los reformistas religiosos; ella misma escritora, presidía un destacado círculo que incluía a Rabelais y al poeta Clément Marot. Pero todo eso estaba por suceder. La princesa a la que Ana Bolena había «amado siempre mucho» era sumamente culta; también representaba la influencia femenina: era la mujer más poderosa de Francia, después de su madre, Luisa de Saboya. Pero aún no se interesaba por la reforma religiosa.

La llamada de Ana Bolena a Inglaterra, hacia 1521, tuvo que ver con su matrimonio. Aunque por entonces tenía alrededor de veinte años, no había ninguna urgencia en casarla: sólo las grandes herederas se casaban en la extrema juventud y las niñas Boleyn no eran desde luego herederas. Se trataba de resolver una compleja disputa sobre la herencia Butler-Ormonde promoviendo el matrimonio de un joven Montesco con un joven Capuleto en lugar de prohibirlo: en ese caso, James Butler era Romeo y Ana Bolena, Julieta.

Cuando murió el anciano lord Ormonde sin heredero en 1515, dejó a sus dos hijas, lady Margaret Boleyn y lady Anne St. Leger (por la cual probablemente Ana recibió su nombre de pila), como coherederas; pero el título en sí mismo fue reclamado por un primo lejano, sir Piers Butler, que se convirtió en el octavo conde. Como siempre, los derechos de las mujeres, es decir, los derechos de lady Margaret, que se consideraba que habían pasado a su hijo sir Thomas, eran un área confusa. En consecuencia, sir Thomas Boleyn reclamó ciertas propiedades y de ningún modo había abandonado el título Ormonde mismo.

Como el hijo de sir Piers estaba en la corte inglesa y era aproximadamente de la misma edad que Ana Bolena, el matrimonio de los jóvenes prometía una solución equitativa; Ana Bolena aportaba sus derechos de herencia consigo como dote. En septiembre de 1520, el rey Enrique convino con el tío materno de Ana, Thomas Howard, entonces conde de Surrey, patrocinar la boda. Y sir Thomas Boleyn, probablemente con cierto reparo, ya que su propia fortuna no se incrementaba de manera conmensurable, hizo volver a su hija de Francia.[14] Mientras se resolvía el asunto de su casamiento, Ana Bolena fue enviada a la casa de la reina Catalina como dama de honor. Su primera aparición registrada en la corte fue en una mascarada del 1 de marzo de 1522. Tomaron parte en ella ocho damas, incluidas María, duquesa de Suffolk, que representó la Belleza y la condesa de Devonshire, que era el Honor, mientras que a Ana Bolena le tocaba la parte de la Perseverancia.

¿Cómo era la muchacha que bailó en la mascarada? En vista de la escasa información acerca de su juventud, es un alivio descubrir que al menos en eso hay acuerdo. Por supuesto, debemos descartar la propaganda malintencionada: historias de un bocio que le desfiguraba el cuello y una grotesca variedad de lunares y verrugas (quistes). Tal monstruosidad difícilmente le hubiese granjeado el amor de un rey (y de otros). Pero ni siquiera el retrato más hostil de Ana Bolena, impreso en 1585, del renegado católico Nicolas Sander, que presumiblemente nunca la vio ya que tenía nueve años cuando ella murió, en realidad contradice mucho los retratos y los juicios contemporáneos más objetivos.[15]

Ana Bolena no era una gran beldad. El embajador veneciano, que la describió en un momento en que toda Europa estaba ávidamente interesada en ese fenómeno de la corte inglesa, la consideró «no una de las mujeres más hermosas del mundo». Uno de sus capellanes favoritos dio la opinión de que Bessy Blount era más guapa: Ana Bolena era sólo moderadamente bonita.[16]

Parte de ese tibio elogio pudo ser consecuencia de que su aspecto no coincidiera con el ideal del pelo rubio y los ojos celestes de la época. En teoría, a las morenas se las veía con sospecha y Ana Bolena era morena: «trigueña» según su admirador, el poeta sir Thomas Wyatt. Las rubias como María, duquesa de Suffolk, o, en una generación anterior, la turbulenta belleza Caterina Sforza, eran el ideal contemporáneo. (Recuérdese cómo la belleza naturalmente rubia de Catalina de Aragón había recibido la aprobación cuando llegó a Inglaterra.) Las lociones de belleza, de las que había muchas, en general implicaban el blanqueo de la piel y la aclaración del pelo mediante el uso de ingredientes tan diversos como semilla de ortiga, cinabrio, hojas de hiedra, azafrán y azufre.

Hubiese requerido muchísimo azafrán y azufre aclarar la tez aceitunada de Ana Bolena. Ése era otro elemento sobre el cual coincidían los comentaristas: consideraran el color de su piel «bastante oscuro» (*fuscula*) o cetrino (*subflavo*) «como si sufriera de ictericia», o «no tan blanca... sobre todo lo que podemos estimar». Tenía algunos lunares, aunque no la afeaban sino que, por el contrario, destacaban su encanto. Su pelo, por espeso y brillante que fuera, era sumamente oscuro (se ha sugerido que le debía ese color a su abuela irlandesa).[17] Y sus ojos eran tan oscuros que parecían casi negros. Pero el ideal de belleza era una cosa —se suponía que las rubias eran de temperamento alegre— y la atracción física otra muy distinta. Obviamente Ana Bolena ejercía una especie de fascinación sexual sobre la mayoría de los hombres que la conocían; ya fuera que suscitara deseo u hostilidad, la fascinación siempre estaba presente.

Los ojos negros eran brillantes y expresivos, realzados por esas «cejas oscuras, sedosas y bien marcadas» que elogiaba una obra italiana contemporánea sobre la belleza de las mujeres como «la dote de Venus». De Carles, el biógrafo contemporáneo de Ana, los describe con lirismo: ella sabía bien cómo «usar [sus ojos] con efecto», sea que los dejara deliberadamente en reposo o los utilizara para enviar un mensaje silencioso que llevaba «el testimonio secreto del corazón». En consecuencia, muchos se sometían a su poder.* Más prosaico, el embajador veneciano, al referirse a sus ojos, decía que eran «negros y bellos». La boca, que él describía como «ancha» (otra teórica desventaja en la época), Sander la consideraba bonita.[19] En los retratos, con los labios levemente fruncidos,

---

* Hasta una notoria descripción posterior —una «puta de ojos saltones»— indica que los ojos de Ana Bolena eran un rasgo notable de su aspecto; aunque «ojos saltones» significaba entonces también «estrábicos» además de «prominentes, de mirada fuerte o movedizos».[18]

tal vez para contrarrestar su boca demasiado «ancha», tiene un aire a la vez remilgado y provocativo, lo que probablemente se aproximara a la verdad.*

Ana Bolena era «de estatura mediana» (por supuesto, mucho más alta que la reina Catalina). Parece haber sido muy delgada o, al menos, de senos discretos: el embajador veneciano observó que su pecho no se «elevaba mucho» (la moda convertía el mantener los senos elevados en otra preocupación, como evidencian las averiguaciones de Enrique VIII sobre Juana de Aragón). Posiblemente Ana Bolena tuviera un sexto dedo rudimentario en la mano izquierda, que ella comprensiblemente se esforzaba por ocultar.** Pero un detalle mucho más importante de su aspecto, cuando Ana llegó a la corte, era su elegante cuello largo; eso, sumado a las maneras que había aprendido en Francia —«vuestro cuello de marfil muy erguido», escribió un panegirista— le daba una gracia especial, sobre todo cuando bailaba, que nadie negaba. William Forrest, por ejemplo, un autor interesado en elogiar a la reina Catalina, daba testimonio de la habilidad «excelente» de Ana Bolena en la danza (tan importante en una corte apasionada por el baile) y también de su bonita voz al cantar. En suma: «Una damisela joven y lozana, capaz de correr...»[22]

La damisela joven y lozana tenía otras cualidades, algunas más obvias que otras, en el momento de su regreso a Inglaterra. Era «muy ingeniosa», escribió Cavendish en su *Life of Wolsey*, otra fuente sin prejuicios en favor de Ana Bolena.[23] El juicio, que iba más allá de la mera inteligencia, tenía connotaciones de espíritu e intrepidez; en otras palabras, Ana Bolena era una compañía agradable. Como mucha gente vivaz, podía mostrar cierta impaciencia: en ocasiones demostraba mal genio y una lengua afilada. Pero de esas características, tan reprobables en una mujer como dignos de elogio eran el talento para cantar y bailar, aún no había ningún signo.

---

* Una miniatura de Ana Bolena, atribuida a Lucas Horenbout, el pintor de la corte, fechada hacia 1526, identificada hace poco plausiblemente como el único retrato contemporáneo (los otros retratos son copias de obras contemporáneas), confirma la belleza de sus ojos oscuros.[20]

** Lo contaba el hostil Nicolas Sander, que simplemente decía que ella tenía «seis dedos»; sin embargo, hay datos que lo corroboran en la bienintencionada biografía de George Wyatt: tenía «cierto asomo de uña» en un lado de uno de sus otros dedos y Ana Bolena trataba de ocultarlo.[21] Aunque si hubiera llevado una vida más convencional, un pequeño defecto no hubiese llamado la atención.

El proyectado matrimonio Butler no prosperó. Posiblemente las innatas reticencias de sir Thomas Boleyn, que aún esperaba asegurarse el condado de Ormonde para sí, fueran las responsables del fracaso. El abortado arreglo matrimonial no arroja ninguna luz sobre el carácter de Ana Bolena (ella no tuvo que ver con ese fracaso). La relación romántica de Ana Bolena con el joven lord Percy por esa época, por otra parte, merece un estudio más atento. Si el grado exacto de intimidad entre ambos está destinado a permanecer atormentadoramente oscuro —lo rodea la misma confusión que envuelve la juventud de Ana y por las mismas razones—, sin embargo ilumina a la joven que pronto atraería la mirada del rey.

Lord Percy era el heredero de grandes propiedades y de un nombre antiguo: su padre era el magnate del norte conocido como Henry *el Magnífico*, quinto conde de Northumberland. Cuando el joven tenía alrededor de catorce años, se había hablado de su compromiso con lady Mary Talbot, la hija del conde de Shrewsbury, pero, al parecer, se habían abandonado esas negociaciones. Como solía ser costumbre con los jóvenes lores, en esos momentos se estaba educando en el sur, en casa del cardenal Wolsey. Lord Percy tendría por entonces veinte años.

Su peligrosa aventura amorosa con Ana Bolena tuvo lugar en el escenario de la casa de la reina, donde encontró a la «damisela joven y lozana» en servicio. El peligro en ese punto era el hecho de que lord Percy era uno de los partidos más atractivos de Inglaterra, del que se podía esperar que hiciera una pareja muy provechosa, mientras que Ana Bolena (con un hermano que heredaría la modesta riqueza del padre) no era ninguna heredera. Lord Percy no fue el primero ni el último joven en enredarse con una joven pobre en tal situación.[24] La cercanía de las diversas casas nobles, la proximidad en que se desarrollaba la vida de los jóvenes, significaba que la educación en modales corteses que los padres esperaban que recibieran a menudo se viera acompañada de otras clases de instrucción más excitante.

Según Cavendish, Percy empezó a ir a la cámara de la reina «para su recreación» y terminó profundamente enamorado de Ana, un afecto al que ella correspondía. «Creció tal amor secreto entre ellos que al fin estuvieron asegurados juntos» (es decir, quedaron ligados por una promesa de matrimonio o un precontrato).[25] También, según Cavendish, el cardenal Wolsey puso fin al romance —de ahí el posterior odio de Ana Bolena hacia Wolsey— a petición del rey (cuyo motivo, se dijo, eran sus propias intenciones depredatorias en esa dirección).

Lord Percy defendió con valentía su elección, mencionando el «noble parentesco» y la ascendencia real de Ana, a la vez que insistía en que era libre de hacer sus votos «donde mi fantasía me lo indica». Finalmente, mencionaba que «en este asunto he ido tan lejos ante muchos dignos testigos que no sé cómo refrenarme o descargar mi conciencia». No obstante, se envió a buscar a lord Northumberland. Tuvo lugar un cónclave secreto con el cardenal, al final del cual el cardenal pidió «una copa de vino». Lord Percy recibió un furioso sermón paterno, se rescató en 1522 el compromiso con lady Mary Talbot y, a comienzos de 1524, él se casó obedientemente con ella.

Si bien Cavendish se equivocaba al atribuir al interés sensual del rey su oposición a la pareja (1522 es demasiado temprano para eso), parece probable que Enrique, y Wolsey, se opusieran porque era contrario al matrimonio Butler-Bolena que por entonces estaban auspiciando.* De todos modos, lo realmente importante en el relato de Cavendish es la sugerencia de un precontrato: estaban «asegurados juntos». Hay otra prueba de que tuvo lugar algo por el estilo. El matrimonio de lord Percy con lady Mary Talbot fue, tal vez previsiblemente, infeliz; según ella, su esposo le dijo en 1532 que había un precontrato con Ana Bolena (lo que hubiese invalidado su propio matrimonio). Como veremos, había cierto nerviosismo oficial en cuanto a la situación matrimonial de Ana Bolena en los difíciles primeros años de su relación con Enrique VIII —¿tenía ella o no un precontrato?— que se entiende más en el contexto de su romance con lord Percy.[27]

No importa que lord Percy mismo jurara solemnemente en sentido contrario en 1536 ante testigos augustos, incluidos los arzobispos de Canterbury y York: «El mismo [el juramento] que sea para mi condena si existió alguna vez un contrato o promesa de matrimonio entre ella y yo», declaró, y a continuación tomó el sacramento. Esos tiempos desesperados eran muy distintos de la época tranquila de comienzos de la segunda década del siglo XVI; el coqueteo con una bonita dama de honor, acompañado tal vez de una promesa de matrimonio, se había convertido en algo que podía tener consecuencias mucho más alarmantes. Se le

---

* George Cavendish, miembro de la casa de Wolsey (era el hidalgo-ujier), fue testigo del romance de Percy con Ana Bolena; de modo que es valioso su testimonio al respecto. Pero no fue testigo de las conversaciones del rey y el cardenal al respecto. Treinta años más tarde —a mediados del siglo XVI—, cuando redactó sus memorias acerca de Wolsey, le resultó muy fácil eliminar las fechas y suponer que Enrique VIII se había opuesto al compromiso de Percy porque deseaba a Ana Bolena.[26]

debe perdonar a lord Percy su blasfemia bajo coacción, como muy probablemente fue.*

¿Hasta dónde llegó en realidad el romance de Percy con Ana Bolena? Como se mencionó en el caso de Arturo y Catalina en cuanto al tema de los precontratos, la apropiada consumación sexual significaba que un precontrato, o un compromiso formal, adquiría la validez plena de un matrimonio. Por otra parte los besos apasionados, que llevaban a abrazos aún más apasionados, que conducían a lo que ahora se denomina juego previo y que cesaban ahí, no equivalían a un matrimonio. En tal mundo, la virginidad técnica podía convertirse en una cuestión importante mucho después. Pero nada resultaba más difícil de dirimir, sobre todo dada la proximidad de los jóvenes hombres y mujeres, que no eran supervisados o protegidos como lo había sido una princesa real española como Catalina de Aragón. A menos que un embarazo resolviera la cuestión, era imposible tener la certeza absoluta en un tema tan sumamente íntimo. La consecuencia era que, siendo la naturaleza humana lo que es, la gente juraba según las circunstancias que le convenían en el presente, con independencia de lo que hubiera tenido lugar en el pasado.

Ana Bolena no se quedó embarazada de lord Percy y, si se tienen en cuenta las probabilidades, no consumó su relación. Pero tal vez avanzara mucho hacia la consumación y sin duda existió alguna clase de compromiso de matrimonio, ya que las promesas o los abrazos se produjeron primero. Todo eso tuvo lugar sin ninguna clase de sanción oficial. De modo que, sea cual sea la verdad de sus intimidades, la relación con Percy debe hacernos contemplar a Ana Bolena como a una joven considerablemente decidida para la época, así como de cierta útil reserva. También parece justo agregar la osadía a sus características conocidas. Veía su oportunidad y trataba de aprovecharla. No estaba contenta con el destino que la sociedad, al parecer, le había adjudicado.

La relación prematrimonial de Ana Bolena con sir Thomas Wyatt es un asunto más nebuloso. Hay indicios en la poesía de él (cuyo significado ha sido debatido acaloradamente) pero ninguna prueba sólida en cuanto a su naturaleza exacta, más allá del hecho de que Wyatt estuvo brevemente encarcelado en la Torre en la época de la caída de Ana, pero

* La ópera *Anna Bolena* de Donizetti, con libreto de Felice Romani, que presenta a Percy (Ricardo) como el tenor romántico que le dice al barítono Enrique VIII (Enrico) que Ana le había sido prometida mucho tiempo antes, y que luego le comenta a Ana que desde sus años juveniles ella siempre ha sido de él, posee cierta base histórica, aun cuando la conducta de Percy en la vida real fue menos caballeresca.

no perdió luego el favor del rey. El nieto de Wyatt, George, escribió una biografía exculpadora de Ana en la última década del siglo XVI, durante el reinado de la hija de ésta. Según la biografía, Wyatt se enamoró de Ana cuando ella regresó de Francia, atraído primero por «la repentina aparición de esa nueva beldad» y luego aun más encantado con «el hablar ingenioso y agradable» de ella.[28] Pero la familia Wyatt vivía en Kent, no lejos de Hever, y es posible que Wyatt conociera a Ana de niña: él tenía uno o dos años menos que ella, aproximadamente la misma edad que los otros «pretendientes» de Ana, lord James Butler y lord Henry Percy.

Pero Wyatt, en la época de su relación con Ana —poco antes de que él se marchara al extranjero—, ya estaba casado. Aunque se había separado de la esposa, aún no era una pareja elegible. Fuera cual fuese la intensidad del romance entre ambos, pertenecía a la tradición del amor cortesano, de poéticas declaraciones ardientes, no al mundo más material del mercado matrimonial.

Un flirteo cortesano era también algo muy alejado de una pasión recíproca y más todavía de un asunto serio. Una vez caída Ana Bolena, su reputación quedó en manos de todos. Se le hacían las acusaciones más groseras; la idea de una relación sexual con Wyatt tanto antes como durante su matrimonio resultaba demasiado atractiva para sus acusadores. Pero donde la poesía de Wyatt puede vincularse definidamente con Ana Bolena, habla de amor pasado y de sufrimiento pasado, no de consumación. En 1532, por ejemplo, acompañando a Enrique VIII y Ana a Francia, Wyatt se refirió a sí mismo como si hubiera «escapado al fuego» que lo quemaba:

> *Y ahora sigo las brasas muertas*
> *de Dover a Calais contra mi voluntad...*

Un poema escrito más tarde en su vida (después de la muerte de Ana) a su nuevo amor «Phyllis» describía cómo él se «abstuvo» de «aquella que llevó a nuestro país a la turbulencia» y a la que llamaba «Morena»:

> *La sincera alegría de Phyllis tiene el lugar*
> *que tenía Morena: lo tiene y siempre lo tendrá.*

En el poema más celebrado de Wyatt asociado con Ana Bolena —un soneto petrarquesco— él se aparta de la relación por temor a un augusto rival y advierte a los otros del inútil propósito:

Quien esté dispuesto a cazar: sé dónde hay una corza.
Pero yo, caramba, no puedo más:
el vano trabajo me agotó tanto...
Quién esté dispuesto a cazar...
Como yo puede dedicar su tiempo en vano,
y grabado con diamantes en letras claras
está escrito alrededor de su hermoso cuello:
«Noli me tangere, porque de César soy,
y difícil de tomar, aunque parezca mansa.»

El poema narra la fascinación seguida de la retirada y es probable que así fuera la relación de Wyatt con Ana, con un flirteo intermedio para animar la vida en la corte. C. S. Lewis ha descrito a Wyatt como «siempre enamorado de mujeres que le disgustan»:[29] la ingeniosa y provocativa Ana Bolena probablemente fuera una de ellas.

El amor del rey por Ana Bolena comenzó muy repentinamente, es probable que en la atmósfera jovial de Carnaval de 1526.[30] Ésa era la naturaleza del hombre. Tenía treinta y cinco años —una edad peligrosa, cabe pensar— y hacía diecisiete que estaba en el trono, la mitad de su vida. Pero si bien de edad madura para la época, el rey seguía poseyendo un entusiasmo de muchacho y lo que, él al menos, consideraba un deseo de muchacho. Seguía siendo enérgico, apuesto, atlético antes que corpulento. Una miniatura de Enrique VIII pintada en esa época muestra cierta rotundez en sus rasgos, y sin duda el sombrero oculta la línea del cabello en retroceso. Sin embargo, cinco años después todavía el embajador veneciano lo describía como con «una cara como de ángel» (aunque su cabeza era ya «calva como la de César»); «nunca se vio a un personaje más alto o de aspecto más noble», escribió otro observador.[31]

Sin embargo, a pesar del fresco vigor de Enrique, ya no podía compararse con el joven reservado que se había enamorado de Catalina de Aragón. Ese Enrique había desaparecido hacía tiempo, salvo tal vez en los tiernos recuerdos de la reina. Ahora era un soberano confiado y a veces implacable que consideraba su derecho natural hacer su voluntad en todas las cosas y a quien no le gustaba encontrar obstáculos en su camino. Era proclive a tratar duramente a aquellos —hombres o mujeres— de los que pensaba que le habían puesto perversamente obstáculos.

La violencia de la pasión de Enrique VIII por la camarera de su esposa queda patente en las cartas amorosas que le escribió a Ana, todas de su puño y letra. En realidad, la existencia de las cartas es en sí una prueba de pasión, ya que al rey le disgustaba mucho escribir y son pocas las manuscritas por él que han sobrevivido, con excepción de las breves notas a Wolsey.[32] Pero la ausencia de Ana Bolena de la corte, de vez en cuando y por diversas razones, le resultaba intolerable y lo impulsaba a escribir.

Hay diecisiete cartas en conjunto, ninguna de las cuales está fechada. Si bien ciertas referencias ayudan a ordenar en alguna medida esas cartas, es sólo de forma aproximada: las autoridades en la materia han diferido en cuanto a los detalles desde la primera edición, impresa en Inglaterra en 1714. Nueve están escritas en francés, probablemente como precaución, ya que pocos ingleses hablaban con fluidez ese idioma, que dominaban tanto Enrique como Ana. Las cartas del rey terminaron misteriosamente en la Biblioteca Vaticana de Roma (donde aparecieron a fines del siglo XVII y se encuentran aún hoy)* mientras que las respuestas de Ana Bolena han desaparecido por completo. Sin duda, también por razones de seguridad, el rey las destruyó.

No obstante, a pesar de todas sus dificultades textuales y de fecha, las cartas aclaran un punto importante más allá de la pasión del rey. Son las cartas de un enamorado que aspira a los favores de su «enamorada» —la palabra no tenía entonces necesariamente una connotación sexual, sino más bien cortesana—, pero aún no los ha recibido: son los ruegos de un pretendiente. En una carta, Enrique, que según su propia cuenta había estado «por más de un año herido por el dardo del amor», dice que ha estado releyendo las cartas de Ana con «un gran sufrimiento, sin saber cómo entenderlas». Le ruega que ella le haga saber cuáles son sus verdaderas intenciones respecto de él. Aún no está seguro de si fracasará «o hallaré un lugar en vuestro corazón y vuestro afecto». Pero si su enamorada desea darse «en cuerpo y alma a mí, que seré y he sido vues-

---

* Ahí recibieron de un archivero desconocido la numeración empleada desde entonces: definitivamente, no es cronológica. Las teorías sobre cómo llegaron a Roma las cartas del rey son diversas. Posiblemente un espía papal independiente las robara en 1529, ya que no parece que el legado papal, el cardenal Campeggio, tratara de sacarlas de contrabando, como se sugirió una vez. También las cartas pudieron permanecer en Inglaterra, en Hever, y ser entregadas treinta años más tarde por su propietario de entonces, el católico Edward Waldegrave, a un sacerdote al que daba refugio y que las llevó a Roma. Ésta es la teoría que propone Jasper Ridley en su edición de las cartas de amor (1988), el texto empleado aquí.[33]

tro más leal servidor», promete olvidar a todas las demás: «Os tendré como mi única enamorada», desprendiéndose de todas las competidoras «y sirviéndoos sólo a vos».[34]

En otra carta, escrita en algún momento previo a julio de 1527, se lamenta de la ausencia de su «enamorada» y se queja de no haber tenido noticias de ella; también ha recibido un informe según el cual ella ha cambiado de idea sobre él y no vendrá a la corte. «Me parece una devolución muy pequeña por el gran amor que siento por vos ser mantenido a distancia de la persona y sin la presencia de la mujer del mundo a la que más valoro... aunque esto no angustiará tanto a la señora como al servidor. Considerad bien, mi señora, cuánto me duele la separación de vos; espero que no sea por vuestra voluntad que ello deba ser así; pero si supiera con seguridad que vos misma lo deseáis, no podría hacer más que quejarme por mi infortunio, y gradualmente suprimir mi desatino.»[35]

Con la queja de que ella no ha escrito —«vos no habéis querido recordar la promesa que me hicisteis... que consistía en que yo tendría buenas noticias vuestras»— van los presentes propios del enamorado ardiente: carne de venado que el rey se enorgullece en comentar que ha cazado personalmente (la carne de venado solía darse como regalo en esa época): «Os envío por este portador un macho cazado tarde anoche por mi propia mano, esperando que, cuando lo comáis, os recuerde al cazador.»[36]

Todo eso es la materia del amor —y de las cartas de amor— que no cambia mucho con el paso de los años. Los finales de las cartas (que a menudo es lo primero que leen los enamorados) son significativos. En una ocasión, con cierta timidez, el rey se describe a sí mismo como «vuestro servidor, que a menudo desea que estuvierais vos en el lugar de vuestro hermano». (George Boleyn estaba en la cámara privada del rey.) La firma del rey varía: encontramos E. R., H. Rex, Enrique R. y Enrique Rex. También encontramos los caprichos tan apreciados en el siglo XVI: firmas (en francés) que ponen: «E. no busca a A. B. ningún otro Rex» o «Un E Rex cambiante». Durante ese período —antes de julio de 1527— también empleó en una ocasión un código más elaborado: «Agradeciéndoos muy cordialmente que os plazca aún tener cierta remembranza de mí. B.N.R.I. de R.O.M.V.E.Z.» antes de agregar «Enrique Rex». Si bien su significado exacto ha desafiado a los estudiosos (la primera letra puede ser en realidad una «O» y no una «B») el significado último de la firma es bastante claro: un amor apasionado pero por el momento secreto.[37]

No se mantuvo en secreto para siempre. Era cierto que las convenciones cortesanas de la época —donde la relación de «señora» y «servidor» podía ser retozona antes que sexual— ayudaron a enmascarar lo que en realidad estaba sucediendo. Si el rey le hacía la corte a una dama de honor, si la elegía para bailar, nadie podía saber con seguridad al principio si era otra Bessie Blount en ciernes. Pero ese estado de cosas no podía durar demasiado. Ana Bolena era, después de todo, un miembro de la casa de la reina. Ya hemos comentado el hacinamiento, la falta de privacidad; luego estaba el vivo interés que inevitablemente sentían los cortesanos (y los embajadores) por todos los aspectos de la vida del soberano.

En apariencia, la vida de la corte continuaba igual que antes. El martes de Carnaval de 1527, por ejemplo, el rey participó en una justa con un extraño equipo dorado «de la nueva moda»; 286 lanzas fueron quebradas en el transcurso del día. Al final hubo «un costoso banquete» en la cámara de la reina. Para los observadores, en realidad, el rey y la reina seguían compartiendo «una cama y una mesa» como siempre y, como veremos, lo seguirían haciendo por algún tiempo.[38] Además, el cardenal Wolsey encaraba las perspectivas de matrimonio de la hija de ambos, la princesa María, tan decididamente como siempre. Su primera elección, después del desastre con Carlos V, había sido el rey Francisco I, a pesar de su compromiso con la hermana del emperador, Leonor de Austria. Al rey francés, tomado prisionero en Pavía, se le había permitido marcharse de España en marzo de 1526; pero cuando su compromiso con Leonor demostró ser inviolable, las negociaciones se encaminaron en favor de su segundo hijo, Enrique, duque de Orléans.

Había un problema aparente: la princesa María, a pesar de su inteligencia —ya traducía a santo Tomás de Aquino del latín— no estaba particularmente bien desarrollada para su edad (había heredado más la estatura de la madre que la del padre). En la primavera de 1527 fue descrita como «tan delgada, enjuta y pequeña como para que sea imposible que se case durante los tres próximos años».[39] Pero cualquiera que fuese la decepción general por el lento desarrollo de la princesa —era obvio que no podían esperarse nietos de ella por algún tiempo— el problema por entonces era más aparente que real.

Porque aun mientras continuaban esas negociaciones, de acuerdo con el relato posterior del rey Enrique, el embajador francés en Inglaterra, el obispo de Tarbes, puso en duda la legitimidad de la princesa: cuestionó la validez eclesiástica del matrimonio de los padres. Pero el obispo no se habría arriesgado a tal cosa sin contar con el pleno apoyo real, dado que era además un insulto al monarca con el que supuestamente estaba concertando una alianza. (Según otro relato, fue el embajador inglés en Francia el primero en expresar esas dudas: algo igualmente sorprendente, en vista del hecho de que se veía así amenazada la posición de sus propios príncipes.)[40] La realidad era que Enrique VIII ya no se interesaba en una solución para la sucesión basada en el matrimonio de su hija y en la eventual sucesión de su hijo político (o nieto). El secreto de su relación con Ana Bolena pronto concluiría, y por elección suya.

Porque Ana Bolena, la «morena» caprichosa y fascinante, no sería otra Bessie Blount, mucho menos otra Mary Boleyn, a la que rápida y fácilmente se seducía para casarla luego de manera vulgar. Tampoco sería otra duquesa d'Étampes. Por esa época Francisco I inició su larga relación con su amante más celebrada, entonces dama de honor de su madre Luisa de Saboya, que tendría como consecuencia la elevación de ella al papel de duquesa y su brillante estrellato aunque adúltero en la corte francesa. Enrique planeaba un destino más solemne para Ana Bolena.

En algún momento el exacto no puede saberse con precisión, pero un poco antes de mayo de 1527, el rey había decidido que era voluntad de Dios que él tuviera, por así decir, una segunda oportunidad en la vida. Su conciencia le decía que debía librarse de su primera «esposa» (con la cual, al parecer, nunca había estado realmente casado) y procrear una nueva familia con la ayuda de una «damisela joven y lozana».

CAPÍTULO SIETE

El rey y su dama

Tanto el rey como su dama, me aseguran, consideran su futuro matrimonio como cierto, como si aquel
de la reina se hubiera disuelto. Se están haciendo preparativos para la boda.

El embajador español en Londres a Carlos V,
septiembre de 1528

En mayo de 1527, Enrique VIII quería el divorcio de su reina. Si
bien en general se emplea la palabra divorcio lo que en realidad buscaba
el rey no era un divorcio en el sentido moderno del término, en que se
reconoce que un matrimonio ha tenido lugar antes de su disolución.
Deseaba una declaración de que su matrimonio con Catalina era inválido (en términos actuales, Enrique VIII pretendía una anulación). Eso
implicaría no sólo que Enrique no estaba casado en 1527, sino que nunca había estado casado desde 1509. Según ello, por lo tanto, el estado de
Catalina era una vez más el de la viuda de su hermano Arturo —la princesa viuda de Gales— como debió haber sido siempre.

En este punto debemos tener en cuenta que el divorcio no era entonces en modo alguno una perspectiva tan impensable, ni un suceso
tan extraordinario como se supone a veces. En la propia familia de Enrique VIII, sus dos hermanas estaban envueltas en arreglos matrimoniales
un tanto oscuros. La situación ambivalente del duque de Suffolk —con
dos divorcios— hizo necesario pedir a Roma la aprobación papal para
su matrimonio con María en 1515. (Lady Mortimer, una de sus seis ex
esposas, seguía viva.) No fue hasta 1528 —trece años después del acon-

tecimiento— que los Suffolk se aseguraron una solemne confirmación papal de su unión, y la declaración de legitimidad de los tres hijos de María con Suffolk: al mismo tiempo, obtuvieron una confirmación de la legitimidad de los hijos de Suffolk con lady Mortimer.[1]

Pero si el de Suffolk era un caso particularmente flagrante de embrollo matrimonial, no era ni mucho menos el único de la nobleza inglesa, donde el repudio de una esposa era «un acontecimiento casi diario»; porque si los nobles en cuestión no querían hacer matar a sus esposas, pero de todos modos necesitaban librarse de ellas por razones económicas o relativas a la progenie, no les quedaba otra opción que descubrir algún error en su contrato matrimonial original.[2] Alguna afinidad delicada, algún precontrato hasta entonces insospechado, alguna dispensa incorrectamente enmarcada bastaban para poner fin a la unión indeseada. (La situación era la misma para las mujeres, cuando eran lo bastante poderosas como para explotarla.)

La hermana mayor del rey, la reina Margarita de Escocia, fue un ejemplo de ello. Cuando su segundo matrimonio con el conde de Angus dejó de agradarle, se embarcó en una compleja petición de divorcio, que se basaba en el hecho de que esa unión había implicado bigamia en vida de su primer marido. (En realidad, la reina Margarita se había casado con Angus en 1514, tras la muerte de Jacobo IV en Flodden en 1513.) El rey Enrique reprobó —aunque con ironía— la conducta de su hermana mayor, atribuyéndola a su «concupiscencia». En diciembre de 1524, la reina Margarita fue descrita como «tan cegada por la locura... como para seguir su apetito impío, no le importa lo que hace». Se le pidió al cardenal Wolsey que la hiciera considerar la posición de su hija con Angus, lady Margaret Douglas. Él rogó debidamente a la reina escocesa que se contuviera por «amor natural, tierna piedad y bondad maternal» de proceder «de forma denigrante», porque «desdeñaría con el deshonor a una criatura tan bondadosa [lady Margaret]» y haría que su hija fuera «reputada de baja cuna».[3] Pero la reina Margarita consiguió su divorcio y se casó con Methven en 1527.

Los reyes también obtenían el divorcio. Todavía muy reciente en la memoria estaba el hecho de que Luis XII se había librado de su primera esposa, Juana de Francia, para casarse con Ana de Bretaña y anexionar las tierras de la heredera a las propias. Juana de Francia no había tenido hijos e ingresó en un convento tras un humillante examen físico frente a veintisiete testigos para que se pudiera establecer que era incapaz de engendrar hijos (aunque ella sostenía lo contrario).[4] El rey Luis se casó con

Ana de Bretaña; Claudia, su hija mayor con Ana, se casó con su sucesor Francisco I.

Las consecuencias dramáticas del divorcio de Enrique VIII de Catalina de Aragón —su relación con la Reforma Protestante Inglesa— han tendido a enmascarar el hecho de que tal divorcio bien habría podido realizarse de manera comparativamente indolora si ciertas circunstancias hubiesen sido diferentes. Una de esas circunstancias fue sin duda la dominación que, como veremos, ejercía sobre el papado el sobrino de Catalina, Carlos V. Pero otra fue la coincidencia de dos mujeres de un carácter inesperadamente de hierro en escena: Ana Bolena y Catalina de Aragón.

No es seguro el momento exacto en que el rey empezó a tener los escrúpulos de conciencia respecto de su matrimonio con Catalina que le hicieron cuestionar su validez. Después se dieron varias explicaciones oficiales, ninguna de ellas particularmente convincente. Como se ha comentado en el capítulo anterior, los comentarios del obispo de Tarbes no pueden haber constituido la revelación que pretendió luego Enrique, porque ningún embajador extranjero se hubiese arriesgado a tal insulto; además, el obispo sólo llegó a Inglaterra a mediados de abril. Es aún menos probable que un embajador inglés en Francia, que negociaba el matrimonio de la joven María, hubiese puesto en entredicho la posición de su propia princesa.

Otra versión sugiere que el rey Enrique empezó a preocuparse por algunas observaciones de su confesor, John Longland, obispo de Lincoln. Una vez más, es difícil creer que un sacerdote tan íntimamente relacionado con el rey haya planteado de pronto el tema. (Nicholas Harpsfield, que escribió durante el reinado de la hija de Catalina, afirma haberse enterado por el capellán de Longland que fue el rey el que abordó a Longland «y nunca cesaba de instarlo», y no a la inversa.)[5] No obstante, de acuerdo con esta versión, en algún momento previo a mayo de 1527, el rey tuvo la inspiración de consultar el texto del Levítico (20:21). Leyó un versículo que afirmaba explícitamente que lo que había hecho al casarse con Catalina iba en contra de la ley de Dios: «Si uno toma por esposa a la mujer de su hermano, es cosa impura, pues descubre la desnudez de su hermano.» Y luego, el castigo de Dios por violar la ley se expresa de manera explícita: «Quedarán sin hijos.»

Pero el rey Enrique era un teólogo aficionado con conocimientos suficientes como para escribir el estudio sobre los sacramentos por el cual le otorgó el Papa el título de *Fidei Defensor* en 1521. Además, aunque no era exactamente un tirano capaz de aplicar castigos horrendos, de todos modos no había reinado casi veinte años sin que aumentaran sus demostraciones públicas (y privadas) de ira. Es probable que el orden de las cosas haya sido más bien diferente.

Supongamos que el comienzo de todo fue así: que la insatisfacción del rey por su condición de monarca sin hijo varón, que se había atenuado al punto de la aceptación con los años, volvió a encenderse en vista de su pasión por la joven (y presumiblemente núbil) Ana Bolena.

Mucho se ha especulado con la negativa por parte de Ana Bolena de hacerle favores sexuales al rey y la consiguiente frustración de él, que lo llevó a tirar por la borda su matrimonio —y muchas otras cosas también— para lograr la consumación. Sin duda, ella no le permitió al rey que le hiciera el amor (plenamente) hasta varios años después de que él empezara a perseguirla. Aunque como se ha comentado en lo referente a su relación con lord Percy, las cosas no estaban siempre absolutamente claras en aquella época: probablemente le habría permitido al rey «libertades» de naturaleza cada vez más íntima. Como no hay ningún indicio de que el rey tuviera otra amante, o de que buscara otra amante por entonces, no debe de haberse sentido frustrado sexualmente por completo. Seguramente practicaba el *coitus interruptus*: cuya interrupción se producía en una etapa progresivamente posterior a medida que pasaban los años.

Eso también tenía sentido desde el punto de vista de Ana, y no sólo el vulgar de hacer esperar a un hombre para mantener su interés, que podía desaparecer si él se satisfacía. También tenía sentido porque ella mantenía el control de sus propios procesos reproductivos. La anticoncepción no era una ciencia en el siglo XVI, y a pesar de todos los métodos empleados (de las hierbas a las formas primitivas de interceptación) nada tenía garantía de eficacia.[6] En consecuencia, se practicaba ampliamente el *coitus interruptus*. Por una parte, Ana Bolena tenía el ejemplo de Bessie Blount y de otras jóvenes imprudentes como advertencia; por la otra, la experiencia de al menos una relación romántica con lord Percy que le enseñaba cómo manejar tales asuntos. Por tanto, conviene tener en cuenta tanto lo que ofrecía Ana Bolena como lo que no ofrecía, o más bien se reservaba para alguna fecha futura.

Ella le ofrecía al rey esperanza para el futuro, pero una esperanza que adoptaría una forma precisa: un hijo varón. No podemos conocer las palabras con las que comunicó esa convicción, si en realidad las primeras palabras fueron de ella y no de él. Pero suponiendo que Ana Bolena haya hecho tal promesa en su charla amorosa con el rey, no puede haber sido difícil para esa joven inteligente, aguda observadora de la vida de la corte, hallar las palabras adecuadas. Tenía delante a un hombre de edad madura, padre cariñoso de un hijo varón (Enrique Fitzroy), aunque éste hubiese nacido fuera del matrimonio. Enrique VIII era además un hombre con una esposa considerablemente mayor, descrita en esa época por un embajador extranjero como «de baja estatura, más bien robusta, muy buena y muy religiosa», que no había logrado dar un hijo varón supérstite. (Aunque Ana debió haber tenido en cuenta el comentario posterior del embajador: encontraba a Catalina robusta y pía, pero «más amada por los isleños [los ingleses] que cualquier soberana que haya reinado nunca».)[7]

Lo que resulta claro, en medio de todos los complicados y confusos manejos relativos al divorcio, es que el rey Enrique creía casi místicamente en la llegada de su heredero varón. (De otra manera es incomprensible su cambio de actitud hacia su hija, la princesa María.) Esa convicción, después de todo, conjugaba felizmente dos de sus preocupaciones: sus antiguos temores a veces paranoicos, acerca de la sucesión Tudor, y su enamoramiento, mucho más reciente, de la encantadora Ana Bolena, «la mujer que más valoro en el mundo».[8]

Se diría que mucho después el rey lo achacaba todo a la brujería: había sido embrujado por Ana Bolena. Eso no era literalmente cierto: ella no era ninguna bruja —con independencia de lo que pretendieran las lenguas maliciosas—, ni hizo hechizos ni preparó pociones con la ayuda del diablo, «el Enemigo de la Humanidad», para atraer el amor del rey.[9] Pero Enrique VIII estaba embrujado: no sólo por la juventud, la gracia y la vivacidad de Ana, sino por la promesa que ella ofrecía de un matrimonio fértil (con hijos varones que lo sucedieran a él, como los de Francisco I y Carlos V); de alguna manera, él había sido privado de eso.*

El papel personal de Ana Bolena en el asunto lo demuestra el hecho crucial de que el rey nunca hubiera contemplado el divorcio antes de enamorarse de ella. Tras investigar se descubrió que varios rumores anteriores en el sentido contrario se referían a otros miembros de la familia del rey Enrique. Una historia de que el rey Enrique quería el divorcio en el verano de 1514, por ejemplo, carece de fundamento, ya que la reina

---

* Isabel de Portugal, la esposa de Carlos V, dio a luz a un hijo varón (el futuro Felipe II de España) el 21 de mayo de 1527; Francisco I tenía tres hijos varones de su primera esposa.

Catalina estaba embarazada por entonces (y se esperaba «un príncipe», como de costumbre).* Hasta mediados de la segunda década del siglo XVI los intentos del rey Enrique de casar a la princesa María con un sucesor alternativo son igualmente incompatibles con un plan para divorciarse de la madre. Sin embargo, durante el año en que fue herido «por el dardo del amor» disparado por los ojos negros de Ana Bolena, el rey Enrique participó activamente en los esfuerzos por romper los lazos de su primer matrimonio.

Si enamorarse fue el primer paso, el segundo paso del rey fue su recurso al Levítico. Aun cuando su confesor Longland en realidad le indicara el camino hacia ese versículo en particular, sólo puede haberlo hecho en respuesta a una petición o a las sugerencias del rey. La importancia del Levítico consistió en que coincidía, de manera inmediata y absoluta, con su resentimiento en cuanto a su matrimonio con Catalina, nuevamente reavivado por su relación con Ana. Dios lo había castigado sin darle lo que deseaba —un hijo varón— de modo que él, Enrique, debía de haber pecado de alguna manera. Si en el futuro reparaba el daño, Dios rescindiría la dura decisión y recompensaría a su siervo (nuevamente fiel). Los dictados de la conciencia del rey y los deseos del rey se unían así felizmente. Todos le aconsejaban que se librara de la reina Catalina.

Esta coincidencia tan conveniente no significaba que el rey fuera insincero. Por el contrario, Enrique VIII creyó realmente, de 1527 en adelante, que había errado a los ojos de Dios al casarse con Catalina. Esto no significa que el rey fuera literalmente sincero en cada declaración relativa al tema: después de todo era un político, un estadista, con una política como objetivo. Como veremos, algunas de sus afirmaciones huelen a hipocresía, como cuando declaró que de buen grado se volvería a casar con Catalina, si la unión de ambos no resultaba pecaminosa, después de todo. Pero para el rey Enrique, tal declaración, maniobras diplomáticas aparte, no era hipócrita. Estaba muy convencido de que la unión no resultaría libre de pecado. Dios le había hablado por medio de su conciencia y no lo abandonaría ahora. Como diría luego el cardenal Campeggio, legado papal: «Un ángel que descendiera del cielo no podría persuadirlo de lo contrario.»[11] En realidad, Enrique VIII no fue el

---

* Ahora se supone que esos documentos en cuestión, enumerados en el catálogo del siglo XVIII de los Archivos Vaticanos, se referían a los asuntos matrimoniales de la hermana del rey.[10]

primero (ni el último) hombre en equiparar la ley de Dios a sus propios más profundos deseos.

Lamentablemente, la reina Catalina estuvo del principio al fin convencida de que había estado casada legalmente con el rey Enrique. Su matrimonio con el príncipe Arturo no se había consumado; había sido la esposa virgen de Enrique VIII: era ahora su esposa desde hacía muchos años (y la madre de su única hija legítima). En todos los discursos de papas, abogados eclesiásticos, hombres de la Iglesia, nobles, políticos de Londres, España, París, Brujas, Bruselas y Roma se plantearían todos los argumentos concebibles de la validez o la invalidez de ese matrimonio, algunos de gran sutileza, otros evidentemente oportunistas. En contraste, las posiciones de las dos personas que originalmente habían estado (o no) casadas eran en el fondo sumamente simples. Pero esas dos posiciones estaban básicamente enfrentadas.

El tercer paso del rey fue iniciar el proceso que realmente conduciría al divorcio. En mayo de 1527, el cardenal Wolsey, en virtud de su autoridad como legado papal (que le era renovada anualmente desde 1518 y que se le otorgó permanentemente en 1524), estableció un examen oficial —*inquisitio ex officio*— de la validez del matrimonio del rey. Se trataba de una forma de examen establecido en el IV Concilio de Letrán de la Iglesia, en 1215, por el cual la persona o las personas acusadas podían ser convocadas sobre la base de «infamia pública» y un juez podía imponer una sentencia. Pero Wolsey estableció el examen en secreto, sin que la reina Catalina fuera informada: ése no era el procedimiento correcto. En todo caso, la conclusión que sacó Wolsey de su investigación preliminar lo convenció de que el caso del rey no sería tan fácil como podía haber supuesto el monarca que sufría por amor.[12]

La propia convicción del rey de que su matrimonio no era compatible con la ley de Dios podía ser correcta, pero había dificultades. Primero, estaba el asunto del texto del Levítico, que se refería a la falta de hijos, no a la falta de hijos varones solamente. El rey Enrique se convenció de que la palabra había sido erróneamente traducida del griego al latín de la Biblia, de uso común por entonces. «Él había oído decir —decía—, que la palabra *liberis* (hijos) debía haberse traducido como *filiis*, hijos varones.» Esta visión fue promulgada en un texto sobre el divorcio escrito por Robert Wakefield en 1527 bajo su égida.[13] Pero, de hecho, era incorrecta.

Aun más perjudicial era un segundo texto bíblico del Deuteronomio (25:5-7), que explícitamente establecía el deber del hermano del marido hacia la viuda sin hijo de éste: «Su cuñado se llegará a ella, y la tomará por su mujer y hará con ella parentesco», de modo que el nombre del hermano muerto «no sea borrado de Israel»; graves castigos debían imponerse sobre el que no lo hiciera. Este segundo texto planteaba muchísimas dificultades a todo el que se apoyara en el argumento de que el matrimonio de Enrique con Catalina había sido contra la ley de Dios —como la definía el Levítico—, que ningún Papa tenía el poder de rebatirlo. No sólo se había comportado Enrique hacia la viuda sin hijos de Arturo exactamente como lo ordenaba el Deuteronomio; sino que, como el Deuteronomio, el segundo libro de la ley, seguía al Levítico, podía sostenerse que era una enmienda del primer libro. Además, toda la apelación a la ley de Dios atacaba, al menos por implicación, la autoridad papal: si un Papa no podía oponerse a esa ley (superior), entonces había limitaciones en lo que podía hacer un Papa. También atacaba la economía papal: la emisión de dispensas a la ley a cambio de un pago era un asunto provechoso.

Dadas las circunstancias, Wolsey, como eclesiástico y partidario de la autoridad papal, prefería concentrarse en la cuestión específica de la dispensa misma (aunque podía sostenerse que el Deuteronomio se aplicaba a los judíos solamente).[14] El argumento de Wolsey dejaba intacto el poder del Papa para emitir dispensas pero sólo cuestionaba si un Papa en particular —Julio II en 1503— había conseguido emitir una dispensa particular correcta. Pero llevar el caso del rey a Roma implicaba muchas dificultades. A la victoria imperial en Pavía en 1525 había seguido, en mayo de 1527, el saqueo de Roma por un conjunto de tropas imperiales y el encarcelamiento del papa Clemente VII. Ni siquiera los vándalos habían sido más destructivos en su saqueo de Roma, en el siglo V, arrasando iglesias, bibliotecas y obras de arte. Dada la situación del Papa en esa época, una solución hubiese sido que todos los obispos ingleses declararan inválido el matrimonio real. Pero el cardenal Wolsey y el rey se encontraron frente a otro obstáculo en la forma de una conciencia inamovible. John Fisher, obispo de Rochester, santo, erudito y muy respetado, insistía en que el matrimonio había sido válido.

La reina Catalina se enteró pronto de esta noticia humillante y dolorosa: el embajador imperial, don Iñigo de Mendoza, puesto al corriente por un informador, la alertó del peligro. La reacción inmediata de la reina fue escribirle a su sobrino el emperador a España para pedirle su ayuda. Deseaba que reprendiera al errado Enrique, por una parte, y que lograra que el Papa se ocupara de su caso en Roma por la otra. Por tanto también en esto el rey y la reina estuvieron diametralmente enfrentados prácticamente desde el comienzo del «gran asunto». El rey, comprensiblemente, deseaba que el procedimiento tuviera lugar en su propio país, en virtud de la autoridad del legado Wolsey o por algún otro medio. La reina, también comprensiblemente, prefería la perspectiva de Roma, donde esperaba un trato más justo.

En cuanto a Carlos V, él era después de todo su refugio en momentos difíciles, como había sido antaño su padre, y a pesar del fiasco del compromiso de la princesa María, Catalina se volvió instintivamente hacia él ahora. La reina empleó a un servidor de su casa, Francisco Felípez, para esa misión delicada y urgente, y a pesar de los obstáculos que le pusieron, él logró llegar a España.

Como Wolsey, la reina —nada tonta— entendía la importancia de la dispensa de 1503 en todo aquello.[15] Si había una debilidad en la estructura de su segundo matrimonio que podía explotarse estaba en la naturaleza de la dispensa, que se había referido contra su propia voluntad a su primer matrimonio como habiéndose consumado *forsitan* (tal vez). El rey Fernando había favorecido la palabra *forsitan*: aunque sabía perfectamente bien que su hija seguía siendo virgen (como admitió en la carta a su embajador del 23 de agosto de 1503), pensaba que era más prudente por entonces obtener la clase de dispensa más amplia posible para satisfacer a los ingleses. Un matrimonio no consumado requería una clase distinta de dispensa, la de «honestidad pública», es decir, a pesar de la falta de unión sexual, se había supuesto públicamente que la pareja estaba casada y ese hecho debía ser reconocido mediante la emisión de una dispensa. Al parecer, no se había solicitado: en todo caso, la reina Catalina le pidió a su sobrino que investigara el asunto de la dispensa de 1503 en España y que viera qué surgía.

Es posible que en ese momento la reina Catalina —y también Wolsey— tuviera la impresión de que el rey deseaba casarse con una princesa francesa: madame Renée, por ejemplo, la hermana de dieciocho años de la difunta reina Claudia. Fue el 22 de junio que el rey mismo le comunicó por primera vez a su esposa sus «escrúpulos» acerca del matrimonio de ambos de casi veinte años. Sin duda no hubo ninguna referencia a Ana Bolena, salvo en la conciencia de él. Enrique decidió abordar a Catalina «en su gabinete»; uno imagina que él debía temer tal entrevista y que tal vez esperaba que ese marco doméstico e íntimo de alguna manera paliara el golpe. Si era así, se decepcionaría. El rey le explicó a la reina tan amablemente como era posible que ciertos «hombres sabios y píos» habían ido a darle la noticia de que ellos estaban viviendo en pecado. En cuanto lo hubo dicho, la reina quedó abrumada por una «gran pena» y estalló en un torrente de lágrimas.[16]

La intención de él tal vez fuera persuadir a la reina para que se retirara voluntariamente de la corte: esperaba que ella quedara tan conmocionada como él se había sentido por esa bomba teológica. Pero se había confundido con su esposa: no por última vez en lo que se convirtió en la tragedia de Enrique VIII y Catalina de Aragón, el espíritu independiente de la reina fue contrario a las expectativas del rey. (Así como la reina Catalina, creyendo a Wolsey y no a Enrique responsable de «la gestión» del divorcio, había equivocado al hombre; aunque en su caso era por supuesto menos doloroso culpar a Wolsey que aceptar la responsabilidad de su propio esposo.)* La reina secó sus lágrimas; después de todo, no era que no estuviese preparada para esa «bomba». Wolsey se enteró luego de que ella se puso «muy dura y obstinada» afirmando que el príncipe Arturo «nunca la conoció carnalmente». El rey y ella eran marido y mujer como siempre habían sido. Él podía expulsarla, pero ella nunca se iría por propia voluntad. Además, «ella deseaba consejo», de ingleses tanto como de «extranjeros». En otras palabras, como se lo expresó Wolsey al rey, la reina se lo tomó todo muy «desagradablemente».[17]

El verano de 1527 resultó una de esas estaciones deprimentemente húmedas: había llovido de manera continuada del 12 de abril al 3 de junio, y había muchas enfermedades (la infección era una preocupación persistente del rey). Se habían malogrado las cosechas: la gente moría de hambre todos los días y otros morían aplastados cuando se apelotonaban alrededor de los carros de pan. En Londres, las fuertes conexiones entre la corte y la ciudad llevaron a la circulación de jugosos rumores sobre los asuntos privados del rey. Había ya «una fama» (una historia) en el extranjero de que el rey pensaba librarse de su reina, ya que su matrimonio había resultado «condenable» (es decir, condenado teológicamente), aunque se creía que una princesa francesa y no Ana Bolena sería su nueva esposa. Se le dieron órdenes al alcalde para que pusiera fin a tales rumores «bajo pena del alto disgusto del rey», y el 15 de julio se

---

* Puede haber sido la noticia de la averiguación realizada secretamente por Wolsey lo que en un principio hizo que la reina pensara eso; una visión a la que habría estado predispuesta.

leyó en voz alta una carta real en la que se criticaban esas historias «sediciosas, falsas y calumniosas»; se conminaba a los ciudadanos a que aplacaran su «conducta desordenada e insolente».[18]

Los momentos más felices del rey eran cuando estudiaba una serie de tratados sobre el tema de su divorcio, de los cuales al menos tres aparecieron ya en 1527, incluida una obra titulada *Librum Nostrum – Our Book*. Y luego estaban sus cartas a Ana Bolena en los momentos de separación temporal: «Mi señora y amiga —escribía él—, dado que no puedo estar en persona con vos, os envío lo más próximo a eso, es decir, mi cuadro engastado en brazaletes... deseando estar yo mismo en ese lugar, cuando ello os agrade.»[19] El amor era tan intenso como siempre y «su señora» era mucho más agradable de contemplar que una esposa dura y obstinada. Si la situación de Enrique no podía resolverse inmediatamente, podían darse al menos algunos pasos en la dirección de ese nuevo matrimonio aclarando la situación de Ana Bolena.

El cardenal Wolsey, acompañado del magnífico séquito que él consideraba que le correspondía, viajó a Francia en julio. Su intención era lograr cierta clase de nuevo equilibrio en una Europa tan desequilibrada por los acontecimientos recientes, el saqueo de la Ciudad Santa y el encarcelamiento del Papa. Fue durante la ausencia de Wolsey que el rey Enrique despachó a Roma a su propio emisario, sir William Knight, a pedir una dispensa relativa a un segundo matrimonio. Del lenguaje de la solicitud, si bien tortuoso, se puede recabar información valiosa sobre el pasado romántico de Ana Bolena y del rey Enrique. (Fue cuando Knight visitó a Wolsey en Compiègne, en el viaje de ida, que el cardenal tuvo que enfrentarse al hecho de que los afectos del rey no estaban centrados en una princesa francesa sino, de un modo más mundano, en una dama de honor de su esposa.)

Son notables en el caso de Ana Bolena los enormes esfuerzos que se hicieron por prever por anticipado todo problema concebible que pudiera surgir en el futuro respecto de su condición en el momento del matrimonio. La dispensa buscada parece haber cubierto un precontrato matrimonial directo (un compromiso) y también un contrato secreto de matrimonio que no se consumó físicamente; ambos podían referirse muy bien a lord Percy. Dado que la información sobre esos precontratos tuvo que proceder de la propia Ana Bolena, ello indica lo confusa que podía estar cualquier persona en cuanto a su propia situación cuando los votos privados de años anteriores debían interpretarse en términos de la ley canónica. (Otra posibilidad, comprensible en vista de los intereses implicados, sería que Ana fuera bastante discreta en lo que revelaba.) En cuanto al rey Enrique, su asunto con Ana Bolena fue claramente contemplado cuando se pidió una dispensa por «el parentesco en primer grado [que podía causar una relación con una hermana] surgida de cualquier relación lícita o ilícita». Pero se agregaba: «En tanto ella [la esposa] no sea la viuda del hermano del antes nombrado [Enrique VIII].»[20]

La dispensa, otorgada finalmente en diciembre de 1527, en realidad cubría multitud de situaciones diferentes. Pero dado que una condición inapelable de su concesión era que el rey estuviera libre de su primer matrimonio, resultaba inútil por el momento.

Como presente de Año Nuevo, a comienzos de 1528, Ana Bolena le envió al rey un «bello diamante» en una «nave» en la que una «damisela solitaria» se «zarandeaba». La carta que lo acompañaba, escribió el rey, había sido «bella». En retribución, Enrique susurró los votos más ardientes para el año que se iniciaba: su lema sería *Aut illic aut nullibi* (o allí o en ninguna parte). Prometía «superarla» en su amor y fidelidad: «Asegurándoos que en adelante mi corazón estará dedicado a vos solamente, y deseando mucho que mi cuerpo lo esté también, porque Dios puede hacerlo si Él lo desea, al que oro una vez por día con ese propósito, esperando que al fin mis plegarias sean atendidas.»[21]

A pesar de la obstinación de la reina, en 1528 no parecía improbable que esas plegarias fuesen atendidas. La damisela de la nave se encontraría menos sola, zarandeada tal vez por una tormenta más deliciosa. El Papa había escapado de su cautiverio romano en diciembre; la destrucción que había dejado la Ciudad Santa «como un cadáver lamentable y mutilado», según lo expresó él, lo llenaba de lógico rencor hacia el emperador y la causa imperial en general.[22] Tras mucha actividad diplomática, Inglaterra y Francia estaban ahora, otra vez, oficialmente «en guerra» con el imperio. Si bien la denominada guerra fue de breve duración, nada de eso presagiaba nada bueno para Catalina, que sólo podía confiar, como expresó el embajador español a Carlos V, en «Vuestra Majestad Imperial» (aparte de en Dios).

En febrero, dos eficaces enviados, Stephen Gardiner, secretario de Wolsey, y Edward Fox, partieron hacia Roma, esperando traer al regreso el despacho que permitiera que la causa del rey se dirimiera en Inglaterra. Llevaban consigo una carta del cardenal Wolsey que se refería en términos extravagantes a Ana Bolena: ensalzaba «las virtudes aprobadas excelentes de dicha dama de honor, la pureza de su vida, su constante virginidad, su pudor de doncella y mujer, su castidad, su docilidad, su humildad, su sabiduría», así como su «ascendencia noble y de alta y pura sangre real», su excelente educación y «modales laudables» y, por último pero no por ello menos importante, su «aparente aptitud para la procreación». En suma, no era ninguna niña. El rey se refirió con alegría a la misión de los dos hombres en una carta a Ana: «Que una vez lograda, que como confío por la diligencia de ellos ocurrirá, pronto vos y yo tendremos nuestro fin deseado, que debe ser más para tranquilidad de mi corazón y serenidad de mi mente que cualquier otra cosa en el mundo.»[23]

Para Ana Bolena, 1528 fue el año en que salió de las sombras de la casa de la reina, objeto secreto de la pasión del rey, y demostró ser más que una figura agraciada con un par de ojos negros y habilidad para hablar el francés. Como la reina Catalina, Ana Bolena tenía insospechadas cualidades; insospechadas al menos para el mundo dominado por hombres en el que había vivido. Entre otras cosas, sentía verdadero interés por la religión reformista que rápidamente se estaba poniendo de moda en el continente, encabezada por Lutero como reacción a los fracasos y la flagrante corrupción del clero. No era un gusto que ella compartiera con el rey Enrique; la diferencia de diez años en la edad de ambos era, en términos de religión, la diferencia de una generación. Aunque, frustrado por la Iglesia, el rey podía llegar a interesarse en la política de la reforma eclesiástica, era lo que ahora podría denominarse un «católico» por naturaleza, y siguió siéndolo, en términos religiosos, el resto de su vida, en comparación con Ana, a la que del mismo modo se la puede describir como naturalmente «protestante».*

En realidad los elogios que recibió Ana Bolena en la segunda mitad del siglo XVI como la madre prematuramente protestante de la protestante Deborah, Isabel I, deben ser considerados con cautela. La figura levemente santurrona que surge de todo eso, la mujer tan austera en los hábitos de su casa, tan rápida en criticar la frivolidad entre sus propias doncellas, ciertamente nunca hubiese seducido a Enrique VIII y, en caso de haberlo cautivado, no lo hubiese retenido. No obstante, hay bastantes evidencias de que a Ana le interesaban los libreros radicales y, por ex-

---

* Este lenguaje, por supuesto, es anacrónico: no es posible hablar de católicos y protestantes en un sentido literal en todo ese período cuando la distinción era en general entre «reformistas» o «evangelistas», a veces descritos como luteranos y «reaccionarios»; las palabras sólo intentan expresar cierta disposición de la mente.

tensión, los libros, ya en 1528; ése era un aspecto de su carácter desde el comienzo, no una posterior invención por motivos hagiográficos. (Obviamente, su dominio del francés era una ventaja para leer tales escritos en el extranjero; encargar y obtener traducciones era arriesgado y a veces incluso peligroso.) Además, en realidad demostró ese interés algún tiempo antes de que estuviera absolutamente claro que Roma se oponía al divorcio; es decir, antes de que ella tuviera intereses personales en los principios de los reformistas.[24]

El Londres de ese período —esa ciudad tan rápida en encenderse con los rumores de cambios en la corte— era un foco de «evangelistas» o de futuros reformistas religiosos. El disgusto de éstos con las prácticas del clero se centraba en asuntos tan diversos como la falta a la promesa de celibato y la práctica de «vender» misas y oraciones por los muertos. (La gente desventurada se empobrecía tratando de asegurar una estancia más breve en el purgatorio a sus parientes muertos.) La importación de textos y libros era un buen negocio. Es posible que Ana Bolena recibiera una hermosa copia iluminada de *The Pistellis and Gospelles for the Lll Sondayes in the Yere in French* (conservada actualmente en el Museo Británico) de un hombre llamado Francis Denham, que terminó en París asociado con «perniciosos seguidores de Lutero» y especializado en tratados luteranos así como en las obras de los reformistas franceses; Denham murió de peste en 1528. Ya en 1530 o 1531, Thomas Alwaye, un evangelista procesado por Wolsey por adquirir libros prohibidos, incluido el Nuevo Testamento en inglés, apelaba a Ana Bolena por sus antecedentes como mediadora en situaciones parecidas: «Recordé cuántas obras de piedad vuestra gracia ha hecho en estos últimos años... sin consideración de persona alguna, a extranjeros y ajenos así como a muchos de esta tierra, tanto a pobres como a ricos.»[25]

En 1528 Thomas Garret, cura de la Iglesia de Todos los Santos de Honey Lane, en Oxford, fue arrestado por vender libros heréticos a estudiosos de diferentes colegios, incluido el nuevo colegio de Wolsey. Él se retractó y los libros que motivaron el problema fueron quemados. Pero en algún momento Ana Bolena intercedió ante Wolsey por él: «Ruego a Vuestra Gracia de todo corazón que recuerde al cura de Honey Lane por mí...» Hubo otros implicados: es probable que Ana no se refiriera a Garret sino al rector de la iglesia, Thomas Forman. De todos modos se ha rastreado la relación entre esos otros y Ana Bolena en sus primeros tiempos como reina; William Betts, por ejemplo, se convirtió en su capellán y Nicholas Udall escribiría los versos de la coronación para ella.[26]

Hay varias historias según las cuales Ana Bolena le mostraba al rey obras anticlericales o posiblemente heréticas. Un incidente tiene que ver con un libro anticlerical de Simon Fish titulado *A Supplication of the Beggars*, impreso en Amberes en 1528; Ana Bolena puede haberlo recibido el mismo año. El tema central de *Supplication* era el dinero derrochado por los laicos en diversos propósitos supuestamente santos ordenados por el clero (cuando hubiese sido mejor que se lo guardaran para sí). Se cuenta que Ana Bolena le mostró su ejemplar de Fish al rey por sugerencia de la hermana de ella; Enrique quedó tan deleitado con el libro que les ofreció ayuda a Fish y su esposa.[27]

Aún más significativa es la historia según la cual Ana Bolena puso en manos del rey un ejemplar de *The Obedience of a Christian Man*, de William Tyndale, con ciertos pasajes delicadamente marcados con su uña para llamar la atención de él. La traducción al inglés por Tyndale del Nuevo Testamento (del griego) había sido impresa en el extranjero, pues las autoridades eclesiásticas no permitieron su publicación en Inglaterra. *The Obedience of a Christian Man*, como *Supplication* de Fish, publicado por primera vez en 1528, atacaba el poder papal en favor del de un gobernante secular. Anne Gainsford, una camarera, le contó a George Wyatt (el biógrafo de Ana Bolena de fines del siglo XVI) una versión de esa historia en la que ella, pidiéndole el libro prestado a su señora, posteriormente se lo pasó a su propio pretendiente, George Zouch, a quien se lo arrebató Richard Sampson, deán de la Capilla Real. La reacción de Ana Bolena fue jurar que sería «el libro más caro que alguna vez se hubiera llevado un deán o un cardenal», y recuperó el libro gracias a la intervención amistosa del rey. Después, Ana Bolena lo indujo «muy tiernamente» a leer el libro. Enrique VIII quedó debidamente impresionado. «Mediante la ayuda de la virtuosa señora... sus ojos se abrieron a la verdad.» Él comentó que era un libro «que yo y todos los reyes debemos leer».[28]

Aun cuando esas historias hayan sido embellecidas para complacer a una generación posterior, no son míticas (aunque incluso los mitos, «la maleza de la historia», nos dicen algo acerca de la imagen popular del personaje). En esencia, transmiten el mensaje de que Ana Bolena era lo bastante independiente como para interesarse genuinamente en la reforma religiosa; en consecuencia, usó su prerrogativa femenina de rogar por los reformistas desde una etapa temprana.

Pero Ana Bolena no ejercía su prerrogativa femenina sólo en asuntos devotos. Haber ignorado las ambiciones de su familia, dadas las circunstancias, habría sido muy impropio de una «amada» del siglo XVI. No era así como funcionaba la corte. Además, para ella, familia y amigos constituían una importante base de poder; la pasión del rey debía ser beneficiosa para todos ellos, o al menos eso esperaban. Pero el asunto de la nueva abadesa de Wilton, en la primavera de 1528, demostró que el rey podía estar enamorado pero seguía siendo el rey. (Fue una lección tal vez para Ana Bolena sobre los límites de todo dominio femenino sobre Enrique VIII, pero fácilmente ignorada en vista de las extravagantes promesas del rey.)

El 24 de abril de 1528 murió la anciana abadesa de Wilton, Cecily Willoughby. Había unas cincuenta monjas en el convento y unos cuantos escándalos relacionados con ellas. Por lo tanto, la elección por parte de Wolsey de la nueva abadesa, la dama Isabel Joudain, una mujer «anciana, prudente y discreta», hermana de la abadesa del convento mejor dirigido de Syon, fue inteligente. Pero la facción Boleyn —como estaba comenzando a ser— tenía otros planes. William Carey, esposo de Mary Boleyn, parece haber sido el principal promotor de lo que sucedió: propuso que su hermana, lady Eleanor Carey, fuera elegida en lugar de lady Isabel. El rey Enrique escuchó debidamente sus pretensiones.

Se supo entonces que lady Eleanor era una de las monjas de pasado oscuro que habían causado el desprestigio de Wilton. En ese punto, el rey Enrique dejó de patrocinar a lady Eleanor. Su carta a Ana Bolena sobre el tema —a pesar de figurar entre las cartas de amor y estar encabezada «mi predilecta»— es muy firme al respecto. Relatando los detalles de la confesión de lady Eleanor —«dos hijos con dos sacerdotes distintos» y «desde [entonces] ha sido mantenida por un servidor del que fue lord Broke»— agregaba: «Por lo cual ni por todo el oro del mundo cargaría vuestra conciencia y la mía haciéndola directora de la casa...» Subrayaba la cuestión de la conciencia: «Confío en que no [desearíais] que... por un hermano o una hermana empañe así mi honor o mi conciencia.»[29]

En general, las cartas del rey del verano de 1528 tienen un tono más moderado: son las cartas de un enamorado que confía en que se acerca «el momento por el cual he aguardado tanto», cuando se transformará en esposo; puede contener su pasión. Hubo un grave brote de fiebre una vez más ese verano. Ana Bolena cayó víctima de la afección.* El rey tuvo que

---

* Lo que habría sucedido si Ana Bolena hubiese muerto de fiebre, como tantos en el verano de 1528 (incluido su cuñado, William Carey), proporciona un campo fascinante para las conjeturas. Es posible que la conciencia del rey lo hubiese llevado de regreso a su reina, pensando que la muerte de Ana había demostrado la pecaminosidad de esa relación; pero parece más probable que Wolsey hubiera aprovechado la ocasión para promover la causa de alguna princesa extranjera joven capaz de tener hijos.

mantenerse tan alejado de ella como era posible hasta su curación. Como muchos hombres físicamente muy fuertes, tendía a la hipocondría. («Nos hemos fortalecido con medicinas en nuestra casa en Hunsdon», informó mayestáticamente.) «Dondequiera que esté, soy vuestro», le escribió a Ana, contemporizando, además de jurar que él «de buen grado soportaría la mitad» de la enfermedad de ella.[30] Pero para él, la noticia excitante no era tanto la salud de ella como su propio trabajo en cuanto al asunto del divorcio.

En julio, Enrique había estado trabajando tanto en su libro *A Glasse of the Truthe*, que sostenía que su matrimonio con Catalina iba en contra de la ley de Dios —durante cuatro horas completas en un solo día—, que le dolía la cabeza. La conclusión de su carta da al menos una idea del curso físico que había tomado el coqueteo de Enrique con Ana: «Deseando estar (especialmente de noche) en los brazos de mi querida, cuyos bonitos patos [senos] espero besar dentro de poco tiempo.»[31]

En otros sentidos, Ana Bolena estaba siendo instruida para su futuro como consorte de Enrique VIII. Después —mucho después— se diría que siempre había sido enemiga del cardenal Wolsey, desde que él puso fin a su romance con lord Percy. Pero lo contradicen las propias cartas de Ana a Wolsey ese verano. A mediados de junio, Ana escribió una carta de agradecimiento casi abyecta. «Sé que los grandes esfuerzos y problemas que vos habéis asumido por mí, tanto de día como de noche [respecto del divorcio] nunca podré recompensarlos, salvo... amándoos, después de la gracia del rey, por encima de todas las criaturas vivientes.» El rey agregaba: «La autora de esta carta no cesa hasta hacerme poner también la mano...» Los futuros amantes firmaban la carta juntos: «Por vuestro afectuoso soberano y amigo Enrique R.», seguido de «vuestra humilde servidora Ana Bolena». Pocas semanas más tarde, al agradecer al cardenal «un rico presente», Ana Bolena expresaba su satisfacción por el hecho de que él hubiese escapado de «la fiebre». «Todos los días de mi vida —escribía ella—, «estoy muy obligada, de todas las criaturas, después de la gracia del rey, a amar y servir a vuestra gracia; de lo cual, os ruego, nunca dudéis, que alguna vez pueda yo variar en este pensamiento mientras tenga aliento en mi cuerpo.»[32]

Como la aduladora descripción que hizo el cardenal de Ana en Roma —«las virtudes probadas y excelentes de dicha gentildama»—, la afirmación de Ana choca un tanto ahora. Pero en realidad tanto Ana como Enrique tenían mucho que agradecerle a Wolsey en ese verano de 1528. El papa Clemente VII había sido inducido a redactar un despacho en el que nombraba a Wolsey y a otro legado papal, el cardenal Campeggio, inquisidores conjuntos del matrimonio del rey. Si bien ése no era el despacho público que esperaba Wolsey —era para los ojos del rey solamente—, era un inicio prometedor.

De modo que el cardenal Campeggio viajó de Roma a Londres. Se trataría de un viaje prolongado —era un hombre anciano muy atacado de gota—, pero a mediados de septiembre el rey pudo darle la feliz noticia a Ana Bolena. Ella había sido enviada al castillo de su padre en Hever, Kent: su presencia radiante en la corte podía ser una falta de tacto en un momento en que el rey oficialmente se lamentaba del infortunio de un matrimonio inválido. Pero las cartas del rey a su «buena enamorada» transmiten su júbilo. El legado papal —«que más deseamos»— había llegado a París. La enfermedad de Campeggio era «verdadera»; era un hombre «bien dispuesto», lejos de ser un peón imperial. Pronto estaría en Calais y zarparía hacia Dover: «Y entonces confío, en poco tiempo, gozar de aquello que tanto he deseado, para placer de Dios y el consuelo de los dos. No más para vos, en este presente, mi propia querida, por falta de tiempo, sino que deseo que estuvierais en mis brazos, o yo en los vuestros; porque me parece mucho desde que os besé...»[33]

El cardenal Campeggio llegó a Londres el 7 de octubre. Fue grande el júbilo de Enrique VIII y Ana Bolena. El embajador español se enteró de que se estaban haciendo preparativos para la boda: «Tanto el rey como su dama, me aseguran, consideran cierto su futuro matrimonio, como si el de la reina ya se hubiese disuelto.» Al mismo tiempo, había un estado de ánimo público tempestuoso respecto de esos sueños reales de una bendición futura: «El pueblo aquí está muy a favor de la reina», le dijo Mendoza a Carlos V. Hasta Hall, que escribió luego su *Chronicle* —en términos enteramente favorables a Enrique VIII—, debió admitir que el populacho se había mostrado terriblemente terco en ese punto: «Al ser ignorantes de la verdad y en especial las mujeres», empezaron «a conversar ampliamente y decían que el rey tendría otra esposa para su propio placer». Esta estimación —que en cierto sentido parece muy sensata— fue naturalmente intolerable para Enrique VIII. No sólo olía a crítica —una burda indiferencia popular a los terribles dolores de conciencia que él padecía—, sino, lo que era peor, a potencial obstrucción de la voluntad real. Como lo expresó Mendoza: «Nada... fastidia tanto al rey como la idea de no realizar su propósito.»[34]

Aparte de su gota —la enfermedad volvió a aquejarlo en Londres, demorando el inicio de su trabajo—, Campeggio fue en muchos sentidos el candidato ideal para el puesto de conciliador en esa situación turbulenta. No sólo era un distinguido abogado sino también un viudo con hijos que había tomado los hábitos tras la muerte de su esposa; cabía esperar que manejara el lado delicado del divorcio con humanidad y cuidado. Y había un punto delicado: la posibilidad de que el divorcio, al cual aún se oponía Clemente VII ya que le planteaba una carga intolerable en términos políticos, fuese innecesario. ¿Por qué la reina Catalina no se retiraba a un convento por su propia voluntad, dejando que la situación matrimonial del rey se solucionara luego? Con el retiro efectivo de la oposición de la reina, el tema del divorcio adquiriría una nueva connotación.

En la primera reunión de Campeggio con Enrique VIII, el rey había rechazado, como cabía prever, la propuesta papal de Clemente VII de una nueva dispensa para su matrimonio con Catalina. Un matrimonio revalidado con Catalina: no era a eso a lo que tendía la mente del rey. Pero una retirada voluntaria de la reina pía era otra cosa totalmente distinta.

Con el permiso del rey, el cardenal Campeggio efectuó tres visitas a la reina. (El idioma que ambos tenían en común era el francés, que la reina hablaba fluidamente.) Tal vez la más importante de esas visitas, desde el punto de vista de Catalina, fue aquella en que la reina se confesó con el cardenal. Bajo juramento sacramental, aseguró haber sido virgen en el momento de su matrimonio con Enrique. Según el informe del cardenal a Roma, ella le dijo que había sido virgen en el momento de su matrimonio con Enrique, que era *intacta e incorrupta da lui come venne dal ventre di sua madre*: intacta y no violada por él (el príncipe Arturo) como cuando salió del vientre de su madre.[35] Es imposible concebir que una persona tan estricta y sinceramente pía como Catalina mintiera en ese punto y de esa manera, ni nadie que la conociera —incluido Enrique— lo sostuvo nunca seriamente.

Pero desde el punto de vista del rey Enrique, el aspecto más importante de las visitas del cardenal Campeggio fue el rechazo absoluto por parte de Catalina de la propuesta de que ingresara en el convento. Campeggio la visitó acompañado de Wolsey. Ése fue «el expediente» presentado, con plena aprobación del Papa: para evitar dificultades relativas a la sucesión (que podían tener como consecuencia la discordia civil), «ella debía profesar en alguna comunidad religiosa y tomar los votos de

la castidad perpetua. Que dado que su alteza ya había alcanzado el tercero y último período de la vida natural y había pasado los dos primeros
dando un buen ejemplo al mundo, de esa manera pondría un sello a todas las buenas acciones de su vida». La reina se tomó al principio esta
propuesta, razonable —tal les parecía a los dos hombres que la visitaron—, con «irritación», en especial con Wolsey, al que «habló airada-
mente». Pero luego «se calmó». Reconociendo que ésa era la verdadera
crisis de su vida —cuando había creído superar la verdadera crisis hacía
años— le respondió a Campeggio «con gran compostura».[36]

También Catalina, como el rey Enrique, apeló a su conciencia. Le
dijo al legado papal que tenía la conciencia y el honor de su esposo en
más alta estima que nada en el mundo, antes de agregar que no tenía
ningún escrúpulo en cuanto a su matrimonio, «sino que se consideraba
la verdadera y legítima esposa del rey, su esposo». En otras palabras, la
propuesta del Papa era «inadmisible».

Es fácil sugerir que Catalina de Aragón demostró en realidad obstinación al no aceptar la solución a lo que Campeggio denominaba su
«tercero y último período de la vida natural». En términos materiales, sin
duda la vida de ella hubiese sido infinitamente más cómoda. En cuanto
a su rango, nadie se hubiese mostrado más agradecido que el rey Enrique: la reina hubiese podido gozar de un honrado retiro como la figura
materna reverenciada de la familia real inglesa. Se puede sostener además
que su vida en un convento no hubiese sido en realidad tan diferente de
la vida de prácticas pías que ya estaba llevando, tan apropiada para una
mujer de edad madura, como señaló Campeggio. Lamentablemente, los
dictados de la conciencia pueden ser considerados mera obstinación por
parte de aquellos a quienes no convienen pero, como demuestra la historia de los disidentes, no se los puede acallar fácilmente.

El matrimonio de la reina Catalina con Enrique era la única certeza
absoluta en la vida de ella, más allá de su amor por Dios (y en años posteriores por su hija). Por eso había desafiado a Enrique VII cuando era una
muchacha sin apoyo en un país extranjero cuyo idioma casi no hablaba.
Era improbable que se sometiera a Enrique VIII ahora, después de veinte años como su consorte, y aceptara por una cuestión de conveniencia
—la conveniencia de él— que ella, una princesa castellana, había sido la
«prostituta» del rey todos esos años.

Por supuesto, no se deben descartar los celos. Catalina de Aragón
mantuvo una actitud heroica pero no era una santa, o si lo era, también
los santos pueden ser celosos. Ser suplantada por una rival que no sólo

era mucho más joven sino también de rango infinitamente inferior, no era fácil de soportar para la hija de los Reyes Católicos, aunque fuese demasiado inteligente y estuviera demasiado bien preparada para decirlo. Más loable era su preocupación por la posición de su hija, la princesa María.

Luego se diría que buena parte de la crueldad del rey Enrique con la princesa María fue una venganza por la conducta de la madre, que si la reina Catalina hubiera ido voluntariamente al convento la princesa María hubiese sido tratada mucho mejor: es decir (la conclusión habitual del opresor) que la reina Catalina, no el rey Enrique, fue en realidad responsable de los sufrimientos de su hija. ¿Se habría abstenido el rey de declarar a su hija bastarda si la madre hubiera sido más dócil? Es cierto que la Iglesia no exigía que se declarara bastardos a los hijos de un matrimonio inválido cuando los padres se habían casado de buena fe, como sin duda habían hecho Catalina y Enrique. Por otra parte, las amenazas de Wolsey a la reina Margarita de Escocia —su hija sería considerada «bastarda»— demostraban que era siempre una posibilidad en caso de divorcio. Además, en la medida en que se permitiera que la princesa María siguiera siendo legítima, su derecho al trono constituiría una amenaza para los hijos del segundo matrimonio: ése era el peligro real.

Evidentemente, los asesores del rey hicieron algunos torpes esfuerzos relativos a la situación ambivalente de la princesa María. Uno de los más extraordinarios —aunque parece haber recibido la tácita aprobación papal— fue la extraña idea faraónica de que los hermanastros —la princesa María y Enrique duque de Richmond— se casaran. Eso era contrario al derecho canónico (así como al derecho natural en la mayor parte de las civilizaciones). Pero el Papa parece haberse inclinado a otorgar una dispensa para tal matrimonio, a condición de que el rey abandonara el proyecto de divorcio: lo que demuestra lo flexibles que podían ser las leyes de parentesco, supuestamente estrictas. El cardenal Campeggio le mencionó el tema en una carta al secretario del Papa, el 17 de octubre. Wolsey le había dicho que «ellos habían pensado en casarla [a María] con una dispensa de Su Santidad con el hijo natural del rey, si ello podía hacerse». A lo que replicó Campeggio: «También yo pensé en eso al principio» como un medio para asegurar la sucesión. «Pero no creo que este plan sea suficiente para acabar con el principal deseo del rey», agregaba, evaluando con mucho acierto la pasión privada de Enrique VIII.[37]

Mantenía la idea del ingreso de la reina en un convento al menos el

Papa acosado, para quien el divorcio seguía siendo un asunto extraordinariamente conflictivo. El 28 de diciembre, Clemente VII enviaba un
mensaje a Campeggio en el que le decía que le agradaría muchísimo que
se pudiera inducir a la reina a «entrar en cierta religión»; aun cuando tal
solución pudiera ser bastante desusada, «ello implicaría el daño de una
sola persona».[38] Pero en Inglaterra, el rey Enrique rápidamente com-
prendió, para su ira y su frustración crecientes, que la conveniente desaparición de la reina en un convento ya no era una opción.

Una de las características más peculiares de la triple relación de Enrique, Catalina y Ana —al menos, para la sensibilidad moderna— era el
modo en que la rutina de la corte seguía desarrollándose plácidamente,
al parecer impermeable a las tormentas que castigaban la cabeza de sus
actores principales. Hay dudas incluso acerca del momento en que cesaron realmente las relaciones conyugales entre el rey y la reina. Sin duda,
el rey siguió cenando cuando le apetecía en la cámara de la reina, como
antes. Pero según Jean du Bellay, el embajador francés, en el otoño de
1528 él seguía pasando la noche con ella: «Hasta esta hora, ellos sólo
han tenido una cama y una mesa.» La apariencia oficial de unidad se ve
confirmada por la *Chronicle* de Hall, que afirma en cuanto al rey en ese
período que él «comía y recurría a la reina como era su costumbre».[39]

¿Acaso el rey seguía haciendo el amor con la reina, por hábito? Después de todo, él no hacía el amor —plenamente— con Ana Bolena. Eso
parece poco probable. Hall lo negaba: «Pero de ningún modo iba él a la
cama de ella.» El cardenal Campeggio también se enteró a fines de 1528
de que la reina «no había tenido el uso de la persona real de él por más
de dos años». La declaración de Harpsfield, de que el rey «desde el comienzo del juicio de divorcio nunca usó el cuerpo de ella» coincide
aproximadamente con esto. Luego estaba la cuestión de la salud de la
reina: en enero de 1529 Wolsey afirmó que el rey había resuelto abste-
nerse de acostarse con la reina a causa de ciertas enfermedades que tenía
ella, «consideradas incurables».[40]* Todo eso parece indicar el cese de la
intimidad física entre ellos hacia 1526, como consecuencia de una combinación de factores, incluidos el desinterés del rey y la salud de la reina.

Pero eso no significaba que cesaran todas las relaciones. Se mantenía
la terrible intimidad formal de la vida de la corte: Catalina y nadie más
era la reina de Inglaterra. Ana Bolena tenía ahora sus propias habitacio-

---

* Presumiblemente de naturaleza ginecológica, consecuencia de años de dar a luz
hijos o de la menopausia.

nes y sus propias damas. Pero ella también formaba parte del ritual y tenía un lugar en él. Hay una anécdota según la cual la reina Catalina jugaba a las cartas con Ana Bolena y otras damas. En un momento de la partida, la reina indicó una carta y comentó mordaz: «Vos no pararéis hasta que tengáis a vuestro rey, señora Ana.» La historia puede ser cierta o no. Si es cierta, entonces se trata de una de las pocas ocasiones en que la controlada reina Catalina se permitió un comentario irónico sobre los acontecimientos que rápidamente la estaban atrapando. Pero su verdadera importancia es la idea que nos da de la red doméstica en que los tres, la reina, el rey y «su dama», estaban envueltos. Era una corte en la que el rey Enrique, según Campeggio, besaba abiertamente a Ana Bolena «y la trataba en público como si fuese su esposa»; sin embargo, oficialmente seguía casado con la reina Catalina, que en teoría presidía esa corte.[41]

Al menos, la llegada de Campeggio garantizó a la reina sus propios asesores legales: haberle negado esa representación hubiese significado convertir en una farsa lo que se esperaba que fuese el tratamiento serio de un caso serio. El más valiente y efectivo de ellos resultaría ser John Fisher, obispo de Rochester, que ya el año anterior había puesto su considerable autoridad moral al servicio de la causa de la reina cuando no aceptó que el matrimonio fuera invalidado. El arzobispo Warham de Canterbury y el obispo Tunstall de Londres tenían una actitud más coincidente con el *establishment*, como sus cargos indicaban. Había además algunos extranjeros: el embajador español se trajo a dos abogados canónicos de Flandes, además de los cuales estaban el confesor español de la reina, Jorge de Athequa, obispo de Llandaff, y Juan Luis Vives.

Vives había ido a Brujas en junio de 1527 y seguía en términos tan buenos con el rey Enrique como para que éste le encargara la compra de un ejemplar de *Adagia* de Erasmo. Pero hacía tiempo que la reina Catalina deseaba el retorno de su estudioso favorito; ella intentaba atraer a la esposa de él, Margarita, a Greenwich con pequeños obsequios y promesas de apoyo. Vives sin duda estaba entre aquellos que se sentían perplejos por la «estupidez y el alocado asunto amoroso del rey», e impresionados por la resolución de la reina: se refirió a la «fuerza verdaderamente viril» de ella (el último elogio de la época), y declaró que, de haber vivido la reina en una época en que se honrara adecuadamente la virtud, «la gente la habría adorado en un templo como a un oráculo celestial».

Vives demostró más sensibilidad que Erasmo, cuya carta de consuelo era sumamente cauta. Sin el menor tacto, le recomendaba a su amigo y chambelán de la reina, lord Mountjoy, que la reina leyera un libro titulado *Viuda Christiana* (Viuda cristiana): ¿por qué debía leer tal libro una mujer que no se consideraba viuda? Con menos delicadeza todavía, Erasmo aventuró la pulla —aunque no a Catalina— de que el divorcio era un error: mejor tener un Júpiter con dos Junos (que de alguna manera se permitiese al rey cometer bigamia). Pero ni siquiera Vives, a pesar de todos los beneficios anteriores, de toda su admiración por el «oráculo», sobrevivió mucho tiempo a las presiones de Wolsey (Vives pensaba que sus agentes lo estaban vigilando) y de la reina. Ella se puso «furiosa» con él por la insuficiente defensa de su causa y volvió a Brujas.[42]

Una de las primeras dificultades a las que se enfrentaron los asesores de la reina Catalina fue el denominado «breve» sobre la dispensa original de 1503. Mientras la bula del papa Julio II se había referido al matrimonio como «tal vez» consumado —sin ofrecer entonces una dispensa adecuada si no había sido consumado—, el breve estaba redactado en términos mucho más amplios. Su lenguaje —que se refería a «otras razones innominadas»— contemplaba la consumación o la no consumación. Una copia de ese documento tan perjudicial —para el caso del rey— había llegado de España en respuesta a la petición de Catalina a Carlos V de material pertinente en su caso. Ese breve al parecer había sido obtenido para satisfacción de la moribunda reina Isabel.

Naturalmente, Wolsey y los asesores del rey de inmediato cuestionaron la autenticidad de un documento tan conveniente y exigieron que enviaran el original de España. Pero si el breve era genuino, el caso del rey no tenía fundamento para la Iglesia, ya que si bien el Papa tenía poder para dispensar matrimonios, técnicamente no había logrado dispensar ése. La reina Catalina se resistió un tiempo a enviar el original temiendo lógicamente lo que podía sucederle al documento en Inglaterra. Cuando cedió públicamente, hizo esfuerzos para neutralizar el efecto de su solicitud pública. El original nunca fue enviado, pero por último llegó una copia debidamente autorizada ante notario.[43]*

El mismo día en que Catalina entregó ese breve —7 de noviembre—, recibió una visita de sus denominados asesores, Warham y Tuns-

---

* ¿Era auténtico aquel breve tan conveniente? Probablemente sí: la carta del rey Fernando sobre la dispensa original en la bula papal demuestra qué ansioso estaba por cubrir todas las eventualidades. Ya que era de la firme opinión de que el matrimonio no se había consumado, habría sido prudente tener un breve que cubriera también esa situación.

tall, que habría sido absurda si no hubiese sido también amenazadora. Se presentaban a petición del rey, dijeron, para comunicarle que en el extranjero había rumores de complots contra la vida del rey, y que si esos complots tenían éxito, la reina y su hija inevitablemente serían sospechosas. Catalina reaccionó con indignación a una acusación tan ridícula. No podía creer que el rey diera crédito a tales rumores, ya que ella valoraba la vida de su esposo sin duda más que la suya propia. Luego los emisarios se centraron en un aspecto más práctico: el breve. No sólo la reina estaba bailando y divirtiéndose, alentando el apoyo popular a su causa —lo que era bastante malo— sino que había ocultado el breve. Podía ser una falsificación y tal vez lo fuera, pero si ella lo hubiese declarado, el rey habría podido ahorrarse «mucha incomodidad». La reina rechazó esa acusación con igual vigor. No había revelado la existencia del breve (que probablemente hubiera llegado de España unos seis meses antes) porque no había creído que fuera necesario.[44]

La lucha personal y legal de la reina, en contraste tan marcado con la conducta resignada que había mantenido el rey, tenía un paralelo en la nada disminuida popularidad de ella entre «los isleños». Su reputación de virtud y caridad le era muy provechosa. Estaba comenzando el largo período de Ana Bolena en la picota. La gente la consideraba «la mala mujer (más joven)» que le había robado el esposo a «la buena mujer (mayor)»: eso iría en aumento en años venideros. Como observó el embajador francés, Du Bellay: «El pueblo se mantiene muy endurecido [contra Ana] y creo que haría más si tuviera más poder.»[45] De manera simplista, se consideraba que el destino de una mujer madura decente, a la que se estaba tratando muy injustamente, representaba a todas las mujeres en las mismas condiciones, por diferentes que fueran sus posiciones sociales; del mismo modo Ana Bolena representaba a todas las pícaras con planes relativos al esposo de otra mujer.

En noviembre, el rey trató de evitar manifestaciones populares irritantes con una extensa declaración en Bridewell Palace. En ella elogió ampliamente a la reina Catalina «como una dama contra la cual no puede decirse una sola palabra». Agregó: «Si se juzga que la reina es mi legítima esposa, nada será más agradable ni más aceptable para mí, tanto para la claridad de mi conciencia como por las buenas cualidades y las condiciones en que sé que está ella... además de su parentesco noble, es una mujer de la mayor gentileza, humildad y jovialidad; sí, y en todas las buenas cualidades pertenecientes a la nobleza, ella no tiene igual.» En prueba de ello, declaró sin sonrojarse: «De modo que si debiera casarme de nuevo, la elegiría por encima de todas las mujeres. Pero si se determina en juicio que nuestro matrimonio es en contra de la ley de Dios, entonces lo lamentaré separándome de una dama tan buena y de una compañera tan amorosa.»[46]

Oyendo estos comentarios algunos cortesanos tuvieron que arquear las cejas, eso si tenían el coraje de demostrar sus sentimientos. Pero tal vez no lo tuvieran, porque el embajador informó de un desagradable incidente al final del discurso (Hall, partidario del rey Enrique, no lo menciona). De pronto, el rey se enfadó. Cabe imaginar la tez rojiza oscureciéndose, el rubor de las mejillas intensificándose. Gritó que, si alguien se atrevía a criticarlo en el futuro, demostraría quién era el amo: «No había ninguna cabeza tan bella (*si belle*) que él no hiciera rodar.»[47] Otra lección para el futuro, esta vez una lección que más valía aprender.

Enrique VIII y su «dama» pasaron la Navidad de 1528 en el palacio de Greenwich; la reina Catalina también estuvo allí. Pero Ana Bolena se alojaba por entonces en «un bello apartamento próximo al del rey». La cortejaba más cada día, observó el embajador francés, «de cuanto se ha cortejado a la reina desde hace mucho». En cuanto a Catalina, evidentemente estaba deprimida y alicaída: tenía «un semblante triste y nada la divertía, tan preocupada se hallaba su mente».[48] Si 1528 no había aportado la feliz solución de su vida personal, como confiadamente había predicho Enrique VIII en su carta de Año Nuevo a Ana Bolena, entonces con seguridad 1529 lo remediaría.

CAPÍTULO OCHO

Que protesten

Ainsi sera, groigne qui groigne. [Así será, proteste quien proteste.]

Lema de Ana Bolena, Navidad de 1530

Era costumbre de Ana Bolena (cuando la ocasión era «adecuada») dejarse ver con un libro francés en la mano: «Que es útil y necesario para enseñar y descubrir el verdadero y recto camino de toda la virtud.» Durante la Cuaresma de 1529, en particular, se la podía ver en la corte leyendo una traducción al francés de las epístolas de san Pablo «donde están contenidos todo el estilo y la regla de una buena vida». Esta imagen de la pía dama del rey encantó a cierto Loys de Brun, que la recordó al Año Nuevo siguiente al dedicarle a Ana Bolena un tratado francés sobre redacción de cartas.[1]

A otros de la corte, tal espectáculo de elegante devoción debió parecerles muchísimo menos encantador. El cardenal Campeggio, torturado por la gota, veía tal comportamiento —¿dónde terminaría?— con tristeza. El 3 de abril informó de que circulaban libremente por la corte «ciertos libros luteranos, en inglés, de mala clase».[2] No era un buen augurio para el futuro tribunal en que el cardenal, como uno de los dos legados papales —el otro era Wolsey— tenía, tal como él lo veía, la responsabilidad de sostener la autoridad del Papa. Cuando se reunió el tribunal a fines de mayo, lo hizo en una atmósfera de inquietud general, una pequeña parte de la cual era el resentimiento «luterano» con la autoridad papal. Pero ese resentimiento aún no era importante.

Una causa muy diferente de inquietud era la actitud de la reina hacia el tribunal. El 6 de marzo ella le había pedido al Papa que llevara su caso a la Curia de Roma, y seis semanas más tarde el emperador también hizo una petición al Papa en el mismo sentido. No era seguro, por lo tanto, que Catalina respondiera a la llamada del tribunal, ni cómo se conduciría en caso de que lo hiciera: ¿aceptaría su autoridad? Tampoco la actitud mental del Papa era un consuelo. Los dos legados, Campeggio y Wolsey, convocaban al tribunal de acuerdo con las instrucciones de Clemente VII del año anterior. Pero con el paso del tiempo, una vez más, el Papa había empezado a ver el patrocinio del emperador como políticamente deseable. Florencia había sido tomada por las tropas de Carlos V: ahora cabía la posibilidad de que fuera devuelta. Además, el Papa era consciente de la necesidad de afirmar su propia seguridad personal en un momento en que el emperador era el amo de Italia.

Esto significaba que los dos legados papales tenían de hecho intereses divergentes. Campeggio necesitaba un veredicto que no entorpeciera la política a largo plazo del papado (fuera cual fuese), el cardenal Wolsey necesitaba simplemente un veredicto en favor de la disolución del matrimonio del rey. Él debía ser el buen servidor del rey, no del Papa, y el veredicto de disolución lo demostraría.

El tribunal se reunió por primera vez el 31 de mayo de 1529. El lugar elegido fue la Cámara Parlamentaria de Blackfriars, que aún estaba convenientemente unida al Bridewell Palace por la galería de tapices que habían construido para el emperador Carlos V en 1522. Sólo quedan relatos parciales de las actuaciones —duraron alrededor de dos meses— y a veces sus detalles son contradictorios.* Pero incluyen los informes del cardenal Campeggio y su secretario, Floriano Montini; las descripciones contemporáneas del embajador francés Jean du Bellay y del embajador veneciano Louis Falier; el importante testimonio de George Cavendish, que estuvo presente como ayudante de Wolsey (aunque escribió sus memorias muchos años más tarde).

El procedimiento para establecer la verdad debía ser inquisitorial; de hecho, muy semejante al de la *inquisitio ex officio* de dos años antes. Sólo que en esta ocasión tanto el rey como la reina fueron convocados para

---

* El mejor relato, que reúne todos los fragmentos (y emplea un manuscrito hasta ahora ignorado en la Biblioteca de la Universidad de Cambridge, un relato del legado «modificado»), está en H. A. Kelly, *The Matrimonial Trials of Henry VIII*, pp. 75-131, que es la base principal de esta narración.

responder preguntas: el 18 de junio, tres semanas después del inicio de las sesiones del tribunal, fue la fecha elegida. Había aún una comprensible ansiedad por la conducta que seguiría la reina. No había aquietado esa ansiedad la entrevista que mantuvo Catalina con el cardenal Campeggio el 16 de junio, poco antes de su comparecencia ante el tribunal.[3] Catalina se alojaba ahora en el castillo de Baynard; por una triste coincidencia era en ese palacio, situado entre Blackfriars y Paul's Wharf, «hermoso para el recibimiento de todo príncipe», donde había tenido lugar no sólo el banquete con que se celebró su boda con el príncipe Arturo en 1501 sino también la controvertida «noche de bodas» que siguió.

En esa ocasión la reina Catalina juró «muy solemnemente en presencia de sus asesores, el arzobispo Warham y el obispo Tunstall, su confesor español Jorge de Athequa, obispo de Llandaff, y otros, incluidos notarios, que el príncipe Arturo no había consumado el matrimonio de ambos durante esa noche de boda ni en ninguna otra ocasión: que de los abrazos de su primer esposo entró en este matrimonio como una mujer virgen e inmaculada».[4] También solicitó formalmente ante los notarios que el caso fuera juzgado en Roma por el Papa y no por los legados papales en Inglaterra. Dos días más tarde apareció ante el tribunal para hacer otra declaración solemne que incluía una negativa completa del derecho del tribunal a juzgar su caso; además, su aparición ante él de ningún modo debía interpretarse como una aceptación de su autoridad, ni como perjudicial para su derecho de llevar su caso a Roma. Debidamente solicitó que sus manifestaciones y diversas apelaciones fueran consignadas y registradas por el tribunal. A su vez, los legados le pidieron que apareciera ante ellos nuevamente en un plazo de tres días para conocer su decisión.

De modo que fue el lunes 21 de junio, en la Cámara Parlamentaria de Blackfriars, que tuvo lugar la escena inmortalizada por Shakespeare. La reina Catalina le suplicó al rey Enrique por su futuro en nombre del pasado de ambos.

Una gran multitud presenció la escena, sin precedentes en la historia de «los isleños». Aunque tanto el rey como la reina estaban sentados en sillones bajo doseles reales de brocado dorado —el de la reina levemente más bajo que el del rey— dado el curso de los acontecimientos posteriores parece ser que se encontraban un tanto separados entre sí por los espectadores y los dos legados papales con el púrpura cardenalicio. Las dificultades de Campeggio se veían agravadas por el hecho de que entendía muy poco inglés (se recordará que había conversado con Catalina en francés). Las dificultades de Wolsey eran de un orden distinto: necesitaba conseguir el divorcio y el mérito de haberlo obtenido, pero al mismo tiempo no quería que lo pusieran en la picota como el instigador de todo el asunto.

El rey habló primero: al menos según el embajador veneciano, que escribió su informe al día siguiente (Cavendish da un orden diferente).*[5] Su principal argumento fue «cierta escrupulosidad [sobre el tema del matrimonio] que aguijoneaba mi conciencia», y volvía a explicar la manera en que supuestamente se habían suscitado sus dudas: las preguntas del embajador francés, el obispo de Tarbes, respecto de la princesa María, y el hecho de que su confesor Longland le señalara el Levítico. Incluso reiteró su afirmación, hecha en Bridewell en noviembre último, de que de buen grado volvería a tomar a la reina por esposa si se descubría que el matrimonio después de todo era válido: aunque ahora tal afirmación debió sonar más hueca a los espectadores en vista de la presencia dominante en la corte inglesa de aquella a la que el embajador francés denominaba «la dama joven». Sin duda tenían presente la útil consigna que Norfolk le recomendó a Tomás Moro: «Por el cuerpo de Dios, maestro Moro, *Indignatio principis mors est*»: la ira del príncipe significa la muerte.[6]

Pero ocurrió que no todos tuvieron presente esa consigna. Hubo un incidente cuando el rey anunció que todos sus obispos compartían sus dudas y habían firmado una petición «para poner en cuestión este asunto». En ese punto, el obispo Fisher manifestó violentamente que no había firmado con su nombre tal documento y reprochó al arzobispo Warham que hubiese agregado su nombre sin permiso. El rey le quitó importancia. No era así como debían desarrollarse las actuaciones graves y tristes sobre el tema de su conciencia, con aburridas cuestiones sobre firmas. «Bien, bien —dijo con irritación—, no importa, no discutiremos con vos aquí, porque no sois más que un hombre.»

Pero el rey Enrique tuvo buen cuidado de absolver a Wolsey de toda responsabilidad en el planteamiento de la cuestión del divorcio. Ésa fue una buena táctica: después de todo, no había sido la conciencia de Wolsey la aguijoneada, directa o indirectamente, por Dios. Wolsey, por el contrario, hacía falta como juez imparcial del caso. Y Wolsey, siguiendo

---

* Si bien se ordenan de varias formas los tres discursos principales del rey, el cardenal Wolsey y la reina, su esencia no difiere en los relatos, ni la notable angustia de la reina al final.

al rey (o, según Cavendish, precediéndolo), fue igualmente firme al negar todo prejuicio de su parte. Simplemente había sido nombrado por el Papa para descubrir la verdad sobre el matrimonio. Deseaba asegurar a todos los presentes que no había sido «el principal inventor ni el primer promotor» del asunto.

Entonces habló la reina Catalina.[7] Según el embajador francés, ella hizo primero una apelación. El rey respondió lo esperado: cuán grande era el amor que le tenía que le había impedido actuar antes, que su mayor deseo era que el matrimonio fuera declarado válido, y que su deseo de que el caso no fuera a Roma se debía únicamente al temor de la influencia del emperador allí. (De esos tres argumentos, el último al menos era sincero.) Pero fue lo que sucedió después lo que dejó la impresión más profunda en los testigos presenciales, desde el gotoso cardenal Campeggio, que se esforzaba por entender lo que se estaba diciendo en inglés hasta Cavendish, el hidalgo-ujier de Wolsey, cuyos recuerdos de la escena proporcionarían inspiración a Shakespeare ochenta años más tarde.*

Inesperadamente, la reina se levantó de su asiento y, pasando entre los espectadores con cierta dificultad, llegó al sillón del rey y se arrojó a sus pies. Como relató el cardenal Campeggio, el rey la levantó de inmediato. Entonces la reina se arrodilló una vez más, suplicante. El rey no tuvo más remedio que volver a levantarla y escuchar sus apasionadas palabras. Cavendish sólo recordaba que ella se había arrodillado una vez ante el rey, pero daba un resumen de sus palabras. Para entender su verdadero efecto, debemos imaginarla hablando con marcado acento español en un inglés entrecortado (a pesar de la fluidez del resumen de Cavendish); también debemos recordar la voz de ella, sorprendentemente profunda en una mujer tan pequeña; debemos tener en cuenta el coraje que la llevó a hacer esa súplica en público (después de todo, la ira del príncipe era la muerte). Aun sin esto, sigue siendo la expresión de pérdida última de una primera esposa rechazada, que había hecho de la vida de su esposo la suya propia y cuyo único delito había sido envejecer antes que él.

«Señor —empezó ella—, os ruego por todo el amor que ha existido entre nosotros, hacedme justicia y derecho, tened pena y compasión de mí, porque soy una pobre mujer, y extranjera, sostenida por vuestro do-

---

* En *Enrique VIII* (1613) Shakespeare se basa —a menudo muy estrechamente— en *Life of Wolsey* de Cavendish. Para Cavendish pudo no haberse basado en *Life* sino en *Chronicles* de Holinshed, como buena parte del material histórico que usaba.

minio. No tengo aquí amigo alguno y mucho menos consejo imparcial.* Acudo a vos, como al jefe de la justicia dentro de este reino...»
Agregó: «Tomo a Dios y a todo el mundo por testigo de que he sido con
vos una esposa fiel, humilde y obediente, siempre dispuesta a vuestra
voluntad y placer... siempre bien complacida y contenta con las cosas en
las que vos teníais algún deleite o regodeo... Amaba a todos aquellos a
los que vos amabais, sólo por vos, tuviera yo causa o no, fueran ellos mis
amigos o mis enemigos.»

Como el rey Enrique, pero, es de imaginar, con más convicción,
la reina estaba dispuesta a ser «apartada» si se encontraba en su contra
alguna causa justa de la ley «o de deshonestidad [esto es, honestidad pú-
blica] o cualquier otro impedimento». Tocó también el tema de la tragedia compartida: «De mí habéis tenido diversos hijos, aunque ha agradado a Dios llevarlos de este mundo.» Pero la defensa de su virginidad fue
el punto más devastador de su discurso al hombre ante el cual se arrodillaba: «Y cuando me tuvisteis por primera vez, y tomo a Dios como mi
juez, yo era una verdadera doncella, sin contacto de hombre. Y si esto es
cierto o no, se lo planteo a vuestra conciencia.» El rey no respondió, ya
que nunca la había desmentido (ni la desmentiría) públicamente sobre
esa cuestión íntima pero crucial.

Cuando hubo terminado, la reina Catalina se puso de pie, le hizo al
esposo una breve reverencia y, apoyándose en el brazo de su hidalgo-
ujier, Griffith Richards, salió lentamente de la sala.

El oficial del tribunal la llamó tres veces. Al fin, el nervioso ujier se
aventuró a decirle: «Señora, sois llamada de nuevo.» «No importa —replicó la reina—, éste no es un tribunal imparcial para mí. No me de-
moraré.» Y se marchó. Las mujeres —mujeres comunes— que la habían
aclamado a la entrada, ahora la saludaron a su partida, «diciéndole que
no se preocupara por nada y otras cosas por el estilo». Como informó
Du Bellay, «si el asunto tuviera que ser decidido por las mujeres», el rey
inglés «perdería la batalla».[8] Pero, por supuesto, no fue así.

---

* Compárese con Shakespeare, *Enrique VIII*, acto II, escena IV:
       Señor, deseo que me hagáis derecho y justicia;
       y que me dispenséis vuestra piedad, porque
       soy una mujer muy pobre, y extranjera,
       sostenida por vuestros dominios; que no tiene aquí
       ningún juez imparcial...

Después de eso abandonó el castillo de Baynard y Bridewell y fue por el río al palacio de Greenwich. (Era una residencia real a la que le tenía un afecto particular, por su proximidad al convento de los franciscanos observantes.) Ahí, unos pocos días después de su dramática súplica, el cardenal Wolsey, asistido por Cavendish, le hicieron una visita por la tarde. El cardenal, a petición de su señor, trató de persuadir a la reina de que dejara el asunto en manos del rey, de lo contrario corría el riesgo de ser «condenada» por un tribunal. Cavendish, de paso, nos describe la rutina doméstica de la reina, que continuaba con aparente placidez: salió ella de la cámara privada para saludar al cardenal «con una madeja de hilo blanco alrededor del cuello», explicando que había estado «trabajando con mis doncellas».[9]

Sin embargo, las ocupaciones de una esposa no impidieron a la reina Catalina responder con cierta habilidad al cardenal. Primero, se negó a permitir que la conversación se mantuviera en latín, lo que hubiese impedido a muchos de sus asistentes seguirla: «No, mi buen señor, hábleme en inglés; aunque yo entiendo el latín.» Ella nada tenía que ocultar, que «todo el mundo» oyera lo que tenía que decir. Luego la reina se negó a considerar aquella insólita petición de tales «hombres nobles y sabios como vosotros» a ella, «una pobre mujer, que carece tanto de ingenio como de entendimiento» y nada preparada. Finalmente, hizo pasar al cardenal a la cámara privada. Había sido un día «de un calor bochornoso» y la atmósfera evidentemente no refrescó mucho con la entrevista que siguió. Cavendish quedó fuera, en la antesala, pero a veces oía que la reina «hablaba muy alto» aunque no podía entender exactamente lo que se estaba diciendo. Al fin de ese día largo y caluroso (el cardenal estaba en cama agotado cuando el rey lo envió a esa misión), nada había cambiado. La reina, por «pobre mujer» que pudiera ser, era resuelta.

El viernes 25 de junio, el tribunal declaró «contumaz» a la reina por no haberse presentado a la convocatoria. En su ausencia se presentó una lista de «interrogantes» o artículos sobre el tema del matrimonio real. Iban desde preguntas de rutina, levemente insustanciales, típicas de las investigaciones —el rey tuvo que responder si él y el príncipe Arturo eran hermanos, por ejemplo— hasta el asunto más grave de la relación de Catalina con Arturo. Se postuló como «objeción» al matrimonio de Catalina con Enrique que ese matrimonio anterior se hubiera consumado «con cópula carnal» y que la joven pareja hubiese convivido abiertamente algún tiempo, hasta la muerte de Arturo, «comúnmente considerados y creídos ser hombre y mujer y legítimos esposos». Parece, sin embargo, que cuando se le presentó esta objeción particular al rey Enrique para su firma, fueron omitidas las palabras «con cópula carnal».[10] Una vez más el rey no estuvo dispuesto a participar en una mentira flagrante, si tal era.

El 28 de junio la reina se negó nuevamente a comparecer, aunque el obispo John Fisher, según el embajador francés, pronunció un apasionado discurso sobre la validez del matrimonio, diciendo que así como Juan el Bautista había muerto en la causa de un matrimonio, también él sería un mártir. (La diferencia era que Juan el Bautista había sido martirizado por denunciar como ilegal el matrimonio de Herodes con Herodías, mientras que John Fisher estaba dispuesto a morir sosteniendo la legalidad del matrimonio de Enrique con Catalina.)

En ausencia de la reina —afortunadamente para su sensibilidad—, varios cortesanos declararon acerca de la noche de bodas en el castillo de Baynard, hacía ahora veintiocho años.[11] No todas las pruebas eran concluyentes: el conde de Shrewsbury, de sesenta años, suponía que el príncipe había consumado el matrimonio «como él [Shrewsbury] lo hizo contando sólo quince años y medio al casarse». El primo del rey, Thomas Grey, marqués de Dorset, había estado presente cuando el príncipe Arturo fue escoltado a la cama nupcial después del casamiento, donde «la señora Catalina» estaba tendida debajo de la colcha «como es la manera de las reinas» en esa situación. Dorset estaba seguro de que el príncipe «usó a la princesa como a su esposa», ya que Arturo había sido «de tez buena y sanguínea».

El testimonio de sir Anthony Willoughby fue más pintoresco. En virtud de la posición de su padre como camarero de la casa del rey, estuvo presente tanto cuando el príncipe Arturo fue llevado a la cama como cuando salió de la cámara por la mañana. En ese punto, el príncipe exclamó: «Willoughby, traedme una copa de cerveza, porque esta noche he estado en medio de España.» Luego, el príncipe dijo abiertamente: «Maestros, es un buen pasatiempo tener una esposa.» Esa clase de historia era más del gusto popular que el serio testimonio que siguió, del obispo de Ely: él tenía serias dudas sobre la consumación, ya que la reina le había dicho a menudo según el testimonio de su conciencia que no había sido «*carnaliter... cognita*» (carnalmente conocida) por dicho Arturo.

La declaración de Willoughby fue de hecho la base de un panfleto ingeniosamente titulado *A Glass of the Truth*, impreso en septiembre de 1532, que presentaba al príncipe «pidiendo y deseando beber inmediatamente por sus grandes esfuerzos, de mañana muy temprano, para saciar su sed; respondió cuando se le preguntó: "¿Por qué, señor, tenéis tanta sed?"» «El matrimonio, si vosotros hubieseis estado en España esta noche tan a menudo como yo he estado, creo que tendríais más sed.» Más adelante, en el curso de la vista, habría otros testimonios en el sentido de que Arturo y Catalina habían vivido juntos como marido y mujer, durmiendo juntos en la misma cámara, y que él había sido «un esposo verdadero y vigoroso» (prueba de ello eran las eyaculaciones del príncipe). Pero en realidad nunca se presentó un informe de las sábanas manchadas de sangre que habían sido enviadas a los padres de Catalina a España (atestiguando la pérdida de la virginidad de ella), aunque el cardenal Wolsey amenazó con presentarlo.

¿Qué prueban las bravatas sexuales de un muchacho adolescente, recordadas tras un lapso muy largo y a las que nunca se había dado valor hasta ese momento? El embajador español reuniría en el futuro testimonios muy diferentes, en el sentido de que el príncipe Arturo había sido impotente. Éstos no necesariamente invalidan, por cierto, la posibilidad de que el muchacho hiciera sus patéticos alardes; hasta los hacen más plausibles y tratando de afirmarse en el mundo masculino para el cual estaba físicamente mal equipado. Pero la verdad, como señalaría dos años después ese mismo embajador —Eustace Chapuys—, era que la falta de consumación resultaba imposible de demostrar con seguridad casi treinta años más tarde en el caso de una mujer que había estado casada casi veinte años con otro hombre. Lo mejor era confiar en el conocido carácter de la reina, que era «tan virtuosa, devota y santa, tan fiel y temerosa de Dios» que no mentiría. Esto (y la actitud tortuosa del rey Enrique en el asunto) sigue siendo la mejor prueba.

Cuando concluyeron las actuaciones, el 28 de junio, la reina fue convocada para que se presentara el 5 de julio. Si bien la reina recibió la convocatoria en Greenwich tres días antes, estaba ausente cuando se reunió el tribunal. Y a pesar de que se la declaró contumaz, no volvió a presentarse, aunque las sesiones continuaron hasta fines de julio.

Ya se estaba preparando activamente la defensa de la reina con la ayuda de sus asesores, incluidos los de la Flandes imperial, con apelaciones a Roma. La regente de Holanda, la archiduquesa Margarita, envió su propia apelación: era por supuesto la ex cuñada de la reina (por su matrimonio con el infante Juan) y había sido su amiga desde aquellos lejanos tiempos en España, aunque se habían visto más recientemente en Gravelines, en 1520. Pero el vínculo importante entre ellas era el emperador:

ambas eran tías suyas, la archiduquesa por el lado paterno y la reina Catalina por el materno; ahora convenía a la política imperial que una tía poderosa fuera en ayuda de otra tía, temporalmente (era de esperar) en el infortunio. En junio, los imperialistas derrotaron a los franceses en Landriano: siguió la Paz de Cambrai entre los dos países. Era útil para la causa de la reina Catalina en Roma que hubiera continuado el *rapprochement* entre el emperador y el Papa; finalmente, por el Tratado de Barcelona, que disponía el matrimonio de la hija bastarda de Carlos con el sobrino del Papa, el duque de Parma, se reconciliaron oficialmente.

Dadas las circunstancias, le resultaba difícil a Clemente VII no defender (transferir oficialmente) el caso de la reina en Roma tal como ella había solicitado. Había sido declarada contumaz por el tribunal inglés. Pero los documentos de ella demostraban que tenía buenas razones para ello; en todo caso, Clemente VII estaba dispuesto a creer que cualquier defecto de la dispensa era puramente técnico y podía subsanarse, ya que era evidente que la intención de proporcionar una dispensa apropiada había estado presente. (Esa visión eminentemente sensata no tenía en cuenta, por supuesto, la decisión del rey, impulsado por el amor, de terminar con el matrimonio.) A mediados de julio, entonces, aceptó la transferencia oficial del caso.

La noticia obviamente podía resultar un terrible golpe para las esperanzas del rey, alentadas por Wolsey, de un divorcio en el verano. Pero antes de que llegara a Inglaterra, hubo tiempo para que el tribunal atendiera varios argumentos legales detallados de ambas partes. El viernes 23 de julio fue el último día en que se reunió el tribunal. El rey Enrique estaba en una de las galerías desde las que se dominaba la vista de los legados con sus mantos púrpura. No se emitió el veredicto favorable que tanto había aguardado. El cardenal Campeggio había aprendido de Clemente VII la lección de la demora creativa: decidió que el caso era demasiado importante para ser decidido sin consultar con la Curia en Roma: lamentablemente, la Curia estaba disfrutando de sus largas vacaciones en el verano italiano y por lo tanto, aplazaba la vista hasta el 1 de octubre. En cualquier caso, la noche anterior, él y su colega Wolsey se habían enterado de la noticia de que el Papa intentaba llevar el caso a Roma. Había terminado un período que duró dos meses en que se mezclaron discusión teológica, contención legal y detalles lascivos (sin olvidar los discursos, de los hipócritas a los nobles) y el rey Enrique no había avanzado nada en el camino de librarse de su esposa.

Pero el proceso y su fracaso tuvieron una consecuencia evidente. En otoño, el gran cardenal y legado papal, Wolsey, cayó del poder. Fue a fines de septiembre que la reina Catalina informó al nuevo embajador español «en tono muy bajo» de que no había ninguna necesidad de que presentara sus credenciales a Wolsey, porque sus asuntos por el momento estaban muy embrollados (*en gran brousle*). Según George Cavendish (que escribió mucho más tarde, pero antes del ascenso de la hija de Ana Bolena), fue la propia Ana la responsable de darle el golpe de gracia; no le había perdonado nunca a Wolsey que la privara despóticamente de su enamorado, lord Percy. Ciertamente, muchos contemporáneos atribuyeron la desgracia del cardenal a la influencia de «la señora». El embajador francés comentó sobre la nueva situación en la corte: «presidiendo todo, mademoiselle Ana».[12] Pero eso era una demostración de misoginia fácil en comparación con la tarea, mucho más onerosa, de culpar al rey. Así como a la reina Catalina le resultaba menos doloroso pensar en el divorcio como obra de Wolsey, al mismo Wolsey puede haberle resultado más fácil acusar a la mujer que afrontar la ingratitud del hombre. Pero Ana Bolena, al volverse en contra del cardenal, sólo se hacía eco de la impaciencia de su augusto admirador por no lograr lo que deseaba, al igual que se había hecho eco del rey un año antes al declarar que amaba al cardenal «después de la gracia del rey, por encima de todas las criaturas vivientes» como consecuencia de los esfuerzos que éste realizaba para obtener el divorcio.

En política el cardenal tenía enemigos más poderosos: Thomas, tercer duque de Norfolk, tío de Ana, y el cuñado de Enrique, el duque de Suffolk, si bien no eran aliados eran ambos hostiles al prelado. Eso si no bastaba la paranoia del rey, su convicción de que el cardenal, con todas sus tramas y ardides bizantinos, de alguna manera lo había traicionado, puesto que los planes habían fracasado. Mostrando el lado grato de su cara de Jano, el rey Enrique se separó de su servidor en los términos más afables, sin dar ninguna muestra de sus intenciones. El soberano se encontraba en Grafton en su visita de otoño; estaba montado en el patio a punto de partir. La noche anterior Cavendish había observado que el rey le hacía un gesto al cardenal para que se cubriera la cabeza, un marcado signo de favor. El rey se marchó y nunca volvió a ver a Wolsey.

El ascenso del cardenal había sido largo y duro, ganado paso a paso con trabajo, paciencia y arduo servicio. Su caída fue rápida.[13] Una serie de golpes brutales lo despojaron de su poder. El fiscal de la corona, el 9 de octubre, lo acusó de ejercer sus poderes como legado papal en el reino del rey, suplantando la autoridad legal del rey. Fue relevado como lord canciller (reemplazado por sir Tomás Moro) y sentenciado a prisión. Se confiscó su fortuna y todos sus bienes fueron puestos «en las manos del rey», en las palabras del embajador francés.

Pero por el momento se permitió al cardenal permanecer en una de sus casas menores, en Esher, desde donde escribió una carta patética a Thomas Cromwell, anteriormente su servidor, ahora servidor del rey, sobre su deteriorada salud: cómo había estado «en tal ansiedad de la mente, que esta noche mi respiración y mi aliento... fue tan breve, que por un espacio de tres horas estuve como quien debió morir». Esperaba saber «si el disgusto de mi señora Ana se ha atenuado un poco, como le ruego a Dios que suceda». En un sentido, su plegaria fue escuchada. El médico del rey fue enviado a visitarlo en diciembre y Ana Bolena también le envió una joya de su cinturón con sus buenos deseos de recuperación. Pero había terminado la época del cardenal: murió un año más tarde, el 29 de noviembre de 1530, camino de Londres para el juicio. Lo habían arrestado por alta traición tres semanas antes. El padre de Ana Bolena dio un gran banquete que incluyó una representación en la que se veía al cardenal descendiendo al infierno, cuyo texto había impreso el duque de Norfolk.[14]

El otoño de 1529, que vio la desaparición de la corte de Wolsey, también marcó la llegada de un nuevo aliado para la reina Catalina. Eustace Chapuys, el nuevo embajador español, estaba muy capacitado para conducir a la infortunada mujer a través de la ciénaga de debates y conflictos posterior al tribunal. Alguien —probablemente Thomas Cranmer, entonces un eclesiástico relativamente poco conocido pero con relaciones con la familia Boleyn— había tenido la idea de trasladar el asunto del ámbito del derecho al de la teología. Eso se debía hacer apelando a los teólogos de las universidades de toda Europa para que dieran su opinión. Chapuys era doctor en derecho canónico y ex juez eclesiástico en Ginebra. También hacía honor a la descripción que hizo de él el emperador a la reina como «persona de fiar, que con seguridad tomará vuestra defensa con toda fidelidad y diligencia».[15]

En 1529, Chapuys era un hombre de cuarenta años, algo menor que la reina a la que serviría tan devotamente: aproximadamente de la misma edad que Thomas Cranmer. Durante los dieciséis años siguientes, con breves intervalos, ocuparía su puesto en Inglaterra; sus informes a España son, por lo tanto, una fuente extraordinariamente importante para el período, siempre que se tenga en cuenta su natural predisposición imperialista. Sin duda, Chapuys desarrolló un excelente servicio de inteligencia. Había decidido que en ese servicio el idioma no fuera una barrera. Cuando amplió su personal, reclutando a jóvenes de Flandes y Borgoña, insistió en que aprendieran inglés. También empleó al anterior hidalgo-ujier de Catalina, Montoya, que había trabajado veinte años en Inglaterra y poseía un excelente dominio del idioma, como su secretario principal. Como el cardenal Campeggio (que volvió a Roma a comienzos de octubre), Chapuys sufría intensamente de gota; pero con su gusto por la intriga, convirtió esa desventaja en una gran ventaja. Insistía en apoyarse en su valet inglés, Fleming; de esa manera disponía de otro par de oídos que escuchaban en inglés. Como eficiente maestro de espías, Chapuys conocía el valor de las criadas y otros sirvientes, así como de sus superiores sociales en la corte; además, cultivaba amistades en la comunidad comerciante.

Chapuys también entendía la necesidad de tacto y encanto en la diplomacia, en particular en lo que concernía a los monarcas de temperamento tramposo. (Describía su misión en Inglaterra como «*toute douceur*», todo dulzura.) Su primera entrevista con el rey Enrique tuvo lugar antes de que se hubiese encontrado con la reina Catalina: ella le advirtió que no debía visitarla «sin el permiso del rey». El rey comenzó refiriéndose a «la discreción o indiscreción de los embajadores» que era a menudo la causa de «las enemistades de los príncipes», pero también de sus amistades. Luego se lanzó al tema del controvertido breve: la negativa de Carlos V de enviarlo a Inglaterra, dijo, tenía que significar que el emperador sabía que se trataba de una falsificación, hecha con el conocimiento de la reina. Después siguió el relato tan a menudo repetido: el divorcio no tenía «otra causa y origen que la paz y la tranquilidad de su propia conciencia» (repetido con tanta frecuencia, en realidad, que sin duda él ya lo creía).[16] Pero hubo un nuevo elemento de vanagloria.

El rey comentó qué duro era para ambos —Catalina y Enrique— no poder volver a casarse [*sic*] antes de vanagloriarse de su propia contención. «Otros príncipes podrían no haber sido tan amables»; nadie le hubiese impedido adoptar medidas «que no he tomado ni tomaré nunca». ¿Se refería a trasladar por la fuerza a la reina de la corte a un convento? El tema quedaba en una siniestra vaguedad. En este punto, Chapuys notó el fenómeno que había observado Du Bellay un año antes. Mientras reflexionaba sobre perjuicios que le habían causado (y su propia bondad al soportarlos) el semblante del rey pasó de pronto a ser «tan diferente de la dulzura y la compostura de su discurso anterior». Recordando que la reina Catalina había recomendado el halago como el mejor método para tratar al rey —su naturaleza era más vulnerable a la persuasión que a la amenaza— el embajador se apresuró a colmarlo de halagos. Pero en su informe privado sobre la entrevista, Chapuys escribió (en código) que todo eso sobre la conciencia real carecía de sentido: «La idea de la separación se originó por completo en su propia iniquidad y malicia.» También hizo un pronóstico sombrío para el futuro: «La pasión del rey por la dama, combinada con su obstinación, era tal que no había ninguna probabilidad de devolverlo mediante la bondad o las palabras justas al sentido de su deber.»[17]

No obstante, el estancamiento del divorcio implicaba que el rey y la reina continuaran, por así decirlo, viviendo juntos. La relación formal forzosa no producía lo mejor en ninguno de ellos. La reina Catalina permanentemente abrumaba al rey con el tema de su virginidad en el momento del matrimonio de ambos, que ahora se había convertido en una obsesión para ella, aprovechando las ocasiones que le brindaban los actos estatales. Incluso consiguió que en octubre de 1529 él conviniera tácitamente en que ella había sido virgen. «Estoy contento», estalló el rey, tras escucharla afirmar una vez más que había sido «una doncella» y él lo sabía. Agregó Enrique: «Pero no sois mi esposa a pesar de todo», ya que la bula no había dispensado el impedimento de la honestidad pública. (Eso era cierto en lo referente a la bula original, pero no al breve subsiguiente.) En abril de 1533, el rey Enrique desestimaba sin más toda referencia por su parte en el pasado a la virginidad de su primera esposa en la noche de bodas como «algo hablado en broma, como un hombre que bromea y se divierte dice muchas cosas que no son ciertas».[18] Ésa era otra tácita admisión, que confirmaba que había hecho tales comentarios —como la reina Catalina sostenía— y que explica el embarazo del rey en lo referente al tema.

Lo que la reina no podía ver, no quería ver, y en todo caso nunca entendería, era que ahora todo eso era irrelevante. El rey había decidido que su matrimonio era contrario a la ley de Dios, y ella, al reiterar sus quejas, no hacía más que enloquecerlo de irritación. En julio, Carlos V le había escrito a su tía que había todas las razones para esperar que las «grandes virtudes y la magnanimidad» de su esposo finalmente triunfaran sobre sus «escrúpulos»;[19] pero la magnanimidad del rey dependía de manera creciente de la humillación de la otra parte. Sin duda no era buena idea irritar al rey Enrique VIII, en particular a medida que pasaban los años, ya que la irritación ocultaba una furia más fría, fuente de una crueldad que él justificaba de alguna manera por la irritación original.

¡Qué bien había entendido eso la reina en su pasado más sereno y racional! ¿Había olvidado sus propias palabras a Chapuys sobre el valor del halago, sobre que la naturaleza del rey era más sensible a la persuasión que a la amenaza? Pero ahora el convencimiento de la injusticia, agravado por la enfermedad, se estaba imponiendo a su juicio. La reina Catalina se había convertido en el veneno de la vida de cualquier hombre, por no hablar de un rey: en una esposa gruñona. Era comprensible, pero imprudente.

En 1529, en una comida de la corte para celebrar el día de San Andrés, el 30 de noviembre, la reina Catalina tuvo oportunidad, según entendió ella, de echarle en cara al rey que nunca cenara con ella privadamente; en consecuencia, declaró dramáticamente, estaba sufriendo los dolores del purgatorio en la tierra. El rey replicó de manera poco amable que ella «no tenía ninguna causa de queja» ya que disponía de su propia casa donde podía hacer lo que deseara; en cuanto a visitarla en sus habitaciones y «compartir su cama», debía saber ya que él no era su esposo legítimo. Entonces entraron en una discusión familiar. Cuando el rey aludió con complacencia a las opiniones doctas de «innumerables hombres probos» que él estaba reuniendo en favor del divorcio, la reina replicó que él no tenía ninguna necesidad de profesores para que le dijeran lo que sabía perfectamente bien que era cierto: «*Il l'avait trouvé pucelle*» (él la había encontrado doncella). Y, en cualquier caso, no sólo los mejores eruditos, sino también la mayoría, coincidían con ella: se vería que superaban a los partidarios de él en una proporción de mil a uno.

En un arrebato, el rey salió de la sala y fue a buscar consuelo en su bonita novia en otra parte del palacio. Pero Ana Bolena no estaba de ánimo para ese papel. El rey se encontró en la posición más desagradable para un hombre apresado: entre una esposa gruñona y una amante regañona. Ana Bolena le espetó: «¿No os dije que en toda disputa con la reina seguramente se impondría ella?» Luego, Ana pasó de la ira a las lágrimas, lamentando su triste destino. Un día el rey volvería a la reina y la abandonaría, se quejaba: «He estado aguardando largo tiempo y entretanto hubiese podido contraer algún matrimonio ventajoso, en el cual habría podido tener desahogo, que es el mayor consuelo en este mundo, ¡pero, caramba! Adiós a mi tiempo y mi juventud pasados sin ningún propósito.»[20]

Había al menos algo atractivo en la lengua afilada de Ana Bolena

—los cortesanos notaban que el rey y su dama siempre estaban particularmente amorosos después de una riña—, mientras que la pena histérica podía consolarse con besos y promesas. Hay una historia según la cual Ana Bolena exclamó que tenía plena conciencia de la antigua profecía de que con el tiempo una reina de Inglaterra sería quemada: pero ella amaba tanto al rey que no temía pagar el precio de la muerte, en tanto pudiera casarse con él. Por colérica que pudiera ser, Ana Bolena también era desinhibida y efusiva. Al rey le resultaba muy excitante aquella criatura tan imprevisible. No obtenía ninguna excitación de los reproches de la reina: sólo frustración.

La fama del temperamento fogoso de Ana Bolena y de sus palabras igualmente encendidas es lo suficientemente amplia como para descartar que se trate de un mero invento de sus enemigos. Esa naturaleza tempestuosa tampoco es un descrédito (aunque a largo plazo pudiera resultar tan imprudente como las eternas quejas de la reina). Por el contrario, hay algo magnífico en el modo temerario en que se pronunciaba, a menudo yendo más allá de cuanto podía ser prudente para la amante más bella y amada del mundo. Después de los años de autorrestricción y silencio impuestos sobre ella por su lugar en la sociedad y su sexo, Ana Bolena estuvo en condiciones de desafiar las convenciones. Ridiculizar al rey era otra de sus temeridades.*

Naturalmente, el temperamento de Ana no se moderó con el incremento de su poder. En noviembre de 1530, Chapuys informó de cómo Ana Bolena había sido vista en una pequeña ventana que dominaba la galería donde el rey estaba concediéndole una entrevista «mirando y escuchando todo cuanto sucedía». En un punto, el rey se mostró suficientemente preocupado por las reacciones de su dama como para ir nerviosamente hacia el centro del salón por temor a que ella oyera ciertas palabras que la ofendieran. Por la misma época, Ana Bolena chocó con la duquesa de Norfolk por el matrimonio de la hija de esta última (y prima hermana de Ana), lady Mary Howard. Ella «empleó tales palabras

---

* El temperamento explosivo (una vez que estuvo en condiciones de mostrarlo) pudo haber sido otra característica de Ana Bolena heredada de su padre; según Chapuys, en octubre de 1530 el celebrado diplomático denigró al Papa y a los cardenales con un lenguaje tan violento que él, Chapuys, tuvo que retirarse del salón.[21] Pero el temperamento en un varón era (en teoría) más aceptable, por supuesto.

con la duquesa» que esta última —hija de Buckingham y primera duquesa de Inglaterra— fue casi despedida de la corte.[22]

Para comienzos de 1531, Ana fue descrita como tan segura que era «*brave qu'une lion*». Le dijo a una de las camareras de la reina Catalina que deseaba que todos los españoles estuvieran en el fondo del mar. Cuando la dama en cuestión la reprobó, Ana fue más allá: «No le importaba la reina —declaró la señora Ana—, ni nadie de su familia [casa].» Prefería ver a Catalina colgada «antes que tener que admitir que era su reina y señora».[23] La camarera quedó debidamente azorada. Pero las mujeres en general no hacían buenas migas con Ana Bolena, con independencia de a quién sirvieran: o no podía o nunca le interesó formar el nexo de amistades femeninas que había establecido la reina Catalina. La osadía y la independencia que encantaban al rey —por el momento— sorprendían a otras mujeres como peligrosamente contrarias a la norma aceptada.

En Roma se tuvo noticia de que Ana Bolena había insultado a un caballero de la casa del rey en presencia del soberano, pero ni siquiera entonces duró la indignación real: «Como de costumbre en tales casos, el amor mutuo de ambos es más grande que antes.»[24] En abril, el rey Enrique se quejó a Norfolk —o el duque así se lo contó a su esposa, que se lo comentó a la reina— de que Ana se estaba volviendo más orgullosa y atrevida cada vez: usaba un lenguaje con él que la reina jamás se había atrevido a usar en su vida. Norfolk sacudió la cabeza y murmuró que su díscola sobrina sería la ruina de los Howard (mientras seguía gozando los privilegios que le aportaba la relación). La propia actitud de Ana a tales críticas se resume en el lema que hizo bordar en la librea de sus sirvientes en la Navidad de 1530: *Ainsi sera, groigne qui groine.* [Así será, proteste quien proteste.][25]*

No obstante, el rey la adoraba. Es cierto que de vez en cuando la dama encontraba a su igual. En junio de 1531, disputó con Henry Guildford, contralor de la casa, y «lo amenazó muy furiosamente», diciendo que, cuando se convirtiera en reina de Inglaterra, lo haría castigar y privar de su puesto. Guildford replicó que le ahorraría la molestia y renunció. Mantuvo su renuncia, a pesar de los esfuerzos del rey por di-

---

* Según Chapuys, la dama se había puesto en ridículo al no advertir que era el lema tradicional de los Habsburgo borgoñones (la segunda línea: *et vive Bourgogne*). Pero Ana Bolena no podía dejar de saberlo después de estar al servicio de la archiduquesa Margarita; es más probable que su gesto fuera una baladronada deliberada.[26]

suadirlo con el débil argumento de que Guildford «no debía preocuparse por lo que decían las mujeres».[27]

Algunas de esas explosiones deben de haber sido provocadas, directa o
indirectamente, por la continuada impopularidad del proyectado nuevo
matrimonio del rey entre sus súbditos. La gente protestaba realmente.
Antonio de Guaras, un comerciante que vivía en Londres, escribió: «Es
digno de nota que la gente común nunca la quiso [a Ana].» De Guaras,
un español que bien pudo haber ido a Inglaterra con la reina Catalina,
no es necesariamente una fuente libre de prejuicios (aunque su *Spanish
Chronicle* proporciona algunos interesantes relatos de primera mano
de acontecimientos de esa época, además de chismes).[28] Sin embargo, el
disgusto se ve confirmado por muchos otros. En agosto de 1530, por
ejemplo, el embajador veneciano pensaba que el pueblo se rebelaría si el
rey Enrique se casaba con Ana Bolena, y al año siguiente se creyó el relato increíble de que siete u ocho mil mujeres, algunas de ellas hombres
disfrazados, se disponían a secuestrar a la favorita en la villa junto al río,
pero se vieron frustradas porque ella escapó en un bote. En 1530, Chapuys, siempre interesado en brindar información ajena a los círculos
cortesanos, informaba acerca de «los deseos de todo el país de que se
preserve el matrimonio y la caída de la dama».[29]

Aunque esta reacción no era pura pose, la gente prefería una princesa real a «Nan Bullen»; en especial porque su princesa real se había
hecho querer mucho. Pero más allá de eso estaba el hecho de que Ana
Bolena representaba algo de lo que todo el mundo desconfiaba en principio: lo que Cavendish denominó «el amor carnal pernicioso y desordenado». No sólo era Nan Bullen, era «Nan Bullen, la puta perversa», o
«Nan Bullen, esa mala perra». Y era «la puta del rey». Por mucho que
Wolsey hubiese destacado las muchas virtudes de Ana Bolena en Roma,
la actitud predominante hacia lo que veía el rey en ella se resumía mejor
en una frase de la oda de William Forrest: «Esto no es más que la mente
sensual del hombre.»[30]

Naturalmente, nadie creía la historia de que el rey no se hubiera
acostado todavía con su amante. Se ha señalado que «las insolencias más
groseras» contra Enrique VIII surgieron de su relación con Ana Bolena.[31] Se difundían los habituales rumores lascivos en tales situaciones:
que Ana había dado a luz a varios hijos ilegítimos que estaban siendo
criados en secreto. Simon Grynaeus, por ejemplo, un profesor de griego
en Basilea, empleado por el rey para recoger opiniones relativas a su primer matrimonio de la Iglesia reformada de Suiza, había oído esa historia

«más de una vez». Él mismo se mostraba bastante escéptico acerca de la falta de relaciones del rey, pensando que era «muy poco probable», dado que Ana Bolena era «joven [y] bonita» y el rey estaba «en el vigor de su edad».[32]

Pero el amor carnal se consideraba la peor base para toda unión. El afecto (claramente distinto del amor carnal) y la intención de cumplir el deseo de Dios y llevar una vida santa, éstos eran los motivos recomendados, según los predicadores, y los «manuales» de conducta doméstica de la época que recogían su pensamiento. El amor carnal era un elemento peligroso y desestabilizador en la sociedad. Una muestra extrema de esa repugnancia la dio el día de Pascua de 1532 William Peto, superior de los franciscanos observantes, que se atrevió a advertir al rey de que, si se casaba con Ana Bolena, los perros lamerían su sangre como habían lamido la de Ahab. Como comparación, ésa le gustó menos al rey que la del obispo John Fisher con Herodes, porque la reina de Ahab había sido Jezabel, que lo había impulsado a hacer cosas abominables a los ojos del Señor antes de su infortunado fin.[33] El rey Enrique se puso furioso y ordenó que pusieran a Peto bajo arresto domiciliario.

En su momento, todo eso era más irritante que perjudicial para la causa de la dama. Como lo expresó el embajador veneciano: «Cuanto más enfadada [está] la gente con el matrimonio del rey, más se enfurece el rey con la presunción de ellos.»[34] (Después de todo, no se trataba de un país democrático moderno donde en una encuesta se pudiera votar a Ana Bolena como consorte inadecuada, punto en que el rey la plantaría.) Pero podía resultar sumamente importante si alguna vez se apagaba la pasión del rey por Ana Bolena. Entonces se recordarían esos presuntuosos ataques: él sabría a quién culpar por el fastidio sufrido... Entretanto, no era exactamente una situación apacible para el blanco de los ataques, al que las mujeres comunes podían gritar insultos cuando iba de caza con el rey.

Si el temperamento de Ana Bolena tiene algo de magnífico, al menos en teoría, resulta mucho menos atractivo el trato que le daba a la reina a la que estaba suplantando. (Su conducta con la princesa María —una niña al comienzo de la adolescencia que observaba cómo su mundo se derrumbaba a su alrededor— sería aun menos simpática.) Sin embargo, aun en eso debe tratar de entenderse la inseguridad de su posición. Ana montó una de sus escenas de ira cuando encontró a uno de los sirvientes de la cámara privada llevándole lino a la reina para que se le hicieran las camisas al rey, sin duda por la buena y sólida razón masculina de que Catalina siempre se las había cosido y él deseaba el tipo de camisa que conocía. En esa ocasión el rey se negó a ceder y confirmó que el lino era enviado por instrucciones suyas.[35] Tales celos de parte de la dama parecieron muy poco razonables a los partidarios de la reina Catalina, que los comentaron ampliamente. Pero Ana Bolena tenía un poco de razón: coser las camisas del rey tenía un significado simbólico. La reina Catalina, al seguir haciéndolo, tenía el permiso del rey Enrique para hacer valer los derechos de una esposa.

Del mismo modo, las lamentaciones de la dama al rey en el otoño de 1529 sobre el matrimonio «ventajoso» que hubiese podido contraer no carecían de fundamento: ya habían pasado más de tres años desde el inicio del romance de ambos, más de un año desde que el rey y su dama habían considerado el matrimonio como «seguro»; Ana se estaba acercando a los treinta años y, sin embargo, el triunfo no parecía más cercano.

Entre ese punto bajo y el verano de 1531, cuando Ana se sintió lo bastante confiada como para amenazar a Guildford, su condición de futura consorte había sido oficialmente celebrada. En el baile de Navidad de 1529, Ana Bolena tuvo precedencia en su asiento no sólo respecto de la duquesa de Norfolk sino también de la hermana del rey, María, duquesa de Suffolk, lo que fastidió a ambas damas. Poco antes de eso, el padre de Ana había sido nombrado conde de Wiltshire, ya recibido también el condado familiar de Ormonde, largo tiempo codiciado (a pesar del hecho de que su primo, sir Piers Butler, había gozado el uso del título durante algunos años).

El primer nombramiento de sir Thomas Boleyn como vizconde de Rochford, en 1525, precedió al romance de su hija menor y debe ser atribuido a su propia valía diplomática. Pero aquel ennoblecimiento posterior, que implicaba que su hijo George Boleyn se convirtiera en vizconde de Rochford y que la favorita fuera descrita, algo misteriosamente, como «lady Ana Rochford», era un claro indicio del modo en que se deseaba que fueran las cosas. De modo que el nuevo lord Wiltshire partió hacia Europa en una ronda incesante de negociaciones diplomáticas preparando el terreno para el divorcio —con el Papa, el emperador, Francisco I— con el rango adecuado para quien muy pronto, como consecuencia de esos esfuerzos, podría convertirse en suegro del rey.

Desde fines de 1529 en adelante, Ana Bolena figuraría mucho en los gastos de la bolsa privada:[36] metros y metros de terciopelo púrpura en diciembre por la suma de 180 libras, por órdenes del rey; al año siguiente fueron toneladas de raso carmesí, pieles para adornar sus trajes y lino

fino para «camisas» para usar debajo y por la noche. Había pagos para
dorar el escritorio de Ana Bolena. Mientras los gastos de sus arcos y flechas y guantes de cazar, y los pagos para el «dinero para juego» de Ana
(backgammon, tejos, dados o naipes) dan de por sí un cuadro de la vida
que llevaban juntos los enamorados: dedicados al placer y aparentemente sin problemas, tanto de puertas adentro como al aire libre. El rey tenía pasión por el juego: las cuentas de la bolsa privada registran apuestas
a carreras de perros, a un perro que corría, a un hombre que podía cabalgar dos caballos al mismo tiempo, a un hombre que podía comer todo
un ciervo. Cuando el sabueso de la dama mató una vaca, él pagó por ello
también.

La inseguridad de lady Ana y los celos agudos que causaba en la reina Catalina tuvieron una consecuencia inesperada: un nuevo edificio
para el rey y el Gobierno en Londres, conocido luego como Whitehall.[37]
York Place había sido uno de los palacios del cardenal que quedaron a
disposición del rey al caer Wolsey. Muy poco después, el rey Enrique llevó a su novia en una visita secreta a regodearse con los ricos tapices y la
vajilla con que el cardenal había dotado su magnífico estilo de vida, y
que ahora habían pasado, como la casa misma, al monarca. Según dijo
Shakespeare:

> No debes llamarlo ya York Place, eso es pasado...
> es ahora del rey y se llama Whitehall.

La dama rápidamente entendió que esa nueva residencia real tendría
una inmensa ventaja: a diferencia de otros palacios, por ejemplo el de
Greenwich, no contendría una serie de apartamentos tradicionalmente
concedidos a la reina y que era muy difícil impedir que ella ocupara a su
antojo. En Whitehall* no habría ninguna disposición para ese molesto
ménage à trois. Ésa fue la génesis de un vasto programa de ampliación
que implicó la demolición de las casas próximas, incluida una antigua
leprosería, de modo que al fin el palacio cubría más de once hectáreas.
Habría un nuevo portal situado directamente sobre la carretera principal, entre Charing Cross y Westminster (desde el cual, en el futuro, las
mujeres de la familia real podrían observar las procesiones). Habría tres
campos de tenis, otra pasión del rey. Se gastaron más de 8.000 libras en

---

* El nuevo nombre no se generalizó hasta pasados unos diez años más. Pudo haber
tenido su origen en la piedra de talla blanca del gran salón de Wolsey.

un año para construir ese majestuoso complejo, en el que trabajaron casi cuatrocientos trabajadores, tan grande era el entusiasmo del rey por el proyecto.

«Todo eso ha sido hecho para complacer a la dama», escribió Chapuys, que «prefiere» que el rey esté con ella en Whitehall, «donde no hay alojamiento para la reina».[38] Pero había elegantes habitaciones para la propia Ana y su madre directamente debajo de las del rey. Thomas Boleyn, conde de Wiltshire, fue también uno de los primeros cortesanos en recibir su propio conjunto de habitaciones.

A pesar de todos estos gastos por lady Ana, simbólicos de las intenciones del rey, seguía siendo la reina Catalina, enferma y abatida como pudiera estar, el objeto del afecto popular. La salud de la reina empeoró a lo largo de 1530. A fin de año, Chapuys describió cómo Catalina estaba empezando a perder la esperanza: «Ella siempre imaginaba que el rey, después de seguir su curso por algún tiempo, se apartaría y, cediendo a su conciencia, cambiaría su propósito como lo había hecho otras veces, volviendo a la razón»; pero ahora ya no lo esperaba. Los recurrentes ataques de fiebre conducían a los tratamientos tradicionales de sangría y purgantes, en sí mismos debilitantes; Chapuys pensaba que se estaba agotando la paciencia de la reina respecto de su enfermedad.[39] No obstante ella no cedía, al menos públicamente. A pesar de todo, Catalina aún seguía casada con Enrique; y seguía siendo la reina.

La solicitud del rey a las universidades de Europa, el brillante expediente del que se enorgullecía, produjo en realidad un resultado nada sorprendente. La mayoría de los eruditos respondieron a sus amos políticos, aunque en Italia los estudiosos se mantuvieron divididos, a pesar de las grandes sumas otorgadas por Cranmer y otros que intentaban sobornarlos para que apoyaran el divorcio. La Universidad de París pronunció un veredicto positivo (para el divorcio), ya que Francisco I aprobaba el asunto viéndolo como un instrumento útil para causar problemas entre Enrique VIII y Carlos V. Las universidades españolas fueron negativas. La opinión de la mayoría en Oxford y Cambridge favorecía al rey. Seguía el estancamiento.

En términos prácticos, el rey y la reina tenían una especie de extraño acuerdo en el sentido de que el Papa debía decidir la validez o la invalidez de su matrimonio. Según le escribió Catalina al doctor Ortiz, procurador del emperador en Roma en abril de 1530, «nada bastará salvo una decisión final... Todo lo demás sólo traerá un alivio temporal al precio de mayores males futuros». El rey, por su parte, estallaba en julio por la demora del Papa: «Nunca un príncipe fue tratado por un Papa como Su Santidad nos trata.»[40] Dado que dos años antes ese mismo Papa se había mostrado dispuesto a nombrar una comisión que revisara el asunto, cambiando de idea por razones políticas y no doctrinarias, esa ira no carecía de fundamento. Una petición, organizada por un miembro de la casa del rey y firmada por numerosos pares y eclesiásticos, fue enviada a Roma solicitándole al Papa que actuara por el bien de la paz en Inglaterra.

Pero el Papa seguía vacilando. La falta de pronunciamiento podía elevar la tensión arterial del rey en una Inglaterra lejana y profundizar la melancolía de su alejada esposa, pero protegía los intereses de la Iglesia porque así no se enfrentaba a ningún poder. Hubo una nueva complicación: al Papa le preocupaba que el emperador insistiera en la convocatoria de un Concilio General de la Iglesia para controlar el crecimiento del luteranismo en los dominios alemanes: eso socavaría su propia autoridad. La vacilación era seguridad por el momento.

Pero el distante rey de Inglaterra estaba empezando a considerar una solución más radical prescindiendo de la autoridad del Papa. Él había sugerido los peligros de una escisión en los últimos años: el pueblo inglés podía volcarse en el luteranismo si no se le permitía el divorcio a su rey. No obstante, la bendición papal a la segunda unión de Enrique seguía siendo la respuesta más conveniente —porque tal unión no sería entonces cuestionada— y, después de todo, él había aceptado la autoridad papal para la dispensa relacionada con Ana Bolena. Pero dado que esa bendición estaba siendo penosamente escatimada, ¿necesitaba realmente reconocer la soberanía de Roma en tales asuntos? ¿Cuál era la naturaleza precisa de esa soberanía papal? ¿Por qué se extendía sobre los príncipes, a los que sin duda Dios mismo había destinado a gobernar? En diciembre de 1530 el Papa solicitó que se despidiera a Ana Bolena de la corte —el rey lo consideró «una medida muy injuriosa»— y, en enero de 1531, le prohibió al rey casarse mientras el caso de divorcio estuviera *sub judice* en Roma: todo hijo nacido de tal unión sería considerado un bastardo.[41] En la temprana Iglesia había habido una serie de provincias independientes: ¿acaso no era en esos tiempos un rey soberano en su propio reino, y por lo tanto inmune a los juicios papales? En particular, a los juicios como ése.

La teoría de la supremacía real no nació de la cabeza del rey armada como la diosa Atenea. El Parlamento reunido por primera vez el 3 de noviembre de 1529, que estaría destinado a llevar a cabo en siete años una revolución religiosa, tenía al principio objetivos diferentes. Moro, el nuevo lord canciller, se inclinaba personalmente por la erradicación del luteranismo (y los herejes luteranos), mientras que la estrella al servicio del rey, Thomas Cromwell, su secretario desde 1530, veía las cosas desde el punto de vista financiero. Porque las malas finanzas del rey constituían otro problema frustrante.

Cromwell, que previamente había trabajado para el cardenal Wolsey, era el hijo de un ciudadano rico. Tenía alrededor de cuarenta y cinco años, era activo e inteligente y había sido en el pasado tanto abogado como comerciante e incluso prestamista. Cromwell vio la manera de solucionar las dificultades económicas del rey y de llevar al clero a la sumisión amenazándolo con el cargo de *praemunire* [delito de cuestionar la supremacía de la Corona], el mismo que había derribado a Wolsey. Chapuys informó con indignación de que se basaba todo «en la imaginación del rey» que «lo comenta y lo amplía a placer». No obstante, el clero, convocado en enero de 1531, tembló ante el cargo, ya que podía entender perfectamente bien cuál podía ser el castigo. Entregó al rey 100.000 libras para cubrir la posible complicidad con Wolsey. También aceptó que el rey tuviera un nuevo título: jefe supremo de la Iglesia y el Clero de Inglaterra. Aunque el envejecido arzobispo Warham agregó las palabras «en la medida en que la ley de Cristo lo permite» (lo que, tomado al pie de la letra, invalidaba el título) y el obispo Fisher protestó vigorosamente, se trataba sin duda de un alejamiento de Roma.[42]

Pero el Parlamento se comportó menos cobardemente. Se negó a ratificar el título tal cual. En todo caso, el propio rey no estaba aún totalmente dispuesto a avanzar. Hubo un desagradable incidente cuando el cocinero del obispo Fisher le agregó un nocivo polvo blanco a la sopa de su señor, posiblemente con el fin de perjudicar a ciertos otros miembros de la casa a los que no quería; en realidad, la mezcla mató a unos mendigos a los que se alimentaba en la casa y puso al propio Fisher al borde de la muerte. (Fue típico de la reputación de Ana Bolena por entonces que se rumoreara que su familia había organizado el envenenamiento: acusación de la cual no hay ninguna prueba.) Pero el rey Enrique vio con claridad lo que tenía que hacer. Se permitió el placer de demostrar su horror por tal conducta criminal —y su lealtad a Fisher a pesar de todas sus protestas— ordenando que se matara lentamente al infeliz cocinero en aceite hirviente.

Las dos mujeres de la vida de Enrique VIII señalaron el verdadero camino al futuro. Sus reacciones al nuevo título de jefe supremo fueron diferentes pero significaban lo mismo. La reina Catalina temía que, un hombre que podía hacer cosas tan monstruosas como negar la autoridad del Papa, «uno de esos días» intentara «algo más terrible» contra su propia persona. Ana Bolena, que con su padre sería descrita por Chapuys en marzo de 1531 como más luterana «que el propio Lutero», estaba en éxtasis. «*La Dame du Roy*» hizo tales «demostraciones de alegría», escribió él, que era como si hubiese sido admitida en el paraíso.[43] En suma, la gente podía protestar, pero, como rezaba el lema: *Ainsi sera*, así será.

CAPÍTULO NUEVE

¡Salve, Ana!

¡Salve, Ana!, joya que brilla con especial donosura.
Este año será dichoso y favorable para vos.

ROBERT WHITTINGTON,
In praise of the Lady Anna, 1532

El rey Enrique vio a la reina Catalina por última vez en julio de 1531. No le brindó una despedida afable, aunque hipócrita, como a Wolsey. Después de veintidós años de matrimonio no hubo despedida alguna. Se limitó a marcharse al amanecer a caballo de Windsor, donde se alojaba entonces la corte, para ir a cazar a Woodstock con lady Ana. Dejó que la infeliz reina descubriera por otros que él se había marchado. Pero el rey no había planeado que ésa fuera la separación final, no había planeado necesariamente nada por entonces, aparte de una alegre partida de caza de la que había sido excluida la reina. Era más fácil así. Luego, cuando Catalina le escribió una cortés carta de pesar —en general, a ella se le permitía interesarse por la salud de él antes de que partiera en esas ocasiones— pudo dar libre curso a la exasperación por las recriminaciones.

«Dígale a la reina —le gritó el rey al mensajero— que no deseo ninguno de sus adioses.» No le importaba que ella preguntara o no por su salud ya que le había causado infinitos problemas, rechazando todas las razonables peticiones de su Consejo Privado. Ella podía confiar en el emperador, pero descubriría que Dios Todopoderoso era aún más potente. En todo caso, no quería «más mensajes de ella». La reina Catalina, ignorando la prohibición, respondió con una larga carta en la que enumeraba todos los antiguos argumentos relativos a la validez de su matrimonio. Eso causó otra explosión del rey: «Sería mucho mejor que dedicara su tiempo a buscar testigos, para demostrar su pretendida virginidad en el momento de su matrimonio, que a hablar del asunto con quien quiera escucharla, como está haciendo.»[1] En cuanto a enviarle mensajes, que dejara de hacerlo y se ocupara de sus propios asuntos.

La exasperación del rey Enrique, como la inseguridad de Ana Bolena, desde su punto de vista perfectamente comprensible: ¿por qué era Catalina tan obstinada cuando la sumisión le reportaría, así como a todos los que la rodeaban, tantos beneficios? En cuanto a la gente común, que osaba gritarle al rey mientras cazaba en Woodstock «¡Vuelve con tu esposa!», eso era suficiente para desquiciar a cualquiera (¿alguna vez se había visto un hombre en tales circunstancias por seguir los dictados de su conciencia?).[2] Además, el ataque de Enrique al emperador demuestra cómo la oposición a su voluntad podía identificarse en medida creciente como una lealtad poco patriótica a una potencia extranjera.

El comienzo del verano de 1531 lo había ocupado el rey intentando persuadir a la reina para que aceptara su versión de un compromiso. Fueron momentos difíciles, pero no necesariamente por su culpa (según lo entendía él). A comienzos de mayo, se dijo que el rey había sido muy amable en la comida, y entonces la reina preguntó si la princesa María (que tenía su casa separada bajo el cuidado de la condesa de Salisbury) podía visitarlos a ambos en Greenwich. Chapuys atribuyó el rechazo perentorio del rey —que la princesa María visitara a su madre solamente— a la influencia de la dama: «Que la odia [a la princesa] tanto como a la reina, o más, porque ve que el rey aún siente algún afecto por ella.» Pero eso es casi seguramente injusto. El hecho de que la reina inmediatamente renunciara a la sugerencia —«muy prudentemente», en opinión de Chapuys— es significativo.[3] Catalina no deseaba dar crédito a la idea de que los padres de la princesa estuvieran separados. En suma, la princesa María, como una niña en un moderno caso de divorcio, estaba siendo usada por la madre para imponer sus derechos: el rey no necesitaba que su amante lo empujara a negárselos.

Pero a fines de mayo, el duque de Norfolk hizo un serio intento de inducir a la reina a someterse a los deseos del rey con dignidad. Norfolk era un emisario adecuado. A pesar de su relación con Ana Bolena (o tal vez a causa de esa relación) no aprobaba la franqueza de su sobrina: admiraba a la reina y era conservador en lo religioso, sin ninguna inclinación al «luteranismo». Chapuys se enteró de que Norfolk le dijo a la prima del rey, la marquesa de Dorset, que era realmente «algo del otro mundo» presenciar el coraje de la reina. A ello, se supone que Dorset replicó que «sin duda» el coraje se debía a la propia conciencia de la reina «de la justicia y el derecho de su caso».[4]

Nada de eso sirvió. La reina rechazó los cuidadosos argumentos de Norfolk que incluían recordatorios del pasado, cuando el rey Enrique había ayudado al rey Fernando a invadir Navarra. Ella fue tan firme como siempre: «Amo y he amado a mi señor el rey como cualquier mujer puede amar a un hombre, pero no le hubiese hecho compañía ni un momento como su esposa contra la voz de mi conciencia.» Norfolk describió entonces como «estúpidos» los argumentos de la reina.

Cuando el tribunal de Roma, reunido para juzgar el caso de la reina Catalina, empezó sus sesiones en junio (para suspenderlas hasta octubre), hubo protestas de los abogados del rey en el sentido de que no se lo podía convocar para que se presentara fuera de su propio reino. El rey mismo le expresó su enfado al nuncio papal en Inglaterra: nunca aceptaría que el Papa «fuera juez en el asunto» (el divorcio) y, en cuanto a la amenaza de excomunión, «no me preocupará, porque me importan un bledo todas sus excomuniones». Que el Papa hiciera lo que quisiera en Roma: «Yo haré aquí lo que me parezca mejor.» En ese punto, una gran delegación de nobles, encabezada una vez más por Norfolk, fue a ver a la reina a las nueve de la noche para sugerirle que se suspendieran esas actuaciones en Roma y se estableciera un tribunal en territorio neutral.[5]

Esa delegación —unas treinta personas, incluidos el duque de Suffolk y Norfolk— no tuvo más éxito. La reina, simulando sorpresa por lo avanzado de la hora (aunque cabe suponer que debió de haber recibido por anticipado alguna sugerencia de tal visita), respondió con mucha compostura. Sólo el Papa que «tiene el poder de Dios en la tierra y es la imagen de la verdad eterna» tenía autoridad para tratar el caso. Con independencia del fervor con que los nobles le aseguraran que el rey era ahora, en efecto, supremo en todos los asuntos tanto espirituales cuanto temporales, de modo que a ella le convendría confiar sus asuntos a las manos de él, la reina Catalina no cedió.

Fue en estas circunstancias que tuvo lugar la precipitada partida al amanecer del rey de Windsor acompañado por «la Gran Enemiga» (como llamaba ahora Chapuys a Ana Bolena). Las disputas que siguieron —mediante mensajeros y cartas— no hicieron más que convencerlo de que una acción que probablemente había sido espontánea debía transformarse en algo más permanente. Llegó la orden de que la reina

Catalina debía trasladarse, con su casa, a una de las antiguas residencias del cardenal Wolsey, conocida como The More, cerca de Rickmansworth, en Hertfordshire.

Fue una acción innovadora antes que punitiva, al menos en términos prácticos. Aunque The More presentaba ahora señales de descuido, con sus bellos jardines «totalmente destruidos» y su magnífico parque de ciervos deteriorado, no hacía mucho había sido calificado por el embajador francés como mejor que Hampton Court gracias a los embellecimientos del cardenal. No se le negó a la reina la gran casa a la que su posición la había acostumbrado: casi 200 personas en total, con numerosas damas a su servicio, entre ellas su antigua amiga María de Salinas, ahora viuda de lord Willoughby de Eresby. Era la angustia mental lo que principalmente la aquejaba, ya que firmaba las cartas «desde el More, separada de mi esposo, sin haberlo ofendido nunca, Catalina, la reina infeliz», o rogaba mantener a su boticario y su médico españoles: «Ellos han estado muchos años conmigo y (se lo agradezco) han realizado muchos esfuerzos por mí, porque a menudo estoy enferma, como Su Alteza el rey lo sabe muy bien...»[6]

Sin embargo, Catalina mantuvo su dignidad cuando otra delegación fue a verla de parte del rey, esta vez del clero y la nobleza, para pedirle que aceptara la resolución del juicio de divorcio en Inglaterra. La reina reunió a toda su casa y habló con claridad y en voz alta (los mensajeros, embarazados, habían balbuceado) para que no quedara duda alguna en cuanto a su rechazo absoluto.

Pero la naturaleza *ad hoc* del nuevo arreglo lo demuestra el hecho de que la reina pudo haber asistido a una comida de Estado aún en noviembre, aunque ella y su esposo se sentaran en cámaras separadas y por tanto no se encontraron cara a cara.[7] Cuando llegó Año Nuevo, con el elaborado y significativo ritual de obsequios que se daban y se recibían, la reina Catalina se apresuró a enviarle al rey Enrique el habitual rico presente —una copa de oro— para demostrar que las cosas estaban como siempre, mientras que el rey Enrique, rechazando sin más el presente, se ocupó del mismo modo de demostrar que no era como siempre. (Pero luego el rey llamó al mensajero de la reina, temiendo que ella volviera a ofrecer el regalo ante toda la corte; elogiando su manufactura, el rey retuvo la copa hasta la noche, cuando ese peligro hubo pasado.)

De The More, la reina Catalina fue llevada a Bishop's Hatfield, el palacio del obispo de Ely, y en algún momento se detuvo en Hertford Castle; luego, en la primavera de 1533, fue trasladada a Ampthill, en

Bedfordshire. Era un castillo imponente con cuatro o cinco torres de piedra y un portón que se decía que había sido construido por el cuñado de Enrique IV con lo obtenido en las guerras de Francia. Estaba sobre una colina, en el centro de un atractivo parque arbolado, y en general se lo apreciaba por su «maravilloso buen estado y su aire puro»; no se encontraba en mal estado Ampthill.[8] De modo que durante dos años la reina Catalina permaneció recluida en el campo mientras el rey Enrique —en la corte, recibiendo a embajadores extranjeros o en el campo cazando— trataba de acostumbrar a su propio país y a los otros a la idea de que lady Ana, inevitablemente, se convertiría al cabo de poco en su verdadera esposa.

En el tiempo que pasó la reina Catalina respirando «aire puro» tuvo lugar otra clase de depuración: la Reforma religiosa. La supremacía del rey tenía ahora importancia de por sí, independientemente del asunto del divorcio. En marzo de 1532 fue presentado al Parlamento un proyecto de ley de restricción condicional de anata. Hasta ese momento, el Papa había recibido la «anata» o «primeros frutos» de una sede tras el nombramiento de un obispo: es decir, sus ingresos de un año. Por los términos de la ley, en el futuro el Papa sólo recibiría el cinco por ciento y si, en consecuencia, se negaba a consagrar al obispo, entonces la consagración tendría lugar sin el consentimiento papal. Pero la ley no entraría en vigor hasta que así lo ordenara el rey: Enrique tenía ahora una útil palanca que usar en contra del Papa, que no deseaba renunciar a ese ingreso.

Unos pocos días antes se había publicado (a instancias de Cromwell) la denominada Súplica contra las Ordinarias. Era una lista de las quejas contra la Iglesia compartida por muchos ingleses, desde los Boleyn «luteranos» hasta personas mucho más humildes cuya vida se veía atormentada por la frecuente necesidad de pagar aranceles y diezmos o por el uso injusto por parte del clero del arma de la excomunión. Mientras el rey, en el vértice de la sociedad, podía decir con orgullo que le importaban «un bledo» las excomuniones del Papa, aquellos que estaban más abajo podían ver su vida arruinada por tales castigos inmerecidos.

Thomas Cromwell, que además de sus talentos administrativos y financieros compartía las tendencias reformistas de los Boleyn, redactó la Súplica de la manera en que fue presentada primero al rey y luego al clero. En el futuro, toda la legislación clerical necesitaría el beneplácito real, mientras que la legislación anterior debía revisarse, dado que ahora se consideraba que debía surgir de la soberanía del rey (no del Papa).

Esas sugerencias radicales fueron rechazadas al principio por el clero, encabezado por el arzobispo Warham. Pero, bajo amenaza, cedió. A la Sumisión del Clero, el 15 de mayo de 1532, siguió una presión similar sobre el Parlamento. El rey había amenazado a una delegación con la sugerencia de que los miembros del Parlamento preferían la autoridad del Papa a la suya: ¿eran «sólo a medias nuestros súbditos, sí, y no nuestros súbditos?», preguntó.[9] La respuesta a tan inquietante pregunta debía ser negativa, si valoraban su libertad. (Sir Tomás Moro, sin embargo, renunció a su puesto de lord canciller al día siguiente.)

Aunque ocho obispos prefirieron no estar presentes en el momento de la sumisión y dos se excusaron (el obispo Fisher estaba enfermo), se quebró la oposición clerical a los planes del rey. La muerte del anciano Warham en agosto proporcionó otra ocasión al rey para perseguir sus políticas sin el inconveniente de las objeciones clericales. Nombró a Thomas Cranmer nuevo arzobispo de Canterbury. Fue un nombramiento inesperado: hasta ese momento la carrera de Cranmer no era lo bastante destacada como para justificar tal ascenso, aunque se había esforzado mucho en Europa por la causa del rey, siguiendo su propia sugerencia de una apelación a las universidades. Cranmer había sido nombrado uno de los capellanes del rey en alguna fecha anterior a enero de 1532 y ese mes fue nombrado embajador ante la corte de Carlos V. La clave del nombramiento debió estar no sólo en el manifiesto deseo de Cranmer de servir al rey, sino también en su estrecha relación con la familia Boleyn. Probablemente hubiera sido una vez el capellán de los Boleyn y pudo haber vivido bajo el techo de la familia unos quince meses, de octubre de 1530 en adelante.[10]

La inminente visita real a su hermano de Francia y la perspectiva de un arzobispo nuevo y dócil (sin duda el matrimonio no podía demorarse mucho) le permitieron al rey Enrique dar otro paso osado en su presentación de lady Ana al mundo. Enrique acariciaba el proyecto de una visita francesa, una versión reducida del Campo de Tela Dorada, con el rey francés en Boulogne y el rey inglés en su propio territorio, en Calais. Enrique VIII deseaba el apoyo del rey Francisco para contrarrestar la hostilidad del emperador y, de ser posible, para intimidar al Papa. Por el principio del péndulo, se creía que el rey Francisco veía con aprobación el propuesto matrimonio del rey Enrique, ya Carlos V lo condenaba (aunque el rey Francisco se había casado hacía poco con la hermana del emperador, Leonor de Austria, según los términos de la paz entre ellos después de Pavía).

El embajador francés en Inglaterra, Jean du Bellay, gozaba de una cálida amistad no sólo con el rey Enrique sino también con lady Ana.[11] Ello se debía en parte a la aprobación de su señor y en parte a que Du Bellay expresaba esas simpatías personalmente: una amistosa presencia francesa en la corte, donde Chapuys era un hostil imperialista. En sus despachos, Du Bellay se enorgullecía de esa intimidad, de cómo había sido invitado a cazar por el rey inglés y «madame Ana», y se encontraba a menudo a solas con el rey Enrique y lo escuchaba discutir sus asuntos.

Luego, madame Ana le había hecho numerosos presentes, ropa de caza y un sombrero, un cuerno y un galgo: solían estar lado a lado, cada uno asistido por un arquero, esperando que pasara el venado. A veces sucedía que Du Bellay estaba a solas no tanto con el rey como con madame Ana. Su señor podía sorprenderse de tal proximidad —¿era correcto que su embajador fuera «*tant aimé des dames*» (tan amado por las damas)?—, pero el rey Francisco no debía albergar temor alguno. Todo eso era sólo una muestra del creciente aprecio que el rey Enrique sentía por él. En cuanto a madame Ana, todo cuanto ella hace «es completamente por orden de dicho rey» (un comentario significativo de un hombre observador que conocía bien tanto al rey como a la dama).

Fue Du Bellay quien se ocupó de la delicada tarea de lograr que el rey Francisco solicitara la presencia de madame Ana en las inminentes celebraciones de modo que él pudiera verla y «*la festoyer*» (agasajarla). Nada le daría a su hermano rey mayor placer, escribió Du Bellay, que eso pareciera idea del rey Francisco y, después de todo, dos soberanos tan galantes no desearían estar juntos «sin la compañía de damas». La tarea era delicada, no sólo por la condición de madame Ana —¿qué era, si no era la de esposa del rey, que obviamente no era?—, sino también porque la nueva reina de Francia era la sobrina de la reina Catalina.

El rey Enrique se expresó de manera enérgica con su buen amigo Du Bellay, quien transmitió debidamente el mensaje: que la (hispano-austríaca) reina Leonor se mantuviera alejada, ya que él sentía especial horror por las mujeres vestidas *à l'espagnole* (según la moda española): le parecían demonios. Este comentario nada galante, pero fácilmente explicable, iba acompañado del ferviente deseo de que el rey Francisco llevara a su gran familia, «los Hijos de Francia», como se conocía a príncipes y princesas. También recibiría de buen grado a la hermana del rey, Margarita de Angulema, recientemente casada con el rey de Navarra; a esta petición lady Ana agregó sus propias súplicas, reivindicando la antigua amistad ya comentada.

Dado que la bien criada Leonor de Austria no tenía intenciones de recibir a la mujer que estaba suplantando a su tía, la falta de galantería del rey Enrique probablemente estuviera haciendo de la necesidad una virtud; no pudo haber creído seriamente otra cosa. Pero la «amiga» de lady Ana, Margarita de Angulema, tampoco asistió al encuentro. Aunque los españoles interpretaron con placer que eso indicaba que Margarita era contraria al divorcio, es probable que su optimismo fuera infundado. Explica mejor el hecho la boda que estaba negociando —secretamente— Francisco entre su segundo hijo, Enrique, duque de Orléans, y la rica sobrina del Papa, Catalina de Médicis. No había que herir excesivamente la sensibilidad del Papa.

Entretanto, en Inglaterra, el rey Enrique tomaba medidas para dejar en claro que, con independencia de los remilgos de los franceses, lady Ana era ahora su esposa en todo menos en el nombre. En realidad, su título debía adecuarse a su nueva posición. El 1 de septiembre, lady Ana Rochford fue nombrada formalmente «marqués» de Pembroke: los gastos privados para ese mes incluían pagos para los mantos ceremoniales de seda con detalles de piel. El uso de ese título masculino (en lugar del de marquesa) no era significativo: la palabra marquesa rara vez se usaba por entonces, y a la esposa de un marqués se la solía llamar «la señora marqués».[12]* La nueva marqués debía ser una persona con propiedades: recibió cinco mansiones en Gales, otra en Somerset, dos en Essex y cinco en Hertfordshire, incluidas Hunsdon y Eastwick, que se sumaban a las dos mansiones que ya había recibido en 1532 en Middlesex.

Los ingleses, en especial las mujeres, podían gritar y protestar cuando veían a la amante real cazando —Chapuys pensaba que eso movió al rey a cancelar un viaje de caza al norte en julio de 1532, aunque los movimientos de los escoceses pueden haber sido la causa real—, pero en Calais la nueva dama marqués sería tratada con todos los honores. Y eso era lo que contaba. Incluso luciría las joyas reales. El rey le envió un mensaje a la reina Catalina pidiéndoselas. Recibió una ácida réplica que demostraba que al menos el espíritu de ella no estaba quebrado. ¿Por qué debía entregar voluntariamente las joyas que había lucido por tantos años como su esposa legal a «una persona que es un aprobio para la

---

* Como Cecily, viuda de Thomas Grey, primer marqués de Dorset, se llamaba a sí misma marqués y no marquesa en su testamento, fechado en 1527.

Cristiandad y que está causándole escándalo y desgracia al rey por llevarla a tal reunión como ésa en Francia?». Que él le enviara una orden y ella obedecería.[13]

El rey envió debidamente la orden por medio de un miembro de su cámara privada: tenía la fuerza de una orden real. La reina, de acuerdo con su política de someterse a las órdenes del rey en todos los asuntos en que su autoridad era legal, cumplió. Envió «todo lo que tenía, con lo cual el rey quedó muy complacido». De modo que le fueron entregadas las joyas, incluidos veinte rubíes y dos diamantes «reservados para mi señora marqués». Como de costumbre, los partidarios de la reina Catalina culparon a Ana por la codicia carente de tacto de la petición: la favorita estaba «haciendo astillas del árbol caído», escribió Chapuys.[14] Pero como de costumbre, es mucho más probable que fuera el rey el espíritu promotor de ese rechazo simbólico de la posición de Catalina como su reina.

La fraternal visita entre los reyes se dividió en dos partes.[15] Primero el rey Enrique y una gran comitiva llegaron a Boulogne el 21 de octubre para ser agasajados durante cuatro días en territorio francés. El informe oficial del primer encuentro de ambos reyes (desde el verano de 1520) describía «la reunión más afectuosa que jamás se había visto; porque uno abrazó al otro cinco o seis veces de a caballo; y otro tanto hicieron los lores de cada parte con los otros, y así cabalgaron tomados de la mano con gran afecto el espacio de una milla». Pero el séquito del rey no incluía a la señora marqués de Pembroke ni a las damas reales francesas: todas las maquinaciones del rey inglés no lo habían podido lograr. Pero Enrique se reunió con los Hijos de Francia —el envidiable trío de hijos varones del rey Francisco— y arregló que su propio hijo, Enrique Fitzroy, duque de Richmond, de catorce años, volviera a la corte francesa al final de las celebraciones, para completar su educación y pulirse. El turno de Ana llegaría durante los posteriores cuatro días pasados en Calais: del 25 al 29 de octubre. Entonces floreció: fue tratada como primera dama de la corte inglesa (el papel hasta entonces ocupado por la reina Catalina o por una representante real designada, como la hermana María del rey Enrique) y como tal abrió el baile con el rey francés.

El rey Francisco también estuvo presente cuando el preboste de París la obsequió en su nombre con un fino diamante, saludándola cuando estaba sentada de manera graciosa y con el porte de una reina entre sus damas de honor. La señora marqués también abrió el baile de máscaras después de la cena, acompañada por varias damas, entre ellas «lady

Mary», presumiblemente su hermana Mary, viuda de William Carey,[16] ya que no hay ninguna otra mención que indique que estuviera presente la hija del rey. Todas iban magníficamente ataviadas con tela dorada y raso carmesí, con lazos dorados y antifaz. ¿Acaso el rey francés se fijó en una joven en particular entre las acompañantes de Ana, que destacaba por la blancura excepcional de su tez? No han quedado registrados los nombres de las damas de honor de Ana, pero es muy probable que entre ellas estuviera una muchacha llamada Juana Seymour (es seguro que estaba al servicio de Ana la primavera siguiente),[17] del mismo modo que Ana Bolena había estado en el Campo de Tela Dorada doce años antes.

A pesar de todas esas demostraciones de afecto, de todos los abrazos afectuosos entre los monarcas, se vería luego que la franqueza del rey Francisco dejaba mucho que desear. Le aseguró al rey Enrique que no tenía ninguna intención de casar a su hijo con la sobrina del Papa (el matrimonio se celebró al año siguiente) y luego le aseguraría al Papa que había intentado disuadir a Enrique de casarse con Ana (ella, por el contrario, volvió de la expedición convencida de que tenía en Francia una firme amistad, mientras que Enrique pensaba que se casaría con ella con la bendición de Francisco).[18] Tal era la naturaleza engañosa del rey francés. Pero por el momento su encanto y su afabilidad dejaron una agradable impresión.

En Calais, el rey Enrique y la señora marqués se alojaron en el edificio de la tesorería, un lugar amplio y cómodo habitualmente usado por los dignatarios visitantes. Sus cámaras estaban tapizadas de terciopelo verde con bordados que representaban escenas de *Las Metamorfosis* de Ovidio (una serie de historias mitológicas de transformaciones). Se ha sugerido que fue en Calais, en el otoño de 1532, que el rey Enrique, después de casi seis años, finalmente transformó a su recién ennoblecida novia en su amante, en el sentido pleno de la palabra, fuera con el estímulo de Ovidio o sin él. (Otra teoría es que lady Ana recibió el título de marqués a comienzos de septiembre como recompensa por ceder, pero la concesión del título tuvo que ver sin duda con la expedición francesa, donde el rey deseaba que Ana tuviera un rango adecuado, así que eso parece poco plausible.)[19] El clima, que había sido muy cálido en la costa francesa, se volvió húmedo y ventoso, e impidió al rey y a su dama navegar hacia la patria. Eso pudo contribuir a la especulación de que una larga estancia en el continente —el tradicional refugio de las parejas inglesas en luna de miel— había sido responsable. El rey Enrique perdió quince chelines jugando con Ana Bolena: ¿acaso perdió ella más que eso con él, su tan preciada virginidad? Tal vez otros pagos a un altar en un muro en Calais y a «nuestra señora de Boulogne» demostraban la gratitud real.[20]

La verdad nunca se sabrá con certeza. Lo único cierto es que Enrique VIII hizo el amor con Ana —plenamente— en algún momento antes de fines de 1532. El resto es especulación. En cuanto al acto mismo, ¿fue un éxito después de tantos años? ¿Tembló la tierra? Una vez más, no podemos saberlo. Pero el sentido común nos lleva a suponer que la celebrada «conjunción última» no contribuyó en realidad una gran novedad sexual ni para el rey ni para la dama. Como se ha sugerido, las cosas probablemente fueron avanzando en esa dirección durante algunos años, con Ana como el único foco del anhelo del rey, puesto que lo satisfacía.

Pero durante ese período, Ana había tenido buen cuidado en no quedar embarazada, ya que ni ella ni el rey tenían deseo de presentar un hijo cuya condición fuera extramatrimonial, no mejor que la del joven duque de Richmond. (Aunque, significativamente, el nuevo título de ella no se limitaba a sus herederos nacidos legalmente dentro del matrimonio.) Ahora al fin, en una atmósfera favorable, podía aflojarse la vigilancia en ese sentido. Ésa era la verdadera diferencia: el rey y la reina putativa podían disponerse ahora a concebir ese hijo varón y heredero, cuya necesidad era en realidad la original *raison d'être* de la relación, por mucho que el hecho se hubiera perdido entre las brumas de la declaración romántica por una parte y la autojustificación de la conciencia por la otra.

Hacia fines de la primera semana de diciembre de 1532, la señora marqués de Pembroke quedó embarazada (esto si fueron nueve los meses de gestación del bebé nacido el siguiente 7 de septiembre). A comienzos de enero ella debió haberlo sospechado, y esperado. A medida que fue transcurriendo el mes, la cuestión del matrimonio del rey cobró nueva urgencia. Como los matrimonios reales por entonces eran asuntos privados —como el de Enrique con Catalina en 1509—, no había nada de extraordinario en una rápida ceremonia secreta. «Alrededor del día de san Pablo» —el 25 de enero de 1533— según las palabras de Cranmer (que no ofició la ceremonia) se casaron al fin el rey y la señora marqués.[21]

La noticia se mantuvo oficialmente en secreto por el momento, aunque para mediados de febrero a la señora marqués le resultaba imposible resistirse a hacer gala de su estado. Y lo hizo del modo poco delicado propio de ella, o eso opinaron sus detractores. Chapuys contó cómo la señora salió de su habitación, y ahí mismo, «sin rima ni razón en medio de una gran compañía», le comentó a su anterior admirador Wyatt «un furioso deseo de comer manzanas, como nunca antes había sentido en la vida», que le había dado tres días antes. «El rey le había dicho que era una señal de que estaba embarazada, pero ella había dicho que no era nada de eso.» Luego se echó a reír y volvió a su habitación. Casi toda la corte oyó ese anuncio y, según Chapuys, «la mayoría de los presentes quedaron muy sorprendidos y conmocionados».[22]

Había un motivo para mantener el embarazo en secreto, aparte de que no había llegado todavía al cuarto mes, momento en que se consideraban superados los peligros de un aborto temprano o del cálculo optimista erróneo. Lo cierto era que el rey, aunque se había vuelto a casar, aún no se había divorciado. Una Ley sobre Restricción de Apelaciones fue debidamente aprobada por el Parlamento reunido el 3 de febrero, lo que permitiría que el asunto se arreglara en el propio país del rey, sobre la base de que, como afirmaba la ley, «este reino de Inglaterra es un imperio».[23] (Aunque es un ejemplo de la aviesa relación de Inglaterra con el papado en ese período que, por la misma época, Clemente VII asintiera al nombramiento de Cranmer como arzobispo y que las bulas que lo consagraban llegaran a Inglaterra en marzo.)

Había una absurda lógica en el segundo matrimonio del rey sin divorciar. Si el matrimonio original con Catalina nunca había sido válido, entonces él seguía soltero, como Ana. Por otra parte, la necesidad de que el hijo de Ana fuera incuestionablemente legítimo a los ojos de sus súbditos implicaba no seguir del todo esa lógica. (En todo caso, la «honestidad pública» exigía la disolución de su matrimonio con Catalina, con la que él había estado mucho tiempo casado a los ojos del mundo y que le había dado hijos.) Seguía siendo necesario un divorcio. Se planeó que tuviera lugar de la manera más discreta posible, en el pequeño pueblo de Dunstable, en Bedfordshire, no lejos de Ampthill, donde por entonces vivía la reina.

A comienzos de abril —cuando Ana estaba embarazada exactamente desde hacía cuatro meses— la noticia se hizo pública, aunque se tuvo el tacto de no revelar la fecha del casamiento. Se difundieron rumores de que Enrique se había casado con Ana el día de San Erkenwald, el 14 de noviembre, es decir, que la ceremonia había tenido lugar al día siguiente al regreso a Dover desde Calais. El 9 de abril, una delegación fue a ver a la reina Catalina en Ampthill y le dio la noticia de la boda del rey con Ana. A la reina le dijeron la verdad: el hombre al que aún consideraba su esposo estaba casado con «el oprobio de la Cristiandad» desde hacía dos meses (como Chapuys había sospechado que Ana estaba embarazada en febrero, probablemente la reina supiera también eso). Ella recibiría el trato de princesa viuda —el título que había llevado treinta años antes como viuda del príncipe Arturo— y formalmente habría que llamarla así.

Siendo como es la naturaleza humana, la noticia debió causarle a Catalina una terrible decepción, si no exactamente una conmoción. Sólo dos años antes, la reina se había convencido a sí misma de que, si sólo podía tener al rey para sí por un breve período como solían ser las cosas, las grandes virtudes de él, incluida su magnanimidad, le permitirían reconquistarlo, y le escribió eso al Papa. Se había esforzado tanto —y en un sentido seguía esforzándose, ya que Roma no había llegado a una decisión sobre su caso— que una parte de ella debía creer en su victoria final aunque sólo fuera para estimular su espíritu. Ahora había perdido. Para Catalina, en lugar de la victoria, llegaba la humillación de otra convocatoria: a la corte eclesiástica constituida por Cranmer en Dunstable.

Chapuys, indignado por el segundo matrimonio, pensó que la solución estaba en una acción agresiva del emperador. (El obispo Fisher lo había instado a persuadir al emperador de que una invasión salvaría la religión cristiana en Inglaterra.) Dado «el gran daño infligido a la señora, vuestra tía —le escribió a Carlos V—, no podéis evitar hacer la guerra ahora a este rey y este reino». Chapuys se convenció de que tal acción sería «lo más fácil del mundo», dado que «los afectos del pueblo» estaban totalmente del lado de la reina Catalina y, al parecer, del emperador; el Papa «debía invocar el brazo secular», es decir, llamar a la guerra. Chapuys también proponía una forma de sanción económica, agregando que los escoceses estaban ansiosos por ayudar, mientras que el rey francés no se movería.[24]

Pero el emperador decidió no hacer tal caballeresca expedición de rescate. La triste situación de la tía envejecida, allá en Inglaterra, era algo que no lo afectaba ni nunca lo había afectado emocionalmente; lo que ella había visto como un cercano vínculo familiar había sido para él una útil alianza política, o no, según sus necesidades del momento. El emperador tenía problemas más inmediatos, como el de los turcos que amenazaban siempre sus fronteras orientales.

En cualquier caso, la reina Catalina no deseaba una acción semejante, como se apresuró a decirle a Chapuys. El derramamiento de sangre por ella le parecía horrible: sería «un pecado contra la ley y contra mi es-

poso legal del que nunca seré culpable». Chapuys debió admitir que
Catalina era tan «escrupulosa que se consideraría condenada eterna-
mente si consentía algo que pudiera provocar una guerra».

Naturalmente, la reina Catalina se negó a presentarse en Dunstable;
una vez más se la declaró contumaz, como en Blackfriars cuatro años antes. El rey también estuvo ausente: en realidad, estaba ocupado preparando la coronación de Ana Bolena, aunque si se lee el relato del proceso
de divorcio en Dunstable cuesta imaginar que ésa fuera la causa. Si su
nuevo matrimonio tenía al menos alguna lógica, no había excusa ni palia-
tivo para la conducta y el lenguaje del arzobispo Cranmer en esa vista.

Ahí estaba el hombre que al cabo de poco coronaría a la nueva esposa
embarazada del rey en Londres —como él bien sabía— y, sin embargo,
llegó a amenazar con excomulgar al rey Enrique si no «repudiaba» a la reina Catalina. «¿No os reísteis —le escribió Reginald Pole a Cranmer muchos años más tarde—, cuando simulasteis toda esa severidad y amenazas-
teis al rey de esa manera?» Pero Cranmer no tenía motivo para reírse en
aquel momento; por el contrario cuidó mucho su lenguaje durante todas
las actuaciones, ya que, al juzgar al propio rey, era posible transgredir la
nueva doctrina de la supremacía real. En suma, su principal deseo era, según sus propias palabras, no privar al rey de «su confianza en mí».[25]

El 23 de mayo, el arzobispo juró que el matrimonio de Enrique VIII
y Catalina de Aragón era inválido. Había pedido permiso al rey para
juzgar el caso «muy humildemente sobre mis rodillas», palabras que
el rey alteró en el borrador a «postrado a los pies de Su Majestad».
De Dunstable, el arzobispo Cranmer se escurrió a Lambeth para poner
la corona sobre la cabeza de Ana Bolena exactamente una semana más
tarde.

La coronación de la reina Ana el 1 de junio de 1533, cuando estaba
embarazada de casi seis meses, supuso su apoteosis. Eso era cierto, no
sólo porque, mirando retrospectivamente se ve que en realidad fue el
punto culminante de su encantadora vida aventurera y de final trágico,
sino también porque se deseó que fuera apoteósica en su momento. La
coronación de una reina era un acto simbólico y solemne, con una signi-
ficación que trascendía la del matrimonio con un rey (que en general,
como se ha visto, se celebraba privadamente). No todas las reinas eran
coronadas. Aquellas que eran «ungidas realmente» —una parte de la ceremonia de coronación— tenían conciencia de la santidad especial que

eso confería. El día del juicio de Dunstable, la reina Catalina basó su rechazo a ser relegada a la condición de princesa viuda en el hecho de que había sido «una reina coronada y ungida». Al año siguiente, sir Tomás Moro tuvo el cuidado de aclarar que, a pesar de su creciente oposición a las políticas eclesiásticas del rey, aceptaba el matrimonio del rey con Ana Bolena como parte de la providencia de Dios, y ni «murmuraría ni disputaría al respecto», ya que «esa noble mujer» fue «ungida realmente reina».[26]

El momento de la coronación de la consorte variaba considerablemente. La reina Catalina, como princesa de España, había sido coronada junto con su esposo para señalar el esplendor de un nuevo reinado. Pero en general había un fuerte vínculo entre la ceremonia y los herederos. La visible fecundidad de la reina Ana —«ella está ahora un poco grande con el hijo», admitió Cranmer al embajador inglés ante la corte del emperador— la convertía en una candidata apropiada para recibir la corona del consorte. Hall captó el sabor de esto cuando escribió en su *Chronicle* que alguna gente juzgaba que Dios quería ese nuevo matrimonio porque «la nueva reina pronto estuvo embarazada». (Después de todo, fueron las muertes de sus hijos varones infantes las que habían convencido oficialmente al rey Enrique del disgusto de Dios por su unión con la esposa de su hermano.)

Según una anécdota, relatada por el egregio Chapuys, los dos Bolena, padre e hija, discutieron por el vestido de la reina. Por lo visto Ana había agregado una pieza de tela a su traje para dar cabida a su creciente barriga (la ropa de embarazada como tal no existía). Cuando el padre le dijo que quitara esa pieza y diera gracias a Dios por su estado, Ana, con su temperamento habitual, replicó que se hallaba en una situación mejor de cuanto él hubiera deseado que tuviera.[27] Más públicamente, durante la interminable recitación de versos que predecían una edad dorada en que la reina Ana daría a luz un hijo varón, debió haber sido un gran consuelo para los presentes pensar que ese maravilloso acontecimiento en realidad tenía probabilidades de hacerse realidad muy pronto.

Para prepararse para la ceremonia, la reina Ana fue primero de Greenwich a la Torre de Londres por agua, como era la costumbre. Era el 29 de mayo, el jueves anterior al domingo de Pentecostés. Ella iba «ataviada con rica tela dorada» y escoltada por cincuenta «grandes barcas, convenientemente arregladas», pertenecientes a los diversos sectores de la ciudad, que habían ido a saludarla. En consecuencia, Antonio de

Guaras, autor de *Spanish Chronicle* —y testigo presencial—, describió cómo no se veía nada en seis kilómetros salvo «barcas y botes todos adornados con toldos y alfombrados, que daban gran placer de contemplar». En cada barca, según el posterior relato oficial iban «trovadores que producían una dulce armonía». Pero la de ellos debió ser una tarea difícil, porque, según la *Spanish Chronicle*, los disparos de artillería eran tan persistentes que «en realidad parecía que el mundo estuviera a punto de terminarse». A consecuencia de ello no quedó un solo vidrio entero en los alrededores de la Torre o en el área de St. Katherine (donde vivía De Guaras). «Parecía que todas las casas se derrumbarían al suelo.»[28]

Cuando la reina Ana llegó a la Torre de Londres, el rey Enrique la recibió «con amoroso semblante en la puerta posterior, junto al agua» y la besó públicamente.[29] Pasaron las dos noches siguientes juntos en la Torre. La antigua estructura había sido objeto de reparaciones importantes en los últimos tiempos, puestos en marcha por Thomas Cromwell en el verano de 1532. Fueron necesarias casi 3.000 toneladas de piedra de Caen, y se gastaron más de 3.500 libras con cuatrocientos trabajadores; se construyó tanto una nueva galería para la reina, entre la del rey y el extremo del guardarropa del rey, como techos y suelos de las habitaciones de la reina. Como en Whitehall, la reina destinada a gozar de todo fue Ana, no Catalina. El sábado, la nueva reina debía ser llevada en solemne y magnífica procesión a través de la ciudad de Londres, con mucha pompa, a Westminster.

Ya había habido cierta controversia sobre los arreglos. Por ejemplo, la reina Ana había insistido en usar la barca real de su predecesora, desprovista de sus insignias y con las suyas propias, para su viaje por el río. Éste parece haber sido un gesto más personal de la nueva reina (*ainsi sera*, así será) que la previa reclamación de las joyas de Catalina. De todos modos, el duque de Norfolk le comentó a Chapuys que el incidente había enfadado mucho al rey Enrique, ya que había muchísimas otras barcas en el río adecuadas para ese fin; el chambelán de la nueva reina, lord Borough, recibió una reprimenda.[30]

Por supuesto, Norfolk, en su conversación con Chapuys, no estaba libre de prejuicios. Sumamente ansioso ante la perspectiva de la invasión española, también deseaba asegurar a Chapuys, de paso, que él personalmente nunca había favorecido el matrimonio del rey con Ana Bolena, aun cuando fuera un matrimonio Howard. (Tampoco estuvo Norfolk presente en la coronación de su sobrina, ya que partió para Francia inmediatamente antes para ejercer como diplomático inglés en una reunión del Papa y del rey Francisco.) Pero Chapuys estaba dispuesto a mostrarse filosófico sobre el tema, ya que después de todo había cuestiones más importantes: «Permita Dios que ella [la reina Ana] en adelante se sienta contenta de poseer la barca, las joyas y el esposo de la reina —escribió—, sin pretender también... la vida de la reina y la princesa.»[31]

Hay pruebas, aparte de los informes de Chapuys o de De Guaras, ambos inevitablemente favorables a la reina Catalina, de que las celebraciones en la ciudad no fueron un éxito popular como se suponía que debían ser. Norfolk preguntó si había que invitar al clero de la ciudad, cuyo espíritu era crítico. Entonces era habitual que los dignatarios de la ciudad obsequiaran a la nueva reina con una suma sustancial; en esta ocasión los concejales fueron personalmente a reunir las contribuciones para evitar el rechazo. Con insólito tacto, los concejales dejaron fuera de las listas de los que pagaban un impuesto por el regalo a los comerciantes españoles, sin duda deseando evitar posibles discusiones desagradables que podían repercutir en la ciudad si llegaban a oídos del rey Enrique. Pero las iniciales H y A, combinadas de muchas maneras como una vez se habían visto las iniciales H y K, dieron pie a la sátira: «¡HA! ¡HA!», se burlaban ciertos londinenses desleales.[32]

Nada de esto se escuchó, por supuesto, en la pompa de la procesión del sábado. La elegancia de la reina Ana combinaba lo virginal con lo deslumbrante. Su magnífico pelo negro largo caía sobre su espalda como el de una novia, y llevaba algunas flores en la mano. Su traje de brocado carmesí estaba cuajado de piedras preciosas, mientras que alrededor del cuello lucía «una sarta de perlas más grandes que garbanzos», según De Guaras, y una gran joya «formada por diamantes evidentemente de gran valor». Un manto de terciopelo púrpura remataba el conjunto, mientras que sus damas iban también «ricamente vestidas de carmesí con armiños».[33]

La reina Ana iba sentada en una litera, con un dosel sobre la cabeza sostenido por los barones de las Cinque Ports, a la cabeza de una larga procesión de nobles y asistentes. Un largo panegírico en latín había sido escrito para Ana por el celebrado gramático Robert Whittington en Año Nuevo mientras ella aún no era más que «la más ilustre y bella heroína lady Ana, marqués de Pembroke».[34] Whittington había hecho una serie de comparaciones con el mundo clásico (aunque el texto debió escapársele un tanto a la heroína, que nunca había tenido ocasión de aprender latín):

¡Salve, Ana!, joya que brilla muy graciosamente,
este año será dichoso y favorable para vos.
Veréis años, meses y días tan felices como
los que vio Livia, la consorte de César.

Y Whittington ordenaba a los poetas que no siguieran alabando a Penélope o ni siquiera a Helena, ya que esa heroína superaba a ambas. Ahora que era reina, se añadió la figura cristiana de santa Ana, madre de la Virgen María, un claro prototipo, como lo había sido santa Catalina martirizada con su rueda para Catalina de Aragón.[35]*

El primer encuentro de la reina Ana fue con Apolo, rodeado por las Nueve Musas, en Gracechurch Street, en un cuadro del Parnaso atribuido a Holbein. Pero en Cornhill, junto a Leadenhall, presenció una representación de «la progenie de santa Ana»: la Virgen María y otras Marías del Nuevo Testamento. Varios niños recitaban los versos; cabe esperar que su encanto infantil disimulara la banalidad del texto. Los versos habían sido compuestos por John Leland y Nicholas Udall. Leland era un distinguido anticuario y Udall (un temprano «luterano» que había estado implicado en el asunto de la venta de libros heréticos en Oxford en 1528) se convertiría en el director del Eton College al año siguiente y luego en director de Westminster School; también escribió la más antigua comedia inglesa conocida, *Ralph Roister Doister*. De modo que diremos amablemente que esos versos no constituían su mejor logro.[37]

El primer niño comparaba debidamente a la reina con santa Ana, antepasada de Cristo, y luego pasaba a esperar «tal cuestión y descendencia» en «breve espacio». El segundo niño saludaba la llegada del halcón blanco (el sello de los Butler, condes de Ormonde, heredado por Thomas Boleyn y, en el caso de Ana, coronado) seguido por un ángel, portando una «corona imperial» del cielo. La proximidad de la fiesta al domingo de Pentecostés permitía hacer otro paralelismo entre Ana como halcón y la llegada de la paloma pentecostal, el Espíritu Santo. Tampoco se olvidaba la celebrada virtud de la reina Ana:

* Santa Ana había figurado en la primera ceremonia conocida en honor de una consorte real cuando Ana de Bohemia, esposa de Ricardo II, acompañó a su esposo en su entrada solemne en Londres, en 1392.[36]

Este gentil pájaro
tan blanco como la cuajada...
En castidad
sobresale.

En la Cruz en Cheapside («recién dorada» para la ocasión), la reina Ana recibió «el libre obsequio de honor» de la ciudad: 1.000 marcos en monedas de oro. Según la versión oficial, la reina dio entonces «muchas gracias con su corazón y su mente». (Pero para el español De Guaras, su conducta fue poco elegante; una verdadera reina hubiese sabido que debía entregar la bolsa a sus alabarderos y lacayos, pero esa dama, como era «una persona de posición baja», la conservó.)[38]

En Little Conduit, en Cheapside, otra representación mostraba el Juicio de Paris, versión del siglo XVI, con la reina Ana, no Venus, recibiendo la manzana dorada. La siguiente representación, en Paul's Gate, fue la crucial, ya que se centraba en el futuro de la reina, y de la nación. Vírgenes «costosamente ataviadas» de blanco, damas con tabletas de plata y oro en las manos, se turnaban para exclamar mensajes en latín cuyo tema general era: «¡Reina Ana, prospera!, procede y reina.» Bajo los pies de las mujeres había un largo rollo sobre el cual estaba escrito, también en latín, el verdadero motivo de todo el ceremonial: «¡Reina Ana, cuando des un nuevo hijo varón de sangre del rey, habrá un nuevo mundo dorado para tu pueblo!»

No sorprende que la reina, confiada en que produciría ese mundo de oro en unos pocos meses, exclamara «Amén» con un semblante sonriente y dichoso a doscientos niños sobre «una gran plataforma» que le habían recitado otros «versos de poeta». Fuera cual fuese la calidad de los versos, ella había presenciado todo aquello que le había proporcionado placer durante la larga procesión de la Torre a Westminster, mientras volvía la cara «de izquierda a derecha» a la manera tradicional de la realeza, entonces y ahora.

En las aceras se hallaba la gente (se dio orden de mantener los caballos apartados para que la multitud no fuera pisoteada) y desde galerías y ventanas observaban las personas más importantes. Es cierto que el agorero español comentaba la escasez de los gritos leales: pocas eran las exclamaciones de «¡Dios os salve!», que había sido la expresión habitual del pueblo cuando pasaba «la reina santa» (Catalina). Hubo otra historia acerca de que el rey Enrique tomó a su esposa en brazos al final del desfile y le preguntó «si le gustaba el aspecto de la ciudad». A lo cual la reina Ana replicó secamente que le agradaba mucho el aspecto de la ciudad, «pero he visto muchas gorras sobre las cabezas y unas cuantas lenguas».[39] Pero después de todo, para ella, esos reveses menores eran insignificantes comparados con el momento de gloria que se avecinaba.

A las ocho en punto de la mañana siguiente, la reina Ana Bolena, acompañada de damas nobles «en sus mantos estatales» y todos los pares del reino con «mantos parlamentarios» acudieron a la abadía de Westminster. Ahí ella recibió «su corona» de acuerdo con la crónica oficial «con todas las ceremonias de ello, como corresponde» del arzobispo de Canterbury, Thomas Cranmer. Muy pocos de esos nobles habían jurado lealtad a la reina anterior: el duque de Norfolk, como se ha dicho, estaba convenientemente ausente por asuntos del rey, pero el duque de Suffolk, siempre devoto del rey, actuó como Alto Condestable y Mayordomo del banquete que siguió a la coronación en Westminster Hall (cuando la cañería que de allí provenía dio vino para el pueblo). El primo hermano del rey, el marqués de Exeter, no asistió, pero en cualquier caso había sido excluido recientemente de la corte por dar su apoyo a la reina Catalina; su esposa Gertrude, la hija del chambelán de Catalina y su dama española Inés de Benegas, era una de las amigas más íntimas de Catalina. Lord Stafford, hijo del ejecutado (y condenado) duque de Buckingham, pagó una multa en lugar de asistir. Pero ésas fueron las excepciones. «Grandes justas» siguieron al otro día; todo era como solía ser (salvo que el rey no participó de los torneos).

Enrique VIII, mientras observaba el desarrollo del banquete desde una galería en Westminster Hall (los monarcas tradicionalmente no asistían a las ceremonias y celebraciones de coronación de sus consortes, si se realizaban en forma separada de la propia), podía sentirse satisfecho. El servicio religioso en la abadía no había reflejado la importante y reciente ruptura con Roma: ¿por qué debía reflejarla, desde el punto de vista del rey? Por una parte, él era conservador en su propia piedad, y no veía ningún mérito particular en los ritos «reformados». En cuanto a la supremacía, sin duda él no hacía más que devolver la Iglesia a sus antiguas prácticas...

En una bula del 11 de julio de 1533, el papa Clemente VII declaró nulo el juicio de Cranmer y le ordenó a Enrique que repudiara a Ana, agregando que todo hijo de ambos sería ilegítimo; también excomulgó al rey, aun cuando la excomunión quedaba en suspenso. Nada de eso apoyaba materialmente la causa de la reina Catalina. Sólo el emperador podía apoyarla, con tropas, y no estaba dispuesto a hacerlo. Con su influencia impediría que el Papa llegara a un acuerdo con el rey inglés (su tía, como hija leal de la Iglesia, hubiese tenido que aceptar la decisión papal en favor del divorcio), pero no le aportaría otra solución. Así la reina Catalina —o más bien la princesa viuda como se la llamaba— había quedado en una especie de limbo infeliz. Entretanto, se resistía al cambio de título tras la coronación de la reina Ana con el mismo vigor que antes: la política real y el compromiso no significaban nada para ella.

Hall, en su *Chronicle*, se refería desdeñosamente a esa actitud: Catalina «seguía siempre con su vieja canción» pues «a las mujeres no les agrada perder la dignidad». Pero la impresión que se llevó una delegación enviada alrededor de esa época a ver a Catalina en Ampthill fue más la de una mujer dispuesta a defender un principio hasta la muerte, muy probablemente su propia muerte, dado que encontraron a Catalina tendida tristemente en un jergón porque se había lastimado un pie con una espina envenenada, y también estaba «muy molesta por la tos».[40] Lord Mountjoy, su chambelán, tenía instrucciones de persuadirla para que aceptara su nuevo rango. Iba acompañado entre otros por Griffith Richards, el hidalgo-ujier de Catalina, que la había acompañado al entrar y salir del tribunal en 1529.

Pero Mountjoy no tuvo oportunidad de plantear sus argumentos. (Tuvo que ser un delegado reacio, para empezar: de hecho renunció a su puesto de chambelán en octubre, alegando haber hecho un juramento en 1512 de servir a Catalina «como reina», y que servirla como «princesa viuda» sería violar ese juramento.) El uso del temido título obtuvo una respuesta enfática de Catalina: «Ella no era la princesa viuda sino la reina, la verdadera esposa del rey.» Luego vino lo que Hall denominaba «la vieja canción» —la virginidad de ella en el momento de su matrimonio con el rey Enrique— seguida por el recordatorio de que era una reina coronada y ungida, y que tenía una descendiente legal del rey. La turbada delegación señaló que Ana Bolena era ahora «reina de Inglaterra ungida y coronada».[41] ¿Cómo podía haber dos reinas? Catalina descartó estas palabras con un gesto, ¿qué tenía que ver eso con ella?

Igualmente restó importancia a la sugerencia de que el rey estaba enfadado por su desobediencia. Cuando los delegados dijeron que ella se estaba aferrando «jactanciosamente» al título —¿dónde estaba ahora la reputación de «virtud y obediencia» que la había hecho famosa?—, replicó que prefería desobedecer al rey antes que a Dios. A las amenazas de que el rey confiscaría sus bienes, y lo que era peor, trataría a la señora princesa (María) duramente como consecuencia de la «falta de bondad» de su madre, Catalina replicó magníficamente que «ni por su hija, sus posesiones familiares ni ninguna adversidad o disgusto de este mundo que pudiera surgir cedería ella en esa causa, poniendo en peligro su alma». Terminó citando las palabras del Evangelio: «No se debe temer a los que tienen el poder del cuerpo, sino sólo a Él, que tiene el poder del alma.» Al día siguiente, cuando le fue presentado un informe por escrito de la entrevista, ella tachó las palabras «princesa viuda» con una pluma y, demostrando que la acusación de jactancia al menos la había enfadado, manifestó que prefería ser «la esposa de un pobre mendigo» y estar segura del Cielo que la reina de todo el mundo».[42]

Catalina no había perdido su inteligencia. A pesar de todas sus manifestaciones de debilidad —debían perdonarla si «erraba en alguna palabra», porque era española y carecía del adecuado asesoramiento legal— consiguió expresar bien sus razones. Si, como ellos afirmaban, no era la esposa del rey, entonces no podía ser su súbdito. Porque sólo había llegado al reino para ser esposa real, desde luego no como una «mercancía, ni para casarse con ningún comerciante»; no confesaría haber sido «la prostituta del rey» durante los últimos veinticuatro años. La respuesta correcta al argumento de Catalina era que el rey Enrique aún tenía dominio sobre ella como súbdito, ya que era la viuda de su hermano; pero no era un tema en el que fuera fácil insistir cuando se trataba con una mujer nacida como princesa real de otro país.

Al enterarse de todo eso, Cromwell se sintió movido a exclamar que la naturaleza se había equivocado con Catalina al no hacerla hombre. ¡De no ser por su sexo, habría superado a todos los héroes de la historia![43] No se pueden considerar insinceros sus cumplidos a pesar de lo irónico de que fuera Cromwell el que los pronunciaba, el mismo hombre que había ayudado al rey a hallar el modo de librarse de Catalina. En una época en que la mayoría de los hombres y las mujeres se sometían a la voluntad del soberano, como parte del orden natural, aún había espacio para admirar a aquellos que preferían títulos superiores: como lo demostraría el destino de otros «disidentes» en años venideros.

Entretanto, por aquellos días había indicios en la corte que alentaban a los partidarios de Catalina en el sentido de que no todo iba bien entre el rey y la nueva reina. Durante muchos años el rey Enrique había estado acostumbrado a considerar el embarazo de su esposa como un período en que a un hombre, privado del adecuado consuelo en el hogar, por así decirlo, se le podía perdonar un tibio galanteo que tal vez fuera un poco lejos... No pensó que la reina Ana Bolena no aceptaría un modo de conducta que la reina Catalina de Aragón había tolerado tan admirablemente en épocas anteriores. Las damas que rodeaban a la nueva reina eran igualmente bonitas, tan tentadoras como aquellas que habían servido a la reina Catalina.

Pero había diferencias cruciales en la nueva situación. Primero, ahora los riesgos eran mucho mayores. Existía la posibilidad de que el rey abandonara a su esposa por amor a otra, porque ya lo había hecho una vez. Así sus pasiones, pasajeras o no, atraían mayor atención de los que observaban al rey, una categoría que englobaba a casi todos en la corte. En segundo lugar, esa teórica posibilidad, que no podía negarse a pesar del florido lenguaje de la coronación, con sus castas palomas blancas y los infantiles gritos de «¡Prospera reina Ana!», inevitablemente acicateaba a la nueva reina. Ella era ya proclive a esos ataques de celos que (a diferencia de la reina Catalina) no intentaba controlar. El rey encaraba las tempestuosas protestas de su esposa con algunos intercambios ásperos. Había mucha «frialdad y protestas» entre ellos. Cuando la reina Ana empleaba «ciertas palabras» que disgustaban mucho al rey, él le decía que debía cerrar los ojos y soportar, como habían hecho aquellos que eran mejores que ella. Agregaba, de manera aún más desagradable, que debía saber que en cualquier momento podía «rebajarla tanto como la había elevado».[44]

Sin embargo, no se deben considerar las protestas del rey como más significativas de lo que eran en esa época. A otro nivel, la felicidad del rey Enrique impresionaba a los observadores, un subproducto del embarazo que tanto lo regocijaba. Ese orgullo masculino era natural. Tras catorce años, el rey se había demostrado una vez más a sí mismo que era «un hombre como los otros hombres» («*homme comme les autres*»), una expresión que le había repetido tres veces a Chapuys en abril. Además, como pareja, entre Enrique VIII y Ana Bolena las peleas estimulaban la pasión. En el lapso de unos meses —tras el nacimiento de su hijo— volverían a ser amantes. Sir John Russell, un experimentado cortesano que conocía muy bien al rey, pensaba que nunca había visto «más contento» a su señor —al menos en mucho tiempo— que entonces. Aún existía el lado romántico del amor del rey y la reina. Al comienzo de un bellísimo *Book of Hours of the Blessed Virgin*, que pertenecía conjuntamente al rey y a la reina, Ana escribió debajo de la escena de la Anunciación:

Por la prueba diaria descubrirás
que soy contigo amorosa y buena.

Enrique escribió en francés, debajo de una figura de Cristo con la corona de espinas —a menudo usada como símbolo de la monarquía cristiana—, que si Ana lo recordaba en sus plegarias, «nunca seré olvidado porque soy vuestro para siempre, rey Enrique».[45]

El hijo de ambos sería sin duda varón. Todo el mundo lo sabía. Los astrólogos lo predecían, así como los médicos del rey. El 3 de septiembre, esos dos cuerpos de profesionales científicos unieron fuerzas para asegurarle al rey que la reina «sin duda» le daría un heredero varón. Se iniciaron los preparativos para un torneo de celebración y para el nacimiento mismo se tomó de la sala del tesoro del rey «una de las camas más magníficas y suntuosas que se puedan imaginar»; originalmente había llegado de Francia como parte del rescate de un noble capturado.[46] Los nombres propuestos fueron Enrique o Eduardo.

Según la costumbre, la reina Ana se recluyó en su cámara por anticipado, para aguardar el nacimiento de su hijo. El precedente era de suma importancia en esos asuntos, aunque hubiera habido un cambio de reina. Lord Mountjoy, veterano de los confinamientos de la reina Catalina, aconsejó a lord Cobham, chambelán de la reina Ana, sobre el procedimiento correcto. Las reglas se habían fijado en el reinado de Enrique VII: «Un cómodo jergón» se debía colocar junto a la cama real para el parto. Todas las ventanas salvo una debían cubrirse con tapicería de Arras ricamente bordada. Y «Ningún hombre debe entrar en la cámara, sino mujeres».[47]

La reina Ana dejó de presentarse en público el 26 de agosto, es decir, unas dos semanas antes de que naciera el bebé. Obviamente, la cantidad de tiempo que dedicaban las reinas a esperar el parto variaba de manera considerable, ya que los bebés eran notoriamente poco fiables en su llegada, pero ése no fue un período breve poco común.* Como la gente consideraba que la fecha del matrimonio de Enrique y Ana había sido el 14 de noviembre de 1532, habían tenido tiempo de sobra para concebir un hijo legal que naciera en cualquier momento a partir de mediados de agosto; no había ninguna necesidad de simular que el bebé era prematuro.

Fue una criatura bella y sana, nacida hacia las tres de la tarde del 7 de

---

* Isabel de York, en 1503, se retiró a su cámara sólo una semana antes del nacimiento de su hijo.[48]

septiembre de 1533. Pero fue una niña, una princesa: Isabel por la madre del rey, no Enrique por él mismo, ni Eduardo por su abuelo y la larga hilera de soberanos varones que lo habían precedido.

Demuestra lo desconcertante e inesperado que fue este acontecimiento el documento oficial con el que la reina Ana tuvo que dar la noticia al mundo.[49] Era lo establecido que las reinas lo anunciaran. Ese documento, dirigido a su chambelán lord Cobham, ya estaba preparado. Comenzaba de un modo muy florido: «Y donde ha agradado a la bondad de Dios Todopoderoso, con su infinita merced y gracia, enviarnos, en este momento, gran rapidez en el parto y el alumbramiento de un príncipe...» Terminaba en estilo semejante: «A Dios Todopoderoso, muchas gracias, gloria, alabanza y elogio, y rogad por la buena salud, prosperidad y continua preservación de dicho príncipe.» Estaba sellado con un timbre en nombre de «Ana, la reina». Pero hubo que añadir apresuradamente una «s» a príncipe [*prince* en inglés] para convertirlo en una aceptable versión para el siglo XVI de «princesa» [*princess* en inglés]. Esa notable aliteración atestigua la sorpresa y el disgusto que causó el nacimiento de la futura reina Isabel.*

---

* El documento está en la Sala de Manuscritos de la Biblioteca Británica.

CAPÍTULO DIEZ

¿La más feliz?

A. R. The Moost Happi. Anno 1534.

Inscripción en una medalla
con retrato de la reina Ana Bolena

Para el bautismo de la princesa Isabel, la reina Ana solicitó una «tela triunfal» especial que su predecesora la reina Catalina había traído consigo de España para los bautizos. Como era de esperar, Catalina se negó. «Dios no lo permita», se estremeció, que ella diera alguna «ayuda, asistencia o favor», directa o indirectamente, en «un caso tan horrible como éste». Parece ser que en esa ocasión Catalina sostuvo con éxito su negativa, a diferencia del año anterior, cuando una segunda orden del rey había tenido como consecuencia la entrega de sus joyas. Pero, al parecer, el rey no tenía interés en las telas triunfales.[1] En todo caso, el bautismo de esa inesperada princesa fue un asunto de tono menor: por ejemplo, la espléndida justa planeada en honor de un príncipe se canceló de inmediato.

El arzobispo Cranmer fue el padrino, como el cardenal Wolsey lo había sido de la princesa María. La madrina de bautismo fue la matriarca de la familia Howard, Agnes, duquesa viuda de Norfolk (madrastra de la reina Ana), una elección muy apropiada: también había sido una de las patrocinadoras de la hija mayor del rey. Pero en la confirmación que siguió de inmediato, Gertrude, marquesa de Exeter, leal amiga de la reina Catalina, se vio obligada a ser la madrina y a obsequiar a la princesa bebé tres cuencos grabados de oro y plata. Como gesto, la invitación a lady Exeter —que ella no pudo rehusar— fue tal vez menos tajante que la petición a Catalina de la tela para el bautismo. Pero el mensaje era el mismo. Por menor que fuera el tono del bautismo, el antiguo orden había terminado, la antigua reina quedaba apartada y olvidada oficialmente, la princesa mayor ya no era la presunta heredera del padre, una posición que había ocupado desde su nacimiento en 1516.

El heraldo real remarcó el cambio de su condición de la hija primogénita del rey cuando proclamó a la recién nacida princesa Isabel como primera hija «legítima» del monarca. De inmediato, María fue la perdedora por el nacimiento de un bebé sano de la nueva esposa del rey. Si bien la disolución formal del matrimonio de sus padres en Dunstable, en mayo de 1533, había vuelto a María teóricamente ilegítima, hasta ese momento no se había tomado ninguna medida para remarcar el hecho. Según el derecho canónico era posible regularizar la situación de hijos, cuyos padres, como Enrique y Catalina, se habían casado de buena fe: la Iglesia no era estricta en tales casos. Además, la reina Ana podía estar bien avanzada en su embarazo, pero nadie sabía mejor que el rey y sus asesores —el principal de ellos Thomas Cromwell— qué grandes eran los peligros del parto y qué frágil podía ser la vida de los infantes... qué insensato, entonces, declarar públicamente bastarda a una princesa cuyos servicios, por así decirlo, aún podían ser necesarios.

En realidad, por esa misma razón, se había tratado con considerable cautela a la princesa María en los dos años que siguieron al envío de su madre al retiro y antes del nacimiento de su hermanastra. Fue sólo en noviembre de 1533 que la casa de María bajo la tutela de la condesa de Salisbury —la de una princesa real— fue disuelta y ella trasladada a la casa de la infanta Isabel, respecto de la cual era oficialmente inferior.[2] Durante todo ese período, la posibilidad de su matrimonio siguió siendo un factor: María, a los diecisiete años y medio en el verano de 1533, era ya mayor que su madre en la primera de sus bodas. En enero de 1532, por ejemplo, el chambelán del duque de Clèves había hecho una visita exploratoria a la corte inglesa, y al menos Chapuys había pensado que esa boda era una posibilidad. Unos meses más tarde, Chapuys informó de que el nombre de la princesa estaba siendo vinculado una vez más al de su primo hermano, el rey de los escoceses (aún soltero, a pesar de una serie de negociaciones intermitentes con los franceses).

Había otro aspecto en juego: el prestigio de la princesa María en el exterior. De María, después de todo, podía decirse lo que una vez se dijo de la madre, que descendía «de grandes reyes». No sólo era la hija del rey de Inglaterra, era también la prima del emperador: si el rey no respetaba sus derechos a la sucesión, ¿quién podía asegurar que el emperador no los reivindicara? Con la reina Catalina fuera de juego, diplomáticamente hablando, la princesa María adquiría mayor peso.

En la patria, estaba también la desconcertante cuestión de la actitud del rey Enrique hacia su hija. Sin duda, en el momento del divorcio de 1533 aún le tenía mucho cariño; era un hombre afectuoso, muy amante de sus hijos —en tanto no se interpusieran en su camino— y la princesa María había sido en la infancia una niñita encantadora, sumisa y cariñosa, su «perla», como una vez la describió Enrique. La adoración de María por la poderosa figura central de su vida (y la de todo el país), su padre, había sido todo cuanto un patriarca pudiera haber deseado. Así como los derechos de María al trono no podían ser descartados a la ligera antes del nacimiento de Isabel, tampoco podía suponerse que el amor del rey por ella hubiese muerto junto con el amor por la madre. En octubre de 1532 hubo un grato encuentro entre padre e hija en el campo (*aux champs*) que se ha sugerido que no fue mera coincidencia. El rey no dijo mucho, salvo preguntarle a María cómo estaba, y asegurarle que en adelante la visitaría con mayor frecuencia.[3] En cuanto a la relación de María con su madre, el rey no se mostraba resueltamente duro. Catalina y María podían escribirse mutuamente y en junio de 1533, cuando María enfermó, el rey permitió que el médico y el boticario de la reina Catalina la atendieran.

Las amenazas vulgares que se comenta que la reina Ana hizo a María —«ella haría de la princesa una criada de su casa... o la casaría con algún sirviente», se jactó en abril de 1533[4]— estaban obviamente enraizadas en los celos de ese afecto paternal, potencialmente tan peligroso para la posición de la propia Ana. Por supuesto, esas historias se exageraban, como todas las relativas a la tempestuosa y retadora Ana Bolena. Cabe imaginar que los informadores de Chapuys corrían a contarle los detalles del último estallido injurioso, cargando las tintas por supuesto. Pero si algunos detalles son tal vez demasiado coloristas, el cuadro general de la obsesión neurótica de Ana Bolena con la princesa María es bastante claro.

Ahora la reina había entregado su propia heredera al rey. En septiembre de 1533, todo había cambiado. ¿O no? ¿Se encontraba la princesa María completamente relegada al olvido dinástico por el nacimiento de la princesa Isabel, como a primera vista parecería? Es en este punto donde entra en juego la complicación del inapropiado género del nuevo bebé real. La osadía del heraldo real de llamar a Isabel primera hija «legítima» del rey encubría el incómodo hecho de que ese rey tenía ahora dos hijas. Ya era discutible cuál era realmente legítima: si el divorcio y el posterior matrimonio no eran aceptados como válidos, entonces en realidad Isabel era la BASTARDA (como a veces la llamaba Chapuys en letras mayúsculas, eso cuando no usaba la expresión «*la garse*», la zagala; el doctor Ortiz, el agente imperial en Roma, que escribía en español, la llamaba «*la manchuba*»).[5] Lo indiscutible era que María era la mayor, de modo que si por algún manejo se consideraba legítimas a las dos princesas (como hubiesen permitido las disposiciones del derecho canónico) entonces los títulos de María para suceder a su padre eran superiores. Todo eso aparte de la ascendencia real de María por parte de la madre, que Isabel, a pesar de toda la genealogía de la que presumía la reina Ana —que lucía las armas de Lancaster en su escudo— nunca podría igualar.

En apariencia, por tanto, el problema de la sucesión Tudor se había solucionado con el nacimiento de una niña de un matrimonio verdaderamente válido, pero en el fondo nada había cambiado. La necesidad de un heredero varón seguía siendo tan urgente como siempre; de hecho, la presencia involuntariamente amenazadora de la pobre princesa María hacía que fuera aún más importante para la reina Ana tener un hijo varón de cuanto lo había sido para la reina Catalina. Sin duda, la propia reina Ana así lo pensaba. Una efigie suya en una medalla que se cree que fue acuñada para celebrar su coronación —pero en realidad fechada en 1534— lleva alrededor del borde el lema: *A. R. The Moost Happi* [Reina Ana. La más feliz], pero costaba creer que fuera completa esa felicidad con sólo una hija para sustentarla. La tensión no sentaba bien al temperamento volátil de Ana y a su lengua rápida. Estallaba con facilidad y manifestaba jugosas expresiones de disgusto: deseaba darle a María «una buena zurra», exclamó en una ocasión, porque era una bastarda.

Irónicamente, no sólo la posición de Ana sino también la de María hubiese sido mejor si en vez de Isabel hubiera nacido ese príncipe deseado. Entonces María no hubiera representado ninguna amenaza: a pesar de su relación con el emperador, sus partidarios hubieran debido reconocer la tácita supremacía de un heredero varón. María hubiese podido gozar entonces de una existencia más plácida como princesa inglesa, para la cual se encontraría un matrimonio adecuado con uno de los príncipes franceses si no con Jacobo de Escocia. Tal como fueron las cosas, María tuvo que soportar una campaña de crueldad de la cual no sería rescatada en muchos años, con efectos debilitadores no sólo para su salud sino también para su carácter en un momento crucial de su vida.

¡Qué desdichada había resultado la familia Tudor con su perenne falta de herederos varones! El rey Enrique VIII, ahora de más de cuarenta años, «calvo como César» en palabras del embajador veneciano, aún no estaba más seguro en ese sentido que cuando había ocupado el trono siendo un prometedor joven de cabello dorado. Dejando aparte el hijo inexistente, ¿dónde estaban los prometedores sobrinos que apoyaran la dinastía? La situación del único hijo de su hermana mayor se mantenía como en la segunda década del siglo XVI, salvo que ahora Jacobo V era un adulto: el monarca de una tierra extraña, a veces hostil, con todo lo que eso implicaba.

Su hermana menor María, duquesa de Suffolk, murió —tras una larga enfermedad— en junio de 1533, y su único hijo moriría el mes de marzo siguiente. El esposo volvió a casarse, casi de inmediato, con la joven heredera prometida en realidad a ese muchacho enfermizo.[6] Se trataba de Katherine Willoughby, hija de la leal servidora de la reina Catalina, María de Salinas, lady Willoughby de Eresby. Katherine tenía catorce años y Suffolk era siete años mayor que el rey, pero el tiempo no había empañado el atractivo sexual que lo había convertido en el hombre más deseado en la temprana corte Tudor mientras esgrimía su larga lanza en la justa, y Katherine, una muchacha de espíritu independiente como luego se demostró, no puso objeciones. Pero los hijos de Suffolk con Katherine no serían de sangre real.

Dadas las circunstancias, el rey Enrique volvió su atención a las muchachas. Éstas podían apuntalar su posición, si bien no se resolvía el problema central. La vivaz lady Margaret Douglas (la joven Tudor mejor parecida de su generación), hija de la reina Margarita y Angus, era su favorita, y el hecho de que hubiera nacido en Inglaterra podía considerarse que daba a ella o a sus hijos más derechos de sucesión que a su hermano nacido en Escocia, Jacobo V. En el otoño de 1533, tras la muerte de su tía María, duquesa de Suffolk, lady Margaret fue la dama real principal en Inglaterra por detrás de la reina (ignorando a la princesa María), y como tal fue convertida inmediatamente en la primera dama de honor en la nueva casa creada para la princesa Isabel. En cuanto a las jóvenes Brandon, lady Frances y lady Eleanor, hijas de María, duquesa de Suffolk, el rey se había interesado de manera especial en casar a su sobrina mayor a la edad de dieciséis años con un marido adecuadamente partidario suyo, Henry Grey, tercer marqués de Dorset, en mayo de 1533; si bien Dorset estaba emparentado con el rey a través de Isabel Woodville, no tenía sangre real y no constituía una amenaza.

Pero había dos familias próximas al trono cuyos miembros indudablemente tenían sangre real: los Courtenay (encabezados por el marqués de Exeter) y los De la Pole (encabezados por lord Montagu, hijo mayor de Margaret, condesa de Salisbury). Ocurría que ambas familias tenían conexiones con la reina Catalina. La política reaccionaria conservadora y el desagrado por la reforma religiosa formaban una mezcla peligrosa con la sangre real. El espectro de la conspiración de esas familias, en especial si mostraban signos de unión, siempre perseguiría al rey Enrique en tanto no tuviera un heredero adecuado, y no necesariamente sin justificación. Lord Exeter, un hombre que estaba en la treintena, era «pariente cercano» del rey Enrique: sus respectivas madres, Isabel y Catalina de York, habían sido hermanas. Además, con su esposa, Gertrude, aliada de la reina Catalina, lord Exeter había tenido un hijo y heredero, una ventaja que no tenía precio: Edward Courtenay, conde de Devon, nacido en 1526, estaba disponible para la unión con la princesa María. (Véase árbol genealógico 2.)

La sangre real de los De la Pole era igualmente incontestable, aunque una generación más alejada; mientras que lord Exeter era nieto de Eduardo IV, lord Montagu y sus hermanos eran nietos del hermano de éste, el duque de Clarence. Pero los De la Pole eran una familia floreciente: lord Montagu, como lord Exeter, tenía un hijo y heredero, y Reginald Pole, ahora de poco más de treinta años, era otro potencial esposo para la princesa María, que no debería aguardar a que creciera. Se creía que ese joven brillante (en ese momento aún no se había ordenado sacerdote) había sido el potencial esposo favorito de la reina Catalina para su hija desde el fracaso del cortejo del emperador.

El asunto de la monja de Kent, Elizabeth Barton, que culminó en su arresto en julio de 1533, fue calculado para incrementar la paranoia del rey. Esa joven —tenía alrededor de veintisiete años en la época de su arresto— se había hecho cada vez más famosa tanto por sus ataques, que la dejaban «tan inmóvil como un cadáver», como por sus profecías: «Mientras yacía inconsciente pronunciaba palabras misteriosas.» Al principio, las visiones místicas de la monja Barton eran recibidas con respeto, e incluso fue presentada al cardenal Wolsey. Pero se volvió una violenta opositora del divorcio real, alentada por su confesor, un monje de Canterbury. Cuando se acercaba la nueva boda del rey, sus profecías empezaron a tomar un giro claramente subversivo.[7]

En 1532, por ejemplo, ella tuvo una visión de Cristo nuevamente crucificado por el adulterio del rey, y de Ana Bolena como Jezabel a la que se comerían los perros. Empezaron a difundirse peligrosos rumores de que la monja, en su estado profético, había contemplado a lord Montagu sucediendo al rey Enrique en el trono. Elizabeth Barton sin duda tenía conexiones con los círculos de la oposición. La reina Catalina, con su habitual sensatez, se había negado rotundamente a recibirla cuando estaba en condiciones de hacerlo, así que no pudo ser implicada en su caída (para frustración de Cranmer y Cromwell). Pero Tomás Moro y el obispo Fisher habían estado de alguna manera en contacto con ella, así como también el convento de Syon, notoriamente partidario de la reina Catalina.

Para el Año Nuevo de 1534, la reina Ana le hizo al rey Enrique un regalo magnífico: una fuente dorada diseñada por Hans Holbein con su halcón heráldico, ese gentil pájaro blanco como la cuajada de los versos de la coronación. Pero el obsequio que Enrique VIII esperaba de su nueva esposa era ese «nuevo hijo varón de la sangre del rey» que, citando otra vez las celebraciones de la coronación, produciría «un mundo dorado» para su pueblo. Como la responsabilidad de proporcionar un hijo por supuesto se consideraba que era de ella, debe de haber sido con una extraordinaria sensación de alivio que a comienzos de año la reina Ana descubrió que estaba embarazada. El 28 de enero de 1534, el rey Enrique le dijo en tono triunfal a Chapuys que pronto volvería a ser padre.[8]

Entre el 8 de marzo y el 8 de abril se hicieron trabajos en las salas reales de los niños, en el palacio de Eltham, «para la llegada del príncipe». Se fabricó un armazón de hierro que se pondría sobre la cuna, se prestó atención a la colocación de los cristales en «las cámaras del príncipe» y la ebanistería se pintó de ocre amarillo.[9] Si suponemos que la reina Ana estaba embarazada desde hacía aproximadamente cuatro meses en el momento en que se encargó el trabajo —como se ha dicho, ése era el promedio que se consideraba necesario para que el embarazo fuera un hecho cierto— entonces ella había concebido en noviembre, es decir, unos dos meses después del nacimiento de Isabel. Ésa era una fecha perfectamente posible, ya que como otras damas reales o aristocráticas, la reina Ana no amamantaba a su bebé (lo que podría haber inhibido la concepción).

En este aspecto, la reina Ana no se preocupaba en absoluto de su bebé en el sentido moderno, ya que se creía adecuado al rango de una princesa (por no hablar de un príncipe) que tuviera su propia casa. Esto hace que la relación de la reina Ana con su hija pequeña sea particularmente difícil de establecer durante los pocos años que vivió para gozarla. Sabemos que la princesa Isabel, que había sido puesta al cuidado de lady Bryan, fue destetada (por su ama de cría) a la edad de trece meses.[10] Pero la orden provenía del rey, y la formalidad de su lenguaje —«con el asentimiento de su alteza la reina»— ejemplifica un modo de vida en que el ceremonial que acentuaba el rango de un niño era primordial.

Esto no significa que la reina Ana no amara a su hija; una vida tan poco familiar no excluía necesariamente el afecto materno. Hay conmovedoras anécdotas de un período más difícil de la vida de la reina Ana que, aunque se adornaron para agradar a su hija (muy comprensiblemente), atestiguan su ternura como madre. Según uno de esos relatos, le pidió al arzobispo Matthew Parker que se ocupara del futuro espiritual de la niñita; según otro, la reina Ana fue vista tendiéndole su hija en actitud de súplica a su marido enfadado. No obstante, el rey estaba primero.[11] La reina Ana consideraba su primer deber en esa época agradar al rey dándole otro hijo, antes que criando a la hija que acababa de alumbrar, y toda la sociedad hubiese estado de acuerdo con ella. Es significativo que el nuevo bebé fuera concebido en un momento en que la pasión del rey por Ana se había renovado manifiestamente. Una dama de la corte próxima a la reina oyó que el rey decía «varias veces» que antes que abandonar a su nueva esposa «mendigaría de puerta en puerta». Ana había vuelto a cautivarlo. En consecuencia, un informador en la corte le escribió a lady Lisle en Calais, el 27 de abril de 1534, contándole que «la reina tiene un buen vientre», y que él imploraba: «Que nuestro Señor nos envíe un heredero.» La reina, Dios mediante, alumbraría a ese príncipe a mediados de verano.[12]

Tumultuosos episodios tuvieron lugar en Inglaterra en la primavera de ese año, cuando el rey y Cromwell, liberados de las restricciones extranjeras, pudieron continuar con la reforma eclesiástica del país. El embarazo de su esposa significaba que el rey tenía una base emocional satisfactoria para todo: sin duda se estaba cumpliendo el plan que Dios tenía previsto para Inglaterra y él mismo. Según le dijo a Chapuys a fines de febrero, la princesa Isabel no sería su heredera mucho tiempo, ya que esperaba que la reina alumbrara a un hijo varón «muy pronto».[13] El rey Enrique era perfectamente capaz de ignorar el hecho de que, en marzo de 1534, mientras se preparaban una vez más las salas de los niños para el hijo de Ana Bolena, el Papa finalmente llegara a una decisión respecto de la reina Catalina. Al fin declaró que su matrimonio con el rey Enrique había sido siempre válido.

Como su bula contra el rey de julio anterior, la decisión del Papa de poco valió a la reina Catalina. ¿Quién reivindicaría sus derechos? El emperador estaba muy ocupado tratando de manejar la gran amenaza a sus dominios, tanto de Solimán el Magnífico en el este como en el Mediterráneo, donde los corsarios relacionados con el sultán realizaban una serie de incursiones osadas. El rey Francisco, con los ojos puestos en la situación europea, que intentaba manipular para su ventaja (en 1536 firmaría un tratado con Solimán), no tenía deseos de interferir en Inglaterra. Clemente VII murió seis meses después de declarar válido el matrimonio de la reina Catalina. Al año siguiente, cuando el nuevo papa Pablo III sugirió que el rey francés podría imponer su sentencia contra el rey Enrique con la fuerza de las armas, la reacción del rey Francisco fue proponer un matrimonio para la princesa María con su tercer hijo, el duque de Angulema, lo que no era lo mismo.

Poco antes del nacimiento de la princesa Isabel, la reina Catalina había sido trasladada al palacio Buckden, en Huntingdonshire, principal residencia de los obispos de Lincoln. No era un ambiente desagradable: había una gran sala construida el siglo anterior, así como una gran torre y cómodas casas para los cuidadores; las habitaciones de los sirvientes eran grandes. Un foso separaba la torre de la iglesia adyacente —que presumiblemente inspiró la elección del lugar para la reina descartada—, pero más allá había un pequeño parque.[14]

Pero la reina Catalina no se consolaba con su nuevo entorno. Desde Buckden mantenía su furioso rechazo del nuevo título. A Suffolk, en diciembre de 1533, le dio la misma respuesta firme de antes: «con voz alta» declinó ser servida o abordada como princesa viuda. Sus asistentes murmuraron acerca del juramento original de servirla como a la reina: «apoyándose rígidamente en su conciencia», ponían en duda si no sería perjurio servirla bajo cualquier otro nombre. En consecuencia, dos de sus capellanes fueron encerrados en la sala de guardia de la portería del palacio y quedó sólo Athequa para oír las confesiones de ella en español, «idioma en el que siempre se ha confesado», según el informe, «y que no puedo hacerlo en otro», dijo ella. El veredicto final de Suffolk a Norfolk fue: «Encontramos aquí a la mujer más obstinada que pueda existir.»[15] Ese desafío, desde un pequeño mundo cerrado muy lejano a la corte, era de poca importancia en términos públicos comparado con la reforma legislativa que se avecinaba.

La Ley de Supremacía, desde el punto de vista del país en general, fue la más importante. Los poderes que reclamaba el rey por esa ley, como jefe de la Iglesia de Inglaterra (*Anglicana ecclesia*), abarcaban incluso la misma definición de fe. En el futuro, el rey de Inglaterra debía gozar no sólo de «el estilo y el título» de jefe supremo de la Iglesia, sino de todas las prerrogativas «que pertenecen a dicha dignidad de jefe supremo de ella». Pero desde el punto de vista de la reina Ana, la reina Catalina y la princesa María, la Ley de Sucesión —cuya tercera lectura, de manera simbólica aunque casual, tuvo lugar el 23 de marzo de 1534, exactamente la misma fecha del decreto del Papa en favor de Catalina— produjo un efecto revolucionario más inmediato. El juramento de apoyo requerido a esa ley constituía para los partidarios del antiguo orden un desafío difícil de superar.

La Ley de Sucesión declaraba formalmente la validez del matrimonio del rey Enrique y la reina Ana, y el derecho de su vástago legal a la sucesión. Tampoco ahora se declaraba específicamente a la princesa María ilegítima, aunque los términos de la ley sugerían que ése era el caso. Esa omisión probablemente fuera una precaución de Cromwell, cauteloso debido a la mortalidad infantil o, práctico como siempre, para evitar que se redujeran las perspectivas de María en los grandes mercados matrimoniales, como el de Francia. El valor de una «hija natural» de un rey, después de todo, era considerablemente menor. A pesar de esas consideraciones, a María se le había quitado de manera efectiva el título de «princesa», y se suponía que no se la debía abordar como tal, del mismo modo en que a su madre no se la debía saludar como a la reina.

La nueva «lady María», que había usado el título de princesa desde que tenía uso de razón, fue humillada. Además, se le exigía que presentara sus respetos a su hermanastra Isabel: oficialmente una princesa real pero para ella no más que la hija de la odiada concubina. La salud de María se resintió. Ya no tenía su casa independiente sino que vivía en la estela de Isabel. Era particularmente intolerable tener que «mudarse y seguir a la BASTARDA», informó Chapuys, cuando la princesa María estaba indispuesta; eso lo hacía peor.[16]

Los servidores de María, como los de su madre, estaban indignados con la relegación de que había sido objeto, y les costaba, como es lógico, no cometer equivocaciones. Lady Anne Hussey explicaba con cierta desesperación que la razón por la cual —erróneamente, como ahora lo veía— se había dirigido a «lady María» como a una princesa, era que estaba acostumbrada desde siempre a llamarla así. Otros en posiciones más públicas experimentaban la misma dificultad: no siempre es fácil adaptarse a nuevas normas por rígidamente que se las ponga en vigor. Es comprensible que el envejecido obispo de Bath y Wells accidentalmente rezara por «mi señora Catalina la reina» en la catedral de Wells, en febrero de 1535, y a continuación nombrara a «mi señora Isabel princesa», su hija. El obispo —«no muy por debajo de los ochenta»— quedó perplejo al recibir una reprimenda, ya que no tenía conciencia de lo que había hecho. Se apresuró a disculparse abyectamente: «Me refería sólo a la reina Ana, ya que no conozco a otra reina que no sea ella.»[17]

Cuando le llevaron a la reina Catalina el juramento que debía pronunciar en Buckden en mayo de 1534, no se mostró más pasiva que antes. Respondió leyendo en voz alta el juicio del Papa. Los clérigos —el arzobispo Lee de York y el obispo Tunstall de Durham— no sólo estaban cansados sino también definidamente aburridos de todos sus argumentos sobre el divorcio «en gran cólera, con angustia, y siempre interrumpiendo nuestras palabras». Según concluyeron: «Remitimos los detalles para que otros aprecien el aburrimiento.»[18] Ya lo habían oído todo antes. El rey había vuelto a casarse. Él era ahora el jefe de la Iglesia de Inglaterra. Fastidiados, pensaban que le correspondía a ella aprovechar su situación como la «viuda del príncipe Arturo». Para Catalina, claro, sin otra cosa en qué pensar (salvo en su hija desposeída) el asunto era tan doloroso como en el espantoso día, cinco años antes, en que el embajador español le había dado la noticia del tribunal secreto.

Pero los sirvientes españoles de Catalina se vieron obligados a jurar o a retirarse. Según Antonio de Guaras —que tenía contactos estrechos en la casa— algunos de ellos se refugiaron en una treta. Juraron, en español, que el rey «se ha hecho cabeza de Iglesia» en lugar de «sea hecho...» Se dijo que ese equivalente de jurar con los dedos cruzados fue idea de la reina Catalina. Pero algunos de sus servidores se marcharon antes que volverse perjuros, incluido Bastian, el lacayo borgoñón que la había servido durante diecisiete años. «Ahora me duele verme forzado a abandonar a un ama tan buena», le dijo él mientras se arrodillaba frente a Catalina para despedirse, y ella lloró.[19]

Finalmente, los servidores de Buckden tenían poco peso. En cuanto a la seguridad personal de Catalina, a pesar de los temores expresados con frecuencia por Chapuys, nunca pudo haber sido intención del rey perjudicarla. Para colmo de males, en enero de 1534 su salud era ya motivo de preocupación importante: el rey le dijo al embajador francés que ella era «hidrópica y no podía vivir mucho».[20] (¿Cuáles serían las consecuencias de su muerte? En más de un sentido, podía cambiar toda la situación.) En cuanto a María, que naturalmente se negaba a mudarse alentada por el ejemplo de su madre, la intención del rey era asegurarse su sumisión, no perjudicarla.

Cuando lady María enfermó en septiembre de 1534 (exacerbada por esa necesidad de «mudarse» con la princesa Isabel), parece ser que se le permitió un raro placer. Su padre, además de enviarle a su propio médico para la cura, «permitió que la reina [Catalina] también la visitara» con un boticario. A ese boticario se lo instruyó para que presentara sus respetos a la princesa Isabel, de un año, antes de atender a la paciente. Pero el mensaje llegó demasiado tarde, lo que debió ser satisfactorio para María y Catalina. Nada más se sabe de esa visita, por la cual la reina Catalina había suplicado a Cromwell por su hija —«un poco de consuelo y alegría, que tendría conmigo, sin duda será la mitad de la salud para ella»—, aunque proporciona otra evidencia de que el corazón del rey no estaba totalmente cerrado a María.[21] (Cabe suponer que nadie fue tan tonto como para pedirle a la «obstinada» reina Catalina que presentara sus respetos a la pequeña pelirroja que nominalmente presidía la casa.)

Otros estaban en una posición más peligrosa. Cuando era necesario, la Ley de Sucesión tenía los afilados dientes de un cepo. Negarse a formular el Juramento de Sucesión conllevaba la pena de prisión de por vida, pero toda persona de la que pudiera demostrarse que había negado que el rey fuera el jefe de la Iglesia sufría la muerte. Porque eso implicaba privar al rey de su título, y era traición. Esos dientes afilados se cerraron primero sobre individuos y comunidades religiosas enteras que se negaron a jurar. En los años siguientes les tocó el turno a los que perecerían por el hacha como consecuencia.

La monja de Kent murió en Tyburn, junto con un sacerdote, dos monjes y dos frailes, el 20 de abril de 1534. (Se decía que se había retractado de sus visiones subversivas después del examen «porque sabía que su hora aún no había llegado».)[22] La monja no fue una víctima de las Leyes de Supremacía y Sucesión: se la condenó por haber profetizado la muerte del rey en el lapso de un mes si se casaba con Ana Bolena (una de las muchas profecías de la época que no se materializaron). Sin embargo, cuando sir Tomás Moro y el obispo Fisher fueron arrestados por no jurar, se intentó relacionarlos con el caso de ella. En mayo y junio del año siguiente los monjes cartujos, líderes de comunidades que negaban que el rey fuera el jefe de la Iglesia, y un miembro de la casa Brigitina de Syon (que la reina Catalina había favorecido en particular) fueron sentenciados a muerte. La acción del Papa al nombrar cardenal al encarcela-

do obispo Fisher en mayo de 1535 enfureció al rey: el obispo Fisher subió al patíbulo el 22 de junio. El 6 de julio lo siguió sir Tomás Moro,
después de pasar un año en la Torre de Londres, tiempo en el que traba-
jó en su *Dialogue o Comfort* y en el *Treatise on Passion*. Los dos hombres
serían canonizados por la Iglesia católica romana por su fidelidad a la
conciencia y a la verdadera fe. En su momento, lo más importante de
tales muertes —en el caso de los cartujos ejecuciones bárbaras incluido
el destripamiento previo— fue que aumentaron la impopularidad de la
mujer a la que se atribuía la culpa: «Ana, la reina.» La difícil década de
1530-1540, con su impacto revolucionario sobre la sociedad en todos
los ámbitos, trajo lo que ha sido descrito como un «torrente de profecías
de todo signo», a menudo basadas en las insignias y los lemas heráldicos
de los grandes personajes (una manera más segura de formular las críticas que la denuncia directa). En 1535 un anciano recordaba haberle
oído decir a su anterior amo que «el halcón blanco vendría del noroeste,
matando a casi todos los sacerdotes».[23] En realidad, era mucho más fácil
culpar al depredador halcón blanco —la «concubina» con su herencia
de pecaminosidad de Eva— que aceptar que el rey y los deseos del rey
habían provocado todo aquello.

Qué gran gasto fue para Enrique «continuar sus edificaciones en
tantos lugares al mismo tiempo». Así se refería Thomas Cromwell
en 1534, un tanto nervioso, a la explosión de restauraciones, recons-
trucciones y nuevas construcciones emprendidas por Enrique VIII, que
comenzaron en los años de su matrimonio con Ana Bolena. Era como
si el rey, amo ahora de su propia casa, hablando metafóricamente, hubiese decidido hacérselo entender a todo el mundo aumentando el número de sus residencias reales. En realidad, hay algo maníaco en su pro-
digalidad y su extravagancia. En la segunda década del siglo XVI, la
mayoría de los castillos del sur de Inglaterra estaban en sus manos (la ex-
propiación de Buckingham significó la toma de no menos de doce castillos para la corona). En 1532, Du Bellay, el embajador francés, describió
a su rey cómo, cada vez que llegaba a una propiedad real, el rey Enrique
le mostraba el lugar y le decía «lo que ha hecho y lo que hará». El cierre
de grandes abadías, prioratos y otras instituciones —lo que había aportado al rey otros once palacios— proporcionaron otras ricas oportunidades. A su muerte, el rey Enrique VIII dejaría unos cincuenta castillos:
más que cualquier otro monarca inglés anterior o posterior.[24]

Hay algo adecuadamente simbólico en las insignias e iniciales de su esposa, representadas en vidrio, piedra y madera policromada, que decorarían esos nuevos palacios además de reemplazar las de la reina Catalina en los antiguos. (En Greenwich, por ejemplo, la casa que Catalina había amado, se le pagó a John Hethe, un pintor de Londres, para que borrara esos recordatorios del pasado, las granadas, de las decoraciones de la cámara privada del rey y las reemplazara por rosas Tudor, mientras que en las ventanas las insignias de la nueva reina ocuparon el lugar de las de la anterior.)[25] La reina Ana representaba el nuevo orden no sólo porque, como se ha dicho, sus gustos personales en religión siempre habían tendido a la Reforma. Su presencia al lado del rey, enjoyada y elegante, indicaba que él había iniciado la lucha para hacer de Inglaterra y su Iglesia un «imperio», sujeto a la autoridad de nadie salvo a la suya propia, y que había ganado.

En Hampton Court, la restructuración de los apartamentos reales, de 1534 en adelante, situó los de la reina Ana en el mismo piso que los de su esposo (los de la reina Catalina estaban en el piso superior). Uno de los notables embellecimientos fueron los jardines que se extendían del palacio al río, cuyos parterres estaban bordeados de barandillas verdes y blancas (los colores Tudor). Enormes bestias heráldicas (costó veinte chelines pintar cada una) giraban al viento sobre veletas de un metro cincuenta o un metro ochenta de altura.[26] Los leopardos de la reina Ana (su segundo emblema, de su antepasado Brotherton), que asomaban entre las flores, podrían parecer de un desconcertante mal gusto hoy en día, pero impresionaban mucho a los contemporáneos; simbolizaban el estado y la supremacía de ella como reina «ungida realmente».

Otros detalles prueban el gusto de la reina Ana por la vida elegante, y su temperamento nervioso. Hay pagos por espejos que se debían instalar en el techo de sus apartamentos en Hampton Court, y una «mesa de desayuno» especial para ella en Greenwich, así como dos mesas decoradas con cerámicas engastadas, una que podía plegarse y la otra «para que Su Alteza jugara». Pero hubo que construir jaulas de madera para los pavos reales y pelícanos que le habían sido enviados al rey «de la nueva tierra encontrada» (América) de modo que la reina no los oyera: «A causa de que Su Alteza la reina no podía descansar por la mañana como consecuencia del ruido.» Tal vez por la misma razón —su agitación— a la reina Ana le disgustaban los monos (aunque es probable que estuviera influida por el hecho de que la reina Catalina, con recuerdos de su infancia meridional, los amaba). Pero no todas las criaturas excitables fueron proscritas: le gustaban los perros pequeños como su «pequeño *Pur-koy*».[27] Aquí y allá hoy —en el techo de la capilla del King's College, en Cambridge, completada en 1533 con la ayuda de un obsequio real, o en las puertas de las torres de la casa del guardia en St James's Palace— una H y una A unidas constituyen el mudo testimonio de la breve y espléndida era de «Ana, la reina».

En otros aspectos, su amor por la música, por ejemplo, la reina Ana era una consorte adecuada para un soberano del Renacimiento. Sobrevive uno de sus cuadernos de música, que consiste en treinta y nueve motetes en latín y cinco *chansons* francesas de la escuela fran-co-flamenca (la primera de las cuales tal vez hubiera sido compuesta para su coronación). Una de las ilustraciones es un halcón que picotea furiosamente una granada, otro comentario efectivo sobre el nuevo orden en Inglaterra. Se ha sugerido que ese libro fue compilado para la reina por cierto joven músico llamado Mark Smeaton, miembro de la cámara del rey desde hacía cuatro o cinco años y amigo del hermano de ella, George, vizconde Rochford.[28] Ese joven de talento como intérprete de órgano y clavicordio y «diestro bailarín» era la clase de compañía que agradaba a la reina, con sus gustos artísticos. «Master Weston», el maestro de laúd, también. Ella misma había crecido entre jóvenes como ésos, que vivían de la corte en Borgoña, Francia y, desde 1520, en Inglaterra.

Los bailes, por supuesto, seguían celebrándose. En 1533, sir Edward Baynton, vicechambelán de la reina Ana, comentaba que nunca había habido «más pasatiempos», incluidos los bailes, en la cámara de la reina. El hecho de que William Latimer, en su *Chronickille* de la vida de Ana Bolena (publicada durante el reinado de su hija), pintara un cuadro de austeridad sin danzas, no hace más que demostrar cómo se modela la historia.[29] Latimer había sido capellán de la reina Ana y es, en muchos aspectos, una fuente muy importante; luego pasó a ser capellán de la reina Isabel y miembro de su Gabinete, con el delicado problema, común a todos los supervivientes de su generación, de manejar la cuestión del destino de su madre. En respuesta era acentuar todos los aspectos píos del carácter de la reina Ana y pasar por alto el resto. Pero ambos aspectos podían coexistir. A diferencia de Latimer, no nos cuesta aceptar que el amor por las artes, el placer mismo, sea compatible con un interés por la religión en una mujer de talento e inteligencia como Ana Bolena.

Por una parte, Ana lucía los mantos dignos de una reina y magníficas joyas diseñadas por Holbein y otros, con las iniciales H y A entrelazadas.* Hay pruebas de que patrocinaba a pintores como los de la familia Horenbout de Gante: Gerard, Lucas y Susanna.[31] Libros bellamente encuadernados, manuscritos iluminados sobreviven como testimonio de un interés en la literatura comparable a su amor por la música, y mucho más raro en una mujer de aquella época, que no había sido educada para ser princesa. Todo eso formaba parte del papel de reina de Ana Bolena.

Por otra parte, tenemos el retrato de Latimer de una mujer devota, caritativa, entregada a los pobres y estricta supervisora de la moralidad de su casa, con un disgusto especial por la blasfemia, que deseaba «una corte inviolada». Pero, por supuesto, esas actividades —en particular los donativos a los pobres— eran también una parte importante del papel tradicional de reina. Como escribió Whittington de Ana en su panegírico:

> Sois una fiel protectora de los pobres, viudas y huérfanos
> y vuestro oído está abierto a los ruegos de los pobres.
> Brilláis con pía religión como la estrella del alba.

Como la reina Catalina había sido notablemente generosa y muy amada por ello, da la impresión de que la reina Ana era especialmente competitiva con su predecesora en esa área. Los emblemas podían suprimirse pero, por desgracia, los recuerdos sentimentales eran más difíciles de borrar. Ana era consciente de que las «batas y camisas» y las enaguas de franela hechas por sus propias manos, que según Latimer ella regalaba a los pobres, serían comparadas con las de la «buena reina Catalina».[32]

En realidad, Latimer dice exactamente eso cuando describe el ritual del Jueves Santo: que la reina Ana había sido más generosa que la reina Catalina. Según una antigua costumbre, las personas reales lavaban los pies de los pobres, y les daban luego una bolsa de dinero, en conmemoración de las acciones de Jesucristo el jueves anterior a su crucifixión. Era una práctica acorde con la creencia de la reina Catalina en la humildad personal y la generosidad económica (seguía realizando «el Lavatorio» en su retiro forzoso). Evidentemente, había sido muy generosa en

---

* La imagen más conocida de Ana Bolena, aquella en que aparece con la letra B pendiendo de un elegante collar de perlas en copias de fines del siglo XVI y del siglo XVII, probablemente tuvo su origen durante su etapa como reina.[30]

Pascua de 1534, ya que al año siguiente sir Edmund Bedingfield, encargado de su casa, se había visto en un aprieto en cuanto a permitir que volviera a efectuarse la ceremonia.

Catalina fue lo suficientemente inteligente como para no usar, por una vez, el argumento de que seguía siendo la reina de Inglaterra para dar fuerza a su petición. En cambio, se apoyó en el hecho de que Margarita de Beaufort, condesa de Richmond, «la gran dama del rey» (que en realidad nunca había sido reina consorte), había realizado «un Lavatorio anual». Bedingfield recomendó permitir que «mi señora la princesa viuda» hiciera su voluntad, ya que lo que proponía tendría lugar privadamente y a sus propias expensas; de lo contrario, Catalina podría tratar de realizar su «Lavatorio» en la iglesia local.[33] La extensa descripción de Latimer de la generosidad de la reina Ana en el Lavatorio está destinada, entonces, no sólo a favorecer a su personaje, sino también a denigrar a su predecesora exactamente en el mismo campo en el que había sido más amada. Una pobre mujer, por ejemplo, acostumbrada a recibir el donativo «durante los cuatro años [previos]» no podía creer cuánto había aumentado la caridad la noble reina nueva.

El patrocinio de los evangelistas por parte de la reina Ana, su incorporación al rango de capellanes, de lo que Latymer da elocuente testimonio, fue algo propio de ella; por dar un solo ejemplo, un conocido radical religioso, Nicholas Shaxton, nombrado limosnero de la reina en 1533, se convirtió en obispo de Salisbury en 1535. (La reina Ana le prestó doscientas libras para que le pagara sus «primeros frutos» al rey.)[34] La influencia de ella —la de una reina consorte— no debe exagerarse: ciertos evangelistas fueron ejecutados como herejes en su época; pero la evidencia de su casa, combinada con la de los nombramientos eclesiásticos, demuestra que aquellos de tendencias reformistas tenían el favor y la preferencia de la reina.

No cesaba su interés por los textos espirituales, incluida la Biblia. En realidad, a Ana le agradaba tener una traducción inglesa de la Biblia en su cámara, a la que se suponía que podían recurrir con frecuencia sus damas (que no sabían francés o latín). El propio Latimer viajó al extranjero en busca de libros la primavera de 1536 (volvió en mayo, en lo que resultó ser un mal momento). Había muchos estudiosos de Cambridge que la rodeaban, en particular de Gonville y el Caius College, institución sobre la que un clérigo más anticuado en lo religioso, el obispo Nix de Norwich, comentó agriamente: «Ningún estudioso que viene últimamente de ese colegio salvo [él] saborea de la sartén.» Una inglesa protestante una generación más joven, Rose Hickman, recordaba que su padre, un comerciante, le había dicho que cuando era joven e iba «más allá del mar», hacía recados para la reina Ana Bolena: ella «hacía que le consiguiera los Evangelios y Epístolas escritos en pergamino en francés junto con los Salmos».[35]

¿Acaso fue también la reina Ana a la casa religiosa de Syon y sermoneó a las monjas sobre «la enormidad de su libertad y su desenfrenada incontinencia»? Según Latimer, tras reprenderlas por recitar «ignorantes plegarias de devocionarios en latín» (que no podían entender) la reina les regaló libros de oraciones en inglés.[36] Si bien las monjas aparentemente habían comenzado tratando de no admitir a la nueva esposa del rey —sobre la base de que era una mujer casada, y su regla no les permitía admitirla—, se apresuraron a hacerse encontrar «postradas y serviles» cuando ella insistió en entrar. Y terminaron por estar debidamente agradecidas. Resulta una buena historia y una lectura por cierto atractiva. Pero como Latimer no es infalible, tal historia tal vez debiera ser puesta en la balanza con las peores calumnias de Chapuys y los de su especie, ni una ni otras necesariamente ciertas.

Pero en cuanto a un tema, las «disputas» bíblicas de la reina Ana en presencia del rey, Latimer proporciona información valiosa, en vista de lo que sucedería. En algún momento, Enrique VIII decidió que no le agradaba ni discutir con mujeres ni las mujeres a las que gustaba discutir. Distaba de ser una visión excepcional para un hombre de comienzos del siglo XVI, mucho menos para un monarca; por una parte, los textos bíblicos imponían silencio a las mujeres; por la otra, en general se aceptaba que, a pesar de esa prohibición, las mujeres tenían lenguas indeseablemente parlanchinas, tal vez inspiradas por el Malo mismo. No obstante, merece mayor explicación el disgusto excepcional de Enrique VIII por las mujeres discutidoras —o por aquellas que le parecía que pertenecían a esa categoría— que evidenciaría en sus años posteriores.

La reina Catalina, en su juventud, había sido muy bien enseñada y demasiado inteligente como para parecer desagradablemente discutidora; había seguido el modelo de cierta clase de mujeres inteligentes de toda la historia, presentando sus ideas sin confrontación, muy consciente, como le dijo a Chapuys, de que convenía persuadir al rey antes que amenazarlo. En el momento en que la angustia la hizo abandonar esa práctica, suscitó un furioso resentimiento en el esposo, justamente porque era lo bastante inteligente como para imponerse en la mayoría de las discusiones. (Como había señalado Ana Bolena, cruel aunque acertadamente, en noviembre de 1529, el rey verdaderamente no debía discutir con su esposa, ya que ella siempre ganaba.)

Al comienzo, las réplicas rápidas e ingeniosas de la joven Ana Bolena habían excitado al rey, e incluso los reproches y los fastidios de ella habían terminado en la reconciliación amorosa. Esos altibajos tenían su propio modelo; pero eran muy diferentes de la clase de escena descrita por Latymer en su biografía. Según él, la reina Ana nunca comía con el rey «sin que se debatiera profundamente algún tema de las Escrituras». El chambelán —lord Borough— y el vicechambelán, sir Edward Baynton, solían participar. De acuerdo con Latimer (que como capellán de la reina a menudo estaba presente), el rey Enrique sacaba «tal placer» de todo eso que «en muchas ocasiones no sólo los escuchaba sino que discutía y razonaba él mismo».[37] Pero tal vez sus sentimientos subyacentes fueron otros. El rey les ordenaría específicamente a sus futuras esposas que evitaran la discusión. Parece probable que el debate femenino estuviera asociado en su mente no tanto con el sexo, sino con la desaparecida, desgraciada, discutidora reina Ana.

El cuadro que ofrecía Latimer de la reina pía se completaba con la estricta moralidad que imponía a las jóvenes que la atendían. Como ella misma había atendido a la reina Catalina y ahora tenía a una joven llamada Juana Seymour en su cámara, se puede interpretar esa actitud como desagradable hipocresía o práctica vigilancia. Por cierto, la vigilancia estaba justificada, porque el rey volvía a descarriarse, si es que alguna vez se había sentido obligado a mantenerse fiel a su segunda esposa, estuviese o no embarazada. Continuaban lo que el embajador francés denominaba sus *amours*.

Una de las jóvenes de la cámara de la reina reprendida por su frivolidad fue cierta Margaret (o Madge) Shelton. Era prima hermana de «la concubina», como expresó Chapuys, ya que su madre, lady Shelton, era hermana de sir Thomas Boleyn; lady Shelton era gobernanta de su sobrina nieta la princesa Isabel, y su esposo, sir John Shelton, estaba a cargo de la guardia de la princesa. Madge Shelton debió de ser sumamente atractiva; unos años más tarde, cuando la famosa beldad, la duquesa Cristina de Milán, era sometida a investigación como posible novia real, se declaró en su favor que se «parece mucho a cierta señorita Shelton», de la cámara de la reina, con hoyuelos en las mejillas, «muy amable en su semblante» y «suave en su modo de hablar».[38]

Madge Shelton no sólo era atractiva, también era vivaz y coqueta, tipo Bessie Blount, tal vez; de la clase de mujeres que siempre habían divertido al rey. Pero desde el punto de vista de Ana, era la clase de muchacha —¡oh, horrores!— que escribía «vanas poesías» en su libro de oraciones. Salió a la luz un libro garabateado y, cuando se descubrió a la culpable, la reina Ana «la reprendió» por escribir «tales tonterías desenfrenadas en su libro de plegarias». Dada la naturaleza humana, sin duda no cuesta relacionar este incidente con la relación del rey con la señorita Shelton, que Chapuys situaba desde febrero de 1535 en adelante. En todo caso, Madge Shelton no fue la primera muchacha en atraer la atención del rey desde el nacimiento de la princesa Isabel.

Hubo «una joven muy hermosa» en otoño de 1534, según Chapuys. Había demostrado apego por «la princesa», que era como Chapuys se refería a María y no a Isabel, momento en que la inconstante corte empezó a tratar con más respeto a María. Luego estuvo Madge, cuyo goce de los favores reales parece haber durado unos seis meses; porque más tarde, en 1535, el rey tuvo otra de sus aventuras, esta vez con Juana Seymour. Lo más probable es que la atracción surgiera por primera vez cuando el rey estaba bajo el techo del padre de ella, sir John Seymour, en Wolf Hall, cerca de Marlborough, en Wiltshire. Él se hospedó allá, con la corte, alrededor de una semana a comienzos de septiembre, en el curso de una marcha que llegó tan al sur como Southampton antes de seguir hacia el oeste, hasta Bristol (el punto más occidental al que llegó en su vida).[39]

Pero el rey no pudo haber conocido a Juana Seymour por primera vez en Wolf Hall.* Los Seymour eran una familia de la corte: el hermano mayor de Juana, Edward, era un escudero del cuerpo del rey. La propia Juana estaba en la corte al menos desde 1529, cuando atendía a la reina Catalina;[40] si no había estado en Calais en 1532 (como su padre y su hermano), desde luego atendía a Ana Bolena antes de su coronación. Pero en las pasiones repentinas del rey al parecer no influía la previa proximidad: Ana Bolena había estado en la corte durante casi cuatro años antes de encender la luz del amor en los ojos reales. Bessie Blount

---

* Juana Seymour no era la «joven muy hermosa» sin nombre del año anterior, ya que Chapuys, vivamente interesado en esos asuntos, informa sobre las dos relaciones sin hacer la conexión.

había estado en la corte cinco años antes del romance que llevó al nacimiento de su hijo; Madge Shelton, prima de su esposa, no pudo haber sido una desconocida.

Todo eso preocupaba a la reina Ana —¿cómo podía no preocuparla, dadas las circunstancias de su propio ascenso al poder?—, pero no era necesariamente desastroso. Poseía sus propias armas con las cuales contraatacar. En el otoño de 1534, por ejemplo, le hizo una escena al rey por «la joven muy hermosa», quejándose de que ella no la trataba con suficiente respeto «en sus palabras y sus acciones». El rey se marchó furioso. Pero con la ayuda de su cuñada Jane, vizcondesa de Rochford, fue fácil para la reina despedir a su rival de la corte. Madge Shelton, la siguiente en tener el favor del rey, no parece haber representado una amenaza; dada la estrecha relación de los Shelton con los Boleyn, se ha sugerido incluso que la reina Ana fue quien proveyó a su bella prima para deleite del rey (aunque no hay ninguna prueba de ello y parece no coincidir con los celos proverbiales de la reina).[41]

El temperamento de la reina Ana seguía siendo errático y sus rabietas sonadas: se dice que vertió más insultos sobre su tío Norfolk «que sobre un perro», de modo que él le respondió, aunque no a la cara, llamándola *la grande putain* (la gran puta). Incluso a Thomas Cromwell le tocó lo suyo, aunque los intereses de ambos al parecer coincidían tanto en lo referente al divorcio como en sus simpatías religiosas. En junio de 1535, Cromwell le comentó a Chapuys que la reina Ana había amenazado con hacerle cortar la cabeza, un desafío que tal vez fuera bastante imprudente formular en la corte Tudor. No es ése el tipo de incidente que Chapuys hubiese exagerado, ya que era información de importancia política, aunque Cromwell mismo estaba empezando un doble juego al pasar la información. En el verano de 1535, el embajador veneciano informó de que el rey Enrique estaba «ya fatigado hasta la saciedad de su nueva reina».[42]

Sin embargo, más adelante, ese mismo año, el propio Chapuys le escribió a su señor que la reina Ana era tan poderosa como siempre: «El rey no se anima a contradecirla.» Según había descubierto Chapuys, el carácter del rey era «cambiante», y «dicha dama [la reina] sabe bien cómo manejarlo». Podía estar menguando el atractivo sexual que una vez había tenido ella para el rey: a los treinta y cinco años su aspecto moreno de gitana, que una vez había sido tan notable, tal vez se hubiera deslucido. En esa época fue descrita por un cortesano inglés como «sumamente fea», consumida por el esfuerzo constante y la ansiedad (admitidamente, le hizo el comentario al hostil doctor Ortiz en Roma).[43] Por cierto, Ana no era ya la «damisela joven y lozana» de William Forrest. No obstante, perduraba su «talento», según lo expresaba Chapuys; y el rey Enrique, por mucho que le disgustara que las mujeres discutieran, no se oponía a que lo manejaran siempre que lo hicieran con gracia y gentileza.

Pero la verdadera arma de la reina Ana era la que siempre había sido: su capacidad para proporcionarle al rey un heredero varón. Después de todo, de la manera más cruda, la esposa alternativa de Enrique VIII era Catalina de Aragón: ahora se acercaba a su cuadragésimo noveno cumpleaños y había pasado la edad del alumbramiento. (Aunque demuestra la lealtad y la tenacidad de Chapuys que intentara discutir ese punto particular con Cromwell: le nombró «algunas mujeres de este mismo país» que habían dado a luz a los cincuenta y un años, a lo que Cromwell mismo respondió «que su propia madre tenía cincuenta y dos años al nacer él».) Cuando la reina Ana alejó de la corte a «la joven muy hermosa», el rey estalló, diciéndole «que tenía buenos motivos para estar contenta con lo que había hecho por ella, que no lo haría ahora si la cosa debiera comenzar y que ella debía considerar de lo que había venido y otras cosas».[44] No obstante, ira, frustración, todo eso podía solucionarse si la reina Ana, como la muchacha del cuento de hadas que promete convertir la paja en oro para conquistar al rey, podía alumbrar un príncipe.

En ese contexto, entonces, el fracaso del embarazo de 1534 fue un duro golpe. El fin más probable debió de ser un hijo muerto, tal vez prematuro en un mes, pues la reina no se había retirado a su cámara. Pero no se anunció: tales desgracias nunca eran el tema de los comunicados oficiales. La información sobre los hijos nacidos muertos de la reina Catalina procede de fuentes extraoficiales; el primero, en enero de 1510, no se mencionó hasta mayo en una carta privada al padre de ella. La reina Ana tenía «un abultado vientre» a fines de abril de 1534 y un «vientre tan bueno» como hubiera visto nunca sir William Kingston el 24 de junio. Ella estaba suficientemente embarazada en verano para que el rey empleara eso como excusa para posponer otro encuentro con el rey Francisco «dado el estado de ella». (Si concibió en noviembre, como eso sugiere, el bebé debía nacer en agosto.) Luego sigue el silencio. No fue hasta fines de septiembre que Chapuys —desconectado de la corte durante el desplazamiento de verano que él no realizó— informó de que la reina ya no estaba embarazada.[45]

Si bien se ha planteado la teoría de que ése fue un falso embarazo causado por la desesperada ansiedad de la reina,* es una complicación innecesaria.⁴⁶ La única prueba a su favor (aparte de la poco sorprendente carencia de información oficial) es un comentario del que Chapuys se hizo eco, de segunda o tercera mano probablemente. El flirteo del rey Enrique en el otoño de 1534, que enfureció a la reina Ana, se decía que se debió a las dudas del monarca en cuanto a que su esposa hubiera estado realmente *enceinte*. Tales comentarios se entienden con facilidad en el contexto del deseo familiar del rey Enrique de alejarse del infortunio y, al mismo tiempo, de tener una justificación para su propia conducta. Desde luego no tienen demasiado peso contra las evidencias previas, incluida la del propio rey.

El argumento más convincente, en el sentido de que la reina Ana había estado embarazada en 1534 y perdió el bebé —probablemente un hijo—, es que otro desastre en ese contexto fue considerado por el rey prueba de que también ella era incapaz de darle un heredero varón; una reacción desproporcionada si el nacimiento de Isabel hubiera sido un episodio aislado. Después de todo, fueron las reiteradas tragedias de la reina Catalina las que lo habían convencido de que la unión de ambos contravenía la ley de Dios. Afortunadamente para Ana, le fue ocultada esa triste secuencia de acontecimientos.

Desde el otoño de 1534 en adelante, pues, y durante los tres primeros cuartos de 1535, la reina Ana buscó su salvación en un tercer embarazo. Casi con seguridad, para entonces debía afrontar el problema de la impotencia periódica del esposo, lo que no era una combinación afortunada de circunstancias. El rey había asegurado a su Parlamento, a comienzos de la década de 1530, que no se proponía casarse con Ana Bolena por ninguna clase de pasión desenfrenada: «Porque tengo cuarenta y un años —dijo—, una edad en que la lujuria del hombre no es tan rápida como en la lujuriosa juventud.» Por entonces, sólo le interesaba defender el abandono de Catalina de Aragón. Pero tal vez las palabras, hipócritas en su momento, resultaran ser muy ciertas: no tanto porque el rey tuviera más de cuarenta años, ni tampoco porque estuviera engordando paulatinamente (su abuelo Eduardo IV superaba con gusto esa supuesta desventaja), ni por ninguna de las infinitas razones

* Conocido médicamente como pseudoembarazo, se da en las mujeres desesperadas por tener hijos, por razones obvias; la reina María (hija de Enrique VIII), dos reinados más tarde, fue propensa.

que pueden aducirse para explicar tal giro de los acontecimientos. La enfermedad en el área vital pudo haber contribuido al problema. (Se ha señalado que el rey tenía problemas de vejiga en 1528 y él mismo recomendaba una cura para un tumor de los testículos.)[47] Lo cierto era que Enrique VIII nunca tuvo la urgencia sexual rampante de, por ejemplo, Francisco I. Para su época, él era un hombre dedicado a su esposa.*

En cuanto a la reacción de la reina Ana al desempeño del rey, un duro comentario, que se dijo que le hizo a su cuñada Jane Rochford, sería citado luego en contra de ella: el rey no podía satisfacer a una mujer, exclamó, porque en ese aspecto vital no tenía ni «*vertu*» (habilidad) ni «*puissance*» (virilidad).[48] Es la clase de queja airada que suena a verdad: después de todo, la reina Ana no fue nunca una persona que midiera sus palabras. Se trataba de alguien de quien el mundo esperaba que quedara embarazada y a la que se culpaba por un fracaso que no era culpa suya.

Podemos suponer, sin embargo, que la actitud del rey hacia su impotencia, y la humillación correspondiente, eran algo diferente. Nada fue nunca culpa de un rey: sin duda él veía su fracaso no tanto como algo suyo sino de ella. Al menos, tales problemas no pueden haberlo hecho querer más a Ana, en particular si seguía encontrando excitantes a otras mujeres más jóvenes y menos familiares, como parece haber sido el caso.

La reina Catalina estaba por entonces en el castillo de Kimbolton, cerca de Huntingdon, al que fue trasladada poco después del cambio de política en Buckden. En un sentido, su causa no fue olvidada: durante ese verano de 1535, el bufón del rey se atrevió a representar una sátira en la corte en la que a la reina Ana se la llamaba la Rufiana y a la princesa Isabel la Bastarda. El rey se enfadó y el bufón fue castigado; de todos modos, la sátira nunca sienta sus propios cimientos sino que, por su misma naturaleza, se construye sobre los ya sentados. Además, en esa época fueron sentenciados a muerte los cartujos y otros, incluido Moro.

---

* Hay un ingenioso dicho —muy usado por los guías turísticos— según el cual Enrique VIII es el único rey que tuvo más esposas que amantes. Eso puede no ser literalmente cierto —¿quién puede saber con seguridad el número exacto de mujeres con las que hizo el amor Enrique VIII?—, y no obstante es cierto que tenemos sólo tres nombres de mujeres de las que se supuso plausiblemente en su momento que fueran amantes del rey, aparte de aquellas con las que luego se casó (Bessie Blount, María Bolena y Madge Shelton). Ni siquiera si a ellas agregamos personajes definidos aunque sin nombre como la «joven muy hermosa» de 1534, el número no se eleva por encima de seis.

Mientras observaban las cabezas de las víctimas, expuestas en «el portal de Londres», que se volvían negras al sol según un informe español (con la excepción de la de Fisher, que se mantenía «más fresca»), la gente recordaba a la buena reina Catalina. Pero la reclusión de Catalina, por órdenes de su esposo, aún más que su mala salud, la volvían políticamente nula: ya no era el símbolo alrededor del cual pudieran reunirse los descontentos en la patria y en el extranjero. Esa función había pasado ahora a su hija María. (Esto explica, si no excusa por completo, que la reina Ana culpara públicamente a su hijastra de causar la contienda: «Ella es mi muerte y yo soy la de ella», le agradaba declarar dramáticamente en la corte en el otoño de 1535.)*[49]

El castillo de Kimbolton había sido construido sólo sesenta años antes por la viuda del primer duque de Buckingham, pero se hallaba en un estado de gran deterioro. La reina Catalina no había deseado trasladarse allí. Por Antonio de Guaras, que tenía amigos en su casa e iba de visita, nos enteramos de que Catalina consolaba a sus sirvientes por este traslado, agregando que confiaba en que la merced de Dios hiciera cambiar el corazón de su querido esposo «para que pueda ver el error en el que ha caído». Pero Kimbolton era al menos mejor que Fotheringhay, a pocos kilómetros de distancia, o que otras fortalezas húmedas, por ejemplo Somersham, con que la reina había sido amenazada. La llegada a Fotheringhay, parte de su dote del príncipe Arturo, hubiese representado una derrota táctica por esa razón; la perspectiva de Somersham, entre pantanos (esos sitios donde abundaba la peste podían apresurar la muerte de los más fuertes), hizo que ella le dijera a Suffolk que para llevarla allá deberían arrastrarla con cuerdas.[50]

No todos los contactos con el exterior habían sido eliminados. Los dos médicos españoles de la reina Catalina, primero el doctor Fernando Vittoria y luego el doctor Miguel da Sá —«el médico que estuvo con ella hasta el día de su muerte»— no sólo atendían su salud, sino que de vez en cuando podían comunicarse con Chapuys. Los frailes observantes hacían visitas a los distintos lugares de su cautiverio, en apariencia para oír las confesiones de sus damas y caballeros; en realidad estaban en condiciones de transmitir mensajes. Pero la manutención de Catalina se ha-

---

* A veces se sugiere que Ana Bolena hacía ese comentario respecto de Catalina de Aragón; pero el informe imperialista claramente nombra a «la princesa», es decir, a María, no a «la reina», es decir, a Catalina, a la que nunca se denominó «la princesa» en tales comunicaciones, ya que era una cuestión de política imperial que Catalina seguía siendo la única reina de Inglaterra.

bía reducido: ahora su tren de vida era menos el de una reina que el de la monja en que una vez se había negado a convertirse. Privada de sus anteriores magníficas posesiones, vivía rodeada principalmente de objetos religiosos. Sus joyas hacía tiempo que habían pasado a Ana Bolena: en su oratorio —su gabinete— había estatuas de santa Bárbara, santa Margarita con una corona y una cruz, santa Catalina con su rueda y un crucifijo español. Sólo la pila de agua bendita de plata y oro, que llevaba grabadas las iniciales H y C bajo una corona, recordaba antiguas glorias... y su matrimonio.[51]

Todo eso podía soportarlo. Lo verdaderamente penoso para Catalina era que no se le permitiera ver a su hija ni siquiera cuando María estaba enferma. El disgusto de Enrique VIII por la negativa de las dos mujeres a someterse había hallado su forma de expresión más efectiva. Él simulaba creer que Catalina, «tan altiva en espíritu», era capaz de aprovechar la oportunidad de reunir hombres y hacer la guerra «tan osadamente como su madre, Isabel, la había hecho».[52] Eso era una fantasía. La verdad era que descargaba su crueldad de hombre frustrado en una mujer enferma y envejecida.

A Chapuys nunca se le había dado permiso para visitar a su reina. Crecientemente preocupado por la salud de Catalina, hizo un ingenioso intento por visitarla en julio de 1534. Reunió a unos cuatrocientos españoles —incluido Antonio de Guaras— y cabalgó con ellos en dirección a Kimbolton. Chapuys ignoró un mensaje del rey pidiéndole que desistiera, pero se detuvo cuando la reina misma le rogó que no desobedeciera las órdenes del rey. Sin embargo, unos treinta del grupo siguieron cabalgando, incluido el bufón del embajador, «un individuo joven muy divertido», que llevaba un candado en la capucha. El propósito serio de la visita no impidió que los actores de apoyo pasaran un buen rato. El bufón, al ver a las damas de la reina Catalina asomadas a las ventanas del castillo, se metió en el foso hasta la cintura diciendo que deseaba llegar a ellas; luego arrojó su candado a la ventana (las damas se sintieron decepcionadas al descubrir que no contenía ningún mensaje oculto). Después, las damas ofrecieron a los caballeros españoles un cordial desayuno en la sala inferior del castillo. Pero el bufón, fingiendo que le dolía una muela ante el barbero del castillo (responsable de tales asuntos), hizo que el hombre le revisara la boca, momento que aprovechó para morderlo y hacerlo gritar. Y hubo otras bromas.[53] Chapuys, al margen de todo eso, se cuidó de cabalgar de regreso tan ostentosamente como pudo, de modo que todos vieran que el embajador del emperador había tratado de visitar a la reina. Por otra parte, había mantenido en apariencia relaciones cordiales con el rey para el caso de que hiciera falta una visita de urgencia.

Ese caso llegó dieciocho meses más tarde. A lo largo de otoño de 1535 el estado de la reina Catalina se fue deteriorando. Para Navidad se informó de que estaba muy grave. Finalmente, el 31 de diciembre, sir Edmund Bedingfield informó desde Kimbolton a Thomas Cromwell que «la princesa viuda» estaba «en gran peligro de muerte». Su médico pensaba que, aun cuando se recuperara por un breve tiempo, el fin no podía demorarse mucho.[54]

Pero en la corte, las tradicionales celebraciones de Año Nuevo fueron alegres, en particular para la reina Ana. No era tanto la enfermedad mortal de su predecesora lo que la llevaba al deleite sino el hecho de estar una vez más incuestionablemente embarazada: se acercaba a los tres meses a fin de año. En las primeras semanas de octubre de 1535, poco antes de la visita del rey a los Seymour de Wolf Hall, la reina Ana había concebido un hijo. A pesar de los *amours* de su esposo, de su creciente entusiasmo por la recatada Juana Seymour, Ana podía considerarse de nuevo «la más feliz».

TERCERA PARTE

Juana Seymour

CAPÍTULO ONCE

Muy modesta

Ella se ha comportado con mucha modestia en este
asunto.

Enrique VIII sobre Juana Seymour,
marzo de 1536

Demostró que tenía razón el médico que había predicho que, si
la reina Catalina se recuperaba, no sería por mucho tiempo. Mejoró a
principios de 1536, lo suficiente como para recibir al fiel embajador
Chapuys, que se apresuró a viajar a Kimbolton, como hizo también
María de Salinas, lady Willoughby. Esta vez nadie los detuvo. Por supuesto, María, la hija de la reina, seguía muy lejos (Catalina no la había
visto desde hacía más de dos años): no se podía esperar la merced del rey
al respecto.

Es dudoso que Catalina de Aragón aceptara alguna vez esa separación, como tampoco dejó nunca de amar al hombre al que aún consideraba su esposo. Pero seguía aconsejándole sumisión a su hija, «salvo sólo
que no debéis ofender a Dios, perdiendo vuestra alma». Por el contrario,
instaba a María a evitar las disputas en la medida de lo posible, «obedecer las órdenes del rey, hablar poco y no intervenir en nada». Ese período
«problemático» tampoco era el momento oportuno para que María par-
ticipara en negociaciones relativas a un matrimonio. A su antigua amiga
Margaret, condesa de Salisbury, la reina le envió un mensaje (del que
ella misma pronto tendría necesidad): le rogaba que tuviera un buen
corazón «porque nunca llegamos al reino del cielo sino por nuestros
problemas».[1]

La reina no tuvo fuerzas suficientes para escribirle una última carta al rey por su propia mano: le dictó el texto a una de sus damas. Al final, seguía preocupada por el bienestar espiritual de él. La carta empezaba con un conmovedor toque de admonición conyugal, como si Catalina aún le estuviera recordando al rey que le agradeciera a Dios la victoria de Flodden, tantos años antes: «Mi más querido señor, rey y esposo, la hora de mi muerte se acerca... no puedo elegir, pero por el amor que siento por vos debo advertiros de vuestra salud del alma, que debierais preferir a todas las consideraciones del mundo o de la carne. Por las cuales me habéis arrojado a muchas calamidades, y a vos mismo en muchas dificultades.» Pero si el tono era el de una esposa, ¿quién puede culparla? Además, era demasiado tarde para las iras del rey, para sus órdenes desaforadas, para que ella no se despidiera, para que no preguntara por la salud de él... Y en todo caso: «Os perdono todo —le dictó la reina a su dama—, y ruego a Dios que haga lo mismo.»[2]

Luego le encomendaba a «María nuestra hija» al rey, rogándole que fuera un padre para ella. El destino de sus doncellas restantes —«no son más que tres»— y su necesidad de dotes matrimoniales la inquietaban y deseaba que todos sus servidores tuvieran la paga de un año aparte de lo que les correspondía. Las ansiosas peticiones eran muy propias de Catalina de Aragón: según la ley inglesa, como mujer casada no podía hacer testamento, aunque se le permitía dejar una lista de «súplicas» a su esposo. Pero son sus palabras finales a Enrique VIII lo más conmovedor: «Finalmente, hago este juramento, que mis ojos os desean por encima de todas las cosas. Adiós.»

La mejoría fue breve. Los dolores de la reina eran tan intensos que no podía comer ni beber, pero pudo decirle a Chapuys cuánto significaba para ella su visita: sería un consuelo morir en sus brazos y no «totalmente abandonada como un animal» (*point désemparée comme une bête*). Conversaron más de dos horas; a la reina Catalina, ansiosa como siempre, le preocupaba que las «herejías» de Inglaterra tuvieran como causa principal el asunto del divorcio. El embajador la tranquilizó. En el curso de la conversación, incluso logró que la reina sonriera una o dos veces: tal vez se debiera a que él le contó, con más bondad que verdad, que el rey lamentaba enterarse de su enfermedad. Luego Chapuys le dijo a Erasmo que en sus últimos días la reina había sacado mucho consuelo de una de sus obras, *De Preparatione ad Mortem* (irónicamente, una de las obras encargadas por sir Thomas Boleyn, disponible desde hacía poco en una nueva edición en Inglaterra). Cuando Chapuys cabalgó de regreso a Londres en la mañana del 6 de enero, confiaba en que ella se recuperaría, aunque fuera brevemente.

Pero esa noche la reina tuvo una recaída. María de Salinas se quedó con ella al marcharse Chapuys, y fue la que sostuvo a su señora. Al caer la noche, la reina aún pudo peinarse y atarse el pelo —ese cabello «abundante» que una vez había sido su mayor belleza— sin la ayuda de sus criadas. Pero cuando pasaron las horas de la noche, le pidió a su médico, don Miguel da Sá, que le dijera la verdad.

Él respondió con franqueza: «Señora, debéis morir.» «Lo sé», fue la respuesta de la reina. Sin embargo, escrupulosa hasta el fin, se negó a que dijeran misa por ella antes del amanecer (la hora más temprana permitida por las reglas de la Iglesia católica); cuando lo sugirió su capellán, Jorge de Athequa, obispo de Llandaff, ella citó «pasajes en latín» en sentido contrario. Finalmente, en aquella oscura estación, en pleno invierno, llegó el amanecer y la reina recibió el sacramento. Al aceptarlo, dijo una oración a sus sirvientes «que habría partido cualquier corazón»: pidió el perdón de Dios para «el rey, su esposo, por el mal que le había hecho a ella». Pero no llegaba el fin. Se hicieron las dos de la tarde antes de que muriera. Cuando «llegó su hora», levantó las manos y puso su alma en las manos de Dios con las tradicionales palabras con que un pío católico, imitando a Cristo, espera morir: «*In manus tuas, Domine, commendo spiritum meum.*» Luego la reina «entregó su alma a Dios».

Era el 7 de enero de 1536. Catalina de Aragón tenía poco más de cincuenta años. Murió en los brazos de María de Salinas, que podía recordar a la infeliz princesa en poder de Enrique VII, la novia radiante del matrimonio de 1509... y muchos otros episodios, cada vez menos gloriosos y más dolorosos. Su cuerpo fue puesto en la capilla de Kimbolton y velado por las tres damas de la casa, Blanche e Isabel de Vergas y Elizabeth Darrell, así como por la propia María.*

Casi de inmediato empezaron a difundirse rumores de que el rey Enrique había envenenado a la reina Catalina. Eso era inevitable, dado que buena parte de la correspondencia del imperio durante los últimos años había expresado la preocupación por la seguridad de ella. En todo caso, era lo habitual en aquella época que la muerte de las personas in-

---

* Chapuys se esforzó por enterarse de los detalles de las últimas horas de la reina Catalina de boca de sus servidores, que envió a Carlos V con los pasajes importantes en código; otros detalles proceden de Antonio de Guaras, que también se habría enterado directamente por los presentes.

fluyentes, cuya desaparición se consideraba demasiado conveniente para sus enemigos, estuviera en general acompañada de tales sospechas. La acusación ridícula no sólo por la razón apuntada en el último capítulo: era probable que Dios se llevara muy pronto a Catalina sin ayuda añadida. A Enrique VIII el veneno le repugnaba, le resultaba ajeno. El hacha y la cuerda, utilizadas en público, no el veneno en secreto, eran las armas de su autoridad contra aquellos que cuestionaban la voluntad real, precedidas en lo posible por el profundo arrepentimiento de los culpables por haberlo ofendido o traicionado.

A primera vista es igualmente absurdo —aunque más romántico— sugerir que la reina Catalina murió con el corazón destrozado. Después de todo, es imposible vincular el pesar y la enfermedad mortal. Y sin embargo, extrañamente, la autopsia realizada por el cerero del castillo (una de sus tareas oficiales) reveló una excrecencia redonda, grande y negra en el corazón que era en sí misma «completamente negra y horrible». El hombre halló todos los otros órganos internos perfectamente sanos y normales. De hecho, un especialista de fines del siglo XIX señaló que la reina Catalina murió de una forma de cáncer —sarcoma melanótico— entonces imposible de diagnosticar para su médico; el tumor en el corazón era casi seguramente secundario, y el cerero no habría visto el núcleo principal.[3] No obstante, se advierte que, cuando murió la reina Catalina, fue su corazón lo que estaba más visiblemente afectado. Y eso al menos resulta simbólico, aunque no sea médicamente acertado.

«La muy entristecedora, dolorosa y lamentable noticia de la muerte de la muy virtuosa y santa reina», en las palabras de Chapuys, fue recibida por el embajador en un mensaje de Thomas Cromwell. Al rey Enrique VIII, según la leyenda popular, no le pareció tan dolorosa la noticia. Se dice que se vistió de amarillo —el color del regocijo— con una pluma blanca en el sombrero (aunque lord Herbert de Cherbury, en una biografía del siglo XVII, escribió que el rey lloró con la última carta de Catalina: por supuesto, ambas historias pueden haber sido ciertas). Otras fuentes atribuyeron el desagradable amarillo a Ana Bolena, de modo que tal vez la pareja real irradiara su «júbilo y deleite» con trajes que armonizaban; la princesa Isabel, de dos años, fue exhibida en la corte en brazos del padre (en una de sus periódicas apariciones) y llevada públicamente a la iglesia «al sonido de las trompetas».[4]

Casi inmediatamente se impuso la avaricia real. El convento franciscano favorito de Catalina no recibiría sus mantos: el rey decidió que sus miembros ya poseían suficiente; tampoco debían asistir al funeral. En cuanto a su sepultura en San Pablo (donde Catalina se había casado con Arturo, al que él formalmente consideraba su marido) eso costaría más «de cuanto se requería o era necesario». El rey también se negó a cumplir las otras peticiones de su ex esposa en cuanto a ropa o propiedades hasta que él hubiera visto «cómo eran los mantos y las pieles».[5]

Pero fueron las cuidadosas anotaciones del inventario oficial de las pertenencias de Catalina, realizadas por sir Edward Baynton, las que causaron la mayor impresión. Se pensó que convenía que las toallas de fina tela de Holanda con bordes dorados y de seda fueran «entregadas a la Majestad del rey», así como otras telas guarnecidas y un escritorio forrado de terciopelo azul con clavos dorados. Una caja de trincheros de madera, un cofre de terciopelo carmesí y, finalmente, algunos de los artículos «necesarios proporcionados a la princesa viuda, en el tiempo en que guardó cama», incluidos finos camisones, enaguas dobles y una tela para cubrir a un niño, bordeada de oro, fueron «enviados a la reina».[6]

La elección del sitio para sepultar a Catalina —tres semanas después de su muerte— que hizo al fin el rey, fue la antigua y hermosa catedral de Peterborough, a unos treinta kilómetros del castillo de Kimbolton. El ataúd descansó la noche de su traslado ceremonial en la abadía de Swatrey. Obviamente, la procesión atraería menor atención allí en las tierras del interior, que por ejemplo camino de San Pablo (además de costar menos); aun así, la gente del campo se apiñó al borde del camino para ver pasar el ataúd de su «buena reina Catalina». La principal persona del duelo nombrada por el rey fue su joven sobrina, lady Eleanor Brandon; un papel secundario tuvieron la joven madrastra de esta última, Katherine, duquesa de Suffolk, acompañada de su madre, María de Salinas, lady Willoughby. Además, un grupo de pobres de negro con capucha llevaban velas negras para dar a la ocasión la dignidad apropiada a la difunta Catalina de Aragón.

Pero era la dignidad que le correspondía a una princesa viuda, a la viuda del príncipe de Gales, no a una reina. Por esa razón Chapuys se negó a asistir. Tal vez eso fuera correcto, ya que el predicador John Hilsey, obispo de Rochester (la antigua sede de John Fisher), anunció en su sermón que Catalina misma «había reconocido no haber sido la reina de Inglaterra». Esa falsificación de la verdad se grabó —por el momento— en su tumba: siguiendo órdenes del rey, las armas de Gales, no las de Inglaterra, se esculpieron junto a las de España.

La posición elegida para la sepultura de Catalina de Aragón fue en el crucero noroeste de la catedral. William Forrest, que estuvo presente, describió a su señor el funeral como majestuoso; la figura de cera de la reina vestida con sus mantos sobre el ataúd (según era costumbre en los funerales reales) tenía una curiosa naturalidad, escribió. Pero Chapuys manifestaba en el informe su indignación porque su ubicación estaba «muy alejada del altar principal, y era mucho menos honorable que la de ciertos obispos enterrados allá», escribió. Tales eran «los grandes milagros y la increíble magnificencia» que los ingleses le habían dado a entender que exhibirían en honor de la memoria de ella «como corresponden por igual por sus grandes virtudes y sus parientes». Se alegraba pensando que compensarían eso «haciendo un adecuado monumento en algún sitio apropiado».[7]

Con la supresión de su rival —a los ojos del mundo, si no en los afectos del rey— tendría que haber dado comienzo el período más feliz de la vida de la reina Ana. En cambio, trajo su caída. Su duro comentario sobre la hija del rey, María, del otoño previo —«ella es mi muerte y yo soy la de ella»—, tenía un inquietante nuevo sentido en lo que concernía a la madre de María. Como comentó secamente Chapuys, el matrimonio de «la concubina» no se había vuelto «más válido y legítimo» como resultado de la muerte de la reina Catalina.[8] Enrique VIII era ahora viudo, según las estrictas pautas católicas, ya que había muerto su única esposa a los ojos de la Iglesia; era por tanto libre para casarse con quien eligiera. No es necesario insistirle al lector de esa narración en qué rápidamente cualquier monarca viudo —en particular sin heredero varón— se consideraba no sólo libre sino obligado a volver a casarse.

Por supuesto, según otras pautas —las de la nueva Iglesia inglesa de la que él se había constituido en jefe— el rey distaba mucho de ser libre para casarse. Su interés por Juana Seymour podía estar intensificándose, pero su segunda esposa estaba embarazada, y ese acontecimiento por el que esperaba la nación —el nacimiento de un hijo varón— al parecer entró en juego una vez más. «Oh señora Ana, oh reina incomparable —decía la dedicatoria de un poema de Clément Marot—, que ese Buen Pastor con el que tienes favor os dé un hijo varón, la imagen de su padre el rey, y que viva y florezca de modo que vosotros podáis verlo llegar a la madurez.»[9] Es perfectamente posible que la segunda mitad de aquel pío deseo hubiera podido materializarse —que ambos padres de ese «príncipe» putativo (que hubiese nacido en el verano de 1536) hubieran sobrevivido para verlo «llegar a la madurez»— si el niño hubiera «vivido y florecido».

Pero no fue así. A fines de enero —el veintinueve es una fecha probable— la reina Ana abortó.* Era «un bebé varón», de algo más de tres meses. En ese momento, según el relato contemporáneo, la reina Ana estaba histérica por la decepción, y sin duda por la aprensión. El rey acababa de tener una caída en una justa que lo había dejado inconsciente dos horas. La reina estalló diciendo que esa desagradable conmoción había causado el aborto, tan grande era su amor por él. El alegato y la excusa cayeron en oídos igualmente sordos. Se supone que el rey comentó «de muy mal humor» que, cuando la reina se hubiera levantado de su lecho de enfermedad, «iré a hablar con vos». Pero una parte más ominosa de la misma historia tenía que ver con la exclamación del rey: «Veo que Dios no desea darme hijos varones.» La biografía favorable de Ana Bolena de George Wyatt, que si bien escrita muchos años más tarde conserva las tradiciones de sus damas de compañía, transmite la misma impresión de una escena inquietante. Ahí el rey va a Ana «gimiendo y lamentando» la pérdida de su hijo, sólo para que Ana se derrumbe y se refiera a la «falta de bondad» de él. Las últimas palabras del rey fueron inequívocamente amenazadoras: «Él no tendría más hijos con ella.»[11]

Si el rey Enrique realmente encaró el aborto de su esposa con tal falta de simpatía no podemos saberlo con seguridad; pero que invocara la voluntad de Dios resulta más que plausible, dada la conocida tendencia del rey a interpretar sus propios infortunios a la luz de la divina desaprobación (de otro). Según otro relato contemporáneo de los Exeter —porque naturalmente, abundaban en la corte los rumores sobre el tema—, el rey le dijo a una persona de su círculo íntimo en la cámara privada que Dios le estaba negando un hijo varón. Lo más siniestro de todo fue la explicación que daba de ello: había sido embrujado por Ana Bolena, «seducido y obligado a ese segundo matrimonio mediante sortilegios y hechizos».[12] Eso, después de todo, era negar definitivamente su responsabilidad personal en todo cuanto había hecho para abandonar a su primera esposa, ahora desaparecida para siempre.

En ese punto, la relación del rey con Juana Seymour adquirió un

---

* Ésa es la fecha propuesta por Charles Wriothesley en su *Chronicle of England*. Wriothesley había sido nombrado heraldo de Windsor en la Navidad de 1534 y estaba en posición de enterarse del rumor de que la reina calculaba que hacía «unas quince semanas» que estaba embarazada cuando lo perdió. Chapuys también habló de «tres meses y medio». No se mencionaba el estado del feto, aparte del hecho de que era un varón (sin referencia alguna a deformidad). De Carles, en su posterior biografía de 1536, se refería a «un bonito hijo» (*un beau fils*) nacido «antes de término».[10]

nuevo cariz: la primera reina había muerto y se achacaba a la segunda una «incapacidad total para concebir hijos varones».* Una pasión que en otras circunstancias más felices —es decir, más felices para Ana Bolena— hubiera podido ser grata pero transitoria, se convirtió en foco de especulación general. Chapuys se enteró de que fue la noticia de los obsequios que el rey había dado recientemente a la «señorita Seymour» lo que causó el aborto de la reina Ana. Según una historia de una fecha posterior, la reina Ana encontró a la señorita Seymour sentada sobre la falda de su esposo; «reprochando» eso al rey, la reina Ana culpó de su aborto a ese desagradable descubrimiento. Se decía que había habido «muchos arañazos y golpes entre la reina y su doncella».[13]

A diferencia de lo que ocurre con las invocaciones de la voluntad divina por parte del rey, no hay pruebas contemporáneas de que se dieran incidentes tan violentos; el carácter de Juana Seymour que se describe en 1536 es por el contrario casto, casi gazmoño. Como veremos, hay buenas razones para creer que el rey encontró en esa misma castidad una fuente de atracción, al igual que antes se había vuelto hacia la encantadora Ana Bolena desde la virtuosa Catalina. Pero antes de pasar a las cualidades personales de Juana Seymour, para mejor o para peor, es necesario que tengamos en cuenta la familia de la cual provenía. Eso era lo fundamental de la joven —de cualquier joven que captara la atención del rey— en la corte de Enrique VIII. Dado el estado perenne de la que ha sido expresivamente denominada «facción» en la corte Tudor, ¿quién ascendería, quién caería si una Seymour obtenía el premio matrimonial del cada vez más disponible Enrique VIII?[14]

Los Seymour eran una familia de respetable e incluso rancio abolengo en una época en que, como ya se ha remarcado, tales cosas eran importantes.[15] Su pasado normando —el apellido era originalmente St Maur— era un tanto oscuro, si bien se decía que un *Seigneur* Wido de Saint Maur había llegado a Inglaterra con la conquista. Posteriormente, desde Monmouthshire y el castillo Penbow, los Seymour se trasladaron al oeste de Inglaterra, a mediados del siglo XIV, por el matrimonio de sir Roger Seymour con Cecily, eventual única heredera de lord Beauchamp de Hache. Otros matrimonios clave trajeron prosperidad a la familia.

---

* Es esta suposición general la que sugiere que la reina Ana estaba embarazada en 1534, y que dio a luz un hijo muerto, probablemente unas pocas semanas antes de término. De lo contrario, la historia ginecológica de la reina Ana se reduciría a un solo nacimiento, el de una hija saludable, lo que no parece suficiente para llegar a tal conclusión.

Wolf Hall, en Wiltshire, por ejemplo (escena del idilio otoñal de Enrique con Juana si damos crédito a la leyenda), vino con el matrimonio de un Seymour con Matilda Esturmy, hija del Orador de los Comunes, en 1405. Otra unión provechosa, que aportó vínculos mercantiles semejantes a los de los Boleyn, fue el de Isabel, hija y heredera de Mark William, alcalde de Bristol, con un Seymour en 1424.

Sir John Seymour, padre de Juana, nació alrededor de 1474 y fue nombrado caballero en el campo por Enrique VII en la batalla de Blackheath, que terminó en una rebelión en 1497. Desde ese prometedor comienzo, pasó a gozar del favor real en todo el reinado siguiente. Como sir Thomas Boleyn, acompañó a Enrique VIII en su campaña francesa de 1513, estuvo presente en el Campo de Tela Dorada, asistió a Canterbury para la reunión con Carlos V; en 1532 se había convertido en un Hidalgo del Dormitorio. en el ámbito local, también como Thomas Boleyn, había sido *sheriff* en Wiltshire y en Dorset. Era una carrera poco notable —no como la de Charles Brandon, que terminó siendo duque—, pero que lo situó cerca del monarca durante toda su vida adulta.

Sir John tenía reputación de «hombre amable, cortés». Eso era grato, si no notable. Pero había algo destacado en él, o al menos en su familia cercana. Sir John provenía de una familia de ocho hijos; luego su propia esposa dio a luz a diez hijos, seis varones y cuatro mujeres. Todo eso era auspicioso para su hija, incluido el número de varones concebidos en una época en que la aptitud de una mujer «para procrear hijos», según lo dicho por Wolsey sobre Ana Bolena, a menudo se juzgaba por el registro de su familia.

Pero era por parte de su madre, Margery Wentworth —una vez más siguiendo el modelo de Ana Bolena— que Juana Seymour poseía esa pizca de sangre real tan importante para una mujer vista como posible reproductora. Margery Wentworth descendía de Eduardo III por la madre de su bisabuela Elizabeth Mortimer, lady Hotspur. En realidad, en un sentido —el de la sangre real inglesa— Juana Seymour tenía una genealogía mejor que la de Ana Bolena, ya que descendía de Eduardo III, mientras que Ana descendía más remotamente de Eduardo I. Esa conexión Mortimer significaba que Juana y Enrique VIII eran primos en quinto grado. Pero, por supuesto, ni los Wentworth ni los Seymour eran tan grandes como la familia materna de Ana Bolena, los ducales Howard. (Véase árbol genealógico 1.)

Los Seymour pueden no haber sido particularmente grandes, pero las relaciones íntimas con la corte los había vuelto astutos y mundanos en la época de Juana. Sir John Seymour tenía más de sesenta años cuando empezó el romance del rey con su hija (y moriría antes de que acabara el año 1536); aún antes, la figura masculina dominante en la vida de Juana parece haber sido su hermano mayor superviviente, Edward, descrito por un observador en esa época como «joven e inteligente».[16] Siendo joven, era ambicioso, y como era inteligente, era capaz de seguir su propio criterio para llevar a cabo sus planes. Los contemporáneos lo consideraban ligeramente altivo —carecía del encanto de su hermano menor Thomas— pero no dudaban de su inteligencia. Edward Seymour era cultivado además de inteligente, un humanista y, también, según resultó, estaba vivamente interesado en los principios de la Reforma religiosa (a diferencia de su hermana Juana).

De muchacho, Edward Seymour había servido como paje de María Tudor, «la reina francesa». Nombrado caballero en 1523, durante la campaña de Suffolk en Francia, sirvió luego al hijo del rey, Enrique Fitzroy, duque de Richmond. En 1530 fue nombrado escudero del Cuerpo del rey y, como tal, fue a Calais en 1532. En la coronación de Ana Bolena, Seymour actuó como «trinchador» oficial del arzobispo Cranmer. Ahora en la treintena,[17] tenía ya un complejo pasado matrimonial, como tantos de los cortesanos que rodeaban al rey (no sólo el propio monarca). Edward Seymour había repudiado por adulterio a su primera esposa, la heredera Katherine Fillol, y no parece haber reconocido la paternidad del hijo de ésta. Su segunda esposa era la formidable Anne Stanhope, con la que Seymour se había casado hacia 1534, antes de la muerte de Katherine Fillol. El carácter imperioso de Anne Stanhope se convertiría en objeto de burla en las ocasiones en que lo exhibía —«más presuntuosa que Lucifer», escribió Antonio de Guaras— y en general se pensaba que ella dirigía al esposo (aunque ésa era la clase de comentario misógino que se hacía sobre toda mujer enérgica). En 1536 lo que más importaba era que esa combinación de esposo calculador y esposa resuelta convertía a los Seymour en un equipo con el que había que vérselas.

La vasta familia de sir John Seymour comenzó con cuatro muchachos: John (que murió), Edward, Henry y Thomas, nacido hacia 1508. Pocos años más tarde el rey hablaría «alegremente» de la proverbial virilidad del buen mozo Tom. Confiaba en que un hombre dotado de «tal vehemencia y juventud» sería capaz de complacer a una esposa «bien en todos los puntos». Luego venía Juana, probablemente nacida en 1509, la quinta hija pero la mayor de las mujeres.[18] Después seguían Elizabeth,

Dorothy y Margery; contando los dos hijos varones que murieron en la epidemia de 1528, los retoños eran diez.

Aparte de su presunta fertilidad, ¿qué más tenía para ofrecer Juana Seymour, de alrededor de veinticinco años (por otra parte, la edad en que Ana Bolena había atraído la atención del rey)? Polydore Vergil daba la halagadora visión oficial al describirla como «una mujer de sumo encanto tanto en el aspecto como en el carácter», y el amigo del rey, sir John Russell, la consideraba «la más bella de todas sus esposas», pero también es probable que eso fuera lealtad al peso dinástico de Juana Seymour. Según otras fuentes, parece probable que el encanto de su carácter superara considerablemente el encanto de su aspecto: Chapuys, por ejemplo, la describía como «de estatura media y no gran belleza». Su rasgo más distintivo era su famosa tez «blanca pura».[19] Según Holbein tenía una gran nariz y una boca firme con los labios ligeramente apretados, pero la cara de grata forma oval con la alta frente entonces tan apreciada (a veces ensanchada con una discreta depilación) y puesta de relieve con los tocados de la época. En conjunto, si Ana Bolena transmite la fascinación de lo nuevo, Juana Seymour posee un aire digno algo estólido que recuerda apropiadamente a las consortes medievales inglesas.

Pero la impresión predominante que da su retrato —de un maestro del realismo artístico— es de una mujer sensata. Y todos los contemporáneos comentaban la inteligencia de Juana Seymour: en eso se parecía más a su cauto hermano Edward que a su atractivo hermano Tom. También era dulce (nada de palabras airadas ni de berrinches) y virtuosa: su virtud era otro tópico sobre el que había coincidencia general. Según una historia, había sido novia del hijo de sir Robert y lady Dormer, un vecino del campo, pero se la consideró de rango demasiado modesto para casarse con él (él se casó luego con una Sidney);[20] aunque fuera cierto, la anécdota no era causa de desdoro para Juana. Era más como un cuento de Cenicienta, en el que la muchacha injustamente despreciada es elevada triunfalmente a alturas mucho mayores. Su supervivencia como camarera de dos reinas en la corte Tudor con una reputación impecable prueba las características sobresalientes de Juana Seymour: virtud y sentido común. Bessie Blount o Madge Shelton podían divertirse, Ana Bolena podía coquetear o incluso ceder a la seducción de lord Percy, pero Juana Seymour era incuestionablemente virginal.

En suma, Juana Seymour era exactamente la clase de mujer elogiada por los manuales contemporáneos de la conducta correcta, así como Ana Bolena había sido la clase que desaconsejaban. Tampoco se debe suponer que su «virtud» fuera una conducta hipócrita para intrigar al rey (los románticos defensores de Ana Bolena a menudo han definido esa hipótesis). Por el contrario, Juana Seymour cumplía sencillamente las expectativas de una mujer de su época y su clase: Ana Bolena era —o más bien, había sido— la extraña fascinante.

No sabemos con seguridad la fecha en que empezaron a proyectar reemplazar a Ana Bolena por Juana Seymour los enemigos políticos de Ana (y de su familia). Obviamente, nada podía avanzar mucho mientras la reina Ana estuviera embarazada, pero después de su aborto los acontecimientos se precipitaron, lo que sugiere que la noticia del embarazo real había interrumpido temporalmente la trama ya preparada. Después de todo, la corte sólo pudo haberse enterado de ese embarazo unas pocas semanas antes de que terminara, si es que se enteró; porque la mitad de 1534 y prácticamente todo 1535, mientras la reina Ana desesperadamente trataba de emplear su magia sobre el cuerpo resentido de su esposo, habría sido considerada por los cortesanos como probablemente incapaz de concebir otro hijo.

En esa primavera de 1536, la corte inglesa era un lugar atractivo, lleno de rumores de ascenso y de rumores contrarios de caída; salvo, claro, para la reina Ana Bolena, que debía sentirse no tanto excitada como sitiada, y probablemente en peligro. Esa reina, a diferencia de su predecesora, nunca había podido construirse una base de poder, aparte de sus propios parientes (al menos uno de los cuales, el duque de Norfolk, sentía una fuerte antipatía por ella y no compartía sus ideas religiosas), mientras que por temperamento prefería desafiar antes que calmar.

Al menos sus cuentas indican que la reina Ana tenía la osadía de mantener alta su condición real, y sus gastos reales.[21] Durante ese período se encargaron seda anaranjada para un camisón (una suelta *robe de chambre*, no una camisa) y centenares de metros de cinta fina para sujetar su largo cabello. Había riendas decoradas para las mulas de la reina, cintas verdes (el color de los Tudor) para sus clavicordios y gorras caras para su «bufona». Los pagos por los adornos de su «gran cama» —flecos dorados de Venecia y borlas de oro de Florencia— resultan particularmente llamativos, dado que es improbable que el rey Enrique deseara visitarla en ese momento.

Entretanto, la facción antibolena de la corte inglesa apoyaba la causa de Juana Seymour para que tuviera su propia cama grande ricamente ornamentada, que en ese caso el rey compartiría. Como se ha comentado con perspicacia respecto a las complicadas disposiciones del hogar de Enrique VIII, la proximidad a la persona del soberano era proximidad al poder.[22] ¿Y quién más próximo al rey que su esposa? Claro, siempre y cuando él la visitara.

Formaban ya parte de esa facción no sólo los grandes como lord Montagu, que encabezaba la familia semirreal de los De la Pole, y los Exeter, sino también importantes miembros de la casa real, celosos de los Boleyn. Sir Nicholas Carew, por ejemplo, el Maestro del Caballo, un hombre aproximadamente de la misma edad que el rey Enrique, que había sentado la cabeza desde aquellos alocados días de 1519 en que como «paniaguado» se había portado mal por las calles de París y había sido reprendido por el cardenal Wolsey. El rey le tenía mucho afecto a Carew: era un hábil participante en las justas, siempre un pasaporte para la amistad de Enrique. Hombre de gran encanto y urbanidad, era un experimentado diplomático, buen conocedor de Francia, tanto de su corte como de su idioma. Su esposa Elizabeth era la hija de sir Thomas Bryan, antiguo vicechambelán de la reina Catalina, y de lady Margaret Bryan, gobernanta de los hijos del rey. La hermana de lady Carew había estado casada con sir Henry Guildford, contralor de la casa real, partidario de la reina Catalina, que murió en 1532. La influyente conexión Bryan se completaba con el hermano de lady Carew, el poeta sir Francis Bryan, otro íntimo real y también un hábil diplomático.

A los embrollos de la política inglesa y de sus luchas internas se sumaban ahora las presiones internacionales. Si debía haber un acuerdo entre España e Inglaterra —cuando la veleta diplomática inglesa se alejaba una vez más de Francia— entonces el emperador debía tragarse como fuera el insulto a España que representaba el trato dado a su tía. La muerte de la reina Catalina, seguida por los rumores de que «la concubina» podía ser a su vez reemplazada, creaban una atmósfera en general favorable a un acuerdo. Si bien las demandas públicas del emperador en el sentido de que el rey Enrique reconociera una vez más la autoridad de Roma eran poco realistas, puesto que el rey Enrique seguía recibiendo los abundantes beneficios de la ex Iglesia católica en Inglaterra, en privado su postura era mucho más pragmática.

En ese contexto tuvo lugar una conversación crucial entre Chapuys y Thomas Cromwell, el 31 de marzo.[23] Fue una visita después de la comida. Desde el principio, Cromwell expresó con cordialidad su deseo personal de amistad entre su señor y el emperador; las recientes cartas de

María de Hungría, reina regente de Holanda, habían sido acogidas muy favorablemente.* Chapuys, por su parte, se mostró igualmente amable; no había desperdiciado siete años de experiencia en la corte inglesa. Cortésmente explicó por qué se había mantenido alejado de Cromwell una breve temporada, recordó la furiosa andanada de Ana Bolena contra Cromwell el verano previo y le deseó que no siguiera disgustándola. Dadas las circunstancias: «No pude dejar de desearle una reina más agradable —siguió con tristeza el español—, más agradecida por los inestimables servicios que él le ha prestado al rey...» Luego Chapuys pasó a otro tema. ¡Cuánto favorecería al rey Enrique otro matrimonio, si era cierto que lo estaba considerando! Ahí había un rey «que hasta ese momento se ha sentido decepcionado en cuanto a la cuestión de la descendencia masculina y que sabe muy bien que este matrimonio [presente] nunca será considerado legal». Los comentarios de Chapuys sobre el tema de la princesa María fueron igualmente incisivos: si bien el nacimiento de un hijo legítimo del rey inevitablemente cambiaría la posición de la princesa (por el momento, ella era la única hija legítima del rey, al menos en opinión de los españoles), de todos modos a Chapuys le atraía la perspectiva, tal era el afecto que sentía por todos en Inglaterra. También remarcó que no sentía ningún «odio» por Ana Bolena, lo que debió de haber sorprendido a Cromwell.

La respuesta de Cromwell fue igualmente amable y a la vez económica respecto de la verdad. Por su parte, él nunca había sido la causa del matrimonio del rey con Ana, «aunque al ver que el rey lo deseaba, había ayudado a preparar el camino». No obstante, el matrimonio había resultado sólido. Era cierto que su señor aún «se inclinaba a prestarles atención a las mujeres», pero Cromwell creía que «en adelante viviría honorable y puramente, continuando con su [presente] matrimonio». En ese punto, escribió Chapuys en su informe a España, el secretario del rey «se apoyó contra la ventana, poniéndose la mano sobre la boca para no sonreír o para ocultar que lo estaba haciendo. De paso, agregó Cromwell que si el rey tomaba otra esposa, sin duda no sería una princesa francesa (como de costumbre, cualquier rumor acerca de esa inquietante posibilidad torturaba a los españoles).

---

* Era la hermana de Carlos V. La regente anterior, su tía la archiduquesa Margarita, había muerto en 1530. Entonces María, viuda a los veinticinco años del rey Luis de Hungría, asumió el cargo; era otra de las mujeres inteligentes y encantadoras que abundaban en la familia de los Habsburgo.

En ese momento, no sólo Chapuys conocía perfectamente bien el asunto de Juana Seymour —que era precisamente por lo cual había planteado el tema del matrimonio del rey—, sino que Cromwell sabía que lo sabía. Tales eran los placeres —los invariables placeres, podría decirse— de la diplomacia. Pero esa alegre danza que bailaron los dos hombres no debe distraernos del importante mensaje que Chapuys le había transmitido a Cromwell: el precio de la amistad del emperador no era la sumisión de Enrique VIII a Roma, sino librarse de «la concubina»; tampoco los derechos de la princesa María resultarían un obstáculo. Ése fue el tercer paso en la destrucción de Ana Bolena: la muerte de la reina Catalina y su propio aborto habían sido los dos primeros.

Cuando Chapuys redactaba su informe de la entrevista para su despacho a España, recibió un mensaje urgente de esos dos incansables partidarios de la difunta reina Catalina, el primo hermano del rey, el marqués de Exeter, y su esposa Gertrude. Se refería a Juana Seymour, un obsequio real y el rechazo por parte de ella, el creciente enamoramiento del rey... Todo eso era material muy valioso. Pero en realidad, Chapuys ya se había enterado de ese notable episodio por otra fuente y ese conocimiento pudo haber influido en su tono con Cromwell.

Aproximadamente una semana antes de la entrevista con Chapuys, el rey Enrique había tenido la desagradable necesidad que a veces tienen los enamorados distinguidos, incluso los monarcas, de explicarle a su novia que la relación de ambos no había escapado a la atención popular. (Sir Edward Seymour había sido nombrado recientemente miembro de su cámara privada, un honor que indicaba claramente en qué dirección estaba soplando el viento real.) A Juana, su «querida amiga», el rey le aconsejaba calma. «Advirtiéndoos que hay una balada que han compuesto últimamente de gran burla contra nosotros, que si se difunde y llega a vos, os ruego que no le prestéis atención.» Pero endulzaba el golpe incluyendo un regalo de soberanos de oro, a la vez que prometía que, en cuanto se descubriera al autor de ese «maligno escrito», el culpable sería castigado «debidamente». El rey terminaba su carta con una de esas galantes florituras que hubiera reconocido Ana Bolena: «Esperando recibiros pronto entre estos brazos, me despido por la presente como vuestro enamorado servidor y soberano, H. R.»[24]

Pero Juana Seymour se negó a aceptar el regalo. Se echó de rodillas y, besando la misiva real, le rogó al rey (por medio de su mensajero) que recordara que ella era «una gentil dama de linaje recto y honorable y sin mancha». Como no tenía «nada en el mundo sino su honor, que por mil muertes no heriría», debía devolver los soberanos. «Si el rey se dignaba hacerle un obsequio de dinero, rogaba que fuera cuando ella tuviera un matrimonio honorable.» Lejos de sentirse disuadido, el rey se sintió más encantado con ese rechazo. Aquella ruborosa reticencia de Juana Seymour inflamaba su ardor —un ardor que popularmente se creía que estaba vacilando en esos tiempos, al menos en términos físicos— tanto como lo habían inflamado antaño las palabras descaradas de Ana Bolena. «Ella se ha comportado con mucha modestia en este asunto», dijo él. Para que se viera que sus intenciones y sus afectos eran honorables, pensaba en el futuro «sólo hablar con ella en presencia de algunos de sus parientes».

¿Acaso Polonio —aquí representado por Edward Seymour y sus asociados— preparaba a su Ofelia en sus modales de doncella para su maduro príncipe? (Chapuys se refería a ella diciendo que había sido bien enseñada por aquellos «íntimos del rey que odian a la concubina» para que no satisfaga los deseos del rey «salvo por vía del matrimonio».)[25] Tal vez: por otra parte, ¿necesitaba Juana Seymour realmente que le indicaran «mantenerse firme» en cuanto a ese punto importante? Una vez más, no debemos creer que la muchacha estuviera representando un papel —uno inusitado— sólo porque los resultados de su retirada tuvieran tanto éxito. Juana Seymour era el cebo perfecto porque representaba sin artificio esa pureza que un hombre mayor sentimental —y Enrique sin duda era sentimental al comienzo de sus asuntos amorosos— probablemente admiraba.

Se acusaba de otra cosa a la nueva favorita: se suponía que Juana había sido instruida para que le dijera al rey que sus súbditos «abominaban» de su segundo matrimonio porque lo consideraban ilegítimo. Pero ése no era un punto de vista ultrajante y probablemente representara la opinión genuina de ella. El futuro revelaría que Juana Seymour no tenía la clase de ideas religiosas luteranas que hubiesen podido llevarla a apoyar el matrimonio con Bolena, sino que se aferraba a las ideas antiguas. Del mismo modo, la mayor parte de la gente de Inglaterra, en el fondo, siempre había considerado esa impopular pareja contraria a la ley de Dios. Sólo ahora era posible expresar tales ideas sin temor. Juana Seymour era tan convencional en eso como lo era en otras cosas.

Del mismo modo, la defensa de su «honor» no se debía precisamente al recato sino que era un asunto práctico, porque los autores de sátiras ya estaban amenazando su reputación. Recordemos que Ana Bolena se lamentaba de lo mismo en el otoño de 1529: había perdido la oportunidad de «algún matrimonio ventajoso» por esperar al rey. Juana Seymour, como Ana Bolena, no era una heredera, y los famosos soberanos de oro podían constituir una dote valiosa para una pareja menos importante pero más segura. Tales obsequios para las jóvenes damas de la corte al casarse eran una preocupación constante para todos los afectados. Catalina de Aragón, que se había sentido obligada al respecto siendo todavía princesa de Gales, lo mencionó al fin en su testamento. Dado que Juana Seymour no podía esperar una dote de su señora —la reina Ana— demostró más prudencia que hipocresía al manejar de esa manera el ofrecimiento del rey. Después de todo, uno de los primeros amores conocidos del rey Enrique, la muchacha por la que había tocado la flauta mientras estaba en Flandes en la corte de la archiduquesa Margarita, había escrito un año más tarde para reclamarle las 10.000 coronas que él le había prometido para su boda. Entretanto, Juana Seymour, como muchas futuras heroínas de la novela inglesa, guardaba su precioso buen nombre como el único sostén que tenía por entonces.

Unas semanas después de ese episodio —el martes de Pascua, 18 de abril— sir Edward y lady Seymour, acompañando a la hermana de él, se trasladaron a los apartamentos desocupados presurosamente en Greenwich para tal propósito por Thomas Cromwell. Ésa era la señal oficial de que Cromwell se había unido a ellos para librarse de Ana Bolena. (Convenientemente, el rey podía acceder a esas habitaciones «por ciertas galerías sin ser visto».) Cromwell diría luego que ése fue el momento en que se dio cuenta de que la presencia de Ana como reina amenazaba la seguridad del reino, y la suya propia como secretario.[26] Pero su mente sin duda había estado preparando el camino durante algún tiempo. No era una decisión difícil para un hombre con el sutil sentido político de Cromwell. Desde los tiempos de Wolsey resultaba evidente que uno de los deberes importantes, aunque tácitos, del principal servidor del rey era proporcionarle la esposa que deseaba en el momento en que la deseaba; si tal servidor olvidaba su deber, ahí estaba el destino de Wolsey para recordárselo (Chapuys había hecho una delicada alusión al tema en su entrevista). Cromwell, por tanto, tenía personalmente mucho que ganar colaborando en el cumplimiento del «honorable» deseo del rey, y políticamente también, tanto en Inglaterra como en el extranjero.

En adelante Cromwell llevó la iniciativa en lo que se convirtió en el levantamiento de la veda para la destrucción de Ana Bolena.

La reina Ana era impotente. Sólo cabe sentir simpatía por la desesperada mujer. Después de todo, ¿qué crimen había cometido? (aparte
del horrible pecado de no alumbrar un hijo varón). De modo que observaba cómo se deslizaba su destino alejándose de ella en medio de los espléndidos rituales de la corte: rituales que ella sabía muy bien cómo interpretar. En marzo se había informado de su «intensa ira» por el asunto
amoroso del rey. Ahora recurrió a métodos más suaves. Chapuys había
declinado ir a la corte cuando la reina se encontraba allí y saludarla con
el beso formal que correspondía a un embajador. Pero cuando, el mismo
día en que los Seymour se instalaron en Greenwich, asistió a misa en la
corte, la reina lo trató con mucha cortesía: «Porque cuando yo estaba
detrás de la puerta por la cual entró ella, se dio la vuelta, sólo para hacerme una reverencia.» Pero Chapuys, un sofisticado cortesano que entendía aquel lenguaje, respondió con la mayor frialdad. Aún más patéticos
—en el sentido de que estaban condenados al fracaso— fueron los intentos de último minuto de la reina por establecer una relación más
amistosa con su hijastra María, de los que informó Chapuys. Comprensiblemente, «lady María» no estaba dispuesta a ceder entonces y reconto-
cer, como ella misma expresó, «a ninguna otra reina» salvo a su difunta
madre.[27]

El 23 de abril, una ceremonia constituyó el primer signo exterior de
la revolución interna que se estaba produciendo. Sir Nicholas Carew fue
nombrado candidato para la Orden de la Jarretera en lugar del hermano
de la reina Ana, George, vizconde de Rochford, que en general se esperaba que recibiera ese honor. Tales nombramientos eran valorados como
una indicación pública del favor real, del mismo modo que el orden de
formación en un desfile militar del 1 de Mayo en la Unión Soviética
durante la Guerra Fría. Todo el mundo sabía que Carew estaba «aseso-
rando» a Juana Seymour. Aquel nombramiento fue una demostración
En privado, el 24 de abril, instigado por Cromwell, el rey Enrique firmó
un documento crucial en el que nombraba al lord canciller Audley, a algunos jueces y a varios nobles, entre otros el tío de la reina, Norfolk, y el
padre, para que investigaran ciertas actividades sin especificar que podían implicar traición.

En consecuencia, Mark Smeaton, el músico y «diestro bailarín»
de la cámara del rey, fue alejado de la corte en Greenwich y arrestado
el domingo 30 de abril. Posiblemente fuese torturado. No era noble
para merecer un trato considerado, sino un joven de origen humilde
(tal vez flamenco, su apellido pudo haber sido originalmente Smet o

Smedt). Smeaton no contaba con otro sustento salvo su talento musical —las cuentas reales muestran pagos por sus camisas, medias y zapatos, y «gorras» desde 1529—; eso, y el hecho de que por consenso general era «un hombre muy apuesto». Si la historia de una cuerda anudada alrededor de su cabeza y apretada con un garrote es improbable, hubo otra historia «de que fue primero penosamente atormentado».[28] Pero en todo caso, aquel animalito asustado tenía pocas probabilidades contra el poder del Estado. Mark Smeaton hizo una confesión.

La acción vuelve ahora a Greenwich, donde se estaba celebrando el lunes 1 de Mayo el tradicional torneo presidido por el rey y la reina. Iba a comenzar la justa entre lord Rochford y sir Henry Norris, cuidador de la Bolsa Privada y prometido de la enamorada anterior del rey, Madge Shelton, cuando, inesperadamente, el rey recibió un mensaje. Su contenido sólo puede conjeturarse, pero cualquiera que haya sido, lo hizo ponerse de pie y llevarse a Norris consigo. No le dio ninguna explicación a su esposa. Tal como se había ido de caza desde Windsor sin decirle adiós a la reina Catalina, ahora salió de Greenwich sin despedirse de la reina Ana. Nunca volvió a verla.

En su viaje de regreso a Londres, el rey le comentó a Norris ciertas revelaciones hechas por Smeaton; a pesar de sus incrédulas negativas, Norris fue llevado a la Torre de Londres. Aún más impresionante para quienes veían desarrollarse la tragedia —y hacían todo lo posible por no verse implicados— fue el arresto de lord Rochford. Si caía el hermano de la reina, ¿quién, aun cuando contara con el auspicio, por no hablar del favor cortesano de ella, podía considerarse seguro?

El martes 2 de mayo la propia reina fue arrestada en Greenwich y llevada ante los comisionados que habían realizado la investigación, presididos por su tío Norfolk, para oír las acusaciones que se formulaban contra ella. No sólo se le acusaba de adulterio sino también de incesto (la pena para ese cargo podía ser la hoguera) y, lo más terrible desde luego, de conspiración para asesinar al rey. Después la reina fue llevada a la Torre. Tardaron en llegar alrededor de dos horas.[29] ¡Qué diferente fue su avance de aquella otra gran mañana de mayo, sólo tres años antes, cuando los trovadores habían competido vanamente con la artillería y no podía verse otra cosa en seis kilómetros que botes y barcas adornados! Entonces había ido a Londres para que le pusieran una corona sobre la cabeza. Ahora tenía por delante la sombría ruta para ponderar el destino muy diferente que podía aguardarla. No sorprende que la reina Ana estuviera al borde del colapso en el momento en que llegó a la Torre.*

Al ver la Torre, en cuyos calabozos tantos infortunados habían desaparecido, la reina comenzó a gritar. Se la oyó exclamar: «Fui recibida con mayor ceremonia la última vez que estuve aquí.» El condestable de la Torre, sir William Kingston, un hombre justo y bondadoso, trató de consolarla. Le aseguró que no sería albergada en un calabozo (en ese punto, la reina Ana probablemente no supiera qué otros prisioneros importantes estaban alojados en la Torre), sino en las habitaciones que había ocupado antes de su coronación. Ella lo recompensó arrodillándose y exclamando: «Es demasiado bueno para mí.» Luego lloró y entonces «se puso a reír».[31]

Después, la reina consiguió atravesar el patio, pero finalmente pareció que las fuerzas la abandonaban. Cayó de rodillas. Frente a su escolta de lores, imploró a Dios que la ayudara «ya que no era culpable de la acusación». Entonces suplicó la ayuda de los lores mismos, ¿implorarían ellos al rey «que fuera bueno con ella»?

Pero el rey Enrique estaba muy lejos de esa escena tan desagradable, soñando en su vida futura con la deliciosa y modesta Juana Seymour. (La joven se mantuvo discretamente ausente, protegida primero por el hermano y su esposa y luego por el amigo de confianza del rey, sir Nicholas Carew, en su casa de Croydon.) El rey Enrique podía dejar el problema de su desgraciada esposa —¿una bruja?, ¿una puta?, ¿una potencial asesina?— a otros.

---

* No habría sido recibida en el Portal del Traidor, conocido por entonces como Watergate, sino en el Portal Barbican, con su muelle y los escalones especiales, situado a unos cuarenta y cinco metros de distancia.[30]

CAPÍTULO DOCE

El tercer matrimonio

Ese tercer matrimonio fue confirmado por todos como bueno y legal.

Chronicle de un monje de St Augustine's, Canterbury, 1536

El juicio de Ana Bolena fue una cínica farsa. Sólo se proponía un resultado: su muerte. Esa muerte era necesaria para que el rey pudiera contraer un tercer matrimonio tan inmaculado como la reputación de su nueva novia. En ese sentido, el juicio de la reina Ana fue completamente diferente de la investigación que soportó la reina Catalina en 1529: al menos, en Blackfriars, había habido una auténtica intención —o al menos cierta confusión— de determinar la validez del matrimonio de ella con el rey Enrique. Nadie tuvo duda alguna, ni durante el juicio de los supuestos amantes de Ana Bolena ni durante el suyo propio, de que se esperaba un veredicto de culpabilidad, y de que se obtendría. *Indignatio principis mors est*, la ira del soberano significa la muerte, aun cuando el objeto de la ira sea una esposa.

¿Por qué se consideró esencial eliminar de manera definitiva a la reina Ana? La respuesta está en la conducta de su predecesora. El rey y sus consejeros habían contemplado una retirada digna de la escena por parte de la reina Catalina, posiblemente a un convento. En lugar de eso se habían enfrentado a siete años de protestas que tomaron formas tan diversas como la amenaza imperialista del exterior y el apoyo personal a Catalina dentro de las fronteras. A Ana Bolena no se le daría la misma oportunidad. Un nuevo divorcio hubiese cargado al rey con otra ex esposa sólo pocos meses después de haberse librado de la primera. La oportunidad de la muerte de la reina Catalina había acelerado la caída de la reina Ana: una vez más, la influencia de la muerta llegaba mucho más allá de su tumba en la catedral de Peterborough para derribar a la mujer que la había reemplazado.

Es muy probable que Cromwell ni siquiera le hubiera dicho a su rey lo que pensaba hacer. Se puede hacer una comparación con los cuatro caballeros que asesinaron a Tomás Becket en 1170; oyeron a Enrique II gritar contra «ese sacerdote turbulento», pensaron que interpretaban los deseos del rey y actuaron en consecuencia sin mayor consulta. El disgusto de Enrique con su segunda esposa era del dominio público desde sus ominosos comentarios sobre brujería tras el aborto. Su conciencia volvía a estar inquieta y era absolutamente necesario para Enrique VIII sentir que «Dios y su conciencia estaban en muy buenos términos», como le había asegurado a Chapuys que estaban en cuanto a la disolución de su matrimonio con Catalina.[1]

Es cierto que el funcionamiento de la conciencia del rey seguía los dictados de su corazón de manera llamativamente conveniente. Pero eso no significaba que no tuviera una conciencia. Por el contrario, era una parte activa e importante de su naturaleza. Esa coincidencia entre pasión y conciencia era más evidente para los otros que para él, ya que una útil capacidad de autoengaño era otro de sus atributos.

En el pasado había declarado que de buen grado hubiese devuelto a Catalina a su lugar junto a él si el matrimonio de ambos hubiese sido válido. Ahora el sentimiento de culpa por la solitaria muerte de esa mujer triste y enferma en Kimbolton, que lo había amado hasta el fin, fácilmente se convirtió en ira contra la reina Ana: lo había seducido, por la magia o como fuera, alejándolo de la «buena reina Catalina». Entre lágrimas, el rey le dijo al joven duque de Richmond que Ana Bolena era «una puta envenenadora» que había planeado matar tanto al muchacho como a su hermanastra María: ¡con qué fortuna habían logrado escapar! Todos «tenían una gran deuda con Dios».[2] Al voluntario autoengaño Enrique VIII sumaba una fuerte dosis de autocompasión que, en su caso, terminaba siempre convertida en ira.

Eso no absuelve a Enrique VIII de la destrucción de su segunda esposa, mucho menos de la muerte de cortesanos inocentes, algunos de ellos íntimos amigos suyos. En el plano racional, el monarca que firmó el 24 de abril la petición de investigación de conspiraciones desconocidas tuvo que ser plenamente consciente de lo que estaba haciendo.

Y aun cuando la firma pueda ser considerada un asunto administrativo puramente rutinario, el rey firmó pocos días más tarde los documentos para convocar al Parlamento (necesario para ratificar los cambios que se contemplaban respecto de la sucesión).[3] Eso tuvo que haber llevado a hacerse algunas preguntas a un hombre que no era ningún tonto y que, desde luego, nunca fue el instrumento ciego de sus servidores. Hacemos notar simplemente que a Enrique VIII le resultaba fácil autoabsolverse.

Sin duda, toda posible relación entre su inicial necesidad de un divorcio y la profunda reorganización de la estructura de la Iglesia que se estaba realizando por entonces en Inglaterra, mientras se disolvían los monasterios, hacía tiempo que había desaparecido de su mente. La mujer que una vez tan osadamente había introducido una Biblia inglesa en su propia cámara para ilustración de sus damas que no sabían latín, un gesto progresista, estaba ahora emparedada en la Torre de Londres.

La reina Ana probablemente estuviera alojada en las denominadas Habitaciones Reales, en la Guardia Interior, hacia el sur de la Torre Blanca que había ocupado antes de su coronación, pues eso le había prometido sir William Kingston; los apartamentos de la reina estaban en un ala que se extendía hacia el norte desde la Torre Lanthorn.* Las condiciones de su reclusión no eran duras. Tomaba sus comidas con el condestable, como era costumbre que hicieran los prisioneros de Estado, y la presencia de cuatro o cinco damas para atenderla demostraba que aún se la trataba como a la reina. No obstante, la reina Ana permaneció en estado de postración precipitado por la inquietud de su viaje y el terror a su llegada. Siempre había sido una mujer muy tensa, que fácilmente sucumbía a la ira o a las lágrimas. Su risa, en tiempos anteriores, a veces había sido quizá demasiado estridente o no del todo apropiada. En un banquete a fines de 1534, por ejemplo, la reina Ana había ofendido mucho al embajador francés al reírse de pronto en su cara: su explicación —que el rey había olvidado acercarse a un huésped importante, distraído por otra dama a la que encontró en el camino— no le pareció suficiente al ofendido enviado.[4]

* Las Habitaciones Reales, adaptadas por el Departamento de Artillería, fueron demolidas finalmente a fines del siglo XVIII. Según la tradición, Ana Bolena fue la primera prisionera de Estado que ocupó la Habitación del Vicegobernador (conocida como la Casa de la Reina desde la época de la reina Victoria). Probablemente eso sea incorrecto, ya que no concuerda con la promesa de Kingston. Si bien los primeros pagos por ese edificio Tudor de estructura de madera blanco y negro se hicieron en 1533, su construcción no finalizó hasta 1540.

Parecía que la reina se había derrumbado por completo. (No deja de tener importancia que hubiera sufrido un aborto, en las circunstancias más angustiosas, a fines de enero; aún debía de estar sufriendo las secuelas tanto mentales como físicas.) Kingston informó a Cromwell de que ella pasaba constantemente de la risa al llanto, tal como había hecho al ser recibida en la Torre. Sus frases se volvieron desquiciadas e incoherentes, más parecidas a delirios que a la conversación ingeniosa con que una vez había seducido al rey.

Pero sus palabras fueron cuidadosamente anotadas por sus damas. La reina Ana se referiría más tarde a esas mujeres con ira como a sus «guardianas». Ciertamente, eran mujeres leales antes al rey (y a Cromwell) que a su señora: una de ellas era la tía de Ana, lady Shelton, que había ocupado el puesto de gobernanta de la princesa Isabel; también estaban lady Kingston y la señora Margaret Coffin, esposa del Maestro del Caballo de la reina, y cierta señora Stoner. La señora Coffin compartía dormitorio con la reina. Tenían instrucciones de transmitir todo cuanto decía Ana al condestable y por tanto a Cromwell. Con el frágil tejido de los temores de una loca se tejería un sólido tapiz de pruebas.

Aun en sus momentos de cordura, la reina Ana estaba muy atemorizada, y con motivo. No tenía ni idea de en qué se basaban concretamente los cargos contra ella. Que hubiera conspirado con sir Henry Norris para «imaginar» la muerte del rey era ridículamente improbable —¿qué iba a ganar cualquiera de ellos con esa muerte?—, pero los cargos más absurdos pueden ser los más difíciles de rebatir, como se ha demostrado en los juicios de Estado, no sólo del siglo XVI sino también del XX. Se arrestó a otros cortesanos a los que se imputaba haber estado imprudentemente relacionados con la reina. El 4 de mayo fueron apresados sir Francis Weston y William Brereton, camarero de la cámara privada: aunque había cierta inquietud oficial, como escribió sir Edward Baynton, «porque ningún hombre confiesa nada contra ella, salvo Mark [Smeaton] acerca de nada».[5] El 8 de mayo fue arrestado el antiguo admirador de Ana Bolena, sir Thomas Wyatt, aunque luego fue puesto en libertad. Se iniciaron pesquisas a instancias de Cromwell para atrapar a todo aquel a quien las groseras habladurías y las peores revelaciones implicaran en la traición con la reina.

Los fríos procesos de la ley seguían en el mundo exterior. La maquinaria del Estado Tudor podía tener efectos tiránicos, pero existía, y se evitaba cuidadosamente dar la impresión de tiranía. Las acusaciones de traición se presentaban ante grandes jurados tanto en Middlesex como en Kent: eso se hacía para cubrir las áreas geográficas donde supuestamente habían tenido lugar los diversos delitos.

Lo que resultaba tan atemorizador para la reina, y como su salud y la conmoción por su arresto contribuía a sus divagaciones delirantes, era la posición de cercanía en la corte de los arrestados. Había mantenido encuentros íntimos con los cuatro hombres —Smeaton, Norris, Weston y Brereton— que fueron procesados primero. ¿Cómo podían no serlo? Y los encuentros íntimos implicaban la clase de galanteo romántico pero sin consumación que el rey se había permitido alegremente desde el principio de su matrimonio y, siguiendo su ejemplo, eran parte de la costumbre en una corte del Renacimiento. En cierto sentido, tales relaciones eran un modo tradicional de pasar el tiempo durante las interminables fiestas de la corte, como las justas sólo que en esos encuentros los hombres se medían graciosamente con las mujeres y viceversa. La poesía, la música y la danza formaban parte de la trama de tales «torneos». Había anhelantes declaraciones amorosas tal vez, votos, suspiros, pero no sexo, y desde luego no algo tan peligroso como el sexo con la esposa del rey.

En cuanto al juicio de Smeaton, Norris, Weston y Brereton, que tuvo lugar en Westminster Hall el 12 de mayo, hay un contraste entre la larga lista de adulterios y conspiraciones en Hampton Court, Greenwich y York Place (Whitehall) que se leyó y las habladurías de entonces, adornadas posteriormente. Los cargos eran en su mayoría absurdos: por ejemplo, que la reina cometió adulterio con Norris pocas semanas después del nacimiento de la princesa Isabel en una época en que todavía permanecía retirada en Greenwich antes de la ceremonia religiosa oficial con la que una mujer volvía al mundo después del alumbramiento.[6] En cuanto a las habladurías, no constituyen ninguna prueba. Pero las historias recogidas en las biografías hostiles poseen un sabor familiar, como si algunas cosas se hubieran dicho en un contexto diferente, con coquetería, incluso de un modo provocativo pero inocente.

El joven y apuesto músico Mark Smeaton fue acusado de estar enamorado de la reina y de recibir dinero de ella. Sus finas ropas habían desatado los celos, considerando sus pobres antecedentes y la magra remuneración del rey. (A Weston también se lo acusó de recibir dinero de la reina, pero ella se lo daba a muchos jóvenes cortesanos; era parte de su papel tradicional como protectora.) Tal vez Smeaton estuviera enamorado de ella, lo que en sí mismo no era un delito, pero sin duda no había pruebas de que la reina correspondiera a su amor. La historia de Anto-

nio de Guaras de que Ana Bolena había estado a su vez locamente enamorada de Smeaton tiene el mismo valor que muchas de las habladurías
de quienes, como De Guaras, eran por definición hostiles a una mujer
que había suplantado a Catalina de Aragón. Si Smeaton se hubiese confesado enamorado de la reina (en otras circunstancias, eso podría haber
sido un buen empujón para una carrera), entonces la reina Ana podría
haberlo reprendido por su presunción. Ése era el tenor de otra historia
según la cual la reina le reprochaba sus celos y le señalaba que no se podía esperar que ella conversara demasiado con una persona que no era
de origen noble. «Una mirada basta para mí —se suponía que había respondido Smeaton—, y adiós entonces.»[7]

Se suponía que sir Francis Weston había hecho insinuaciones semejantes —aunque con más elegancia— a la reina un año antes. El coqueteo de Weston con la prima hermana de la reina, Madge Shelton, comprometida con sir Henry Norris, había fastidiado a la reina, que lo había
reprobado por ello. (Aunque el verdadero enojo de Ana puede que fuera
con la propia muchacha, que no sólo había captado el interés de Weston, y del rey, sino que también se comportó frívolamente en el asunto
del devocionario; en suma, por diversas razones era una persona molesta.) Weston se excusó osadamente diciendo que en realidad había ido a
la cámara de la reina para ver a otra persona: «A vos.» Pero al oír eso la
reina «lo retó», es decir, le prohibió seguir avanzando con su lanza en esa
justa cortesana.

Los cargos contra Brereton nunca se concretaron. Pero es interesante observar que la acusación más grave contra sir Henry Norris también
tenía que ver con Madge Shelton. Se sugería que su compromiso con
Madge había sido un modo de encubrir su pasión por la señora de Madge. En ese sentido, se suponía que la reina le había hecho un comentario
notablemente imprudente a Norris. Las palabras incriminadoras fueron
éstas: «Buscáis zapatos de hombre muerto, porque si algo malo le sucediera al rey me pretenderíais.» Pero la razón de tal comentario pudo ser
cualquier intercambio alegre cuyo verdadero motivo fuera la rivalidad
intermitente de las dos primas hermanas, Ana Bolena y Madge Shelton.
El añadido del significante detalle sobre la muerte del rey conllevaba el
tinte fatal de la traición.

Ninguna de esas consideraciones tuvo en cuenta el jurado que se
reunió en Westminster Hall el 12 de mayo como consecuencia de los informes enviados por los grandes jurados de Middlesex y Kent. Las reglas
de la justicia de la época no permitían la asistencia de abogados defenso-

res si los cargos eran de traición. Los cuatro hombres fueron condenados a morir en Tyburn con las penalidades extremas de la ley: ser destripados en vida, castrados, y luego desmembrados.

El lunes 15 de mayo tuvo lugar el juicio de lord Rochford y de la reina Ana en la Gran Sala de la Torre de Londres. No fue un juicio a puerta cerrada. Chapuys estimó que unas 2.000 personas asistieron al espectáculo, para las cuales se erigieron plataformas especiales.* Ninguno de los veintiséis pares que tomaron parte en el juicio era desconocido para el hermano y la hermana, y con algunos tenían una relación muy estrecha. El tío de ambos, el duque de Norfolk, lo presidió como gran administrador. Participó el suegro de lord Rochford, lord Morley. Hasta el juvenil enamorado de la reina, lord Percy, conde de Northumberland desde la muerte de su padre, estaba entre los pares presentes, aunque alegó una repentina enfermedad y se marchó antes de que concluyeran las actuaciones.

No era novedoso repudiar públicamente vínculos estrechos. Recuérdese cómo dos de los yernos de Buckingham habían juzgado a éste. Así se demostraba el acatamiento de la voluntad real y los parientes evitaban el inquietante tinte de sospecha en cuanto a su lealtad. Aunque Thomas Boleyn, conde de Wiltshire, fue excusado de la tarea de condenar a sus propios hijos, no hay ningún indicio de que el hombre que había sido un fiel servidor del rey durante toda su vida adulta (y que intentaba seguir siéndolo) hiciera algún intento por oponerse a los acontecimientos que conducían a la inevitable condena de ambos. En realidad, denunció puntualmente las acciones contra el rey de los supuestos conspiradores, si no las de sus propios hijos. En eso fue un padre menos frío —aunque no se lo puede describir como muy tierno— que los hombres de su época. En cuanto a Norfolk, lloró —«el agua corría por sus ojos»— pero presidió.[9] Para la mayoría de las personas el rey era como un basilisco y su mirada brillante, estuviera animada por el favor o la furia, mantenía a todos salvo los más fuertes (vienen a la memoria Tomás Moro y John Fisher) en un hipnótico estado de acuerdo.

La reina fue juzgada primero.[10] Llegó en un estado de ánimo tranquilo. Según el heraldo Charles Wriothesley, que se hallaba presente, dio «prudentes y discretas respuestas a sus acusadores», excusándose con sus

---

* Como las Habitaciones Reales, la Gran Sala fue demolida; pero las plataformas erigidas para los espectadores del juicio aún podían verse dos siglos y medio más tarde.[8]

palabras tan claramente «como si no fuera realmente culpable».[11] Pero luego las pruebas presentadas no eran suficientemente convincentes como para producir un cambio de actitud y una confesión.

Una nota truncada en el informe legal del juicio se ha considerado a veces un indicio de que ella era verdaderamente culpable de haber mantenido relaciones sexuales al menos con Mark Smeaton. Una confesión en el lecho de muerte de cierta lady Wingfield, unos pocos años antes, «que fue servidora de la reina y compartía las mismas tendencias», que fue contada por la mujer que la escuchó.[12] Pero esa clase de rumores, que surgían milagrosamente cuando eran necesarios, no eran en realidad más plausibles que otros cargos tan imaginativos como que la reina Ana había tratado de envenenar a la reina Catalina y a su hija, o que deseaba matar al rey. La verdadera medida de su sabiduría y su discreción, la fuente quizá de su compostura —después de todo, era reina por méritos propios aunque no la hubieran educado para ello—, era que comprendía que luchar contra su destino no tenía ya sentido.

Sin duda no era culpable.[13] La reina Ana nunca admitió haber cometido delito alguno y las pruebas en su contra eran una mezcla de verdades a medias y de mentiras descaradas. Es menos probable todavía que la reina pusiera en peligro su posición cometiendo adulterio y mucho menos que deseara la destrucción del único hombre de cuyo favor dependía por completo, el rey. La fascinación sexual que ejercía Ana Bolena, de la cual es prueba su trayectoria, no se debía a que repartiera indiscriminadamente sus favores, sino más bien a su capacidad para sacar provecho de sí misma y de sus atractivos. La intriga, el misterio, aun la retirada pueden ejercer tanta fascinación como la generosidad sexual, si no más. Cuando era una muchacha, su conducta no fue nunca insensatamente promiscua sino, en todo caso, calculadora (lord Percy había sido uno de los jóvenes más codiciados de Inglaterra). No hay ninguna prueba de que Ana Bolena cambiara una vez que se convirtió en reina.

En cuanto a la muerte del rey, el monarca tenía el poder de hacer (como una vez había hecho) y deshacer (como intentaba ahora). Ana Bolena no era princesa de España, ni hija de Isabel la Católica, ni tía de un emperador. Nunca había tenido poder efectivo salvo en la medida en que el rey le había permitido ejercerlo. Era la destrucción de ella, no la del rey, la cuestión, dada su incapacidad para cumplir su papel como madre del hijo del rey.

El juicio de lord Rochford siguió al de la reina. Las pruebas contra él de incesto con su hermana eran patéticas. Los comentarios negativos que se hicieron mucho después sugerían que la reina «deseando mucho tener un hijo varón que sucediera al padre, y al hallar que el rey no la contentaba», usó a su hermano (entre otros) para concebir un hijo. Eso era muy diferente de la prueba presentada en su momento. La esposa de Rochford, Jane, se refirió a una «indebida familiaridad» entre hermano y hermana. Eso fue todo. Rochford mismo habría exclamado con amargura ante sus jueces: «Sobre la evidencia de sólo una mujer estáis dispuestos a creer ese gran mal de mí.» Hubo por otra parte un vago comentario acerca de que lord Rochford estaba «siempre en el cuarto de su hermana», algo que no constituye ningún delito ni, pensaría uno, es prueba de incesto. No hubo ningún intento de demostrar conspiración para el asesinato. En consecuencia, George Constantine, servidor de sir Henry Norris, habló de «mucho dinero» que se apostaba en favor de la absolución de lord Rochford.[14]

Los jugadores no tenían en cuenta el propósito real del proceso de lord Rochford, que era ensuciar el nombre de su hermana hasta el punto de que su malévola naturaleza se convirtiera en un artículo de fe. Por una parte, tal criatura merecía morir; por otra, ninguna de sus acusaciones crueles debía ser tomada seriamente. La cuestión de la impotencia del rey, sobre la cual se especulaba mucho en privado —Chapuys, en aquellos momentos, consideraba dudoso que Juana Seymour o cualquier otra tuviera la oportunidad de concebir un hijo real—, podía emplearse con habilidad para eliminar a la superflua reina Ana. Fue entonces cuando se presentaron las palabras fatales de la reina Ana a lady Rochford, «*que le Roy n'estait habile en cas de soy copuler avec femme, et qu'il n'avait ni vertu ni puissance*» (que el rey era incapaz de hacer el amor con su esposa y que no tenía ni habilidad ni virilidad). Aunque el documento se había redactado en la corte, lord Rochford tuvo la presencia de ánimo de leerlo en voz alta.[15] Fue mucho más perjudicial que la insensatez relativa al incesto, porque tenía mayores probabilidades de ser veraz.

Los motivos de Jane Rochford se desconocen: su padre, lord Morley, había sido un devoto partidario de la reina Catalina, y ella misma podía estar tratando de contribuir a la causa de María, la hija de Catalina. O tal vez simplemente tratara de permanecer en el lado ganador (como en realidad sucedió) a pesar de la desventaja de la «culpa» de su esposo. En todo caso, tan terribles palabras condenaron a la reina Ana todavía más. Nadie podía insultar al monarca de manera tan devastadora en lo más íntimo y vivir (en especial si había una inquietante posibilidad de que la acusación fuera cierta).

La sentencia, pronunciada por Norfolk, fue la misma en ambos casos: la reina y su hermano debían ser quemados o ejecutados de acuerdo con el deseo del rey. Lord Rochford había negado su culpabilidad y la reina Ana había hecho otro tanto. Tras la sentencia, los dos admitieron formalmente que merecían el castigo. Era lo habitual en la época: proporcionaba un adecuado marco de referencia para pedir el perdón y, dado el caso, evitar la confiscación de propiedades. Finalmente, lord Rochford aceptó la perspectiva de la muerte con lo que ha sido descrito como «fatalismo oriental»; ya que el Estado lo había juzgado culpable, entonces no podía ser inocente.[16] Análogamente, la reina Ana agachó la cabeza humildemente bajo el peso de la justicia real, su mejor probabilidad —su única probabilidad— de evitar inclinar el mismo cuello ante el hacha del verdugo.

Podían pedir clemencia, pero no se la concedieron. Dos días más tarde, el 17 de mayo, los cinco hombres condenados fueron ejecutados en Tower Hill. Por deseo del rey, les fueron conmutadas las terribles penas que debían pagar en Tyburn. Los cinco murieron declarándose leales a su señor, aunque sólo Smeaton pidió perdón por sus «faltas». Lord Rochford, ejerciendo el privilegio del hombre condenado de dirigirse a la gran multitud que siempre se reunía para asistir a tales espectáculos populares, mantuvo su estoicismo hasta el fin. Ese privilegio a veces se anulaba, en el caso de supuestos subversivos, mediante el redoble de tambores para ahogar las palabras del prisionero. Pero lord Rochford no abusó.

«Señores todos —empezó con voz vibrante—, vengo aquí no para predicar y dar un sermón sino para morir, ya que la ley lo ha decidido, y a la ley me someto.» Luego recomendó a su audiencia que confiara en Dios y no en las «vanidades del mundo».[17] Esos sentimientos de resignación y piedad tuvieron mucha aprobación entre aquellos que poco antes habían estado apostando por su absolución, pues era inocente.

Ahora la reina Ana vivía esperando su muerte hora a hora. Después de la dignidad de su conducta en el juicio, volvió a una conducta más errática. Podía estar «muy contenta» y tomar «una gran comida», o hecha un mar de lágrimas. A veces, decía Kingston, la reina decididamente deseaba morir y «a la hora siguiente todo lo contrario de eso». Oscilaba entre hablar de retirarse a un convento —«y tiene esperanzas de vida»— y discutir su propia ejecución.[18]

Esta última perspectiva llevó a la reina a hacer un chiste negro. El «verdugo de Calais» había sido convocado especialmente (a un coste de 24 libras) ya que era un experto con la espada; así, en el caso de Ana, la afilada y eficiente «espada de Calais» reemplazaría el hacha. Ése era un favor para la víctima, ya que su muerte probablemente fuera rápida (el uso del hacha podía ser a veces un asunto terriblemente largo).* Cuando la reina se enteró, había «oído decir que el verdugo era muy bueno», dijo que estaba muy bien pues ella tenía «un cuello pequeño». Luego se lo rodeó con la mano, ese «cuello marfileño... muy erguido», una vez elogiado por un admirador como su belleza característica. Todo el tiempo, según Kingston, ella «rió de corazón». Kingston agregó que había visto a «muchos hombres y mujeres» ejecutados que habían estado «en gran pena», mientras «esa dama tiene mucha dicha y placer en la muerte».[19]

Pero Ana Bolena no moriría como una reina, ese título por el cual había tenido al rey en juego siete largos años granjeándose la hostilidad de casi todo el país. Antes de que llegara la hora de su muerte, debía tener lugar un ritual extravagante: al rey se le aseguró un segundo divorcio. Es decir, el matrimonio de Ana Bolena con el rey Enrique VIII fue declarado inválido por el arzobispo Cranmer. No se sabe con seguridad por qué se creyó necesaria esa farsa judicial. (Tampoco se entiende su lógica, porque si Ana Bolena nunca había estado casada legalmente con el rey, no podía haber cometido adulterio como su esposa.)

Una posibilidad es que el rey intentara legitimar a Enrique, duque de Richmond, que ahora tenía diecisiete años, convirtiéndolo en su heredero.[20] Por dos razones, eso no parece probable. Primero, la salud del muchacho al cual el rey había querido en cierto momento tanto como a su propia alma, ya era una fuente de preocupación; sufría de tuberculosis y moriría dos meses después. Además, el rey no se hubiese tomado la molestia de legitimar a su bastardo en el momento mismo en que podía esperar con confianza que su nueva esposa le brindara un nuevo heredero. Teniendo en cuenta los sueños dinásticos de Enrique, es más razonable suponer que el objetivo del rey con ese divorcio de último minuto era declarar a la princesa Isabel bastarda, no legitimar al duque de Richmond. De esa manera Isabel, como María, no podía esperar desafiar la posición de los hijos del rey fruto de su tercer matrimonio: esa gloriosa

* No está documentado quién tomó esa decisión. Presumiblemente las autoridades estuvieran ansiosas de evitar un acontecimiento turbadoramente sanguinario por razones de propaganda; deseaban que se viera que se hacía justicia, no un rito horrendo.

cadena de hijos que con seguridad le daría Juana Seymour, ella misma hija de una familia de diez hermanos.

También pueden suponerse las razones que satisficieron a Cranmer para poder declarar legalmente inválido el matrimonio del rey con Ana Bolena.[21] Posiblemente Ana le confiara a Cranmer, en una entrevista del 16 de mayo, que ella había tenido no sólo un precontrato con lord Percy sino que también se había casado en secreto con él; o bien que la relación de ambos se había consumado después del compromiso (lo que hubiese tenido el mismo efecto de convertirla en una unión vinculante). En eso, Ana Bolena puede haber estado exagerando para salvar su vida, o tal vez, como se ha comentado en el capítulo 7, dijera la verdad ahora que le interesaba ser sincera. Su relación con Percy había sido al parecer bastante ambivalente como para justificar una dispensa del Papa a fines de 1527 para cubrirla; la posterior esposa de Percy adujo que su esposo había tenido un precontrato con Ana Bolena, aunque el propio Percy lo negó rotundamente.

No hay motivo para creer, como a veces se sugiere, que el arzobispo Cranmer engañara a Ana Bolena para asegurarse una confesión: que le planteara engañosamente la perspectiva de la supervivencia a cambio de esa confesión. Las periódicas esperanzas «de vida» de Ana Bolena (como su risa maníaca) formaban parte de su perturbación, como demuestra el detallado relato de Kingston. La conducta del arzobispo en todo eso fue bastante ignominiosa sin necesidad de agregados. Él había sido la creación de los Boleyn y, como tal, se elevó desde un relativo anonimato. Había sido el hombre del rey para lograr el divorcio de Catalina, inmediatamente después puso la corona sobre la cabeza de Ana. Ahora anuló el matrimonio que había ayudado a crear. Una carta al rey escrita el 3 de mayo indica la subordinación de espíritu que le permitió a Cranmer dar ese paso sin aparentes problemas de conciencia.

Por una parte, escribió Granmer: «Nunca tuve mejor opinión de una mujer que la que tenía de ella [Ana Bolena] lo que me hizo pensar que no debía ser culpable.» Por otra parte: «Creo que Su Majestad no habría ido tan lejos, salvo que ella fuera culpable.» Es un buen ejemplo de los efectos de la mirada del basilisco. En sus propias palabras: «De todas las criaturas vivientes» Cranmer había sido «el más unido» a Ana Bolena «después del rey», claro.[22]

El decreto de nulidad fue fechado el 17 de mayo, la copia oficial firmada el 10 de junio y suscrita por las dos cámaras del Parlamento el 28 del mismo mes, una semana después de la convocatoria. El matrimonio del rey y su segunda esposa quedaba oficialmente disuelto. Pero para entonces la ex reina Ana Bolena hacía tiempo que había muerto. Fueron a buscarla temprano por la mañana: hacia las ocho, el viernes 19 de mayo. Le había hecho una extensa confesión al arzobispo Cranmer el día antes y había recibido los sacramentos; mantuvo con fuerza su inocencia de los cargos contra ella y manifestó humildemente su amor al rey.*[23]

Hubo cierta preocupación por el carácter público de la ejecución de la ex reina. Se temía lo que ella podía decir a la multitud en sus palabras de despedida; ¿podía confiarse en que siguiera el excelente ejemplo de su hermano? Kingston, entre otros, le sugirió a Cromwell «que a la hora de su muerte» Ana podría «declarar ser una buena mujer con todos los hombres» menos con el rey.[24] Este comentario mordaz probablemente se debiera a la reciente experiencia de Kingston con la naturaleza volátil de su prisionera. Se decidió ejecutar la sentencia no en Tower Hill, donde el público tenía libre acceso, sino dentro de la Torre, sobre el prado convenientemente contiguo a la capilla. Una ventaja más de emplear ese punto más privado era el hecho de que los portones de la Torre solían estar cerrados por la noche, de modo que podía controlarse la entrada.

De ese modo, en la Torre se congregó poca gente esa mañana de viernes, aunque no se trató de una ejecución a puerta cerrada. Thomas Cromwell estuvo presente, para supervisar la adecuada realización de su plan, con el lord canciller Audley, acompañado del heraldo Wriothesley. Los duques de Norfolk y Suffolk también estuvieron allí, así como el enfermizo joven duque de Richmond al que Ana Bolena supuestamente había tratado de envenenar. Presentes estaban el alcalde de Londres y sus *sheriffs*. Además acudieron los habitantes de la Torre, prácticamente una pequeña ciudad con sus múltiples viviendas. Antonio de Guaras, por ejemplo, que vivía muy cerca y tenía amigos que vivían dentro de la Torre, consiguió entrar la noche anterior, y así pudo contar de primera mano la ejecución en su *Spanish Chronicle*, a pesar del celo de las autoridades en no permitir la presencia de imperialistas.[25] (El sirviente de Chapuys fue «rechazado».) Y los cuervos estaban allá, los tradicionales carroñeros de la Torre desde tiempos inmemoriales, entonces como ahora arracimándose alrededor.

---

* Cranmer nunca reveló directamente el contenido de la confesión de Ana; ésta es la interpretación incluida en el informe del reformista escocés Aless a la hija de Ana, Isabel (admitida veintitrés años más tarde) de lo que Cranmer le confió a él en la mañana de la ejecución de Ana, en el sentido de que ella pronto sería «una reina en el Cielo».

En opinión de De Guaras Ana Bolena demostraba «un espíritu endemoniado» mientras la observaba recorrer a pie, seguida por cuatro damas jóvenes, la breve distancia de unos cincuenta metros levemente cuesta arriba desde la vivienda del vicegobernador hasta el prado. Parecía «tan alegre como si no fuera a morir». Pero es más probable que esa alegría se debiera no tanto a la indiferencia como a una bienvenida a su destino: dichosa liberación al fin de sus problemas. Otros testigos coincidieron en que Ana Bolena había recibido su muerte con «mucha dicha y placer» como había convencido a sir William Kingston de que lo haría. De Carles oyó decir que en su dignidad y compostura nunca lució más hermosa. Las lágrimas y la histeria habían terminado.

Ana Bolena llevaba una capa de armiño sobre un traje suelto de damasco gris oscuro, con detalles de piel y enagua carmesí. Una cofia de lino blanco le sostenía el cabello debajo del tocado. Había prometido no decir nada «sino lo que fuera bueno» cuando pidió autorización para dirigirse al pueblo, y mantuvo su palabra. Habló simple y conmovedoramente. «Señores, humildemente me someto a la ley tal como la ley me juzgó, y por mis ofensas, no acuso a ningún hombre. Dios las conoce; las remito a Dios, rogándole que tenga merced de mi alma.» Luego pidió a Jesucristo que «salve a mi soberano y señor el rey, el príncipe más devoto, noble y gentil que existe, y que reine largamente sobre vosotros». Pronunció esas palabras, según escribió Wriothesley, «con un semblante sonriente».[26]

Luego Ana Bolena se arrodilló. Sus damas le quitaron el tocado, dejándole la cofia blanca que le sostenía el espeso cabello negro apartado del largo cuello. Una de las damas le puso una venda sobre los ojos. Ella dijo: «A Jesucristo encomiendo mi alma» (las mismas palabras pronunciadas por Catalina de Aragón, pero en latín). A los presentes les pareció entonces que «de pronto el verdugo le arrancó la cabeza de un golpe» con su espada que apareció como por arte de magia, inadvertida por todos, incluida la mujer arrodillada. De hecho, la famosa «espada de Calais» había sido escondida en la paja que rodeaba el estrado. Para conseguir que Ana pusiera la cabeza en la posición correcta y dejara de mirar instintivamente hacia atrás, el verdugo había gritado «traedme la espada» a alguien que estaba de pie en los escalones próximos. Ana Bolena volvió la cabeza. La acción se cumplió.

Luego, una de las damas cubrió la cabeza con una tela blanca y las otras ayudaron con el cuerpo. Ambos fueron llevados veinte metros hasta la capilla de San Pedro ad Vincula. Allá fue enterrada discretamente la desgraciada mujer.

Ana Bolena, de treinta y cinco o treinta y seis años en el momento de su muerte, había sido reina durante casi tres años y medio, pero sólo hacía cuatro meses que había fallecido la primera esposa del rey. Como anticipo a la ejecución de la usurpadora, se dijo que las velas de cera que rodeaban la tumba de la reina Catalina en la catedral de Peterborough se «encendieron solas» en los maitines, el día anterior; del mismo modo misterioso, fueron «apagadas» sin ayuda humana en el *Deo Gratias*.[27] En otras partes del país la gente juraba que había visto correr liebres —la liebre, el signo de la bruja— y seguiría viéndolas en el aniversario de la ejecución de Ana Bolena.

Enrique VIII y Juana Seymour se comprometieron secretamente en Hampton Court, temprano, en la mañana del 20 de mayo, veinticuatro horas después de la ejecución de Ana Bolena. Tal vez el compromiso se celebrara incluso el mismo día de su muerte. Desde luego, el dolor no lo hizo postergar, pero se creyó prudente contar con una dispensa para el matrimonio entre una pareja «en los grados de parentesco tercero y tercero», es decir, primos segundos o quienes se consideraban primos segundos por alguna relación sexual. (Dado que el rey y Juana Seymour eran en realidad primos quintos, se cree que una de las amantes del rey debió de haber sido prima segunda de Juana Seymour.) El arzobispo Cranmer, siempre industrioso en la causa de su señor, firmó esa dispensa —«T. Cantuarien»— el 19 de mayo, fecha de la muerte de la anterior reina.[28]

Durante los acontecimientos tumultuosos de las semanas anteriores, Juana Seymour se había alojado primero «en esplendor casi real» en la casa de sir Nicholas Carew, en Croydon; pero el 15 de mayo estaba ya instalada en una casa que daba al río, a poco más de un kilómetro de Whitehall. Allí sir Francis Bryan la mantenía al tanto de los acontecimientos debidos a la voluntad real. Primero le llevó la noticia de que la reina Ana había sido condenada. Luego la visitó tras la ejecución y le comunicó formalmente que ya se había producido. (No se tomó nota de la reacción de ella.) De ahí fue llevada por el río a Hampton Court para el compromiso.

Después, Juana Seymour bien puede haber ido a la casa de su familia, Wolf Hall, en Wiltshire, e incluso es posible que el rey la acompañara,*

---

* Pero no se comprometieron ni se casaron en Wolf Hall, por grata que pueda ser esa creencia: los relatos de la época no dejan duda de que esos dos acontecimientos tuvieron lugar en Hampton Court y Whitehall respectivamente.[29]

aunque estuvo ausente de su lado el Día de la Ascensión, el 25 de mayo. En esa ocasión, el rey aprovechó para asegurar a los embajadores franceses que tenía absoluta libertad para casarse desde la muerte de su esposa (casarse con una princesa francesa), se deducía. Por diplomática que pudiera ser tal afirmación demostraba cierta ligereza respecto al compromiso con Juana Seymour cinco días antes. El rey y Juana estaban ambos en Londres el 29 de mayo.

El 30 de mayo se celebró el matrimonio entre el rey y Juana, rápida y discretamente —Cranmer los había dispensado de las amonestaciones—, en «el gabinete de la reina», en Whitehall. Era por supuesto un «gabinete de la reina» así llamado para la consorte previa. El uso de la expresión (por uno de los corresponsales de lord Lisle el 31 de mayo, que mantenían a éste al tanto en Calais de las noticias de la corte) llama la atención acerca de la considerable confusión que causaba entonces el simple uso de las palabras «la reina». Durante el año 1536 hubo en realidad tres reinas en Inglaterra, o al menos tres mujeres a las que, oficial o extraoficialmente, se podía hacer referencia como tales. Un monje de St Augustine, Canterbury, hizo esta declaración en 1536: «El mismo año el primer y el segundo matrimonio del rey, por asentimiento de todos en la cámara del Parlamento, fueron suprimidos y declarados ilegales. Pero ese tercer matrimonio fue confirmado por todos como bueno y legal.»[30] La simplicidad de esa declaración enmascaraba el duro trabajo de revisionismo que ahora debía efectuarse tanto en las actitudes como en el comportamiento público. Y debía hacerse rápidamente.

Una cosa era que Miles Coverdale, que había estado a punto de dedicarle su traducción de la Biblia al inglés a Ana Bolena, hiciera imprimir rápidamente el nombre de Juana Seymour en su lugar; eso era fácil. La heráldica costaba más. Tomemos como ejemplo el castillo de Dover, al que el rey llevaría a su tercera esposa en el curso de una visita aquel verano para inspeccionar las fortificaciones (su pasatiempo favorito). A Galyon Hone, el vidriero del rey, acababa de pagarle casi 200 libras por incluir «el emblema de la reina» en varias ventanas de los alojamientos reales del castillo; como esos pagos se realizaron entre el 16 de abril y el 14 de mayo, tuvieron que ser para los emblemas de Ana Bolena, la consorte oficial al comienzo de ese período y aún viva pero en la Torre al final del mismo. Presumiblemente reemplazaron los de Catalina de Aragón en previsión de la visita del verano. Sin embargo, entre el 2 de julio y el 30 de julio hubo que hacer sustanciosos pagos a Galyon Hone para que suprimiera una vez más «los emblemas de la antigua reina» y los reemplazara por los de Juana Seymour.[31]

En Ampthill, en otro tiempo refugio de la reina Catalina y luego adornado con el emblema de la reina Ana por Galyon Hone, hubo que encargar a la misma fuente más vidrio y más emblemas de las armas de la nueva reina. Otro tanto sucedió en Greenwich, donde los distintivos de Ana Bolena, que una vez habían sustituido a los de Catalina de Aragón, fueron ahora reemplazados por los de la reina Juana Seymour. Una vez más, Galyon Hone hizo el trabajo. Enrique VIII, con sus sucesivos matrimonios, le hizo un favor al vidriero, al menos.

Dadas las circunstancias, fue una suerte que el leopardo heráldico de Ana Bolena resultara fácil de transformar en la pantera heráldica de Juana Seymour «rehaciendo la cabeza y la cola».[32] (¿Era la elección de la pantera un ejemplo del tacto innato de Juana, tal vez?) De todos modos, las insignias de las consortes anteriores a veces eran pasadas por alto y permanecían como molestos recuerdos del pasado, a menos que fueran interpretadas como tristes recordatorios de la inestabilidad del presente. Aunque, tal era la ostentación de la felicidad nuevamente hallada del rey —¡un matrimonio «bueno y legal» al fin! Sin duda, nadie lo merecía más— que la estabilidad, antes que la inestabilidad, parecía estar a la orden del día.

El rey exhibió a su nueva esposa. Aprovechó las tradicionales festividades de Pentecostés de la ciudad para presentar a «Juana, la reina» a sus súbditos. En vísperas de la boda, caminaron juntos hasta Mercers Hall para observar la Guardia de la Ciudad. Esa versión de la época del actual Lord Major's Show movilizaba una procesión de 2.000 hombres con antorchas y cientos de alguaciles con capa escarlata, además de bailarines y complicados cuadros escénicos. El 7 de junio, el rey Enrique y la reina Juana fueron por agua de Greenwich a Whitehall. La procesión de barcas, las de los lores precediendo la del rey, era un espectáculo imponente, y cuando la barca real pasaba junto a las embarcaciones del Támesis, «cada nave disparó sus cañones». Un signo notable de los tiempos fue la presencia de Chapuys, de pie junto a una tienda con las armas imperiales, rodeado por sus caballeros vestidos de terciopelo, para observar el paso del rey y su nueva esposa. Cuando la barca real se aproximó a la tienda, Chapuys envió a sus trompeteros y músicos para tocar una fanfarria «y así [ellos] hicieron una gran reverencia al rey y a la reina».[33]

Otro signo de los tiempos que corrían fue el vistoso despliegue de gallardetes y banderas desplegadas en saludo sobre las paredes de la To-

rre de Londres; al otro lado de aquellos muros suntuosos yacía el cuerpo
de Ana Bolena en la tumba en que había sido depositado menos de tres
semanas antes, pero ahora nadie pensaba en eso. El rey pasó por el puente
de Londres con sus propios trompeteros tocando sonoramente delante de
él. Era «una vista magnífica para contemplar», escribió el heraldo Charles Wriothesley.[34] Al día siguiente, la reina Juana, desde la nueva casa del
Palacio de Whitehall que daba directamente sobre la carretera de Charing Cross a Westminster, observó al rey cabalgar hacia un Parlamento
abierto. Ésa era la asamblea que confirmaría formalmente la invalidez
del matrimonio de Enrique VIII con Ana Bolena; los preparativos para
esa asamblea se habían iniciado a fines de abril.

Continuaron las celebraciones siguiendo las grandes fiestas de verano de la Iglesia. Hubo otra magnífica procesión para celebrar el Corpus
Christi, el 15 de junio. Esta vez el rey y la reina cabalgaron juntos hacia
la abadía de Westminster, el rey delante, seguido por la reina y sus damas. Dentro de la abadía, el séquito de la reina Juana se reforzó con la
presencia de lady Margaret Douglas, sobrina del rey Enrique. Catorce
días más tarde, en la festividad de San Pedro, hubo una celebración en
el Támesis, una justa en Whitehall presidida por el rey y la reina y una
triple boda de jóvenes lores y damas, vástagos de las familias De Vere,
Neville y Manners.

A esta última fiesta el rey asistió disfrazado, rodeado por once asistentes y luciendo ropas «turcas» ricamente bordadas. Todo muy parecido a los antiguos tiempos, salvo que la sorpresa general cuando «el rey
se quitó el antifaz y se mostró» debió de haber sido más difícil de fingir
para su esposa y los cortesanos que en los tiempos alocados de la juventud del rey, cuando era un gigante de un metro ochenta y cinco. Porque
el rey se estaba poniendo enormemente gordo.

Nadie comentaba ya su aspecto «angelical». Holbein, ahora al servicio del rey como pintor, lo muestra en un cuadro pintado probablemente para celebrar su tercer matrimonio con una cara ancha en forma de
pala, una boca pequeña y apretada, ojos pequeños y una barba que vanamente intenta ocultar la pérdida del mentón. Un sombrero esconde la
cabeza que se había vuelto «calva como la de César»; los dedos enjoya-
dos son rechonchos, por decirlo de manera amable. Con su gran altura y
anchura, el rey iba camino de convertirse, al menos en términos físicos,
en el más formidable príncipe de Europa, como una vez había sido el
más apuesto. Y ahí no acabó la cosa.[35]

Pero no hay ningún indicio de que por entonces el aumento de peso le causara ninguna mortificación (como veremos, eso cambió). El rey Enrique fue sumamente feliz en términos personales durante el verano de 1536 y una de las cosas que causaban esa felicidad era el carácter conciliador y afectuoso de su tercera esposa. Había hecho la elección correcta. Todo cuanto hacía Juana parecía confirmarlo.

El trato que le dispensaba a su hijastra María era especialmente sensible. Mucho antes de su matrimonio, se consideraba que Juana Seymour estaba «bien dispuesta» hacia la muchacha orgullosa y triste siete años menor que ella; dadas las dificultades de sus respectivas posiciones, puede haber crecido cierta amistad entre ambas. María era sumamente dependiente de la amistad femenina, despojada del contacto con la madre durante muchos años antes de la muerte de esta última. En contraste, las relaciones masculinas eran para ella peligrosas, no sólo en términos de crianza estricta sino porque estaba decidida a no perjudicar la cuestión de su matrimonio, de la que dependía todo su futuro. En corrección, sentido del deber y piedad, las dos jóvenes, Juana, la reina, y María, la ex princesa, eran bastante parecidas.

En general se atribuía a la reina Juana el haber conseguido que el rey «reinstaurara» a su hija mayor. ¿En qué medida fue ella responsable? Es difícil determinar la influencia de la reina en eso. Cuesta creer que una reina nueva e insegura consiguiera por sí misma una reversión de política contra los deseos reales de su esposo. La paciencia del rey con los consejos que no deseaba atender, o con las peticiones que no deseaba oír, no había aumentado con los años. El rey Enrique siempre había tenido mucho interés en que María se sometiera a la humillación de la invalidación del matrimonio de sus padres. Según las habladurías de la corte, María sería reinstaurada como heredera de su padre —para furia del rey, cuando se enteró—, pero la realidad era muy diferente. El rey estaba dispuesto a amenazar a su hija con la Torre e incluso la ejecución para asegurarse su obediencia. Finalmente, María cedió y lo aceptó todo. El 14 de junio le escribió a su padre una carta en la que se humillaba: «Ruego a Vuestra Majestad que compense mis transgresiones con mi arrepentimiento por las mismas» y al día siguiente otra donde se comparaban la «merced» y la «benignidad» de él con la «ofensa» y la «pecaminosidad» de ella. Le decía al rey que rogaba diariamente a Dios «que le complazca a Él enviaros hijos».[36]

Por otra parte, el deseo maternal de la reina Juana de reconciliar a padre e hija era bastante sincero. Tal vez la importancia de la intervención de la reina Juana en favor de su hijastra estuviera en la buena luz que ello arrojaba sobre su carácter a los ojos del esposo: había mostrado su aspecto más femenino de persona dispuesta a rogar en favor del desvalido. Según se cuenta, el rey Enrique reaccionó a las súplicas de la reina por María diciéndole que debía de estar loca al pensar tales cosas: «Ella debería estudiar el bienestar y la exaltación de sus propios hijos, si tuviera alguno con él, en vez de preocuparse por el bien de los otros.» Pero Juana, modelo de dulce serenidad, le respondió que al solicitar la reinstauración de María pensaba que estaba pidiendo no tanto por el bien de los otros como por «el bien, el reposo y la tranquilidad de él mismo, de los hijos que ellos mismos podían tener y del reino en general».[*38] No era malo tener tal reina —tal esposa— siempre pendiente del bien de los otros (y uno advierte que ella tenía presente en primer lugar el «bien, el reposo y la tranquilidad» del rey).

A partir de entonces había que tener con la rehabilitada María «una conducta amable y afectuosa». El 6 de julio, el rey y la reina pasaron el día en una visita que le hicieron en Hunsdon. La reina Juana aprovechó la ocasión para regalarle un anillo con un diamante «muy hermoso», y el rey un cheque por valor de 1.000 coronas, con instrucciones de que ella debía pedir todo lo que deseara. Las cuentas reales dan testimonio de un continuo intercambio de regalos entre la reina Juana y «su más humilde y obediente hija y servidora». Se regalaban toda clase de cosas, no sólo ricas joyas, sino pequeños caprichos personales, como los pepinos frescos enviados por María a la reina y otros presentes al jardinero de la reina Juana en Hampton Court.[39]

«Lady María» era también como una planta que necesitaba adecuada atención y cuidados para su florecimiento. Era de estatura muy baja, como su madre, y, como la difunta reina Catalina, tenía esa extraña voz ronca que contrastaba con su pequeña estatura; pero no era rechoncha como había sido la reina Catalina en su juventud: se la consideraba «delgada y delicada». Pero María no era fea, sino «más que moderadamente bonita» según una descripción. Unos cuantos años más tarde se dijo que poseía «un grato semblante y persona».[40] Lo que necesitaba era felicidad:

---

* Mucho más tarde se difundió la historia de que la reina embarazada instó al rey a recibir a María, llamándola «vuestra mayor joya de Inglaterra», a lo que el rey, dándole unos golpecitos en el vientre, respondió: «No, Eduardo, Eduardo.» Es literalmente imposible que eso sucediera, ya que María fue reinstaurada inmediatamente después del matrimonio, cuando la reina Juana no estaba embarazada; pero encarna la tradición de que ella era favorable a María, en especial porque se decía que la historia salía de una de las damas de María.[37]

ahora parecía probable que bajo los auspicios benévolos de Juana Seymour tuviera la posibilidad de hallarla.

La verdadera clave del carácter de Juana, sin embargo, era su sumisión. Eso quedó claro desde el comienzo por el lema que había elegido: «Obligada a obedecer y servir.» (En retrospectiva, había cierta osadía en el de Ana Bolena, que se proclamaba como «*La plus heureuse*»: la más feliz.) Chapuys se refería cortésmente al contraste mientras seguía haciéndole reverencias a la joven reina. Fue invitado a la cámara de ella por el rey después de misa, donde él «la besó y la felicitó por su matrimonio», para evidente satisfacción de Enrique. Su predecesora había llevado la insignia «*La plus heureuse*», declaró Chapuys, pero la reina Juana tendría «la realidad» de la felicidad.[41]

La reputación de «buena y virtuosa» de la reina Juana se difundió por el extranjero, donde por supuesto el contraste con la difunta Ana Bolena la favorecía, en particular en vista de las simpatías «luteranas» de esta última. El primo del rey, Reginald Pole, hijo menor de Margaret, condesa de Salisbury, estaba en Venecia. Cuando se lo convocó para que se explicara por haber escrito una obra crítica con los cambios religiosos en Inglaterra —*Pro Ecclesiasticae Unitatis Defensione*—, no se presentó. Pero el 14 de julio se refirió con entusiasmo a «la bondad de Dios» que había librado al rey Enrique de «ese mal doméstico en el hogar...» —refiriéndose a Ana Bolena— «la causa de todos vuestros errores» con «su cabeza cortada». Pole estaba seguro de que el rey pronto vería de nuevo la luz de Dios. Se mostraba particularmente confiado en tan feliz resultado «porque entiendo que ya, en lugar de ella, de la que descendían todos los desórdenes, la bondad de Dios os ha dado una llena de bondad, con la que entiendo que Vuestra Gracia está ahora casado».[42]

En ocasión de la visita de Chapuys, el rey lo dejó con la reina mientras él conversaba con otras damas. Pero parece haber regresado a tiempo para oír a Chapuys deseándole a ella que se ganara el honorable apelativo de «pacífica»: la autora y conservadora de la paz. Entró en juego el instinto protector del rey, que excusó a su esposa, a la que no se debía fatigar en sus nuevas tareas: Chapuys era el primer embajador con quien hablaba y «ella no estaba acostumbrada a ello». Sin embargo, le encantó la sugerencia de Chapuys acerca del nombre de «pacífica». Estaba convencido de que la reina deseaba ganárselo, dijo con complacencia, porque «aparte de que su naturaleza era gentil e inclinada a la paz, no deseaba en absoluto que él se dedicara a la guerra para no separarse de él». Era un hombre feliz.

La reina Juana, por su parte, estaba igualmente contenta con su esposo corpulento, maduro (el rey tenía ahora cuarenta y cinco años) pero poderosamente real. No hay motivos para suponer lo contrario. La gente moría por orden del rey, y también amaba. Desde el punto de vista de Juana Seymour, el matrimonio no era más que otro modo de someterse «a la ley» como finalmente había hecho Ana Bolena, otra manera de reconocer que el rey era «el príncipe más devoto, noble y gentil que existe», como había expresado Ana Bolena en su discurso final. Tampoco dejaba de ser envidiable el destino de Juana Seymour para la época, aparte de la básica satisfacción para una naturaleza bondadosa de llevarle felicidad a su hijastra así como a su esposo. Debemos evitar suponerle las preocupaciones románticas de una época posterior, ni olvidar su dote: 104 mansiones dispersas por diecinueve condados, cinco castillos y varios cotos de caza y bosques, incluidos Cranborne Chase y el Paris Garden de Londres.[43] Sobre todo, ahora era reina. En suma, el hecho de que Juana Seymour fuera de naturaleza simpática no significaba que careciera de aspiraciones mundanas.

Era el deber de una mujer joven asegurarse o haberse asegurado el partido más ventajoso posible, que ayudara a su familia en el peligroso ascenso hacia la cima de la sociedad Tudor. Juana Seymour había sido encumbrada. En consecuencia, también prosperó su familia. Sir Edward Seymour fue nombrado vizconde de Beauchamp una semana después de la boda de su hermana. Eso sería sólo el comienzo si la reina Juana cumplía con su único otro deber femenino, parir un hijo varón y convertir de paso a su hermano en el tío del futuro rey. Porque no sería sólo una simple relación de parentesco. El rey había superado su juventud y había posibilidades de que muriera antes de que el hijo llegara a la mayoría de edad. Su tío tendría derecho a actuar como regente, oficialmente o no, en nombre de la reina.

En cuanto a la perspectiva de esa importantísima concepción, la satisfacción general del rey con su nueva esposa sugeriría que se habían curado esos problemas de impotencia que lo habían afligido al final de su matrimonio con Ana Bolena. Tal vez la famosa modestia —la inocencia sexual— de Juana Seymour fuera tranquilizadora; ella no debía tener expectativas en esas cosas. Desde luego no era la clase de mujer capaz de hacer un comentario cortante sobre una situación tan delicada, como el que supuestamente le había hecho Ana Bolena a lady Rochford. En este sentido, resulta significativo que los preparativos para su coronación se iniciaran enseguida. Como ya se ha mencionado había un vínculo particular entre la coronación de una reina consorte y la probabilidad de que portara al heredero de su esposo. Había habido rumores en la época del tercer matrimonio del rey acerca de que nunca lograría tener otro hijo: «No había que temer el nacimiento de un vástago de ningún sexo.» Ahora esos rumores fueron sustituidos por los preparativos para «la coronación de la reina».[44]

El viaje de verano llevó al rey y la reina a Rochester, Sittingbourne y Canterbury, así como al castillo de Dover. Hubo innumerables partidas de caza: veinte venados se cazaron el 9 de agosto solamente. Entretanto, se estaban realizando tareas para la futura coronación, y los pagos registrados en las cuentas reales por el inspector del rey James Nedham ya sumaban más de trescientas libras. La fecha prevista era San Miguel y Todos los Santos, el 29 de septiembre, para que coincidiera con los festejos que siempre tenían lugar por esa época. Wriothesley opinaba que sería un mes más tarde, a fines de octubre. Chapuys se enteró de que el rey intentaba «realizar maravillas» para su última esposa (sin duda con la esperanza de que la gente olvidara otra coronación, celebrada tres años antes).[45]

Entonces se declaró un terrible brote de peste. Dada la notoria susceptibilidad del rey frente a esta amenaza se suspendieron de inmediato los preparativos para la coronación. El acontecimiento se pospuso. Sin duda habría otro día para coronar a «Juana, la reina». Tal vez entonces también ella, como su predecesora, estuviese embarazada. Porque Dios aprobaba tan abiertamente esa unión, que podía parecer la tercera del rey, pero Enrique estaba firmemente convencido de que era su primer matrimonio «bueno y legal». El emblema personal de la reina Juana —aparte de su pantera— era un castillo del que salía un fénix envuelto en llamas (y rosas Tudor). El rey Enrique tenía mucha confianza en que su dinastía, como el ave fénix, renaciera de los problemas del pasado.

CAPÍTULO TRECE

Enteramente amada

Nuestra más cara y más enteramente amada esposa,
la reina, ahora embarazada, por lo cual damos las más
humildes gracias a Dios Todopoderoso...

Enrique VIII al duque de Norfolk,
verano de 1537

Enrique VIII consideraría en un futuro a Juana Seymour como la esposa con la que había sido más feliz, olvidando tal vez aquellos primeros años con Catalina de Aragón, la encantadora y joven princesa española tan ansiosa por complacerlo. La posición de la reina Juana debía estar a la altura de la estima de él: el rápido cambio matrimonial de mayo lo hacía particularmente importante. El chambelán de la nueva reina debía ser por tanto el primo del rey, que compartía sangre Plantagenet, Thomas Manners, conde de Rutland, mientras que el chambelán de Ana Bolena en su coronación había sido un par de apenas cuatro años de antigüedad, lord Borough.[1]

Se diseñaron magníficas joyas para la nueva reina, con H e I (por la forma latina Ioanna) reemplazando las previas H y A, así como los leopardos de los vitrales habían dado paso a las panteras. Un colgante con centro de esmeralda, cargado de perlas, fue diseñado por Holbein. Y también Holbein fue el encargado de modelar la magnífica copa de oro, presentada por el rey a la reina, que pesaba más de quince kilos, con medallones de antiguas cabezas, delfines y querubines que sostenían las armas de la reina bajo una corona imperial, así como las iniciales H e I entrelazadas en un verdadero nudo de amor. Además el lema: «Obligada a obedecer y servir», que había causado una impresión tan favorable en todos, aparecía de manera destacada en la copa no una sino dos veces.*

La corte de la reina Juana, si debía ser espléndida, también debía ser decorosa. Ella era estricta, por ejemplo, en cuanto a los trajes de sus damas. Obviamente, en el deseo de instalar a una mujer joven en la casa de la reina no había influido el cambio de amas: en realidad, un puesto en la corte desde el que ya dos damas se habían elevado al rango de consorte real probablemente fuera más ventajoso que nunca. Lady Sussex sólo había logrado introducir a la hija de lady Lisle, Anne Basset (no así a la otra hija, Katherine), cuando le llegó un mensaje de la reina en el que decía que la «ropa francesa» de la señorita Anne no era adecuada.

Al principio, la reina aceptó que la señorita Anne llevara sus vestidos siempre y cuando agregara a su atuendo una toca y un frentero (una banda para la frente) de terciopelo. El agente de lord Lisle en Londres, John Husee, le escribió a lady Lisle en Calais que había visto a la señorita Anne el día anterior con la toca de terciopelo que le había arreglado lady Sussex «que me pareció que no le queda tan bien como la caperuza francesa, pero se debe hacer el gusto de la reina».** Pero dos semanas más tarde seguía creando problemas el vestuario extranjero de la señorita Anne. Ahora «el placer de la reina es que la señorita Anne no use más sus ropas francesas» sino que se equipe con adecuados trajes de raso y terciopelo negro; además, la tela de sus camisas (que se usaban de día y de noche) era demasiado tosca, y necesitaba relleno en el escote. Las condenadas «ropas francesas» fueron relegadas en favor de las enaguas.[3]

La conciencia de su propio origen no real probablemente fuera responsable de la insistencia de la reina Juana en la uniformidad: una reacción no tan extraña. Debemos recordar que la reina Ana Bolena se esforzaba por eliminar la frivolidad de sus doncellas; las dos cazadoras furtivas, por así decirlo, convertidas en guardamontes. Probablemente no fuera casual que a la señorita Anne se la describiera pocos años más tarde como «una bonita criatura joven» que había atraído la mirada del rey. El amor de la reina Juana por la jardinería, un gusto cabalmente inglés del cual dan testimonio las cuentas reales, es una faceta suya más

---

* La copa diseñada por Holbein formaba parte del inventario real de Carlos I cuando el rey la hizo fundir con el resto de su vajilla para luchar contra las fuerzas parlamentarias.[2]

** Las caperuzas francesas, que se apoyaban sobre la parte posterior de la cabeza y dejaban al descubierto mucho más cabello, sin duda no parecen ahora más atractivas.

grata: tenía un celebrado jardinero en Hampton Court llamado Chapman. También su pasión por comer venados rojos y perdices —que, a doce peniques las seis docenas, eran pedidas reiteradamente a Calais— indica que una mujer de este mundo se escondía tras el aspecto bondadoso pero serio pintado por «Hance» (Holbein) en la temporada que siguió a su matrimonio.[4]

Pero la bondad era auténtica. Seguía el afecto de la reina Juana por su hijastra. En cuanto a Isabel, aunque Antonio de Guaras contaba que la reina Juana le había pedido al rey que la hija de la perversa Ana Bolena fuera degradada, eso debe considerarse como un deseo del partidario español. No hay ninguna otra prueba de ello:[5] como se verá, el rey y sólo el rey decidía en lo referente a la posición de sus hijas. El papel de la reina Juana era el de «madre» benévola de esas dos princesas (no se usaba la palabra madrastra), y eso era en realidad.

El difícil tema de la sucesión se había solucionado temporalmente de modo satisfactorio... para el rey. La nueva ley, aprobada por el Parlamento en junio, le daba amplios poderes extraordinarios. Los futuros hijos de su último matrimonio debían ser, naturalmente, los herederos del reino. Pero en el caso de haber «una falta de herederos legales de vuestro cuerpo», el Parlamento autorizaba al rey Enrique VIII a «dar, disponer, comisionar» la corona «a tal persona o personas... que crea conveniente Vuestra Majestad». El propio rey nombraba a los consejeros que debían regir el reino, si él era sucedido por un menor. La segunda Ley de Sucesión, que reemplazaba la de 1534, no debía ser derogada o alterada «por ninguna ley de tiempos pasados ni futura».[6]

Esa nueva ley significaba que Isabel era ahora ilegítima, como María. Pero las posiciones relativas de ambas jóvenes en ese punto eran muy diferentes. Con la rehabilitación de María, la cuestión de su matrimonio (ahora tenía veinte años) naturalmente volvía a tener importancia; eso sacaba otra vez a colación la cuestión de su posición exacta. Dadas las grandes conexiones de María, se hablaba de que se la reconocería como presunta heredera de su padre hasta que llegara un hijo. A Chapuys naturalmente le hubiese agradado eso, y Cromwell parece al menos haber considerado la perspectiva de que fueran reconocidos los derechos de María después de aquellos de «los hijos legales» de su padre. Pero Isabel, sin lazos dignos de mención, por el momento sólo compartía la desgracia de su madre, ya que su posibilidad de casarse —cumplió tres años el 7 de septiembre de 1536— no podía considerarse una cuestión urgente.

Todo eso significaba que el rey tenía de hecho a sus dos hijas completamente bajo su control. Si lo deseaba, en cualquier momento podía pedirle al Parlamento que quitara la mancha de bastardía, y también podía, si lo deseaba, permitirle a María, la mayor, la codiciada posición de presunta heredera. Pero no podía —no deseaba— que lo presionaran a hacerlo, como le dijo a Richard Pate, archidiácono de Lincoln, en abril de 1537. Si la conducta de su «hija natural» María seguía siendo satisfactoria, «no sólo la reconoceremos como nuestra hija, sino que también la emplearemos en todas las cosas en la medida que le corresponde a la hija de un príncipe tan grande»; pero esa elevación debía proceder de «la inclinación de nuestro propio corazón».[7]

Dadas las circunstancias, el rey, inspirado por la reina Juana, se mostró dispuesto a ser sumamente afable. Así, «Madame Marie», como dijo el embajador francés, era «primera [en la corte] después de la reina» en octubre de 1536, y se le daba el honor de presentar la servilleta al rey y a la reina al final de los banquetes de Estado (la marquesa de Exeter vertía el agua). En cuanto a Isabel, el rey era descrito como «muy aficionado» a esa pequeña «Madame Ysabeau»: el veredicto de la corte era que «él la quiere mucho».[8] Y a pesar de su renuencia a darles a sus hijas «naturales» la condición apropiada, era obvio que el rey les daba precedencia sobre sus primas legalmente nacidas, las señoritas Frances y Eleanor, hijas de su hermana muerta. Después de todo, María e Isabel eran las hijas de «tan grande príncipe», él mismo. Así las apuestas reales seguían contraponiéndose y compensándose.

Pero fuera de la corte había un desafío a la voluntad real más difícil de controlar que una joven o una niñita: la rebelión en el norte. Si la vida doméstica del rey fue en esencia apacible de 1536 en adelante, esa tranquilidad contrastaba vivamente con la naturaleza tempestuosa de los problemas a los que se enfrentaba en otras partes. El Peregrinaje de Gracia, como llegaron a ser conocidos los múltiples levantamientos en el norte, era en esencia una enorme demostración de descontento popular. Era un descontento debido a muchos factores. Estaba por ejemplo la creciente indignación de los grandes lores del norte, que veían amenazada su histórica independencia por la nueva organización central (y meridional) de Cromwell; algunos de esos magnates, los lores Darcy, Hussey y Dacre, habían estado en contacto con los imperialistas por algún tiempo. Luego estaba la gente oprimida por los nuevos impuestos de Cromwell y que, en consecuencia, no quería a los nuevos consejeros del rey, «de baja cuna».

Sobre todo, estaban aquellos profundamente resentidos por los cambios religiosos impuestos desde el centro y con el odiado arzobispo Cranmer, que abominaban de la nueva Biblia, no importaba a qué reina estuviese dedicada, y deseaban recuperar sus antiguas costumbres, incluidas las festividades, que ahora se prohibían o se desalentaban, en especial durante la época de cosecha (aunque la corte seguía celebrándolas). Sin embargo, en esas fuerzas de conservadurismo religioso había opiniones discrepantes; algunos deseaban que se restaurara la autoridad de Roma, otros aceptaban la supremacía real y se centraban en la restauración de las antiguas prácticas.[9]

En particular, el cierre forzoso de los monasterios por parte de los comisionados del rey, una maniobra muy evidente que afectaba a toda la estructura de una comunidad, proporcionaba un foco para ese descontento tan generalizado. Pero el rey era totalmente ajeno de tales sentimientos. Por una parte, nunca había visitado el norte y, por otra, contemplaba el cierre de los monasterios en términos muy diferentes: como un medio para hacerse muchísimo más rico por medios legales. Porque el Parlamento había aprobado hacía poco una ley que disolvía todas las pequeñas casas religiosas con ingresos anuales inferiores a las doscientas libras, y que poco tenían que ver con los ricos monasterios y abadías que serían suprimidos en los próximos años. De modo que el rey se beneficiaba —fueron cientos de miles de libras— y se benefició aún más cuando procedió a vender las grandes abadías a sus cortesanos (además de hacer cesiones gratuitas a los favoritos).

La noticia de un levantamiento en Louth, Lincolnshire, el 1 de octubre de 1536, que se inició con el encarcelamiento de dos recaudadores de contribuciones y creció hasta incluir a 30.000 personas, fue recibida entonces por el monarca con una explosión de disgusto. (Los recaudadores de contribuciones fueron sentenciados a muerte: un individuo afortunado fue colgado, pero el otro, metido dentro de una piel de vaca, fue arrojado a los perros para que lo devoraran.) No sólo el hecho de la rebelión sino también las demandas concretas de los rebeldes enfurecieron al rey. Pedían por ejemplo otros sacerdotes y consejeros más aristocráticos para asesorar al soberano.

El 10 de octubre, Enrique emitió una «Respuesta a peticiones de traidores y rebeldes [en] Lincolnshire». Comenzaba: «Respecto de la elección de asesores, nunca leí, oí ni supe que los asesores del príncipe y los prelados debieran ser nombrados por gente común ruda e ignorante; ni que ésas fueran personas aptas, o de capacidad para discernir y elegir consejeros aptos y suficientes para un príncipe.» El rey había elegido esa mezcla de indignación y desprecio, rechazaba todas las demandas y terminaba ordenando a los rebeldes que se marcharan y no pecaran más, sobre todo «recordad vuestro deber de lealtad, y que estáis obligados a obedecernos, vuestro rey, por orden de Dios y ley de la naturaleza».[10]

Pero estos argumentos mayestáticos no resultaron persuasivos. Por el contrario, el levantamiento se difundió rápidamente, incluyendo no sólo a «personas comunes rudas e ignorantes» sino también a caballeros e incluso nobles que actuaban como sus líderes. Robert Aske, un hombre de Yorkshire que casualmente pasaba por Lincolnshire en el momento de la primera revuelta, volvió a su casa y reunió un enorme cuerpo de «peregrinos». Unos 40.000 marcharon sobre York en lo que denominaron «nuestro Peregrinaje de Gracia* por la restitución de la Iglesia de Cristo», cantando y portando banderas con Cristo crucificado por una cara y el cáliz de la comunión y la hostia en la otra. Entraron en la ciudad el 16 de octubre.

Luego se discutió mucho quiénes entre los nobles y la clase acomodada se habían unido libremente a la rebelión (como se creía que lo había hecho lord Darcy) y quiénes lo habían hecho bajo presión, temiendo por sí mismos y sus familias, mientras secretamente seguían prefiriendo al Gobierno. Ésa era la posición del magnate del norte lord John Neville Latimer, por ejemplo, o eso se dijo. Había sido tomado como rehén por Aske y obligado a actuar como su portavoz ante sus propios hijos y su tercera esposa, una joven veinte años menor cuyo nombre de soltera había sido Catherine Parr. Latimer sostendría que nunca había intentado ser desleal.[11] Pero por entonces no había ninguna duda de que la crisis era profunda y que el Peregrinaje de Gracia, que pronto cobraría fuerza en casi todos los rincones del norte, suponía para el rey la prueba más severa hasta el momento de su reinado. Mientras el duque de Suffolk y el conde de Shrewsbury, por órdenes del rey, intentaban restaurar el orden en Lincoln, tuvieron que enfrentarse a fuerzas superiores en número (Shrewsbury tenía sólo 7.000 hombres). Entretanto, escaseaba el dinero real, lo que significaba que, en una época en que no existía un ejército permanente, las fuerzas leales no eran fáciles de reunir, mientras que la lentitud de las comunicaciones en el siglo XVI hacía difícil que algo se pudiera hacer rápidamente.

Creció la indignación del rey. Redactó una respuesta a los rebeldes

---

* Origen del nombre dado a los diversos levantamientos en su conjunto.

de Yorkshire, fechada el 2 de noviembre de 1536, de su puño y letra.[12] Mencionaba la fe y las propias credenciales del rey como teólogo. Se maravillaba «no poco de que gente ignorante ande por ahí o se ocupe de instruirnos (lo que a veces se ha advertido que sucede) sobre cuál debiera ser la fe correcta». ¿Cómo podían ser «tan desagradecidos y antinaturales con nosotros, su más legítimo rey»? En cuanto a la disolución de los monasterios, nuevamente lo azoraba que sus súbditos desearan que uno o dos monjes gozaran de los beneficios «en apoyo de una vida cruel y abominable», antes que su príncipe, en apoyo de los «extremados costes como consecuencia de vuestra defensa». Pero continuaba la rebelión.

En su enfado, al rey le hubiese gustado aplastarla por la fuerza. Fueron los aspectos prácticos de la situación, unidos al consejo del duque de Norfolk, al que se le confió la tarea de pacificar el norte, lo que condujo a una solución menos belicosa. Se lo persuadió de que otorgara un perdón general a aquéllos al norte de Doncaster por todos los delitos cometidos antes del 7 de diciembre de 1536. El rey lo hizo a regañadientes, tratando de excluir del perdón a los cabecillas. Pero al fin, en favor de una paz necesaria, no hubo excepciones.

Debió de haber enfadado todavía más al rey que el destino de los monasterios produjera un diminuto remolino en la serena superficie de su nuevo matrimonio. El embajador francés se enteró de que, al comienzo de «la insurrección», la reina Juana se arrojó de rodillas ante el esposo y le «rogó que restaurara las abadías». Pero el rey no se había librado de Ana Bolena y casado con Juana Seymour para atender esa clase de súplicas. Le dijo a su esposa que se pusiera de pie. «Él le había comentado a menudo que no se entrometiera en sus asuntos», dijo, e hizo una punzante alusión a «la difunta reina» (Ana). Según comentó el embajador francés, en un escrito del 24 de octubre, esa reprimenda fue suficiente para atemorizar a una mujer «que no es muy segura». En diciembre, el obispo de Faenza dio lo que bien puede ser otra versión de la misma historia. La reina Juana le había dicho al rey que «tal vez Dios haya permitido esta rebelión por arruinar tantas iglesias; a lo que él replicó contestándole que se ocupara de otras cosas y recordándole que la última reina había muerto como consecuencia de entrometerse demasiado en los asuntos de Estado».[13]

El incidente (o los incidentes, aunque es difícil creer que alguna mujer fuera tan tonta como para probar fortuna dos veces de la misma manera con Enrique VIII) es interesante. Confirma el conservadurismo religioso de la reina Juana; compartía los sentimientos de la mayoría de los súbditos de su esposo, que preferían los modos antiguos. En años posteriores, Juana Seymour sería considerada como una heroína protestante, a causa de una falsa identificación con otros miembros varones de su familia que se convirtieron en decididos protestantes: tal vez un ejemplo de patriarcado histórico. Pero es muy claro que en su época, a diferencia de Ana Bolena, Juana no era «luterana» sino más bien lo opuesto. En realidad, Lutero se enteró en septiembre de que la nueva reina era «una enemiga del Evangelio», según lo expresó él.[14]

Además, los comentarios de embajadores y otros se ven respaldados por la sugerencia de que la reina Juana intentó impedir la supresión de al menos una casa religiosa. Cuando la priora del condenado convento cisterciense de Catesby le escribió a Thomas Cromwell pidiéndole su ayuda, le recordó que «la reina» había «intercedido ante la Majestad del rey por mí», ofreciéndole «recompensa» al rey si se salvaba la casa de Catesby. La priora deseaba la ayuda de Cromwell «para que Su Alteza la reina pueda obtener su petición de que este [convento] subsista».[15]

De hecho, Catesby no se salvó de la supresión: desapareció antes del fin de 1536, a pesar de los ruegos de la reina. Los sermones y las advertencias de las mujeres siempre habían fastidiado al rey, incluso cuando era joven, como sabía la reina Catalina y tal vez la reina Ana, aunque lo ignoró. Ana Bolena sería la última mujer a la que el rey le permitiría hablarle en tono retador con impunidad. Si se sentía molesto de alguna manera, entonces podía sugerir o señalar directamente el destino de «la última reina». Cada reina que siguió a la ejecución de Ana Bolena estaba condenada a la sumisión y una terrible pena la aguardaba si fracasaba en la prueba; cada reina lo estaba asimismo en otro sentido tras el alejamiento de Catalina de Aragón, por temor al divorcio si no satisfacía los requerimientos del rey.

Al mismo tiempo, no se esperaba que la reina Juana fuera una nulidad. No debemos juzgarla sólo porque tuviera miedo del rey (como la mayoría por entonces y por buenos motivos). En su estallido el rey se refería al hecho de que «a menudo» le había advertido que no se entrometiera; ella se había excedido únicamente en esa ocasión y acerca de un asunto particularmente delicado. En mayo del año siguiente, don Diego Hurtado de Mendoza llegó como enviado especial de Carlos V, encargado de negociar un matrimonio adecuado para María: se sugería a don Luis, heredero del trono de Portugal y hermano de la esposa de

Carlos V, Isabel. Chapuys, al retirarse de la presencia del rey, fue a presentar una cálida carta del emperador dirigida a la reina. Según el embajador, la reina Juana «demostró gran placer, y dijo que siempre haría todo lo posible por ayudar en los asuntos del emperador y en los de la princesa [María]». Luego le comentó a Chapuys que había tratado de persuadir al rey para que abandonara su antigua amistad con Francia y buscara la del emperador «esa misma noche durante la cena».[16]

No podemos saber con seguridad si la reina Juana era estrictamente sincera con Chapuys: pudo haber estado ejerciendo el sutil y antiguo arte del halago diplomático (lo que demostraría que había progresado respecto de su timidez de doce meses antes). Lo obvio es que la reina Juana consideraba que era normal discutir asuntos políticos con su esposo seis meses después de la reprimenda del rey. Para que una mujer estuviera casada sin problemas con Enrique VIII debía aprender a conducirse sutilmente, con cautelosos avances pero también con rápidos retrocesos si aparecía el aterrador ceño real.

La reina Juana Seymour entendía las reglas del juego. ¿Acaso no estaba obligada a obedecer y servir? Y ahora, de la manera más vital, demostró ser la esposa perfecta. Desde principios de enero de 1537, después de las festividades de Año Nuevo y de Reyes en Greenwich —¡oh maravilloso acontecimiento!— el rey Enrique consiguió dejar encinta a su tercera esposa.

Estas inspiradoras fiestas se celebraron con un tiempo gélido. El río Támesis se había congelado, de modo que no pudo realizarse la procesión ceremonial de naves de Londres a Greenwich para Navidad. En cambio, el rey cabalgó desde Westminster con la reina Juana y María a su lado, primero hasta la catedral de San Pablo y luego hasta Greenwich mismo. Los abades, con ricas capas pluviales, quemaban incienso al paso del jefe de la Iglesia anglicana y su esposa. La reina Juana no asistió al funeral de su padre, sir John Seymour (que había muerto el 21 de diciembre) para asistir a ese compromiso público. Pero el rey estaba ansioso por demostrar que su autoridad real no se veía socavada por los recientes acontecimientos insalubres en el norte: necesitaba a la familia real a su alrededor, un símbolo de seguridad.

Si el clima era desusadamente frío, otro aspecto extraño de la Navidad en Greenwich fue la presencia del destacado rebelde Robert Aske, que estaba allí por invitación del rey. A Aske le concedió un salvoconducto hasta el 5 de enero un monarca de ánimo más sereno, al parecer convencido de que Aske en realidad estaba arrepentido de sus delitos. Y la aparente serenidad continuó durante las fiestas, ya que el rey Enrique le contó a Aske los amables planes para un viaje de reconciliación en el verano siguiente. La reina Juana, aún no coronada, podía tener su coronación en York Minster, por ejemplo. Y Robert Aske creyó a su rey. Por otra parte, el rey Enrique muy bien pudo haberse creído a sí mismo.

Pero no sería así. Nuevos levantamientos en el norte, en enero, encabezados por sir Francis Bigod y lord Conyers, sin relación con Aske, sirvieron de excusa para una política de represión general. Además, la ira y la aprensión del rey se veían incrementadas por la conducta del Papa, que trataba de apoyar a sus descontentos con ayuda del exterior. El Papa había nombrado a su primo, Reginald Pole, cardenal de la Iglesia poco antes de Navidad; ahora lo despachó como legado papal ante Francisco I en París y María de Hungría en Bruselas para instarlos a emprender la acción contra Enrique. Pero ambos gobernantes temieron llevar a Inglaterra al campo opuesto si ofendían al rey. Si bien Enrique vio frustrado su intento de atraer al cardenal a Inglaterra y castigarlo allí, Pole tuvo que huir. Primero se refugió con el neutral obispo de Lieja, luego regresó por etapas (a través de Alemania) a la seguridad de la Ciudad Santa.

Pero no había ningún refugio para los rebeldes dentro de Inglaterra. A finales de febrero, el rey dictó una orden al duque de Norfolk, su representante en el norte, sobre «nuestra satisfacción» en esa región. Norfolk debía encargarse de la «terrible ejecución» de un buen número de habitantes de cada pueblo, villa y aldea que hubiera participado en la rebelión. Muy pocos de ellos habían seguido activos en la rebelión después del perdón general del previo mes de diciembre, pero fueron ejecutados con pretextos inventados por acciones previas a esa fecha. Algunos debían ser colgados de árboles; otros descuartizados. «La exhibición de sus cabezas y miembros en cada pueblo, grande y pequeño...» debía ser «un terrible espectáculo para todo el que en adelante intente prácticas semejantes». Eso se debía hacer sin piedad ni excepción. De esa manera, «el terror de esa ejecución» permanecería en «el recuerdo [de la gente del norte] para siempre».[17]

Por tanto se dejó que el norte hediera —literalmente— por la carnicería y la descomposición, mientras las familias y los vecinos contemplaban el terrible destino de aquellos que habían desafiado al rey. En mayo, los principales rebeldes fueron conducidos al sur, a la Torre de Londres, para ser procesados. Entre ellos se encontraban Aske, que había ayudado a suprimir el levantamiento de Bigod y cuya posterior culpa era bastante dudosa, y los lores Darcy y Hussey. (Lord Latimer, esposo de Catalina Parr, se libró por falta de pruebas.) Aske fue uno de los devueltos al norte después de su condena para ser ejecutados en el lugar del delito: de modo que volvió como prisionero, encadenado, a York, la ciudad en la que una vez había entrado como peregrino y en la que fue colgado el 28 de junio. Pero a otros los ejecutaron en Londres.

Todo eso contrastaba de manera lamentable con el feliz progreso del embarazo de la reina Juana. (Las perdices de Calais resultó que eran un antojo.) En realidad fue Wriothesley quien en su *Chronicle* describió —sin ironía— las calles que olían a muerte, los rebeldes que eran retirados de la Torre de Tyburn, y las cabezas clavadas en el puente de Londres y en otros puntos mientras se entonaba un *Te Deum* solemne por el júbilo de la confirmación del embarazo de la reina. La ocasión mereció que se encendieran fogatas en toda la ciudad; en cada fuego se puso un barril de vino, del que se permitió que bebieran los pobres hasta la última gota. «Ruego a Jesús, y ésa será su voluntad, que nos envíe un príncipe», fue la conclusión previsible de Wriothesley.[18]

La condición de la reina se dio a conocer en marzo, aunque seguramente Juana tuvo conocimiento de ello a fines de febrero, cuando ofició de madrina del hijo de su hermano Edward Seymour, vizconde de Beauchamp, y su segunda esposa Anne Stanhope. Gracias a la irregularidad en el matrimonio anterior de Edward Seymour —había repudiado a los hijos de su primera esposa, Katherine Fillol— ese bebé era en realidad el heredero del nuevo título Beauchamp, creado en el momento de la boda de su hermana con el recordatorio especial «para sus herederos varones nacidos a partir de ahora».[19] La ceremonia tuvo lugar en Chester Place (el emplazamiento de la moderna Somerset House, que lleva el nombre de un posterior título Seymour), adquirida hacía poco por el obispo de Chester. Otra señal del ascenso de la casa de Seymour fue el hecho de que, además de la reina, Cromwell y María, la hija del rey, actuaron como padrinos.

Desde el matrimonio de su hermana, el progreso de Edward Seymour, el cuñado mayor del rey, había sido verdaderamente brillante. Al día siguiente de ser elevado a la dignidad de par, había recibido numerosas mansiones en Wiltshire y otras partes, incluidas Ambresbury y Easton Neston. Luego fue nombrado capitán de la isla de Jersey, después canciller conjunto de Gales del Norte. El embarazo de la reina —la posibilidad de un futuro rey— era otra bendición para sus parientes, que también serían los parientes de ese soberano putativo. Edward Seymour fue nombrado consejero privado el 22 de mayo de 1537. En agosto se le otorgó la tierra que incluía el priorato suprimido de Maiden Bradley, en Wiltshire, cuyos ingresos eran de casi 160 libras anuales; el afortunado agraciado debía pagarle al rey sólo la renta de 16 libras, el diezmo establecido por la ley.[20]

Edward no fue el único Seymour que recibió honores. De sus otros hermanos supervivientes, Henry prefería llevar una tranquila vida en el campo, pero el apuesto y vivaz Thomas fue nombrado caballero de la cámara privada tras el matrimonio de su hermana. En octubre de 1536 fue puesto al mando del castillo de Chirk y de otros castillos fronterizos en Gales, y al año siguiente de la mansión de Holt, en Cheshire. Elizabeth Seymour, una de las hermanas menores de la reina, completaba la galería de los Seymour que tenían un papel en la corte: después de la muerte de su primer esposo, se casó (en alguna fecha anterior a 1538) con Gregory Cromwell, hijo y heredero de Thomas, barón de Cromwell desde su ascenso a la dignidad de par en julio de 1536.

La noticia de la confirmación del embarazo de la reina fue celebrada el domingo de la Trinidad, el 27 de mayo: es decir, cuando estaba de aproximadamente cuatro meses y medio, calculando por la fecha del nacimiento del bebé. Algunas de las expresiones de júbilo fueron decididamente bíblicas. La Asamblea de la Universidad de Oxford encontró tres razones para regocijarse. Primero, Dios les había dado un príncipe que los había librado del yugo del obispo de Roma; segundo, «los bribones» levantados por el Diablo en contra de él en el norte habían sido aplastados. «El último y más grande beneficio» estaba en el hecho de que «nuestra más excelente dama y señora la reina Juana, nuestra piadosa princesa, esposa del rey Enrique VIII, haya concebido y esté embarazada con hijo, y el domingo de la Trinidad... como una señal de Dios, el niño se movió en el vientre de la madre».[21]

El duque de Norfolk, aún limpiando de «bribones» el norte, envió sus felicitaciones al futuro padre. En su respuesta del 12 de junio, el rey aprovechaba la oportunidad para cancelar el viaje al norte que tan expansivamente le había propuesto a Robert Aske en Navidad. El motivo era el estado de «nuestra más cara y muy enteramente amada esposa, la reina, ahora embarazada, por lo cual damos las gracias más humildes a Dios Todopoderoso». Había decidido, y su Consejo estuvo de acuerdo, hacer un viaje que no lo apartara más de noventa kilómetros de ella, por temor de que «siendo mujer» pueda asustarse ante «repentinos y desa-

gradables rumores y noticias que algunas personas tontas o ligeras puedan difundir en nuestra ausencia». Al mismo tiempo, el rey Enrique,
amo en su propia casa, se preocupaba de remarcar que esa decisión era
suya, no de su esposa. La reina Juana, le aseguraba al duque de Norfolk,
era «en todo sentido de esa inclinación amorosa, y reverente conformidad, que con todas las cosas puede contentarse, satisfacerse y tranquili-
zarse con lo que nosotros creamos y determinemos conveniente»:[22] en
otras palabras, obligada a obedecer y servir.

Podría ser cínico sugerir que el rey, cuyo coraje nunca estaba en
su punto más alto cuando había una amenaza para su propia persona,
fuera por la enfermedad o por los descontentos, recibió de buen grado
tan válida excusa para evitar el norte inhóspito. Después de todo, de la
«prosperidad» de la salud de la reina dependía mucho «tanto para nuestra propia tranquilidad como para la cosa pública de toda nuestra nación», como le señaló correctamente a Norfolk. Incluso agregó que el
embarazo de la reina era «algo de tal calidad que todo buen inglés pensa-
rá que tiene una parte en el mismo»: ¿podía ir más allá la generosidad
real?

No obstante, el hecho de que el rey creyera oportuno mencionar las
dudas de la reina Juana acerca de la fecha del nacimiento del bebé —podía estar uno o dos meses más avanzada de lo que se había pensado—
indica lo poco que le apetecía aventurarse en el norte. Pero la reina no
había equivocado sus fechas. Tal vez ella pensara realmente que se había
equivocado o tal vez sus damas se lo hicieron creer. Se dieron nuevas instrucciones para la coronación de la reina, que tendría lugar en la última
semana de octubre, con los Caballeros del Baño, creados el 21 de octubre, lo que sugiere que en realidad pudo haberse previsto una fecha anterior para el nacimiento.[23] Una tercera posibilidad es que el rey simplemente decidiera quedarse en el sur por un nacimiento inminente: había
que ser una mujer muy valiente para animarse a contradecirlo. «La inclinación amorosa y la conformidad reverente» sin duda dictaban otra
cosa.

Como en el caso de los muchos embarazos reales pasados, ahora oficialmente borrados de la memoria popular, todo el mundo sabía que el
bebé que estaba a punto de nacer sería un varón. La reina se retiró a su
cámara a fines de septiembre. Se dice que, en octubre, la gente «esperaba
diariamente un príncipe». En cuanto al rey, se ha sugerido que el gran
mural pintado por Holbein en Whitehall de tres generaciones de la dinastía Tudor (que ahora sólo sobrevive parcialmente en un cartón y en

copias posteriores), con las iniciales H e I nuevamente entrelazadas en lazos de perfecto amor, pudo haber sido inspirado por el inminente nacimiento de su heredero.[24] El rey hizo incluso preparar un sitial de la Jarretera para su hijo en la capilla de San Jorge, en Windsor. Una vez más hubo astrólogos dispuestos a asegurar a la reina Juana que el instinto del rey no podía fallar. Luego, la tarde del 9 de octubre, la reina se puso de parto. Estaba tendida en los apartamentos reales recién reacondicionados en Hampton Court, donde los leopardos habían sido convertidos en panteras y los halcones reemplazados por aves fénix.

La agonía de Juana no terminó pronto, como tampoco la del país que esperaba. Al cabo de dos días una solemne procesión recorría la ciudad para «orar por la reina que estaba entonces de parto». Finalmente, a las dos de la mañana del día siguiente, 12 de octubre, nació el niño.[25] Los profetas habían acertado. El rey no debería hacer desmontar el sitial de la Jarretera para su hijo, como había debido cancelar la justa planeada para «el príncipe» que se esperaba que naciera de Ana Bolena cuatro años antes. Era un varón.

El niño fue bautizado con el nombre de Eduardo, por su bisabuelo, pero más en particular porque era la víspera de San Eduardo. Antonio de Guaras se enteró de que el rey lloró al tomar al hijo en sus brazos.[26] Es una historia conmovedora y ciertamente creíble: ¿qué mejor causa podía encontrar para sus lágrimas Enrique VIII, un hombre emotivo? A la edad de cuarenta y seis años, había logrado su sueño. Dios había hablado bendiciendo ese matrimonio con un heredero varón, casi treinta años después de que el rey se embarcara en el matrimonio.

A pesar de la duración del parto —dos días y tres noches— el bebé no nació por cesárea, como se rumoreó luego. La operación se conoce desde tiempos antiguos; probablemente su nombre deriva de la ley romana, la *Lex Caesarea*, respecto del sepelio de mujeres que morían mientras estaban embarazadas (no por el nacimiento de Julio César, como a veces se sugiere). Pero por entonces era impensable que una mujer sobreviviera a ella. Se practicaba sólo a las mujeres que morían durante el embarazo avanzado, para salvar al hijo: una ley veneciana de 1608, por ejemplo, la requería en tal situación. Una historia de un castrador de cerdos suizo del que se dice que practicó una cesárea a su propia mujer en 1500, probablemente se relacione con un embarazo extrauterino, ya que la mujer tuvo luego varios hijos más por medios naturales; hay un relato auténtico de otra operación de 1610, pero la madre murió por infección.[27]

La tradición según la cual se realizó la operación se conserva en una balada, *La muerte de la reina Juana*, perteneciente a una colección de baladas de recopiladores del siglo XIX que se la oyeron cantar «a una joven gitana». En ella la reina misma solicita un cirujano tras estar «de parto seis semanas o más». Pero ya estaba muerta, o moribunda, cuando se realizó la operación:

> *Él le dio un rico cordial*
> *pero la muerte-sueño la durmió.*
> *Entonces su lado derecho fue abierto*
> *y el bebé liberado.*

> *El bebé fue bautizado*
> *y criado y nutrido*
> *mientras la reina Juana*
> *estaba tendida fría en el polvo.*

Según otra historia, el rey, deliberadamente, sacrificaba la vida de la reina al ordenar que se la abriera para sacar al bebé.[28]

Pero de esa crueldad el rey Enrique no fue culpable. Para empezar, no hay ninguna referencia a tal operación en los minuciosos relatos acerca del nacimiento del niño de los funcionarios. Pero resulta obvio que no se realizó tal operación porque la reina Juana, lejos de dormir «la muerte-sueño», estaba viva y bastante bien después del nacimiento para recibir huéspedes tras el bautismo del niño, tres días más tarde. Envuelta en terciopelo y piel, fue puesta en la antecámara de la capilla de Hampton Court, donde desempeñaba la tarea habitual de la consorte —como había hecho Isabel de York con el príncipe Arturo— hasta bien pasada la medianoche.[29] Eso hubiese sido absolutamente inconcebible en una mujer a la que muy poco antes «su lado derecho fue abierto y el bebé liberado».

Entretanto, todo el mundo, o así parecía, se volvió loco de júbilo. Los *Te Deum*, las fogatas, los barriles que rebosaban vino para los pobres, siempre dispuestos a «beber hasta que quedasen tendidos», las campanas que sonaban de la mañana a la noche en cada iglesia, el ruido de los cañones —2.000 dispararon desde la Torre— que las ahogaban, todo eso puede imaginarse. Luego las felicitaciones recibidas de todas partes; porque no sólo «cada buen inglés», según la generosa frase del rey se sentía implicado en ese maravilloso resultado, sino también cada buena mujer inglesa. En cuanto a la marquesa viuda de Dorset, exiliada en Croydon a causa de la posible infección de peste, explicó: no sólo había «agradado a Dios recordar a vuestra gracia con un príncipe» sino también «a todos nosotros, vuestros pobres súbditos». El obispo Hugh Latimer perdió aún más la cabeza: al referirse al acontecimiento en una carta a Cromwell, comenzó sin más a hacer comparaciones con el nacimiento de san Juan Bautista. «Gracias a nuestro Señor Dios, Dios de Inglaterra —seguía—, porque en realidad se ha demostrado Dios de Inglaterra, o más bien un Dios inglés.» Luego agregaba lastimero: «Pero qué gran tonto soy.»[30]

La reina hizo el anuncio oficial del nacimiento, según la tradición. Esta vez, el torneo celebrando a un hijo varón no tuvo que ser cancelado, ni hubo que alterar la formulación que se refería a «un príncipe». «Juana, la reina» había sido «llevada al parto de un príncipe concebido en el más legal matrimonio entre mi señor la Majestad del rey y nosotros». La circular fue sellada en el margen con el timbre de la reina, en que las armas reales de Francia e Inglaterra empalaban los seis cuartelados de Seymour bajo una corona.[31]

El bautismo, el 15 de octubre, fue suntuoso. En ausencia de la marquesa de Dorset en Croydon, Gertrude marquesa de Exeter llevó al bebé, asistida con su preciosa carga por su esposo y el duque de Suffolk. La cola de su manto fue levantada por el conde de Arundel, hijo de Norfolk. Entre los caballeros de la cámara privada que sostenían el dosel sobre la cabeza del bebé estaba su tío, Thomas Seymour. Edward Seymour tenía un deber más pesado: llevaba a la hermanastra del príncipe, Isabel, de cuatro años, a causa de «la tierna edad de ella».[32] En cuanto a María, actuó como madrina del niño que al fin ocupaba su lugar —aun a los ojos de los más devotos partidarios— como heredero del trono inglés.

El 18 de octubre, el bebé fue proclamado príncipe de Gales, duque de Cornualles y conde de Carnarvon.[33] El mismo día se reconocieron las perspectivas aún más ampliadas de la familia Seymour. Edward Seymour vizconde de Beauchamp fue nombrado conde de Hertford, con la misma cláusula en favor de los hijos de su segundo matrimonio, como antes. El rey le otorgó tierras por valor de más de 600 libras (las que había heredado de su padre le rendían 450 libras por año). Thomas Seymour fue nombrado caballero y, posteriormente, recibiría Coggeshall, en Essex y de Romsey, en Hampshire.

Sólo la hermana que había hecho posible todo eso se marchitó. Hacia la época del encumbramiento de sus hermanos, la reina Juana cayó enferma de fiebre puerperal. Esa «fiebre de parto», si se convertía en septicemia, era la principal causa de mortalidad maternal antes de que se entendieran la naturaleza de la higiene y el curso de la infección. Juana se debatió por un tiempo y la tarde del 23 su chambelán, lord Rutland, anunció que estaba levemente mejor gracias a «una evacuación natural». Pero la mejoría no duró. Se instaló la septicemia y con ella el delirio: Cromwell se refirió luego a la fantasía de la reina «en su enfermedad», culpando de su estado a aquellos que le permitieron comer lo que no correspondía o que le hicieron pasar frío.[34] Pero para la reina Juana (y para muchísimas otras mujeres, incluida la madre del rey, Isabel de York, que había muerto de manera semejante) su destino era inevitable, cualquiera que fuese el tratamiento.

A las ocho de la mañana del 24 de octubre la reina, que había estado «muy enferma» toda la noche, estaba moribunda; se envió por su confesor y se preparó el sacramento de la extremaunción. Cromwell fue informado por sir John Russell, de Hampton Court, de que el rey había pensado ir de caza a Esher ese día pero que lo había suspendido. De todos modos iría a Esher al día siguiente: «Si ella mejora, él irá; y si ella no mejora, me ha dicho él hoy, no podría hallar en su corazón permanecer.» Hay abatimiento e incredulidad en el informe. El duque de Norfolk, por su parte, instaba a Cromwell a ir a Hampton Court al día siguiente «para consolar a nuestro buen señor, porque en cuanto a nuestra señora, no hay ninguna probabilidad de que viva». En realidad, dudaba que la reina estuviera aún viva cuando Cromwell leyera la carta de su «apesadumbrado amigo, T. Norfolk», escrita a las ocho de la noche.[35]

Norfolk tenía razón. La reina Juana murió a medianoche el 24 de octubre, sólo doce días después del nacimiento de su hijo. Tenía veintiocho años y había sido reina de Inglaterra menos de dieciocho meses. Las mismas iglesias que habían celebrado el nacimiento con tal entusiasmo estaban ahora cubiertas de crespones. Misas solemnes por el reposo de «el alma de nuestra muy bondadosa reina» reemplazaron los jubilosos *Te Deum*. Como el rey Enrique le dijo al rey de Francia, que lo felicitaba por el nacimiento de su hijo: «La divina providencia ha mezclado mi alegría con la amargura de la muerte de la que me trajo esta felicidad.»[36]

El sepelio de la reina Juana estaba previsto para el 12 de noviembre. Mucho antes de esa fecha ya se había discutido la cuestión de una nueva reina. Cromwell dirigió una sola carta a lord William Howard, el embajador inglés en Francia, para darle la feliz noticia del nacimiento del príncipe («en buena salud y succiona como un niño de su pujanza»), la trágica noticia de la muerte de la reina («se fue hacia Dios», y culpaba a los asistentes de ella) y la interesante noticia de que el rey debía ser considerado una vez más como necesitado de una esposa («su Consejo se ha impuesto a él por el bien del reino»). De manera fría, Cromwell procedía a revisar la posibilidad de una princesa francesa, una vez más. Madame Marguerite, por ejemplo, la hija del rey, o Marie de Guisa, viuda del duque de Longueville, «de quien dicen que el rey de los escoceses la desea».[37]

Esto no implica que el pesar del rey no fuera sincero. «Por nadie del reino fue tomada [la muerte de la reina] más pesadamente que por el rey», escribió Edward Hall en su *Chronicle* y eso con seguridad era cierto.[38] Sus únicos rivales en el duelo habrían sido su hija María, que se volvió «loca» por la pena tras la muerte de su amada madrastra y por supuesto la familia de la reina, cuya tristeza debió haber estado teñida de mundana decepción. Todo señala el hecho de que Enrique VIII hizo duelo por Juana Seymour con una genuina sensación de pérdida, la esposa «enteramente amada» que le había dado el deseo de su corazón al precio de su propia vida.

Otros, como Dean Aldrich, registrador de la Orden de la Jarretera, podían hablar del triunfo de la reina Juana: «*Mater in caelo gaudeat.*» —Que la madre se regocije en el cielo— cuando mire abajo al hijo que ha dejado. La homilía de sir Richard Morysine sobre el tema fue aún más franca: hablaba del «cómodo consuelo, donde el pueblo puede ver qué causas mucho mayores tienen para regocijarse después del dichoso nacimiento del príncipe Eduardo que lamentar la muerte de la reina Juana». Pero el rey Enrique quedó con un recuerdo sentimental permanente de una joven mujer pálida y dócil que había sido la esposa perfecta. La recordaría el resto de su vida y continuaría visitando nostálgicamente el hogar familiar de ella en Wolf Hall, donde había comenzado el romance de ambos. En su último testamento, Juana Seymour fue ensalzada como su «verdadera y amante esposa».[39]

El rey Enrique dejó los arreglos para el sepelio de la reina Juana, según su costumbre, al duque de Norfolk, como conde mariscal, y a sir William Paulet, tesorero de la casa.[40] El rey se «retiró a un lugar solitario para atender sus penas». Los funcionarios mandaron llamar al heraldo de la Jarretera «para estudiar los precedentes», ya que, si bien tenían cierta experiencia en el sepelio de reinas anteriores, una reina «buena y legal» no había sido enterrada desde Isabel de York, hacía casi treinta y cinco años.

Primero el cerero «hizo su tarea» de embalsamamiento, luego el cuerpo de la reina fue «emplomado, soldado y encajonado» por los plomeros. Después, damas y caballeros de luto, con pañuelos blancos que caían sobre su cabeza y hombros, mantuvieron una guardia perpetua en torno del ataúd real en «una cámara de presencia» iluminada por veintiuna velas hasta el 31 de octubre, vigilia de Todos los Santos, cuando la capilla de Hampton Court y la gran cámara y las galerías que conducían a ella fueron cubiertas por crespones y «decoradas con ricas imágenes». El ataúd, tras ser perfumado con incienso, fue llevado en procesión de antorchas a la capilla, donde el heraldo Lancaster, en voz alta, pidió a los presentes que «por su caridad» rogaran por el alma de la reina Juana.

Los sacerdotes velaron de noche en la capilla y las damas de la reina de día hasta el 12 de noviembre, cuando el ataúd fue llevado en solemne procesión a Windsor, en una carroza tirada por seis caballos, acompañado de nobles y heraldos con banderas. «Lady María» se había recuperado lo suficiente del pesar, que la había tenido postrada, para desempeñar el papel de deudo principal, y cabalgó a la cabeza de la procesión en un caballo con arreos de terciopelo negro. A los pobres que observaban el paso del ataúd les dieron limosna; en el Eton College, el director y los muchachos lo saludaron «con las gorras y velas en las manos». El ataúd fue instalado dentro de la capilla de San Jorge y al día siguiente, solemnemente enterrado en una cripta, bajo el centro del coro: «Y todo terminó para las doce de ese día.»

Un monumento magnífico se planeó para la tumba que el rey pensaba compartir con la reina Juana en la plenitud del tiempo: debía haber una estatua de la reina reclinada como en el sueño, no en la muerte, y debía haber niños sentados en los ángulos de la tumba, con canastas de las que surgieran rosas rojas y blancas de jaspe, cornelina y ágata, esmaltadas y doradas. Las propias joyas de la difunta reina, incluidas cuentas, bolas y «tabletas» fueron distribuidas entre sus hijastras y las damas de la corte (María fue la principal beneficiaria). Cadenas y broches de oro fueron para los hermanos de la reina, Thomas y Henry Seymour. Pero los bienes y la dote de la reina Juana volvieron a ser del rey.

¿Cuánto tiempo pasaría antes de que el Consejo, el propio rey, hallara otro uso para ellos? El rey Enrique pasó la Navidad de 1537 en Greenwich «en traje de luto»: de hecho, no abandonó el negro hasta el día siguiente a la Candelaria, el 3 de febrero de 1538.[41] Para entonces, las prácticas averiguaciones de Cromwell sobre las princesas de Francia, inmediatamente después de la muerte de la reina, se habían convertido en una caza a escala internacional de una nueva mujer que compartiera la cama matrimonial del rey inglés.

John Hutton, embajador en Holanda, fue uno de aquellos a quienes se encargó que elaboraran una lista. Lo hizo gruñendo mientras le decía a Cromwell: «No tengo mucha experiencia en damas y por tanto esta comisión es dura para mí.»[42] Las propuestas variaban de una muchacha de catorce años que asistía a la reina francesa «de buena estatura», hasta la viuda del difunto conde de Egmont a la que describía como de más de cuarenta años pero que no los representaba. La presunta fertilidad de ambas damas era sumamente importante (se pensaba que una «buena estatura» indicaba «aptitud para procrear hijos», y una continuada apariencia de juventud era otro signo revelador). Eso era porque el Consejo, tanto si no más que ellos, deseaba una nueva reina, deseaba «un duque de York», es decir, un segundo hijo varón para el rey. El príncipe Eduardo, pálido como su madre, no era un bebé particularmente robusto, y en todo caso la experiencia demostraba que dos hijos era realmente el mínimo para que un monarca estuviera seguro sobre su sucesión.

Hutton recomendaba en particular a la duquesa Cristina de Milán, de dieciséis años: «una belleza excelente», alta para su edad, con «una buena presencia física». Cristina, hija de Cristian II de Dinamarca y la hermana de Carlos V, Isabel, había estado casada con el duque de Milán, de quien enviudó un año más tarde. Era la sobrina nieta de Catalina de Aragón, pero en dificultades como el grado de parentesco fue en lo último en lo que pensó el rey Enrique cuando oyó hablar de la deliciosa Cristina. Con su bonito rostro sonriente y sus hoyuelos, dos en las mejillas y uno en el mentón «que le sientan magníficamente bien», se decía que se parecía a Madge Shelton. La joven duquesa vivía en Holanda, en la corte de su tía, la regente María de Hungría. Crecía la excitación del rey. ¿Sería posible obtener un retrato de ella? Y deseaba saber más sobre la actual cosecha de princesas de Francia...

Hutton también mencionaba a cierta «Ana de Clèves», hija del rey de ese país, un ducado en las fronteras de Francia y Holanda cuyo principal valor era su posición estratégica. Pero Hutton agregaba: «No he oído grandes elogios ni de su parentesco ni de su belleza.» Naturalmente, el rey no se sintió muy atraído en esa dirección.

CUARTA PARTE

Ana de Clèves y Catalina Howard

CAPÍTULO CATORCE

Un convenio insostenible

Su Gracia, si consideramos con prudencia que el
matrimonio es un convenio de tal naturaleza que debe
durar toda la vida del hombre, y algo de lo cual mucho
dependen el placer y la serenidad, o el disgusto y el tormento de la mente del hombre...

Mensaje de Enrique VIII, 1538

A comienzos de 1538 se inició formalmente la búsqueda de una
nueva reina de Inglaterra. Había tres maneras de plantear el asunto. En
el aspecto puramente doméstico, la corte inglesa, que había gozado de la
presencia continuada de una consorte al lado del rey desde 1509, de
pronto notó su falta. No era tanto que las damas necesitaran una señora
que les criticara el vestido, sino que todo el mundo deseaba la existencia
de una casa de la reina donde las doncellas (y otras mayores) pudieran
ocupar puestos remunerativos. El número de las personas empleadas de
esta manera había sido impresionante en el pasado: Catalina de Aragón
había empleado a 160 personas, Ana Bolena a casi 200 y Juana Seymour
a no muchas menos. Ahora tanto el chambelán como el cocinero per-
dían su medio de vida. Cuando la señorita Anne Basset (la de las elegantes caperuzas francesas) le escribió a su madre en Calais «confío en que
Dios nos envíe otra señora muy pronto», hablaba por toda la corte.[1]

En segundo lugar, estaba el aspecto diplomático. Cromwell, actuan-
do en los mejores intereses de su señor, vio en la búsqueda una oportunidad ideal para forjar alguna nueva alianza europea. Sin duda el momento era propicio, desde el punto de vista de Inglaterra. Los signos de

que las disputas entre Francisco I y Carlos V —siempre la mejor seguridad para Inglaterra— podían llegar a su fin acarreaban la correspondiente amenaza de aislamiento para Inglaterra. La política agresiva del papa
Pablo III, que había nombrado cardenal a Reginald Pole y enviado el dinero en ayuda de los rebeldes del norte, tenía grandes probabilidades de re-
crudecerse con la tregua francoimperial. Dadas las circunstancias, el matrimonio —o al menos las negociaciones matrimoniales—, con un bando u
otro, serviría para mantener a Inglaterra en el juego.

En tercer lugar, estaba la necesidad del propio rey Enrique de una
asistente y una compañera de cama. Paradójicamente, el rey, que se acercaba a los cincuenta años, gordo, improbable objeto del deseo, era mucho más difícil de contentar que aquel muchacho apuesto de 1509,
dispuesto a enamorarse de quien la política dictara, al que cualquier
muchacha fácilmente podía corresponder. En la selección de una esposa, como en tantos otros asuntos, Enrique VIII había llegado a acostum-
brarse a hacer su voluntad. Había elegido él mismo a dos de sus tres esposas, y por razones románticas. Eso no era lo habitual y lo diferenciaba
de sus contemporáneos: el matrimonio de Carlos V con su prima Isabel
de Portugal había sido dictado por la política, y Francisco I se había casado con la hija de su predecesor, Luis XII, y luego con la hermana del
emperador por las mismas razones.

La elección previa también hacía del rey un caso aparte en lo concerniente a sus expectativas respecto de toda nueva esposa. En 1538, Enrique VIII deseaba —no sólo eso, esperaba— ser divertido, entretenido y
excitado. Sería responsabilidad de su esposa que él tuviera deseos de hacerse el caballero y se dedicara a los galanteos que lo habían divertido en
el pasado. (¿De qué otra manera podía asegurarse la concepción de un
«duque de York», otra responsabilidad de la esposa?) Al mismo tiempo,
el rey permitía que sus embajadores procedieran de la manera habitual
con la inspección ritual de candidatas adecuadas, sin ver que podía haber alguna contradicción entre las necesidades diplomáticas y las de una
naturaleza romántica pero, ya entonces, profundamente ególatra.

Se debe hacer hincapié en otro punto. Como esposo, el rey de Inglaterra no gozaba de buena reputación en Europa en esa época. Ahora tal
vez nos sorprende que se hiciera tanta alharaca a fines de la tercera década del siglo XVI: después de todo, por entonces el rey sólo se había divorciado de una esposa envejecida en medio de la protesta internacional
para casarse con su amante, camarera de aquélla, a la que luego había
hecho cortar la cabeza por adulterio para casarse con su camarera...

En suma, sólo se había ganado la mitad del dicho popular: «Divorciada, decapitada, muerta.» Esto, claro, es fácil a toro pasado. La ejecución de la reina Ana Bolena había dejado una impresión inquietante en aquellos mismos personajes de la realeza que, relacionados con Catalina de Aragón, habían deplorado el matrimonio. Ya eran habituales las bromas sobre la trayectoria matrimonial del rey mientras él buscaba a su cuarta esposa. Aun cuando la joven duquesa Cristina de Milán no hubiera comentado que, en el caso de tener dos cuellos, uno sería para el rey, la ironía predominaba.[2]

Volviendo al panorama internacional, al principio las opciones para Enrique VIII parecían ser las mismas que había tenido su padre cuando ideaba un matrimonio para su heredero, medio siglo antes: Francia o España (ahora convertida en imperio). En lo concerniente a Francia, en Europa había muchas princesas que por razones diplomáticas podía considerarse que encarnaban una alianza francesa. Estaba la hija superviviente del rey francés, Margarita de Valois, de quince años. (Su hermana, Madeleine, casada brevemente con Jacobo V de Escocia, había muerto de tuberculosis en junio de 1537.) De las primas del rey francés, se rumoreaba que María de Guisa se había comprometido con Jacobo V como sustituta de Madeleine, pero tenía dos hermanas menores, Louise y Renée de Guisa. Otras dos primas de Francisco I, María de Vendôme y Ana de Lorena, también estaban disponibles.

Al rey Enrique le costó aceptar al principio que María de Guisa, una joven viuda alta y llamativa que ya había tenido un hijo, le estuviera vedada. «¿Queréis tener la esposa de otro hombre?», inquirió el embajador francés. Pero el compromiso de María de Guisa con su sobrino —veinte años menor que el rey— no hacía más que incrementar el interés de Enrique VIII. Otro tanto lograban los informes sobre la voluptuosa figura de la mujer. Él mismo era «grande en su persona», decía el rey, y necesitaba una «esposa grande». En suma, ¿cómo podía esa criatura espléndida preferir «al miserable y estúpido rey de los escoceses»?[3] A eso se supone que replicó María de Guisa que ella podía ser una mujer grande, pero que tenía un cuello muy pequeño: una broma de la propia María u otra significativa muestra de lo que entonces decía la gente.

En todo caso, los escoceses no perdieron tiempo: María de Guisa partió hacia su nuevo país y se casó con Jacobo V el 9 de mayo de 1538. El rey inglés sugirió, esperanzado, que se organizara para él una especie de desfile de princesas francesas en Calais. Eso llevó a Castillon, el embajador francés, a dar muestra del humor galo. Si las damas debían desfilar como caballos, ¿no deseaba acaso el rey montarlas una tras otra, para quedarse con la mejor montura? En ese punto, hasta el rey Enrique tuvo la gracia de reírse y sonrojarse.[4]

Había de hecho dos métodos convencionales de seleccionar a una princesa elegible, y ninguno de ellos era un desfile ante el potencial novio. Uno consistía en la visita personal de inspección de un enviado de confianza o del embajador en el lugar o de alguien a quien se hubiese confiado específicamente esa delicada tarea. El otro método era complementario: consistía en encargar un retrato para cotejar con los informes diplomáticos. Ésa era una antigua práctica: cuando Enrique IV, por ejemplo, se interesó en la hija del conde de Armagnac, envió a su propio artista a la corte del padre.[5] A veces la misión era secreta: a fines del siglo XIV, Carlos VI de Francia, al enterarse de la belleza de Egidia, hija de Roberto II de Escocia, mandó a su pintor en secreto sólo para descubrir que ella se había casado antes de la llegada del artista; después de lo cual el rey francés envió «un muy experto pintor» a diversas cortes europeas, como consecuencia de lo cual eligió a Isabel de Baviera y se casó con ella. Si bien eran los hombres los que en general recibían los retratos de las damas, la hermana de Carlos V, Isabel de Austria (madre de la duquesa Cristina), vio un retrato de Cristian II de Dinamarca antes de partir de Holanda para casarse con él.

Así que Hans Holbein, pintor del rey, estuvo muy ocupado en 1538, tanto como lo había estado Galyon Hone, vidriero del rey, en 1536. Pero la primera tarea de Holbein no fue pintar a una princesa francesa sino a la candidata más adecuada del bando imperial: la duquesa de Milán, de dieciséis años. Desde el punto de vista material, ella poseía muchas ventajas aparte de su importante posición como sobrina de Carlos V. Estaba la cuestión de su dote, el ducado de Milán; además junto con su hermana tenía otros derechos posibles sobre el reino danés de su padre (del cual éste había sido expulsado). Pero, una vez más, lo que el rey en realidad anhelaba era la oportunidad de una inspección personal en Calais.

Su enviado sir Thomas Wyatt recibió sus observaciones al respecto: «Su Alteza, considerando con prudencia que el matrimonio es un convenio de tal naturaleza que debe durar toda la vida del hombre, y algo de lo cual mucho dependen el placer y la serenidad, o el disgusto y el tormento de la mente del hombre.» (En cuanto a eso, Enrique VIII sin duda ya podía hablar por experiencia.) Dadas las circunstancias, ¿no era una cuestión de sentido común que la pareja se encontrara? Entonces podrían, de ser necesario, sin «deshonor o mayor inconveniente» romper la alianza.[6] Pero la corte imperial no estaba más dispuesta a ignorar las convenciones al respecto que la francesa. De modo que el rey tuvo que confiar en el retrato, aunque en vista de lo que sucedería, no se puede dejar de sentir verdadera simpatía por los prescientes aunque torpes intentos del rey de hacerse el dudoso y confiar sólo en la evidencia de sus propios sentidos.

La corte imperial despachó su propio cuadro. Pero, por tradición, el país que averiguaba siempre prefería confiar en su propio artista, que no tenía motivos para ocultar defectos. De modo que, antes de que se hubiera recibido el primer retrato, ya Holbein había partido a Bruselas con el enviado especial del rey, sir Philip Hoby. El 12 de marzo, la duquesa posó para Holbein desde la una a las cuatro de la tarde. A pesar de las limitaciones de «un espacio de sólo tres horas», el embajador inglés John Hutton quedó entusiasmado con los resultados: Holbein había demostrado ser «el maestro de esa ciencia [dibujar] porque es muy perfecto». Comparada con la de Holbein, la obra del artista de Holanda era «chapucera», y Hutton envió a un servidor a interceptarla antes de que llegara a Londres. Holbein estuvo de regreso en Londres con su propio dibujo el 18 de marzo.[7]

El rey Enrique quedó extasiado. El cuadro de Holbein, que le «agradó singularmente», confirmaba la entusiasta descripción de una Cristina con sonrisas y hoyuelos que ya había recibido. También se había enterado de los gustos de ella: le encantaba cazar, por ejemplo. Luego estaba su «modestia» (¡matices de Juana Seymour!). Por supuesto, eso podía deberse a «simple ignorancia», lo que hubiese sido una pena, pero por otra parte podía ser prueba de su naturaleza sabia; en cuanto a su modo de jugar a los naipes, Cristina podía ser considerada «muy sabia». La talla de ella —gratificante para un hombre al que le había sido negada María de Guisa— se remarcaba constantemente (era más alta que los enviados ingleses, como comentaban ellos con admiración). La única posible desventaja física de Cristina, una tez un tanto cetrina que era «un poco marrón», no parecía importar.[8]

La corte había sido un lugar sombrío desde la muerte de la reina Juana, y a mediados de marzo hacía menos de un mes que había terminado el período de duelo. El rey estaba «de mucho mejor humor que nunca y hace que los músicos toquen sus instrumentos todo el día». Chapuys también advirtió que había habido numerosas fiestas de disfraces: «Señal de que se propone casarse de nuevo.» Con su oscuro traje de viuda, con su aire digno traicionado por una boca que se plegaba maliciosamente, la duquesa parecía combinar la gracia real de Catalina de Aragón con la vivacidad de la joven Ana Bolena. El rey le encargó de inmediato a Holbein un retrato al óleo de cuerpo entero.* Y al enterarse de que a Cristina se la consideraba para esposa de Guillermo, joven heredero del duque de Clèves, el rey Enrique le escribió indignado a sir Thomas Wyatt en Bruselas. Después de todo, «tal vez pudiera suceder» que él decidiera honrar a «dicha duquesa con el matrimonio, ya que sus cualidades y conducta se informa que son tales que vale la pena adelantarse».[9]

Pero las negociaciones para la unión del rey con aquella maravilla se prolongaron enloquecedoramente. Lo que se contemplaba ahora era la doble unión del rey con la sobrina del emperador y de su hija María con el cuñado del emperador, don Luis de Portugal. Pero los comisionados españoles que llegaron a Londres en febrero para convenir todo eso fueron una decepción: el rey se refirió con amargura a sus «palabras alegres» para disimular la falta de toda autoridad. Mientras se realizaba la habitual negociación sobre dotes y bienes, el rey alardeó del futuro que podía proporcionar a su nueva familia. Si bien ya tenía un heredero, pensaba dar ducados a «nuestros hijos menores»: se mencionaron los títulos de York, Gloucester y Somerset.[10] Pero para junio, la llegada de tal cadena de duques bebés parecía tan lejana como siempre. El rey, su Consejo y sus diversos enviados estaban empezando a hacer comentarios tales como «el tiempo perdido no puede recuperarse», en referencia al obvio hecho de que el pretendiente real no estaba rejuveneciendo...

Las poco eficaces tentativas del imperio ponen en duda que el emperador hubiera tenido verdadera intención de que se realizara el matrimonio. Es cierto que había un problema de parentesco, al menos desde el punto de vista imperial, ya que Cristina era «casi pariente» (sobrina nieta) de la mujer que consideraban que había sido la esposa del rey Enrique, Catalina de Aragón. Pero el rey Ferrante de Nápoles, en 1496, había recibido una dispensa para casarse con la hermana de su propio padre, algo específicamente prohibido en el Levítico (y ellos estaban unidos en realidad por la sangre y no por el matrimonio).[11] Se recordará que más recientemente el rey Manuel de Portugal se había casado con la sobrina de sus dos primeras esposas (que habían sido hermanas). Como se ha observado, tales situaciones podían superarse cuando ambas partes lo deseaban.

---

* El cuadro está ahora en la National Portrait Gallery de Londres, donde se describe a la duquesa como Cristina de Dinamarca (su país de origen); contemplándolo, se entiende el entusiasmo del rey.

Parece probable, entonces, que la verdadera intención del emperador fuera entorpecer las negociaciones francesas que se estaban llevando a cabo, no casar a su sobrina y favorecer formalmente a Inglaterra. En junio, Holbein y Hoby partieron de nuevo hacia el continente para pintar a Margarita, hija de Francisco I, y a otra princesa, posiblemente a María de Vendôme. Los viajeros volvieron a Francia en agosto para pintar a Renée y Luisa de Guisa en Joinville (el rey había sido alentado por el embajador francés a creer que esas dos eran aún más encantadoras que su hermana mayor María, ahora reina de Escocia, aunque Renée estaba destinada a ser monja). Después fueron a Nancy para dibujar a Ana de Lorena. Prueba la naturaleza extraoficial de tales expediciones el hecho de que Renée estaba ausente y Luisa en cama con fiebre, aunque de todos modos se hizo un dibujo. La duquesa Antonieta de Guisa escribió un informe de las diversas visitas a su hija María en Escocia: «Si se llega a lo peor, si no tienes a tu hermana por vecina, muy bien puede ser tu prima»[12] (Ana de Lorena).

Holbein había malgastado sus viajes a Francia. María de Vendôme murió en septiembre; Ana de Lorena se casó con el príncipe de Orange en 1540 y Luisa de Guisa con el príncipe de Chimaix en 1541; Renée de Guisa se convirtió en la abadesa de St Pierre de Reims. En todo caso, el verdadero deseo del rey —«honrar a dicha duquesa» Cristina con el matrimonio— no menguaba. Pero estaba a punto de ver frustradas sus esperanzas, tanto personales como políticas.

El 17 de junio de 1538, el emperador Carlos V y el rey Francisco I acordaron una tregua de diez años en Niza, por mediación del papa Pablo III. Las celebraciones que siguieron, en la cumbre de Aiguesmortes, fueron vistas por el Papa como una celebración de la unidad cristiana contra los turcos invasores. Para Carlos V, la tregua era una desagradable necesidad: una serie de campañas imperiales infructuosas y de triunfos franceses, todo ello a la sombra de la amenaza turca a Italia, hacía que esa paz fuera esencial para su seguridad. Pero para Enrique VIII, el espectáculo de sus hermanos reyes festejando juntos en nueva amistad simbolizaba el peligroso aislamiento de Inglaterra. Continuaban las negociaciones matrimoniales en Bruselas; pero hubiese sido un optimista el que esperara que dieran buenos resultados. El mes de febrero siguiente Wriothesley fue recibido por la deliciosa duquesa y admiró los labios rojos y las mejillas rosadas de su «cara marrón maravillosamente bella» así como su sabiduría y su ingenio. La tía de Cristina, la regente, le permitió preguntarle directamente a la joven si tenía «intenciones» de casarse con su señor, ya que él se había enterado de que no era así. Pero la duquesa negó firmemente haber expresado tal opinión. «En cuanto a mi inclinación —dijo—, ¿qué debo decir? Usted sabe que estoy a las órdenes del emperador.» Y lo repitió.[13] Sin duda, era muy cierto.

Puede pensarse que Wriothesley exageraba, porque le dijo a la duquesa que, en el caso de comprometerse con su señor, «estaréis en pareja con el hombre más gentil que haya vivido nunca; su naturaleza es tan benigna y grata que creo que hasta el día de hoy hombre alguno ha oído muchas palabras airadas proferidas por su boca». La duquesa Cristina sonrió al oír esto y, según Wriothesley, de no ser por dignidad se habría reído: se comportó «como (me pareció) si le hiciera mucha gracia». Y puede que se la hiciera a esa muchacha de dieciséis años.

En el verano de 1538, la amenaza para la seguridad inglesa era real.[14] Su éxito al unir Francia y España le daba al Papa confianza para actuar más abiertamente contra un país que había cuestionado su autoridad. La bula de excomunión de 1535 había sido emitida pero no ejecutada. Ahora el Papa estudiaba una bula para deponer al rey Enrique; el cardenal Pole fue enviado como legado papal a España para alentar al emperador a invadir Inglaterra y devolver el país al ámbito de la Iglesia católica. En cuanto a Escocia —siempre un vecino difícil en épocas de problemas para Inglaterra— el Papa nombró ostentosamente cardenal al escocés David Beaton, así como había elevado al inglés Reginald Pole dos años antes.

Poco satisfacían al Papa los asuntos religiosos en Inglaterra. Se estaban saqueando templos y catedrales: una cruz de esmeraldas fue robada de Winchester y tres estuches de joyas de Chichester. Lo más doloroso fue la noticia de que el templo de santo Tomás Becket en Canterbury había sido saqueado en septiembre: se llevaron arcones de joyas tan pesados que fueron necesarios «seis u ocho hombres fuertes» para levantarlos y veinte carros para llevarlos.[15] (Era improbable que Enrique VIII respaldara el culto de santo Tomás; entre su propia conducta y la de Enrique II había demasiados paralelismos para su tranquilidad.) El 17 de diciembre, el Papa proclamó que la bula de excomunión de 1535 debía hacerse efectiva.

Entretanto, el rey de Inglaterra se volvía cada vez más paranoico; dada su preocupación por la continuidad de la dinastía Tudor, no sorprende que diera rienda suelta a su paranoia atacando a sus primos de sangre real que vivían en Inglaterra: la familia Courtenay, encabezada por el marqués de Exeter; los De la Pole, encabezados por lord Montagu. (Véase árbol genealógico 2.) Si no lograba hacer callar al egregio cardenal Reginald Pole, autor del maldito libro *Pro Ecclesiasticae Unitatis Defensione*, emisario del Papa ante los enemigos de Inglaterra, al menos podía ocuparse de que sufrieran sus parientes. En cuanto a Thomas, barón de Cromwell, con sus ojos fríos y cautos puestos en todo grupo potencialmente demasiado poderoso en la corte, recibió de buen grado la caída de tales rivales. También sufrieron los cortesanos supuestamente complotados, entre ellos sir Nicholas Carew, que una vez había velado por los caprichos del rey y protegido a su novia Juana Seymour.

Sir Geoffrey de la Pole, segundo hijo de Margaret, condesa de Salisbury, fue arrestado en agosto de 1538 y llevado a la Torre. Allí, como muchos otros prisioneros aterrorizados, habló. Lo que sir Geoffrey dijo no fue particularmente condenatorio, pero dada la decisión del rey de destruir a la familia que lo amenazaba (o al menos eso fue lo que le dijo al embajador francés) bastó para asegurar el arresto del hermano mayor, lord Montagu, y del marqués de Exeter.[16] Las mujeres y los niños corrieron la misma suerte. Gertrude, marquesa de Exeter, y su hijo de doce años, Edward Courtenay, conde de Devon, fueron llevados a la Torre en noviembre. El hijito de lord Montagu también fue arrestado; desapareció en las fauces de la Torre, porque nunca salió de ella (murió en una fecha indeterminada algunos años más tarde).

El arresto más sorprendente fue el de Margaret, condesa de Salisbury. Ahora «envejecida y débil», era una dama a la que el rey una vez «había venerado no menos que a su propia madre» por la piedad «en que ella había envejecido». Esas palabras serían escritas luego por su hijo el cardenal. La condesa de Salisbury había escrito cartas precisamente para denunciar su libro pero, una vez más, las habladurías de los sirvientes se utilizaron para justificar su interrogatorio. Tal vez hubiese envejecido, pero resultó que la condesa de Salisbury no estaba débil. Soportó interrogatorios largos, duros, brutales, a veces todo el día, pero quienes la interrogaban se vieron obligados a informar: «Aunque la sometimos de diversas maneras (frase siniestra) ella insistió en su inocencia.» Estuvieron dispuestos a hacerle ese cumplido una vez destinado a Catalina de Aragón en una situación igualmente desesperada: «Podemos llamarla más un hombre fuerte y constante que una mujer.»[17]

Es bastante improbable que la condesa fuera culpable de conspiración. Era cierto que en religión se aferraba a las viejas costumbres —se

rumoreaba que les había prohibido a sus servidores leer el Nuevo Testamento en inglés[18]—, pero eso no podía considerarse un delito en alguien
que tenía doce años en el momento de la batalla de Bosworth Field y era
por tanto una superviviente de la época medieval. Ya no estaba en edad
de concebir y no representaba ninguna amenaza para el rey. Según escribió el cardenal, el delito de esa «muy inocente mujer» fue ser «aliada de
él en la sangre». La condesa fue mantenida bajo arresto domiciliario y
trasladada el año siguiente a la Torre de Londres.

En cuanto a Exeter, Cromwell le aseguraría luego al embajador francés que había planeado casar al joven conde de Devon (su heredero) con
María, matar al príncipe Eduardo y «usurpar el reino». Nunca se presentó ninguna prueba de la existencia de aquel plan tan letal y bien pensado. En cambio, se citaron comentarios de Exeter como: «Me gusta el
proceder del cardenal Pole» (en julio de 1536) o (le dijo a Montagu)
«Confío en ver un mundo feliz un día». Se suponía que Exeter se había
mostrado «melancólico» en el nacimiento del príncipe Eduardo. También se alegaba que Montagu había acusado a lord Darcy, en la época
del Peregrinaje de Gracia, de actuar como un tonto; tendría que «haber
comenzado primero por la cabeza», es decir, atacado al rey.[19] No obstante, a pesar de la falta de pruebas convincentes, ambos hombres, Exeter
y Montagu, fueron declarados culpables y ejecutados el 9 de diciembre
de 1538.

Su verdadero delito, por supuesto, era estar demasiado próximos al
tronco del árbol de la familia real inglesa. Montagu, además, estaba
manchado por la conducta de su hermano. Al mismo tiempo, la amenaza que representaba Exeter, primo hermano del rey, no era del todo
imaginaria. Su base de poder en Devon y Cornualles lo hacía muy peligroso si alguna vez se materializaba esa invasión católica a la que instaba el Papa. Exeter era un hombre de peso, imponente, ese varón
adulto y autoritario más adecuado para el trono que un delicado bebé.
Si Exeter nunca planeó «usurpar el reino» en vida del rey Enrique, otra
cosa era lo que se decía que sucedería después de la muerte del rey.
Cuando el rey se aproximaba a los cincuenta años y su salud (y su peso) eran motivo de preocupación, tales comentarios —discretos o no—
eran inevitables. Todo eso llevó al rey Enrique y a Thomas Cromwell a apreciar el valor de lo que se ha descrito como un «golpe anticipado» contra esos parientes reales, la clase de hombres (y al parecer
también de mujeres) que el rey había aprendido a temer desde la adolescencia.[20]

Fue en esa atmósfera de penas de muerte en Inglaterra y de temor a una invasión extranjera que Cromwell decidió resucitar un proyecto matrimonial para su señor que previamente había despertado poco el entusiasmo real. Los sueños de la adorable Cristina por una parte y la alianza imperial por la otra habían distraído la atención de la posibilidad de que el ducado de Clèves proporcionara la nueva reina. En todo caso, había sido la familia gobernante de Clèves la que había hecho el gesto: en 1530, por ejemplo, el duque Juan III el Pacífico había propuesto un matrimonio entre su hijo y María; en 1532 su chambelán había visitado la corte inglesa. La existencia de algunas hijas solteras en el ducado hizo que se mencionaran sus nombres tras la muerte de la reina Juana; aunque se recordarán los comentarios desdeñosos del embajador Hutton sobre el «parentesco» de Ana de Clèves y su «belleza». En junio de 1538 se reflotó brevemente la idea de un doble matrimonio, de María con Guillermo y del rey Enrique con alguna parienta no especificada.

A comienzos de 1539, cuando el rey pasaba revista a las tropas en Londres —más de 16.000 hombres pasaron ante él, que se encontraba de pie en el portal de Whitehall—, Cromwell creyó llegada la hora para el matrimonio con Clèves. Y ¡maravilla de las maravillas!, tales eran las propiedades mágicas de las necesidades diplomáticas que, de pronto, lady Ana de Clèves se convirtió en el pináculo de la nobleza y aun del encanto. Para una persona al menos, ésa resultaría una transformación fatal.

Cleves pertenecía al complicado mundo del Bajo Rin: una amalgama de ducados, electorados y obispados a primera vista sin nada que ver con la gran partida que estaban jugando en otra parte potencias más poderosas. Había habido condes de Clèves desde el siglo XI;* una romántica leyenda hablaba del caballero que se les había aparecido a los héroes de Clèves en un bote guiado por cisnes, de ahí que luego la familia usara el cisne como una de sus insignias; fueron transformados en duques a comienzos del siglo XV cuando gobernaba la familia Mark. Luego el matrimonio del duque Juan III de Clèves-Mark con María, heredera de los ducados próximos de Jülich y Berg, reunió todos esos territorios en 1521, con Düsseldorf como su capital.[21]

---

* El nombre se ha conservado hasta hoy en el pueblo de Kleve, situado catorce kilómetros al sur de la moderna frontera holandesa, en el estado alemán de Renania del Norte-Westfalia.

Cuatro hijos tuvo la pareja ducal. Ana, nacida el 22 de septiembre de 1515, era la segunda, tres años menor que Sybilla; después de Ana, en julio de 1516, nació Guillermo; Amelia, nacida en 1517, fue la última. El origen de Ana de Clèves no carecía de distinción. Podía afirmar su ascendencia real inglesa del lado del padre por Eduardo I y su primera esposa Leonor de Castilla, cuya hija Margarita se había casado con el duque de Brabante. Pero a pesar de su gota de sangre inglesa, los nombres del árbol genealógico recordaban en general el área geográfica donde se había criado Ana de Clèves: por parte de madre, la línea de princesas alemanas se remontaba hasta Sybilla de Brandenberg, Sofía de Sajonia y Adelaide de Teck. Tal linaje, si no particularmente imponente para los ingleses, al menos recordaba a una reina popular, Felipa de Hainault, consorte de Eduardo III, que había suplicado merced para los ciudadanos de Calais en 1347.

El paso siguiente en la expansión territorial de Clèves se produjo en el verano de 1538, cuando Guillermo, heredero del duque Juan, fue aceptado por los habitantes de Guelderland como su nuevo duque en reconocimiento de su derecho por su madre, Jülich-Berg. Pero esa sucesión fue un tema controvertido, en especial porque Guelderland proporcionaba acceso vital a la costa marítima del Zuyder Zee. Si Guillermo lograba mantener su posición, la casa de Clèves controlaría una porción estratégica del Bajo Rin: los ducados de Jülich, Berg y Clèves y ahora Guelderland con su costa también. La formación de este bloque, naturalmente, gustó muy poco a Carlos V como príncipe territorial de Holanda.

Pero fue esa conjunción de religión, territorio y revuelta lo que hacía de Clèves no tanto una amenaza provincial para Carlos como un aliado potencialmente atractivo para Inglaterra: eso era lo que entendía Cromwell. En otoño de 1530 se había fundado una Liga de «todos los príncipes protestantes y las ciudades libres», cuyos líderes eran Juan Federico Corazón de León de Sajonia y Felipe el Bueno de Hesse; siguió el Tratado de Esmalcalda entre siete príncipes y once ciudades. Con la persistente amenaza turca y el peligro de que la Liga se uniera a Francia, el emperador no estaba lo suficientemente seguro en esos momentos para acabar con la Liga, como hubiera deseado.

Pero es importante que se entienda que no toda la nobleza germánica era protestante luterana.[22] La verdadera influencia en la corte del duque Juan III de Clèves, un hombre bien educado y cultivado, la tenía Erasmo, no Lutero. Muchos de los principales hombres eran estrechos colaboradores y admiradores del estudioso y teólogo holandés. Las regulaciones eclesiásticas de 1533 del duque Juan le fueron remitidas a Erasmo para su consulta y aprobación; en abril, el duque Juan le asignó una pensión. Fue por recomendación de Erasmo que el estudioso humanista Konrad von Heresbach fue nombrado tutor del joven Guillermo de Clèves. Prueba del instinto del duque Juan para el equilibrio es que en 1527 casó a Sybilla, la mayor de sus hijas, con Juan Federico de Sajonia, que luego presidiría la Liga de Esmalcalda; pero el duque Juan, que tuvo en cuenta tal vez que lo consideraban el Pacífico, no se unió a la Liga. En muchos sentidos, por tanto, la corte de Düren, el trono hereditario de los duques de Jülich sobre el río Ruhr, parecía el marco ideal para criar a una reina inglesa de 1540: una corte fundamentalmente liberal pero sensata, de tendencia teológica y profundamente erasmista, como había sido la de Catalina de Aragón.

Lamentablemente, María de Jülich-Berg no era Isabel de Castilla; no permitía que se impusieran las excitantes ideas del Renacimiento en cuanto a la educación de las mujeres (o al menos de las princesas). Parece ser que la duquesa María era una católica estricta, que no compartía las ideas reformistas liberales de su padre y su esposo; su confesor era el famoso escritor Dom Ioannes Justus Lanspergius, prior de una cartuja (católica). En cualquier caso era estricta y tenía ideas concretas sobre la crianza de sus hijas: «Vigilaba estrictamente a sus hijos» a los que no se les permitía «alejarse de su codo.» Si Guillermo de Clèves tuvo como tutor a Konrad von Heresbach, su hermana Ana, diez meses mayor, no sabía leer ni escribir en otro idioma que el propio,[23] el dialecto llamado *deutsch* o *dietsch*; los ingleses lo llamaban holandés y lo encontraban extrañamente áspero al oído.

La corte de Clèves era un mundo que nada tenía que ver con la España del Renacimiento (o la Inglaterra). Es verdad que sus habitantes eran famosos por su afición a la bebida. Pero no hay ninguna prueba de que Ana bebiera. Por el contrario, se decía de ella que «ocupaba su tiempo principalmente con la aguja». Por supuesto, la afición a la aguja no era en sí misma un desastre; recordemos el empeño de Catalina de Aragón en seguir cosiendo las camisas del esposo fueran cuales fuesen las circunstancias. Lo que sucedía era que el señor de la corte inglesa estaba acostumbrado a esposas que podían hacer eso y muchísimo más. Sobre todo la música era de suma importancia para él. Músico de talento él mismo, Enrique VIII necesitaba el canto y la danza como el aire que respiraba; daba por descontado que su consorte poseería talentos musicales (razón por la cual había propuesto examinar a las princesas de Francia en cuanto a la calidad de su canto).

Pero nadie podía examinar el canto de la señora Ana de Clèves, ni su talento para la música. No sabía cantar ni tocar instrumento alguno. Una vez más el contraste con otras consortes era marcado: en vano podía buscarse en ella la instrucción de la joven Catalina, los talentos artísticos de Ana Bolena, que hasta el partidario de Catalina, William Forrest, había elogiado (por no mencionar los estudios de latín de Catalina y de la fluidez de Ana Bolena con el francés). Como escribió el enviado Nicholas Wotton a Inglaterra, en Alemania se «criticaba como una ligereza» que una gran dama cantara o tocara un instrumento, mucho más que fuese «instruida».[24] A la edad de veintitrés años, tímida, ignorante y humilde —«de condiciones muy bajas y gentiles»— la pobre Ana de Clèves estaba mal preparada para el mundo de intrigas y sofisticado que estaba un poco más allá del codo de su madre. Sin duda, no poseía talento para encantar a un marido corpulento y quisquilloso, inseguro en cuanto a su propia virilidad, casi veinticinco años mayor que ella (Enrique VIII tenía exactamente la edad de la madre de Ana, la duquesa María).

Pero nadie en ninguna de las dos cortes se planteaba las cosas de un modo realista, excepto tal vez la duquesa María. Hay ciertos indicios, en su correspondencia posterior de que estaba poco dispuesta a permitir que su hija fuera a Inglaterra. Puede haber sido por solicitud maternal: la duquesa amaba a esa hija en particular y «sufría por tener que separarse de ella».[25] Pero dadas las ideas de entonces sobre el matrimonio, la unión con un rey era un destino aprobado, fuese él quien fuese o tuviese la edad que tuviese (Cristina de Milán se hubiese casado con Enrique VIII si así se lo hubieran ordenado). Por eso tal vez pesaron más en ella los escrúpulos religiosos acerca de la Inglaterra «protestante».

Pero en Inglaterra la alianza, el baluarte contra el imperio, era todo. Fue una alentadora noticia para los ingleses que Carlos V mismo se hubiera enfurecido con la idea del casamiento de Enrique con Ana: en noviembre se informó que a él le había desagradado profundamente. Cuando el emperador se sintió llevado a sugerir que la duquesa Cristina podía volver a entrar en juego, eso les pareció a los ingleses mayor prueba de lo adecuado de la pareja.

En febrero de 1539, el duque Juan el Pacífico murió, dejando los territorios Clèves-Guelderland, ahora consolidados, a su hijo de veintidós años, Guillermo. Fue una pérdida, al menos para Clèves. Al duque Guillermo, a pesar de su educación erasmista, le faltaban la sensatez y el sentido práctico de su padre. Ambicioso, soñaba con un gran matrimonio que mejorara su posición para hacer valer los derechos sobre Guelderland que el emperador le negaba.

Entretanto, avanzaban las negociaciones entre Inglaterra y Clèves, con buenos informes sobre lady Ana que le llegaron a Cromwell. El 18 de marzo, por ejemplo, pudo decirle al rey Enrique que «ella se destaca de la duquesa [de Sajonia, su hermana] como el sol dorado se destaca de la plateada luna». Tal vez sus palabras siguientes sonaran como una nota de advertencia: «Cada hombre elogia las buenas virtudes y la honestidad, con una modestia que aparece claramente en la gravedad de su rostro.»[26] Pero luego Cromwell no hacía más que repetir lo que le había oído decir a Christopher Mont, el agente inglés en la corte de Sajonia; la virtud y la modestia habían sido las principales características de la difunta y llorada reina Juana.

La recepción de los enviados ingleses que iban a inspeccionar a Ana y a su hermana Amelia, dos años menor, era un tanto desconcertante, en realidad. Les presentaron a las «hijas de Clèves» envueltas en «monstruoso hábito y accesorios» que impedían ver sus figuras y sus rostros adecuadamente. Cuando, conscientes de su deber con el rey, los enviados protestaron, el canciller de Clèves dio muestras de una indignación semejante a la del embajador francés anteriormente. «¿Por qué? —preguntó— ¿querrían verlas desnudas?» Había por tanto que completar las descripciones con retratos. Se prometieron cuadros para Inglaterra, que muy posiblemente enviaron.[27] Como el pintor del duque de Sajonia —Lucas Cranach el *Viejo*— estaba enfermo, le fueron encargados a algún otro artista flamenco. Entretanto, Holbein, por parte de Inglaterra, debía ser empleado nuevamente y, por supuesto, gastos aparte, ésa era realmente la opción preferida. De modo que Holbein partió en su tercera misión en busca del cuarto matrimonio de su señor, en agosto de 1539.

Llegó a Düren, con los gastos pagados y 13 libras, 6 chelines y 8 peniques «para la preparación de cosas tales que debe llevar consigo». Se ha sugerido que eso significaba que Holbein era puesto en la insólita situación de pintar *in situ* (bajo la atenta mirada de funcionarios de la corte), en lugar de hacer bosquejos que convertiría en pinturas luego con la ayuda de su excelente memoria.[28] El resultado fue un pergamino montado sobre tela que facilitaría el transporte de la pintura.* Cualesquiera que fuesen las restricciones en las condiciones de trabajo de Holbein, a Wotton, el enviado inglés, que conocía a las damas, le pareció que el artista había «expresado sus imágenes muy vivamente», es decir, de manera muy realista.[30]

A pesar de lo mucho que deseaba Cromwell una alianza contra el imperio con los príncipes luteranos de Alemania —categoría en la que figuraba Clèves, con su conexión con Sajonia—, Inglaterra se había apartado recientemente del extremismo protestante. En junio de 1539, el nuevo Parlamento aprobó la denominada Ley de los Seis Artículos sobre la herejía, por la que, por primera vez, ciertas opiniones constituían herejía (un asunto hasta entonces confiado a la discreción de los tribunales eclesiásticos). Su puesta en vigor fue ostensiblemente en interés de la moderación y la uniformidad. Eran medidas claras y muy duras de conservadurismo religioso: denegar la presencia real en el Santísimo Sacramento, por ejemplo, estaba penado con la muerte en la hoguera; aquellos que negaran la validez de la confesión privada y las misas privadas debían ser colgados; los sacerdotes y monjas que violaran sus votos de celibato casándose también debían ser colgados, a menos que remediaran su situación antes de que la ley entrara en vigor. Fuera que intentaran disuadir esa cruzada contemplada por el Papa o aplacar un país que aún pensaba nostálgicamente en las antiguas costumbres, los Seis Artículos sin duda representaban un golpe para los hombres de ardor reformista como Cranmer (que se vio obligado a alejar a su esposa) y Cromwell.

Pero en términos de política exterior, la alianza con Clèves seguía siendo vista como parte de una ofensiva contra el emperador. Si la sanción de los Seis Artículos significaba un revés para Cromwell, tal acuerdo orientado hacia una Alemania protestante representaría una ventaja para él. Holbein regresó a Inglaterra a fines de agosto; sus obras fueron mostradas al rey, que pasaba el verano en Grafton. A Enrique le gustó lo

---

* Ese retrato se encuentra actualmente en el Louvre. No se sabe qué sucedió con el de Amelia de Clèves; el foco de atención había sido siempre Ana, la mayor. Amelia de Clèves nunca se casó. Del interesante cuadro de Ana de Clèves conservado en St John's College, Oxford, se ha descubierto recientemente que es de la misma época, realizado por un artista flamenco desconocido del taller de Bartholomäus Bruyn el *Viejo* en Colonia, o por el propio Bruyn, no una copia del siglo XVII. Puede que sea ese cuadro prometido en julio de 1539.[29]

que vio o, al menos, como su reacción no quedó registrada, no le disgustó. Si el cuadro de Ana de Clèves no le hizo pedir músicos y máscaras como sucedió con el de Cristina de Milán, estuvo conforme con que se arreglaran los detalles de la alianza. Además, sus enviados habían sido entusiastas.

Era cierto que había habido un precontrato que implicaba a lady Ana; en 1527 su padre había contemplado casarla con el hijo del duque de Lorena, como parte de su campaña de alianzas, que se materializó por otra parte en el matrimonio de Sybilla con Juan Federico de Sajonia. Ana de Clèves tenía doce años por entonces, pero Francisco de Lorena sólo diez. Estaba por debajo de la edad del consentimiento, de modo que se suponía que ésos eran esponsales *de futura*, antes que *de praesenti* (es decir, esponsales sin la fuerza del matrimonio). Tras la muerte del padre de Ana, aunque no estaba del todo claro cómo ni cuándo habían terminado esos esponsales, lo estaba que habían terminado. La gente de Clèves sostuvo con firmeza que lady Ana «estaba en libertad de casarse como lo deseara».[31] Como eso era lo que deseaban oír por entonces los ingleses, el tratado de matrimonio, que había sido llevado a Inglaterra a fines de septiembre, se firmó el 4 de octubre.

Mientras el duque Guillermo se dedicaba a reunir la modesta dote de su hermana en sus diversos territorios, ahora fue Cromwell quien prestó atención a la música. La necesidad de alegrar la corte inglesa después de dos años sin una señora era urgente. Cromwell mandó llamar a músicos de Venecia: la familia Bassano. La elección fue diplomática además de cultural. Los Bassano eran judíos, y por tanto se podía confiar en que no actuarían como agentes del papado; al mismo tiempo, el refugio extraoficial en Inglaterra (de donde habían sido expulsados los judíos en 1290), lejos de los decretos de la Inquisición, les convenía. Los Bassano llegaron en 1540 con sus violas y un nuevo instrumento. Porque, ésa era una de las cosas gratas del matrimonio Clèves —algunos podrían considerarlo como la única cosa positiva—, de esa manera llegó por primera vez el violín a Inglaterra (la constancia más antigua de su uso es de 1545).[32]

El deseo inglés de una nueva reina para reforzar la dinastía parecía satisfecho, aunque no en la dirección imperialista que en general se había esperado. En agosto había tenido lugar una conversación entre George Constantine (ex servidor del «amante» de Ana Bolena, sir Henry Norris) y el deán de Westbury durante un viaje a Gales del Sur. Constantine se refirió a la habladuría del verano de la corte: se decía que la duquesa de Milán quería ciertas «promesas» antes de casarse con el rey. Cuando el fascinado deán quiso saber más, Constantine le explicó: «Ella dijo que Su Majestad el rey se había librado en tan poco tiempo de las reinas que no se atrevía a confiar en el Consejo del Rey aunque pretendía confiar en Su Majestad; porque el Consejo de ella sospechaba que su tía abuela había sido envenenada, la segunda inocentemente condenada a muerte y la tercera perdida por falta de cuidado en su parto.» Según Constantine: «A él lo entristecía ver al rey tanto tiempo sin reina cuando aún podía tener muchos bellos hijos» y agregaba, servicialmente, que su propio padre tenía noventa y dos años y sin embargo había cabalgado más de treinta millas antes de las dos de la tarde. «¿Está el rey fuerte ahora?», preguntó entonces el deán. La respuesta de Constantine fue que sí, que estaba bastante fuerte aunque «me apena el corazón ver a Su Alteza detenerse tanto con su pierna enferma».[33] Habría que ver si el esperanzado análisis de Constantine era correcto en lo principal. Entretanto, en los apartamentos reales y en otras partes, se desarrollaba el habitual rito: las iniciales de la reina Juana Seymour estaban siendo reemplazadas por las de la futura reina Ana. Por fortuna, bastaba con repintar los medallones con las iniciales H y A que habían quedado del régimen de la penúltima reina en algunos lugares. En el techo de la capilla real del palacio de St James se pusieron juntos los emblemas heráldicos, los monogramas y los lemas del rey y de la nueva reina.[34]

El viaje de Ana de Clèves a Inglaterra, donde el rey estaba ahora impaciente por recibir a su prometida, era un tema delicado. Lady Ana debía viajar únicamente con su cortejo, ya que el luto por el duque Juan impedía viajar tanto a la madre como al hermano. ¡Sólo el cielo sabía qué podía sucederle a una joven siempre protegida, que nunca había viajado por mar, en una época tan «tempestuosa» del año! Podía enfriarse o contraer «otra enfermedad», y como se trataba de una muchacha «joven y hermosa», existía el peligro adicional de que el viaje por mar pudiera «alterar» su tez.[35] Dadas las circunstancias, los funcionarios de Ana sugirieron que ésta viajara por tierra hasta Calais, para acortar el viaje por mar en lo posible. Pero como el rey había previsto un viaje desde Holanda, se había pedido un pasaporte al regente de Holanda el 30 de octubre.

En cuanto a la situación de Holanda, los problemas del emperador en sus propios dominios se habían complicado en los últimos tiempos por la rebelión en Gante. Al menos la Paz de Aiguesmortes entre Francia y España significaba que Carlos V podía viajar sin inconvenientes a través de territorio francés para eludir a sus ciudadanos inquietos. La coincidencia de que Carlos V partiera inicialmente hacia Francia y Ana de Clèves para Inglaterra casi en la misma fecha resultaría ser un factor importante en la historia de la joven, más importante en realidad que la perjudicial acción del mar y la espuma sobre su tez.

Lady Ana viajó de Düsseldorf a Clèves y luego siguió a Amberes.[36] Ahí fue recibida con júbilo por cincuenta comerciantes ingleses con «abrigo de terciopelo y cadenas de oro», aunque los nobles de su propio cortejo vestían de negro por hallarse de luto. Los comerciantes la escoltaron hasta su «alojamiento inglés» con antorchas a pesar de que aún era de día. En la costa, en Gravelines, fue saludada con «una salva de cañones». Finalmente llegó a la frontera de Calais —territorio inglés— entre las siete y las ocho de la mañana del 11 de diciembre, donde la futura reina fue recibida formalmente por lord Lisle en calidad de gobernador.

En Calais, lady Ana conoció a otros importantes lores y caballeros de la cámara privada, muchos de ellos relacionados con la reina anterior, como Gregory Cromwell, esposo de Elizabeth Seymour, Edward Seymour, conde de Hertford, que había sido nombrado comandante de las fortificaciones de Calais y Guisnes en febrero, y sir Thomas Seymour (que lucía una valiosa cadena «de extraño diseño»). También estaba allí Thomas Culpeper, gran favorito del rey, de la cámara privada. Los comerciantes de Calais se apresuraron a presentar a su futura reina un obsequio de cien marcos de oro; el carácter mercantil de Calais se acentuó aún más cuando, camino de su alojamiento, lady Ana pasó entre filas de comerciantes así como de soldados. El humo de los disparos efectuados deslució levemente la ocasión: los de su séquito no podían verse entre sí.

No obstante, lady Ana estaba dispuesta a agradar: todo el mundo lo señaló, incluida lady Lisle en su informe a su hija que estaba en Inglaterra, Anne Basset. Era cierto que también habían llegado quince damas de Clèves, una amenaza para los puestos reservados a las inglesas; no obstante, la propia dama era bondadosa y resultaría fácil de atender. Ana de Clèves se mantuvo dulce aunque el tiempo se volvió tan «tempestuoso», como se había previsto en Clèves.

Ella observó las naves reales y «mucho las elogió y le gustaron» (un gusto que probablemente la congraciara con el rey). Mediante su mayordomo, Hoghesten, y su enviado, Olisleger, pidió aprender la clase de juegos de naipes que divirtieran al rey: le enseñaron a jugar al juego que actualmente se conoce como piquet. El conde de Southampton, veterano cortesano de la misma edad que el rey y que había realizado muchas misiones diplomáticas para él, informó de que «ella jugaba agradablemente, con tan buena gracia y semblante como en mi vida he visto a una mujer noble». Como las cartas —igual que la música— eran importantes en la corte inglesa (Ana Bolena solía jugar con el rey) todo eso era un buen signo. Lady Ana llegó incluso a persuadir a los cortesanos ingleses, levemente reacios, para que le mostraran «la manera y el modo en que los ingleses se sientan a comer», después que ellos declinaran comer con ella «a la manera de su país» por motivos de etiqueta. Si bien Southampton estaba un tanto preocupado por su modo de sentarse, declaró que los modales de lady Ana eran los de «una princesa».[37]

Southampton estuvo también en condiciones, gracias a la demora, de mantener una conversación significativa aunque informal con Hoghesten y Olisleger. En ella remarcó el deseo del rey «de tener más hijos» en caso de que «Dios nos frustre en mi lord príncipe [Eduardo]». En el triste caso de la muerte del muchacho, les dijo a los representantes de lady Ana, tendrían al menos otro príncipe «de vuestro lado... para que reine sobre nosotros en paz». Así pasó el tiempo, con lady Ana demostrando tanto su curiosidad natural como su deseo de agradar, mientras los cortesanos soñaban con una saludable dinastía anglocleviana.

Lamentablemente, hasta el 27 de diciembre Ana de Clèves no pudo cruzar de Calais a Deal. El rey llevaba aguardando en Greenwich demasiado tiempo —incluida la Navidad— y aquel hombre notoriamente impaciente estaba a punto de perder la paciencia. Además —otro factor desfavorable para Ana de Clèves— con el paso de los días la imaginación del rey había empezado a alborotarse. Después de todo, aquélla era para él una experiencia nueva: la llegada de una joven esposa inocente y desconocida. Ana Bolena y Juana Seymour eran dos damas familiares para él antes del matrimonio; de muchacho había crecido con Catalina de Aragón antes de casarse con ella. Escoltada por cincuenta naves, la que transportaba a lady Ana llegó a Deal a las cinco de la tarde. Se cambió de ropa, fue recibida por el duque y la duquesa de Suffolk, y luego llevada al castillo de Dover para que descansara: el tiempo seguía gélido, y si ya no tempestuoso, al menos muy ventoso. De ahí lady Ana se puso en marcha en dirección a Canterbury, para ser recibida en Barham Downs por el arzobispo y otros obispos, que la condujeron a la abadía de St Augustine de Canterbury para que pasara la noche.

Ese edificio había sido suprimido como abadía en 1538 y estaba destinado ahora a ser «el palacio del rey». Pero habían tenido que acele-

rar la reforma ante la noticia de la llegada de la última consorte. Con la
dirección de James Nedham, el supervisor del rey, se realizaron frené-
ticas tareas desde octubre; casi 350 hombres trabajaban en la obra y se
pidieron treinta y una docenas de velas para el trabajo nocturno: al menos Nedham estaba encantado con el mal tiempo que había demorado
a la dama. Galyon Hone había sido contratado una vez más para cinco
«armas del rey y de la [nueva] reina y once insignias de ella»: Ana de
Clèves eligió el cisne como uno de sus emblemas, que soportaba la divi-
sa de su familia y la leyenda del caballero del Cisne. A pesar de los gastos
y la dedicación, lady Ana sólo pasó una noche en St Augustine, aunque
se esperaba que volviera con el esposo. El 31 de diciembre, llegó a Rochester, donde fue llevada al palacio del obispo.[38]

Fue en ese punto que se le acabó la paciencia al rey; lo dominó su
naturaleza romántica juvenil, de la que se enorgullecía. Para «nutrir el
amor», como le dijo a Cromwell, decidió hacerle una visita a su prometida al día siguiente, día de Año Nuevo. Como en un cuento de hadas,
el rey cabalgó desde Greenwich a Rochester, acompañado de algunos de
los caballeros de su cámara privada, todos vestidos como él con capas y
capucha «color mármol» (es decir, multicolor).[39] A su llegada, envió a sir
Anthony Browne, su Maestro del Caballo, hasta la cámara de la dama,
para decirle que tenía un regalo de Año Nuevo que entregarle.

Sir Anthony Browne dijo —luego— que, desde el momento en que
puso sus ojos en lady Ana, de inmediato se sintió angustiado. Fuera cierto o no, lo que es muy seguro es que el siguiente visitante de la dama,
cierto anónimo caballero de capa multicolor, quedó profundamente decepcionado por lo que vio. Su amigo de muchos años, lord Russell, dio
testimonio de que «nunca vio a Su Alteza tan tremendamente azorado y sonrojado como en aquella ocasión».[40] La entrevista no sirvió para
mitigar la decepción del rey. Lady Ana, que probablemente estuviera
aturdida (no hablaba inglés en ese punto), dio la fatal impresión de estar
aburrida. Contemplaba el combate de toros y perros del día de Año
Nuevo por la ventana cuando empezaron a aparecer los misteriosos visitantes. Más allá del intercambio común de cortesías, ella no vio motivos
para interrumpir por más tiempo la contemplación del espectáculo.

De pronto —así le pareció a ella— su desconocido visitante la abrazó. Le mostró una prenda que se suponía que el rey le había enviado a su
prometida como obsequio de Año Nuevo. Todo aquello dejó a lady Ana
a su vez profundamente «confundida». Su único recurso tras unas pocas
palabras (en su chirriante *deutsch*) fue seguir mirando por la ventana. El

rey se retiró a otra habitación para ponerse el abrigo de terciopelo pur-
púreo de la realeza, lo que dejó a sus acompañantes lores y caballeros
haciendo una profunda reverencia (estaban bien entrenados para saber
cuándo debían reconocer y cuándo no a su señor). Así, ataviado de manera más majestuosa, el rey volvió junto a lady Ana.

Los informes varían en cuanto a lo que sucedió a continuación. Según Wriothesley, lady Ana «hizo una profunda reverencia», el rey volvió
a saludarla, y así «conversaron afectuosamente juntos». Pero ésa probablemente sea una cauta versión del heraldo de lo que había sido una
escena ridículamente errada de parte de ambos. El comentario importante fue el que le hizo el rey a Cromwell después de dejar a lady Ana.
«No me gusta», dijo Enrique VIII.[41]

Ahora debe plantearse una pregunta respecto de lo que vio el rey y
lo que había esperado ver: ¿hubo engaño y, en tal caso, de quién? Hay
después de todo unos cuantos candidatos, no sólo Holbein, sino los
agentes y los enviados ingleses en el extranjero. Veamos primero la verdadera apariencia de Ana de Clèves: en cuanto a eso, somos afortunados
al tener una descripción imparcial de primera mano, escrita sólo unos
pocos días más tarde por el embajador francés, Charles de Marillac,
respecto de su belleza o su fealdad. Ana de Clèves parecía tener treinta
años, escribió él (en realidad, contaba veinticuatro), era alta y delgada,
«de belleza mediana, con un semblante decidido y resuelto». La dama
no era tan hermosa como la gente había afirmado, ni tan joven (él se
equivocaba al respecto), pero había una «firmeza de propósito en su cara
que contrarrestaba su falta de belleza».[42] Esto, a su vez, parece coincidir
con la referencia de Christopher Mont a la «gravedad en su cara» tan en
consonancia con su natural modestia.

La «hija de Clèves» era solemne, al menos para las pautas inglesas, y
parecía vieja para su edad. Era solemne porque no había sido preparada
para ser nada más y las modas germanas hacían poco por dar una impresión de encanto juvenil en una corte enamorada como siempre de todo
lo francés, o en todo caso de lo relacionado con la diversión y el deleite.
Aunque Enrique VIII en realidad nunca «juró que le habían llevado una
yegua de Flandes»,* la historia apócrifa resume, como a menudo sucede

---

* La historia, de fines del siglo XVII, proviene del obispo Burnet y no existe ninguna referencia contemporánea que la sustente. Horace Walpole, en su *Anecdotes of Pain-
ting in England*, le dio sin embargo crédito: Ana de Clèves era «una yegua de Flandes,
no una Venus, como Holbein la había representado practicando el halago común de su
profesión».[43]

con las historias apócrifas, la profunda brecha cultural existente entre las cortes de Clèves e Inglaterra. Volviendo al cuadro de Holbein, se puede ver esa solemnidad bien captada; un crítico en realidad podría considerarla estolidez. Además, Wotton, en su informe, había confirmado que Holbein, en general considerado como el maestro de lo «vivaz» o realista (no lo halagador) en su propio tiempo, había captado muy bien la «imagen» de Ana.

Por supuesto que una joven bella, por estólida que fuera o mal vestida que estuviera, hubiera sido aceptable. Ana de Clèves no era hermosa y los informes que declaraban que lo era exageraban en interés de los diplomáticos: en ese sentido, los enviados son los verdaderos culpables, no el pintor. Pero ¿era Ana de Clèves realmente espantosa? Holbein, que pintó su cara de frente, como era costumbre, no la presenta así al ojo moderno, con su frente alta, los ojos de párpados pesados separados y el marcado mentón. Hay pruebas indirectas de los años posteriores de que Enrique VIII consideraba a Ana de Clèves de aspecto agradable. Chapuys contó que Ana de Clèves consideraba a su contemporánea Catalina Parr «no tan hermosa como ella misma». Era un buen observador y no la contradijo;[44] de modo que la jactancia probablemente fuera cierta, o al menos lo suficientemente acertada como para no resultar ridícula.

Pero puede ser que al pintar a Ana de frente para no ocultar defectos Holbein minimizara involuntariamente uno. El reciente estudio por rayos X de otro retrato contemporáneo, el del taller de Bartholomäus Bruyn el *Viejo* (o de Bruyn mismo), ha revelado una nariz considerablemente más larga debajo de la pintura.[45] La nariz de Holbein no es corta, pero tampoco excesivamente larga, por ejemplo no más que la de Juana Seymour. Aunque las narices largas no estaban tan mal consideradas como en la era de la fotografía, una nariz levemente bulbosa podría explicar la decepción del rey.

Luego está la cuestión de la tez de Ana de Clèves. Puede que ése fuera el problema; las protestas de sus propios funcionarios acerca del daño que podía causarle un largo viaje por mar tal vez hayan sido una manera cauta de disimular el problema. Cuando el rey rugió a sus cortesanos que había sido mal informado —por ellos entre otros, ya que la habían visto en Calais— la única explicación que pudieron balbucir fue que su piel era en realidad bastante más «marrón» de lo esperado.[46] (La observación de Southampton de que el encuentro en Calais no había sido el momento adecuado para desacreditar a lady Ana «a la que tantos habían ensalzado por informes y pinturas» probablemente se acercara más a la verdad.) En todo caso, el mismo tono oscuro le había sido atribuido a la duquesa Cristina, y Ana Bolena, que era «morena», no tuvo ningún obstáculo para progresar, a pesar de que el ideal de la época era la tez «blanca pura».

Aun si se tiene en cuenta todo eso, sigue habiendo algo misterioso en el episodio y en la inmediata decepción del rey (seguida por su indignación que, sin embargo, nunca estuvo dirigida a Holbein). Por tanto, debemos buscar la explicación en algo igualmente misterioso: la naturaleza de la atracción erótica. El rey había estado esperando una esposa joven, encantadora, y la demora sólo había contribuido a su deseo. Vio a alguien que, dicho crudamente, no despertó en él excitación erótica alguna. Y las relaciones sexuales eran cosa del futuro, o así se esperaba que fuera.

Ahora que el abismo entre lo que el rey esperaba y lo que por fin tenía era insalvable, dado que el matrimonio sería tan manifiestamente para el «disgusto y el tormento» del rey antes que para su «placer y tranquilidad», la pregunta crucial era si el compromiso duraría.

CAPÍTULO QUINCE

La joven Catalina

Ellos [los nobles y ciudadanos de Inglaterra] habían percibido que los afectos del rey se estaban alejando de lady Ana y acercándose a aquella joven Catalina Howard, la prima del duque de Norfolk.

Richard Hilles a Henry Bullinger,
verano de 1540

En la noche de Reyes del 6 de enero de 1540 se celebró en Greenwich el matrimonio entre Enrique VIII, viudo de cuarenta y ocho años con tres hijos, y Ana de Clèves, una «doncella»* que tenía la mitad de su edad, nacida en el extranjero (y de habla extranjera). La ceremonia se realizó en «el gabinete de la reina» donde, por otra parte, el rey Enrique se había casado también con Juana Seymour. Alrededor del «anillo de boda» de la novia estaban grabadas las palabras «Dios me envió para cumplir el bien»: una pía esperanza que ella al menos esperaba que se cumpliera. Después la pareja real fue a «una procesión», la nueva reina Ana vestida con tela de plata «cargada» de joyas y con el pelo suelto para indicar su soltería rematado por una corona de perlas y piedras preciosas entrelazadas con romero, símbolo tradicional de amor y fidelidad en el matrimonio. Según escribió un observador, fue «una visión grata de contemplar».[1]

Pero al rey no le resultaba grata, y ya lo había dicho bien claro. Después del desastroso encuentro en Rochester, Enrique había regresado a

---

* La palabra se usaba entonces en general para referirse a una mujer soltera y virgen.

Greenwich en un estado de ánimo de infantil decepción y de ira adulta. Lady Ana fue recibida luego formalmente en un pabellón levantado en Shooter's Hill por un grupo del que formaba parte el conde de Rutland, que sería su chambelán como lo había sido de la reina Juana. Después de vestirse de dorado, Ana fue conducida a Blackheath para su encuentro oficial con su futuro esposo, también vestido de dorado. De esa manera habían cabalgado juntos a Greenwich.

La tela dorada no representaba ninguna diferencia. En los días previos a la boda, el rey se había mantenido en un estado de resentida desesperación. A Cromwell le gritó que, de haber sabido lo que ahora sabía, lady Ana «nunca hubiese venido al reino». «A manera de lamentación —agregó—: ¿Qué remedio queda?» Cromwell, según su posterior testimonio, repuso: «No conozco ninguno» y que estaba «muy triste por lo mismo»; luego agregó: «Y sabe Dios que lo estaba, porque me pareció un duro comienzo.» De modo que Cromwell oscilaba entre defender tímidamente a lady Ana —«Me parecía que ella tenía un estilo de reina»— y lamentar que su señor no estuviera «más contento». El rey, si bien admitía que lady Ana era «bien y decorosa», insistía de manera monótona en el hecho de que ella no era «bella como se le había dicho».[2]

En esa crisis, aún era posible que el rey se salvara en el último momento. La cuestión del precontrato de lady Ana con Francisco de Lorena nunca se había examinado en profundidad; en el otoño, los representantes de Clèves sólo habían declarado que lady Ana era libre, por la propia autoridad de ellos. Al Consejo del Rey, «muy azorado y confundido» a su vez, se le pidió ahora que investigara. El resultado fue insatisfactorio. Se había hecho «una revocación», descubrieron, y además «no habían sido más que esponsales» (es decir, *de futura*). Tampoco fueron útiles los embajadores de Clèves. Se ocuparon una vez más del tema con notable caballerosidad y «sólo mediante palabras minimizaron el asunto, diciendo que había sido hecho en la minoridad [de la joven pareja] y que luego nunca había tenido efecto alguno». No se presentó ninguna dispensa por el precontrato; todo cuanto ellos podían hacer —el 5 de enero, la víspera de la boda— fue prometer copias auténticas de los documentos necesarios al cabo de tres meses.[3]

Los representantes de Clèves nunca presentaron otra cosa mejor que una declaración notarial —el 26 de febrero siguiente— acerca de cierto informe de los archivos de Clèves fechado cinco años antes. El 15 de febrero de 1535, cuando Ana tenía veinte años, el canciller Groghroff de Clèves había anunciado simplemente que, «*der hilich aff sy*», los esponsales (con

Lorena) quedaban anulados; o como lo expresaron luego Hoghesten y Olisleger, «no seguirían su curso natural». Los papeles originales —sobre todo la dispensa— nunca fueron presentados, por lo que resultaba muy dudosa la existencia de la dispensa. Es, por tanto, una paradoja de la trayectoria matrimonial de Enrique VIII: el matrimonio que contrajo tan a su pesar bien pudo haber sido genuinamente inválido desde el comienzo.*

Pero el 5 de enero de 1540, lady Ana hizo una declaración formal de su libertad, y aquella vía de escape se cerró. «No soy bien tratado», fue la reacción del rey, palabras que debieron haber provocado pavor en muchos corazones y sin duda así fue. Habló luego de la necesidad «contra mi voluntad de poner mi cuello en el yugo». Poco antes de la ceremonia, le dijo a Cromwell: «Mi Dios, si no fuera por satisfacer al mundo, y a mi reino, por nada haría lo que debo hacer hoy.»[5]

En vista de la manifiesta tristeza del rey Enrique —y no olvidemos que aún aguardaba la noche de bodas— corresponde preguntarse por qué se celebró el malhadado matrimonio. En cuanto a su valor, no era una alianza popular en el país. Ana de Clèves era un misterio por entonces, de modo que la xenofobia tenía vía libre: ella era la representante de «esos germanos», una especie de «miserables pícaros». Tampoco era una princesa magnífica como Catalina de Aragón: Clèves no era considerado rico ni poderoso y la dote de ella era pequeña, pues en su prisa por tener al duque de Clèves de su parte, el rey Enrique había sido insólitamente magnánimo en ese sentido. Un servidor del obispo de Durham fue arrestado por verbalizar ese descontento: «No tenemos otra ayuda ahora que la del duque de Clèves, y es tan pobre que no puede ayudarnos.» Además, Ana de Clèves era vista (erróneamente) como la clase de luterana virulenta que no deseaba ir a Inglaterra «mientras quede una abadía en pie». (Un protestante devoto lo expresó más favorablemente pero de manera también errónea: se creía que la nueva reina era «una mujer excelente que teme a Dios» con grandes esperanzas de una extensa propagación del Evangelio por su influencia.)[6]

La explicación del rey Enrique respecto del matrimonio probablemente sea la correcta. Era «por temor de causar una perturbación en el

---

* H. A. Kelly, en *The Matrimonial Trials of Henry VIII*, sugiere que los esponsales originales entre Ana y Francisco de Lorena pueden haber sido en realidad *de praesenti* (es decir, tenido la fuerza del matrimonio) a pesar de la juventud del novio. Celebrados antes de la edad del consentimiento, como en el caso de Enrique mismo y Catalina de Aragón, hubiesen requerido una adecuada refutación. Sin embargo, aun los esponsales *de futura*, que incuestionablemente tuvieron lugar, necesitaban una dispensa válida.[4]

mundo; es decir... llevar a su hermano a las manos del emperador, y a las manos del rey francés, que están ahora juntos». Como explicó Suffolk, al rey le hubiese agradado «si se hubiera podido evitar la solemnización», pero sin que pareciera que rechazaba a la dama. El viaje de Carlos V hacia la rebelde Gante se había visto marcado por un amigable encuentro con su nuevo hermano el rey francés. Ése no era momento, calculaba Cromwell, de perturbar la política exterior inglesa, cuidadosamente calculada, y perder el único aliado —Clèves— que podía causarle muchos problemas al emperador. De modo que Enrique VIII se encontró en el extraño papel de víctima sacrificial de las maniobras de su secretario. El viaje de Carlos V a través de Francia y el retraso del de lady Ana habían causado un accidente fatal de tiempo. Como declararía correctamente el rey Enrique en una fecha posterior: «Nunca consentí casarme por amor a la mujer.»[7]

Dadas las circunstancias, no sorprende que la noche de bodas no resultara un éxito. Si el rey había concebido débiles esperanzas de experimentar un acceso de deseo en el momento apropiado —después de todo, su novia era muy «decorosa»—, no se materializaron. Resulta muy claro que el encuentro fue un completo fracaso desde el punto de vista del rey. Cromwell le preguntó imprudentemente, al día siguiente: «¿Le gustó la reina?» El rey replicó, sucinto: «No me gustaba mucho antes, pero ahora me gusta menos.»[8]

Naturalmente, se apresuró a culpar a la dama antes que a sí mismo. El cuerpo de ella, no su belleza, era ahora la cuestión. Por ejemplo, le dijo a sir Anthony Denny, miembro de su cámara privada, que su esposa no sólo no era «como se le había informado, sino que tenía pechos tan flojos y otras partes del cuerpo de tal manera que [él] sospechaba algo acerca de su virginidad». El veredicto del rey fue éste: «Nunca en compañía de ella podría ser provocado y movido a conocerla carnalmente.» Cromwell recibió el mismo mensaje y el rey lo comunicó personalmente a dos de sus doctores, el doctor Chamber y el doctor Butts: «El cuerpo de ella [estaba] de tal manera desordenado e indispuesto» que no podía «excitar y provocar ningún anhelo en él». En suma, le causaba una «repugnancia» que no podía superar. El doctor Butts recibió otros detalles de «la flojedad de los senos y de la blandura de la carne».[9] Hubo otros testimonios, pero todos redundaban en lo mismo: el rey no pudo consumar su matrimonio.*

* Si bien todos esos testimonios fueron posteriores, es notable la unanimidad en el tono y, en todo caso, coinciden con los hechos conocidos en cuanto a la conducta del rey en la primavera que siguió a su matrimonio con Ana de Clèves.

Ese estado de cosas infeliz no se alteró. Ocho días después de la boda —el 14 de enero— Cromwell le contó al duque de Suffolk que «la reina [Ana] era entonces una doncella» dado que el señor «no gustaba de su cuerpo ni de su disposición». En febrero, el rey repitió el mismo mensaje melancólico a Cromwell. Aun cuando se acostaba con su esposa «todas las noches», o noche por medio, sin embargo «ella seguía siendo una buena doncella... como cuando su madre la parió» en cuanto a lo que el rey le hubiera «administrado». Pero no se cuestionaba en absoluto la virilidad de él; el rey le dijo al doctor Butts que había tenido *duas pollutiones nocturnas in somno* (dos eyaculaciones nocturnas) en el mismo período. No, la razón de su fracaso era que el rey había comenzado ahora a «desconfiar» de la virginidad de su esposa, como le informó a sir Thomas Heneage, «en virtud de la flojedad de sus senos y otras señales». En consecuencia, no tenía ningún apetito por hacer «lo que un hombre debía hacerle a su esposa».[10]

Esos pocos atractivos cargos nos dicen, por supuesto, más sobre el rey Enrique que sobre la reina Ana. La sospecha del rey sobre la virginidad de ella no debe tomarse seriamente porque contradice el conocido rigor de la crianza de Ana (por su madre) y el carácter que demostró tener antes y después de la boda. Simplemente, debe verse como parte de la rápida campaña del rey por librarse de esa nueva esposa recibida de mal grado, sin culpa para él.

Pero esos cargos sirven para recordarnos que en una noche de bodas son dos los implicados, no uno. Es cierto que el rey Enrique VIII merece piedad (no tanta, desde luego, como él creía merecer). Cuando «lamentó el estado de los príncipes... en el matrimonio» ante Cromwell, como mucho peor que el de los pobres, ya que los «príncipes toman lo que les traen otros y los hombres pobres comúnmente hacen su propia elección y libertad»,[11] afirmaba un hecho obvio, pero angustioso (si uno era príncipe). Pero ¿y el destino de las princesas? ¿Qué opinaba la reina Ana misma de esos manoseos infructuosos? ¿Sabía que se estaba culpando de esa falta de éxito a sus propios atributos físicos?

Afortunadamente para la paz mental de la reina Ana, parece haber estado maravillosamente protegida de la humillación por una completa ignorancia de lo que se conoce como los hechos de la vida. Sus damas mayores tuvieron una conversación con ella sobre el tema algunos meses más tarde; entre ellas estaban lady Rutland y Jane, vizcondesa de Rochford, veteranas del dormitorio real. Esas damas le sugirieron a la reina que ella seguía siendo de hecho «una doncella». En respuesta, la reina Ana describió el procedimiento que había seguido a los primeros esfuerzos más enérgicos. (Según el doctor Butts, el rey hizo todo lo que pudo —en vano— durante cuatro noches y luego se limitó a visitar a su esposa. El doctor Chamber lo había instado a «no forzarse a sí mismo» por temor a empeorar las cosas.) «Cuando él [el rey] viene a la cama —declaró Ana—, me besa y me toma de la mano y me dice "buenas noches, querida" y de mañana me besa y me dice "adiós, querida. ¿No es eso suficiente?"», inquirió ella con inocencia.[12]

A eso, lady Rutland repuso con firmeza: «Señora, debe haber más, o pasará mucho tiempo antes de que tengamos un duque de York, que es lo que más desea este reino.» También preguntó si la reina no había discutido esos asuntos delicados con la madre Lowe, «la madre de las doncellas» germánicas. «El matrimonio, oh, oh, qué vergüenza, Dios no lo permita», exclamó la escandalizada reina Ana.

Tal ignorancia no era una condición universal. Por el contrario, la mayoría de las muchachas crecían (como veremos) con un conocimiento bueno y saludable de esas cosas, impartido con lenguaje bastante franco. Además, en general se consideraba el deber —el sagrado deber— de una madre preparar a la hija para lo que debía esperar la noche de bodas; o como lo había expresado san Bernardino de Siena en el siglo anterior: «Es como enviarla al mar sin bizcochos.»[13] Pero Ana de Clèves era diferente. Su proximidad al codo de la madre en Alemania le había negado una correcta educación mundana, ya que la duquesa María evidentemente no veía ninguna necesidad de lo que san Bernardino denominaba «bizcochos». Pero en Inglaterra, su ignorancia la protegió de una indebida mortificación personal.

En esos primeros días del nuevo matrimonio, al menos la corte estaba feliz con la restauración de la casa de la reina. A la reina Ana de Clèves se le otorgó una casa de 126 personas, no mucho menos de lo que había tenido la reina Catalina de Aragón en 1509. Había algunas damas germanas (de ahí la posición de la madre Lowe), aunque el rey Enrique había solicitado ansiosamente por anticipado que todas las asistentes fueran «bonitas», tal como su padre había impuesto respecto de las damas españolas de Catalina cuarenta años antes. Pero a la reina Ana se le permitió emplear a sus compatriotas, sin especificación, en ciertos puestos importantes: el doctor Cornelius, su doctor, era de Clèves, pues las necesidades ginecológicas dictaban esa delicadeza con las princesas extranjeras; luego estaban el maestro Schulenberg, su cocinero, y su lacayo Englebert.

En cuanto a los ingleses, la competencia por los puestos había empezado en otoño, cuando se firmó el tratado de matrimonio Clèves. Si el matrimonio fue el triunfo del «reformista» Cromwell, entonces la fecunda familia Howard, con Norfolk como su patriarca calculador y «reaccionario», había conseguido al menos más mundanamente colocar a dos de los suyos entre las damas que atendían a la nueva reina. Una de ellas era una bonita muchacha burbujeante, recién llevada a la corte con ese fin, llamada Catalina Howard. No pasaría mucho tiempo antes de que esa colocación fuera considerada un triunfo «reaccionario» comparable al matrimonio Clèves. Pero por entonces era sólo parte del interminable proceso de colocación y de matrimonio que ocupaba a todas las familias en la corte Tudor y alrededor de ella.

El 4 de febrero, el rey llevó a su nueva esposa de Greenwich a Westminster. Ésa era en un sentido una ceremonia familiar mediante la cual el rey presentaba la reina a la capital. Pero en ese caso —desusadamente— no hubo ninguna procesión pomposa a través de la ciudad de Londres camino a Westminster. El desfile de barcas ricamente decoradas, todas con sus escudos, comenzó a remontar el río. Primero iba el rey con sus nobles y caballeros, luego la reina (en otra barca) con su casa. Las tiendas que daban al Támesis saludaron como correspondía la procesión que pasaba y mil «cámaras de municiones» fueron disparadas dentro de la Torre de Londres con sus cañones, lo que «hizo un ruido como el trueno». Pero la procesión siguió más allá de la Torre y la reina Ana finalmente fue ayudada a desembarcar en Westminster. La omisión puede muy bien haber sido un signo de la insatisfacción del rey con la situación en que se encontraba.[14]

Entretanto, la situación internacional en 1540 no proporcionaba la justificación para el matrimonio que hubiese podido consolar al rey. Cuando Carlos V llegó a Holanda en febrero, tras su pacífico cruce de Francia, pudo superar fácilmente la rebelión de Gante; los privilegios de la ciudad fueron revocados y se ejecutó a trece personas. En cuanto al duque Guillermo de Clèves, sus ojos se habían alejado de la hija del rey, María. Otra princesa era una posibilidad mucho más atractiva como esposa. Juana de Albret, de doce años, hija de Margarita de Angulema en su segundo matrimonio con el rey de Navarra, era no sólo la heredera de ese reino sino también sobrina del rey de Francia.

Pero Inglaterra tenía la posibilidad de conseguir un aliado realmente luterano entre los príncipes germanos. Mientras el rey Enrique aguardaba ansiosamente en Greenwich que se calmaran los mares tempestuosos que lo separaban de la reina Ana, su hija María, de veintitrés años, se había encontrado en la inesperada situación de recibir a un pretendiente. El duque Felipe de Baviera, sobrino del elector palatino (el Palatinado era un principado más poderoso que Clèves), se presentó por propia iniciativa a hacerle la corte. Si bien a la pía y católica lady María no le agradaba particularmente la religión luterana de su pretendiente, conversaba graciosamente con él en latín y en alemán por medio de un intérprete. El excitado embajador francés en realidad creía que se habían intercambiado besos en los jardines invernales del abad de Westminster; comentó que «ningún señor de este reino se ha atrevido a ir tan lejos» desde la muerte de Exeter, del que se suponía que planeaba casar a María con su hijo; eso ilustraba el peligro de conspiración, imaginaria o no, que implicaba casarse con la hija mayor del rey.[15] Según su costumbre reciente, María dijo que se sometería a los deseos de su padre, cualquiera que fuese la religión de su pretendiente, de modo que, cuando el rey nombró al duque Felipe Caballero de la Jarretera y le presentó obsequios, pareció existir una clara posibilidad de un vínculo luterano con Inglaterra. Una vez más, era probable que eso causara un gratificante fastidio al emperador, al que tampoco le agradaría que se diera la mano de su prima en tal dirección.

Pero, en apariencia, toda la turbulencia de la primavera de 1540 en Inglaterra estaba relacionada con los asuntos religiosos y su impacto en la política, más que en la vida privada del rey o en las intrigas diplomáticas. Recientemente se ha comentado que los episodios de ese período confundieron incluso a los contemporáneos, «tan cambiantes eran las fortunas políticas y tan incierta la perspectiva de la reforma o de la reacción».[16] Por una parte el obispo Stephen Gardiner, el más destacado prelado «reaccionario», atacaba a los reformistas: hacía poco que se había dirigido al congreso, tras ser embajador en Francia durante tres años. Por otra parte, reformistas como el doctor Robert Barnes, Thomas Garret y William Jerome contraatacaban con energía. En una disputa respecto de la naturaleza de la gracia, la libre voluntad y la penitencia, el rey mismo fue consultado (su orgullo por su propia pericia teológica —como persona «que a veces se ha advertido que es erudita»— se manifestó en su actitud airada contra los Peregrinos de Gracia). Barnes, Garret y Jerome terminaron en la Torre «por orden del rey»: serían ejecutados el 30 de julio. Pero el 30 de julio también fueron ajusticiados tres sacerdotes, partidarios de la reina Catalina y por supuesto del Papa desde hacía mucho: Thomas Abel, Richard Featherstone y Edward Powell.

En cuanto a Cromwell también había indicios contradictorios. En abril, los observadores habrían podido pensar con razón que su estrella aún estaba en ascenso: el 18 de abril, fue ennoblecido aún más; de barón de Cromwell pasó a ser conde de Essex (un condado en el que poseía bienes considerables) y el mismo día fue nombrado lord gran chambelán. En cuanto a su participación en la realización del matrimonio real, el proyecto que confirmaba los bienes para la reina también fue aprobado por el Parlamento en abril. Pero las apariencias una vez más eran engañosas. Cuando la primavera se convirtió en verano, la estrella ascendente no era la de Cromwell sino la de la joven que había llegado a la corte para servir a la reina Ana: Catalina Howard.

No se conserva ningún cuadro confirmado de Catalina Howard.* (Aunque, como veremos, puede haber una atormentadora imagen de ella, de perfil, en una ventana de la capilla del King's College, Cambridge.) El hecho de que Catalina Howard sea la única de las esposas de Enrique VIII acerca de cuyo aspecto debamos confiar en las descripciones contemporáneas le da a su éxito una cualidad apropiadamente evanescente. La misma bruma rodea la fecha de su nacimiento. Tenía dieciocho o diecinueve años cuando los ojos exploradores del rey dieron con ella: es decir, tenía aproximadamente treinta años menos que él.** A pesar de su creciente corpulencia, el rey evidentemente había abandonado su deseo de «una esposa grande», porque Catalina no sólo era pequeña, como había sido Catalina de Aragón, sino diminuta: *parvissima puella*, una muchacha realmente pequeña. El rey Enrique tenía unos treinta años más que Catalina y unos treinta centímetros más de altura. No necesitamos especular más acerca de sus pesos respectivos. El embajador francés calificaba la belleza de ella sólo como mediana (la misma expre-

---

* «Una rotulación equivocada» ha tenido como consecuencia que el retrato de otra dama se asocie con su nombre; de hecho ese cuadro, en sus varias versiones, probablemente represente a Elizabeth Seymour, hermana de la reina Juana e hija política de Cromwell. Viste de luto como una viuda, muy correctamente, ya que era una joven viuda antes de casarse con Gregory Cromwell; también tiene un aire de familia con la reina Juana, en especial por la nariz y el mentón.[17]

** Lacey Baldwin Smith, en *A Tudor Tragedy* (el estudio más detallado acerca de Catalina Howard y los acontecimientos que la rodearon) propone 1521 como una fecha plausible; eso concuerda con la declaración del embajador francés de que Catalina Howard tenía dieciocho años en 1539.[18]

sión que había empleado para Ana de Clèves, por otra parte), pero elogiaba su gracia y encontraba muy dulce su expresión;[19] su costumbre de vestirse *à la française* (a diferencia de las modas germánicas de Ana de Clèves) debía resultarle elogiable a él.

Aun cuando Catalina Howard no hubiese sido una belleza, debió haber tenido bastante gracia y atractivo físico (probablemente a causa de su juventud), ya que sabemos que cautivó inmediatamente al rey. Como afirmaría luego la esposa de su abuelo, Agnes, duquesa de Norfolk: «Su Alteza el rey se interesó por Catalina Howard la primera vez que la vio.» Pudo haber sido en un banquete ofrecido por el obispo Stephen Gardiner, de la facción de Norfolk por su conservadurismo religioso; de todos modos, se decía que Gardiner «muy a menudo brindaba fiestas y recepciones» al rey y su nueva amante a partir de entonces, mientras que los ciudadanos de Londres se acostumbraban a ver al rey cruzando el Támesis en barco para visitarla, a veces tan tarde como a medianoche.[20] Resultaba tentador considerar a Catalina Howard como una especie de cebo para atraer al rey que envejecía.

En un sentido, eso era cierto, como lo era en el caso de todas las mujeres que obtenían los codiciados puestos en la casa de la reina. El tiempo no había hecho olvidar las lecciones del pasado. Thomas Boleyn, conde de Wiltshire, había muerto hacía poco, pero dignamente (fue espléndidamente enterrado en la iglesia parroquial de Hever); había aprovechado el ascenso de su hija y evitado la mancha de su desgracia. Las carreras de los hermanos Seymour, tíos del príncipe Eduardo, iban viento en popa una vez superada la valla impuesta por la muerte de su hermana. Desde que el disgusto del rey con Ana de Clèves se hizo evidente para sus íntimos, obviamente había cierto oportunismo. Pero, en otro sentido, la familia Howard se encontró con una candidata casi inesperada para consorte —o al menos amante titular y protectora, como lo había sido Ana Bolena tantos años— en la pequeña Catalina.

No se trataba de una mujer adulta e inteligente, sabia en los manejos del mundo, y por supuesto de las cortes, como habían sido Ana Bolena y Juana Seymour tras años de servicio en casas reales, cada una a su modo. Catalina Howard era una niña comparada con las dos, y tenía cuatro o cinco años menos que cualquiera de esas damas en el momento en que atrajo al rey, además de pertenecer a una generación posterior.*

---

* Catalina Howard tenía unos veinte años menos que Ana Bolena; doce años menos que Juana Seymour; seis años menos que Ana de Clèves.

No era analfabeta como a veces se sugiere: su capacidad para leer y escribir (a su manera) la ponía en una categoría destacada de mujeres de su época, nobles o no. Catalina Howard no era, por ejemplo, como Anne Basset, hija de lady Lisle, que cuando deseaba escribir una carta enviaba a buscar a un hombre para que lo hiciera por ella.[21] Pero el hecho de que supiera leer y escribir no significaba que fuera una mujer educada; esa carencia era típica de las muchachas de su época.

Su real educación había sido en la escuela de la vida tal como se vivía en la casa de la esposa de su abuelo: y las lecciones, como veremos, eran diferentes de las artes cortesanas que había captado Ana Bolena en Borgoña y Francia, de la prudencia virtuosa alimentada en Juana Seymour por su padre cortesano, y luego por su hermano y su cuñada. Con el sincero deseo de promover los valores victorianos, la autora del siglo XIX de *Lives of the Queens of England*, Agnes Strickland, encontraba en la trayectoria de Catalina Howard «una gran lección moral, mejor para ilustrar las consecuencias fatales de los primeros pasos desatentos en la culpa que todos los ensayos de advertencia que se han escrito sobre ese tema».[22] En una época menos moralista sentimos mayor simpatía por la muchacha a la que la ola del deseo del rey arrojó tan cruelmente mal preparada sobre la costa expuesta de la historia.

Catalina Howard se crió en la pobreza, a pesar del esplendor de su linaje Howard, que descendía de Eduardo I a través de los Mowbray, duques de Norfolk.[23] (Véase árbol genealógico 1.) Era de hecho el mismo origen real de su prima hermana Ana Bolena. Pero si las dos muchachas compartían la mitad de su sangre (el padre de Catalina y la madre de Ana eran hermanos) sus respectivos antecedentes eran muy distintos. Comparado con el muy trabajador y ambicioso sir Thomas Boleyn, consciente de que había que abrirse camino en la corte, lord Edmund Howard era débil y bastante perezoso, sin necesidad (según él lo veía), dado su nacimiento aristocrático, de hacer los esfuerzos que correspondían a los de posición inferior. Luchó valientemente en Flodden, cuando su padre mandaba el campo inglés, aunque la suya fue una de las pocas acciones que no tuvieron éxito. Fue nombrado caballero en 1515. Pero su carrera nunca significó mucho, dadas sus oportunidades, o a causa tal vez del poco entusiasmo que inspiraba al rey, o tal vez a algún problema de la naturaleza que había causado esa falta de entusiasmo.

Hacia el fin de su vida, lord Edmund se quejaba: «Si yo fuera el hijo de un hombre pobre, podría excavar y sondear en busca de mi subsistencia»: en cambio, se veía «escaso de amigos» y «golpeado por el mundo». En cuanto a los golpes, su tercera esposa estaba lo bastante irritada con lord Edmund como para, cuando la medicina para los cálculos renales le hacía perder el control, golpearlo con las airadas palabras: «Es de niños mojar la cama.» Su vida era una continua sucesión de peticiones a otros para que aliviaran su pobreza, empezando por el cardenal Wolsey, y hasta el punto en que se veía obligado a esconderse para eludir a los alguaciles. En 1534 obtuvo el puesto de contralor de Calais —posiblemente por influencia de su sobrina Ana Bolena— del que fue apartado pocos años más tarde por razones desconocidas. Murió poco después, en marzo de 1539, es decir, antes de que su hija Catalina fuera a la corte.

La importancia de tener padre para Catalina era su posición en una red vasta de primos. Los Howard eran en realidad una familia sorprendentemente prolífica: lord Edmund tuvo veintidós hermanos y hermanas, de los cuales nueve vivieron el tiempo suficiente para casarse. Para 1527, él mismo era responsable de diez hijos. Algunos de ellos parece haberlos heredado: porque su primera esposa y madre de Catalina, Jocasta (Joyce) Culpeper, era ya la viuda de Ralph Legh, con hijos Legh, cuando lord Edmund se casó con ella alrededor de 1515.

Joyce Culpeper era la hija de Richard Culpeper de Oxenheath, Kent. Los Culpeper eran una reputada familia con muchas ramificaciones: Joyce era, por ejemplo, prima lejana de ese Thomas Culpeper de la cámara privada del rey (que no se debe confundir con el hermano, también llamado Thomas Culpeper). Como esposa de lord Edmund Howard, Joyce dio a luz a otros seis o siete hijos, antes de morir cuando su hija Catalina era aún pequeña. Aunque es imposible determinar cuáles de los diez hijos de lord Edmund eran suyos y cuáles del primer matrimonio de su esposa, eso carece de importancia en la historia de Catalina Howard. Incuestionablemente ella era hija de su padre, nació muy abajo en el orden de la familia y formó parte de una familia numerosa desde el nacimiento.

Catalina puede haber pasado su infancia en Oxenheath, por entonces el hogar de su tío materno. Pero el momento significativo de su vida fue cuando la llevaron a la casa de la esposa de su abuelo, Agnes, duquesa de Norfolk, en Chesworth, cerca de Horsham y Lambeth. La madre de Catalina ya había muerto y lord Edmund Howard procedió a casarse dos veces más, en ambas ocasiones con viudas, Dorothy Troyes y Margaret Jennings (la que tan cruelmente lo humillaba por sus accidentes); no tuvo más hijos ni tampoco solucionó su situación económica. Pero la práctica de enviar a las hijas (y a los hijos) lejos del hogar para que se criaran en otra parte era independiente de las circunstancias de la familia. Era una costumbre cuyo valor obviamente dependía de la naturaleza de la casa a la que iban; la elección nada tenía que ver con los valores morales, y sí mucho con la nobleza de la casa en cuestión. La abuela del rey, Margarita de Beaufort, real, pía, viuda y enamorada del saber, ya había demostrado que era ideal para dirigir un establecimiento educativo, y pasaron por sus manos muchos vástagos nobles.

En el caso de Catalina Howard, la casa de Agnes, duquesa viuda de Norfolk, era la elección obvia, con independencia de la relación familiar. Porque esa mujer notable, aunque anciana (de más de sesenta años —era contemporánea de Margaret, condesa de Salisbury, ahora en la Torre—), podía proclamarse matriarca inglesa. Eso fue especialmente cierto cuando la esposa de su hijastro, Elizabeth Stafford, duquesa de Norfolk, se separó de su esposo en 1534. (No aceptó la flagrante relación de él con un miembro de la casa de ella, Bess Holland, rudamente descrita por la furiosa duquesa Elizabeth como «esa prostituta... la lavandera de la sala de los niños».)[24]

Nacida Agnes Tylney, la duquesa más anciana era la segunda esposa del segundo duque de Norfolk, cuya primera esposa también había sido una Tylney (de modo que hubo que obtener una dispensa en segundo grado para el matrimonio). Junto con sus propios hijos, la duquesa Agnes tenía para criar una vasta familia de hijastros, que eran también parientes suyos. Sin duda, la duquesa había sido una figura destacada en la corte durante los últimos cuarenta años: estaba en primera fila en todas las grandes ceremonias. Por ejemplo, había atendido a Catalina de Aragón en su noche de bodas con el príncipe Arturo, en 1501; fue una de las madrinas de la princesa María en 1516; llevó la cola de la nieta de su esposo, la reina Ana Bolena, en su coronación y, pocos meses más tarde, actuó una vez más como madrina de la princesa Isabel.

Como otras grandes damas de su época, la duquesa Agnes creía en la administración directa de la medicina, no en la delegación, y se enorgullecía de sus remedios. La encontramos recomendando ese tratamiento para la temible enfermedad de la transpiración al cardenal Wolsey: «Les doy triaca y agua imperial, que la quita del corazón —le informaba—, y así he asistido a los que se han desmayado varias veces, y [a aquellos] que han recibido los sacramentos de la Iglesia [es decir, en peligro de muerte]; o vinagre, ajenjo, agua de rosas y migas de pan marrón bajo la nariz en un paño de lino.»[25] Posteriormente, los buitres que se cernían alrededor de los huesos de la reputación de Catalina Howard sugerirían que la duquesa Agnes había regentado algo que se acercaba mucho a un prostíbulo de lujo, pero la comparación adecuada era con una escuela de clase alta donde algunas prosperaban tranquilamente y otras, con más osadía, miraban a su alrededor para explotar sus oportunidades (o eran a su vez explotadas).

Ciertamente la duquesa Agnes era considerada una figura responsable, con independencia de su rango, a la que se podía confiar con tranquilidad el cuidado de los jóvenes, como lo demuestran las listas de aquellos de los que fue hecha guardiana (como Elizabeth Knyvet o los tres hijos de la condesa de Bridgewater). Pero por supuesto, la comparación con una gran escuela vuelve a surgir cuando se considera el tamaño enorme de la casa de la duquesa —más de cien personas en Lambeth— y los escándalos que podían producirse en consecuencia. (El duque de Norfolk sin duda había aprovechado el tamaño de esa casa en su relación prolongada con Bess Holland.)

El primer romance de Catalina tuvo lugar mientras aún estaba en el campo, en la casa Chesworth de la duquesa, cerca de Horsham, en Sussex. Un vecino que se llamaba Henry Mannox fue contratado para enseñar música en 1536. El osado joven intentó seducir a la muchacha de quince años entre las lecciones de clavicordio y laúd, aunque si debemos creer la posterior confesión de Catalina acerca de su admirador, no hubo sexo completo: «Ante las bellas y halagadoras persuasiones de Mannox, cuando era una muchacha joven, permití que varias veces manipulara y tocara las partes secretas de mi cuerpo que no convenía a mi honestidad permitir ni a él requerir.»[26]

Dado que Catalina confesaría mayores intimidades con otro, ese relato probablemente sea exacto, con el tono de penitencia agregado luego. Mannox mismo, si bien admitía que «él sentía más de cuanto era conveniente» cuando se encontraba con Catalina «en la oscuridad de la tarde» en la capilla de la duquesa, también juraba que nunca la había conocido «carnalmente».[27] Mannox siguió a Catalina a Londres, y a la casa de la duquesa en Lambeth. Nadie parece haber tomado demasiado en serio esa conducta entre los jóvenes: el problema no era la moralidad de Mannox sino que un mero maestro de música no era el partido adecuado para Catalina, sobrina del duque.

El siguiente romance de Catalina, con Francis Dereham, un caballero pensionista en la casa de Lambeth de la duquesa, fue mucho más serio. Hay motivos sobrados para suponer que, a diferencia de su relación con Mannox, ésta se consumó plenamente. Como tenían la costumbre de llamarse «esposa» y «marido», cabe sugerir que Catalina y Francis Dereham tenían en realidad un precontrato mutuo y que sus votos privados habían sido reforzados por la plena unión sexual.

Ese romance tenía lugar en la gran casa, a la que se accedía por una bella entrada desde «la carretera del rey, que iba del pueblo de Lambeth a St George's Fields», es decir, Lambeth Road. Aunque la casa de Lambeth era para la época una residencia suburbana, era magnífica. En la infinidad de galerías, grandes y pequeñas, y cámaras ocupadas por los numerosos asistentes de la duquesa, o en el amplio jardín que se extendía hacia el sur por toda la extensión del terreno, Catalina y Francis podían mantener su relación amorosa. Catalina limitó luego el asunto a tres meses en el otoño y el invierno de 1538 (cuando contaba diecisiete años), que ella denominaba «toda la verdad». Puede no haber sido sólo eso: porque estaba lo bastante relacionada con Dereham para que él le confiara 100 libras para que se las guardara cuando se marchó a Irlanda: otra prueba de la seriedad de la relación. Sin embargo, el relato de ella es lo suficientemente explícito: «Francis Dereham, mediante persuasión, me procuró para su propósito depravado y consiguió primero tenderse sobre mi cama con su jubón y sus calzas y después dentro de la cama y finalmente se tendió conmigo desnudo y me usó de tal manera como el hombre hace con su esposa muchas veces pero con qué frecuencia no lo sé.»[28]

Otros darían detalles más lúbricos de lo que sucedía en Lambeth en la habitación donde las jóvenes dormían juntas (como toda la gente de su edad en esa época) y los jóvenes compartían otro dormitorio. Dos galanes, Dereham y Edward Waldegrave, un caballero que atendía a la duquesa, hallaron el modo de visitar secretamente de noche a Catalina y a otra muchacha, Joan Bulmer. Dereham y Waldegrave se acostaban en las camas de las muchachas durante las horas de la noche hasta el amanecer; en cuanto a lo que sucedía entonces, hay relatos de cómo Catalina y Dereham solían «besarse y unirse por el vientre como si fueran dos gorriones» y ciertos «bufidos y resoplidos» que se oían en la oscuridad y que denotaban sexo para quienes los oían. Se intercambiaban prendas de amor: regalos de raso y terciopelo de Dereham, una banda para el brazo para la manga de él de Catalina, y un nudo frailero bordado.[29]

En ese punto, Mannox estaba lo bastante celoso como para advertir a la duquesa mediante una nota anónima, enviada con un amigo y dejada en el banco de la capilla. La duquesa descubrió a Catalina abrazando a Dereham y se sintió «muy ofendida». Golpeó literalmente a todos los que estaban a la vista, incluida Joan Bulmer. Pero por escabroso que eso pueda sonar, relatado luego por aquellos que tenían un terrible temor y ansiaban distanciarse de esos acontecimientos condenándolos, de todos modos no significa más que la propia confesión de Catalina: había una relación en la que Dereham la «usaba [a ella] ... como hace un hombre con su esposa», y considerando que Catalina, una muchacha soltera, probablemente en ese punto se consideraba comprometida con Dereham, su sumisión a los avances de él nada tenía de terrible según las pautas de la época.

Pero Dereham, si bien de mejor cuna que Mannox, no era un gran partido, y Catalina parece haberse enfriado durante la estancia de él en Irlanda, en especial cuando ella se trasladó más cerca de la corte, a casa de su tío Norfolk, y aún más cuando conoció al galante Thomas Culpeper en la cámara privada del rey. Los primeros sentimientos de Catalina por Culpeper sólo pueden medirse por su conducta con él en una fecha posterior, pero por su actitud favorable de entonces se sospecha que se enamoró de verdad en el otoño de 1539. Entonces tuvo lugar ese importante acontecimiento que podía significar su fortuna y la transformación de su familia: el rey se enamoró de ella. De modo que ésa era Catalina Howard, susceptible, sexualmente atractiva para los hombres desde una edad temprana, parcialmente seducida por Mannox cuando tenía quince años, proceso que completó Dereham dos años más tarde. En el momento de su nombramiento para la casa de la reina Ana, sin duda tenía experiencia: según sus propias palabras, había aprendido «cómo las mujeres podían mezclarse con un hombre y sin embargo no concebir ningún hijo a menos que lo quieran».[30]

Es este pasado de Catalina lo que hace más probable que la familia Howard aprovechara su buena fortuna cuando el rey se enamoró de ella, en lugar de empujarla deliberadamente —a ella sola— en ese camino. No era una candidata ideal para reina. La hija de Norfolk, María, de veinte años, habría sido más adecuada si se hubiese sorteado su parentesco con el rey, su suegro: era la viuda de su hijo el duque de Richmond, pero seguía siendo «doncella», ya que el matrimonio nunca se había consumado a causa de la salud delicada del marido. María, duquesa de Richmond, era inteligente y atractiva, y hay razones para creer que el rey la admiraba. Catalina no había sido alocadamente promiscua: muchas jóvenes de aquella época, si se hubiera expuesto su vida privada en una especie de examen brutal, habrían demostrado poseer experiencias semejantes, en especial cuando esperaban casarse con el hombre con el que mantenían relaciones. (No olvidemos que Ana Bolena había tenido cierta clase de precontrato con lord Percy, muy posiblemente consumado.) Por otra parte, no era ninguna inocente. Pero el inconveniente residía en el hecho de que Catalina tenía un precontrato.

Una vez que el rey demostró su interés, todo eso fue convenientemente olvidado. No podía esperarse que los Norfolk —el duque y la duquesa viuda— señalaran lo inadecuado de la elección del rey, aún menos las plumas manchadas de su pequeña gansa que había resultado ser un cisne. Entre otras cosas, va en contra de la naturaleza humana estropear el propio triunfo, y además hubiese sido sumamente peligroso para los cortesanos arriesgarse a provocar deliberadamente la ira del monarca revisando el pasado de la joven. En la primavera de 1540, en lo que concernía al amor, Enrique VIII acababa de sufrir una decepción: nadie quería hacerle sufrir otra.

Había peligros en esa política, por supuesto: uno el hecho de que la relación de Catalina con Dereham no había sido exactamente secreta sino que «muchos la conocían».[31] Otro peligro era la naturaleza de la gansa convertida en cisne: ¿poseía ella realmente esa mezcla de coraje y de cálculo que había llevado a Juana Seymour y a Ana Bolena a la cama real? Tal vez la sensualidad juvenil —atolondrada y prometedora— que encantaba al rey inquietaba a sus patrocinadores adultos.

En cambio, la duquesa Agnes indicaba a Catalina «cómo comportarse con el rey» como una vez los Seymour y sir Nicholas Carew habían preparado a Juana Seymour. Creció la pasión real. La primera señal de los sentimientos del rey fue la concesión de tierras, confiscadas a un felón, a la señorita Howard el 24 de abril. En mayo, recibió veintitrés regalos de tela de seda acolchada, pagados por el rey. En algún punto por esa época, tal vez a mediados de abril, el rey le hizo el amor plenamente a su enamorada. Aunque naturalmente no hubo ningún anuncio oficial de ese feliz acontecimiento, puede deducirse que tuvo lugar por el cambio del rey en su trato con la reina Ana. En Pascua (ese año a fines de marzo), aún se lamentaba de su situación. Pero pasado Pentecostés —a mediados de mayo— eso cambió. El rey sintió la urgente necesidad de librarse de la reina Ana, y la razón fue seguramente que, como la relación se había consumado, existía la posibilidad —al menos él lo creía— de que la señorita Howard estuviera embarazada (el rumor en el sentido de que ella estaba «ya *enceinte*» fue repetido por el embajador francés Charles de Marillac en julio).[32]

La última aparición oficial de la reina Ana en su papel de consorte real fue en las celebraciones del 1 de mayo de 1540.* Ese mes también se formularon cuestionarios acerca de la naturaleza precisa de una fe individual —con énfasis en la creencia en los sacramentos— en los que, como comentó el embajador francés, el rey, con su sombrero de teólogo, se interesó personalmente. A primera vista, fue esa nueva concentración en la herejía lo que permitió a Norfolk y a sus aliados tenderle una trampa al recién ennoblecido conde de Essex, Thomas Cromwell. El 10 de junio, el rey estaba aparentemente tan convencido de la falta de adecuada ortodoxia por parte de Cromwell —«herejía sacramental»— que ordenó el arresto del hombre más poderoso del reino (después de sí mismo), que lo había servido fielmente durante más de diez años. Marillac recibió un mensaje del rey en el sentido de que Cromwell había estado a punto de suprimir a «los antiguos predicadores» y promover «nuevas doctrinas» [luteranas] «incluso por las armas».[33]

Durante el arresto se produjo una desagradable escena cuando los grandes aprovecharon la oportunidad para castigar al advenedizo que los había alejado tanto tiempo de lo que consideraban que eran sus correctas posiciones de poder. En particular, lo despojaron de los símbolos de la Orden de la Jarretera. El duque de Norfolk quitó la figura de san Jorge que pendía alrededor del cuello de Cromwell mientras el conde de Southampton le quitaba la jarretera de la rodilla.

A pesar de la actitud de Cromwell —que arrojó su gorra al suelo y los desafió a tacharlo de traidor— la magia que lo había protegido tanto tiempo, la confianza del rey en la capacidad suprema de su servidor, se había debilitado fatalmente por el asunto del matrimonio con Ana de Clèves. Norfolk había ido en una embajada especial a Francia en febrero, y si Inglaterra giraba sobre su eje una vez más en esa dirección, entonces todo el plan germano de Cromwell se convertiría en una maniobra innecesaria e incluso bastante peligrosa. Era la seductora sobrinita de Norfolk la que había rejuvenecido al rey, mientras que la candidata de Cromwell, Ana de Clèves, con su «estilo de reina», su timidez y su ignorancia, había fracasado.

Si bien siguen siendo misteriosos los detalles de la caída de Cromwell, como más de un historiador ha señalado[34] este episodio ilustra la influencia de lo privado sobre lo público en la vida del rey Enrique VIII

---

* Ésas fueron las mismas celebraciones que habían marcado el comienzo del fin para la reina Ana Bolena.

más que ningún otro. Por una parte, el error de juicio de Cromwell acerca de Ana de Clèves lo hizo políticamente vulnerable, aunque la naturaleza precisa de ese error era tal que no pudo haberla previsto; por la otra, el inesperado *coup de foudre* del rey —su repentina «atracción» por Catalina Howard— le dio al partido «reaccionario» de Norfolk y Gardiner su oportunidad de triunfar política y religiosamente sobre la facción «reformista» rival de una manera que fue muy bien recibida pero que, una vez más, ellos no hubiesen podido prever en 1539. De modo que las dos jóvenes, Ana de Clèves y Catalina Howard, se convirtieron en símbolos de grupos de poder político y religioso diferentes. Ana de Clèves perdió y Catalina Howard ganó, o eso parecía en ese momento.

Cromwell fue llevado por el río a la Torre de Londres, su casa fue sellada y custodiada por arqueros, su dinero y su vajilla confiscados por el rey. Las cartas piadosas no lo salvaron de su destino. Sabía Dios «qué trabajos, dolores y esfuerzos» había hecho por su señor, escribió Cromwell. Más que eso, de estar ahora en su poder «como está en el de Dios, hacer que Vuestra Majestad viva siempre joven y próspero, sabe Dios que yo...». Particularmente patético fue que dijera que el rey Enrique, si no ofendía a Su Majestad, había sido para él «más como un querido padre... que un señor».[35]

Pero el querido padre de Cromwell estaba furioso. Cromwell debía ser sentenciado a muerte en aplicación de la Ley de Proscripción, sin juicio previo. Irónicamente, era el nuevo método de proceder que el propio Cromwell había sugerido usar con Margaret, condesa de Salisbury, que aún seguía languideciendo en la Torre. Cromwell sería el primero en morir de esa manera por alta traición y herejía. La Ley de Proscripción incluía la acusación de que Cromwell había jurado casarse con la hija del rey, María, en 1538, y usurpar el trono, lo que sin duda debió dejar boquiabierto incluso a los cortesanos más leales. Pero Cromwell le prestó un último servicio al rey: desde la Torre, contó todas las conversaciones sobre el fastidioso tema del cuarto matrimonio del rey, la noche de bodas y lo que vino después, que le serían útiles al rey en caso de pedir la nulidad. Dos días antes de su arresto, Cromwell se había mostrado muy consciente del problema cuando le comentó a su protegido, sir Thomas Wriothesley, detalles de la infeliz situación con un suspiro: «Ah, menudo asunto.» Al día siguiente, según su propio relato, Wriothesley sabiamente comentó que, si no se encontraba alguna solución, todos «sufrirían por ello» algún día.[36]

En efecto, el rey tenía dos posibles razones para divorciarse de Ana de Clèves. La cuestión del precontrato era una, aunque era difícil saber si el clima amistoso de Clèves se perturbaría con la mención de la separación. Un enviado habló con el embajador inglés en Francia, sir John Wallop, para ver si el cardenal de Lorena podía proporcionar más información acerca del contrato entre su sobrino Francisco de Lorena y «la reina aquí» (Ana). Lo que realmente querían era «una copia auténtica de dicho pacto», aunque se instó a Wallop a tratar con discreción el asunto, «como si pareciera que no procede de nosotros».[37] Por lo que parece esa misión no dio buenos resultados: el precontrato siguió siendo un argumento válido pero no concluyente.

Luego estaba el asunto de la falta de consumación: ésa era la causa más clara de nulidad para la Iglesia, pero resultaba inevitablemente difícil de probar. Eso era especialmente cierto cuando una pareja indiscutiblemente había compartido un dormitorio toda la noche en más de una ocasión. Como había quienes insistían en que el príncipe Arturo debía de haber consumado su matrimonio con Catalina de Aragón por esas razones, los burlones sin duda se tomarían con sorna las convenientes afirmaciones de impotencia del rey. Como escribiría desdeñosamente el comerciante inglés Richard Hilles al principal protestante Henry Bullinger en Zürich sobre la cuestión de que lady Ana fuera aún «una doncella» cuando el rey la había tenido a solas durante cinco o seis meses: «¡Cosa probable, por cierto!» Todo había sucedido porque «los afectos del rey se estaban alejando de la dama Ana y acercándose a la joven Catalina Howard», a la que describía como «la prima [en realidad, sobrina] del duque de Norfolk».[38]

Ambos argumentos tenían su punto débil. Sin embargo, combinándolos —no había sido capaz de consumar el matrimonio porque en primer término era ilegal—, el rey podía resolver el tema que más le importaba: la moral. Además esto permitía pensar en cualquier futuro matrimonio —con Catalina Howard, por ejemplo— como en un deber dinástico.[39]

El paso siguiente fue asegurarse la cooperación de la propia reina Ana. Era vital arreglar satisfactoriamente aquel asunto (el rey tenía experiencias demasiado ilustrativas de cómo las cosas podían salir mal si la dama en cuestión no cooperaba...). No beneficiaría a Inglaterra que el duque de Clèves, innecesariamente cortejado para que fuera un aliado, se convirtiera de manera igualmente gratuita en un enemigo debido al rechazo de su hermana. Mucho dependía de cómo se tomara Ana de Clèves la noticia de su destitución; que estuviera dispuesta a confirmar que no había habido consumación era especialmente importante ya que, por mucho que el rey jurara su impotencia y se lamentara de ella, su situación se complicaba sumamente si su esposa contaba otra historia.

Hasta donde puede deducirse, la reina Ana no tenía la menor idea del destino que la aguardaba. Ese verano para ella la vida se había vuelto más grata: gradualmente iba aprendiendo inglés y los ingleses empezaban a aceptarla. El embajador francés atestiguó que Ana se había granjeado el amor de la gente, que la «estimaba como una de las reinas más dulces, bondadosas y humanas que habían tenido»;[40] esa visión, aun cuando fuera exagerada, desmiente que Ana de Clèves fuese la torpe e inadecuada yegua flamenca de Enrique VIII. Cuando la reina fue trasladada de la corte al palacio de Richmond, el 24 de junio, con la excusa de la amenaza de peste, ella no tenía motivos para no gozar de la vida en el grato palacio a orillas del río construido por Enrique VII a principios de siglo. Sin embargo, al día siguiente la despertaron bruscamente. La visitó una delegación para informarla de que el rey había descubierto que el matrimonio entre ambos era inválido.

Según un relato, la reina Ana se desmayó al conocer la noticia. Pero los comisionados contaron otra historia al rey. Ellos le habían informado «por boca de un intérprete —no debían quedar falsas impresiones acerca de ese mensaje—, el cual hizo muy bien su parte». En cuanto a la reina, los escuchó «sin alteración del semblante». Uno se siente inclinado a creer a los comisionados; aunque la compostura de ella pudo deberse más al azoramiento que a la indiferencia. Desde luego, Ana estaba en una situación difícil además de desconcertante para una mujer joven en un país extranjero sin asesores adecuados. Sabía que el rey Enrique había hecho ajusticiar a una esposa insatisfactoria, lo que debió influir en su sumisión. (Su hermano, el duque de Clèves, diría luego que estaba contento de que a su hermana no le hubiese ido peor.) Porque ella se sometió. La reina «repuso —escribieron los comisionados—, al efecto de lo cual tendía esto, que está siempre contenta con Vuestra Majestad». Era significativo que firmara su carta de sumisión como «Ana, hija de Clèves» en lugar de hacerlo en su supuesta calidad de «reina».[41]

Por suerte, por puro terror o por instinto puesto que conocía la obstinación de su esposo, Ana de Clèves había logrado enviar la respuesta que tenía mayores probabilidades de gustar al rey. Y le presentaba, además, una imagen profundamente grata: la de una mujer sumisa, que aceptaba su voluntad, sus decisiones en todas las cosas y se ponía a su merced. En tales circunstancias, Enrique VIII siempre se había mostrado capaz de ser generoso. Fue generoso ahora con «la hija de Clèves».

Ella debía tener precedencia sobre todas las damas de Inglaterra, excepto la reina, las hijas del rey por algún matrimonio futuro y sus hijas existentes. Debía recibir un magnífico conjunto de mansiones y propiedades «en diversos condados», algunas de las cuales le habían sido confiscadas hacía poco a Cromwell, que rendían unas 3.000 libras anuales (una suma enorme). Todo eso sería de peor vida para lady Ana con una condición: que no pasara «más allá del mar». Debía naturalizarse como súbdita del rey y llevar una vida nueva, próspera y feliz como la «buena hermana» adoptiva del rey. Esa condición era, por supuesto, esencial para limitar perjuicios en lo que concernía a Clèves: los ingleses no podían tener una lady Ana descontenta en libertad que creara problemas en el extranjero. En cambio, como súbdita inglesa, como cualquier otro súbdito estaba comprometida «completamente a nosotros [el rey], a permanecer y continuar con nosotros... como dispongamos de ella dentro de nuestro reino». (Otra princesa nacida en el extranjero, Catalina de Aragón, había sostenido con fuerza que ella no era súbdita del rey si su matrimonio era inválido; lo que probablemente explica las precauciones que se tomaron en lo referente a este punto con lady Ana.)

Se pusieron en marcha los mecanismos necesarios para el último divorcio del rey. Los obedientes hallazgos del clero fueron tanto que había habido un precontrato *de praesenti*, insuficientemente investigado en el momento del matrimonio, como que la unión no había sido consumada; además, el matrimonio era nulo porque Enrique había actuado presionado por Cromwell. Sobre esa base, el último «gran asunto» del rey fue presentado el 9 de julio: «No había habido unión carnal entre Vuestra Majestad y dicha lady Ana, y con la intercesión de ese impedimento, no había sido posible.»[42] Fue aprobado por el Parlamento cuatro días más tarde. Durante todo este proceso se mantuvo la ficción —tan manifiesta era— de que el propio clero se había sentido incómodo con ese último matrimonio y le había pedido al rey que lo hiciera examinar. Así Ana de Clèves fue depuesta formalmente como reina de Inglaterra, posición que había ocupado seis meses y unos cuantos días, menos tiempo todavía que la trágica Juana Seymour, que había sido reina un año y medio.

Antes de la disolución del matrimonio se había aprobado en el Parlamento una ley especial relativa a los impedimentos, que declaraba que, a partir del 1 de julio de 1540, todo matrimonio contraído y consumado era válido aunque existieran contratos no consumados. Se ha sugerido a veces que Catalina Howard había confesado algo de su pasado y estaba buscando librarse de todo vínculo con Dereham; pero como no hay pruebas de que Catalina hiciera tal cosa (por el contrario, parece haber permitido que el rey enamorado creyera felizmente en su completa inocencia), esa ley ha sido considerada más plausiblemente como una medida adicional de cautela en el tema del divorcio de Clèves.[43] La consumación del proyectado matrimonio del rey con Catalina tendría la fuerza de anular su unión (no consumada) con Ana de Clèves, cualesquiera que fuesen las causas de la separación.

Había un arreglo de la situación de Catalina en el estatuto, pero tenía que ver con su estrecha relación de sangre con Ana Bolena, no con su pasado. El estatuto denunciaba de manera mojigata las anteriores prácticas provechosas de la Iglesia romana que, con el fin de ganar dinero con las dispensas, había agregado innecesariamente a las prohibiciones que rodeaban el matrimonio casos —que a partir de ese momento ya no requerirían una dispensa— como «la consanguinidad o la afinidad entre los primos hermanos» y «el conocimiento carnal de alguno de la misma familia o afinidad». Con eso quedaba resuelto el problema. El rey y Catalina se libraban del fantasma de Ana Bolena.

Quedaba el problema de la reacción del duque Guillermo de Clèves. Nadie deseaba empujarlo a los brazos del emperador a causa de su mortificación. La opinión general de los consejeros del rey era que convenía que la «buena hermana» del rey le diera la noticia ella misma. Al principio, incluso la dócil lady Ana puso objeciones: aceptó responder favorablemente a las comunicaciones del hermano pero prefería no ocuparse de la humillante tarea de explicarle las circunstancias que habían conducido a su rechazo. Pero el 13 de julio, el rey instruyó a Suffolk (un veterano en esa clase de misiones) y a otros para que obligaran a lady Ana a escribir la carta. Se le enviaba un borrador de lo que debía decir.[44] Además, tenía que traducir su carta original de sumisión al rey (en inglés) a «su idioma» y firmarla una vez más. De lo contrario, la gente podía sugerir que ella había aceptado «por ignorancia, sin entender lo que había suscrito». Suffolk debía sugerirle que, mientras que la aceptación sería considerada una prueba de «trato claro y sincero» de parte de lady Ana, «su renuencia podía levantar las sospechas del rey...».

Sobre todo, no se debía alentar a lady Ana, según se expresaba, a «hacerse la mujer». Las instrucciones reales terminaban con una nota severamente misógina. Si no se avenía por escrito lady Ana a todo esto, «todo permanecerá incierto [dependiendo] de la promesa de una mujer de no ser mujer», es decir, de no comportarse como solían hacerlo las mujeres. Se consideraba bastante improbable que lady Ana fuera capaz de no comportarse como una mujer, del mismo modo que «el cambio de su naturaleza femenina» era directamente imposible. Pero a pesar del pesimismo de los ingleses, lady Ana no «se hizo la mujer», si eso significaba ser cambiante o falsa.

Le escribió nuevamente al rey el 16 de julio, reiterando su promesa de ser «la más humilde hermana y servidora de Vuestra Majestad». Al hermano le escribió humildemente lo que se le había dictado: «Entiendo que Dios estará complacido con lo hecho, y sé que no he sufrido ni mal ni daño.» Seguía siendo doncella: «Mi cuerpo preservado en la integridad que traje a este reino.» Había excesivos elogios para el rey Enrique. Aunque ella no pudiera «justamente tenerlo como mi marido», no obstante encontraba que era «un muy bondadoso, afectuoso y amistoso padre y hermano, que me trata tan honorablemente y con tanta humanidad y generosidad como vos, yo misma o cualquiera de nuestros parientes o aliados podríamos desearlo». Ana de Clèves también instaba a su hermano a continuar su relación con Inglaterra. Sólo en las palabras finales daba a entender su verdadera posición: «Sólo requiero esto de vos, que os comportéis en este asunto de modo que a mí no me vaya mal; por lo mismo, confío en que lo consideraréis.»[45]

Sin embargo, los ingleses sentían cierto temor a la reacción de Clèves, no exento de la irritabilidad propia de quienes se han comportado mal y lo saben. Esto se nota en las instrucciones a los embajadores enviados. Por ejemplo, la duquesa María podía muy bien armar un alboroto, como hacen las madres: si ella no quedaba satisfecha «y cosas por el estilo», los enviados debían dar cortésmente sus excusas y marcharse. En cuanto al duque de Clèves, de ningún modo debía recibir recompensa económica alguna, ya que el rey estaba tratando a su hermana tan generosamente. Fue el caso que el duque Guillermo recibió la noticia, y la carta de lady Ana, «de no muy buen agrado». Pero más tarde esa noche apareció Olisleger sin anunciarse y comió con los ingleses; les aseguró que, a pesar de la preocupación del duque, no habría ninguna ruptura entre los dos países. Era cierto que el duque estaba ansioso por el regreso de su hermana a «su propio país... porque la gente la recibiría de buen grado, y se molestaría por cada minuto que ella se demorara allá», es decir, en Inglaterra.[46] A esas palabras, los enviados respondieron serenamente que lady Ana se quedaba en Inglaterra por su propia voluntad.

Así terminó formalmente el cuarto matrimonio del rey, para asombro de toda Europa. Cuando le dijeron al rey Francisco I que el rey Enrique se había librado de su reina, preguntó incrédulo: «¿La reina de ahora?» Cuando le aseguraron que sí, que esa reina, se limitó a suspirar: «Ah.» Después del desconcierto vino el disgusto. El embajador inglés en la corte imperial le dijo al duque de Norfolk que había habido muchos comentarios adversos sobre el divorcio y llovieron las «maledicencias» sobre el nombre del rey.[47] (Aunque Carlos V fue lo suficientemente agudo como para percibir que su confrontación con Clèves se había calmado demasiado para entonces, como en realidad fue el caso.)

Nada de eso impidió el fluido progreso de los preparativos para el quinto matrimonio del rey, que el Parlamento obedientemente le había solicitado que realizara en favor de futuros herederos reales (aunque se omitía el nombre de la novia). Pero en otros ámbitos no había ningún misterio sobre ese nombre. El 12 de julio, por ejemplo, Joan Bulmer, que había compartido los retozos nocturnos de Catalina en Lambeth, despachó una carta afirmando haberse enterado del gran destino de su amiga y le preguntaba si por favor quería enviarla a ella a la corte.[48] En apariencia era una carta típica, con la clase de petición que toda futura señora de una casa real podía recibir. El tiempo demostraría si algunas de esas alegres compañeras de los placeres adolescentes de Catalina no podían volver para perseguirla.

De momento «esa joven Catalina Howard» avanzaba segura en el afecto del rey. El clima era sumamente caluroso y seco; no había llovido desde comienzos de junio (y no llovería hasta comienzos de octubre).[49] En esa tórrida estación, el 28 de julio, Enrique VIII se casó con su dulce prometida: el mismo día en que Thomas Cromwell era ejecutado en la Torre de Londres.

La ceremonia tuvo lugar en el palacio Oatlands, en Surrey. Era un palacio con un foso de dimensiones medianas que el rey había adquirido en 1537, y los apartamentos de la reina habían sido decorados para una mujer que no vivió para ocuparlos: Juana Seymour. Ahora él tenía una esposa muy diferente para adornar su corte en Oatlands y en otras partes. En sus votos matrimoniales, que el rey tenía buenos motivos para creer que ella cumpliría, Catalina Howard juró ser «bondadosa y retozona en la cama». También juró vivir con su esposo en la enfermedad y en la salud «hasta que la muerte nos separe».[50]

CAPÍTULO DIECISÉIS

La joya del anciano

Al pensar ahora en su vejez, después de tantos problemas de la mente causados por sus matrimonios, haber obtenido tal joya de la feminidad y tan perfecto amor a él...

El Consejo Privado sobre el matrimonio del rey
con Catalina Howard, 1541

Para Enrique VIII, Catalina Howard era su «rosa sonrojada sin una espina».[1] Estaba loco de amor por ella. Ahora que se había casado con su joven flor inocente (Catalina eligió como emblema personal la rosa coronada), el rey no podía apartar sus manos de ella. Sus constantes caricias en público llevaron a varios observadores a la conclusión de que el rey Enrique amaba a esa esposa en particular más que a «las otras». El secretario de Cranmer, Ralph Morice, escribió: «El afecto del rey estaba tan maravillosamente dedicado a esa dama como nunca se supo que amara así a otra mujer.»[2] Cualquiera que fuese la comparación con el pasado, la pasión del rey sin duda estaba en boca de todos. Eso era visto con complacencia por los parientes de Catalina. Entretanto, los de la corte que no estaban tan felices con esa elevación de los Howard, se mantenían en paz, por el momento.

El rey prodigaba su afecto a su joven esposa y le ofrecía caros y numerosos presentes. La muchacha que había sido criada como miembro de una gran familia empobrecida, una pariente pobre de los grandes que la rodeaban, recibía ahora magníficas joyas, cuentas de oro con esmalte negro, esmeraldas engastadas en oro, broches, cruces, bolas olorosas, relojes, todo lo más espléndido en su honor. En el Año Nuevo de 1541, por ejemplo, pasado en Hampton Court, la reina Catalina recibió entre otros presentes «una prenda superior que contenía ocho diamantes y siete rubíes» y un collar de «seis finos diamantes planos y cinco rubíes muy bellos con perlas intercaladas»; una bufanda de terciopelo negro con cebellinas, que pendía de una cadena de treinta perlas, adornada además con rubíes y perlas ensartadas en cadenas de oro.[3] El cuerno de la abundancia al parecer no tenía fondo.

Naturalmente, debía tener lugar la habitual transformación, cortesía de Galyon Hone, con la supresión de insignias y su sustitución por otras nuevas: en Rochester, por ejemplo, el ex priorato monástico reformado para uso del rey, donde Ana de Clèves había dormido en su viaje de novia hacia Londres, se colocaron las insignias de Catalina Howard. En otras partes, el cambio excepcionalmente veloz de reinas significaba tomar decisiones rápidas. Sirva de ejemplo la dedicatoria de una obra de obstetricia inglesa titulada *The Byrthe of Mankind*, que se basaba en la obra latina de Rhodion *De Partu Hominis*. Ésta ha sido descrita como «tal vez la obra más interesante sobre parto en lengua inglesa» (los trabajos previos en inglés sobre el tema habían sido manuscritos solamente); sus ilustraciones son unos de los primeros grabados en plancha de cobre de Inglaterra. El autor-traductor era Richard Jones, y había llegado a Inglaterra con el séquito de Ana de Clèves.[4]

Obviamente, la dedicatoria era originalmente para su señora de entonces, pero por fortuna Jones tuvo tiempo de sustituir a la destinataria: «La más grata y en toda bondad más excelente y virtuosa señora reina Catalina.» Hubo muchas ediciones de *The Byrthe of Mankind* hasta 1676, pero la dedicatoria a la reina Catalina Howard (la única dedicatoria conocida de un libro a ella) es de la edición de 1540 y había desaparecido en la de 1545; otro ejemplo de evanescencia simbólica en la carrera de Catalina Howard.

Pero se ha destinado un monumento permanente a ese matrimonio primavera-invierno de 1540: en la gran ventana este de la capilla del King's College, Cambridge. Se pueden ver las iniciales H y K en la tracería, entre otros emblemas reales Tudor que proclaman la supremacía de la dinastía Tudor en el Estado y la Iglesia.* Análogamente, en la ventana lateral, de aproximadamente el mismo período, se ha descubierto un

---

* La K [Katherine] no puede referirse a Catalina/Katherine de Aragón, ya que la obra se atribuye a Dierick Vellert, en el período posterior a su regreso de Constantinopla en 1533.[5]

deliberado retrato de Enrique VIII en la cara del rey Salomón, probablemente pintado por Galyon Hone. En cuyo caso, bien puede ser que la figura de la reina de Saba, vista de perfil, con su pequeña nariz y los labios llenos, sensuales y suplicantes, que entrega regalos a Salomón, represente a Catalina Howard.[6]

En su momento, la posición de la reina Catalina como consorte se vio más destacada por los castillos, dominios y mansiones que le fueron concedidos, muchos de los cuales habían pertenecido a Juana Seymour en el pasado, y algunos, más recientemente, a Thomas Cromwell. La actitud del rey hacia Catalina fue resumida por el embajador francés: estaba «tan enamorado» que nada le parecía «tratarla lo suficientemente bien». En cuanto a la propia actitud de Catalina, el lema que eligió para que fuera con su emblema de la rosa coronada decía lo que sigue: «*Non autre volonté que la sienne*», «Ningún otro deseo que el suyo».[7]

Era sin duda un lema diplomático que podía darle placer a un esposo mayor, sexualmente fascinado por su nueva esposa joven. Pero en la época del matrimonio de Catalina no era necesariamente insincero. Tampoco se debe suponer que Catalina no sintiera nada por el rey Enrique, sólo porque él fuera mayor —mucho mayor que ella—, gordo y a veces estuviera enfermo, mientras que ella ya había demostrado ser una joven traviesa atraída por los jóvenes apuestos. Como sucedía con Juana Seymour, las emociones de esposa de Catalina Howard se basaban en el cargo del rey y en el respeto enorme y reverencial que suscitaba. Las dos jóvenes eran de carácter totalmente diferente; no obstante, a ambas les habían enseñado desde el nacimiento a reverenciar el gran sol real que brillaba en el centro de la vida de cada cortesano.

Uno debería ver a Catalina como a una joven impresionable, si no inocente en el sentido convencional de la palabra. Algún tiempo después se sabría que creía que el rey en realidad se enteraba de los pecados que se mencionaban en el confesionario sólo porque era el rey: porque fuera lo que fuese que se dijera, «sin duda el rey, al ser el jefe supremo de la Iglesia, debía tener conocimiento de ello».[8] Esto nos recuerda que el título eclesiástico del rey, proclamado cuando Catalina era apenas adolescente, le dio una nueva dimensión casi religiosa de la noción convencional del poderío real a la generación que crecía en la tercera década del siglo XVI. Tanta ingenuidad, tal creencia en la omnipotencia de él, hacía fácil para la reina Catalina considerar al rey Enrique con deslumbrada reverencia, y estaba además la gratitud por su generosidad.

Los sentimientos de Catalina no eran exactamente de amor, mucho menos de amor romántico, tan despreciado en general por los eruditos de la época; pero eran los mismos que muchas mujeres sentían entonces por sus esposos, en especial —no pocos— por los que les llevaban mucha edad. Al mismo tiempo, la reverencia y la gratitud no implicaban que Catalina Howard hubiese cambiado radicalmente de carácter al convertirse en reina. Siguió amando los placeres como en su breve existencia previa, para compensar los rigores.

Pero como reina tenía nuevos modos de divertirse: el ejercicio del patrocinio, por ejemplo. Para mediados de noviembre discutía con el arzobispo Lee por la colación, o derecho de presentación, del arcedianato de York, que quería para uno de sus capellanes, el señor Lowe, cuando quedara vacante por fallecimiento. (El arzobispo desaprobaba que una colación pendiera sobre la cabeza de un hombre a punto de morir: «Esa falta de caridad está en discrepancia con el orden del sacerdocio.»)[9] Los miembros de su familia fueron promovidos de acuerdo con las expectativas de aquellos cuya candidata había ganado la lotería matrimonial real. El hermano de Catalina, Charles Howard, fue colocado en la cámara privada. Al año siguiente, hubo un importante nombramiento en la casa de la reina, al parecer por deseo de la duquesa Agnes. Francis Dereham, ex prometido de Catalina, fue nombrado su secretario.[10] En retrospectiva, no fue un nombramiento muy prudente por parte de aquellos que seguramente deseaban sellar el pasado incriminatorio; por otra parte, la intención puede haber sido cerrar la boca de Dereham con lo que era, en efecto, un magnífico soborno. En todo caso, cuando se efectuó el nombramiento, en agosto de 1541, no suscitó ningún comentario particular; era simplemente el patrocinio convencional de una reina cuyos amigos y parientes conseguían colocarse.

En otros sentidos, la reina Catalina gozaba de su posición y estaba decidida a mantenerla. Su juventud la hacía especialmente sensible a los posibles desdenes de su hijastra lady María, cinco años mayor que ella. Se quejaba de que María no la trataba con suficiente respeto. María había sido más considerada con la reina Juana Seymour y la reina Ana de Clèves. Molesta, la reina Catalina ejerció sus nuevos poderes para despedir a dos de las doncellas de lady María. Puede que hubiese motivo para el resentimiento de Catalina, ya que Chapuys, que informó sobre el asunto, pensaba que era importante que se encontraran «medios para conciliar... a la nueva reina», y entonces tal vez se permitiera permanecer a las doncellas.[11]

Esa soberbia infantil de Catalina tal vez sea perdonable, dado que el esposo cuyo deseo había prometido convertir en propio no era en esa etapa de la vida un hombre maduro deseable como su contemporáneo el duque de Suffolk (también con una esposa joven), sino más bien un monstruo obeso, aunque apasionado. Es obvio que el rey Enrique aumentó considerablemente de peso —ya bastante exagerado— en el año 1540. Frederick, conde Palatino, había visitado Inglaterra en septiembre de 1539 como cuñado de Cristina de Dinamarca; al ver un cuadro reciente del rey inglés, en octubre de 1540, le preguntó al embajador inglés, Richard Pate, si su señor no había «aumentado en gordura». Pate, con tacto, eludió la pregunta; sólo le aseguró al conde que el rey estaba tan alegre y robusto como siempre, «loado sea Dios», y «muy apto».[12] Alegre y robusto podía estar el rey Enrique, en especial después de su matrimonio en el verano con Catalina, pero con una cintura de 135 centímetros y un pecho de 142,5 centímetros, medidas confirmadas por su armadura hecha en 1540, de ningún modo podía ser un hombre en estado óptimo.*

Varios elementos contribuyeron a esas proporciones. El primero era hereditario: el abuelo del rey, Eduardo IV, otro hombre alto, había sufrido un fuerte sobrepeso en sus últimos años y muerto a los cuarenta y uno; Enrique VIII tenía casi cincuenta. Además, al rey Enrique, como a la mayoría de sus contemporáneos, le encantaba comer y beber; su apetito ha llegado a considerarse desmesurado porque condujo a un físico excesivo, pero de hecho la ingestión regular de mucha carne acompañada de vino y cerveza (nadie bebía agua) era la norma, no la excepción. Como hombre grande y robusto, con un físico enorme para llenar, sin duda era voraz, pero eso en sí mismo no era poco usual en la época en que vivió. El verdadero problema no era uno común a muchos que han sido atletas en la juventud y luego se sienten incapaces de seguir la misma rutina dura, de modo que el músculo se convierte en grasa, y en el caso del rey Enrique, aún más.

La salud del rey era una seria causa de preocupación. Había sido un hombre joven maravillosamente sano hasta aquel incidente en la justa de 1524. Pero a fines de la segunda década del siglo XVI empezó a tener ulceraciones varicosas en las piernas —la primera probablemente en 1528—

---

* Esa armadura, con cenefas diseñadas por Holbein y fabricada bajo la dirección del maestro en armaduras Erasmus Kyrkenar en Greenwich, se erige como una figura colosal en la Armería Real de la Torre de Londres; aún causa una impresión tremenda —y amenazadora— al que la contempla, 450 años más tarde.

que con el tiempo se hicieron crónicas. Gradualmente se declaró la trombosis en las venas inflamadas y la etapa siguiente fue la tumefacción cruelmente dolorosa de las pantorrillas, que le causaba fiebres intermitentes, un estado que hubiese provocado la ira y la frustración de hombres de temperamento mucho más moderado que el de Enrique VIII.* Sumada a todo esto, la segunda caída peligrosa del rey, en enero de 1536, que lo dejó inconsciente dos horas, había dañado seriamente su estado general. Las piernas le causaron muchísimos problemas en el verano de 1537 y también en 1539, y una vez más en septiembre de 1540. Era un círculo vicioso. Naturalmente, el peso creciente del rey no mejoraba el problema de las piernas; al mismo tiempo, el estado de las piernas a menudo le impedía hacer el ejercicio que hubiese sido terapéutico.

El hecho de que el rey iniciara un régimen especial en diciembre de 1540 —inspirado sin duda por su pasión por Catalina— es en sí mismo una prueba, no poco conmovedora, de su preocupación por su problema. Esa «nueva regla de vida», como la llamaba el embajador francés, especialmente pensada para curar la corpulencia, consistía en que el rey se levantaba entre las 5 y las 6 de la mañana, oía misa a las 7, luego cabalgaba hasta las 10, que era la hora de su comida. Marillac informaba debidamente que el rey se estaba sintiendo mucho mejor como resultado, sin duda mejor que durante el invierno anterior cuando su pierna lo había mantenido largamente inactivo.[14]

Lamentablemente, la nueva regla no evitó un grave ataque de fiebre a comienzos de la primavera de 1541. Una de las úlceras siguió abierta, manteniendo la salud en mal estado, para «gran alarma» del rey. El peligro se consideró extremo y el humor del rey igualó el peligro. Marillac informaba de que sus cambios de ánimo eran extraordinarios y salvajes. Aunque el dolor naturalmente era la excusa comprensible, el hecho de que el rey estuviera rezongando sobre la ejecución de Cromwell («el servidor más fiel que tuvo nunca»), causada por sus ministros «con vanos pretextos, con falsas acusaciones», demuestra que también habría que hacer extensiva la comprensión a aquellos que lo atendían. Se formó,

---

* En años recientes se ha descartado la teoría de que el rey tenía sífilis. Sir Arthur Salisbury MacNalty, en *Henry VIII. A Dificult Patient*, «The Diagnosis of King Henry's "Sorre Legge"», señala que una úlcera sifilítica hubiese sido reconocida por los cirujanos Tudor y tratada con mercurio, pero no se le prescribió mercurio al rey. Recientemente se ha sugerido que los problemas del rey eran consecuencia de «la falta de ácido ascórbico» en su dieta, es decir, que tenía escorbuto, una dolencia común entre sus contemporáneos: la debilidad del rey eran sus «piernas enfermas» y sus efectos secundarios.[13]

escribió Marillac, «una opinión siniestra de algunos de sus principales hombres durante la enfermedad». Tampoco los súbditos del rey eran tratados con menos dureza. «Él tenía que gobernar a un pueblo infeliz», gritaba, a quienes «dentro de poco haría tan pobres que no tendrían ni la osadía ni el poder para oponérsele».[15] El intenso dolor puso de relieve las dos cualidades menos atractivas del rey: su autocompasión —todo era culpa de otro— y su obstinación —nadie debía oponérsele en nada en ningún momento—. No sorprende que los cortesanos temblaran.

La joven reina no estaba entre quienes lo atendían en su lecho de enfermo por deseo del propio rey: comprensiblemente, no deseaba que su fresca relación romántica se nublara con imágenes de enfermedad, piernas tumefactas que supuraban, etcétera. Así que el rey Enrique pasó al menos diez o doce días en marzo de 1541 sin ver a su esposa. Parece probable que fuera entonces cuando la reina Catalina empezó a preguntarse si no podía combinar las dichas sustanciales de ser reina con los placeres alegres de su existencia pasada.

Uno de los aspectos extravagantes de la corte del rey Enrique y la reina Catalina deben de haber sido las visitas de la «buena hermana» del rey, lady Ana de Clèves. En Año Nuevo de 1541, por ejemplo, un año después del primer encuentro desafortunado de ella con el rey Enrique, lady Ana lo celebró arrojándose de rodillas ante la reina Catalina Howard, «como si ella misma fuera sólo la damisela más insignificante». Ya había mandado sus obsequios para la ocasión: dos enormes y magníficos caballos enjaezados con terciopelo malva. Los presentes aplacadores de Ana de Clèves a su «buen hermano» continuarían siendo una característica de esa relación, como si lady Ana hubiera decidido no quedar nunca fuera de la mente, aunque temporalmente estuviese fuera de la vista. Los ejemplos de las dedicatorias de lady Ana de Clèves han sido descritos como «excesivamente raros»: uno de ellos se encuentra en un Libro de Horas iluminado a mano, *Horae ad usum Sarum*, impreso en Alemania hacia 1533, que lady Ana regaló al rey.* Las palabras de la dedicato-

---

* Ese hermoso Libro de Horas se encuentra actualmente en la Folger Shakespeare Library de Washington. La dedicatoria no está fechada, pero por la firma pertenece al período que siguió al divorcio de Ana de Clèves, no al breve período de su matrimonio, cuando hubiese firmado siguiendo el modelo de las consortes precedentes como «Ana, la reina».

ria están escritas en una hoja en blanco al final: «*I beseech your grace humbley when ye loke on this rember me. Yor graces assured Anne the dowther off cleves*» («Ruego humildemente a vuestra bondad que cuando mire esto me recuerde, a Vuestra Alteza vuestra Ana la hija de Clèves»).[16]

En el banquete de 1541, que siguió a la obediencia de la ex reina a la titular presente, se notó que lady Ana parecía tan felizmente desinteresada «como si no hubiera habido nada entre ellos» (entre ella y el rey). Ana de Clèves, que tenía veinticinco años, terminó la velada bailando con la reina Catalina Howard, de diecinueve, mientras el viejo rey se marchaba a la cama, porque le dolía la pierna. Ese arreglo fue evidentemente un gran éxito. Al día siguiente todos volvieron a comer juntos, con mucha «conversación, diversión y dicha»; como antes, la velada concluyó con las dos jóvenes bailando juntas cuando el rey se hubo retirado.

Tal alegre intimidad no tenía precedentes: la anterior esposa divorciada del rey, Catalina de Aragón, había sido mantenida en el retiro, y como «princesa viuda» nunca se le permitió acercarse a la corte para enfrentarse con la nueva reina. Pero el caso de lady Ana era muy diferente por dos razones. Primero porque el rey tenía interés en demostrarle a una Europa desconcertada, si no escandalizada, que la dama en cuestión estaba plenamente de acuerdo con la disolución del matrimonio. Cuando el teólogo Melanchton se refería al «Nerón inglés», era una interesante refutación recibir de buen grado a lady Ana en la corte, como hermana si no como esposa. (No sabemos si aquel «anillo de casamiento» con la prometedora inscripción «Dios me envió para cumplir el bien» seguía en el dedo de ella, pero en ese caso, mágicamente se había convertido en el obsequio «de un hermano afectuoso».)[17]

Como el rey Enrique siempre era afable con aquellos que se plegaban a su voluntad, estaba dispuesto a mantenerse en los mejores términos con su ex esposa. En realidad, tan felices estaban el rey Enrique y lady Ana juntos a comienzos de agosto que empezaron a correr rumores de que él pensaba devolverla a su posición previa. Eso, por supuesto, no tenía sentido, pero el hecho de que esos rumores siguieran rodeando a lady Ana durante los años siguientes demuestra qué incomprensible era para la gente que se hubiese dejado de lado a una princesa con conexiones en favor de una chiquilla. Además, esos rumores casi siempre iban acompañados de matices sexuales; como si la explicación dada para el divorcio, la no consumación del matrimonio, fuera igualmente incomprensible. Y sin embargo, por una vez era la verdad.

Había una segunda buena razón para esta cordialidad. Lady Ana misma estaba sumamente ansiosa por hacer valer la promesa del rey de que no debía haber nada más que amistad entre «su hermano» y ella. Los observadores se dividían entre los que pensaban que era una «estupidez» por parte de ella aceptar su destitución con tan mansa ecuanimidad, «ella no entendía», y los que pensaban que «esto es de una prudencia maravillosa por parte de ella».[18] Estos últimos probablemente tuvieran razón. Lady Ana no era ninguna tonta: se había azorado al principio por lo que le había sucedido, pero una vez evaluada la situación, se condujo no sólo con dignidad sino también con astucia.

A Ana de Clèves le había llegado a gustar Inglaterra y, como hablaba un poco más el idioma, le gustaban más los ingleses, por quien era querida (según atestiguaba Marillac). De la familia real, parece haber sentido un especial afecto por Isabel, de casi siete años en la época del divorcio;[19] también estaba en excelentes términos con María, de su misma edad y cuyas actitudes religiosas compartía. ¿Cuál era la alternativa? Podía elegir un humillante retorno a Clèves —de donde había partido tan orgullosamente para ser la reina de un gran país— y encontrarse de nuevo bajo el cuidado de una madre estricta mientras su hermano negociaba otra boda para ella, una vez más por razones de Estado (de él). Además, si volvía sacrificaría el magnífico arreglo que el rey agradecido le había ofrecido.

En Inglaterra, por otra parte, tenía una honorable posición en la corte, no era una mujer rechazada, sino la primera dama después de la reina y de las hijas reales. Como viuda rica (siempre una posición favorable para toda mujer a la que no mortifica la pena) tenía una casa, considerables ingresos y propiedades sin el inconveniente de tener que inclinarse ante autoridad masculina alguna salvo la del rey inglés, que manifiestamente no deseaba ejercer esa autoridad en ninguno de sus aspectos más duros. Es verdad que no tendría la experiencia del sexo, pero tampoco correría el peligro potencialmente letal del parto; eso aparte de sus reacciones, de las que no hay constancia, a los primeros esfuerzos del rey por consumar su matrimonio, que pueden haberla dejado sin ganas de repetir tal experimento.

De modo que lady Ana se refugió en un hedonismo afable y, debe decirse, cariñoso. Empezó a gozar de la bebida, como observó Chapuys, abandonando su abstinencia previa. Gastaba dinero libremente, según las palabras de Marillac, tomando «toda la recreación que podía en diversidad de trajes y pasatiempos», sin hombre alguno que la detuviera. No sólo había muchísimas mujeres en esa época que se encontraban en situación mucho peor, sino que se puede ir más allá y sostener que lady

Ana de Clèves era, al menos por esa época, una de las mujeres más felices de la corte Tudor. No sorprende que mientras el enviado de Clèves Olisleger estaba «desconsolado» por el relegamiento de la posición de su país que el divorcio implicaba, las palabras que solían emplearse para describir a lady Ana, indiferente a esas preocupaciones, eran «alegre», «feliz», «contenta».[20]

La reina Catalina Howard afrontó sin duda un destino más duro. Tras recuperarse de su enfermedad el rey decidió llevarla consigo a una importante expedición: ese recorrido por el norte que hasta entonces nunca había hecho, ya que el embarazo de Juana Seymour lo había llevado a posponerlo. Es posible que se planeara la coronación en el norte de la nueva reina, como cuatro años antes se había pensado coronar a la reina Juana en York Minster, o eso le había dicho el rey a Robert Aske.

Para la gente, la coronación de la reina Catalina dependía estrictamente de que le diera un segundo hijo al rey. En el informe a Francia, el 10 de abril, Marillac escribió que «se piensa que esta reina está embarazada, lo que sería una gran alegría para este rey, que al parecer lo cree, y que si se comprueba que es cierto, piensa coronarla en Pentecostés».* Se decía que había bordadoras trabajando en muebles y tapicerías, usando copas y ornamentos arrebatados a las iglesias: «Además, los jóvenes lores y caballeros de esta corte están practicando diariamente para las justas y los torneos que se realizarán.» Cuando el rey se llevó sus más ricos tapices, vajilla y trajes consigo al norte, Marillac quedó convencido de que la razón era la futura coronación de «esta reina», que en general se esperaba que fuera en York así como la gente de York esperaba «un duque».[22]

Bien puede ser que si la reina Catalina hubiese quedado embarazada en vísperas de su viaje al norte o en el curso del viaje, York hubiera presenciado ese acto simbólico de la prosperidad de una nación, la coronación de una reina encinta. Eso no sucedió. No obstante, los informes alentadores e interesantes de que la reina «no estaba bien» mientras se hallaba con su esposo en Grafton Regis, a mediados de julio, con independencia del pronóstico de Marillac, indican que el embarazo era al menos una posibilidad. Esto sugiere a su vez que, a pesar de su grave enfermedad reciente, el rey aún podía hacer el amor de vez en cuando con su esposa: su rosa coronada.

---

* Por el contrario, se decía que ciertos ingleses tenían «un escrúpulo» por el hecho de que la reina Juana, madre del príncipe Eduardo, nunca hubiera sido coronada; esto, por supuesto, fortalecía la posición de María, cuya madre había sido coronada.[21]

El año anterior, después de todo, él le había dado a su doctor detalles específicos que apoyaban la idea de que aún podía hacer el amor, aunque no con Ana de Clèves. Además, en cuanto a temas delicados como la fertilidad (y la potencia) se debe tener en cuenta el pasado. Si bien el rey no había engendrado ningún hijo desde hacía cuatro años, en ese tiempo la reina Juana había estado embarazada nueve meses, él había sido viudo más de un año y luego se había visto atrapado (su versión) seis meses en un matrimonio físicamente imposible. Por tanto, que el rey engendrara al «duque de York» seguía siendo posible.

Pero en algún momento durante la primavera, tal vez en el período inmediatamente posterior a la enfermedad del rey, la reina Catalina reanudó su relación con Thomas Culpeper. ¿Por qué lo hizo? ¿Y por qué aceptó Culpeper? En cuanto a las razones de la reina, parece más correcto buscar una explicación en la fatal ligereza de carácter de Catalina que en alguna intención maquiavélica. Catalina era temeraria, no tortuosa (salvo cuando, como cualquier persona joven, trataba de ocultar su conducta a sus mayores). Era la clase de muchacha que pierde fácilmente la cabeza por un hombre, una muchacha que, en general, aceptaba las proposiciones masculinas. En suma, era todo lo contrario de una mente calculadora.

Podría pensarse que la reina Catalina tuvo relaciones con Culpeper para proporcionarle al rey un hijo vivo y sano (secretamente bastardo). Pero eso significa interpretar mal ambas relaciones, la de Catalina con Culpeper y la de Catalina con el rey. Una intentaba ser un coqueteo romántico, con ciertos límites; Catalina, según admitió, era una mujer que sabía cómo «mezclarse con un hombre» sin concebir un hijo. La otra se basaba en el deber de consorte con un esposo que le inspiraba un temor reverencial. Si Catalina coqueteaba con Culpeper para complacerse, a su vez consideraba su deber complacer al rey. Ingenuamente —Catalina Howard era sumamente ingenua— no veía ningún mal en compaginar ambas cosas mientras no la pescaran. Y logró compaginarlas al menos una buena temporada. Como veremos, el rey contento no tenía la menor idea de lo que estaba sucediendo, y el 1 de noviembre expresó «el agradecimiento más humilde y sincero» por «la buena vida» que llevaba ahora y «confiaba llevar» en el futuro con la reina.[23]

El punto de vista de Culpeper era bastante diferente. Era la clase de hombre joven que solía prosperar en la corte Tudor: ambicioso, capaz de usar despiadadamente sus atractivos personales para promover su causa. Aunque lejanamente emparentado con Catalina Howard por su madre Joyce Culpeper (eran primos en sexto grado), no la había conocido de niña y mucho menos seducido a una tierna edad como luego pretendieron los promotores de escándalos. Él mismo parece haber empezado siendo paje (su hermano, también llamado Thomas Culpeper, como el hermano de la madre de Catalina, había sido uno de los servidores de Cromwell).[24] Nuestro Thomas Culpeper se había esforzado para llegar a su envidiada posición en la cámara privada del rey al menos dos años antes de que esos acontecimientos tuvieran lugar; en esa función había estado en Calais para recibir a Ana de Clèves.

Culpeper tenía por entonces unos treinta años; su encanto era una de sus mejores armas. Pero era más el encanto de Don Juan que el de sir Lancelot. Thomas Culpeper había atacado a la esposa de cierto cuidador del parque. Tres o cuatro de los hombres de Culpeper habían sujetado a la mujer sobre la maleza del parque mientras Culpeper la violaba. Luego mató a uno de los aldeanos que trató de librar a la infortunada mujer. Esa sórdida historia terminaba con el perdón del rey a Culpeper por lo que, desde el punto de vista del monarca, era un mero pecadillo sexual de un joven macho muy fogoso.[25]

Se podría comparar a Culpeper con el joven Charles Brandon, que treinta años antes conseguía riqueza y ducado gracias al favor real. La diferencia era que, en los primeros años del reinado de Enrique VIII, los ambiciosos buscaban ser camaradas de diversión del rey. Ahora probablemente era más previsor buscar el favor de la reina. Había mucho que aprovechar durante la vida del rey y estaba la pregunta de lo que sucedería luego. La reciente grave enfermedad del rey había enfatizado el hecho de que ya no era cuestión de «si muere el rey» (como pudo haber sido, por ejemplo, en 1524 o aun en 1536), sino «cuando muera el rey». La visión del soberano, en vísperas de su quincuagésimo cumpleaños, monumentalmente obeso, muy disminuido por sus piernas ulceradas, recordaba cada día a los cortesanos su mortalidad.

En la primavera de 1541, el príncipe Eduardo tenía sólo tres años y medio, de modo que la cuestión de una regencia —¿qué derechos eran los más válidos, los de la sangre o los del rango?— llegó a dominar mucho lo que se pensaba y lo que se hacía con disimulo a partir de 1540. Pero una reina viuda también tenía por tradición una posición fuerte; en el pasado de Inglaterra, el hombre que se casaba o controlaba a la viuda a menudo había aumentado significativamente su fortuna. Cuando la reina Catalina empezó a hacer «grandes favores» a Thomas Culpeper, incluido el regalo de una «silla y una rica gorra»,[26] su caballero tomó la ganancia y miró hacia el futuro, su propio futuro.

En abril, la reina Catalina escribió una carta de amor a Culpeper (es penosamente apropiado que ésa sea la única de sus cartas que se conserva). Las primeras palabras son bastante inocuas: «Maestro Culpeper, sinceramente me encomiendo a vos, rogándoos que me hagáis saber cómo estáis.» A continuación, Catalina se despachaba a gusto. La ortografía es execrable, como lo era la de la mayoría de las muchachas comunes de esa época —las que sabían escribir—, tan mala si no peor que la de la extranjera Ana de Clèves. Aun así, Catalina debía esforzarse para escribir. Hacia el fin de la carta, pone: «Desearía que estuvierais conmigo ahora para que pudierais ver el esfuerzo que me tomo al escribiros.»* Pero la pasión es inequívoca, se nota con tanta claridad en las palabras mal escritas como notaban los cortesanos el amor del rey por ella viendo sus caricias. Catalina estaba fascinada por Culpeper, como una vez había estado fascinada por Mannox y Dereham.

«Me enteré de que estuvisteis enfermo y nunca deseé tanto nada como veros», escribe Catalina. «Hace que mi corazón muera pensar que no puedo estar siempre en vuestra compañía.» Lo insta a ir cuando lady Rochford la esté atendiendo, «porque entonces tendré más tiempo para estar a vuestras órdenes». Luego le agradece a Culpeper que haya prometido ser bueno con «ese pobre individuo, mi hombre, porque cuando se haya ido no hay otro en quien confíe para enviaros». Agrega: «Os ruego que le deis un caballo a mi hombre porque me cuesta mucho conseguírselo y por tanto os ruego que me enviéis uno con él.» Está firmada —conmovedoramente, tal vez, ¡pero con qué poca discreción!— «Vuestra en tanto siga la vida, Catalina».[28]

Enrique VIII bautizó con sangre su expedición al norte. Con la débil excusa de la temida insurrección —había que vaciar la Torre de prisioneros de Estado— ordenó la ejecución de Margaret, condesa de Salisbury, que había permanecido allí por lo menos dos años. Se puede afirmar que ésa fue la acción más salvaje y repugnante realizada por deseo del rey. La condesa era una mujer a quien él había adorado durante mucho tiempo por su piedad y su decencia, que había sido para él casi como una madre durante años, que —notable proeza— había recorrido el intrincado laberinto real Tudor sin un tropezón. Lady Salisbury había negado con vehemencia todos los cargos en su contra a pesar del duro

---

* La carta original está en la Public Record Office.[27]

interrogatorio, en el momento de su arresto, en noviembre de 1538. Su verdadero delito era, por supuesto, ser la madre de un hombre que había hecho causa común con el Papa y que estaba más allá de la venganza del rey: el cardenal Pole. Nunca la procesaron: su encarcelamiento y condena obedecían a un acta del Parlamento. Ahora, el 27 de mayo de 1541, se le dijo que iba a morir.

A aquellos que fueron a buscarla —como de costumbre, temprano por la mañana— lady Salisbury se limitó a comentarles que era muy extraño, porque no sabía qué delito había cometido. Luego caminó con serenidad hasta el cadalso. Pero su sufrimiento no había concluido. Unas 150 personas, incluido el alcalde, observaban mientras «un torpe *garçonneau*» (la expresión de Chapuys para el joven que reemplazó al verdugo oficial, que estaba ausente) trataba de realizar su tarea. A pesar de la fragilidad física de lady Salisbury —tenía casi setenta años— al joven verdugo no le resultó fácil acabar con su vida. ¡Qué afortunada había sido Ana Bolena al recibir la «merced» del experto verdugo de Calais! Él «le cortó en pedazos la cabeza y los hombros» antes de que la anciana fuera finalmente declarada muerta. El cardenal Pole, al relatar la horrible noticia a un corresponsal, exclamaba que «nunca temería llamarse hijo de una mártir».[29] Agregaba: «Que es más que todo nacimiento real.» Pero por supuesto, fue por su nacimiento real que Margaret, condesa de Salisbury, era finalmente una mártir, como lo habían sido su padre, el duque de Clarence, cuando ella era niña y su hermano Edward, conde de Warwick, cuando era joven. Su muerte fue la más sanguinaria de la sangrienta historia de la casa de Clarence.

Librado del inquietante peligro que representaba la existencia de tan satánica enemiga como esa anciana, el rey Enrique partió hacia el norte con la reina Catalina. Sus objetivos políticos no sólo eran el apaciguamiento —mediante su presencia dominante— del norte de Inglaterra, donde conservaban obstinadamente algunas de las antiguas costumbres religiosas, sino también cierto arreglo con su sobrino el rey de los escoceses. Había peligro: los escoceses tenían la capacidad tanto de agitar a los ingleses descontentos en sus fronteras como de vincularse con otros descontentos irlandeses. Los dos reyes nunca se habían encontrado, pero tal vez el rey Jacobo, de casi treinta años, pudiera ser atraído al sur en esa ocasión. De modo que el rey —y la reina— de Inglaterra avanzaron solemnemente de Grafton Regis a Lincoln, Pontefract y York.

Se celebraban ceremonias pomposas en cada etapa del viaje. Al rey se lo debía ver reinar y a Catalina Howard se la debía ver como su consorte real. Por ejemplo, en Lincoln, adonde llegaron el 9 de agosto, el rey y la reina se cambiaron en una tienda los ropajes de terciopelo verde y carmesí respectivamente por otros dorados y plateados. Luego reanudaron la marcha a caballo en procesión hacia la catedral, donde los aguardaban una alfombra, asientos y almohadones de tela dorada. Estuvieron de pie uno junto al otro —qué contraste, el enorme rey y su pequeña reina— mientras quemaban incienso, antes de recibir la comunión con el coro entonando un *Te Deum*. La piedad no era lo único, también había deporte, o al menos liberalidad. Habían encerrado doscientos o trescientos venados y se envió a lebreles para que los derribaran, de modo que había carne suficiente para compartir generosamente.[30]

A mediados de septiembre la pareja se instaló en York. Era ahí donde Enrique hubiese podido recibir a Jacobo; pero el rey escocés se negó a ser tentado siquiera por una sugerencia de que podía recibir ese reconocimiento oficial de su lugar en la sucesión inglesa que hasta entonces le había sido denegado. Entre otras cosas, el rey Jacobo V no tenía ningún heredero varón directo por entonces: los dos bebés concebidos por María de Guisa habían muerto en abril; los escoceses, comprensiblemente, no querían arriesgar su persona en manos de los ingleses.

A comienzos de octubre el rey se había trasladado a Hull, donde se ocupó de una de sus principales aficiones: inspeccionar y diseñar fortificaciones. El tono de sus órdenes revelaba la actitud de siempre hacia el vecino del norte de Inglaterra; dominaba una mezcla de desprecio y hostilidad: «También, tened el cuidado de evitar a los escoceses y los vagabundos de vez en cuando.» Desde Hull, el rey y la reina viajaron lentamente hacia el sur. Mientras estaban en The More, en octubre, el rey le regaló a Catalina un broche de oro con treinta y cinco diamantes y dieciocho rubíes, además de una pintura de «la historia de Noé», como prueba de su continuado amor por ella.[31] Fue el 1 de noviembre, cuando el séquito real llegó a Hampton Court, que el rey expresó solemne el agradecimiento por la felicidad que le había traído la reina.

Ése fue su último momento de dicha con Catalina. La naturaleza insustancial de su felicidad estaba a punto de serle revelada al rey. Sólo tramas —y el deseo del rey— habían llevado a Catalina al trono, y también tramas —y la envidia de otros— la destruirían. Con su pasado travieso (por decirlo de algún modo) y su presente indiscreto (para no decir más) era un objetivo muy vulnerable.

Cuando llegó la crisis, fue muy repentina. Ésa es la impresión que

dan los diversos informes sobre la caída de la quinta reina. Para los ajenos —como Chapuys— en un momento Catalina era la consorte amada, en el momento siguiente sus cofres y arcas fueron cerrados, el arzobispo Cranmer se hizo «cargo de todo» y la propia reina fue mantenida
aparte (e incomunicada) de su esposo. Lo que en primera instancia de-
sencadenó una crisis tan sorprendente, tan inesperada, fue un relato
acerca del pasado que contó cierto John Lascelles.[32] Éste fue a ver a Cranmer para revelarle los detalles que le había relatado su hermana, Mary
Hall, camarera de la duquesa viuda Agnes que había conocido a Catalina Howard en los tiempos de Lambeth.

Lo que Lascelles le dijo a Cranmer fue suficiente para convencer
al horrorizado arzobispo de tres cosas, todas desagradables. Primero, la
vida de la joven reina antes de su matrimonio había distado de ser irre-
prochable. En segundo lugar, muy bien podía haber tenido un precontrato; aunque en parte esto justificaba su conducta, de todos modos representaba un problema inmediato para la validez de su matrimonio
con el rey. En tercer lugar —Cranmer no hubiese sido humano si ésa no
le hubiera resultado la peor perspectiva de todas, al menos a corto plazo—, debía dar al rey que la adoraba la noticia de las espinas que rodeaban a esa pequeña rosa inocente. Como escribió su secretario Ralph
Morice, dado el amor del rey por su esposa «ningún hombre se atreve a
asumir infligirle esa herida».[33]

¿Qué impulsó a Lascelles a hacer esas revelaciones? La explicación
más convincente es el temor de Lascelles, y otros, de mayores triunfos de
los «reaccionarios» religiosos en Inglaterra, a causa de la decisiva importancia del tío de Catalina, el duque de Norfolk. El registro de Lascelles
demuestra que él había sido «un convencido reformista» en las palabras
del biógrafo de Cranmer; uno que había lamentado la caída de Cromwell y denunciado públicamente a Norfolk.[34] (Terminaría quemado en
la pira por herejía cinco años más tarde.) Lascelles no parece haber actuado por algún rencor particular hacia Catalina; como diríamos hoy,
no fue nada personal, sólo una cuestión de intereses (religiosos).

El 2 de noviembre —Día de Todos los Santos— el arzobispo cumplió con su deber. En Hampton Court, durante la misa de difuntos en la
que él no era el celebrante, deslizó un papel con detalles de las acusaciones de Lascelles en la mano del rey. Fue como había temido. Al principio
el rey pareció «muy perplejo». «Amaba a la reina tan tiernamente» que de
entrada pensó que el papel debía ser una falsedad.[35] Tales calumnias
contra personas prominentes eran lo bastante comunes como para justi-

ficar tal reacción: como veremos, Ana de Clèves siguió siendo blanco de calumnias. Pero fue la calma que precede la tormenta; el hecho de que un personaje tan paranoico como Enrique VIII no albergara la menor sospecha respecto de su joven esposa indica la naturaleza genuina de su felicidad con ella o las profundidades de su autoengaño (o tal vez ambas cosas). Por el momento, al menos, el asunto debía mantenerse en privado.

Cabe remarcar en este punto que todas las revelaciones de Lascelles, y las relatadas posteriormente por la propia Mary Hall, concernían a la conducta de la reina Catalina antes de su matrimonio. Pero, por supuesto, los detalles relativos al comportamiento de Catalina en el norte (y en otras partes) mientras el rey dormía agotado por la revisión de sus fortificaciones era una bomba de relojería. Como sucedía con la conducta de Catalina antes de su matrimonio, había habido testigos, muchos testigos. Por el momento fue Dereham el trasladado a la Torre, junto con varias camareras, y Dereham el torturado. Culpeper, por su parte, seguía «viviendo alegremente». Pero su alegría no iba a durar porque, en el flujo de revelaciones que siguió, Dereham se encargó de implicar a Culpeper: esperaba salvarse afirmando (muy acertadamente) que Culpeper lo había sucedido en los afectos de la reina. De modo que también Culpeper fue arrestado y torturado.

Cuando se impuso la horrible verdad —no era ninguna calumnia, la reina no era inocente— la «perplejidad» del rey dio paso a una orgía de autocompasión. Culpó a su Consejo —¿a quién, si no?— por «este último daño». Lamentó su infortunio al tener una sucesión de esposas «mal condicionadas». Después se dejó llevar por la ira, en vista de la ingratitud de la reina, de su monstruosa traición. Pidió que fuera una espada a matar a la «que él amaba tanto». Afirmó que todo el placer que «aquella mujer perversa» había tenido por su «incontinencia» (desenfreno) no debía ser tanto como el dolor que sufriera por la tortura. Y finalmente «se echó a llorar». Algunos de sus cortesanos pensaron que realmente había enloquecido.[36]

Pero esa reacción no fue de ningún modo una prueba de locura. El hecho, el insoportable hecho era que, de entrada, el rey había sido engañado para que aceptara como virgen a una que distaba de serlo, y que desde entonces probablemente había sido traicionado. Él lo sabía y lo sabían todos los demás. (Si uno compara su actitud despreocupada respecto de las revelaciones relativas a los denominados «amantes» de Ana Bolena en 1536, se comprende qué poco había creído él esas acusaciones.) Su locura era en realidad el ultraje del tirano que descubre que hay aspectos de la conducta humana que ni siquiera la tiranía puede controlar.

Entretanto, se debía lograr que la reina Catalina hiciera una confesión y Cranmer fue el hombre designado para obtenerla. Ella se derrumbó por completo al enfrentarse con él. El relato de su conversación con Cranmer resulta una lectura angustiosa; a él lo conmovía la situación de Catalina.[37] «La encontré en tal lamentación y angustia como nunca vi a criatura alguna, de modo que mirarla hubiese entristecido el corazón de cualquier hombre del mundo.» Los asistentes de la reina conversaron con él de sus estados de ánimo desenfrenados y vehementes, que sólo la reaparición del arzobispo logró calmar. Cranmer lo llamaba «frenesí». Sin embargo, lo que realmente calmó a la reina fue el hecho de que Cranmer, instruido por el rey —finalmente—, le aseguró su «más bondadosa merced». Esa inesperada concesión se le haría tras una exagerada denuncia de las faltas de ella y una relación de lo que la reina debía sufrir en cumplimiento de la ley. Comprensiblemente, la pobre Catalina se mostró mucho más «calma y silenciosa» cuando oyó ese mensaje de «bondad y merced»; era en realidad más de cuanto hubiese podido esperar, según le dijo al arzobispo.

No fue la pura humanidad que dictó ese orden de acontecimientos. Cranmer no era un hombre cruel pero estaba asustado, y siguió estándolo en lo que concernía a su señor real (recuérdese cuán cobardemente había abandonado la causa de la reina Ana Bolena, su protectora, a la que «de todas las criaturas vivientes» él había estado «más obligado»). Ahora entendía que era su deber librar a su señor de su matrimonio con la infortunada Catalina con tanta rapidez y decencia como fuera posible. No fue una experiencia que pueda haberle gustado, en particular cuando el escándalo por la destitución de Ana de Clèves, contra la cual murmuraban los protestantes en Europa, aún no se había olvidado.* Pero en esta ocasión, el asunto del precontrato de Dereham pareció momentáneamente un regalo del cielo para resolver las dificultades de todos. El quinto matrimonio del rey podía ser declarado inválido desde el comienzo. Catalina misma simplemente sería dejada de lado, ya que su conducta con Dereham estaba justificada por el precontrato. (Dere-

---

* Catalina Howard fue la cuarta consorte real cuyo repudio debió manejar Cranmer de alguna manera; había manejado el divorcio de las tres reinas previas, Catalina de Aragón, Ana Bolena (en vísperas de su ejecución) y de Ana de Clèves.

ham mismo era otro asunto.) Para eso, Cranmer necesitaba la confesión de la reina Catalina. Y la reina no debía hacer tal confesión impulsada por el temor a «algún éxtasis peligroso».

Cuando consiguió hablar, la reina Catalina balbuceó su gratitud y su humillación. «Caramba, mi Señor, que aún esté viva, el temor de la muerte no me apenó tanto antes como me apena ahora el recuerdo de la bondad del rey» y el pensamiento de qué «príncipe bueno y afectuoso tuve». Para las seis de la tarde se sintió «tranquila». Luego la entristecida reina recordó de pronto que ésa era la hora en que Thomas Heneage solía llevarle las noticias al rey. Ella «cayó en otro dolor» ante «el recuerdo del tiempo».

Como resultado de lo que le confesó la reina, Cranmer pensaba que tenía pruebas suficientes de la existencia de un precontrato, en especial porque la «unión carnal» posterior reforzaba un vacilante compromiso y le daba la adecuada validez. Pero uno de los problemas, ahora y luego, era que la devastada reina, mentalmente paralizada por el terror, no lograba entender que un precontrato, si se podía demostrar su existencia, tenía más probabilidades de salvarla que de condenarla. En cambio, se refugiaba en excusas que demostraban una vez más qué joven y tonta era. Hablaba del «inoportuno forzamiento» de Dereham de su cuerpo y de la «en un sentido, violencia» de él.[38] Catalina Howard no poseía la inteligencia natural de su prima Ana Bolena, aparte de que carecía de educación; ahora no había nadie que la asesorara, sólo personas asustadas que eran capaces de todo por salvar su propio pellejo.

En todo caso, puede ser que el rey finalmente no permitiera que se presentara la excusa (válida) del precontrato para la conducta de la reina. No volvió a ver a la reina Catalina después de su arresto, el 12 de noviembre. Como siempre, se distanció físicamente de la crisis. El 5 de noviembre se marchó de Hampton Court «repentinamente, después de la comida», sin explicación, y fue a Whitehall en su pequeña barca; no volvió a Hampton Court hasta que la reina fue trasladada —el 14 de noviembre— a Syon.* A medida que se sucedían los arrestos,

---

* La denominada galería de Hampton Court, originalmente construida por Wolsey para unir la capilla con sus apartamentos, es donde se dice que una desesperada reina Catalina trató de llegar a su esposo y declarar su inocencia antes de ser llevada por la fuerza por sus servidores; se supone que una mujer vestida de blanco ronda por el lugar, gritando mientras desaparece gradualmente. El hecho original no ha sido confirmado; en todo caso, una reconstrucción reciente del primer piso del palacio Tudor demuestra que la reina Catalina no pudo haber llegado a la capilla desde sus propios apartamentos de esa manera.[39]

los interrogatorios y las asombrosas revelaciones, la distancia no añadió ningún encanto a la conducta de su esposa ni a la de su predecesor
en los abrazos, Dereham. Declarar que el matrimonio era inválido podía
tener el efecto de dejar a la reina viva y, lógicamente, de absolver a Dereham.

El tiempo demostraría que el rey seguía alimentando un especial
rencor contra Dereham, presumiblemente porque era el «corruptor»
de su novia, aún mayor que el que sentía por Culpeper, que después de
todo era acusado del delito mayor de adulterio. Acusando a Dereham
(en su período como secretario de la reina) y a Culpeper por relación
adúltera, se podía invocar traición —el adulterio con la esposa del rey
era traición— e imponer una condena a muerte.[40] Una de esas muertes
sería la de Catalina. Para ello el rey podía basarse simplemente en el derecho. Que la justicia hiciera su trabajo.

Criadas, camareras, caballeros y otros informadores aterrorizados
contaban ahora sus salaces historias de la vida nocturna durante aquella
expedición por el norte, aparte de las historias del pasado de Catalina.
Se empleó la tortura en otros: Robert Damport, por ejemplo, amigo
de Dereham, fue extendido sobre un potro de tormento cínicamente
apodado «la hija del duque de Exeter» (así llamado por el duque que lo
había introducido en Inglaterra en el reinado de Enrique VI).[41] Aun
cuando sólo la mitad de lo que se relataba ahora fuera cierto —el some-
timiento a tortura nos impide estar seguros de la verdad absoluta de
cada detalle— entonces la reina Catalina se había comportado con tal
desenfrenada locura desde su matrimonio como para que la cuestión de
su actual adulterio fuera un asunto puramente técnico.

Tal vez ésa fuera la respuesta. Tal vez la reina —técnicamente— no
hubiera cometido adulterio. Puede haberse detenido en algún punto sin
tener sexo completo con Culpeper, empleando el método de control de
la natalidad más común de la época, el *coitus interruptus*, como habían
hecho una vez Ana Bolena y el rey Enrique. Había otras prácticas que
podían gozarse también sin el peligro de la concepción, como Catalina
sabía bien por su vida desinhibida antes del matrimonio. Culpeper seguía negando el pleno «conocimiento carnal» aun bajo tortura y la reina, en sus diversas confesiones, se aferraba a su inocencia. (Sin embargo,
indudablemente mintió respecto a su actitud en el asunto con Dereham
—él no la había forzado—, de modo que tal vez no haya que dar mucho

crédito a la palabra de una muchacha destrozada que aún no lograba entender las terribles consecuencias de su propio desenfreno.)

No obstante, las reiteradas confesiones e informes de encuentros clandestinos entre un hombre notorio por su galantería y una mujer que ya se había despertado sexualmente en realidad no admiten ninguna otra explicación que el adulterio. La reina Catalina pudo haber sido inocente del cargo sólo si se hace la interpretación más estricta posible del término. Después de todo, ¿qué otra cosa hizo con Culpeper, cuando salía de su cámara dos noches seguidas y subía por las escaleras posteriores en Lincoln, hasta las dos de la mañana? (Ése fue el informe de su prima, la señorita Katherine Tylney: la seria figurita que había estado de pie junto al rey esa misma mañana en la catedral, mientras la rodeaba el incienso santificador.) Los interrogatorios de los personajes secundarios aportaron abundantes pruebas circunstanciales; cierta Margyt Morton, por ejemplo, afirmó haber visto a la reina mirar por la ventana de su cámara al maestro Culpeper en Hatfield, de tal manera que ella, Margyt, pensaba que «había amor entre ellos».[42] Eso podía ser invención *post hoc*. Pero las historias se amontonaban despiadadamente confirmando lo que Culpeper —y la reina— admitieron: encuentros nocturnos en lugares como Greenwich, Lincoln, Pontefract y York.

Muchos de los cargos implicaban a la camarera de la reina, Jane, vizcondesa de Rochford, un pájaro de mal agüero en lo que concernía a las reinas inglesas (había atendido a la reina Ana Bolena, su cuñada, a la que culpó de una relación incestuosa con su esposo). Lady Rochford se describió a sí misma como a una inocente que había permanecido en el otro extremo de la habitación donde la reina se encontraba con Culpeper, sin saber lo que estaba sucediendo. Catalina, por su parte, dio una visión muy distinta de ella, la de una mujer, como Eva, que persistentemente la había tentado con seductoras ideas de coquetería. También Culpeper aseguró que lady Rochford lo había «provocado» para que iniciara una relación clandestina con la reina. «Pequeño tonto», se supone que dijo lady Rochford afectuosamente de Culpeper cuando él (según Catalina) se negó a terminar sus encuentros, «vos [Catalina] dejad que los hombres os miren, porque os mirarán».[43] Una vez más resulta imposible establecer la verdad absoluta, y por tanto la culpa relativa, como sucede con los aspectos técnicos del adulterio de la reina. Pero cabe afirmar sin duda que lady Rochford, la reina Catalina y Culpeper, de distintas maneras, estaban todos metidos hasta las cejas en algo que ninguno de ellos debió haber contemplado siquiera por un momento.

El caso de Dereham es diferente. No hay ninguna prueba, ni siquiera probabilidad, de que tuviera relaciones íntimas con la reina desde el matrimonio de ella. Su nombramiento como secretario, por poco prudente que fuese —munición viva a mano para los acusadores de la reina—, como ya henos comentado, es probable que fuera un intento por mantener su boca cerrada sobre el pasado. Pero fue sometido a tortura y luego, el 10 de diciembre, a una muerte bárbara precedida de destripamiento y castración mientras estaba todavía consciente, tal como exigía la ley en caso de traición. El rey hubiera podido evitarle esas penalidades extremas, al menos. Pero no lo hizo. El hecho de que decidiera hacerlo por Culpeper —que murió el mismo día al serle «arrancada la cabeza»— puede haberse debido a un vestigio de afecto por él. Como le escribió Marillac al rey Francisco, Thomas Culpeper se había criado en la cámara del rey inglés desde la infancia «y corrientemente compartía su cama» («al parecer, también había querido compartir la cama de la reina», agregaba el francés con ironía).[44] El rango de Culpeper también era más elevado que el de Dereham: esas cosas pesaban en tales asuntos. Finalmente, el rey puede haber preferido a Culpeper porque al menos no había sido el primer amante de la esposa «que él había amado tanto».

El traslado de la reina al palacio de Syon (en otros tiempos un convento muy favorecido por Catalina de Aragón) dejó sin hogar a varias damas de alta cuna. Lady María fue llevada a la casa del joven príncipe Eduardo. La nuera del rey, María, duquesa de Richmond, prima hermana de Catalina, sin ninguna otra relación con ella, fue llevada a Kenninghall, en Norfolk. A las jóvenes camareras, que se habían sentido tan orgullosas de su nombramiento se les dijo que volvieran con sus parientes; a excepción, cabe destacar, de la bonita Anne Basset, de la que el rey deseó ocuparse considerando «la calamidad de sus padres».[45]

En Syon, los preparativos para la recepción de la reina Catalina fueron punitivos, aunque no excesivamente. Debía ser hospedada en habitaciones «amuebladas moderadamente como su vida y sus condiciones lo han merecido» con sólo «un número bajo de servidores», pero debían ser cuartos, no una celda, y debía tener sirvientes, cuatro damas de su elección y dos camareros, no carceleros. Como de costumbre en la corte Tudor, el traje era el medio para transmitir el mensaje. Sir Thomas Seymour fue encargado de confiscar todas las joyas de la reina y llevárselas al rey. Se le debían permitir seis de sus caperuzas francesas favoritas, pero bordeadas de dorado, no con gemas. Se le permitían trajes de raso, damasco y terciopelo, en tanto no estuvieran adornados con perlas o piedras preciosas. Marillac comparaba marcadamente el trato de que era objeto Catalina con el brindado a Ana Bolena antes de su ejecución; esta reina estaba llevando una existencia sobria y retirada como preparación. «Mientras antes no hacía más que bailar y divertirse... ahora cuando vienen los músicos se les dice que no hay tiempo para bailar.»[46] Sus palabras constituyen un triste comentario —más triste tal vez de lo que Marillac pretendía— sobre la caída de Catalina Howard.

La acción tenía lugar en otra parte. A mediados de noviembre, el Consejo tuvo que emitir algunos comunicados embarazosos a los embajadores ingleses en el extranjero para explicar el último episodio de una larga serie, la historia matrimonial de su rey. Sir John Paget, en Francia, fue informado de cómo el rey había elegido a Catalina Howard cuando su Consejo lo presionó para que volviera a casarse: «Pensando ahora en su vejez, después de muchos problemas de la mente que le sucedieron por sus matrimonios, haber obtenido tal joya de la feminidad y tan perfecto amor para él, que debió haber sido no sólo para su tranquilidad sino también para producir el deseado fruto del matrimonio.» Ahora toda esa dicha se había convertido en extremo pesar en vista de la conducta «abominable» de la reina (la palabra usada en general para describir la conducta de Catalina). Cuando se informó al rey francés de todo eso, su deleitado comentario privado fue: «Ella no ha hecho nada maravilloso.» Pero, oficialmente, le envió a su «buen hermano» de Inglaterra un pequeño sermón solemne (que también debió darle algún placer). Se refería a «la ligereza de las mujeres» que no afecta «el honor de los hombres»; «la vergüenza» se limita a «aquellos que cometen el delito».[47]

El 24 de noviembre, Catalina Howard —a la que el Consejo había quitado formalmente el título de reina dos días antes— fue acusada de haber llevado «una vida abominable, baja, carnal, voluptuosa y viciosa» antes del matrimonio «como una prostituta con diversas personas... pero manteniendo la apariencia exterior de la castidad y la honestidad». De modo que había llevado al rey «mediante la palabra y el gesto a amarla» y «arrogantemente se había unido a él en el matrimonio». También había ocultado el contrato que había tenido con Dereham «para el peligro del rey y de los hijos a ser concebidos por ella» (que hubiesen podido ser bastardos). Después del matrimonio nuevamente le había demostrado a Dereham «notable favor», mientras incitaba a Culpeper a la relación carnal, diciéndole que lo amaba más que al rey.[48]

En diciembre, varias personas importantes fueron llevadas a la Torre de Londres; su delito era «ocultamiento de traición», es decir, conocimiento anticipado de que alguien pensaba cometer traición; en otras palabras, de ocultar el secreto del pasado culpable de Catalina. Fueron arrestados otros servidores y «ligeros jóvenes... enterados de la incorrección de la reina y Dereham, además de proponer a Dereham para el servicio de ella».[49] La esposa de su abuelo, la vieja duquesa Agnes, alegó enfermedad, frenéticamente pero en vano (la ejecución reciente de Margarita, condesa de Salisbury, no podía inducirla a creer que su edad pudiera disculparla). También fueron llevados a la Torre los hijastros de la duquesa Agnes, la condesa de Bridgewater, lord William Howard y su esposa —«una mujer muy simple»—, uno de los hermanos de Catalina, Henry Howard, y su esposa, y un grupo de desafortunados hijos de esos prisioneros. La Torre de Londres estaba tan atestada que hubo que usar las habitaciones reales.

La caída de la casa de Howard hubiese satisfecho a su peor enemigo de no ser por la obstinada supervivencia del jefe de la casa, Thomas, duque de Norfolk. La carta rastrera que le envió a su soberano se refería —¡con qué angustia!— a «mi desagradable madre política, mi infeliz hermano y su esposa con mi lujuriosa hermana de Bridgewater» y sobre todo a los «hechos abominables» cometidos por dos de sus sobrinas. Norfolk se refería a sí mismo como «postrado a los pies del rey».[50] Desde luego había adoptado metafóricamente la posición más postrada posible. Y así sobrevivió.

El Año Nuevo en la corte fue triste, tan sombrío como ese luctuoso Año Nuevo que había seguido a la muerte de la reina Juana, pero por una razón muy diferente. El rey Enrique fue descrito por Marillac como «poco feliz, y sus ministros pensativos y melancólicos».[51] No fue sólo por la ausencia de la reina Catalina. La eliminación de los Howard, llevados a la Torre en diciembre (y que aún languidecían allí; el rey cedió y los fue liberando gradualmente en los diez meses siguientes), dejó algunos vacíos notables en la corte. Los que quedaban, al contemplar esas ausencias, no podían evitar sentir temor por sí mismos.

En realidad, según el rumor, la reina Catalina, en Syon, estaba «divirtiéndose mucho». Marillac se enteró ahora de que estaba más rechoncha y más bonita que nunca, preocupada por su ropa y su aspecto, y «aún más imperiosa y difícil de servir que cuando estaba con el rey». Como francés, Marillac nunca había sido amigo de Catalina Howard (él seguía elogiando a la digna Ana de Clèves), de modo que hay que tomar con reserva sus observaciones. Pero cuando informó de que la reina había aceptado que moriría, pero esperaba que pudiera ser en secreto, probablemente haya captado la irreflexiva alegría con que Catalina consideraba su destino, aún incapaz de entender la realidad de su situación.[52]

El viernes 10 de febrero, sin embargo, se le ordenó a Catalina que se trasladara a la Torre. Entonces, al fin, mientras era llevada a la pequeña barca sellada que la transportaría, entendió la verdad. Catalina luchó y hubo que subirla a bordo por la fuerza. Escoltada por Suffolk —en una embarcación mucho más grande, llena de soldados— Catalina fue conducida a la prisión que había causado horror en tantos corazones antes que en el suyo. Pero ahí al menos se le rindieron los honores debidos a una reina (a pesar de la supresión formal del título por parte del Consejo); vestida con el terciopelo negro del luto inminente, fue escoltada a los apartamentos de la reina en la Torre. Pero su condición de reina no la consolaba. Catalina Howard lloraba y gritaba y se atormentaba «miserablemente sin cesar».[53] En realidad, no quedaba más tiempo para bailar, como les habían dicho a los músicos en otoño, y muy poco para vivir.

Catalina fue llevada a la Torre en cumplimiento de la Ley de Proscripción que había sido leída primero en la Cámara de los Lores, el 21 de enero, aprobada luego por ambas cámaras y sancionada por el rey el 11 de febrero. Pero su aprobación no había sido fácil. El elaborado discurso del lord canciller, en la apertura del Parlamento, respecto del proyecto de ley, duró más de una hora. Se propuso que delegados de ambas cámaras fueran a Syon a examinar a la reina y «eliminar su timidez femenina» (presumiblemente para extraer de ella mayor verdad).[54] Pero al fin no fueron y escucharon en cambio un discurso del rey, el 6 de febrero.

La preocupación de esas mentes formales era legítima: ¿de qué era culpable la reina, exactamente? Nunca había confesado adulterio, como tampoco lo habían confesado Culpeper ni Dereham. Culpeper en realidad había sido sentenciado a muerte por intento de adulterio (como Buckingham había sido sentenciado a muerte por intento de traición). La cuestión del precontrato seguía siendo delicada. Pero era voluntad del rey que Catalina sufriera bajo una Ley de Proscripción que probara su traición. De modo que también Catalina fue condenada a morir por la «violenta presunción» de que había cometido adulterio.

El domingo, Catalina fue informada de que moriría. Tal vez estuviera enterada del horror de la tosca muerte de Margaret, condesa de Salisbury, porque pidió que le llevaran el cadalso por anticipado «para poder saber cómo ubicarse» y «hacer una prueba». A la mañana siguiente, lunes 13 de febrero, los miembros del Consejo Privado fueron a buscarla a las siete, con la excepción de Norfolk (el sentimiento familiar o lo que pasaba por ese sentimiento presumiblemente lo mantuvo alejado) y de Suffolk, que estaba enfermo. Según Marillac, ella estaba «tan débil que casi no podía hablar», pero confesó en unas pocas palabras que había merecido mil muertes por haber ofendido de esa manera al rey que la había tratado con tanta bondad.[55] Catalina Howard fue ejecutada entonces —limpiamente— sobre el mismo cadalso y en el mismo lugar que su prima Ana Bolena menos de seis años antes.

Le llegó entonces el turno a Jane, vizcondesa de Rochford. Marillac se enteró de que, a diferencia de Catalina, que no tembló, ella pronunció «un largo discurso» sobre sus faltas. Había, por supuesto, muchos espectadores del fascinante espectáculo (a pesar del deseo de Catalina de morir en privado, que era tan difícil en esa época como vivir con privacidad, cosa que tampoco había logrado). Entre los presentes estaba cierto Otwell Johnson, que escribió un relato de todo el episodio a su hermano John, un comerciante de Calais.[56]

Las dos damas, escribió John, «tuvieron el fin más piadoso y cristiano». Habían expresado «su viva fe en la sangre de Cristo solamente» de modo que él creía que sus almas estaban ahora con Dios. «Con palabras buenas y semblantes serios, desearon que toda la gente cristiana tomara nota de su digno y justo castigo con la muerte.» Tal castigo había sido merecido por sus ofensas contra Dios, y «también muy peligrosamente contra la Majestad del rey». Tanto Catalina como lady Rochford terminaron implorando sinceramente por la preservación del rey. En vista del informe de Marillac sobre la debilidad de Catalina, es probable que la mayor parte de ello lo haya tomado Johnson de lady Rochford antes que de la reina, aunque la intención de Catalina era obviamente la misma.*

* Relatos contemporáneos fiables aclaran que el famoso discurso conmovedor final de Catalina que empezaba con las palabras: «Muero reina, pero preferiría morir como esposa de Culpeper», nunca fue pronunciado; su estado de ánimo era muy diferente. Nos ha llegado el discurso de Culpeper a través de Antonio de Guaras solamente (que en esa ocasión no estuvo presente). En todo caso, en su crónica invierte el orden de Ana de Clèves y Catalina Howard como consortes, dando a Cromwell como aún vivo en la época de la muerte de la reina Catalina.[57]

Lady Rochford fue ejecutada sobre un cadalso aún húmedo y resbaladizo por la sangre de su señora.

Ambos cuerpos —el de la decapitada reina y el de la dama que sin duda no la había servido prudentemente y sí demasiado bien— fueron llevados como el de Ana Bolena a la cercana capilla de St Peter ad Vincula, donde fueron enterrados. En el momento de su muerte, Catalina Howard había sido reina de Inglaterra poco más de dieciocho meses, y es posible que no hubiese llegado todavía a su vigésimo primer cumpleaños.

QUINTA PARTE

Catalina Parr

CAPÍTULO DIECISIETE

La necesidad y la viuda

No tanto la elección como la necesidad, llevó [al rey] a casarse con una viuda alrededor de dos años después de esto.

Obispo Burnet,
The History of the Reformation
of the Church of England

Chapuys comparó la pena del rey después de la caída de Catalina Howard con la de una mujer que llora más amargamente la pérdida de su décimo esposo de cuanto ha llorado la muerte de todos los demás juntos: «Siendo la razón que nunca había enterrado a ninguno sin estar segura del próximo, pero que después del décimo esposo no tenía otro en vista, de ahí su pesar y sus lamentaciones.»[1] En realidad era cierto que después de cinco esposas y de más de treinta años de matrimonio, el rey —por una vez— no tenía ninguna en perspectiva. También era cierto que aquella situación era diferente de cualquier otra situación previa para Enrique: se había casado con Ana Bolena antes de divorciarse de Catalina de Aragón, librándose de ella para casarse con Juana Seymour pocos días después, e igualmente se libró de Ana de Clèves para una boda más o menos instantánea con Catalina Howard. Hasta la muerte inesperada de Juana Seymour, el Consejo había discutido los planes matrimoniales futuros del rey en las mismas cartas que daban las malas noticias al extranjero.

En la primavera de 1542, las cosas eran significativamente diferentes. No era una coincidencia que se ahorrara en la supresión de los emblemas de Catalina Howard en Rochester: esos emblemas que el vidriero del rey, Galyon Hone, había añadido la primavera pasada. Un trabajador local quitó «las armas de lady Howard» de las distintas cámaras, ya que no se esperaba a ninguna nueva reina con sus propias necesidades heráldicas.[2] El cambio de situación estaba relacionado con ciertas cláusulas adicionales en la ley que condenó a muerte a Catalina Howard.

Pensadas para «evitar dudas para el futuro», esas cláusulas en realidad tuvieron el efecto exactamente contrario. Todo el que supiera algo «incontinente» (disoluto) sobre la reina debía revelarlo bajo pena de traición. Además, si el rey —o sus sucesores— se proponía casarse con cualquier mujer «de la que pensaba que fuera una doncella pura y limpia» pero no lo era, las perspectivas eran igualmente terribles para los implicados. La propia mujer sería culpable de alta traición «y todos los que lo supieran y no lo revelaran serían culpables de ocultamiento de traición».[3]

Eran esas últimas palabras las que hicieron estremecer a la corte. El divertido juego de colocar a una joven en los afectos del rey había terminado: porque, ¿quién podía asegurar que ella fuera tan casta como pretendía ser? Y si no lo era, entonces la Torre, en el mejor de los casos, y el hacha, en el peor, aguardaban a su infortunada familia y sus amigos. Tales disposiciones eran en realidad terriblemente injustas. ¿Cómo podía esperarse que la anciana duquesa Agnes que «la había criado de niña» hablara en contra de Catalina? Exigir por ley que una esposa revelara su propia «incontinencia» era también una muestra de dolorosa tiranía, en especial con un rey «de temperamento tan imperioso».[4] No obstante, mientras estuvieron en vigencia, derivadas sin duda de la ira terrible del rey contra la joven esposa a la que había amado y en la que había confiado, nadie se animaba a arriesgarse a presentarle a una muchacha soltera.

Para fines de junio se dijo que el rey se había animado un tanto, aunque su salud seguía siendo mala y su peso aumentaba en consecuencia. Pero al fin gozó de «una gran cena» con veintiséis damas a su mesa y otras treinta y cinco en una mesa próxima. Entre las que fueron distinguidas con sus atenciones estuvieron la sobrina de sir Anthony Browne, la hermana de lord Cobham y la señorita Anne Basset. De esta última, Marillac comentó agriamente que era «una bonita criatura joven con ingenio suficiente como para que le vaya tan mal como a la otra si lo intentara».[5]

Ésa era la cuestión. ¿Desearían arriesgarse sir Anthony Browne, o lord Cobham, o los parientes de la señorita Basset? En cuanto a las mujeres mismas, sabían «en qué situación resbaladiza estaban, si el rey, después de recibirlas en la cama, por algún error declaraba que no eran doncellas». (Un asunto complejo en sí mismo por lo que concernía al rey: después de todo había decidido que Ana de Clèves no era virgen en su matrimonio mientras que había creído que Catalina Howard lo era; casi con seguridad se había equivocado en ambos casos.) Las cabezas de Culpeper y Dereham, que se pudrían clavadas en lanzas en una de las pilastras del Puente de Londres, servían como recordatorio perpetuo de los peligros de ese juego, y seguirían cumpliendo esa función. Un viajero griego, Nicander Nucius, que visitó la corte inglesa en 1546, notó que aún podían verse las cabezas, aunque «desprovistas de carne».[6]

En cuanto a casarse en el extranjero, había obvias dificultades para ello. Una candidata del pasado ya no estaba disponible. La duquesa Cristina de Milán se había casado con Francisco de Lorena el año anterior: el carrusel matrimonial seguía girando porque era el heredero del ducado de Lorena con el que Ana de Clèves había tenido —o no— un precontrato. Entretanto, la carcajada reprimida con que la duquesa Cristina había escuchado el comentario del enviado inglés acerca de la naturaleza «benigna y agradable» de su señor, «el más gentil caballero viviente», habría podido convertirse en risa irreprimible en vista del hecho de que Enrique VIII ya había ejecutado a dos de sus esposas, además de divorciarse de otras dos.

En cuanto a las alianzas extranjeras cimentadas con tratados matrimoniales, en esos tiempos ya era más importante el hecho de que el rey tuviera tres hijos casaderos a los que apostar: lady María, de veintiséis años, cuyas perspectivas siempre mejoraban en ausencia de una reina que pudiera tener otros hijos que la alejaran de la sucesión; lady Isabel, que se acercaba a los nueve, y el príncipe Eduardo, cuya posición como heredero indudablemente legítimo lo hacían maduro para esa clase de negociaciones, a pesar de su tierna edad. Pero un rey, por decrépita que fuera su salud, por aterrador que fuera su temperamento, necesitaba una reina. El problema no era fácil de resolver.

Por supuesto, tenía una conveniente opción: podía volver a lady Ana de Clèves. Ésa era al menos la opinión de los partidarios de ella. El embajador francés elogió la «rara» paciencia de ella en tan difícil situación: «Todos sus asuntos nunca lograron hacerle emitir una palabra por la cual se pudiera suponer su descontento», que él atribuía a la «singular gracia de Dios». Además, había oído informes de que lady Ana estaba «más hermosa desde que había abandonado la corte».[7]

Lamentablemente, la paciencia no era suficiente para proteger a lady Ana de las insinuaciones escandalosas. La rareza de su situación de «soltera» en Inglaterra seguía azuzando la imaginación popular. En el invierno, dos ciudadanos de Londres, Richard Taverner y Francis Lilgrave, habían sido encarcelados por describir la desgracia de la reina Catalina como una condena al rey por haber dejado de lado a Ana de Clèves; en cuanto a esta última, se decía que había estado confinada por el nacimiento de un hijo en el verano y que nuevamente se hallaba *enceinte*. Lo cierto era, probablemente, que la figura «delgada» de Ana de Clèves se hubiera rellenado con la buena comida y porque era «afecta al vino», de ahí su aumento de atractivo para la época.[8] Chapuys estaba dispuesto a unir ambas cosas: aceptaba las historias de la falta de castidad de ella simplemente porque le agradaba beber.

Y por paciente que pudiera ser, lady Ana no había logrado ocultar su satisfacción por la caída de su sustituta —y anterior compañera de baile—, no tanto por despecho sino porque el puesto de reina quedaba una vez más vacante. Su casa fue más allá. Dos de sus damas, Jane Rattsey y Elizabeth Basset (otra hermana de la señorita Anne), fueron convocadas ante el Consejo y posteriormente enviadas a la cárcel por comentarios tan indiscretos como éstos sobre el tema: «¡Qué! ¿Está obrando Dios para hacer nuevamente reina a lady Ana de Clèves?» Las damas creían que «era imposible que una reina tan dulce como lady Ana pudiera ser repudiada». Elizabeth Basset se atrevió incluso a decir lo que muchos debían sentir: «¡Qué hombre es el rey! ¿Cuántas esposas tendrá?»[9] Pero ellas eran personajes secundarios, aunque es notable cómo se ocupó el rey de frenarles la lengua, manteniendo una mirada vigilante respecto de tales rumores en el futuro.

Los rumores y las críticas no se limitaban a Inglaterra. John Paget, el embajador inglés en París, le envió al rey una publicación francesa anónima en la que se condenaban los «justos procedimientos» (según Paget) del rey contra Ana de Clèves bajo la forma de una apasionada (aunque inventada) «protesta» de la dama misma. En realidad la había escrito Juan de Luxemburgo, abad de Ivry, probablemente con intención de sembrar cizaña entre el rey inglés y los príncipes germanos protestantes. Paget protestó ante el rey Francisco, que con espíritu fraternal prometió detener la impresión de esa fastidiosa obra y recuperar todos los ejemplares ya publicados.[10] Aun así, el verdadero incordio para el rey y el Consejo —en lo que innegablemente era un momento delicado en la fortuna matrimonial de él— era la insistencia de Clèves, representado por su enviado Olisleger, en plantear el tema de una reconciliación entre el rey Enrique y la ex reina Ana.

Olisleger, siguiendo instrucciones, se negó rotundamente a aceptar como respuesta el «no» real de julio de 1540. Se marchó a pesar del desaliento de Cranmer. Al arzobispo le resultaba muy extraño que lady Ana deseara ser retomada «y así perturbar la sucesión»: se refería a que todo hijo nacido posteriormente sería dudosamente legítimo debido al precontrato de lady Ana con Francisco de Lorena y a la disolución de su matrimonio con el rey. Finalmente, el Consejo inglés manifestó formalmente su rechazo y rogó al duque Guillermo de Clèves que no volviera a presentar tan inconveniente requerimiento. El rey estaba absolutamente decidido a no devolver a su «hermana» a su cama, ya que «lo que se había hecho estaba basado en una gran razón, con independencia de lo que pudiera alegar el mundo». Olisleger mantuvo su paz por el momento, por temor a que se resintiera el trato que se dispensaba a lady Ana. Pero presionó a Marillac para ver si el rey francés estaba dispuesto a interceder. El cínico consejo de Marillac fue que el rey Francisco no debía hacer nada o que, si planteaba el caso de lady Ana a los ingleses, lo hiciese con suficiente ambigüedad diplomática como para no ofenderlos, por temor de llevarlos a los brazos del emperador.[11]

Marillac se refería al emperador por una buena razón. La temida alianza Habsburgo-Valois había resultado piadosamente breve (desde el punto de vista Tudor). Las renovadas hostilidades entre Francia y el imperio en julio de 1542 significaban que Inglaterra estaba una vez más en condiciones de elegir entre ambos. Para Enrique VIII, la elección no era difícil. Como Francia era el enemigo natural de Inglaterra, el imperio era su amigo natural: la infeliz figura de Catalina de Aragón ya no estaba presente para perturbar los consejos de Enrique VIII y, como se vería, su espíritu tampoco tenía el poder de rondar a su sobrino Carlos V. En febrero de 1543 ambos firmaron un tratado secreto para invadir Francia.

Cuando se tuvo conocimiento del tratado, hubo una gran indignación. Un embajador francés se quejó ante los señores de Venecia: «¿Qué, si no el plan de subyugar el cristianismo podría hacer olvidar a un príncipe vengativo como el emperador el insulto del que lo hizo víctima el rey de Inglaterra en la persona de su tía?» También el Papa reprendería al emperador por tal acuerdo con el monarca que lo había «perjudicado» mediante «el repudio» de Catalina de Aragón.[12] La verdad era que la política real era más importante para ambos soberanos. A Carlos V le encantaba creer que Inglaterra lo igualaría enviando 42.000 hombres contra Francia, atacando Boulogne mientras él marchaba a través de Champagne. En cuanto al rey Enrique, necesitaba asegurarse de que los problemáticos escoceses no fueran ayudados, como había sucedido tantas veces en el pasado, por los franceses. Había otra consideración personal. Un entusiasmo viril por la guerra, como en general se consideraba por entonces, lo había caracterizado en su juventud. Ahora, con el paso de los años, volvía a la idea de tales aventuras marciales, que podían resultar más rejuvenecedoras que el matrimonio con una desenfrenada esposa joven.

Cuando Francia y el imperio se disponían a hacerse la guerra, Inglaterra efectuó un reclutamiento en las fronteras de Escocia. Entonces a Jacobo V se le presentó un ultimátum de su vecino más fuerte (y tío): se le ordenaba firmar un tratado reconociendo la soberanía del rey Enrique, y también que abandonara las tradicionales políticas escocesas profrancesas y propapistas, según proponía el cardenal David Beaton. No sorprende que el rey Jacobo lo rechazara. Siguieron incursiones inglesas comandadas por Norfolk como teniente del norte y capitán general del Ejército: sin duda esperaba compensar con su feroz expoliación pública de Escocia la «abominable conducta» de su sobrina en privado. El contraataque escocés resultó desastroso: el ejército de Escocia fue aplastado en Solway Moss, el 24 de noviembre. Varios importantes nobles escoceses, entre ellos los lores Cassilis, Glencairn y Maxwell, fueron capturados y llevados al sur.

No sobrevivió ni el rey escocés. Su destino fue un doloroso eco de la tragedia de Flodden. Jacobo V no murió en el campo de batalla, como su padre, sino que se derrumbó como un hombre quebrantado. Hubo cierto consuelo en el hecho de que su esposa María de Guisa estuviera en avanzado estado de gestación: se esperaba que un hijo y heredero reemplazara a aquellos dos príncipes bebés que habían muerto el año anterior. Pero el heredero del trono resultó ser una heredera: la niña nacida el 8 de diciembre que sería conocida luego como María, reina de Escocia. Seis días más tarde murió Jacobo V, a los treinta años.

Se decía que Jacobo había recibido la noticia del nacimiento de su hija con la melancólica profecía: «Adiós, que te vaya bien, vino con una muchacha, pasará a una muchacha», en alusión al matrimonio de la heredera Marjorie Bruce y Gualterio Estuardo, que habían fundado la dinastía Estuardo.[13] Los ingleses consideraron desde luego un ejemplo de intervención divina que la corona de Escocia hubiera pasado ahora a una recién nacida: el heredero del trono de Inglaterra era un niño apenas cinco años mayor que ella. El problema escocés tenía la más feliz solución desde el punto de vista inglés —un matrimonio—, y por una vez fueron los escoceses y no los ingleses los que tuvieron que afrontar el problema de una heredera que le aportaba su herencia al esposo. Los cautivos escoceses, presionados con dinero inglés, volvieron a la patria con la secreta promesa de que mediarían.

No sorprende que los cortesanos advirtieran nuevo entusiasmo y energía en el rey inglés a comienzos de 1543, como si las sombras negras del año anterior por fin se hubiesen despejado. Nuevamente se ofrecían fiestas, que presidía la hija del rey, lady María, «a falta de una reina».[14] La victoria militar sobre los problemáticos escoceses fue una especie de tónico. Pero el rey tenía también otra razón personal para sentirse contento. Mientras se hacían planes para el futuro matrimonio del príncipe Eduardo con María, reina de Escocia, se estaba planteando un próximo matrimonio. Si no había vuelto a enamorarse exactamente (es dudoso que esa emoción, responsable de tantos de los acontecimientos desastrosos de su vida, siguiera molestándolo después de la calamidad de Catalina Howard), al menos había contemplado con afectuosa aprobación a una dama inglesa de la corte. La mujer en cuestión era conocida como «lady Latimer», pero había nacido unos treinta y un años antes como Catalina Parr.

De todas las buenas condiciones que poseía Catalina Parr, lady Latimer, y que la hacían apta para convertirse en la sexta consorte del rey, ninguna era más satisfactoria que el hecho de que fuera viuda. Después de todo, ni siquiera el más paranoico de los soberanos podía esperar que lady Latimer, una mujer previamente casada (más de una vez), fuera «una doncella limpia y pura» en el sentido de ser virgen. De modo que los parientes y partidarios de ella pudieron promover con seguridad su causa, sin el temor a los castigos de las disposiciones de la Ley de Proscripción de 1542. Fue, como lo describió el obispo Burnet en su *History of the Reformation*, «no tanto la elección como la necesidad» lo que llevaba al rey a casarse con una viuda.[15]

Catalina Parr era la hija mayor de sir Thomas Parr de Kendal y Maud Greene, una heredera de Northamptonshire. 1512 es el año más probable de su nacimiento; su hermano William nació el 14 de agosto de 1513 y su hermana Anne en 1514.[16] Los Parr eran una distinguida familia originaria del norte, aunque habían vivido principalmente en el sur desde fines del siglo XV. Al abuelo de Catalina, sir William Parr de Kendal, se le había permitido casarse con la gran heredera Elizabeth FitzHugh, hija de lord Henry FitzHugh y Alice Neville, con tierras en Yorkshire y Northumberland, como recompensa por sus servicios a Eduardo IV. A su muerte, la viuda volvió a casarse, esta vez con Nicholas Vaux, de Harrowden Hill, y llevó a su familia al sur. No obstante, la existencia de propiedades en el norte y el castillo de Kendal, en Westmoreland, que los Parr varones visitaban de vez en cuando, mantenía la conexión. Sería correcto, entonces, considerar a Catalina como poseedora de sangre del norte, aunque no hubiese sido criada allí.

A su abuela Elizabeth FitzHugh debía Catalina su remota pero genuina ascendencia real (una de las pocas cosas que tenían en común las seis esposas de Enrique VIII).* Catalina Parr, como el padre del rey, podía remontar sus orígenes hasta Juan de Gante, cuarto hijo de Eduardo III y, como Enrique VII, descendía de un Beaufort, vástago de su unión levemente dudosa con Katherine Swynford. Este parentesco Beaufort significaba que sir Thomas Parr y Enrique VIII eran primos en cuarto grado y Catalina Parr prima cuarta del rey con una generación de diferencia.**

Sir Thomas Parr —nombrado caballero en la coronación del rey Enrique VIII— era un compañero de armas del joven rey y, como sir Thomas Boleyn y sir John Seymour antes que él, estuvo presente en el Campo de las Espuelas en Francia, en 1513. Lady Maud Parr había sido dama de Catalina de Aragón: es posible que su primera hija llevara el nombre de su señora y que la reina Catalina hubiera sido madrina de Catalina Parr.[18] En todo caso, Maud Parr había sido leal de por vida con la primera reina Catalina. Entonces, lo que parecían dos prometedoras carreras en la corte se vieron truncadas por la muerte de sir Thomas Parr

---

* Esto debe interpretarse más como la consecuencia de la estrechez de la sociedad aristocrática en un mundo escasamente poblado que como un deseo inconsciente del rey de cometer incesto, como se ha sugerido.[17] Las damas en cuestión no estaban estrechamente emparentadas entre sí (ni con el rey), aparte de Ana Bolena y Catalina Howard, que eran primas hermanas; después de la desgracia de Ana, nunca se consideró eso un punto a favor de Catalina, sino más bien un problema de parentesco. (Véase árbol genealógico 1.)

** Enrique VIII y Juana Seymour estaban en una situación bastante semejante entre sí, ya que eran primos en quinto grado, aunque emparentados por parte de la madre de él (York); por el contrario, Catalina Parr tenía sangre Lancaster.

en 1517. Maud Parr quedó con tres hijos jóvenes, de cuyas perspectivas en la vida —lo que significaba, básicamente, asegurarles buenos matrimonios— hizo su principal preocupación, hasta el punto de no volver a casarse.

Dada la temprana edad de Catalina a la muerte de su padre, es muy probable que fuese criada principalmente en Northamptonshire con sus parientes. Luego demostraría una gran devoción por su tío, otro sir William Parr, posteriormente nombrado lord Parr de Horton, y su hija, otra Maud, luego lady Lane por matrimonio. Allí también habría sido educada, hasta cierto punto. Según una teoría optimista, Catalina Parr se educó con María, hija de Catalina de Aragón, posiblemente con el gran Vives, y hablaba en latín «fluido» desde niña. Por una parte, la diferencia de edad entre ella y María —cuatro años— hace que eso sea extraordinariamente improbable (no hay ninguna referencia a Catalina Parr en los detallados relatos de la juventud de la entonces princesa María). Por otra parte, la historia posterior de la propia Catalina Parr demuestra que de ningún modo hablaba con fluidez en latín en 1543, cuando el rey empezó a mirarla con buenos ojos. En una fecha tan tardía como 1546, el príncipe Eduardo, un escolar de nueve años —que tenía una vena didáctica en lo que concernía a sus parientes mujeres de mayor edad— le envió una carta a Catalina Parr en la que aprobaba solemnemente sus esfuerzos en esa dirección y «su progreso en el idioma latín».[19] (La única carta en latín de Catalina que se conserva no es de su puño y letra.)

Por tanto, Catalina Parr era más como Isabel de Castilla —que valientemente aprendió latín en su adultez— que como Catalina de Aragón, cabalmente instruida de niña siguiendo órdenes específicas de la madre, que había carecido de tal instrucción. Catalina Parr se mostraría por cierto en la edad adulta como una persona con un amor profundo y genuino por el saber: lo valoraba entre sus íntimos tales como Katherine duquesa de Suffolk y miembros de su casa como lady Jane Grey, conocida desde una edad temprana por sus gustos intelectuales. El hecho de que la reina Catalina Parr tuviera el deseo de perfeccionarse, ya que no había recibido la educación excepcional de una princesa, la hace en realidad más admirable y más interesante.

No fue del todo sorprendente que Catalina Parr demostrara ser una mujer notable. Tenía a una madre notable en Maud Parr. Lord Dacre, que la ayudaba en sus proyectos matrimoniales, se refería a «la sabiduría de dicha lady [Parr] y el buen linaje de los Green de los que ella procede», así como «del sabio linaje de los Parr de Kendal, a los que buscan los padres cuando casan a sus hijos, ya que tratan de casarse con la sabiduría de esa sangre». Primero, Maud Parr luchó para casar a Catalina con el nieto de lord Dacre, heredero de lord Scrope de Bolton, en 1523 (cuando Catalina aún no tenía doce años).[20] Fracasó, a pesar de toda la sabiduría de su propio linaje y el de los Parr, porque no podía ofrecer una dote suficiente para Catalina y lograr al mismo tiempo un matrimonio para William, su único hijo, con Anne Bourchier, una Plantagenet, única hija y heredera del último Bourchier, conde de Essex.

No disponía de grandes sumas para repartir en ambas direcciones. En 1527, Maud Parr se aseguró el brillante matrimonio de su hijo, pero tuvo que buscar otro marido para su hija. Finalmente, Catalina Parr se casó a la edad de diecisiete años, en 1529. Dos años más tarde Maud Parr murió, dejándole a la hija una cadena con una imagen de san Gregorio, y su familia, esperaba, completamente establecida, ya que su hija menor, Anne Parr estaba destinada a un lugar en la corte.

Hay otro mito acerca de Catalina Parr, según el cual ya había estado casada con dos hombres viejos y enfermizos antes de 1543, el primero de ellos en realidad insano. De hecho, el primer marido fue un hombre joven, probablemente no mucho mayor que ella, y por cierto nada insano aunque su salud no era buena: Edward Borough, hijo de Thomas, lord Borough, chambelán de la reina Ana Bolena.[21] Con él fue ella a las propiedades familiares en Lincolnshire. Catalina no pasó mucho tiempo en ellas. Edward Borough murió en 1532, al año siguiente de la muerte de Maud Parr. Catalina era ahora una viuda de veinte años sin hijos, con discretos bienes derivados de las propiedades en Kent: su hermano había pasado a formar parte de la casa Essex de su suegro. El destino de Catalina no podía ser otro que un nuevo matrimonio.

Esta vez su esposo fue de hecho un hombre mayor. John Neville, lord Latimer, de Snape Castle, en Yorkshire, era un grande del norte que ya había enviudado dos veces, con un hijo, también llamado John, y una hija, Margaret. Lord Latimer tenía alrededor de cuarenta años, sólo dos menos que el rey. Ese matrimonio Latimer, que acabó en 1533, en la época de la coronación de la reina Ana Bolena, marcó el verdadero comienzo del ascenso de Catalina Parr. A los veintiún años, estaba a cargo de una casa sumamente grande, así como del cuidado de una hijastra: en ambas tareas tuvo un enorme éxito. Margaret Neville, lejos de llevarse mal con Catalina por su juventud, demostraría ser la primera en la larga línea de mujeres más jóvenes que responderían a su calor maternal y a su amistad. En su testamento de 1545, Margaret Neville escribió: «Nunca pude darle a Su Alteza [Catalina] suficientes gracias por la pía educación y el tierno amor y la maravillosa bondad que he encontrado en ella.»[22]

No obstante, no era una vida fácil. Lady Catalina Latimer se vio obligada a desarrollar otras cualidades mientras estaba en el norte. Esa «prudencia» que comentaron todos los observadores se forjó por primera vez en la época del Peregrinaje de Gracia: su esposo fue uno de los lores que se encontraron atrapados entre las amenazas locales de Robert Aske y su deber con el Gobierno del sur. Se recordará que lord Latimer fue tomado como rehén por Aske ante los ojos de su esposa, y «duramente obligado». Dadas las circunstancias, él ejerció un tiempo como portavoz de Aske, lo que suscitó la ira del rey, que exigió a lord Latimer que rechazara a Aske y se «someta... a nuestra clemencia». En diciembre de 1537, Latimer fue al sur y trató de explicar que había actuado bajo presión, dejando a su esposa y sus hijos sin protección en el norte.[23]

Esta vez fue a Catalina y sus hijastros Neville a los que pusieron bajo arresto domiciliario los rebeldes para asegurarse del retorno de Latimer. Latimer se apresuró de regreso al norte. Entre las amenazas de muerte a su familia y las acusaciones de traición que le formulaban, Latimer —y también Catalina— tuvo que recorrer un tortuoso sendero. Al fin Latimer fue uno de los que sobrevivieron, ya que no había suficientes pruebas contra él, pero su salud nunca se recuperó del todo de aquellas horribles experiencias. En los últimos años de la enfermedad de su esposo, Catalina fue pasando cada vez más tiempo en su casa de Londres, en Charterhouse Yard, y menos en el norte.

Allí renovó sus relaciones con la corte, donde su hermana Anne había estado con la reina Catalina Howard. Anne era ahora la esposa de un cortesano, William Herbert, nieto ilegítimo del conde de Pembroke. Tenía también una amistosa relación con lady María, cuyos orígenes no se debían tanto a ninguna educación compartida como a la recordada devoción de lady Maud Parr a la madre de María (siempre una piedra de toque de afecto en lo que concernía a esta última). En contraste, Catalina también comenzaba a ponerse en contacto —de una manera suave— con los aspectos más evangélicos de la religión anglicana. Eso era algo que obviamente la favorecería a los ojos del reformista arzobispo Cranmer más que a los del reaccionario obispo Stephen Gardiner de Winchester: pero no se lo consideró digno de mención en la época del cortejo por parte del rey.

Los intereses de lady Latimer no eran sólo intelectuales. En algún momento durante las etapas finales de la larga enfermedad terminal del

esposo, se enamoró de Thomas Seymour. Porque Catalina era un personaje más complejo de lo que creían los observadores, obsesionados por
su imagen de mujer prudente y viuda virtuosa, y su naturaleza no estaba
de ningún modo desprovista de pasión. Había estado casada brevemente con un hombre débil y diez años con uno veinte años mayor, inválido
buena parte de ese tiempo. Ahora se proponía usar la gran fortuna que le
correspondería para contraer un último matrimonio de acuerdo con sus
propios deseos. En ese punto —aún antes de la muerte de lord Latimer— el rey empezó a expresar su interés por ella. La sombra de aquel
galeón pesado, con la flameante bandera real cayó sobre sus planes que,
en lo que a ella concernía, hubiesen sido mucho más agradables.

Los primeros obsequios del rey a «lady Latimer» fueron el 16 de febrero, dos semanas antes de la muerte de lord Latimer, el 2 de marzo.
Luego Catalina Parr sería muy franca acerca de lo que sucedió a continuación. Como las heroínas románticas, estaba dividida entre el amor y
el deber. Al fin triunfó el deber. Le dijo a Thomas Seymour: «Tan cierto
como que Dios es Dios, mi mente estaba totalmente inclinada... a casarme con vos antes que con cualquier hombre que conozco. Sin embargo,
Dios se opuso a mi voluntad con vehemencia por un tiempo, y con su
gracia y su bondad, hizo posible lo que me parecía más irrealizable; es
decir, me hizo renunciar por completo a mi propia voluntad y seguir de
buen grado la suya.» Pero obviamente, el deber no triunfó sin una gran
lucha. «Sería largo escribir todo el proceso de este asunto», le decía Catalina a Seymour.[24]

Thomas Seymour quedó atrás, no se sabe si con alguna garantía, si
es que la hubo, para el futuro. Los Parr triunfantes avanzaron. El 20 de
junio, lady Latimer y su hermana Anne Herbert eran una presencia
conspicua en la corte, entonces en Greenwich. Tres semanas más tarde,
una licencia de matrimonio sin amonestaciones fue emitida por el rey
Enrique «que se ha dignado casarse con lady Catalina, esposa de lord
Latimer, difunto». Fue una ceremonia que podría haber tenido lugar legalmente en «cualquier iglesia, capilla u oratorio».[25] Pero el sitio elegido
era el habitual para los matrimonios del rey, «el gabinete de la reina» en
Hampton Court, donde ya se había casado con Juana Seymour y Ana de
Clèves (pero no con Catalina Howard).

Allí, el 12 de julio, se casaron Enrique VIII y la dos veces viuda lady
Latimer. A diferencia de algunas de las bodas reales, no fue una ceremonia secreta. Por el contrario, se indicó a las dos hijas del rey que estuvieran presentes, así como a su sobrina lady Margaret Douglas y otros, in-

cluida Anne Herbert. Cuando el obispo Gardiner preguntó si alguien conocía algún impedimento para la misión de la pareja, «nadie se opuso sino que todos aplaudieron». Las señoras María e Isabel habían tenido recientemente un grato golpe de fortuna: una nueva ley del Parlamento, del 14 de junio, las devolvía oficialmente a la sucesión, aunque sin legitimarlas. Se describió ese arreglo como «conveniente» si el rey debía ir al extranjero en una campaña militar.[26] La presencia de ambas en la ceremonia fue un signo de nueva armonía entre las ex princesas y su padre.

En cuanto al rey mismo, se observó que, mientras el obispo Gardiner pronunciaba las ya familiares palabras del servicio matrimonial, una expresión de verdadera felicidad cruzaba su cara abotagada. (A juzgar por el aterrador retrato de Matsuys de alrededor de esa fecha, respaldado por sellos contemporáneos, era una cara que con cada año que pasaba se iba pareciendo más a una enorme patata con ojos y boca que a un hombre.) De modo que el rey respondió afirmativamente a la pregunta de si deseaba casarse con Catalina. Por su parte, «la dama también repuso que era su deseo».[27]

La mujer que produjo esa alegría, la nueva reina Catalina Parr, nunca fue descrita por nadie como una belleza: ni siquiera la expresión «de mediana belleza» empleada por Marillac, tanto para Ana de Clèves como para Juana Seymour, se aplicó en su caso. «Grata» y «vivaz», «amable» y «afable» fueron los epítetos más halagadores que le dedicaron. Es verdad que la diferencia de edad y de condición puede haber sido la causa —no se esperaba que las viudas de más de treinta años fueran bellezas—, pero cuando Ana de Clèves exclamó indignada que la nueva reina no era «ni siquiera tan bonita como ella», Chapuys, que transmitió el comentario, no consideró oportuno contradecirlo.[28]

El único retrato auténtico conocido de la reina Catalina Parr, atribuido a William Scrots, muestra un rostro más amable que enigmático, de nariz corta, boca pequeña y frente ancha (no abombada como gustaba a los contemporáneos). Su pelo era bastante parecido en color al de Catalina de Aragón: castaño claro, teñido con lo que Agnes Strickland llamaría en el siglo XIX «hebras de oro bruñido».[29]*

---

* Eso no era pura fantasía victoriana. Agnes Strickland vio un mechón unas décadas después de que se abriera la tumba y se le cortara al cadáver. En 1990, la misma reliquia conservaba aún en el castillo de Sudeley sus reflejos castaños y dorados.

Pero si la nueva reina Catalina no era una belleza, tampoco era insípida ni austera. Le gustaba bailar. El duque de Nájera, español, informó de que, en 1544, cuando la reina estaba «levemente indispuesta», de todos modos salió de su cuarto para bailar «en honor de los presentes». Era una mujer de buen físico —la más alta de las esposas del rey Enrique— y su altura le daba un porte real, ya que su concepción del papel de reina consorte también incluía abundante vestimenta ornada.* Entre los primeros obsequios de los que hay constancia que le hizo el rey había trajes italianos con «plisados y mangas» y otros trajes de estilo francés y holandés, así como caperuzas francesas (el rey pagó la cuenta del sastre). El duque de Nájera dijo qué magnífico era su traje: vestido de brocado debajo de un manto abierto de tela dorada, mangas forradas de raso carmesí y cola de más de dos metros de largo. De su cuello pendían dos cruces, así como una joya compuesta por finos diamantes, y había más diamantes en su tocado; colgaban pendientes de un cinturón dorado.[30]

Con independencia de los trajes que encargó para sí, la reina Catalina heredó una vasta colección de vestidos de la difunta reina Catalina Howard, guardados en el castillo de Baynard (el guardarropa tradicional de la reina consorte). Eso, que puede parecernos macabro y propio de la casa de Barba Azul, era de hecho una medida perfectamente práctica en el siglo XVI, cuando los ricos trajes eran piezas valiosas. Cuando un mensajero debía trasladarse a Londres para llevar alguno de «los trajes adornados con pieles de Su Alteza la reina del castillo de Baynard» a la corte que estaba de viaje, muy bien podía regresar con uno de los espléndidos trajes que Catalina Howard se vio obligada a dejar cuando partió a Syon: el asunto no causaba ninguna turbación.[31]

Como la reina Ana Bolena, la reina Catalina Parr enviaba a buscar las sedas para sus trajes a Amberes, donde su sedera estaba casada con el agente financiero del rey allá. Por virtuosa que pudiera ser, la reina Catalina Parr no siempre era rápida para pagar: «La reina me debe mucho dinero» fue el comentario en una ocasión. Los zapatos eran una de sus pasiones: cuarenta y siete pares pedidos en un año, en carmesí, azul y negro, todos con detalles dorados, a catorce chelines el par, con terciopelo negro a un chelín menos, zapatos de corcho forrados de rojo y zapatos (que podían desecharse) a cinco chelines.[32]

La reina Catalina, como muchas de las anteriores esposas del rey

---

* Se observó que su ataúd medía un metro setenta y cinco centímetros, lo que sugiere una buena altura.

—y el rey mismo—, gustaba de la música y tenía su propio conjunto de violones, con músicos de Venecia y Milán, a los que se pagaba ocho peniques por día. La pintura, al menos los retratos y en especial las miniaturas, eran un interés menos usual. Encargó a John Bettes los retratos reales y probablemente haya protegido al pintor de origen holandés Hans Ewort si es que se trata de Hewe Hawarde —el apellido Ewort les costaba mucho de pronunciar a los ingleses— para que pintara miniaturas de ella misma y del rey a treinta chelines cada una. Su propio retrato fue pintado por una artista, Margaret, la viuda de Lucas Horenbout (a menos que el «Item a la esposa de Lucas» en las cuentas de la reina Catalina se refiriera a Margaret como albacea del marido).[33]

En otros sentidos, con su amor por los galgos (criados con leche), sus loros (alimentados con cañamón), su interés por las flores y las hierbas, su afecto por sus bufones enanos y su bufona enana, Jane Foole como se la conocía, a la que le había comprado una «enagua roja» especial, la reina Catalina Parr se nos presenta como una persona que gozaba de los pequeños placeres de la vida. Fueran cuales fuesen los estados de ánimo del rey enfermo, debía ser un alivio para los cortesanos que su nueva reina fuera de disposición amistosa. Según una tradición familiar, transmitida por su primo y asistente sir Nicholas Throckmorton:

> Ella estaba dispuesta a la alegría en compañía
> Aun considerando la modestia civil.[34]

A causa del último matrimonio real hubo una perdedora, así como muchos ganadores entre los propios parientes de la reina. La perdedora fue lady Ana de Clèves, que al parecer se había creído su propia propaganda de que el rey la tomaría nuevamente como esposa. Con «gran pena y desesperación» hizo el comentario crítico sobre el aspecto de Catalina Parr citado anteriormente, y agregó que no podía haber «ninguna esperanza de descendencia», ya que la reina Catalina (cuatro años mayor que ella) había estado casada con dos maridos sin tener hijos. Aunque Ana de Clèves no dijera realmente que «una buena carga se ha echado al hombro la señora Catalina» ni describiera al rey como «tan grueso» que «tres de los hombres más grandes que pudieran encontrarse entrarían en su traje», no hay ninguna duda de que se sentía mucho más despreciada entonces como mujer ahora que en 1540, cuando el rey se casó con Catalina Howard.[35]

En conjunto, el verano de 1543 fue una mala época para Ana de

Clèves. Puede no haber deseado volver a su patria, como oyó decir Chapuys, «desnuda (por así decir)» y renunciar a su espléndida manutención en Inglaterra. Lamentablemente, había pasado el momento. En Holanda, el emperador Carlos aplastó en su triunfo a su hermano el duque Guillermo, que se vio obligado a pedir perdón «de rodillas».[36] El Tratado de Venloe, por el cual el duque abandonaba su alianza con Francia, entregando Zutphen y Guelderland, se firmó en septiembre. Con el catolicismo restaurado en los Países Bajos, tenía sentido que el propio duque Guillermo renunciara al protestantismo que brevemente había animado: su matrimonio con Juana de Albret, sobrina de Francisco I, siguió el camino de sus convicciones religiosas anteriores y fue anulado por el Papa. La toma imperialista se completó cuando un católico duque Guillermo se casó con María de Austria, otra sobrina, pero sobrina de Carlos V.

Lady Ana, cuyo propio matrimonio con el rey de Inglaterra, como el del duque Guillermo con Juana de Albret, era una reliquia de un pasado diplomático que nadie tenía interés en recordar, ni siquiera podía esperar hallar el consuelo de la madre que la había criado. Porque la duquesa María había muerto poco antes del Tratado de Venloe, supuestamente con el corazón destrozado por la ocupación de Guelderland, que había sido su propia herencia. Marginada en Europa por esos acontecimientos, también en Inglaterra lady Ana fue empujada hacia los bordes de la vida de la corte inglesa: ahora ya nadie comentaba su dicha.

En cuanto a los Parr, ellos eran los ganadores en muchos aspectos. Anne Herbert, también elogiada por Roger Ascham por su erudición, se colocó en casa de su hermana, al igual que la prima de la reina Catalina, lady Maud Lane, y su hijastra, Margaret Neville. Su tío William, convertido en lord Parr de Horton, sería su lord chambelán. Aquel distinguido veterano de alrededor de sesenta años había sido Escudero del Cuerpo de Enrique VII antes de servir a Enrique VIII; sobrevivió cuatro años para gozar del triunfo de los Parr, algo que la temprana muerte de Eduardo IV le había negado a su padre. Su cuñado William Herbert entró en la cámara privada, fue nombrado caballero y puesto en posición de amasar una gran fortuna centrada en torno de las tierras de la anterior abadía de Wilton y otros bienes en Gales.

El hermano de la reina Catalina, William Parr de Kendal, ya contaba con el favor del rey: había llegado a la corte con una recomendación del duque de Norfolk en 1537 y, su tío, sir William Par de Horton, también le había pedido a Cromwell que le hallara un lugar en la cámara privada. En 1539 fue nombrado barón Parr de Kendal (hubiese preferido la baronía FitzHugh de la familia de su abuela, pero había problemas con el título). En abril de 1543 —cuando ya había comenzado el ascenso de su hermana— recibió varias comisiones en el norte, además de ser nombrado Caballero de la Jarretera.

No había ninguna duda de que William Parr era un hombre genial. La gente rendía tributo a su «florida fantasía e ingenio». Se decía que su deleite eran «la música y la poesía, y su ejercicio la guerra» (un orden agradable de prioridades), lo que sin duda explicaba por qué «su habilidad en el campo no hacía honor a su industria, ni su éxito a su habilidad». Lamentablemente, esa genialidad no le valió para retener a su esposa heredera Anne Bourchier, que se había marchado algún tiempo antes del matrimonio de Catalina Parr «y decía abiertamente que viviría como se le antojara»; si bien no tenía hijos con William Parr, ahora tuvo algunos «bastardos», de manera muy semejante a lo que había hecho la primera esposa de Edward Seymour.[37] Sin embargo, por las leyes de la época, nada de eso impidió que William Parr recibiera la herencia Bourchier por la que se había casado con ella: a Anne Bourchier, lady Parr, sólo le correspondió una asignación. Después de la muerte del padre de Anne, el título de Essex había estado brevemente en manos de Thomas Cromwell; en diciembre de 1543 William Parr fue nombrado conde de Essex.

Cuando la reina Catalina Parr hubo cumplido con su deber respecto de su propia familia al casarse con el rey, se vio obligada a cumplir su deber con el rey ocupándose de la familia de él. Había tomado como lema: «Ser útil en todo lo que hago.» Dice mucho en su favor que hubiera logrado establecer excelentes relaciones de afecto con sus tres hijastros, a pesar de sus diferentes edades y necesidades (lady María tenía veintiún años más que el príncipe Eduardo). Por supuesto, no los instaló bajo un mismo techo: en el siglo XVI, las casas separadas tenían más que ver con la condición que con la inclinación. Pero los hijos reales se reunían en ciertas ocasiones, bajo los auspicios de su madrastra. En diciembre de 1543, María de Hungría le preguntó al embajador inglés sobre la salud de la reina Catalina, así como de «mi lord el príncipe [Eduardo], mi lady María y mi lady Isabel», y si continuaban aún con el rey en una casa. Pero el hecho cierto era que el rey consideraba a Catalina —y también la corte— responsable de ellos, emocional más que físicamente. Cuando el rey, alejado de su sexta esposa, le escribía en una posdata «dad en nuestro nombre nuestras sinceras bendiciones a todos nuestros hijos», expresaba esa verdad.[38]

La relación de la reina Catalina con Isabel floreció plenamente unos cuantos años más tarde. Después de haber asistido a la boda de su padre, la muchacha no vio a su madrastra durante un año; al no encontrarla en la corte en junio de 1544, le escribió a la reina Catalina una carta (en italiano) deplorando el hecho. Al deshacerse la anterior casa conjunta con lady María, en diciembre de 1542, lady Isabel fue enviada a la del príncipe Eduardo. Del mismo modo, la ternura que el príncipe Eduardo, «el noble niño», le demostraba a su madrastra fue más evidente cuando creció. Pero lady María llegó a la corte bajo el ala de la reina Catalina de cuya casa había formado parte desde el principio. Ella fue «retenida para estar con la reina» durante el resto de la vida del rey Enrique.[39]

La salud de lady María se había resentido a causa de sus reveses de fortuna: aunque ahora estaba oficialmente confirmada en la sucesión, María sufrió a partir de entonces una serie de cólicos y otras enfermedades indeterminadas, todas las cuales requerían muchas medicinas y sangrías periódicas. Pero sería un error creer que a la «doncella» de veintisiete años era una solterona fea y frustrada: por ejemplo, le gustaba apasionadamente el juego (como a su padre), e igual que la reina Catalina era aficionada a la ropa y las joyas, así como a la música y la danza. Es posible que el interés natural de lady María por el saber, alentado años antes por su propia madre, contribuyera a los esfuerzos de Catalina por mejorar.

El envejecido Chapuys, de salud precaria, veía al fin con satisfacción el estilo de vida de la infeliz muchacha que había sido su protegida desde la muerte de la madre. Todo eso lo atribuía él a la bondad de la reina Catalina «que favorece a la princesa [María] todo lo que puede».[40] Chapuys, como prácticamente todos los comentaristas del sexto matrimonio del rey Enrique, aparte de Ana de Clèves, admiraba profundamente a Catalina Parr.

Otro deber de la reina consorte, aparte de ser la madre titular de la familia real, era actuar como regente del reino en ausencia del esposo, si la situación lo exigía (y sus cualidades justificaban el nombramiento). El 7 de julio de 1544, las actas del Consejo Privado registraron que «Su Alteza, la reina [Catalina Parr], será regente en ausencia de Su Alteza».[41] A pesar de la plétora de esposas del rey, el único precedente en su reinado fue en realidad el de Catalina de Aragón. Ella había cumplido la parte con solvencia cuando el rey Enrique fue a Francia en 1513 y los escoceses dieron problemas en las fronteras.

En 1544, el rey Enrique, una vez más, realizaba una campaña en Francia y los escoceses se negaban obstinadamente de nuevo a entender que su mejor destino era someterse a Inglaterra antes que favorecer a Francia. Ya no era un glorioso príncipe joven el que conduciría a sus ingleses hacia Boulogne, de acuerdo con su tratado con el emperador, sino un enfermo pesado a quien hubo que aupar sobre su caballo con la armadura recortada alrededor de la pierna tumefacta.[42]

Seguían los problemas del rey con su pierna; había estado enfermo poco antes de embarcarse y hay una conmovedora imagen de la reina Catalina Parr sentada con la pierna dolida de él sobre el regazo. Ella se mudó a un pequeño dormitorio próximo al del rey, fuera de sus aposentos de reina, lo que pone de relieve el hecho de que un hombre que va por su sexta esposa necesita una enfermera, papel para el que la viuda Latimer estaba bien dotada. Las cuentas del boticario revelan listas de curas, de supositorios hechos con aceite de oliva como excipiente, pastillas de regaliz y confites de canela, así como emplastos y esponjas para aplicar ungüentos. El rey empezó a usar gafas con montura de oro para leer: se ha sugerido que la reina fue quien recomendó esa mejora en la calidad de la vida de su esposo.[43]

Para entonces probablemente le fuera más necesaria una enfermera que una compañera de lecho. Cuando el rey hizo sus preparativos para la campaña, se ocupó de que el Parlamento reconociera el lugar de los hijos de Catalina Parr en la sucesión, si los tenía: es decir, después del príncipe Eduardo y sus vástagos, pero antes que las señoras María e Isabel. (Se hacía referencia a la reina como a aquella «con la cual Su Majestad no tiene ningún hijo, pero muy bien puede tenerlo cuando lo desee Dios».) Pero ésa debe ser considerada como una legislación optimista, en el mejor de los casos, para los años cuarenta del siglo XVI. No parece haberse sugerido coronación para la reina Catalina Parr. Durante el sexto matrimonio del rey se desvanecerían las referencias a «un duque de York» y aumentaría notablemente la importancia de lady María: «Al haber sólo un muchacho entre ella y la herencia», como el propio rey le dijo al embajador francés en 1542, intentando un matrimonio para su hija con un príncipe francés.[44]

Como buena esposa, la reina Catalina despidió a su esposo en Dover. A partir de entonces le envió una sucesión de cartas afectuosas. Es interesante comparar el tono de ellas con el de la primera reina regente, Catalina de Aragón, treinta años antes: ambas damas hunden bien sus plumas en miel (el estilo de Cordelia no era apropiado para tratar al rey

Enrique), aunque la nota levemente autoritaria que se percibía en la reina Catalina de Aragón —ella misma hija de dos monarcas y seis años mayor que el rey— está por completo ausente en la correspondencia de la reina Catalina Parr. La sumisión al deber es la clave (como en la explicación de su matrimonio real cuando realmente deseaba casarse con Thomas Seymour).

«Aunque el paso del tiempo y el cómputo de los días ni es largo ni abundante de la ausencia de vuestra majestad —empieza ella—, sin embargo la falta de vuestra presencia, tan amada y deseada por mí, me llega, y no puedo tener sereno placer en nada hasta que recibo noticias de Su Majestad.» Por una parte, su «amor y afecto» la obliga a desear la presencia de él, por otra «el mismo entusiasmo y amor me obliga a estar más contenta con aquello que es vuestra voluntad y placer». Sigue la reina: «Este amor me lleva a apartar en todo mi propia comodidad y placer, y a abrazar muy gozosamente la voluntad y el placer de quien amo. Dios, conocedor de los secretos, puede juzgar que estas palabras no sólo están escritas con tinta, sino muy sinceramente impresas en el corazón.»[45]

A cambio de lo que ella denominaba una carta «garrapateada» (en realidad notablemente bien escrita), la reina recibió una comunicación del esposo dirigida a su «muy encarecidamente y muy enteramente amada esposa» que había sido dictada. En ella se excusaba: «Estamos tan ocupados, y tenemos tanto que hacer al prever y ocuparnos de todo nosotros mismos, que casi no tenemos espacio para hacer otra cosa», pero por supuesto, el rey Enrique odiaba escribir cartas. Las famosas cartas de amor a Ana Bolena habían surgido de un torbellino de amor romántico. Mientras informaba a la sabia y bondadosa reina-regente en el hogar acerca de los detalles de los asuntos militares, no sentía tal inclinación a tomar la pluma, aparte de para un breve añadido referente a sus hijos cuando se sellaba la carta: «Nada más para vos en este momento, querida, por falta de tiempo y por la gran ocupación de los asuntos, sólo que os rogamos que deis en nuestro nombre nuestra sincera bendición a todos nuestros hijos.»[46]

Los consejeros que rodeaban a la reina Catalina regente eran los verdaderos administradores del reino: el 25 de julio, por ejemplo, en un añadido propio, ella tranquilizaba al rey acerca de su «diligencia».[47] Pero si su peso en asuntos de gobierno era ciertamente mucho menor que el que había tenido Catalina de Aragón, también era mucho mayor —oficialmente— que el de cualquier otra consorte. Y su firma, con las iniciales de su nombre de soltera, se estampaba en todos los documentos.

La situación escocesa fue el principal fantasma al que tuvieron que enfrentarse los consejeros y la reina. El sueño de un tratado matrimonial entre el príncipe Eduardo y María, reina de Escocia, aunque confirmado por el Tratado de Greenwich del 1 de julio de 1543, se había evaporado poco después. Los escoceses estaban indignados por el tratado. El sector profrancés de Escocia, incluidos el cardenal Beaton y la viuda María de Guisa, impulsaba nuevamente al país en esa dirección. (El vacilante gobernador de Escocia, el conde de Arran, hasta entonces proinglés, también cambió.) Como tan a menudo en ese período, el nacimiento de un bebé real en una determinada fecha fue de crucial importancia: en enero de 1544, Catalina de Médicis, esposa del heredero del trono francés, dio a luz un hijo, Francisco, después de diez años sin descendencia. Para muchos escoceses ahora tenía más sentido vincular a la reina niña con un príncipe francés que con un inglés.

Los ingleses, comandados por el tío del príncipe Eduardo, Edward Seymour, conde de Hertford (su primer mando independiente), respondieron con un feroz ataque sobre el sur de Escocia, incluidos Edimburgo y el palacio de Holyrood. (Hertford, al que se le ordenó que se ocupara de que «la piedra superior sea la más baja y que ni un palo quede junto a otro», se tomó seriamente esa responsabilidad.)[48] Si Arran había abandonado la causa de los ingleses, otros nobles escoceses se unieron a ella: el conde de Lennox, con la perspectiva de convertirse en otro gobernador proinglés de Escocia, se casó con lady Margaret Douglas en la época en que el rey Enrique viajó a Francia.

La reina Catalina escribió satisfecha al rey, que estaba en Francia, contándole los éxitos de Lennox. El 9 de agosto de 1544, decidió que Lennox iba a «buen ritmo» justamente porque estaba «sirviendo a un señor al que Dios ayuda», o sea, al rey inglés; anteriormente, al servicio del rey de Francia, a Lennox no le había ido ni de lejos tan bien. En general, la reina Catalina resultó ser una leal camarada en lo que concernía a las acciones en Escocia. En julio, dio las gracias a todos aquellos que la «sirvieron en el último viaje» en calidad de regente; ella misma redactó una oración por «los hombres que iban a la batalla» en Francia (de una naturaleza bastante más piadosa que las instrucciones de Hertford): «Ya que nuestra causa es justa, y viéndonos obligados a entrar en la guerra y la batalla, muy humildemente te rogamos, ¡oh Señor Dios de las huestes!, que devuelvas al corazón de nuestros enemigos el deseo de paz, que no se derrame sangre cristiana; concede, ¡oh Señor!, que con poco derramamiento de sangre y con poco daño y perjuicio para los inocentes podamos por tu gloria obtener la victoria.»[49]

El arzobispo Cranmer puede haber contribuido a la plegaria de la reina, si no a los verdaderos sentimientos tan característicos de aquella mujer conciliadora en esencia. El rey regresó a Inglaterra en octubre. (Boulogne había aceptado rendirse el 13 de septiembre, pero el rey no siguió su campaña hasta París, a pesar de su promesa a Carlos V de que lo haría.) Para entonces Cranmer y la reina habían estado en estrecho contacto durante tres meses por asuntos que tenían que ver con la regencia: Cranmer era miembro del Consejo. Ambos, acompañados por los miembros del Consejo Privado que habían permanecido en Inglaterra, hicieron una expedición a través de Surrey y Kent, donde estaban algunos de los bienes de la reina, y se alojaron juntos en el anterior palacio de Cranmer en Otford. Se destinó dinero al reacondicionamiento tanto del castillo de Leeds como del de Cobham, cuyas «cámaras de la reina necesitaban arreglo»[50]

El rey Enrique no esperaba que la proximidad a Cranmer tuviera efecto alguno sobre el carácter y las creencias de una mujer tan admirablemente equilibrada como era su última esposa: eso no se le pasaba por la cabeza. Aún menos se le ocurrió que hubiera más de una manera en que su autoridad pudiera ser cuestionada por la reina. En lo que a él concernía, a fines de 1544, tras el terrible desastre con Catalina Howard, el vicio en una reina estaba directamente relacionado con el adulterio, y de eso no había ningún peligro con esta digna esposa.

Corría el rumor —difundido por Antonio de Guaras— de que el rey Enrique había anunciado su inminente sexto matrimonio al Consejo de la manera siguiente: «Caballeros, deseo compañía, pero he tenido más que suficiente con las esposas jóvenes, y ahora he resuelto casarme con una viuda...» Entonces el rey envió por la dama en cuestión y anunció, como el rey Cophetua a la doncella mendiga: «Lady Latimer, deseo que seáis mi esposa.» Catalina se arrodilló entonces ante el rey: «Vuestra Majestad es mi señor, debo obedeceros.»[51] El tiempo demostraría si se podía confiar por completo en la sumisión de la reina Catalina Parr.

CAPÍTULO DIECIOCHO

Obediente a los esposos

Hijos de la luz... Si son mujeres casadas, aprenden
de san Pablo a ser obedientes a sus esposos...

Reina Catalina Parr,
The Lamentation of a Sinner

«Sus raras virtudes hacen de cada día un domingo, algo hasta ahora
desconocido en los palacios reales»: así se expresaba Francis Goldsmith,
capellán de la reina Catalina Parr, sobre la casa de su señora.[1] Si se toma
en serio su hipérbole —después de todo, al menos cuatro de las consortes del rey Enrique también habían tratado de crear ambientes adecuadamente decentes—, no hay duda de que la reina Catalina Parr era vista
por entonces como un modelo de piedad excepcional. (No se consideraba inadecuado el gusto de la reina por el baile y la «alegría en compañía», que se suponía que su papel requería: debía agradar al rey compor-
tándose como una consorte afable.) Pero su corte era un modelo de
piedad evangélica. Como Catalina, viuda de lord Latimer, había sentido
una ardiente pasión por Thomas Seymour, así también Catalina, consorte de Enrique VIII, alimentaba ideas sorprendentemente subversivas
a pesar de su aparente conformidad.

Los capellanes nombrados, no sólo Goldsmith, sino también reformistas como John Parkhurst y Anthony Cope, y después Miles Coverdale; las damas de alta cuna como Anne, condesa de Hertford, y lady
Jane Denny, que eran parte importante de la casa, tenían opiniones muy
distintas de las del grupo católico y reaccionario del Consejo Privado.
Una de esas damas —Katherine, duquesa de Suffolk— era especialmen-

te influyente. Como el arzobispo Cranmer, con el que la reina Catalina había pasado aquellos significativos meses de expedición real en ausencia del rey, la duquesa Katherine tuvo la oportunidad y también la inclinación de alentar a la nueva reina en sus tendencias naturales a la Reforma y probablemente haya sido ella la que presentó a la reina al ex obispo reformista Hugh Latimer (privado hacía poco de su obispado por oponerse a la Ley de los Seis Artículos).[2]

La duquesa, nacida Katherine Willoughby, era la hija heredera de la dama favorita de Catalina de Aragón, María de Salinas. Se había casado a los catorce años y tenía menos de treinta (unos siete menos que la reina). Pero a medida que mermaba el poder del en otro tiempo «duro» duque de Suffolk, el antiguo compañero de justas y servidor de confianza del rey Enrique, prosperaba el de su joven esposa. A lo largo de su vida la duquesa Katherine demostró que tenía algo de tigresa: «Una dama de agudo ingenio y segura mano para dirigir y herir cuando lo deseaba.» A la duquesa Katherine se le atribuía haber influido en Suffolk en la dirección de los reformistas antes de la muerte de éste. John Parkhurst la elogiaba excesivamente en pie latino como poseedora de «las dotes... de la mente» que la ponían a la altura de los «hombres de la más alta distinción».[3]

Suffolk murió en agosto de 1545, a los sesenta y un años: fiel hasta el fin, asistió a una reunión del Consejo Privado en sus últimos días. Dos años después de la muerte de su esposo, se decía que la duquesa Katherine gobernaba todo Lincolnshire (donde estaban las propiedades de él).[4] Sus opiniones religiosas eran las de la nueva generación, muy distintas de las de su madre o de la reina a la que su madre había servido.

Hasta donde puede asegurarse, las ideas de esos capellanes y damas también estaban muy alejadas de las del rey Enrique; aunque en los años restantes de su vida nadie supo con seguridad absoluta cuáles eran las ideas religiosas del viejo rey, tal vez porque se encontraba en un estado de constante dolor y por ende de irritabilidad, ni él mismo lo sabía bien. Pero pisamos terreno mucho más seguro respecto de las creencias religiosas de la reina Catalina, porque ella dejó un cuerpo modesto pero interesante de escritos devotos. Es un error pasar por alto la importancia de esas obras sólo porque a menudo se basan, aparte de en las Escrituras, en *La imitación de Cristo* de Kempis y en otra *The Mirror of the Sinful Soul*, de Margarita de Navarra (Margarita de Angulema).[5] Los escritos de la reina Catalina deben interpretarse en otro contexto: el de la escasez de obras escritas por mujeres en ese período.

Se ha señalado que Catalina Parr es una de las ocho mujeres que publicaron libros en los poco más de sesenta años del reinado de los primeros monarcas Tudor, Enrique VII y Enrique VIII.[6] Aparte del hecho de que la reina decidiera usar la posición prominente que le daba su matrimonio para escribir esas obras, también es significativo el modo en que se expresa como autora. *La imitación de Cristo* de Kempis, por ejemplo, adopta la forma de un diálogo entre una deidad masculina —«Jesús», «Padre», «Señor»— y un autor al que se aborda como «mi hijo»; pero la reina Catalina habla con elocuencia en primera persona (sin género), más en consonancia con sus propias aspiraciones.[7] No sorprende que sus pequeños manuales, tan convenientes para las mujeres de mil capillas y oratorios de todo el país, se hicieran sumamente populares y que se publicaran de ellos muchas ediciones.

Prayers and Meditations [Plegarias y meditaciones], publicado por primera vez en 1545, según las propias palabras de la reina Catalina, intentaba «movilizar» la mente para que «soportara con paciencia todas las aflicciones aquí, no dar valor alguno a la vana prosperidad de este mundo y desear siempre la felicidad eterna». Incluye la «Plegaria para que digan los hombres que entran en la batalla» citada en el capítulo precedente, así como la «Plegaria por el rey»; su tesis principal es la naturaleza redentora de la Pasión de Jesucristo. Más allá de eso, el tono es de simplicidad y sinceridad, desprovisto de radicalismo. *Prayers and Meditations* de la reina Catalina era lo suficientemente anodino como para que hubiera de él diecinueve ediciones, a fines del siglo XVI, sin perjuicio de los cambios doctrinarios de los diversos reinados posteriores.* Sentimientos como: «Enséñame, Señor, a satisfacer tu voluntad, a vivir humildemente y dignamente ante ti, porque tú eres toda mi sabiduría y mi astucia, tú eres el que sabe cómo soy», llegaban a muchos corazones.[8]

La erudita lady Isabel había escogido la obra de Margarita de Navarra para traducir, como regalo de Año Nuevo, en 1544, a su madrastra. Lady Isabel hizo encuadernar la colección con una hermosa cubierta. Al año siguiente, a la edad de once años, Isabel lo hizo todavía mejor y procedió a traducir la obra de su madrastra, *Prayers and Meditations*, a tres

---

* Una versión manuscrita (supuestamente la caligrafía es de Catalina Parr), a la que le faltan los últimos cincuenta y cinco versos de la edición impresa, se conserva en Kendal Town Hall. De sólo 5 por 3 centímetros, escrita sobre pergamino y decorada con detalles dorados y de color, se guarda en una caja de plata. Fue un obsequio de la reina a Isabel Tuke, hija del tesorero de la cámara de Enrique VIII, y permaneció en posesión de la familia Tuke hasta fines del siglo XVII.

lenguas —el francés, el italiano y el latín—, con el objeto de presentár-sela a su padre.[9]

Pero *The Lamentation, or Complaint of a Sinner, made by the most ver-tuous and right gratious Ladie, Queene Catherine* no hubiese sido un obse-quio de Año Nuevo aceptable para Enrique VIII. De hecho, la obra tam-poco fue impresa mientras él vivió. Se publicó por primera vez en 1547 bajo los auspicios del hermano de la reina, William Parr, la duquesa Ka-therine y William Cecil. Este último se refirió a la obra como el trabajo de una mujer «por matrimonio muy noble, por sabiduría pía... famosa Catalina, esposa de aquel que fue rey de los reinos».[10] No es difícil enten-der por qué no se consideró adecuado presentar *The Lamentation of a Sinner* durante los últimos años de la vida del rey. Era una época de febril incertidumbre en lo concerniente a los asuntos doctrinales, complicada además por la lucha de poder entre los asesores del rey, en las que se mez-claban inextricablemente religión, política y disputas de la nobleza.

Una vez más, *The Lamentation of a Sinner* se caracteriza por su sim-plicidad y sinceridad, aunque tiene un definido matiz doctrinario. Se rinde en él tributo al rey Enrique —«mi más soberano y favorable señor y esposo»— no sólo por ser «pío y erudito», sino también por ser «nues-tro Moisés» que «nos ha librado del cautiverio y la esclavitud del faraón [Roma]». Denuncia al «obispo de Roma» y a la «gentuza» que ubicó «en su tiranía».[11] (Por esta razón el libro fue suprimido temporalmente du-rante la reacción católica del reinado de María.) Aparte del antipapismo, el mensaje más fuerte del libro es la necesidad crucial de que los legos se beneficien del estudio de la Biblia.

La reina atacaba a aquellos que criticaban la lectura de la Biblia sobre la base de que eso conducía a la herejía: seguramente tales críticas podían ser en sí mismas una forma de blasfemia contra el Espíritu Santo. «¿No es una perversión extrema —escribió— cargar la palabra santificada y sagra-da de Dios con las ofensas del hombre? ¿Alegar que las Escrituras son un saber peligroso, porque ciertos lectores caen en herejías?» ¿Acaso la gente se sometía a privaciones porque algunos comían en exceso? ¿Evitaba el uso del fuego sólo porque la casa de un vecino desaparecía en un incen-dio? «¡Oh, odio ciego! —exclamaba—. Denigran a Dios por la ofensa del hombre.» Entretanto, sin esclarecimiento bíblico directo, «nosotros, que somos iletrados, quedamos confundidos, sin Dios, de su gracia».

Pero en mayo de 1543 el Consejo había decidido que la «clase infe-rior» no se beneficiara con el estudio de la Biblia en inglés. La Ley para el Avance de la Verdadera Religión afirmaba que «ni mujeres ni inventores, mensajeros, hombres de servicio del grado de labradores o agricultores ni trabajadores» podían en el futuro leer la Biblia «privada o abiertamente». En un sermón en la ciudad de Londres del año siguiente, se sugirió que el estudio de las Escrituras estaba volviendo indóciles a los aprendices.[12] Las mujeres (las mujeres del pueblo), labradores y aprendices: todos ellos llevaban una vida muy distinta a la de la corte, donde la reina Catalina tenía al parecer la costumbre de organizar grupos de estudio de las Escrituras entre sus damas, que escuchaban sermones evangélicos. Aunque una cláusula posterior de la ley de 1543 permitía que toda mujer noble leyera la Biblia (a diferencia de las de «la clase más baja»), esa actividad debía tener lugar «para sí mismas a solas y no con otros».

Quedaba por ver si tan inocente indiferencia por las consecuencias de sus acciones podía continuar. En su énfasis en lo individual, su ignorancia de los efectos de la gracia a través de los sacramentos y centrada en la salvación por Jesucristo solamente, la reina Catalina había avanzado mucho por el camino de la herejía, aunque no hubiera cruzado el límite: «Pero no podemos imputar al valor de la fe o de las obras nuestra justificación ante Dios —escribió la reina Catalina—, sino totalmente a los méritos de la pasión de Cristo.»

Aunque la persecución de la herejía fue intermitente en los últimos años del reinado de Enrique VIII, continuaría en tanto conviniera a los integrantes de una determinada facción para perjudicar a los de otra. En *Lamentation of a Sinner*, la reina Catalina se refería a los «Hijos de la Luz», aquellos que eran «tan puros y santos» que podían simplemente leer las Escrituras sin necesidad de mayor instrucción. Agregaba que esas personas santas, si eran «mujeres casadas», debían aprender de san Pablo a «ser obedientes a sus esposos en el hogar».[13] Catalina Parr, cuyo esposo era el «pío y erudito» Enrique VIII, tendría la prudencia de practicar lo que predicaba modestamente.

De las obras atribuidas a la reina Catalina Parr, dos traducciones anónimas al inglés, una de Savonarola y una de Erasmo, probablemente no sean suyas; mientras que otra traducción del latín, *Psalms or Prayers taken out of Holy Scripture*, que no suele atribuírsele, ha sido convincentemente demostrado que lo es.[14] Los «Libros de las plegarias del salmo, bellamente encuadernados en cuero sobredorado» de Thomas Berthelet, que en mayo de 1544 la reina pagó, posiblemente fueran sus copias de presentación de la obra, que luego a menudo se encuadernó con sus *Prayers and Meditations*. Las traducciones pueden haber sido una especie de ejercicio de latín, como prueba otro pago de la primavera de 1544 por «un libro para Su Alteza en latín e inglés con Epístolas y Evangelios sin encuadernar».

Aparte del de autora, el papel de la reina Catalina como protectora recuerda el de Ana Bolena. Promovió la traducción de la paráfrasis de las Escrituras de Erasmo, si no la realizó ella personalmente. Nicholas Udall, el que había escrito la oda de la coronación para la reina Ana, se benefició de ese aliento. Le dedicó su traducción del Evangelio de san Lucas, que terminó en 1545. Udall confiaba en que el rey Enrique creyera adecuado permitir que se publicara «para el mismo fin que vuestra reina Catalina le ha dado, es decir, para la comodidad pública y el beneficio de la buena gente inglesa ahora desde hace tiempo triste por la sed y el hambre del sincero y sencillo conocimiento de la palabra de Dios».[15] Pero al rey no le pareció adecuado. La publicación de esa traducción (los Evangelios y Hechos de los apóstoles) tuvo que esperar hasta 1548; el Evangelio de san Lucas seguía entonces dedicado a Catalina, pero con una dedicatoria general al nuevo rey.

También como la reina Ana Bolena, la reina Catalina ejercía su influencia para proteger a los reformistas que se encontraban en dificultades. En 1544, por ejemplo, envió a su propio servidor, Robert Warner, a suplicar por el maestro de escuela reformista Stephen Cobbe ante la Corte de Concejales de la ciudad de Londres. Parece ser que ella lo salvó en esa ocasión, aunque Cobbe se metió otra vez en líos al año siguiente.[16] También alentaba a reformistas como John Cheke, Anthony Cooke y William Grindal, no sólo en su propia casa sino también en la del príncipe Eduardo, lo que obviamente influyó en el carácter de él y en el futuro del país.

No cabe duda de que la reina Catalina Parr, mucho más que la reina Juana Seymour, merece el calificativo de reina protestante que a veces se aplica erróneamente a Juana. Si la reina Catalina hubiese logrado tener los «muchos hijos» que esperaba el anticuario John Leland en una dedicatoria de alrededor de esa época,[17] o aun sólo uno que sucediera al hijo de Juana Seymour en el trono, sin duda lo habría recibido. La maternidad de una reina protestante le hubiese valido una reputación que no pudo ganarse con el ejemplo personal y los escritos piadosos.

Hacia 1545, Enrique VIII encargó un enorme retrato que simbolizara la gloria de la dinastía Tudor. Es una obra notable por dos razones. En primer lugar, el tamaño y la posición de las figuras responden a su importancia dinástica. En la parte exterior, separadas de la familia por pilares, están de pie las dos hijas del rey; son de tamaño más o menos igual, salvo que lady María se sitúa en primer plano de su panel mientras que lady Isabel aparece un poco más atrás. El grupo central está formado por el poderoso rey en su trono, con las piernas torneadas —no tumefactas— y los tobillos a la vista como hubiesen sido en su apogeo como deportista. El heredero del trono, el príncipe Eduardo, está a su derecha, sorprendentemente desarrollado para ser un muchacho de siete u ocho años, con la cara de tamaño casi adulto.

La segunda característica notable es la presencia en ese grupo interior de la reina Juana Seymour, de tamaño natural y figura femenina dominante. No hay señales de la reina Catalina Parr, que en la época de la ejecución de ese cuadro había sido la consorte «más amada» del rey durante dos años, su regente y que presidía su corte. Para el rey, se trataba de una representación evocativa de la sucesión masculina que tanto se había esforzado por establecer, incluida a la «enteramente amada» reina Juana que finalmente le había permitido lograrlo. En la actualidad podemos extraer del cuadro otro mensaje: la importancia de cualquier mujer, incluida una reina como Catalina Parr, dependía en última instancia de su capacidad para satisfacer los deseos filoprogenitores de su esposo.

Una serie de luchas por el poder dentro del Consejo Privado y en la corte marcaron, en general, los últimos años de Enrique VIII: una vez más, los Howard compitieron con los Seymour. Pero ahora la cuestión fundamental era la regencia del futuro rey antes que el matrimonio del presente; aunque, como veremos, no se había abandonado toda esperanza de manipular al rey Enrique por medio de sus afectos: por una amante si no una esposa. En esas luchas, los Howard, no sólo el duque de Norfolk sino también su hijo, el soldado-poeta conde de Surrey, estaban representados como antes por el grupo «católico» encabezado por el obispo Gardiner. Los Seymour, presididos por el conde de Hertford y su hermano menor sir Thomas Seymour, y el arzobispo Cranmer, tendían a la Reforma.

Los Parr también apoyaban la Reforma, no sólo la reina sino también lord Parr de Kendal y los Herbert. Pero mientras el duque de Norfolk —el principal duque de Inglaterra— podía pretender representar a la familia más distinguida del país, y el conde de Hertford era indudablemente el tío por sangre del futuro rey (además de haber ganado mucha reputación militar en Escocia y Francia), los Parr no tenían títulos que los convirtieran en jugadores importantes de esa partida: la reina Catalina no formaba parte del cuadro dinástico. Eso podría haber salvado de la hostilidad tanto a ella como a su familia. Lamentablemente, no sería así. Sus ideas religiosas la convertían en un blanco excelente para el ataque, que se podía convertir en un asalto indirecto a los reformistas del Consejo Privado.

En las complejas maniobras diplomáticas de esos años, la reina Catalina tampoco fue una figura importante. Era reconocida como reformista, pero nadie pensaba que tuviera la clase de influencia que se le había atribuido a Catalina de Aragón con sus conexiones españolas (o, en ese sentido, a la dominante Ana Bolena). Los tributos a Su Alteza se referían a su verdadero papel en la vida del rey como reina administradora, una suavizadora de situaciones ásperas, no una figura política. Entretanto, la alianza angloimperial empezó a quebrarse con acusaciones de incumplimiento por ambas partes. En el verano de 1545, la reina Catalina aseguró con tacto al nuevo embajador imperial Van der Delft el «sincero afecto y la buena voluntad» del rey Enrique;[18] pero de hecho, la neutralidad del emperador ante las campañas agresivas del rey Francisco por recuperar Boulogne enfurecía al rey Enrique.

En suma, ese verano fue un período de prueba para el rey inglés. Los escoceses habían logrado infligirle una derrota en Ancrum Moor a comienzos de primavera. Ahora los franceses para reclamar Boulogne, navegaron a lo largo de la costa sur de Inglaterra y desembarcaron en la isla de Wight con el declarado propósito de invadir y terminar con la tiranía del rey Enrique y restaurar los derechos de la Iglesia. El rey estuvo en la costa sur, en Portsmouth, adonde llegó el 15 de julio con la reina para supervisar las defensas. Allí, cuatro días más tarde, tuvo el disgusto de observar su barco favorito, el *Mary Rose*, escorarse y hundirse ante sus propios ojos (y los de su corte), probablemente a causa de que el agua inundó el casco mientras las cañoneras estaban abiertas, dispuestas para la acción. Perecieron casi todos los 700 hombres que iban a bordo del *Mary Rose*; sus gritos al ahogarse llegaban a los oídos del rey en tierra. Aunque se rechazó la invasión a pesar de ese desastre, los franceses asolaron los puertos de Sussex. Parecía mentira que el rey se hubiese jactado el año anterior en «voz muy alta» de que los franceses habían sido «vencidos por tierra y por mar».[19]

También por esas infructuosas maniobras sus súbditos soportaron inflación, impuestos, tributos y una devaluación de la moneda (en 1544), situación que empeoraron las malas cosechas. Persiguiendo la gloria militar que le había hecho tan feliz en su juventud, aquel nuevo Enrique V gastó casi dos millones de libras en sus últimos años y derrochó los enormes ingresos provenientes de la disolución de los monasterios. La paz con Francia no llegó hasta junio de 1546, cuando el rey Enrique aceptó por fin entregar Boulogne, siempre que el rey Francisco le pagara un enorme precio por ella en varios años.

El rey añadió a la complicación causada por sus iniciativas diplomáticas las habituales maniobras bizantinas de los matrimonios de sus tres hijos. ¿Realmente intentaba conseguir una nueva alianza protestante con los príncipes germanos? Al duque de Holstein le ofrecieron una de sus hijas, de la que se acentuaba su lugar en la sucesión. Por otra parte hubo negociaciones para un matrimonio entre el príncipe Eduardo y una princesa Habsburgo. Se convino que el joven príncipe, como heredero del trono inglés, era «la persona más grande de la Cristiandad, adecuado para todo ofrecimiento tal»; se mencionó el nombre de una de las sobrinas del emperador.[20] (Carlos V tenía muchas sobrinas porque su hermano, el rey Fernando de Hungría, tenía once hijas, una de las cuales acababa de casarse con el duque Guillermo de Clèves.) Hubo las familiares negociaciones acerca de la dote de ambas partes: los ingleses sugirieron por medio del obispo Gardiner que la dote debía estar a la altura de la esposa como sobrina del emperador, y el embajador imperial respondió —con cierta razón, dadas las circunstancias— que el emperador tenía muchas sobrinas. Ninguno de esos tratados de matrimonio se firmó en vida del rey, ya que su propósito era puramente diplomático.

En cuanto a «la persona más grande de la Cristiandad», el príncipe Eduardo, llevaba en su hogar de Inglaterra una vida adecuada a esa descripción. Pero al menos ahora tenía en la reina Catalina una madrastra capaz de iluminársela un poco con ese «tierno amor» que había elogiado su hijastra Margaret Neville. La correspondencia del joven príncipe evidenciaba en su relación con la reina una calidez y una vivacidad que no se ponían de relieve en otras partes. Ella es «*Mater Charissima*», «mi queridísima madre» —la forma familiar en que se dirigía a ella— y tenía «el principal lugar en mi corazón». Aunque se conservan varias cartas tanto del príncipe como de la reina, debe de haber habido muchas más. Porque la correspondencia era regular y frecuente: en una, la reina disculpa a Eduardo por no haber escrito «durante varios días», entendiendo que el afecto de él por ella es constante, y sus estudios complejos.[21]

El príncipe Eduardo, un pedagogo en ciernes, se toma mucho interés en el progreso de su madrastra en latín (tanto más lento que el suyo

propio) «acerca de lo cual siento no poca dicha». Le da pequeños sermones como éste, que hace sospechar que el goce de la vida por parte de la
reina era su objetivo, no la hermana: «Perdonad mi estilo rudo al escribiros, muy ilustre reina y amada madre, y recibid mi sincero agradecimiento por vuestra afectuosa bondad hacia mí y mi hermana. Sin embargo, queridísima madre, el único verdadero consuelo es del Cielo y
el único amor real es el amor de Dios. Preservad, entonces, os ruego, a
mi querida hermana María de todos los engaños y encantamientos del
Malo, y rogadle que no siga atendiendo a las danzas y entretenimientos
extranjeros que no convienen a una princesa tan cristiana.»[22] (El príncipe Eduardo tenía ocho años y medio cuando escribió eso.)

De 1546 en adelante, la reina Catalina también estuvo directamente a cargo de lady Isabel, de doce años, que fue llevada a la corte y puesta
entre aquellos «acostumbrados a estar alojados dentro de la casa de Su
Majestad el rey». Es improbable que lady Isabel recordara a su verdadera madre, una reina a la cual nadie mencionaba: tenía poco más de dos
años y medio cuando Ana Bolena fue ejecutada y además no se había
criado con ella (según la costumbre real). Después había tenido una serie de madrastras cuyo interés principal había sido forjar vínculos o no
forjarlos con su hermanastra María (con la honorable excepción de Ana
de Clèves, reina efímera, que se había encariñado con la niña sagaz e
inteligente de siete años). Ahora, en la reina Catalina Parr, Isabel encontraba no sólo a una madre adoptiva experimentada (cuyo «cuidado y solicitud» por su salud ella valoraba), sino una mujer cuyos intereses intelectuales y tendencias reformistas coincidían con los suyos: el «ferviente
entusiasmo que Vuestra Alteza tiene hacia todo el saber pío».[23]

Al presentarle su traducción de *The Mirror of the Sinful Soul*, Isabel
le pedía cortésmente a su madrastra que «eliminéis, puláis y enmen-
déis... las palabras (o más bien el orden de mi escritura) que sé que en
muchos lugares es incorrecto».[24] Aunque es más probable que los escritos de la propia reina Catalina necesitaran pulir y corregir —sus conocimientos no podían igualar nunca los de su hijastra—, las palabras de
Isabel constituían un grato reconocimiento de una relación (al menos
por esa época) sin dificultades y agradable para ambas.

En 1546, la persecución de los herejes se hizo más intensa. Sir Thomas Wriothesley, ahora barón Wriothesley, había sucedido al más benig-
no lord Audley como lord canciller en mayo de 1544: era ferviente en su

persecución de los herejes relacionados con la corte. Wriothesley era uno de aquellos que habían evaluado a Catalina Parr en el momento de su matrimonio como «una mujer, a mi juicio, por virtud, sabiduría y gentileza muy apta para Su Alteza, y estoy seguro que Su Majestad nunca tuvo una esposa más agradable para su corazón de cuanto es ella». Esos tiempos hacía mucho que habían pasado. Él pertenecía ahora al grupo de aquellos que se sentían felices de perturbar a Su Majestad en esa armoniosa relación, si al hacerlo podían derribar a los reformistas. George Blagge, por ejemplo, era un cortesano y poeta menor que escapó por poco de ser quemado vivo por herejía en el verano por negar, supuestamente, la eficacia de la misa. Al fin, el favor personal salvó a Blagge, pero mientras estaba sentenciado, escribió con ardor sobre sus enemigos religiosos pintando la «Iglesia romana» de ellos con «el color rosado de la sangre perseguida».[25]

Había rumores acerca de la inestabilidad de la posición de la reina. Por una parte, es difícil saber ahora cuánta credibilidad otorgarles; la idea que llegó al extranjero de que el rey se libraría de Catalina Parr para casarse con Katherine, duquesa de Suffolk, es improbable, y el propio creador del rumor admitió que el rey no demostraba ningún cambio de conducta hacia su esposa. Persistían rumores semejantes relativos a lady Ana de Clèves, de la que se decía que había tenido dos hijos con el rey en mayo de 1546, simplemente porque ella era quien iba y venía a la corte «a su voluntad» y tenía una «buena dote» que la sostenía. Una profecía, en junio, de cierto Robert Parker, en el sentido de que «la reina no debe reinar largo tiempo y debe haber otra reina», era otra de las muchas predicciones que nunca se cumplieron. Por otra parte, se decía que la reina Catalina estaba muy enfadada por el rumor sobre su amiga la duquesa Katherine y se comprende que, en su posición, ese tipo de habladurías, aun sin fundamento, no siempre fueran fáciles de soportar.[26]

Un arresto fundamental desde el punto de vista de Catalina fue el de Anne Askew, el 24 de mayo. Era una joven de poco más de veinte años, de ideas marcadamente reformistas, apasionada de los estudios bíblicos como la reina. Innegablemente poseía muchas relaciones en la corte. La hermana de Anne Askew estaba casada con el mayordomo del difunto duque de Suffolk; su hermano Edward tenía un puesto en la casa del rey. Ella había estado casada brevemente en su Lincolnshire natal y tenía hijos, pero había ido a Londres después de que el esposo aparentemente la expulsara por enfrentarse con sacerdotes locales. (Una de las acusaciones contra ella era que había cambiado su nombre de casada —Kyme— por su nombre de soltera Askew.) En 1545 Anne Askew ya había sido interrogada por herejía y había respondido con vigor a sus acusadores. Sobrevivió a la experiencia. No pudo sobrevivir al renovado ataque de 1546, aunque nunca cedió a sus acusadores masculinos. El alcalde se dirigió a ella repetidamente como «tú, tonta mujer», a lo que ella replicaba: «Ay, pobre ratón.» Su notable espíritu, que no se quebró ni siquiera bajo tortura, ilegal para una mujer de su posición, al menos le valió ser considerada una heroína protestante en el reinado siguiente.[27]

Por entonces, encarcelada en la Torre de Londres, Anne Askew fue presionada interminablemente sobre el tema de las grandes damas de la corte cuyas ideas religiosas eran sospechosas para Wriothesley y su ayudante Richard Rich. Los dos manejaban el potro de tormento, enfurecidos por el silencio obstinado de Anne, cuando el teniente de la Torre se negaba a hacerlo. Ella admitía haber recibido regalos en dinero —chelines— de los servidores de Anne, condesa de Hertford, y lady Jane Denny, pero se negaba absolutamente a agregar aquello que diera las pistas esenciales respecto de sus esposos (o la reina).[28] El 16 de julio, Anne Askew, horriblemente lisiada por las torturas pero sin retractarse, fue quemada por herejía. Con ella murió, por herejía, John Lascelles: aquel cuyas escandalosas revelaciones habían conducido al encarcelamiento y la muerte de la reina Catalina Howard.

Quedaba por ver si la reina Catalina Parr seguiría a su predecesora a la Torre de Londres, aunque por una razón muy diferente. Irónicamente, fue la propia reina Catalina la que aportó el vital elemento que faltaba al permitir que sus enemigos religiosos atacaran su posición con su esposo. La salud del rey —«la angustia de su pierna enferma»— lo volvía sumamente irritable en esa época, como admitían sus más fieles partidarios. En su versión de los acontecimientos de ese verano de 1546, lord Herbert de Cherbury relató que, en su dolor, al rey «no le agradaba que lo contradijeran», especialmente en su vejez y por su esposa. Eso, y el relato del martirólogo protestante John Foxe, que es la fuente de la historia, demuestra que la reina Catalina había intentado lo impensable en lo que concernía a Enrique VIII: le había dado un sermón a su esposo, e incluso «en el calor de la discusión había ido muy lejos».[29]

Ella debió haber sido más prudente; después de todo, había estado casada con otro hombre mayor de mala salud. La capacidad de la reina Catalina como enfermera era parte del encanto que tenía para el rey Enrique, y así continuó. Como dijo el obispo Burnet, el rey soportaba la existencia de esos predicadores radicales en los apartamentos de ella porque en todos los otros sentidos la reina Catalina se comportaba admirablemente; sobre todo, demostraba «ese maravilloso cuidado por la persona del rey, que le concedió el gran honor de convertirse en su esposa».[30] No era parte del deber de una enfermera contradecir a un paciente difícil.

Y, tal vez, en lo más profundo de su corazón, la reina Catalina supiera qué le convenía. Tal vez su lado impulsivo, tan poco coherente con su correcta conducta, anteriormente expresado en su amor por Thomas Seymour, sencillamente no le permitiera guardar silencio sobre sus propias ideas religiosas. La fervorosa cristiana se imponía a la enfermera. «Hijos de la Luz... Si son mujeres casadas, que aprendan de san Pablo a ser obedientes a sus esposos», había escrito. Ése era el consejo de perfección, pero Catalina Parr, a pesar de ser valorada como la consorte ideal, una respetable viuda de confianza y madura, no era más absolutamente perfecta que cualquier otro ser humano, varón o mujer.

El 4 de julio, el Consejo Privado ordenó a los auditores de la reina que presentaran los libros de sus bienes. Eso probablemente significaba que los cargos que se le imputarían estaban decididos, ya que indicaba que sus extensas propiedades podían serle pronto confiscadas.[31] Públicamente, el estado de ánimo del rey seguía variando: le hizo una visita a la reina cuando ella estuvo enferma y la trató muy bien; pero los cortesanos experimentados sabían que las iras explosivas del rey Enrique iban acompañadas de una engañosa habilidad para ser cortés con aquellos a los que estaba a punto de destruir, en especial con el cardenal Wolsey. Los que habían preparado los cargos estaban convencidos de que el rey se avendría a sus planes para eliminar a su sexta esposa.

Luego, en el último momento, todo volvió a la confusión. El rey le confió a su médico, Thomas Wendy, uno de sus servidores preferidos, lo que iba a ocurrir. Un consejero anónimo dejó caer una copia de los cargos en el pasillo de la cámara de la reina. Cualesquiera que fuesen las intenciones del rey en ese punto, no hay ninguna duda de que la reina se sintió devastada por la revelación de lo que la aguardaba: no sorprende en una mujer casada con un hombre que había demostrado varias veces su capacidad para castigar a sus esposas recalcitrantes. Pero Catalina no se dejó llevar por el pánico. Escogió la salida que tenía abierta como mujer (vetada a un hombre): la humillación combinada con el reconocimiento de la debilidad de su sexo; como Gertrude, marquesa de Exeter, una vez había rogado por sí misma por el asunto de la doncella de Kent, basándose en que su «fragilidad y debilidad» la tornaban «fácilmente seducible...», presa fácil del abuso y la desconfianza.[32]

La reina se apresuró a ver al rey. Lo encontró con ánimo como para iniciar un debate sobre religión. Fue una dura prueba. La reina Catalina no improvisó. Según el relato de Foxe, declinó tomar parte y en cambio contestó «que las mujeres por su primera creación fueron sometidas a los hombres». Agregó: «Al estar hechos según la imagen de Dios, como las mujeres son según la imagen de ellos, los hombres debieran instruir a sus esposas, que debieran aprenderlo todo de ellos.» Ella misma tenía una razón adicional para desear «ser instruida por Su Majestad, que era un príncipe de tan excelente erudición y sabiduría». Los fantasmas susurrantes de Catalina de Aragón, Ana Bolena y Juana Seymour (las tres habían aprendido de diversas maneras la impaciencia del rey con las discusiones femeninas) sin duda habrían aconsejado esa alusión oportuna a la pericia teológica de la que el rey se enorgullecía.

La batalla aún no estaba ganada. «No así en el caso de santa María», replicó el rey. «Vos os habéis convertido en una doctora [de la Iglesia] capaz de instruirnos y no estáis para ser instruida por nosotros.» Pero la reina dio una inspirada explicación a esa aguda referencia a sus pasados discursos acalorados. Parecía que el rey «había malinterpretado mucho la libertad que ella se había tomado de discutir con él». Sólo lo había hecho para distraerlo de su dolor, y por supuesto para aprovechar la oportunidad de aprender de él, lo que mucho la había beneficiado.

«¿Y es así? —preguntó el rey—. Entonces, Catalina, somos amigos nuevamente.» Abrazó afectuosamente a su esposa y le dio «muy tiernas seguridades de constante amor».

Al día siguiente, cuando el lord canciller Wriothesley fue con cuarenta guardias a arrestar a la reina, se encontró con un estallido de temperamento real y gritos de «¡Bribón! ¡Tonto! ¡Bestia!». La reina Catalina Parr volvió a respirar. Más que eso, su posición se vio fortalecida por el fracaso del ataque. En la recepción de agosto del embajador francés, después del tratado de paz, ella tuvo un lugar destacado en las ceremonias de la corte; la reina pía —pero que no por eso dejaba de ser mundana— también se vio cargada de nuevas joyas que eran la expresión visible de esas tiernas seguridades que el rey le había dado a mediados de julio.[33]

En vista del feliz resultado de este episodio no puede saberse con seguridad cuánto peligro amenazó realmente a la reina Catalina, aunque ella misma creyó que lo corría como lo hubiese creído cualquier mujer prudente dada la carrera de destrucción marital de su esposo. Hubo otro incidente, posiblemente en otoño de 1545. El rey había permitido que lo arrastraran a un complot contra el obispo Cranmer, que acabó del mismo modo. En el momento en que se intentaba el arresto del obispo, éste se libró haciendo valer la autoridad del rey: hizo oscilar un anillo que le había enviado su señor especialmente con ese propósito.[34] Esos pequeños juegos, por terroríficos que fueran para las víctimas —y la reina Catalina sin duda estuvo aterrorizada—, eran un modo de mantener en guardia al Consejo Privado; dado que nadie podía estar absolutamente seguro de poseer la autoridad del rey, a nadie le resultaría fácil usurparla. Al mismo tiempo, siempre había el peligro de que el malhumor del rey cediera demasiado tarde para salvar a la víctima de su destino, como había sucedido en el caso de Cromwell. Era preferible no correr riesgos en esas circunstancias.

El abandono por parte de la reina Catalina de sus acalorados discursos fue muy prudente. Del otro lado del canal, la duquesa d'Étampes, amante de Francisco I, tenía tendencias luteranas, pero según el embajador inglés, le hacía creer al rey «que él es Dios en la tierra, que nadie puede hacerle daño y que aquellos que niegan esto lo hacen movidos por un interés egoísta».[35] Era sin duda una fórmula lograda para tratar a monarcas obstinados, como demostró el largo reinado de la duquesa.

No obstante, el completo apartamiento de la reina Catalina de su anterior conducta asertiva no fue sólo fingido, aunque nadie hubiese podido culparla si lo hubiera sido. También siguió demostrando la modestia adecuada a una mujer en lo que concernía al saber mismo. En febrero, antes de sus problemas, había respondido a una petición de la Universidad de Cambridge para que intercediera ante el rey (habían pedido una suspensión de las acciones legales relativas a sus posesiones y parece ser que la reina pudo conseguirla). Los términos de su respuesta hubiesen satisfecho al esposo más tiránico en el sentido de que ella no se mostraba como «una doctora». Abundaban las referencias a su propia falta de educación.[36]

En particular, se mostraba sorprendida y halagada de que se hubiesen dirigido a ella en latín. Ellos habrían podido fácilmente expresar «sus deseos y opiniones más familiarmente» en «la lengua vulgar» (inglés) tanto más adecuada para su inteligencia. Evidentemente, la universidad se había formado «más parcial que verdaderamente» su alta opinión del progreso de ella en el aprendizaje. Agregaba: «Por esta lección de latín aprendo a decir de san Pablo: *Non me pudet evangelii* [Los

Evangelios no me avergüenzan].» En cuanto a su pequeño sermón de que Cambridge no debía exagerar su «hambre del exquisito conocimiento del saber profano... olvidando nuestro cristianismo», no había nada subversivo en eso.

La sumisión de la reina Catalina, el lado más convencional de su naturaleza, que le permitía vivir cómoda con el rey, también era auténtica. Se mezclaba con su religión, su sentido de las mercedes infinitas aunque a veces misteriosas de Dios. En ese estado de ánimo, instó a lady Wriothesley a que aceptara la muerte de su hijito: «Apartad todo el abatimiento inmoderado e injusto... que el Padre en el cielo pueda pensar que estáis muy contenta y muy agradada de hacerle un presente de su hijo espiritual y sólo natural vuestro.»[37] Aunque también la reina Catalina comprensivamente reconocía el terrible tirón del amor humano: después de todo, la Virgen María misma había cedido a «una triste pasión natural» por la muerte de su hijo.

Cuando la reina Catalina abandonó su plan de casarse con Thomas Seymour en 1543, había interpretado la voluntad del rey como la voluntad de Dios. Tres años más tarde, no era difícil para la misma mujer hacer la misma ecuación y abandonar su gusto por el debate teológico no sólo por peligroso sino también por ser contrario al divino orden de las cosas.

Extinguida en ella la discutidora, el papel de la reina Catalina era ahora predominantemente el de enfermera. Había amplio campo para ello. Una fiebre en la primavera de 1546 había mortificado mucho al rey; los observadores notaron qué mal aspecto tenía. Por esa época, ella anotó un pasaje de la Biblia sobre la vejez: «*Dolens dictu*» («Un dicho doloroso»). Expresaba la fatiga del ánimo de él y el dolor de su cuerpo. En septiembre la fiebre se repitió, aunque fue considerada oficialmente un resfriado. La cuenta del boticario del rey en agosto incluía pagos por dos «orinales» enviados a Hampton Court así como por agua de «eufrasía» para sus ojos y regaliz para sus manos.[38] Si bien el rey no estaba moribundo por entonces —pudo hacer ejercicio al aire libre hasta el 7 de diciembre—, ninguno de los ambiciosos cortesanos que lo rodeaban, con sus ojos agudos puestos en el futuro, tenían dudas de que sus días estuvieran contados.

Hacia el 10 de diciembre el rey Enrique volvió a caer gravemente enfermo. El Consejo Privado no admitió públicamente la gravedad de la situación. Wotton, por ejemplo, embajador en Francia, recibió cuidadosas instrucciones para restarle importancia a la enfermedad. Era cierto que el rey había tenido una fiebre «por cierto problema de su pierna», pero estaba ahora «gracias a Dios, bien libre de ello», y su salud era tal que confiaban en que Su Majestad siguiera floreciendo «por mucho tiempo». Eso era lo que debía transmitir Wotton «en caso de que surja algún rumor en el sentido contrario».[39]

La realidad era otra. El rey estaba moribundo: se moría lentamente. Era mucho lo que dependía del momento exacto de su muerte en el mundo del Consejo Privado, donde los religiosos radicales estaban en ascenso, encabezados por Hertford y John Dudley, nombrado hacía poco vizconde de Lisle (hijo del servidor de Enrique VIII ejecutado por extorsión); en diciembre, Van der Delft, el embajador imperial, se refería a Hertford como si hubiera «obtenido autoridad con el rey».[40] Todavía más dependía del momento exacto de la muerte del rey Enrique. Ocurría que ese reinado, tan manchado de sangre con los ajusticiamientos de los parientes cercanos, los antiguos colegas y los servidores de toda la vida del rey, acabaría aún con más vidas a menos que el rey muriera a tiempo para que se salvaran.

El 2 de diciembre, Henry Howard, conde de Surrey, hijo de Norfolk, fue arrestado por cargos relativos a su «fidelidad» al rey. Como poeta, Surrey era un perfecto caballero cortesano, pero como hombre era arrogante y temerario —no en vano era el nieto de Buckingham— y, a los treinta años, aún se comportaba como «el tonto muchacho orgulloso».[41] Surrey podía escribir:

> *Las cosas para lograr*
> *la vida feliz son éstas, entiendo:*
> *las riquezas que quedaron, no obtenidas con dolor;*
> *el suelo fructífero, la mente tranquila...*

Pero no daba muestras de seguir su propio prudente consejo.

El delito del que se acusaría oficialmente a Surrey sería el de heráldica «impropia» (y por tanto traidora): había usado las armas de Eduardo el Confesor (del que descendía), un privilegio reservado «sólo al rey de este reino». Surrey fue enviado a la Torre, adonde lo siguió su padre, incapaz por una vez de evitar la mancha de traición. La heráldica impropia era una cosa: el verdadero error de Surrey era seguramente haber discutido con violencia con Hertford, que se hizo cargo de su mando en Francia y cuyos triunfos militares suscitaron los celos de Surrey. Él no ocultaba su disgusto por los «advenedizos» Seymour, y se supone que dijo que «esos hombres no aman la nobleza y si Dios llamara al rey ellos [la verdadera nobleza] lo lamentarían». En ese contexto, su uso «impropio» de las armas reales podía ser interpretado por sus rivales como un gesto deliberado de que los derechos de los Howard a la regencia eran superiores.[42]

Sin duda, Surrey creía en la superioridad de su familia sobre los Seymour, pero lo acusaban de traición al rey, y de eso la prueba, que como en el caso de Buckingham dependía mucho del chisme, es mucho más dudosa. El controvertido uso de las armas reales había sido otorgado a un antepasado en 1473; la versión de esas armas presentadas en el juicio de Surrey pudo haber sido un mero «garabato heráldico».[43] Lamentablemente, los Howard eran una familia desunida aparte de tener enemigos externos. En parte eso se debía a que Norfolk había dejado a la madre de Surrey, Elizabeth Stafford, por su amante Bess Holland. La hermana de Surrey, María, duquesa de Richmond, también guardaba rencor a su padre por no ocuparse del asunto de sus bienes con el rey (como viuda de su difunto hijo). El motivo de Norfolk, como de costumbre, era evitar problemas con su señor.

María reveló bajo interrogatorio que su padre había propuesto en 1544 que ella se casara primero con Thomas Seymour, y desde esa posición de ventaja se convirtiera en la amante del rey, para que pudiera «gobernar mejor aquí como han hecho otras». Ella había rechazado ese ofrecimiento insultante. También se dijo que su hermano Surrey había sugerido que se convirtiera en amante del rey, haciendo la parte de madame d'Étampes con el rey Francisco, para favorecer a su familia en el gobierno del reino. Esos cargos tan malévolos y perjudiciales eran imposibles de refutar (o de demostrar). La larga historia de los Howard en el intento de manejar al rey mediante sus afectos hace posible que esas conversaciones tuvieran lugar, aunque se debe recordar que María Richmond, comprensiblemente aterrorizada, como tantos otros testigos en el pasado, estaba tratando de salvar su propio pellejo y no hundirse con su padre y su hermano. Algo de eso parece haber captado el rey, cuya paranoia se disparó; de todos modos, subrayó ciertos pasajes de las acusaciones con una mano ya muy temblorosa. Uno era: «Si un hombre le aconseja a su hermana que se convierta en prostituta, pensando que lo conseguirá, gobernando así tanto padre como hijo.»[44]

En Navidad, la reina Catalina, lady María y lady Isabel serían enviadas a celebrar las fiestas en Greenwich. El rey se quedó en Londres, ocupado con esas fatigosas y —si se les daba crédito— horrorosas revelaciones. La reina partió el día de Nochebuena. Nunca volvió a ver a su esposo. El grupo real volvió a Londres el 10 de enero y el rey aún pudo recibir a embajadores seis días más tarde, pero no mandó llamar a su esposa. El 10 de enero le dijeron al rey de Francia que, si bien había mejorado la salud del rey Enrique, ni la reina ni lady María podían verlo; ni se hacían planes para que lo vieran.[45]

El 19 de enero, Surrey fue ejecutado. Norfolk continuó en prisión, condenado a seguirlo al patíbulo, a pesar de su frenético discurso al Consejo Privado desde la Torre acerca de sus sufrimientos: «Nunca el oro fue puesto más a prueba con fuego y agua como yo.» En cuanto a sus pasadas desdichas, aquellas abominables reinas, Norfolk se refirió nuevamente al «mal que me hicieron mis dos sobrinas con las que agradó al rey casarse» lo que no era «desconocido por aquellos que las habían tenido en esta casa».[46] (La casa en cuestión era la Torre de Londres.) Pero una vez más el duque de Norfolk sobrevivió. Su señor entró en coma antes de que pudieran ejecutarlo; dadas las circunstancias, no se creyó prudente ejecutar la sentencia, y se dejó que por el momento Norfolk languideciera bajo proscripción en «esta casa».

El rey Enrique VIII murió en las primeras horas de la mañana del 28 de enero de 1547. Tenía cincuenta y cinco años y había reinado durante casi treinta y ocho. Poco se sabe de lo que sucedió en su lecho de muerte. En sus últimos días, sólo se les permitió verlo a los miembros del Consejo Privado y a los caballeros de su cámara privada. Sabemos que el arzobispo Cranmer, su servidor leal, se le acercó cuando ya no podía hablar, después de haber sido llamado, por deseo del rey, por sir Anthony Denny. Pero cuando el arzobispo le pidió al rey que diera alguna señal, con los ojos o la mano, de que confiaba en el Señor, el rey consiguió apretar la mano de Cranmer.[47] No sabemos con seguridad quién más estaba presente, salvo que la reina no lo estaba, ni si él preguntó por su esposa al final, antes de quedarse sin voz. Porque la reina Catalina fue mantenida firmemente a distancia. Tal vez el rey Enrique, mientras la conciencia le fallaba, haya llamado a una esposa anterior, la esposa-sueño, la madre de su hijo, la reina Juana Seymour, o como los recuerdos de la juventud vigorosa vuelven a veces al fin, incluso pudo haberse imaginado aún casado con Catalina de Aragón, que había sido su esposa siete veces más tiempo que cualquier otra.

No podemos saberlo porque había comenzado el rápido ejercicio del poder por parte de los Seymour, ahora gobernantes. Eso incluía la «modificación» del testamento del rey mediante el uso del «timbre seco» (un timbre que no necesitaba la firma del rey), que permitió que los miembros del Consejo Privado obtuvieran legados enormemente aumentados mediante el uso de la conveniente expresión «obsequios incumplidos» (del rey). El anuncio público de la muerte del soberano se aplazó dos días por órdenes del Consejo Privado, como parte de su política para asegurarse el poder y retenerlo. Punto en que Hertford también consideró necesario arreglar otro aspecto del pasado del rey: «Si aún no habéis avisado a mi lady Ana de Clèves de la muerte del rey Enrique, convendría que se enviara a una persona expresamente para ello.»[48]

Una caja enorme que contenía al rey muerto ocupó el centro de su cámara privada durante cinco días mientras se preparaba la capilla para su ataúd. Fue instalado el 2 de febrero, rodeado de ochenta velas. Dos días más tarde, Edward Seymour, conde de Hertford, se convirtió en duque de Somerset y llegó una oleada de títulos: su hermano Thomas, por ejemplo, se convirtió en lord Seymour de Sudeley, después de haber sido consejero privado en los últimos días de vida del rey; lord William Parr de Kendall fue nombrado marqués de Northampton. Somerset, como sería llamado en el futuro, asumió ahora con la ayuda de sus partidarios el título de protector del reino, reinando sobre su sobrino de nueve años, el rey Eduardo VI; aunque en su testamento el rey había nombrado a dieciséis albaceas para el muchacho que debían ser todos regentes por igual.

Fue con los auspicios del nuevo protector que se dispuso que el funeral del rey se oficiara en St George, Windsor. Ése era el lugar que el rey Enrique había elegido para su entierro, «cuando el más alto Dios lo llamara sacándolo del mundo» en un lejano 1517; entonces aún estaba casado con su primera esposa, con quien había contemplado compartir la tumba. En 1529 el rey mandó adaptar para su propio uso la tumba espectacular encargada por el cardenal Wolsey a artesanos italianos, para la cual el cardenal había elegido una capilla en desuso. Pero en su testamento el rey especificaba que su «cuerpo, que cuando el alma haya partido, vuelva a la vil materia de la que fue hecho», que fuera puesto con los huesos de «nuestra verdadera y amorosa esposa la reina Juana». (También indicó que hubiese preferido un sepelio simple, pero eso era imposible, dado «el espacio y la dignidad que Dios nos ha dado...».)[49]

De modo que la tumba de la reina Juana, a mitad de camino entre el altar y el sitial del coro, fue abierta después de nueve años. El 16 de febrero, tras un sermón del obispo Gardiner sobre el texto «Benditos quienes mueren en el seno del Señor», el enorme ataúd del rey fue puesto en la tumba con la ayuda de dieciséis alabarderos de palacio de excepcional altura y fuerza. Los hombres rompieron sus alabardas sobre la tumba para indicar que había terminado su servicio a un rey, mientras se proclamaba al rey Eduardo «en voz alta» y todos los que estaban cerca gritaron: «*Vive le noble Roy Edward.*» Entonces sonaron las trompetas «con gran melodía y coraje, para consuelo de todos los que estaban presentes».

Entre los espectadores que fueron así consolados por el sonido de los trompeteros no estaba el rey de nueve años, según la costumbre, pero se quedó en Londres. La reina Catalina sí que estaba presente; observó cómo el cuerpo de su esposo era bajado por dieciséis gigantes a la tumba de su tercera esposa desde el llamado gabinete de la reina, así nombrado en honor de Catalina de Aragón.

Su pesar sin duda era sincero. No obstante, puede compararse con el de la madre de Hamlet después de la muerte del padre de éste, un acontecimiento que pronto aprendió a considerar filosóficamente con la consoladora reflexión: «Todo lo que vive debe morir, pasando a través de la naturaleza a la eternidad.» Porque como la reina Gertrude, la reina Catalina, una mujer que creía ser «obediente a los esposos», pronto tendría otro.

CAPÍTULO DIECINUEVE

Adiós, reina admirable

Vale, Regina veneranda.

Eduardo VI a la reina Catalina Parr,
febrero de 1547

El 7 de febrero de 1547, el nuevo rey Eduardo VI le escribió una nota de condolencia en latín a su «muy queridísima madre». Se refería al gran pesar común a ambos; el único consuelo era que el difunto rey estaba ahora gozando de «felicidad y beatitud eternas». Porque con una confianza que lo honraba a él como hijo, Eduardo VI expresaba su convicción de que, después de un reinado tan prolongado como el suyo, el viaje terrenal de Enrique VIII debía terminar rápidamente en el cielo. Concluía la carta «*Vale, Regina veneranda*»: «Adiós, reina admirable.»[1] Al día siguiente, en cada iglesia de la ciudad se ofició una misa solemne por el rey muerto, con toque de difuntos, y una misa de réquiem en latín. Fue prácticamente la última vez en ese reinado que las parroquias —demostrando menos confianza que el rey Eduardo en la inmediata asunción al cielo de su padre— rogarían por un alma en el purgatorio.

La admirable Catalina Parr era la reina viuda de Inglaterra, pero hasta que se casara su hijastro Eduardo —a pesar de todas las negociaciones del padre, no era una perspectiva inmediata para un muchacho de nueve años— seguía siendo la primera dama del país. Esa precedencia sobre todas las otras, incluidas las hijas del rey, le había sido concedida explícitamente a la reina por ley. También le quedaba una magnífica herencia en el testamento de su tercer marido que agregar a su herencia Latimer: vajilla, joyas y enseres por valor de diez mil libras, tantas «ropas» como ella deseara llevarse además de lo que ya poseía, y «mil libras en dinero»; una suma extraordinariamente sustancial. Todo eso, además de los bienes parafernales reales, que incluían propiedades en Hanworth y Chelsea, era una recompensa, en palabras del difunto rey, por el «gran amor, la obediencia, la pureza de vida y la sabiduría» de la reina Catalina.[2]

Si la reina Catalina era aún la primera dama de Inglaterra, su posición era puramente simbólica: no tenía ningún otro papel en el nuevo gobierno del país. Porque no estaba incluida en el Consejo de Regencia encabezado por el protector, Edward Seymour, duque de Somerset, aunque tanto la posición como la actuación de Catalina como regente en 1544 la habilitaban para esperarlo. Esa efectiva marginación —como viuda sin hijos y por tanto superflua— no era algo a lo que estuviera acostumbrada Catalina Parr (cuyo lema era «Ser útil en todo lo que hago»). Eso pudo haber ayudado a precipitarla a los abrazos de Thomas Seymour; él, por su parte, encontraba la posición de Catalina como admirada madrastra del joven rey lo bastante poderosa como para atraerlo, por no mencionar su inmensa riqueza (infinitamente más grande que en 1543). La relación en que se embarcaron la reina y Seymour después de la muerte del viejo rey tenía ventajas para ambos: Catalina tenía un papel que representar; Seymour conseguía encumbramiento. Al mismo tiempo, las pruebas sugieren que los atraía algo que estaba más allá de lo mundano.

Thomas Seymour se acercaba a los cuarenta y era unos cuatro años mayor que la reina. A diferencia de Catalina, nunca había estado casado aunque, como se vio, su nombre había sido vinculado con el de María, duquesa de Richmond. Dotado de encanto e inteligencia, tenía además un buen físico (era «uno de los hombres más bien parecidos de la corte»). Seymour había sido uno de los favoritos del viejo rey, su cuñado, que lo había nombrado lord gran almirante de Inglaterra en 1544. En 1545, Seymour recibió Hampton Place, cerca de Temple Bar. Luego sería muy atacado: un servidor se referiría a su «pereza para servir y su codicia por lograr» (aunque otro empleado estimó su servicio «siempre feliz»). Pero en 1547 no demostró más codicia que el resto de la nobleza que lo rodeaba. La verdadera debilidad de Seymour eran sus celos enfermizos por su hermano mayor Somerset, distinguido primero por sus victorias militares antes de elevarse a la posición de protector.[3]

En la campaña de derribo posterior —cuando Seymour cayó en desgracia— también se sugirió que había tratado de casarse sucesivamente con lady María y con lady Isabel antes de poner los ojos en la reina viu-

da. Pero no hay ninguna evidencia en las actas del Consejo Privado de
que Seymour hiciera tal cosa. Lady María señalaría que nunca había hablado con Seymour aunque lo había visto. Las atenciones de Seymour
con Isabel (en el período previo a su matrimonio con Catalina) sólo están fundamentadas en algunas cartas, impresas luego y ahora desacredi-
tadas, y en rumores: según su gobernanta, Katherine Ashley, Isabel dijo
que Seymour «quiso tenerme antes que a la reina». Según otra tradición,
Seymour habría rechazado una proposición que lo hubiese acercado peligrosamente al trono: «No me gusta perder la vida por una esposa —se
supone que explicó—. Se ha hablado de ello pero no puede ser.»[4] En
contra de esto, aparte de la falta de verdaderas pruebas, está el momento
del cortejo a la reina Catalina por parte de Seymour.

El nombre de Seymour y el de la reina nunca estuvieron vinculados
durante los años del matrimonio de Catalina; Seymour había estado
mucho tiempo en el extranjero mientras Catalina, como decía el testamento del rey, se destacaba por su «pureza de vida» en una corte donde
las lenguas maliciosas sin duda hubieran informado de lo contrario.
Esto no quita la posibilidad de que en 1543 Catalina, mientras se resig-
naba a la voluntad de Dios y a un matrimonio real, fuese lo suficiente
mujer como para preguntarse cuánto aguardaría Dios antes de llevar al
rey Enrique a «la felicidad y la beatitud eternas» en el cielo. El mismo
pensamiento, en términos más contundentes, puede habérsele ocurrido
al ambicioso Thomas Seymour. Si hablaron del tema, Catalina Parr y
Thomas Seymour fueron lo bastante discretos como para mantenerlo en
secreto. Es cierto que tales compromisos no eran inusuales en una época
en que solían arreglarse matrimonios entre hombres enfermos y viejos y
mujeres mucho más jóvenes (como atestigua la promesa que el rey Enrique le hizo a su hermana María, enviada a casarse con el decrépito rey de
Francia).

Como fuese que hubiera quedado la situación en 1543, con sentimientos latentes antes que extinguidos, en 1547 la pasión rápidamente
volvió a encenderse entre la pareja. La palabra pasión se emplea correctamente, ya que es evidente que se inició una intensa relación amorosa entre esa Gertrudis y ese Claudio muy poco después de la muerte del rey. El
rey Eduardo fue coronado el 20 de febrero; Thomas Seymour formaba
parte del séquito de su sobrino. Al día siguiente ocupó un puesto prominente entre los participantes en las justas (¡el fantasma del duque de
Suffolk blandiendo su lanza bajo la mirada apasionada de la reina María!). Esa noche lord Seymour fue el anfitrión en una fiesta en su casa,

luego considerada «una excelente cena». Para el 17 de mayo, menos de cuatro meses después de la muerte del rey, Thomas Seymour podía describirse a sí mismo al final de una carta dirigida a la reina Catalina como «aquel a quien habéis obligado a honrar, amar y en todas las cosas obedecer» y en otra como «aquel que es vuestro amoroso y fiel esposo durante su vida, T. Seymour».[5]

Ésas son referencias obvias a un matrimonio ya contraído o que se contraería muy pronto, ya que el lenguaje es igualmente compatible con el matrimonio y con un compromiso solemne aunque secreto, en especial validado por la unión sexual. La fecha exacta de la boda de lord Thomas Seymour y la reina viuda no se sabe con exactitud: es probable que a fines de mayo. (La noticia llegaría a oídos del embajador imperial una quincena más tarde.) En una época anterior a la existencia de registros civiles, tales fechas no se revelaban si las circunstancias aconsejaban prudencia. Así como el avanzado embarazo de Ana Bolena había llevado a guardar secreto sobre su matrimonio con Enrique VIII, el delicado asunto de la reciente pérdida de Catalina Parr sugería una discreción semejante.

Por la referencia levemente tímida de la reina en la correspondencia de ambos, parece ser que la urgencia fue de Thomas Seymour. Él presionó a la reina a casarse pronto, cuando la costumbre dictaba un período de luto mucho más largo, como ella misma proponía. «Mi señor —escribió Catalina—, mientras me hacéis responsable de una promesa escrita por mi propia mano de cambiar dos años en dos meses, creo que no tenéis tal sencilla oración escrita por mi propia mano.» Ella sugiere que Seymour es un «parafraseador», es decir, «sabio en esa ciencia [por la cual] es posible hacer que una palabra valga por toda una oración».[6]

El período de luto de una reina viuda tenía un fin práctico: era posible que la viuda de un rey estuviera embarazada de él, por eso no debía casarse hasta que el asunto se hubiera resuelto, no fuera que hubiese dudas acerca de la paternidad del hijo póstumo. Por esa razón la hermana María del rey Enrique, como viuda de Luis XII, había sido examinada por médicos en la corte francesa para asegurar que no estuviera embarazada: porque si María hubiese tenido un hijo póstumo, Francisco I hubiese sido desheredado. En aquel caso, dada la suposición general de la infertilidad de la reina Catalina después de tres matrimonios sin hijos, la cuestión era más de principio que de genuina expectativa de algún milagroso vástago real. Además, la precipitación servía de vara para pegarle a Thomas Seymour a aquellos que ya estaban ofendidos por la presunción de la nueva pareja.

Si no sabemos la fecha precisa de la boda, conocemos algunos detalles del cortejo. Tuvo lugar, muy románticamente, a la luz de las estrellas, en los jardines de la mansión de Chelsea de la reina, junto al río. (No es que Thomas Seymour y la reina Catalina fueran excepcionalmente resistentes a la temperatura promedio de una primavera inglesa; la falta de privacidad doméstica en el siglo XVI hacía del jardín a menudo un sitio conveniente para esas reuniones clandestinas.) Era una casa que el rey Enrique le había comprado a lord Sandys en 1536, y había pasado a la reina Catalina en 1544 como parte de los bienes parafernales. A juzgar por los grabados —fue derribada hacia 1700—, Chelsea Manor, a veces descrita como un palacio, no era particularmente grande. Pero tenía unos hermosos jardines con el marco del río, a los cuales se había dedicado hacía poco muchísimo dinero y trabajo: se había pagado a veintinueve jardineros para plantar cerezos, avellanos, melocotoneros, rosas de damasco, ligustros y espinos.* Henry Russell, el jardinero real de Westminster, proporcionó dos parterres de romero y seis setos de lavanda.[7]

Catalina le daba instrucciones al enamorado en cuanto a su llegada que dejan poca duda respecto de la naturaleza de la relación de ambos: «Cuando sea vuestro placer venir aquí, debéis ocuparos de venir temprano por la mañana, para que podáis retiraros a las siete. Y así, supongo, podéis venir sin sospechas. Os ruego que me hagáis saber por anticipado a qué hora vendréis, para que vuestra portera aguarde por vos ante el portal de los campos.» Ella firmaba: «Por aquella que es y será vuestra humilde y fiel y amante esposa durante su vida. Catalina la reina. C. P.» Seymour, por su parte, le agradecía su «bondad» con él «demostrada en nuestra última reunión» y pedía una carta de ella cada tres días —siquiera tres líneas— así como «uno de vuestros pequeños cuadros» (las miniaturas en las que se deleitaba la reina Catalina).[8]

Por supuesto, algunas de las amigas de la reina estaban al corriente del secreto. Su hermana, Anne Herbert, provocaba a Seymour en la corte y lo hacía «cambiar de color». Pero él se lo tomaba con buen humor. «Con su compañía (a falta de la vuestra) —le escribió galantemente a Catalina—, acortaré las semanas en estas partes, que son cada una tres días más largas de cuanto eran bajo los planetas en Chelsea.» El esposo de Anne, ahora lord Herbert, también tenía conocimiento de lo que sucedía, así como la duquesa Katherine, de la que Seymour se sentía con-

* Chelsea Manor estaba situada junto al moderno Chelsea Pier, donde Cheyne Walk se cruza con Chelsea Manor Street.

tento de informar: «Percibo que tengo la buena voluntad de mi lady de Suffolk respecto de mi conocido deseo de vos.» (La decidida duquesa estaba claramente a favor de los segundos matrimonios románticos —en este caso el cuarto—; seis años más tarde la gran dama se casaría con su hidalgo-ujier Richard Bertie.) Era a la duquesa Katherine a quien citaba la reina al final de la carta en la que vertía su corazón sobre el tema de su previo amor por Seymour, su sumisión a la voluntad de Dios (y del rey) y ahora su maravillosa felicidad reencontrada: «No puedo decir más —concluía Catalina—, de lo que dijo mi lady Suffolk: "¡Dios, es un hombre maravilloso!"»[9]

La aprobación, la connivencia casi, de los amigos y relaciones de la reina Catalina era una cosa; dar la noticia al gobernante titular de Inglaterra, el rey Eduardo, y al gobernante efectivo, el duque de Somerset, era otra. Es obvio que el protector no se inclinaba a alentar el «tierno amor» entre la reina viuda y su hijastro, así como no estaba dispuesto a admitirla a ella en el Consejo de Regencia: para él era una mujer sin ningún poder, por lo cual su influencia debía cercenarse. En vísperas de la muerte de su padre, Eduardo había agradecido a su madrastra el obsequio de Año Nuevo, miniaturas enmarcadas de ella misma y el rey, agregando que verlos en persona —como esperaba que sucediera pronto— sería aún mejor «que algo cincelado en oro». Pero en mayo Eduardo explicaba por qué no le había escrito a Catalina como solía hacer: le aseguraban continuamente que la vería cara a cara, ya que la reina ahora vivía muy cerca de él, pero los encuentros siempre eran postergados.[10]

Como el matrimonio concreto seguía siendo un secreto, la primera idea fue simular que Seymour estaba aún en la etapa de cortejar a la reina. Para ello se solicitó la ayuda de lady María, que se había marchado de la casa de la reina a mediados de abril. Seymour le escribió, diplomáticamente según él suponía, pidiéndole que lo ayudara en su causa. Recibió una respuesta sumamente fría. El 4 de junio, María describió la alianza propuesta como «extraña noticia». Declinó por completo ser «una intermediaria en este asunto» considerando, escribió enfáticamente, «de quien fue esposa Su Alteza últimamente». En cuanto a persuadir a la reina Catalina para que lo aceptara, María le dijo a Seymour que «si el recuerdo de la Majestad del rey mi padre» (aún tan «fresco» en María misma) no llevaba a Catalina a acceder a la petición de él, no había nada que ella pudiera hacer. La terminante negativa a participar en aquel desagradable asunto demostraba que era una digna hija de Catalina de Aragón, digna pero no desprovista de acritud: siendo sólo «una doncella» ella misma, no era «nada astuta» en tales asuntos entre hombres y mujeres.[11]

Era hora de volverse hacia el joven rey, ya dispuesto a ser más afectuoso con ese tío generoso y jovial de lo que era con el austero protector. Esta vez el método empleado fue bastante más sutil. John Fowler, servidor del rey Eduardo (que admitiría luego que había recibido dinero de Seymour por brindarle información sobre la casa real ya en junio de 1547), sería el agente doble.[12] Fowler preparó el camino preguntándose en voz alta: «Me sorprende que mi lord almirante [Seymour] no se haya casado.» Luego le preguntó al rey: «¿Contentaría a Vuestra Alteza que él se casara?» Eduardo cayó en la trampa y respondió: «Sí, mucho.» Entonces Fowler le formuló de inmediato la pregunta preparada: «¿Con quién desearía Su Alteza que se casara su tío?»

Pero en ese punto las cosas se torcieron con el hijastro tanto como con la hijastra. «Con lady Ana de Clèves», respondió Eduardo inocentemente, ya consciente de los problemas del caro íncubo familiar. Y cuando lo pensó un poco más, dio la respuesta incorrecta por segunda vez: «No, no, ¿sabéis qué? Desearía que se casara con mi hermana María, para que la haga cambiar de opinión.» Afortunadamente, con tacto y tiempo, el muchacho fue llevado a ver la pareja entre su tío y su madrastra como algo que él mismo había propiciado para mitigar la tristeza de ella. El 25 de junio le escribió una afectuosa carta a la reina Catalina que contenía esta bendición oficial: «Os agradecemos de corazón, no sólo por la gentil aceptación de la sugerencia que os hicimos [de casarse con Seymour] sino también por la afectuosa realización de la misma, con lo que habéis declarado el deseo de gratificarnos.»[13]

El protector y su esposa no tenían tan bonitos deseos. Como registró sucintamente el rey Eduardo en su diario: «Lord Seymour de Sudeley se casó con la reina, cuyo nombre era Catalina, matrimonio que mucho ofendió al lord protector.» Toda ofensa al protector iba acompañada de la reacción de su duquesa. Anne Stanhope, ex condesa de Hertford, ahora duquesa de Somerset, había necesitado la protección de Catalina Parr durante el reinado del rey Enrique; Catalina había intercedido por Hertford a petición suya para hacerlo volver de Escocia a tiempo para unirse al rey en Francia.[14] Las sensibilidades religiosas de ambas habían parecido otro vínculo. Lamentablemente, la duquesa Anne tenía una naturaleza imperiosa —la expresión que a menudo le aplicaban sus contemporáneos— y los recuerdos de la inferioridad previa les resultaban intolerables.

Ahora competía abiertamente por la precedencia con la reina Catalina sobre la base de que como esposa del protector ella era la primera dama de Inglaterra. No había absolutamente ninguna justificación para eso. No sólo se había concedido explícitamente a la reina Catalina esa precedencia por ley, sino que tanto lady María como Isabel e incluso Ana de Clèves tenían el derecho de seguirla antes que la duquesa de Somerset. No satisfecha con empujar en las puertas —la introducción de los miriñaques en los años cuarenta del siglo XVI, aros de madera o hueso de ballena para dar vuelo a las faldas, debe de haber hecho de ése un espectáculo interesante—, la duquesa Anne también se negaba a seguir a la mujer casada con «el hermano menor de su esposo». Se dijo que comentó, con una ferocidad que desmentía la grandeza que afirmaba: «Si el señor almirante no enseña mejores modales a su esposa, se los enseñaré yo.»[15]

Esa ridícula lucha fue sólo la manifestación visible de los problemas que estallaron entre los Somerset y los Seymour (aunque, por supuesto, se haría referencia a Catalina como a la reina por el resto de su vida y se la serviría con el respeto debido a una reina). Las joyas fueron un tema de acalorada discusión cuando el protector trató de distinguir entre lo que era de Catalina y las joyas del Estado (que él guardaba), mientras que su hermano furiosamente refutaba sus derechos. El protector se aferró al anillo de boda de la reina Catalina, regalo del rey Enrique. Aparte de eso, la propiedad de las joyas que el rey Enrique entregó a la reina Catalina para que las luciera en la visita al embajador francés en el verano de 1546 siguió en disputa durante el resto de la vida de Catalina, y aun después. Algunos meses después de su muerte Seymour le escribiría a lady María tratando de obtener su confirmación de que no se había esperado que la reina devolviera esas gemas «después de concluidos los Triunfos». En aquella ocasión, María no contestó.[16]

Las cartas de Catalina a Seymour demuestran que la «reina admirable» había sido devorada en mayor o menor grado por la mujer ardiente, al menos en privado. Hacía referencia a la duquesa Anne como a «ese infierno». En una disputa por una propiedad de la reina, alquilada por Somerset a cierto señor Long, Catalina le dijo a Seymour: «Mi señor, vuestro hermano me ha hecho enfadar un tanto esta tarde. Fue una suerte que estuviéramos tan alejados, porque supongo que, de lo contrario, lo hubiese mordido.»[17] No es exactamente el lenguaje de la sumisión.

Ella, que le había asegurado al difunto rey Enrique que las mujeres habían sido hechas sometidas a los hombres, se había sometido a la otra Catalina Parr que se enardecía mucho discutiendo.

Y luego sucedió algo extraordinario. La reina Catalina, a la edad de treinta y cinco años —«pasada la edad madura, que yerma era antes»—, concibió su primer hijo. No sólo fue extraordinario sino también inesperado: es de esperar que la feliz sorpresa compensara a Seymour por su carrera menos que satisfactoria después del matrimonio. Tan celoso a su manera como la duquesa Anne lo era a la suya, Seymour permitía que sus diferencias con su hermano le nublaran el juicio. Ahora la pereza y la codicia mencionadas por su servidor contribuyeron. No comandó la flota contra los escoceses en 1547 y 1548; prefirió quedarse en su finca de campo en Sudeley. Lo que era aún más inexcusable, en lugar de eliminarlos, hizo pactos con los piratas en el Paso de Calais para compartir el botín.[18] Pero la reina pensaba pasar los meses de su embarazo —el hijo debía de haber sido concebido a fines de noviembre de 1547— muy tranquilamente en sus propiedades de Chelsea y Hanworth, cerca de Hampton Court, así como en Sudeley.

No carecía de la clase de compañía que siempre le había gustado: mujeres más jóvenes a las que proteger. Una de ellas era lady Jane Grey, la hija de once años de lady Frances Brandon y Henry Grey, marqués de Dorset: una muchacha cuya importancia dinástica se había incrementado notablemente por el último testamento de Enrique VIII. El rey había especificado que los descendientes de su hermana menor María debían seguir a sus tres hijos (y a sus herederos si los tenían) en la sucesión; de esa manera eliminaba a los descendientes de su hermana mayor Margarita, representados destacadamente por su nieta María, reina de Escocia. Esa omisión —aunque justificada— causaría muchos problemas en años futuros, cuando la adulta María, reina de Escocia, tratara de establecer su derecho por sangre para suceder a la reina Isabel I. En 1548, simplemente significaba que lady Jane Grey, nieta mayor de María, duquesa de Suffolk (no había nietos vivos), era cuarta en la línea al trono, suponiendo que ninguno de los hijos del rey dejara herederos. No parecía probable por entonces tanta esterilidad. Si el rey Eduardo era demasiado delicado para la paternidad, y María, ya con más de treinta años, estaba condenada a ser «doncella», entonces quedaba Isabel, en su decimoquinto año, atractiva y graciosa, y seguramente núbil.

Lady Isabel estaba también bajo el ala de la reina viuda. Uno de aquellos que ya apreciaban su atractivo era el esposo de su madrastra,

Thomas Seymour. Bullicioso por naturaleza, consciente del efecto de sus encantos sobre las mujeres —aún tenía la «vehemencia» que el rey había elogiado como calculada para encantar a una mujer, aunque la «juventud» hubiese pasado—, pudo haberle parecido natural a Seymour dedicarse a los juegos sexuales con la joven protegida de su esposa. En Pentecostés de 1548 (mediados de mayo), cuando estalló la crisis, la reina Catalina estaba embarazada de casi seis meses; dada su condición, a Seymour pudo haberle parecido natural buscar diversión en otra parte. Pero si ésos eran los instintos naturales de Seymour, su razón debió haberlo contenido, la razón de un hombre con mucha experiencia en la corte, familiarizado con los dorados pasillos del poder Tudor. Para un soltero era bastante peligroso acercarse de esa manera a la segunda heredera en orden de sucesión al trono; para un casado no sólo era peligroso sino también un escándalo.

Pero Seymour tomó la costumbre de entrar en el dormitorio de la muchacha antes de que ella estuviera vestida por completo. Le daba unos golpecitos «en la espalda o en las nalgas familiarmente», le robaba besos e incluso se guardaba la llave de la habitación para que ella no pudiera escapar. Luego él mismo se presentaba con las piernas desnudas y vestido sólo con un corto camisón (bata). La servidora de Isabel, Katherine Ashley, contaba que el lord almirante descorría las cortinas de la cama de Isabel para saludarla de mañana mientras la muchacha se retraía (en actitud de modestia, de éxtasis, o una combinación de ambas cosas, Isabel nunca lo reveló). En una ocasión, en Hanworth, participó Catalina con la «alegría y el buen pasatiempo» por los que había sido conocida durante su matrimonio con el rey Enrique: sostuvo a la muchacha mientras Seymour cortaba su traje negro en cien pedazos.[19] Todos esos incidentes —incluido ése en que participó la reina misma, por divertido que fuese— merecen el mismo veredicto que los encuentros de medianoche de Catalina Howard, Culpeper y lady Rochford: todos los participantes (salvo tal vez Isabel) deberían haberse comportado mejor.

Fue Catalina la que finalmente decidió que ya era suficiente y despidió a la muchacha. Isabel se marchó a Cheshunt, donde fue puesta al cuidado de sir Anthony Denny. Katherine Ashley dio como razón la angustia de la reina al encontrar a Isabel en brazos de Seymour, pero después retiró la historia. Dado que Catalina e Isabel siguieron luego en términos afectuosos, probablemente la reina obró tanto en interés de la reputación de su hijastra como por celos. Ésa es sin duda la impresión que da una carta de Isabel a Catalina. La mujer más joven obviamente había recibido un sermón sobre el tema del decoro y, al considerarlo, había decidido que su madrastra tenía razón: «Me sentí muy abrumada por la pena al separarme de Vuestra Alteza, especialmente al dejaros con dudosa salud... Lo sopesé más profundamente cuando dijisteis que me advertiríais de todos los males de que os enterarais de mí, porque si Vuestra Alteza no tuviera una buena opinión de mí no me habríais ofrecido amistad de esa manera.»[20]

La verdadera medida de la continuada devoción de Isabel al recuerdo de su madrastra se ve en su manejo de la fama de la reina Catalina durante su propio reinado. Por ejemplo, la obra pía de Thomas Bentley, *The Monument of Matrones*, impresa en 1582, mostraba a la reina Catalina cuando era recibida por Dios mismo, con una línea del Apocalipsis alrededor: «Sé fiel hasta la muerte; y te daré una corona de vid.» Se permitió que la reina Catalina fuera representada como una de las «reinas virtuosas» de la historia, con la reina Ester, santa Margarita de Escocia y la propia reina Isabel.[21] La reina Isabel I no fue conocida por favorecer al sexo femenino. Ninguna otra consorte de Enrique VIII —y menos la madre de la soberana, la reina Ana Bolena— fue honrada de esa manera.

El temor a la peste llevó a la reina Catalina de Chelsea a su finca de Hanworth en junio de 1547. Desde allí intercambió cartas alegres —y francas— sobre el tema de su avanzado embarazo con su esposo. «Entiendo que mi hombrecito "sacude su campana"», escribía Seymour, refiriéndose a la noticia del movimiento de su hijo. «Deseo que Vuestra Alteza mantenga al pequeño bribón tan delgado con vuestra buena dieta y las caminatas que sea tan pequeño que pueda salir de una ratonera.» Catalina respondía en el mismo tono: «Di a vuestro pequeño bribón vuestra bendición, que como un hombre honesto se movió antes y después. Porque Mary Odell que estaba en la cama conmigo puso su mano sobre mi vientre para sentirlo moverse. Se movió estos tres días cada mañana y cada noche de modo que confío en que cuando vengáis os divertirá.»[22]

Más tarde, ese mismo mes, la reina se retiró al castillo de Sudeley, en Gloucestershire, donde pensaba dar a luz; iba con ella lady Jane Grey. La presencia de la pequeña, inteligente y solemne, brindaba solaz a la reina, ahora que la princesa Isabel, su compañera durante los dos últimos años, no estaba con ella. Pero, para Seymour, Jane representaba algo más material: una heredera. El padre de la niña, el marqués de Dorset, había pensado retirar a lady Jane de Chelsea ante la noticia del nuevo matrimonio de la reina, pero se había impuesto la voluntad de Seymour y ella se quedó. Seymour se veía a sí mismo negociando un matrimonio provechoso para Jane, posiblemente con el rey Eduardo mismo, a cambio de un adecuado pago del padre.

Otra invitada en la casa de la reina Catalina era la consecuencia de su benevolencia: aceptó tener a su custodia a su ex cuñada Anne Bourchier, condesa de Essex y ahora, por falta de un divorcio de William Parr, marquesa de Northampton. Como acusada de adulterio —un cargo cierto—, Anne Bourchier hubiese tenido de otro modo un destino mucho más desagradable.

Sudeley estaba en una de las partes más bellas de Inglaterra y tenía que ver con la realeza desde la época del rey Ethelred el Lento. Pero el castillo donde se alojó la reina Catalina había sido construido a mediados del siglo XV.* A su vez, lo poseyeron Eduardo IV y su hermano Ricardo, como duque de Gloucester; Enrique VII se lo otorgó a su tío Jasper, duque de Bedford, pero era propiedad de la corona una vez más en 1509. Enrique VIII y Ana Bolena lo visitaron una semana en julio de 1535, en el último año de su matrimonio. Para el momento en que el rey Eduardo otorgó Sudeley a su tío, se encontraba en el estado de abandono (necesitado de una costosa reforma) en que caían fácilmente los castillos. Pero Seymour estaba decidido a mantenerlo en buenas condiciones, no sólo por sí mismo sino también por la reina viuda. Un verso lo celebraba como sigue:

> *Su casa era denominada una segunda corte, con razón,*
> *porque allí aún se reunía la nobleza;*
> *él no ahorró gastos para que su dama se deleitara*
> *o para mantener su realeza principesca.*[23]

Muchos de los arreglos de la propia reina fueron complicados preparativos para la sala de los niños. Ese niño recibiría algún día una sustancial herencia, tanto del padre como de la madre; también sería primo hermano del rey por parte de padre, ya que Thomas Seymour había sido el hermano de la reina Juana, y por lo mismo, claro, estaría relacionado con la familia del protector. Cuando la duquesa de Somerset dio a luz un bello niño en el palacio de St James (donde también se alojaba el rey

---

* Sudeley, en la actualidad maravillosamente cuidado, sigue constituyendo uno de los más bellos ejemplos del temprano estilo Tudor.

Eduardo) el 19 de julio, llegó un mensaje del joven rey a su tío en el que decía que esperaba que «la reina tenga otro». Para ese infante cuasi real se instalaron tapices que ilustraban los doce meses del año, un sillón cubierto de tela de oro, almohadones del mismo material y una cama dorada. Una cámara interior contenía otros tapices, vajilla costosa y una rica cuna con tres almohadones de pluma y un edredón.[24]

El 30 de agosto, la reina Catalina se puso de parto. Nació una niña. Le pusieron Mary por la hijastra de la reina, aunque fue lady Jane Grey, presente en Sudeley, la que ofició como madrina. El 1 de septiembre, Seymour recibió una amable comunicación de su hermano que se manifestaba contento de que «la reina, vuestra compañera de cama» haya tenido «una feliz hora», y escapando a todo peligro (después de todo, ya no era joven y ése era su primer parto) había hecho padre a Seymour de «tan bonita niña». Seguían las convencionales lamentaciones del siglo XVI: «Y aunque (si ello hubiese agradado a Dios) lo hubiese sido también para nosotros, y suponemos que también para vos, más alegría y consuelo si hubiera sido así, el primero, un hijo», el protector de todos modos esperaba «una gran suerte de hijos varones felices» en el futuro.[25] Pero cuando llegó esa carta, la reina Catalina había caído, como la reina Juana Seymour antes que ella, gravemente enferma de fiebre puerperal, y la perspectiva de esos hijos varones felices pronto acabaría para siempre.

En su delirio, Catalina adoptó una dolorosa (pero no infrecuente) actitud paranoica con su esposo y otros que la rodeaban. Eso arrojó una sombra terrible sobre los últimos días de un matrimonio contraído, en cierto modo por ambas partes, por amor. Catalina acusaba a la gente que la rodeaba de estar «riendo de mi pesar». «No estoy bien atendida», gritaba. Cuando Seymour trataba de tranquilizarla tendiéndose a su lado y diciéndole suavemente: «Caramba, querida, no os haría ningún daño», la pobre mujer alucinada respondía: «No, mi señor, lo creo» y le susurraba al oído los muchos «vituperios terribles» que había recibido.[26] Ese angustioso episodio permitió que se efectuaran luego esas acusaciones de envenenamiento —tan habituales por entonces en caso de muerte inesperada— contra Seymour. Pero la acusación no tenía fundamento: afortunadamente para Seymour, la conducta de la propia reina la desmintió.

Porque cuando la reina empezó a hundirse hacia la muerte, desapareció su fiebre. Dictó testamento con calma, revelando la misma actitud de confianza y lealtad hacia Seymour, no sólo su «esposo casado» sino el gran amor de su vida, que siempre había sentido. La reina Catalina, «enferma en el cuerpo pero con buena mente», se lo dejó todo a Seymour, deseando sólo que sus posesiones «fueran mil veces más en valor» de cuanto eran.[27] Murió el 5 de septiembre, seis días después del nacimiento de su hija. Catalina Parr tenía treinta y seis años. Había sido la consorte del rey Enrique VIII durante tres años y medio (el mismo tiempo que aquella reina tan diferente, Ana Bolena) y había estado casada con Thomas Seymour, su cuarto esposo, quince meses.

Lady Jane Grey actuó como deudo principal en el funeral de la reina. Después el cuerpo fue sepultado en la iglesia de St Mary, contigua al castillo de Sudeley. Según la costumbre Seymour, el viudo, no estuvo presente. Miles Coverdale, el limosnero de la reina en Sudeley, predicó el sermón en las exequias. Destacó el punto, de suma importancia para los protestantes de que el ofrecimiento tradicional de limosnas no era para «beneficiar a los muertos» (es decir, para pagar las misas por el alma en el purgatorio) «sino sólo para los pobres». Además, las velas del funeral, «puestas alrededor del cadáver», eran para el «honor de la persona y para ningún otro intento o propósito».[28] Catalina Parr, la verdadera reina protestante, lo hubiese aprobado.

La niña Mary Seymour siguió viviendo un tiempo. La proscripción y ejecución de su padre «codicioso, ambicioso, sedicioso», en marzo de 1549, puso fin a las perspectivas de Mary como gran heredera, ya que sus propiedades fueron confiscadas por la corona. Llevó la vida de una pobre niñita real, cuyo rango como «hija de la reina» (como siempre se la conoció) exigía una pompa para la cual no había dinero. En consecuencia, Mary Seymour vivió bajo el cuidado de Katherine, duquesa de Suffolk. La duquesa no trataba de ocultar que los innumerables servidores que se consideraban necesarios para la niñita eran una gran carga para ella. Primero, su parloteo incesante —«criadas, enfermeras, otros»— la volvía loca, y luego el coste era terrible: «Mis oídos no soportan esas voces, pero mis arcas mucho menos», como dijo con su habitual estilo cáustico.

En una carta de queja de la duquesa Katherine a su amigo William Cecil, ésta se refería con pena a los cubiertos de plata en «la sala de niños de la hija de la reina» en 1548. Al año siguiente la duquesa manifestó que no podría mantener esos gastos mucho más tiempo sin una pensión que la ayudara. Traspasaría la onerosa casa al tío materno de Mary, William, marqués de Northampton, salvo que él estuviera igualmente golpeado por la pobreza: «Teniendo una espalda tan mala para tal carga como tengo yo.» El hecho de que la duquesa Katherine estuviera dispuesta a cuidar a la niña pero no a «su séquito», indica su bondad con la huérfana misma, no así con sus «criadas, enfermeras y otros».[29]

Una ley del Parlamento levantó la condena a Mary Seymour el 21 de enero de 1550 (aunque Sudeley no le fue devuelto). Mary Seymour aún vivía ese verano, en vísperas de su segundo cumpleaños, pero no hay registros posteriores ni de su vida ni de su muerte. No se puede probar la historia del siglo XVIII de que Mary se casó con cierto Edward Bushel (se encontró a un caballero de ese nombre en la casa de la reina Ana de Dinamarca a comienzos del siglo siguiente) y dejó descendientes de nombre Johnson y Drayton.[30] Una rica «hija de la reina» que viviera hasta la edad adulta, en 1560-1570, no habría escapado a la observación. Cabe suponer que la maldición de la época, la muerte en la infancia, puso fin a la breve y triste vida de Mary Seymour.

El rey Enrique había muerto, el rey Francisco murió dos meses más tarde, a fines de marzo de 1547. El emperador Carlos V cabalgaba en una Europa que durante más de treinta años había compartido con los otros dos miembros del triunvirato real. Luego, en 1555, también él se retiró —pero voluntariamente— del gran escenario, cuando renunció a su corona en favor de su hijo Felipe; murió como monje, tres años más tarde. El rey Eduardo VI murió también, en julio de 1553, de tuberculosis, tres meses antes de cumplir dieciséis años. María Tudor, la infeliz hija de Enrique VIII y Catalina de Aragón, lo sucedió en el trono: se casó con su primo Felipe de España, once años menor, al año siguiente.

Mientras se sucedían estos acontecimientos, una reliquia del pasado seguía viviendo, lady Ana de Clèves. Ella fue testigo de los hechos que derribaron cabezas en Inglaterra durante el reinado de Eduardo, registrados por el propio muchacho lacónicamente y sin emoción en su diario en enero de 1548: «También lord Sudeley, almirante de Inglaterra, fue condenado a muerte y murió en el siguiente mes de marzo.» Tres años más tarde el protector cayó víctima de una lucha de poder. El 22 de enero de 1552, el rey escribió: «Al duque de Somerset le cortaron la cabeza en la Torre entre las ocho y las nueve de la mañana.»[31] Ana de Clèves seguía en Inglaterra cuando el hacha reclamó una nueva víctima, lady Jane Grey, a comienzos del reinado de María. El delito de lady Jane Grey fue permitir que su suegro, John Dudley, duque de Northumberland (que sucedió a Somerset como protector), reclamara la corona para ella, sobre la base de que el rey Eduardo se la había dejado a ella —la

nieta mayor de María, duquesa de Suffolk—, negándosela a sus hermanas en su testamento.

El 30 de septiembre de 1553, Ana de Clèves viajaba en un coche
con lady Isabel en la coronación de la triunfante reina María, en la que
«sonó la trompeta todo el día». El coche de la nueva reina iba delante,
tirado por caballos «enjaezados con terciopelo rojo»; ella vestía de «terciopelo azul con detalles de armiño». Las damas reales la seguían en «un
rico carruaje cubierto de tela plateada», con lady Isabel de cara al frente
«y en el otro extremo, de espaldas, lady Ana».[32] Esa unión con Isabel se
mantuvo en el banquete de gala de esa noche. Las dos se sentaron juntas
en un extremo de la mesa, Isabel ahora presunta heredera del trono y,
con la precedencia de Ana de Clèves, tercera dama del país.

La reacción de lady Ana a la ejecución de Somerset nos da un indicio del modo en que ella consideraba esos altibajos de la fortuna real y
cortesana. «¡Sabe Dios qué sucederá luego! —le escribió a su hermano el
duque Guillermo de Clèves—, y todo es tan caro en este país que no
tengo idea de cómo manejar el funcionamiento de mi casa.»[33] Como muchas viudas —en cierto sentido Ana de Clèves lo era, ya que la muerte de
«su hermano» el rey Enrique la había dejado sin protector— se obsesionó
por el dinero y los sirvientes, el dinero que le costaban los sirvientes, el
dinero que ella no tenía para pagarles, el dinero que se debía, los sirvientes que necesitaba, el dinero... los sirvientes... Sus frecuentes cartas al
Consejo durante el reinado del rey Eduardo se convirtieron en una lú-
gubre letanía.

Una vez que María subió al trono, Ana de Clèves intentó incluso
reivindicar su largamente sepultado matrimonio con Enrique VIII para
hacerlo declarar «legítimo» y así gozar del trato, en especial en el ámbito
económico, de una reina viuda. También podría hacerse pagar «aunque
estuviera ausente de Inglaterra». Eso, por supuesto, hubiese invalidado
el cuidadoso arreglo de la época de su divorcio en 1540, por el cual su
dote estaba condicionada a que no «atravesara el mar». A lady Ana simplemente se le dijo que el Consejo tenía muchos otros asuntos urgentes
que atender.[34] Ella siguió haciendo peticiones y preocupándose y escri-
biendo cartas angustiadas a su país, que aún consideraba su patria.

El peor episodio tuvo que ver con el «tesorero» de lady Ana, un hombre de Clèves llamado Jasper Brouckhusen. El doctor Cruser, un enviado
de Clèves que trató de verificar todas aquellas quejas, se había formado la
opinión de que Brouckhusen y su compatriota el doctor Cornelius, eran
los únicos miembros de la casa de Ana que velaban por los intereses de

ella. De modo que Cruser hizo promover a Brouckhusen al cargo de tesorero. Entonces Brouckhusen se esforzó por ahorrar. Para los sirvientes, se quejaba, «la cerveza nunca era lo bastante buena, el pan nunca lo bastante blanco, la carne nunca suficientemente jugosa».[35] Entre otras medidas, Brouckhusen sugirió que a los sirvientes de lady Ana se les asignara su propia parcela de tierra para cultivar.

Como no puede sorprender, esa propuesta bienintencionada de autoayuda fue recibida mal en la casa; entretanto, las batallas de Brouckhusen con el Consejo Privado en nombre de su señora le granjeaban enemigos también allí.[36] Un primo de Ana de Clèves, que había tenido un puesto menor en la corte del rey Enrique, el conde Franz von Waldeck, empezó a visitarla, posiblemente con el objetivo de convertirse en su heredero; de todos modos se instaló con ocho de sus sirvientes. Con ello desbarató los planes de ahorro de Brouckhusen, cuya autoridad molestaba a Waldeck. Waldeck consiguió que Brouckhusen fuera despedido por deshonestidad —desfalco— y se ocupó de eliminar a otros servidores supuestamente leales. Pero Brouckhusen no fue derrotado. Volvió a Clèves, donde se defendió tan hábilmente que pudo regresar a Inglaterra.

En todo ese episodio, lady Ana tomó partido por su tesorero basándose en el hecho de que había tratado verdaderamente de ayudarla. Pero por parte de Clèves (gracias a las maniobras del conde Waldeck) esa defensa de Ana de Clèves se interpretó como otra prueba de las intrigas de Brouckhusen. En realidad, Brouckhusen probablemente hubiera intentado realizar una tarea difícil lo mejor que sabía, aunque no siempre con tacto. No obstante, en septiembre de 1556 le fue administrado el *coup de grâce* a él y a algunos otros servidores. El duque Guillermo de Clèves le pidió al rey Felipe que interviniera, argumentando que Brouckhusen, su esposa y cierto bastardo de Wylick habían enloquecido a su hermana con sus «perniciosas doctrinas y sus maravillosas falsedades». El Consejo investigó el asunto discretamente, la reina (María) «deseosa de que tengamos especial cuidado en este asunto». Finalmente se consideró que los deseos de «el noble príncipe el duque» debían ser puestos en práctica, pero «con tan poca ofensa a dicha lady Ana como sea posible».[37] Pocos días más tarde se marcharon Brouckhusen y quienes lo apoyaban.

Es obvio que el verdadero deseo de lady Ana era volver a Clèves, un sentimiento que había estado creciendo en ella desde el ofensivo matrimonio del rey con Catalina Parr. En abril de 1551 escribió ansiosamente (en *deutsch*) sobre la perspectiva: «Y así yo podría volver a la vida de nuevo entre mis amigos. Porque como pienso que mis amigos de allá se deben haber olvidado de mí, creo que reingresaría en sus memorias, una vez que los ojos de mis amigos me hayan visto.» Un año más tarde, mientras le describía su pobreza a su hermano y le rogaba que le enviara algún dinero, le aseguraba a él que no le resultaría «una molestia» si ella regresara.[38] Pero nadie estaba dispuesto a rescatar a esa princesa de su triste situación, una mujer en sí tan poco importante como Catalina Parr lo había sido como viuda. Su hermano persuadió al Consejo inglés que pagara alguna de sus deudas pero no más.

Lo mejor que podía esperar Ana era la ocasional visita a la corte inglesa. Siempre había estado en buenas relaciones con María, que parece haberse mantenido bien dispuesta hacia ella por ella misma, no sólo en memoria de su padre. Ana solía enviar cartas implorantes, como la que sigue, fechada en agosto de 1554, dirigida a la reina María y a su esposo. Ana describía qué deseosa estaba de «cumplir con mi deber y ver a Vuestra Majestad y al rey [Felipe]», mientras les deseaba a ambos «mucha alegría y felicidad, con incremento de hijos para gloria de Dios, y para la preservación de vuestras prósperas posesiones».* Firmaba: «Desde mi pobre casa en Hever, a la orden de Vuestra Alteza, Ana la hija de Clèves.»[39]

Para el Consejo inglés, por otra parte, Ana de Clèves era una desagradecida que se quejaba sin cesar de un modo de vida que era bastante pródigo en opinión de los consejeros, incluso demasiado pródigo, pues la razón que lo sustentaba había desaparecido con la muerte del rey Enrique. Además, ni siquiera era una inglesa nativa, por empezar; como ella misma le escribía al duque Guillermo: «Inglaterra es Inglaterra, y nosotros somos extranjeros.» Cuando lady Ana se quejó de que las pensiones para sus sirvientes no habían sido pagadas en el verano de 1552, el Consejo le comunicó que el rey Eduardo estaba en expedición —que duró de comienzos de julio hasta mediados de septiembre— y había «resuelto que no lo molestaran con pagos» en ese lapso. Cuando se decidió que el rey debía tomar posesión de Bletchingly, que pertenecía a lady Ana, a cambio de Penshurst, el arreglo le fue simplemente comunicado a ésta (la pobre Ana preguntó: «¿Dónde está Bletchingly?»).[40]

Al mismo tiempo, los ingleses tenían razón en que lady Ana vivía en un boato considerable. Se le cedió el palacio de Richmond (donde le habían dado la noticia de que Enrique VIII deseaba el divorcio) hasta su

---

* Pero ese deseo no se vería cumplido. La reina María murió sin hijos cuatro años más tarde, a los cuarenta y dos años.

muerte. Penshurst, que había pasado del duque de Buckingham a la custodia de sir Thomas Boleyn, era un palacio envidiable. El de Hever, que era otro castillo con conexiones aún más fuerte con los Boleyn, también en Kent, le había sido cedido en 1540. Por su correspondencia, Ana de Clèves pasaba mucho tiempo en Hever donde, según la tradición, ella eligió una habitación desde la que podía observar el portal y supervisar las actividades de la casa. Hever siguió siendo suyo hasta su muerte, después de la cual fue adquirido por la familia Waldegrave.

Otro palacio en Kent, Dartford, le fue otorgado a cambio de tierras en Surrey. Casa de monjas dominicanas desde el reinado de Eduardo III, el convento de Dartford fue disuelto en 1539. Su posición sobre la carretera principal a la costa de Kent la convirtieron en una adquisición real natural, y se construyó un hermoso lugar a partir de un pequeño priorato, por un importe total de 60.000 libras (incluidos 15 chelines para dorar las armas de la reina del momento, Catalina Howard). Luego estaba la casa de Londres de Ana de Clèves. En 1556, al parecer, tomó la casa de sir Thomas Cawarden, ya que él reclamó expensas que ella debía y que no había pagado. Aparte de numerosas velas para su capilla (el catolicismo que Ana de Clèves había aprendido de su madre fue, bajo la reina María, la religión restaurada de Inglaterra), había especias y cordero para la cocina, a 7 chelines la pieza, ollas de barro, y madera y junco en abundancia. Pero es la lista de bebidas que había que proveer antes de la llegada de lady Ana lo que confirma la descripción de su casa como «un principado renano» en miniatura. Debía haber dos barriles de cerveza de una tonelada cada uno, tres barriles de vino gascón en la bodega, así como diez galones de vino de Malmsey, y diez galones de vino blanco generoso, mientras que otros barriles debían llegar en carros desde el campo.[41]

Finalmente, a Ana de Clèves se le permitió que usara Chelsea Manor, aquel «palacio» pequeño pero delicioso donde Thomas Seymour había cortejado a Catalina Parr «debajo de los planetas». Fue allí donde cayó enferma en la primavera de 1557 y donde pasó sus últimos meses. Murió el 16 de julio de 1557. Ana, la hija de Clèves, estaba en su cuadragésimo segundo año de vida. No vivió para ver el ascenso de la última hija del rey Enrique, Isabel, la niña a la que una vez había mimado, el 17 de noviembre de 1558.

Dado el curso lento de la enfermedad de lady Ana, se cree que el cáncer pudo ser una causa probable de su muerte. Pero no se pensó que fuera necesaria ninguna explicación para la muerte de una mujer de su edad. En realidad, había superado la expectativa de vida de su sexo, tan a menudo baja por el peligro que ella nunca había tenido ocasión de correr: el parto. Ana de Clèves sobrevivió diez años a Enrique VIII, el hombre con el que estuvo «casada» seis meses.

La última voluntad y testamento de Ana de Clèves, de poco antes de su muerte, justificaba plenamente la reputación que le atribuía Holinshed en sus *Chronicles*: «Una buena ama de casa y muy generosa con los sirvientes», con independencia de los problemas que le hubieran causado en su vida. Primero ella pedía a sus albaceas que fueran «buenos lores y señores» con sus «pobres» empleados. Seguía una lista sumamente larga de solicitudes; todas las gentiles damas de su cámara privada eran recordadas por el nombre, tanto su compatriota Katherine Chayre como las numerosas inglesas, e incluso las lavanderas y la «madre Lovell por su cuidado de nosotros en esta hora de enfermedad». Luego el doctor Symonds era recompensado «por su gran trabajo y sus esfuerzos»; sus caballeros, como sus damas, se enumeraban en detalle, hasta los «hijos de la casa» y los camareros, que recibieron 20 chelines cada uno.[42]

A la reina María se le pedía que se ocupara de que los «pobres sirvientes» recibieran su justa recompensa, mientras que a lady Isabel le dejaba algunas joyas con la esperanza de que tomara a una de sus «pobres criadas», llamada Dorothy Curson. Sus personas más queridas, como su hermano el duque Guillermo, su hermana soltera Amelia de Clèves y Katherine, duquesa de Suffolk, recibieron varios anillos de rubíes y diamantes. «Los hijos de las limosnas» recibieron una suma para su educación; se recordaba a los pobres de Richmond, Bletchingley, Hever y Dartford.

El Consejo Privado —«mientras ha agradado a Dios Todopoderoso llamar a su merced a lady Ana de Clèves»— emitió órdenes para el funeral que se intentaba que rindiera tributo a la posición anómala pero no obstante distinguida que ella había ocupado.[43] El funeral tuvo lugar el 4 de agosto, y su cuerpo fue transportado por el río desde Chelsea a Charing Cross la noche antes y, luego, a la abadía de Westminster. La procesión, iluminada por cien antorchas, iba totalmente enlutada, desde los heraldos y sus caballos hasta los limosneros con sus trajes negros nuevos para la ocasión.

En la puerta de la abadía, los que montaban a caballo se apearon y «la buena dama», es decir, el cadáver en su ataúd, fue recibido por el lord abad y el obispo de Londres, que lo perfumaron con incienso. Ardieron las velas toda la noche en la abadía mientras el ataúd descansaba en su gran sepulcro, que según Henry Machyn, proveedor de elementos fúnebres, había requerido la labor de siete carpinteros oficiales. Fue colocado entre el altar y el coro, pintado con sus armas y el lema de la casa de Clèves, «*Spes mea in Deo est*», debajo de un dosel de terciopelo negro. En cada esquina, los heraldos sostenían banderas: de la Trinidad, de la Virgen María, de san Jorge y de santa Ana.

Al día siguiente, en la misa de réquiem, el papel de deudo principal estuvo a cargo de otra conexión con el pasado real, «mi lady de Winchester», que era en realidad Elizabeth Seymour, hermana de la difunta reina Juana, en otros tiempos casada con el hijo de Cromwell y ahora, en tercer matrimonio, con el marqués de Winchester. El texto del sermón elegido por el predicador, el abad de Westminster, fue el de Dives y Lázaro: al comentar la gula de Dives, exhortó a los fieles a «enmendar vuestras vidas mientras tengáis tiempo». Después de bajar el ataúd a su tumba (entre el coro y el crucero occidental), y cuando las lanzas y varas de los oficiales de lady Ana fueron quebradas y arrojadas dentro, una tela dorada y una cubierta fueron puestas encima, junto con una cruz, que permaneció allí diez días. Pero los presentes, a pesar del sermón que acababan de escuchar, «fueron a la abadía a comer, donde se había preparado para ellos una suntuosa comida a expensas de los albaceas».

Había sido un buen espectáculo, bastante bueno. Sólo el clima fue levemente molesto. Hacía mucho calor incluso para la época de comienzos de agosto. A los pobres, que generalmente hubiesen acudido en masa al servicio para recibir las limosnas que solían distribuirse, se les advirtió desde el púlpito por anticipado que se quedaran en su casa. No se daría limosna en esa ocasión. Para que los pobres no se sintieran tentados a desobedecer las instrucciones (el tiempo caluroso siempre engendraba el temor de la peste, por no hablar de la higiene), se anunció que luego les llevarían la limosna a su casa.

Posteriormente se dispuso una bella tumba de mármol negro y blanco para Ana de Clèves en la abadía de Westminster, de estilo griego, «ejecutada con maestría». Un nativo de Clèves, Theodore Haevens, ministro en Caius College, Cambridge, que diseñaba para el doctor Keys, pudo haber sido el autor.[44] Dos hileras de paneles decoraban los lados de la tumba. La hilera superior contenía medallones con las iniciales A. C. rematadas por una corona ducal (por Clèves). La hilera inferior revelaba una serie de calaveras, con huesos cruzados, sobre un fondo negro. De esa manera adecuadamente sombría fue conmemorada la cuarta esposa y la última consorte superviviente de Enrique VIII.

EPÍLOGO

CAPÍTULO VEINTE

Lo que deseaba el rey

Junker Heintz será Dios y hará lo que desee.

Martín Lutero
sobre Enrique VIII, 1533

Resulta tentador considerar a las seis esposas de Enrique VIII como estereotipos femeninos, como cartas de tarot. Así Catalina de Aragón se convierte en «la esposa traicionada», Ana Bolena es «la tentadora», Juana Seymour «la buena mujer», Ana de Clèves «la hermana fea», Catalina Howard «la muchacha mala»; finalmente, Catalina Parr es «la figura materna»... Hay cierta verdad, por supuesto, en esas descripciones evocativas, pero todas ignoran la complejidad y la variedad en el carácter individual. Cada una a su modo y por razones distintas, casi todas esas mujeres fueron víctimas, pero no víctimas voluntarias. Por el contrario, demostraron una fuerza notable y también mucha inteligencia en una época en que su sexo tradicionalmente poseía poco de ambas virtudes.

Catalina de Aragón, Ana Bolena y Catalina Parr poseían verdadera capacidad intelectual, aunque sus oportunidades para educarse fueron distintas; de hecho, que Catalina de Aragón fuera la más inteligente, seguida por Ana Bolena y en último lugar Catalina Parr, es un reflejo fiel de esas oportunidades. Ni Juana Seymour ni Ana de Clèves eran estúpidas, según aquellos que las observaban y daban informes sobre ambas. La pobre Catalina Howard, cuyo único documento manuscrito que se conserva es una ilícita carta de amor a Thomas Culpeper («Me enteré de que estabais enfermo y nunca deseé nada tanto como veros»), es, por supuesto, la excepción a la norma, aunque se debería recordar que la capacidad de garrapatear sus propias palabras de amor pone a Catalina por delante de muchas de sus coetáneas.

La fuerza de esas mujeres pesó en el desarrollo de su historia. Se le da mucha importancia al vigor (u obstinación) de Catalina de Aragón en no concederle el divorcio al marido; pero Ana Bolena, «la dama» o «la concubina» o más crudamente «la puta de ojos saltones del rey», también demostró estar hecha de acero. Ana Bolena es un personaje cuya independencia de mente y de conducta, como mujer, la convierten en curiosamente moderna. Justifica la atención que se ha prestado últimamente a su papel en el desarrollo protestante de Inglaterra; aunque no se debe olvidar que Ana Bolena cautivó al rey por su gracia, con un par de ojos negros centelleantes, no por sus opiniones religiosas (que él no compartía). Nacida en una posición comparativamente modesta, tuvo la tenacidad de luchar por el papel más alto de todos, el de esposa del rey, y conseguirlo.

Si Juana Seymour fue la herramienta de los enemigos de la concubina, o una brillante joven que vio la oportunidad para su familia y la tomó, o está en algún punto intermedio, de cualquier modo su comportamiento durante esos cargados meses de 1536 fue un modelo de discreta sabiduría. En el año de tres reinas, ella surgió cinco meses después de la muerte de la reina Catalina, once días después de la muerte de la reina Ana, como un objeto universalmente aceptado e incluso admirado. En cuanto a Ana de Clèves, es hora de rescatarla del cruel apodo de «la yegua de Flandes» que Enrique VIII nunca le puso realmente. En su conducta durante su matrimonio asombrosamente breve y los muchos años de confusión en una tierra extraña que siguieron, hubo un toque de dignidad; merece simpatía, no escarnio.

Se ha remarcado que Catalina Parr distaba de tener un carácter pasivo. Tenemos nuestra primera vislumbre de ella como una juvenil lady Latimer en la época del Peregrinaje de Gracia, que observó cómo su marido maduro era tomado como rehén por Robert Aske; quedó al cuidado de las propiedades y los hijos de él. Su conducta como reina, sea promoviendo las causas religiosas en las que creía o salvándose de esa mancha fatal de herejía, fue más vivaz que sumisa. Después de la muerte del rey, la pasión la guió.

No fue Catalina Parr la única reina manejada de esa manera. La historia de Enrique VIII y sus seis esposas suele interpretarse como un relato de los deseos arrogantes del rey y sus consecuencias. Ésa es sin duda una manera de verla. En esta narración se ha sugerido que el rey Enrique, un hombre romántico, para bien o para mal, se casó por amor con cuatro de sus seis esposas e incluso logró enamorarse del cuadro de Ana de Clèves antes de que la realidad lo desalentara. Pero también es dable ver esos acontecimientos del otro lado del espejo: ésta es también la historia de seis mujeres apasionadas.

En la corte de Blackfriars, en 1529, Catalina de Aragón repentinamente se arrojó de rodillas ante el rey y para asombro —y admiración— general sollozó, con su fuerte acento español, las palabras que luego adaptaría Shakespeare para la inmortalidad:

> *Señor, deseo que me hagáis bien y justicia,*
> *y que me ofrezcáis vuestra piedad; porque*
> *soy una pobre mujer, y una extranjera,*
> *expulsada de vuestros dominios...*

Entonces se estaba comportando no tanto como «la mujer más virtuosa que he conocido nunca», como la describió Chapuys a su muerte, sino como «la de corazón más alto», es decir, de más espíritu.[1]

Catalina de Aragón amaba a su esposo; dos de las otras esposas del rey Enrique —Catalina Howard y Catalina Parr— estaban enamoradas de otro hombre cuando el rey decidió tomarlas como consortes. Catalina Howard experimentó la pasión, aunque hasta el fin de sus días siguió siendo la clase de joven, como una encantadora mariposa amoral, incapaz de ver que la satisfacción de su instinto sexual podía atraparla en una red de destrucción. En cuanto a Ana Bolena, no hay razones para suponer que no devolviera las atenciones de lord Percy en aquellos distantes días secretos en la corte, cuando él era un hombre del cardenal Wolsey y ella una mujer de poca fortuna pero mucha gracia, al servicio de la reina. Cuando era reina, su peligrosa habilidad para atraer el deseo masculino —aun cuando, como se sostiene aquí, ella prefería no satisfacerlo— fue un elemento que sus enemigos utilizaron para precipitar su caída.

Pero la fuerza y el coraje de esas mujeres pone de relieve el hecho de que acabaron desvalidas ante la fuerza central de sus vidas: la encarnación del poder, por supuesto masculino (como todo el poder real en ese período) en la forma —la forma crecientemente gigantesca— del rey. O como Catalina Parr se apresuró a asegurarle al rey Enrique, para calmar su ira (y salvarse): «Las mujeres por su primera creación fueron hechas sometidas a los hombres.» Ese punto de vista expresó después de su muerte por su amigo y admirador William Cecil, que la describió como una mujer «[creada] por un rey poderoso excelente reina, por un famoso Enrique [creada] una renombrada Catalina»; su papel más importante, al margen de su erudición religiosa, era como «esposa de él, que fue rey de reinos».

Esta falta de poder llega a su forma más dolorosa en los acontecimientos de la ejecución de Ana Bolena y Catalina Howard. Para los oídos modernos, el aspecto más triste de esas escenas es la resignación de esas mujeres; Ana Bolena refiriéndose a «el más pío, noble y gentil príncipe que existe»; Catalina Howard, tan débil que casi no podía hablar pero aún rogaba de corazón por el rey, que iba a darle su «digno y justo castigo». En aquella época, tales palabras no tenían nada de horrible: las referencias a la merced y a la gentileza del príncipe no sólo eran convencionales sino también absolutamente necesarias; recordemos que una mera camarera fue encarcelada por formular la sencilla pregunta: «¿Cuántas esposas tendrá el rey?» (Acababa de sentenciar a muerte a su quinta esposa.)

También es cierto lo opuesto: Juana Seymour y Catalina Parr (y también Catalina Howard) estuvieron igualmente desvalidas ante el amor del rey. En cuanto a Ana de Clèves, se encontró sin otra alternativa que ceder su posición con palabras de excesivo elogio para el hombre con el que se imaginaba afectuosamente casada. Si no podía tener al rey Enrique como esposo, le comentó al duque Guillermo, no obstante lo consideraba «un muy bondadoso, afectuoso y amistoso padre y hermano». Sólo en sus últimas frases a su verdadero hermano subrayaba significativamente la vulnerabilidad de su posición: que él se comportara con prudencia en ese asunto «[para que] no me suceda lo peor; por lo cual confío en que tendréis cuidado». Cristina de Milán, la bulliciosa muchacha de dieciséis años, segura en Bruselas con la protección de su tío, el hombre más poderoso de Europa, tuvo que reprimir una carcajada cuando el enviado del rey Enrique se refirió a su señor como «el caballero más gentil que jamás se ha visto».

Aparte de la fuerza, la pasión y el desvalimiento, hay otro nexo que une a las seis esposas. En mayor o en menor medida, cada reina fue creada o destruida por su destino biológico. Imaginemos que el primero de los hijos de Catalina de Aragón, el príncipe Enrique, nacido el día de Año Nuevo de 1511, hubiera vivido, en lugar de morir de alguna enfermedad infantil sin nombre a las siete semanas. Fue por ese niño que se celebró un gran torneo, presidido por Catalina «noble reconocida, reina del reino», mientras Enrique, «Corazón Leal», atronaba en la palestra una y otra vez bajo la mirada enamorada de ella. Ese príncipe Enrique —cinco años mayor que la princesa María— hubiera sido casadero a fines de la segunda década del siglo XVI, hubiese podido darle nietos al padre una década después, y se hubiese acercado a los treinta y seis años a la muerte de su padre. Aunque sus otros hijos varones no hubieran sobrevivido, es inconcebible que la reina Catalina, como madre del heredero, hubiese sido repudiada. La noble renombrada sin duda hubiese continuado presidiendo el reino del cual Corazón Leal era rey hasta el día de su muerte.

Eso no significa que la Reforma anglicana no hubiese tenido lugar si el hijo varón o los hijos varones de Catalina de Aragón hubieran vivido: es una afirmación demasiado simple, que ignora los procesos complejos que impulsan todo cambio revolucionario. Los abusos y las malas prácticas en la Iglesia católica inglesa, los desafíos a la autoridad papal a menudo ejercida como parte de las intrigas diplomáticas sin nada que ver con la religión, las limitaciones (o no) del poder real dentro del reino en lo que concernía al clero... ésos eran asuntos para los cuales, inevitablemente, se hubiesen buscado soluciones, como las buscaron en toda Europa. Lo que podemos decir con confianza es que el rey Enrique no se hubiese divorciado de Catalina de Aragón si el destino biológico de ella hubiese sido diferente; del mismo modo, la naturaleza y el curso de la Reforma no hubiesen sido iguales. Hasta se puede soñar que no hubiese tenido lugar la destrucción de una gran herencia cultural que implicó la disolución de los monasterios (cuyos tesoros servían para financiar las ambiciones matrimoniales del rey).

La sustituta de Catalina de Aragón, Ana Bolena, también cayó víctima de su incapacidad para darle al rey un hijo varón. Recuérdese el asombro y la decepción por el nacimiento de su única hija, Isabel, y el comunicado en que hubo que hacer dos correcciones para que se leyera «princesa», tan optimista había sido todo el mundo en cuanto al resultado deseado. En realidad es imposible exagerar la absoluta preocupación por un heredero varón —preferiblemente dos— que hubo en Inglaterra durante el siglo XVI. Lamentablemente, los Tudor no demostraron ser muy fértiles como familia; eran sus primos los que muy a menudo tenían hijos varones, y por eso —al menos así lo veía el rey— amenazar la frágil sucesión.

Indudablemente no se puede entender la trayectoria matrimonial de Enrique VIII sin tener en cuenta tal obsesión, arraigada en terribles re-

cuerdos de guerras civiles del siglo anterior. Era un hecho aprendido que
«para el sereno reposo y la tranquilidad de nuestro reino», en las palabras
de Enrique VIII a Francisco I en 1533, el rey debe tener un hijo varón.
Cierto que el propio rey había «recibido el título principal para su reino
por medio de la línea femenina», como una vez le señaló sin tacto Chapuys a Enrique[2] (presumiblemente, Chapuys se refería a la madre del rey
Enrique, Isabel de York, pero el derecho hereditario de su padre al trono
también pasaba por la madre de éste, Margarita, condesa de Richmond),
pero el hecho de que la descendencia por vía femenina se presentara una
y otra vez en el árbol genealógico no impedía que el sentimiento predominante en la época fuese que el heredero ideal era «un hombre noble»,
que sería «un gobernante real».

Tampoco Enrique VIII era distinto. Los hombres —no sólo los nobles sino otros de clase inferior con propiedades— deseaban hijos para
continuar su propio linaje, tal como ellos lo percibían. Cuando el protector Somerset le mandó sus condolencias a Thomas Seymour por el
nacimiento de una hija (esperaba «una gran suerte de felices hijos varones» pronto), estaba expresando los sentimientos convencionales de su
época; o como John Husee le dijo a John Basset: «Por la gracia de Dios,
en el próximo tiro dad en el blanco.»[3] La clave del asunto eran las leyes
de propiedad y herencia, por las cuales el esposo asumía no sólo la riqueza sino también los derechos de su esposa heredera.

Naturalmente, esa toma de posesión era más temida cuando los reinos estaban en juego. El rey Enrique se resistió a casar a su hija María
con su primo hermano Jacobo V de Escocia, en 1524, por temor a que
el reino inferior aprovechara la oportunidad para engullir al superior
(tal como los ingleses veían la situación). Veinte años más tarde, los escoceses a su vez se resistieron a permitir que la niña María, reina de Escocia, se casara con el príncipe Eduardo. «Si vuestro muchacho fuera
una muchacha y nuestra muchacha fuera un muchacho (siendo así el
rey de Inglaterra), ¿estaríais tan ansiosos respecto de este tema?», pre-
guntaban los escoceses, muy acertadamente.[4] En la segunda década del
siglo XVI, cuando Enrique VIII contemplaba a María como su heredera,
predominó el deseo de casarla con su otro primo hermano, el emperador Carlos V. Los sueños de una dinastía mundial, y su futuro nieto
reinando sobre un vasto imperio, lo compensaban de la falta de un hijo
varón propio. Cuando Carlos V rechazó a María, poco antes de que Enrique VIII se enamorara de Ana Bolena, eso fue un elemento psicológi-
co crucial en el rechazo de la madre de María por parte de Enrique.

En adelante, el lenguaje de las actas del divorcio y toda la correspondencia relativa a él estuvieron cargados de alusiones a la necesidad del rey de descendencia masculina; la carta del cardenal Wolsey que promocionaba a Ana Bolena se refería a su «aparente aptitud» para tener hijos (hijos varones). Pero Ana Bolena no logró tener esos hijos. Se preparó una sala para los niños en Eltham, para el príncipe cuyo nacimiento se aguardaba en el verano de 1534; ese bebé probablemente muriera durante un parto que fue un tanto prematuro. Otra ocasión se presentó con el embarazo de fines de 1535; pero en enero de 1536 la reina Ana abortó un feto masculino de tres meses y medio. Si ella hubiera continuado saludablemente embarazada toda la primavera y el comienzo del verano, es inconcebible que su caída se hubiese maquinado como se hizo, por no hablar de su virtud impugnada: el peligro de arrojar una sombra de duda sobre la legitimidad del inminente vástago real era tal que ningún cortesano prudente se hubiese arriesgado. El enamoramiento del rey de Juana Seymour hubiese sido una de las breves aventuras que lo atraían de vez en cuando. En junio, Ana Bolena hubiese sido la feliz madre del heredero varón del rey, algunas semanas después de la fecha en que la frustrada progenitora fue ejecutada.

Juana Seymour y Catalina Parr fueron víctimas ambas de su destino biológico, aunque en un sentido diferente. La cantidad de mujeres que morían de fiebre puerperal tras el parto en esa época es imposible de precisar; las estimaciones —conjeturas— varían del diez al treinta por ciento. El hecho de que un tercio de las esposas del rey murieran de esa manera, sin embargo, destaca el hecho de que el privilegio no significaba protección. Por el contrario, las mujeres de la realeza y aristocráticas tenían más peligro en ese sentido que las mujeres del pueblo. Dar el pecho protegía en parte a estas últimas de los reiterados embarazos, mientras que las mujeres aristocráticas, con sus infantes con casas enteras para cuidarlos además de las amas de cría, debían volver a la tarea de proporcionar otros herederos tan pronto como fuera posible.[5]

La tasa altísima de mortalidad de niños e infantes significaba que nadie —menos que nadie un rey— podía sentirse seguro con sólo un hijo. Enrique VIII fue un segundo hijo que había sucedido a un hermano mayor delicado. Francisco I fue el afortunado padre de «un bello y feliz delfín» y varios otros hijos varones con su primera esposa, la reina Claudia; pero la sucesión en Francia le correspondió al fin al nieto de su hermana, Enrique IV. Juana Seymour, que había «demostrado tan grande esperanza de que de su cuerpo procediera mucho fruto», como escribió el obispo Tunstall después de su muerte, en realidad sólo había conseguido tener un hijo. Las medidas por aumentar la descendencia masculina del rey fueron inmediatas tras el deceso de ella. En las negociaciones para el cuarto matrimonio del rey se discutía abiertamente esta cuestión de un segundo hijo, «un duque de York», y si era posible, varios (futuros «duques de Gloucester y Somerset» fueron mencionados a los representantes de Cristina de Milán).

Los dos matrimonios de 1540, celebrados con seis meses de diferencia —la boda en invierno de frustrados desconocidos reales y la unión en pleno verano de un hombre envejecido y una rosa sin espinas—, tenían ambos el mismo objetivo. Ana de Clèves fue rechazada porque no lograba excitar al rey para su necesario deber real. Cuando ella describió inocentemente la conducta nocturna del rey a sus damas, como se ha citado en el capítulo 15, «él me besa y me toma de la mano y me saluda, "buenas noches, querida", y por la mañana me besa», la respuesta de lady Rutland fue absolutamente sincera: «Señora, debe haber más.» De lo contrario, «pasará mucho antes de que tengamos un duque de York que es lo que más desea todo este reino». La vida matrimonial corta (y feliz hasta su conclusión) del rey con Catalina Howard le dio a él al menos algunas nuevas oportunidades de tratar de conseguir lo que deseaba el reino. Pero no lo logró. También Enrique VIII fue un prisionero de su destino biológico.

En una frase memorable, Martín Lutero comentó acerca del rey inglés (en la época de su primer divorcio): «Junker Heintz será Dios y hará lo que desee.»[6] Pero incluso el Junker Heintz, por mucho que lo deseara, no pudo asegurarse una sucesión de hijos. Y por una ironía de la historia, ese hombre que sacrificó tanto (y a tantos) por un hijo, tuvo un retoño que le dio gloria a su destino, pero fue una mujer, Isabel I.

Las seis esposas de Enrique VIII no dejaron descendientes.* Los tres hijos del rey murieron sin descendencia y la historia de que la hija de Catalina Parr y Thomas Seymour vivió para casarse y tener hijos no es creíble. No obstante, quedan rastros duraderos de ellas.

Inevitablemente, en su mayoría recuerdan el primer matrimonio del rey, y no sólo porque fue una unión con una poderosa princesa española con ascendencia real propia que incorporar a sus emblemas, su armadu-

---

* La reina Isabel II no desciende de Enrique VIII sino de Enrique VII; la línea pasó por su hija, la reina Margarita de Escocia y su nieta María, reina de Escocia, al hijo de esta última, Jacobo VI de Escocia, I de Inglaterra. (Véase árbol genealógico 2.)

ra y los cristales, aunque algo tiene que ver. Las granadas de Granada
aún adornaban los uniformes de los hombres que se ahogaron en el
Mary Rose en 1545. Había un solemne retrato doble de Enrique y Catalina como rey y reina, con la santa patrona de ella, santa Catalina
de Alejandría y las granadas, en la tracería (ahora en la ventana este de
St Margaret's, Westminster); parece haber sido instalado en algún momento en la capilla del palacio del rey en New Hall, con independencia
de la persona a la que conmemoraba.[7]

Pero la escala del tiempo de los diversos matrimonios del rey también se inclina pesadamente en favor del primero en un grado que a veces causa sorpresa. Es decir, el rey Enrique estuvo casado con Catalina
de Aragón veinticuatro años, si se toma el divorcio de mayo de 1533
como punto final; eso fue la mitad de la vida de ella, y cerca de la mitad
de la de él (se habían casado veinte años antes de que se estableciera el
tribunal en Blackfriars).* Los otros cinco matrimonios de Enrique VIII
suman juntos sólo diez años y medio: Ana Bolena y Catalina Parr estuvieron casadas con el rey tres años y medio cada una, Juana Seymour y
Catalina Howard dieciocho meses y Ana de Clèves seis.

De estas últimas esposas, los rastros son más al azar. Hay iniciales
que los revisionistas olvidaron suprimir: las iniciales H A para Enrique y
Ana Bolena sobre el sitial del director en la capilla del King's College,
por ejemplo. La K en la gran ventana este de la misma capilla se refiere,
por su fecha, a Catalina Howard. Los lemas y armas heráldicos de otra
consorte que floreció brevemente, Ana de Clèves, aún se pueden hallar
en la capilla real del palacio de St James.

Hay retratos (de cinco de las seis esposas). Hay joyas, con las letras K
(o C), A e I (por J), entrelazadas con la invariable H. Hay reliquias. La
cama de Juana Seymour —esa «gran rica cama y sus pertenencias» que
se decía que había bordado ella misma— perteneció a la familia real hasta que los bienes de Carlos I fueron vendidos durante el interregno,
cuando el bisnieto del hermano de ella la compró por 60 libras.[8] Figuraba en el testamento de su viuda, la duquesa de Somerset, en 1674, que
se la dejó a su nieta, la gran heredera Elizabeth, condesa de Ailesbury;
ese recuerdo de la industria de una reina del siglo XVI tal vez se conserve
en alguna parte.

Luego están las tumbas.

* La esposa más joven del rey, Catalina Howard, nacida unos treinta y seis años
después que Catalina de Aragón, era lo bastante joven como para ser nieta suya.

En la catedral de Praga las cuatro esposas del Sacro Emperador Romano Carlos IV, el gobernante de Bohemia en el siglo XIV, están sepultadas —en un solo sepulcro— junto al propio emperador; sus esculturas también adornan el triforio de la catedral junto a la suya. Pero todas esas reinas murieron de muerte natural, ninguna fue rechazada, ninguna fue despreciada. No existe tal evidencia de armonía doméstica continuada en los arreglos sepulcrales de Enrique VIII y sus seis esposas. Por el contrario, se puede realizar un conmovedor peregrinaje de cinco sitios de descanso que evocan de nuevo las acerbas circunstancias en que murieron esas mujeres y es un adecuado tributo a su memoria.

Las dos únicas que yacen muy cerca entre sí, compartiendo en efecto una tumba —las primas carnales Ana Bolena y Catalina Howard— están juntas porque fueron ejecutadas por una espada y un hacha en el mismo patíbulo dentro de la Torre de Londres. Luego, los cuerpos decapitados de las desgraciadas reinas fueron trasladados a la cercana capilla de San Pedro y enterrados en tumbas sin nombre en el presbiterio, con otros prisioneros de Estado que habían muerto del mismo modo. En el caso de Ana Bolena, la reina Isabel I nunca intentó rehabilitar la reputación de su madre, mucho menos hacer un reconocimiento más adecuado del lugar de la sepultura de la mujer que la había dado a luz. Hasta el fin de su reinado, ella fue «la hija del gran Enrique» —sólo de él— para la gente; mediante tal énfasis, ella señalaba la fuente de su propia autoridad real, por una parte y, por otra, se distanciaba de las lóbregas circunstancias de la muerte de su madre. (La Ley de Sucesión de 1536, que había declarado bastarda a Isabel, nunca fue revocada; dado que Isabel pudo suceder a su padre por los términos del testamento de éste, tal revocación habría sido otro recordatorio molesto de cosas tristes muy lejanas.)

En cuanto a Catalina Howard, sin hijos y apenas salida de su propia infancia descuidada, sus parientes fueron los primeros en considerar que una tumba anónima era el lugar más adecuado para su descanso, una vez concluido su breve tiempo como «perfecta joya de la feminidad» del rey. De modo que las «dos sobrinas falsas y traidoras» de Norfolk —a las que repudió por «hechos abominables»— desaparecieron de la memoria como habían desaparecido de la vista, en un entierro anónimo.

A fines del siglo XIX se impuso una actitud más caritativa. En 1876 se restauró la capilla de San Pedro, construida tal como la conocemos ahora en los primeros años del reinado de Enrique VIII. Con la aprobación de la reina Victoria, los restos desenterrados en la nave fueron puestos en la cripta; pero los huesos del presbiterio, incluidos los que pudieron identificarse como pertenecientes a Ana Bolena y Catalina Howard, fueron nuevamente enterrados debajo del suelo de mármol, ante el altar.[9]

Ahora, dos placas octagonales señalan las tumbas; llevan sencillamente inscritos los nombres, las armas y las fechas de defunción. Es notable que el título real que le fue arrancado a cada mujer, a Ana Bolena por divorcio en vísperas de la ejecución, a Catalina Howard por orden del Consejo, les ha sido devuelto. De modo que se puede leer «Reina Ana Bolena. MDXXXVI» y «Reina Catalina Howard. MDXLII».

Se realizan servicios regularmente en esa iglesia bella y tranquila, los maitines del domingo y los bautismos de las familias de los guardianes que viven en la Torre. Los visitantes observan las placas con respeto. Los guardianes que actúan como guías se inclinan, como la autora presente, a considerar a Ana Bolena inocente (de adulterio) y a Catalina Howard culpable; pero sus simpatías están dirigidas en ambos casos hacia la mujer, antes que al hombre con el que estaba casada, Enrique VIII. A pocos metros de distancia, el sitio del patíbulo está marcado y los cuervos siguen rondándolo.

En contraste, la tumba de Juana Seymour atrae poca atención, a pesar del hecho de que está en el centro de la capilla de St George, en Windsor, el sitio donde se celebran muchas de las ceremonias reales en la actualidad, incluidas las de la Orden de la Jarretera. Esto se debe a que la fama de esposa «fiel» y «enteramente amada» del rey Enrique está empañada por la de los monarcas con los que comparte su lugar de sepultura; es como si la conducta «muy modesta» que se valoró en su vida se hubiera perpetuado en la muerte.

El magnífico monumento que el rey Enrique había planeado para ambos, en la gran tumba que el cardenal Wolsey había designado para sí mismo y que el rey tomó como botín, resultó una desafortunada obra de conmemoración. Ninguno de los tres hijos del rey que lo siguieron en el trono demostró interés alguno en terminarla (aunque debemos absolver a la reina María del cargo malicioso y carente de fundamento de haber hecho quemar en secreto el corazón de su padre en venganza por los sufrimientos de su madre: eso hubiese sido del todo incoherente con la digna reverencia que le demostraba).[10] La tumba fue saqueada en la época de las guerras civiles y algunas partes fueron vendidas, aunque el sarcófago de mármol siguió en Windsor hasta que fue retirado por órdenes de Jorge III; ha terminado albergando los restos de Nelson en la cripta de la catedral de San Pablo: un ejemplo interesante de continuidad involuntaria en la historia.

La bóveda real, en el centro del coro de St George's, donde la reina Juana y el rey Enrique fueron enterrados, fue abierta nuevamente cien años después de la muerte de él para enterrar el cadáver decapitado del rey Carlos I. En 1696, uno de los muchos hijos de la princesa (luego reina) Ana que murió de niño fue sepultado allí. Luego, en 1813, la bóveda fue descubierta por accidente; el ataúd de plomo de Enrique VIII había sido inadecuado para su función: se abrió y dejó al descubierto su impresionante esqueleto. En presencia del futuro Jorge IV, entonces príncipe regente, se abrió el ataúd del «rey mártir», Carlos I. Pero al ataúd de Juana Seymour, ocupante original de la bóveda, triste víctima de una muerte mucho más común, no suscitó ningún interés particular y quedó intacto.

Una gran pieza oblonga de mármol negro marca el lugar en el coro. El «gabinete de la reina», desde el que Catalina Parr observó a los dieciséis soldados gigantescos colocar el cuerpo de su esposo en la bóveda, mirando hacia abajo desde la fina celosía de madera, aún luce las granadas que se asocian con la mujer para la cual fue creado, Catalina de Aragón. La pieza de mármol negro lleva esta inscripción: «En una bóveda, debajo de esta losa de mármol, están depositados los restos de Juana Seymour, reina de Enrique VIII, 1537. El rey Enrique VIII, 1547. El rey Carlos I, 1648. [Según el calendario moderno 1649.] Y un infante hijo de la reina Ana.» Finalmente: «Este recordatorio fue puesto aquí por orden del rey Guillermo IV, 1837.» Así, decorosa hasta el fin, Juana Seymour está sepultada bajo una descripción que, aparte de ser exacta —la verdad, si no toda la verdad—, es también un bello ejemplo de economía patriarcal: «Reina de Enrique VIII.» La reina Juana fue, después de todo, la madre del hijo del rey, a diferencia de las otras cinco mujeres con títulos para ser consideradas «reina de Enrique VIII», de ahí su presencia, honrada aunque poco destacada, en la bóveda real.

En el caso de Ana de Clèves, que fue seis meses esposa del rey y más de diecisiete años una «buena hermana», su sepultura es aún más magnífica y el desconocimiento que la rodea aún más profundo. Esa bella tumba, posiblemente diseñada por un artista de Clèves, con sus calaveras y huesos cruzados, ha permanecido intacta en la abadía de Westminster desde que se instaló. Está situada en el lado sur del gran altar, parte del actual santuario de la abadía donde tienen lugar las ceremonias de coronación. (En la coronación de la reina Isabel II, el palco para la familia real asistente, incluidos la reina madre y el príncipe Carlos, se construyó directamente sobre el lado del altar que alberga a Ana de Clèves.)

Al mismo tiempo, consigue pasar inadvertida. Ya en 1625 la envolvían las colgaduras. Una gran pintura italiana de la Madona y los santos, un vasto tapiz del que se dice que fue usado en las obras de Westminster School, la losa de mármol del altar que costó siete libras en 1606, todo se combina para distraer la atención de la tumba, a pesar de su augusta situación. Una pequeña porción rojiza de la tumba es visible al público (al que no se permite pasar al altar principal) desde atrás, algo empequeñecida por los vastos monumentos de mármol blanco adyacentes de dignatarios varones. En letras de oro mate se lee: «Ana de Clèves. Reina de Inglaterra. Nacida en 1515. Fallecida en 1557.» Una vez más, la descripción es breve: la verdad, sin embargo, no es toda la verdad. Esto ilustra bien la paradoja de la vida de Ana de Clèves. Ella yace en el corazón de la abadía de Westminster. Y está olvidada.

El ataúd —y también el cadáver— de Catalina Parr no hallaron adecuado reposo en Sudeley durante casi tres siglos. Hubo algunos incidentes inesperadamente inquietantes, en paralelismos con la trayectoria de la mujer, mucho menos serena de lo que sugería su papel de enfermera de esposos ancianos.

El comienzo fue bastante apacible, la paz del abandono. Por un tiempo después de su dolorosa agonía, la reina Catalina estuvo en una tumba anónima en la capilla de Sudeley. La ejecución y proscripción de Seymour, menos de un año después, hizo que su conmemoración languideciera más por falta de atención que por los esfuerzos concretos de negación extendidos a Ana Bolena y a Catalina Howard. Pero el castillo de Sudeley tuvo la mala fortuna de ser una plaza fuerte en la guerra civil; como consecuencia de ello el Parlamento victorioso lo condenó a ser desatendido, es decir, no utilizable como fortaleza, en 1649. En adelante, el deterioro de la estructura fue rápido, tanto en la capilla como en el castillo. En 1752, George Ballard, un anticuario que escribía la biografía de las mujeres famosas por su saber, consignó que el lugar de sepultura de Catalina Parr era desconocido: «Una circunstancia —descubrió él— extraordinaria.»[11]

Pero en 1782, su ataúd fue desenterrado por azar. Cierto John Lucas, que ocupaba la tierra que incluía las ruinas de la capilla, procedió a abrir el plomo; si bien al menos un comentarista se sintió «muy disgustado» por su osadía: «Hubiese bastado con haberlo encontrado [el ataúd].» No parece haberse hecho ningún intento oportuno de darle una sepultura decente a ese cuerpo notablemente conservado, ya que un año más tarde se informó de que la carne estaba muy fétida y había una referencia al «hedor del cadáver». Sin embargo, se puso una losa de mármol sobre el ataúd para desalentar a otros curiosos. A pesar de ello, un grupo de hombres borrachos sometió al cuerpo a otra vejación diez años más tarde; después de fanfarronear alrededor del ataúd, decidieron excavar una nueva tumba para él por travesura, pero estaban tan borrachos que lo enterraron boca abajo.[12]

La intervención final fue más respetuosa. En 1817, el rector de Sudeley y un anticuario local buscaron el ataúd en descomposición. (Para entonces estaba cubierto de hiedra.) El plomo fue cerrado firmemente para evitar otras intrusiones.[13] Los dos hombres localizaron también la inscripción original que había estado sobre el ataúd, la copiaron (el egregio Lucas había dado una versión muy falsa) y volvieron a colocarla. De modo que al fin la tumba de la reina Catalina Parr se convirtió en un buen lugar privado. Después de 1837, cuando la familia Dent compró Sudeley y realizó una amplia reforma, también la capilla fue restaurada bajo la dirección de sir George Gilbert Scott. Luego se colocó un imponente retablo en el lado norte del sagrario en memoria de Catalina Parr, con una efigie, tan semejante como fue posible por lo que mostraban sus retratos. Una réplica de la placa hallada sobre su ataúd está grabada muy cerca: «K. P. Aquí yace la reina Catalina, esposa del rey Enrique VIII y última esposa de lord Thomas Sudeley, gran almirante de Inglaterra y tío del rey Eduardo VI, fallecida en septiembre de 1548.» Así, con las manos unidas devotamente en la plegaria, Catalina Parr ha terminado sus días rodeada de liso mármol blanco; tras algunas aventuras en el camino, finalmente se la conmemora como la sumisa reina de la imaginación victoriana (y de sus coetáneos).

De las seis esposas de Enrique VIII, es Catalina de Aragón la que terminó en el lugar de descanso más apropiado; enterrada en una gran catedral —Peterborough—, con un altar para los que desean respetar su memoria. Ha triunfado en la muerte como no pudo hacerlo en vida; pero ése es el natural camino cristiano.

El estilo del funeral de Catalina de Aragón fue poco prometedor y disgustó al fiel embajador Chapuys. «Ellos no piensan sepultarla como reina», escribió, declinando asistir; se usó el título de princesa viuda que Catalina había rechazado tan furiosamente, y se desplegaron las banderas de Gales (no de Inglaterra) con las de su nativa España. Su hija trató de compensar eso al final de su breve reinado. La reina María dejó instrucciones en su testamento para que el cuerpo de «mi más estimada y bienamada madre de feliz memoria» fuera trasladado de Peterborough tan pronto como fuera posible después de su propio sepelio y puesta a su lado; «tumbas o monumentos honorables» debían proporcionarse «para un recuerdo decente de nosotras».[14] Pero su sucesora, la reina Isabel I, no creyó oportuno alentar tal conjunción de las reinas católicas, como tampoco se ocupó de la memoria de su propia madre. Finalmente, la propia Isabel, no Catalina la «madre bienamada», es quien está al lado de la reina María en la abadía de Westminster; las dos medio hermanas comparten una tumba «honorable» (e imponente).

La estructura de madera sobre el ataúd de Catalina de Aragón, con sus banderas y su paño mortuorio de terciopelo negro, donde se decía que se encendieron solas las velas en la ejecución de Ana Bolena, aún era visible en 1586. Al año siguiente, María, reina de Escocia, fue enterrada en la catedral de Peterborough tras su ejecución en el cercano castillo de Fotheringhay, aunque luego fue llevada a la abadía de Westminster. (El mismo enterrador, conocido como el viejo Scarlett, atendió a las dos reinas, cuyas muertes estuvieron separadas por un intervalo de cincuenta y un años.) La guerra civil llevó a revoltosos iconoclastas a Peterborough. Un testigo presencial, Francis Standish, contó cómo «la canalla», entre otras depredaciones, arrebató el paño de terciopelo negro de la tumba de la reina Catalina, quitó la cubierta de madera de la tumba y se la llevó.[15]

En 1725 la tumba de la reina Catalina necesitaba una restauración; un prebendado de la catedral la pagó de su propio bolsillo, así como una pequeña placa de bronce. La lápida desapareció en el curso del no tan sentimental siglo XVIII —en una época en que el catolicismo de Catalina de Aragón fue también proscrito como religión— y se cree que formó parte de la glorieta del deán. Una vez más, la época victoriana demostró ser más caritativa. Fue la importante restauración de la catedral, que se inició en 1891, lo que condujo a la adecuada instalación de un respetuoso monumento conmemorativo. Cuando se colocó el suelo de mármol del coro, y sus bases fueron aseguradas, se descubrió la bóveda que contenía el ataúd de la reina (como se hizo brevemente en 1781, antes de volver a sepultarlo).[16]

Luego se colocó una losa de mármol irlandés sobre su tumba, en el pasillo del presbiterio, fuera del santuario, con sus armas, las granadas y una cruz. Se pagó por suscripción pública de las «Catalinas/Katherines» de Inglaterra, Escocia, Irlanda, Australia y América.* Las banderas eran las que ella hubiese deseado: las de infanta de Castilla y Aragón y de reina consorte de Inglaterra, obsequio de otra princesa extranjera casada con un hombre que se convertiría en rey de Inglaterra: María de Teck, esposa de Jorge V. En letras doradas sobre su tumba se lee (una vez más como ella hubiese deseado): «Catalina, reina de Inglaterra.»

Eso fue sólo el comienzo de la celebración ecuménica de la reina Catalina de Aragón. En enero de 1986, cuatrocientos cincuenta años después de su sepelio, un ataúd ceremonial fue llevado desde Kimbolton y se detuvo en la abadía de Sawtrey por el camino. Luego asistieron a un banquete españoles e ingleses, tanto anglicanos como católicos. El embajador español entregó un brillante estandarte real nuevo con el emblema personal de la reina, la granada. Los ciudadanos de Peterborough, el 29 de enero de 1986, pusieron esta placa: UNA REINA AMADA POR EL PUEBLO INGLÉS POR SU LEALTAD, PIEDAD, CORAJE Y COMPASIÓN.

Es raro no encontrar en la tumba de la reina flores frescas. Nada se sabe de aquellos que en el curso de los años han realizado ese conmovedor acto de respeto. Pero cabe suponer razonablemente que, sea cual sea su fe religiosa, están de acuerdo con esa estimación del carácter de Catalina de Aragón: leal, pía, valerosa y compasiva.

---

* Aunque su edad en el momento de la muerte se da erróneamente como de cuarenta y nueve años; la reina Catalina cumplió cincuenta años el 16 de diciembre de 1535, tres semanas antes de morir, el 7 de enero de 1536.

NOTAS

Los detalles de libros, documentos, etcétera, dados aquí en forma abreviada, se encuentran en la Bibliografía.

CAPÍTULO UNO

1. En 1494. Elliot, *Imperial Spain*, p. 65.
2. Wood, *Letters*, I, p. 114.
3. Mattingly, *Catherine*, p. 15.
4. Cit. Claremont, p. 49.
5. Cit. Dowling, *Humanism*, p. 16.
6. Cit. Fernández-Armesto, p. 118.
7. Scarisbrick, p. 13.
8. Elliott, *Spain and Its World*, p. 31.
9. Fernández-Armesto, p. 41.
10. McConica, p. 19.
11. Elliot, *Imperial Spain*, p. 73; Prescott, II, p. 325.
12. Gwyn, p. 356.
13. Anglo, *Spectacle*, p. 19.
14. Chrimes, p. 50 y nota 5; Wood, *Letters*, I, p. 118.
15. CSP Spanish, I, *passim.*
16. CSP Spanish, I, p. lxiii; pero Chrimes, p. 280, de marzo de 1488.
17. Mattingly, «De Puebla», p. 29 y nota 1; Mattingly, *Diplomacy*, p. 141.
18. CSP Spanish, I, p. 4; p. 6.
19. CSP Spanish, I, p. 7.
20. de Iongh, p. 72.
21. Mattingly, *Catherine*, p. 21.
22. CSP Spanish, I, p. 213.
23. CSP Spanish, I, p. 146.

24. CSP Spanish, I, p. 156; p. 164.
25. CSP Spanish, I, p. 176.
26. CSP Spanish, I, p. 209.
27. BL Egerton MS, 616, fols. 10; 11; 12; Woods, *Letters*, I, pp. 121 y sigs.
28. CSP Spanish, I, p. 235.
29. CSP Spanish, I, p. 240; p. 250.
30. Cit. Prescott, II, p. 331.
31. CSP Spanish, I, p. 256.
32. *Anglica Historia*, p. 123; *Harpsfield*, p. 28; CSP Spanish, I, p. 262.
33. Mattingly, *Catherine*, p. 32.
34. CSP Spanish, I, p. 264; p. 265.
35. Cit. Paul, p. 9.
36. Forrest, p. 27.
37. Hume, *Wives*, p. 28.
38. Anglo, *British History*, p. 32 y nota 2.
39. Hume, *Wives*, p. 27.

CAPÍTULO DOS

1. CSP Spanish, I, p. 523.
2. Para detalles ver Anglo, *Spectacle*, pp. 54 y sigs.; Claremont, pp. 86-87.
3. King, *Iconography*, pp. 36-37; p. 41.
4. Colvin, III, parte II, p. 50.
5. Anglo, «Heron Accounts», p. 370. El primer carruaje o coche como entendemos el término apareció en Londres en 1555.
6. Cit. Hume, *Wives*, p. 151, nota 1.
7. CSP Spanish, I, p. 176.
8. CSP Spanish Supplement, p. 10.
9. CSP Spanish Supplement, p. 1; p. 9.
10. CSP Spanish Supplement, p. 1.
11. Wright, p. 39; p. 50.
12. Hall, I, p. 165.
13. Nicolas, *Elizabeth of York*, pp. lxxxvii y sigs.
14. Harris, *Buckingham*, p. 79.
15. Cit. Lockyer, p. 89.
16. Cit. Paul, p. 15.
17. Nicolas, *Elizabeth of York*, p. 103.
18. CSP Spanish, I, p. 262.
19. CSP Spanish, I, p. 271; p. 272; p. 302.
20. CSP Spanish, I, p. 301.
21. Ver Mattingly, «De Puebla», pp. 34-40.
22. CSP Spanish, I, p. 322; Scarisbrick, p. 8.
23. CSP Spanish, I, p. 306.
24. Scarisbrick, p. 13 y nota 2.

25. CSP Spanish, I, p. 295.
26. Chrimes, p. 287, desestima «esta alegación improbable».
27. Fernández-Armesto, p. 55.
28. CSP Spanish, I, p. 386.
29. CSP Spanish, I, p. 376.
30. Cit. Scarisbrick, p. 9.
31. CSP Spanish, I, p. 386; Gairdner, p. 285.
32. CSP Spanish, I, p. 411.
33. CSP Spanish, I, pp. 434-435; p. 440.
34. CSP Spanish, I, p. 359.
35. BL Egerton MS, 616, fols. 27; 29-30; 32; 34-37.
36. CSP Spanish, I, pp. 422-423; p. 432.
37. Ver Claremont, pp. 109 y sigs.; p. 138.
38. CSP Spanish Supplement, p. 19.
39. CSP Spanish Supplement, p. 15.
40. CSP Spanish Supplement, p. 25.
41. Mattingly, «De Puebla», pp. 36 y sigs.; Castro, p. 523 y nota 119.
42. CSP Spanish, II, p. 2.
43. Mattingly, *Catherine*, p. 82.
44. Paul, p. 30.
45. Armstrong, *Charles*, I, p. 12.
46. CSP Spanish, I, p. 469.
47. Chrimes, p. 297.

CAPÍTULO TRES

1. Claremont, p. 139; Mattingly, *Catherine*, p. 97.
2. Scarisbrick, p. 188, nota 3; CSP Spanish Further Supplement, p. 450; L & P, VI, p. 169.
3. Williams, *Residences*, p. 37; L & P, I, p. 38; Hall, I, p. 70.
4. Cit. Marius, p. 53.
5. *Kings' Jewel Book*, p. 160.
6. Miller, *Nobility*, p. 93.
7. Cit. Starkey, *Reign of Henry VIII*, p. 37.
8. Elliot, *Essays*, p. 31; p. 34.
9. Hall, I, p. 4.
10. L & P, I, parte I, pp. 23-24.
11. L & P, I, parte I, p. 59; Mattingly, *Catherine*, p. 197, concuerda con esta conclusión, pero ver Starkey, *Reign of Henry VIII*, p. 48, para la idea de que, «sobre todo», Enrique deseaba el apoyo de Fernando contra Francia.
12. Cit. Clive, p. 78; CSP Spanish, I, p. xlviii.
13. Cit. Chambers, pp. 70-71; L & P, III, pp. 142-143 y nota.
14. Nicolas, *Henry*, p. xxiii; Giustinian, II, Ap. II, p. 312; cit. Starkey, *Reign of Henry VIII*, p. 41.

15. Davey, pp. 95 y sigs.; Trefusis, *passim.*

16. Hall, I, p. 70.

17. L & P, I, parte 1, p. 60; Cavendish, p. 11.

18. *King's Jewel Book*, p. 169; p. 171; p. 174.

19. *King's Jewel Book*, p. 179; Colvin, IV, p. 26.

20. Hall, I, p. 49; *Inventories*, p. xi; Williams, *Henry VIII*, pp. 65 y sigs.

21. Nichols, *Regulations*, pp. 137-207; Furnivall, p. 66; p. 109.

22. Colvin, IV, pp. 10 y sigs.; Williams, *Henry VIII*, pp. 30 y sigs.

23. Matthew, p. 54.

24. Starkey, «Representation», p. 211.

25. Cit. Marius, p. 83.

26. CSP Spanish, II, p. 24.

27. CSP Spanish, II, p. 38; aunque Catalina le dijo a Fernando el 27 de mayo que la desgracia había ocurrido «hace unos pocos días», eso no puede ser cierto, ya que el nuevo bebé nacido el 1 de enero de 1511 debió de ser concebido hacia el 1 de abril de 1510. El nacimiento de ese nuevo bebé también invalida la afirmación de fray Diego de que Catalina abortó a fines de mayo de 1510, una hija que probablemente se hubiera «demorado» en el útero después del desastre del 31 de enero de 1510; CSP Spanish Supplement, p. 34; Dewhurst, «Miscarriages», p. 51.

28. Ellis, 2a. serie, I, p. 180.

29. L & P, I, parte 1, pp. 37 y sigs.; p. 381; Hall, I, p. 27.

30. L & P, I, parte 1, p. 75.

31. L & P, I, parte 1, p. 10; Mattingly, *Diplomacy*, p. 134.

32. Cit. Starkey, *Reign of Henry VIII*, p. 40.

33. Knecht, p. 33; Kingsford, p. 199.

34. Hall, I, p. 95.

35. CSP Spanish, II, p. 248.

36. Ver L & P, I, parte 2, p. 959; p. 968; p. 974; p. 988.

37. L & P, I, parte 2, p. 1027.

38. Cit. Lewis, p. 121; L & P, I, parte 2, p. 1016.

39. Armstrong, *England*, p. 104.

40. Ellis, 1a. serie I, pp. 84 y sigs.

41. CSP Venetian, II, p. 139; Hume, *Wives*, p. 83.

42. Cit. Mattingly, *Catherine*, p. 123.

43. Hall, I, p. 129.

44. Ver Gunn, *passim*, en especial p. 28; p. 86, pp. 93-96.

45. Wood, *Letters*, I, p. 187; Gunn, p. 36.

46. Loades, p. 13, nota 4; CSP Spanish, II, p. 273; Mattingly, *Catherine*, p. 110.

47. CSP Venetian, II, p. 139; L & P, I, parte 2, p. 1349 y nota; ella puede haber sido la hija de una dama de la corte de Enrique VIII que firmó «C La Baume» el Libro de Horas, BL Add. MS, 17,012 fol. 80b.

48. Harris, *Buckingham*, pp. 51 y sigs.; pero ver Bernard, «Compton», pp. 756 y sigs. para la idea de que Enrique deseaba «dormir con ambas hermanas».

49. Cit. Marius, p. 104.

CAPÍTULO CUATRO

1. Madden, p. xx; Loades, pp. 14-15; cit. Brigden, p. 289.
2. Cooper, *Cambridge*, I, p. 292; p. 298; Giustinian, I, p. 182.
3. Cit. Claremont, p. 161; *Excerpta*, p. 287.
4. Knecht, p. 45; Seward, p. 64.
5. CSP Venetian, III, p. 248; p. 529; p. 560: IV, p. 287.
6. CSP Venetian, IV, p. 287; cit. Dowling, *Humanism*, p. 19.
7. Dowling, «Woman's Place», p. 38; la observación de G. R. Elton, cit. Marius, p. 200, como poseedor de «el sabor de la verdad».
8. Ridley, *Statesman*, pp. 100-112; Dowling, *Humanism*, pp. 37 y sigs.
9. Hall, I, p. 179.
10. Hall, I, pp. 175-177.
11. Mattingly, *Catherine*, p. 143; McConica, p. 60.
12. Pugh, pp. 437-440; Dowling, *Humanism*, p. 25.
13. Gray, p. 64; Cooper, *Cambridge*, I, p. 304.
14. Mattingly, *Catherine*, p. 140; Dowling, «Support for Katherine», p. 49, nota 26.
15. Cit. Cooper, *Margaret*, p. 6; Jones y Underwood, p. 184.
16. Clifford, p. 73.
17. Clifford, p. 58.
18. Giustinian, II, Ap. II, p. 312.
19. Forrest, p. 28.
20. Mattingly, *Catherine*, pp. 133 y sigs.; CSP Venetian, III, p. 385.
21. L & P, II, parte 2, p. 1.263; p. 1.305.
22. L & P, II, parte 2, p. 1.326; p. 1.328; p. 1354.
23. L & P, III, pp. 142-143. CSP Venetian, III, p. 480; Giustinian, II, p. 237; L & P, II, parte 2, p. 1.263.
24. Gwyn, p. 101.
25. Cit. Richardson, p. 106; aunque se desconoce su fecha de nacimiento, ella debió ser muy joven ya que en 1519 su padre sólo tenía 36 años; Nichols, *Inventories*, p. xi.
26. Nichols, *Inventories*, p. ix; ver Harris, *Buckingham*, p. 265, nota 12.
27. L & P, III, parte 1, p. 500.
28. Cit. Mattingly, *Catherine*, p. 158.
29. Cit. Hare, p. 63; p. 120.
30. Russell, *Field of Cloth of Gold*, es el estudio autorizado del episodio, del cual se toman los detalles siguientes (a menos que se indique otra cosa).
31. Cit. Gwyn, p. 359; p. 356.
32. Ives, *Boleyn*, p. 40, cree que ella debió de estar presente.
33. Cit. Russell, p. 5.
34. Mattingly, *Catherine*, p. 159.
35. *Chronicle of Calais*, pp. 28-30.
36. Cit. Dowling, *Humanism*, p. 19.
37. Colvin, III, parte 1, pp. 221-222; Morshead, p. 49 y nota a.

CAPÍTULO CINCO

1. CSP Venetian, III, p. 104.
2. MacNalty, *Henry VIII*, p. 162; Dewhurst, «Miscarriages», pp. 49-54.
3. Cit. Strickland, II, p. 523.
4. Ver Harris, *Buckingham*, p. 179 y sigs.
5. CSP Venetian, II, p. 561.
6. Ellis, 1.ª Serie, I, p. 177.
7. Harris, *Buckingham*, p. 202; Gwyn, p. 161, también describe la evidencia de «pensamientos traicioneros» como «perjudiciales».
8. Hall, I, p. 223; CSP Spanish, II, p. 365.
9. Scarisbrick, p. 128 y nota 1.
10. Cit. Knecht, p. 160.
11. Madden, p. xxvi; CSP Spanish, III, parte 1, p. 108.
12. Colvin, III, parte 2, p. 55; CSP Venetian, III, p. 236; Mattingly, *Catherine*, p. 162.
13. CSP Spanish, Further Supplement, pp. xxxiv-xxxv.
14. CSP Spanish, Further Supplement, p. 84; p. 135.
15. CSP Spanish, Further Supplement, p. 103; p. 108.
16. Cit. Mattingly, *Catherine*, p. 171.
17. Noreña, *Vives*, p. 71; p. 76; p. 79 y nota 16; p. 82.
18. Cit. Watson, *Vives and Education*, pp. 137 y sigs.
19. Cit. Watson, *Vives and Education*, p. 29.
20. Cit. Scalingi, p. 59; cit. Marius, p. 227.
21. Reynolds, p. 222; L & P, III, parte 2, p. 1.539; G.E.C., VI, p. 627, nota e (Hunsdon); la fecha de ese matrimonio se suele dar erróneamente como 1520.
22. Ives, *Boleyn*, p. 33 y nota 25; Wood, *Letters*, II, p. 194.
23. Kelly, *Trials*, p. 48.
24. Hall, I, p. 306.
25. Eaves, p. 89; p. 128; p. 163; el más reciente biógrafo de María describe el matrimonio escocés como «a menudo ignorado» pero por un breve tiempo «una opción real», Loades, pp. 25-26.
26. Hall, II, p. 21; L & P, XVIII, p. 175.
27. SP, IV, p. 113; p. 243; p. 292.
28. Hay, p. 123.
29. CSP Spanish, Further Supplement, pp. 5-9; p. 42.
30. Hall, II, pp. 29-30.
31. CSP Spanish, III, parte 1, p. 108.
32. CSP Spanish, III, parte 1, p. 108-112; p. 121.
33. CSP Spanish, Further Supplement, p. xxxvii; p. 443; CSP Spanish, III, parte 1, p. 122; p. 129.
34. Ridley, Henry VIII, p. 136.
35. Gunn, p. 97.
36. CSP Venetian, III, p. 455.

37. CSP Venetian, III, p. 454; Nichols, *Inventories*, p. xv; Watson, *Vives and Education*, p. 151.

38. Skeel, p. 285, Ap. I.

39. Henry Brandon fue el segundo hijo que llevó ese nombre; el primero, nacido en 1516, murió antes de 1522, G.E.C., X, p. 830, nota f (Richmond); CSP Venetian III, p. 448.

40. SP, I, p. 162.

41. Cit. Watson, *Vives El Valenciano*, p. 75.

Capítulo seis

1. Ives, *Boleyn*, p. 3; esa fecha de nacimiento deriva de Jane Dormer, que la describe «*aún no cumplidos* los veintinueve» en la fecha de su ejecución, el 19 de mayo; se habría enterado de eso de su señora, María, hijastra de Ana; ver Clifford, p. 81.

2. Cit. Paget, p. 163 y nota 9.

3. Camden, p. 2; Paget, pp. 163 y sigs. y nota 10 resume el debate y las fuentes; Ives, *Boleyn*, acepta la tesis de Paget; Warnicke, *Boleyn*, p. 16, la cuestiona, y al hacerlo le da seis años a Ana cuando va a Francia.

4. Friedmann, I, p. 37-38; p. 128 y nota 1; Burne, *Letters*, p. 63.

5. Ver Franklyn, *passim*.

6. McConica, p. 61; G.E.C., X, p. 137 (Ormond); Ives *Boleyn*, pp. 11 y sigs.

7. G.E.C., X, p. 130, nota f (Ormond).

8. Paget, p. 164; Ives, *Boleyn*, p. 21; G.E.C., VI, p. 628, nota e (Hunsdon).

9. G.E.C., X, p. 139, nota j (Ormond).

10. Paget, pp. 163-164; p. 166.

11. Escrito en 1536, impreso por primera vez en 1545, De Carles, pp. 231 y sigs.; Cavendish, p. 29; Dowling, *Latymer*, p. 37.

12. Forrest, p. 53; De Carles, p. 234.

13. SP, VII, p. 565.

14. L & P, III, parte 1, p. 369; p. 372; parte 2, p. 749 (erróneamente incluida como María Boleyn); Ives, *Boleyn*, p. 45-46.

15. L & P, VI, p. 485; Sander, p. 25; Ives, *Boleyn*, p. 50.

16. CSP Venetian, IV, p. 236; CSP Spanish, IV, parte 2, p. 473; Ives, *Boleyn*, p. 51, nota 12.

17. Sander, p. 25 y nota 1; *Original Letters from Zürich*, II, p. 552; Wyatt, p. 182; Scarisbrick, p. 148.

18. Cit. Elton, *Police*, p. 137; *Oxford English Dictionary*.

19. Agnolo Firenzuolo, *The Beauty of Women*, cit. Richardson, p. 103; De Carles, p. 234; cit. Ives, *Boleyn*, p. 52; Sander, p. 25.

20. Starkey, *The Independent*, 23 de abril de 1991; Starkey, *Henry VIII: European Court*, p. 92.

21. Wyatt, p. 18.
22. Whittington; Forrest, p. 53.
23. Cavendish, p. 36.
24. Furnivall, p. xvi.
25. Cavendish, pp. 30 y sigs.
26. Cavendish, p. xxvi.
27. Ver Kelly, *Trials*, pp. 52 y sigs.
28. Ver Ives, *Boleyn*, pp. 83-99 para un análisis de estos textos; Wyatt, p. 184.
29. Cit. Ives, *Boleyn*, pp. 91-92; Lewis, p. 229.
30. Mattingly, *Catherine*, p. 182, e Ives, *Boleyn*, p. 108, coinciden en el carnaval de 1526; Warnicke, *Boleyn*, pp. 55 y sigs., cuya escala de tiempo es muy diferente, propone la primavera de 1527.
31. Por Lucas Horenbout; CSP Venetian, IV, p. 287; Simon Grynaeus a Martin Buler, 1531, *Original Letters from Zürich*, II, p. 552.
32. Byrne, *Letters*, p. xv.
33. Ridley, *Letters*, pp. 13-18.
34. Cit. Ridley, *Letters*, p. 41.
35. Cit. Ridley, *Letters*, p. 37.
36. Cit. Ridley, *Letters*, p. 53.
37. Cit. Ridley, *Letters*, p. 49 y nota 1; Savage, p. 39 y nota 1 sugiere «O» en lugar de «B», es decir, O.N.R.I. (Henri) de R.O.M.V.E.Z., «un nombre posiblemente hallado en romances», pero en realidad «B» parece mucho más una «O».
38. Hall, II, p. 80, p. 195; cit. Madden, p. lii.
39. Cit. Madden, p. clv, ver Madden, Ap. II, p. clxxiii.
40. Ver Scarisbrick, pp. 152 y sigs.

CAPÍTULO SIETE

1. Gunn, p. 95; Warnicke, *Women*, p. 51.
2. Friedmann, I, p. 48.
3. SP, IV, p. 385; p. 272; Byrne, *Letters*, p. 65.
4. Seward, p. 21; Richardson, p. 99.
5. Mattingly, *Catherine*, p. 179; *Harpsfield*, p. 6.
6. Schnucker, pp. 657-659.
7. Cit. Claremont, p. 181, nota 2.
8. Ridley, *Letters*, p. 37.
9. CSP Spanish, IV, parte 2, p. 84; V, parte 2, p. 28; Ellis, 1a. Serie, III, p. 42.
10. Scarisbrick, p. 151 y nota 2; Behrens, p. 163.
11. Cit. Claremont, p. 181; cit Paul, p. 78.
12. Kelly, *Trials*, pp. 21-29; Loades, p. 53, nota 24.
13. Surtz y Murphy, pp. ix-xiii.

14. Scarisbrick, pp. 163 y sigs.

15. Kelly, *Trials*, p. 31.

16. Mattingly, *Catherine*, p. 186; Hume, *Wives*, p. 121 y nota 1.

17. Ni Scarisbrick, pp. 153 y sigs., ni Gwyn, pp. 506 y sigs., sostienen que Wolsey sea el autor del divorcio; aunque véase Mattingly, *Catherine*, p. 178; SP, I, parte 1, p. 194; L & P, IV, parte 2, p. 1467; pp. 1.470-1.471.

18. Brigden, p. 138; p. 169.

19. Surtz y Murphy, p. iii; Ridley, *Letters*, p. 35.

20. Kelly, *Trials*, pp. 38 y sigs.

21. Ridley, *Letters*, p. 43.

22. Cit. Scarisbrick, p. 201.

23. Byrne, *Letters*, p. 63; Ridley, *Letters*, p. 61.

24. Ver Dowling, «Boleyn and Reform», pp. 30 y sigs., para «evidencia extensiva» de la protección y el amparo de los reformistas por parte de ella.

25. Brigden, pp. 116-117 y nota 173; BL Harleian MS, 6561; L & P, IV, parte 2, pp. 126-127; Dowling, «Boleyn and Reform», p. 30.

26. Brigden, p. 128; L & P, IV, parte 3, p. 197; Dowling, «Boleyn and Reform», p. 37.

27. Dowling, «Boleyn and Reform», pp. 35-36.

28. Dowling, «Boleyn and Reform», p. 36; Nichols, *Foxe*, pp. 1-59.

29. Knowles, «Wilton», pp. 92-96; Ridley, *Letters*, p. 59.

30. Ridley, *Letters*, p. 57; p. 39.

31. Ridley, *Letters*, p. 65.

32. Ridley, *Letters*, p. 69; p. 71.

33. Ridley, *Letters*, p. 67; p. 45; CSP Spanish, III, parte 2, p. 784.

34. CSP Spanish, III, parte 2, p. 789; Hall, II, p. 145.

35. Cit. Hume, *Wives*, p. 151, nota 1.

36. CSP Spanish, III, parte 2, p. 841.

37. Ver Kelly, «Kinship», pp. 72-73; SP, IV, parte 2, p. 2.210.

38. SP, IV, parte 2, p. 2.210.

39. Madden, p. liii; Hall, II, p. 195.

40. Hall, II, p. 195; Madden, p. lii, nota 3; *Harpsfield*, p. 83.

41. Cit. Ives, *Boleyn*, p. 136.

42. Watson, *Vives and Education*, pp. 90 y sigs.; Noreña, *Vives*, p. 104, nota 129; p. 104, nota 103; p. 106, nota 4.

43. Kelly, *Trials*, p. 62.

44. Kelly, *Trials*, pp. 62-63.

45. Cit. Hume, *Wives*, p. 160.

46. Hall, II, pp. 145-147.

47. Cit. Claremont, p. 190 y nota.

48. Cit. Hume, *Wives*, p. 160.

CAPÍTULO OCHO

1. BL Royal Ms, 20, B', XVII; Dowling, «Boleyn and Reform», p. 33.

2. L & P, IV, parte 3, p. 2379.

3. Kelly, *Trials*, p. 59.

4. Kelly, *Trials*, p. 86.

5. CSP Venetian, IV, pp. 219-220; Cavendish, p. 79.

6. Hume, *Wives*, p. 162; Roper, p. 71.

7. Cavendish, pp. 80-82 y nota 15; Ap. pp. 268-271; L & P, IV, parte 3, pp. 2525-2526.

8. L & P, IV, parte 3, p. 2526.

9. Cavendish, pp. 87-88; p. 229, nota 87.

10. Kelly, *Trials*, p. 90.

11. Cit. Kelly, *Trials*, p. 123; L & P, IV, parte 3, pp. 2.576-2.582; CSP Spanish, IV, parte 2, p. 211.

12. CSP Spanish, IV, parte 1, p. 232; Cavendish, p. xxvi; L & P, IV, parte 3, p. 2.679.

13. Ives, *Boleyn*, lo atribuye a la hostilidad de Ana; y Ridley, *Henry VIII*, p. 164, señala que todos los escritores contemporáneos culpan a Ana; pero ver Gwyn, p. 581, para la teoría de que no se debió a Ana, sino a la imposibilidad para Enrique de obtener un divorcio; y Scarisbrick, p. 229, para «el alzamiento» de varios nobles, a causa de que Enrique se molestó por esa imposibilidad.

14. SP, I, parte 1, p. 351; Friedmann, I, p. 127.

15. CSP Spanish, IV, parte 1, p. 115; para Chapuys, ver Mattingly, «Ambassador», pp. 179 y sigs.

16. CSP Spanish, IV, parte 1, p. 220; p. 225.

17. CSP Spanish, IV, parte 1, p. 225.

18. CSP Spanish, IV, parte 1, p. 275; L & P, VI, p. 168.

19. CSP Spanish, IV, parte 1, p. 117.

20. CSP Spanish, IV, parte I, pp. 351-352.

21. CSP Spanish, IV, parte I, p. 833.

22. CSP Spanish, IV, parte 1, p. 762.

23. CSP Spanish, IV, parte 2, p. 3.

24. CSP Spanish, IV, parte 2, p. 33.

25. Cit. Ives, *Boleyn*, p. 173.

26. Ives, *Boleyn*, p. 175; Friedmann, I, p. 128 y nota 3.

27. CSP Spanish, IV, parte 2, p. 177.

28. Hume, *Chronicle*, p. xix; p. 14; Hume, *Wives*, p. 271, nota 1.

29. Cit. Brigden, p. 169; CSP Venetian, IV, p. 304; CSP Spanish, Further Supplement, p. 450.

30. Cavendish, p. 79; Ellis, 1a. Serie, II, p. 42.

31. Elton, *Police*, p. 11.

32. *Original Letters from Zürich*, II, p. 552.

33. Erickson, p. 189; 1 Reyes 16: 22-40.

34. Brigden, p. 211.

35. Ives, *Boleyn*, p. 175.

36. Ver Nicolas, *Henry VIII*, p. xxxii; p. 4; p. 13; p. 44; p. 47; p. 50; p. 72; p. 74; p. 90; p. 95; p. 101; p. 179; p. 183; p. 217; p. 222.

37. Colvin, IV, pp. 300-302 y nota 3; *Henry VIII*, acto II, escena IV; Williams, *Henry VIII*, p. 113.

38. Cit. William, *Henry VIII*, p. 113.

39. CSP Spanish, IV, parte 2, p. 385; p. 707.

40. Mattingly, *Catherine*, p. 235.

41. CSP Spanish, IV, parte 2, p. 850.

42. Scarisbrick, pp. 267 y sigs.

43. CSP Spanish, IV, parte 2, p. 63; p. 96.

CAPÍTULO NUEVE

1. CSP Spanish, IV, parte 2, p. 198; L & P, V, p. 161; Hume, *Wives*, p. 178; p. 181 y nota 1.

2. CSP Spanish, IV, parte 2, p. 487.

3. CSP Spanish, IV, parte 2, p. 113.

4. CSP Spanish, IV, parte 2, p. 113.

5. Scarisbrick, p. 290.

6. Colvin, IV, parte 2, pp. 164 y sigs.; cit. Mattingly, *Catherine*, p. 243.

7. Ives, *Boleyn*, p. 181, nota 113.

8. Colvin, IV, parte 2, pp. 40 y sigs.

9. Cit. Mackie, p. 355.

10. Ridley, *Cranmer*, pp. 50-51.

11. Ver Hamy, pp. xi y sigs.

12. Nicolas, *Henry VIII*, pp. 254-282; G.E.C., IV, p. 419 (Dorset).

13. CSP Spanish, IV, parte 2, p. 487; p. 254.

14. Starkey, «Representation», p. 197; L & P, V, p. 591.

15. Ver Arber, II, pp. 35 y sigs. para «Triumph at Calais».

16. Arber, II, p. 39; Hamy, p. 72 y sigs.; la elevación de Thomas Boleyn al título de conde de Wiltshire significaba que a sus hijas se las podía denominar «lady».

17. Seymour, p. 37.

18. Knecht, pp. 227-228.

19. Ver Ives, *Boleyn*, p. 202 y notas 61-62, para Calais o aun más tarde en el año; Warnicke, *Boleyn*, pp. 100-101, sugiere que Ana se convirtió en la amante de Enrique «en el sentido físico» después de la muerte del arzobispo Warham; Hume, *Wives*, p. 194, cree que el título de Pembroke fue una recompensa; Scarisbrick, p. 309 y nota 2, cree que Ana puede haber «cedido» antes o después de haber sido hecha marquesa; «no podemos saberlo».

20. *Chronicles of Calais*, pp. 43 y sigs.; Nicolas, *Henry VIII*, p. 272.

21. Ridley, *Henry VIII*, p. 215.

22. Cit. Friedmann, I, p. 190, nota 1.

23. Cit. Starkey, *Reign of Henry VIII*, p. 106.

24. Mattingly, *Catherine*, p. 246.

25. Cit. Ridley, *Cranmer*, p. 63.

26. SP, I, parte 2, p. 398; Marius, p. 455.

27. Ellis, 1.ª serie, II, p. 39; Hall, II, p. 225; CSP Spanish, IV, parte 2, p. 699.

28. Hume, *Chronicle*, pp. 12-13.

29. Ver BL Add. MS 6285 para «Order of the Coronation»; Arber, II, pp. 43 y sigs. para «Tiumphant Coronation»; Colvin, III, parte 1, p. 265.

30. Hume, *Wives*, p. 205, nota 1.

31. CSP Spanish, IV, parte 2, p. 700.

32. Brigden, p. 211; Friedmann, I, p. 205 y nota 2; Anglo, *Spectacle*, p. 258.

33. BL Add. MS 6285; Hume, *Chronicle*, p. 13.

34. Whittington.

35. King, *Iconography*, p. 196.

36. King, *Iconography*, pp. 50 y sigs.

37. Arber, II, pp. 52-60 para Udall, «Coronation Verses».

38. Brigden, p. 6; Arber II, p. 48; Hume, *Chronicle*, p. 14.

39. Hume, *Chronicle*, p. 14.

40. Hall, II, p. 225; SP, I, parte 2, p. 398.

41. SP, I, parte 2, p. 398.

42. SP, I, parte 2, pp. 402 y sigs.

43. Cit. Paul, p. 123.

44. CSP Spanish, IV, parte 2, p. 789.

45. CSP Spanish, IV, p. 164; Book of Hours, BL Kings y, fol. 66 & 231 b; King, *Iconography*, p. 6.

46. CSP Spanish, VI, parte 2, p. 789.

47. Nichols, *Regulations*, p. 125.

48. Nicolas, *Elizabeth of York*, p. 103; aunque tanto Warnicke, *Boleyn*, p. 164 como Ives, *Boleyn*, p. 212, sugieren que el bebé nació antes de término, el asunto real era sin duda el hecho turbador de que había sido concebido antes del matrimonio de los padres.

49. BL Harleian MS, vol. 283, hoja 75; SP, I, parte 2, p. 407, nota 2.

CAPÍTULO DIEZ

1. CSP Spanish, IV, parte 2, p. 756; Ives, *Boleyn*, pp. 229-230; Mattingly, *Catherine*, p. 136.

2. Loades, p. 77.

3. L & P, V, p. 700; CSP Spanish, IV, parte 1, p. 527; Loades, p. 72.

4. CSP Spanish, IV, parte 2, p. 630.

5. CSP Spanish, V, parte 1, p. 551 y ver Index; Hume, *Wives*, p. 243.

6. La mala salud del muchacho puede explicar por qué Suffolk se apresuró a comprometerlo, ver Gunn, p. 132.

7. Knowles, *Religious Orders*, pp. 182 y sigs.

8. CSP Spanish, V, parte 1, p. 21.

9. Rawlinson MS, D776, fols. 94-104.

10. 9 de octubre de 1534, SP, I, parte 2, p. 426.

11. Cit. Ives, *Boleyn*, p. 272; p. 364.

12. CSP Spanish, Further Supplement, p. 4450; Byrne, *Lisle*, I, pp. 447-448, donde se corrige la fecha de 1535.

13. CSP Spanish, V, parte 1, p. 19.

14. Langley, pp. 3 y sigs.

15. SP, I, parte 2, pp. 415-417.

16. L & P, VII, p. 463.

17. Madden, p. lxiii; SP, I, parte 2, p. 427.

18. SP, I, parte 2, pp. 419-420.

19. Hume, *Chronicle*, pp. 40-41 y nota 40.

20. Hume, *Wives*, p. 234.

21. Loades, p. 81, nota 9; L & P, VII, p. 463.

22. Knowles, *Religious Orders*, pp. 188-189; Neame, pp. 198 y sigs.

23. Thomas, pp. 398-399.

24. Colvin, III, parte 1, p. 2, nota 1; IV, p. 2; p. 5; Starkey, *Henry VIII: European Court*, p. 8.

25. Colvin, IV, parte 2, pp. 104-105.

26. Ver Strong, *Renaissance Garden*, pp. 25 y sigs.

27. Colvin, IV, parte 2, p. 241; Ives, *Boleyn*, pp. 266-267 y nota 54.

28. Ver Lowinsky, para el análisis de MS y esta tesis.

29. Ver Dowling, *Latymer*, pp. 30 y sigs.

30. Ives, *Boleyn*, p. 286.

31. Strong, *Tudor Portraits*, I, pp. 5-7.

32. Whittington; Dowling, *Latymer*, pp. 53 y sigs.

33. «Documentos originales relativos a Catalina», pp. 572-574.

34. Ver Dowling, «Boleyn and Reform», *passim*.

35. Dowling, «Boleyn and Reform», p. 35; Dowling y Shakespeare, p. 97.

36. Dowling, *Latymer*, p. 61.

37. Dowling, *Latymer*, p. 61.

38. Friedmann, II, pp. 56-58 y nota 1; Latymer la llama Mary pero en general se la llama Margaret o Madge: Dowling, *Latymer*, p. 62, nota 33; SP, V, parte 2, p. 7 y nota 1.

39. CSP Spanish, V, parte 1, p. 264; Seymour, pp. 41 y sigs.

40. Wriothesley, I, p. 43.

41. CSP Spanish, V, parte I, p. 344; Ives, *Boleyn*, p. 243.

42. CSP Spanish, V, parte 1, p. 355; p. 311; p. 484; CSP Venetian, V, p. 27.

43. CSP Spanish, V, parte 1, p. 571; Ortiz a la emperatriz Isabel, 1 de septiembre de 1535; cit. Friedmann, II, p. 138 y nota 1.

44. CSP Spanish, V, parte 1, p. 468; p. 264; p. 344.

45. Cit. Dewhurst, «Miscarriages», p. 54; L & P, VII, p. 463.

46. Dewhurst, «Miscarriages», p. 54; pero Ives, *Boleyn*, p. 286 y notas 4 y

11; y Warnicke, *Boleyn*, p. 175, acepta que Ana estaba embarazada en esa fecha; Warnicke señala entre el 26 de junio y el 2 de julio como el período más probable en que ella perdió al niño.

47. Hall, II, p. 209; Scarisbrick, p. 211.
48. CSP Spanish, V, parte 2, p. 126.
49. L & P, IX, p. 294.
50. SP, I, parte 2, pp. 415-417; Mathew, p. 50.
51. «Documentos originales relativos a Catalina», p. 574.
52. CSP Spanish, V, parte 1, p. 130.
53. Hume, *Chronicle*, pp. 47 y sigs.
54. SP, I, parte 2, p. 451.

CAPÍTULO ONCE

1. Goldsmid p. 6; Mattingly, *Catherine*, pp. 292-293, nota 5, lo interpreta como referido a un marido aunque Loades, p. 78, nota 5, cree que se refiere a «dudosa compañía masculina».

2. Ver CSP Spanish, V, parte 2, pp. 10-24; Hume, *Chronicle* para el lecho de muerte de Catalina.

3. CSP Spanish, V, parte 2, p. 18; sir Norman Moore, expositor de anatomía enferma en St Barthomew's Hospital, luego presidente del Royal College of Physicians, «Death of Catherine», p. 152; MacNalty, «Death of a Queen», p. 275.

4. Herbert, p. 555; Hall, II, p. 266; Clifford, p. 77; CSP Spanish, V, parte 2, pp. 10-24.

5. Testamento de Catalina: BL Cotton MS Otho C, X fol. 917, Titus C, VIII, fol. 44; Herbert, p. 555.

6. «Elementos del guardarropas de Catalina» en Nichols, *Inventories*, pp. 23-41.

7. Claremont, pp. 253 y sigs.; L & P, X, pp. 102-104; Forrest, p. xii; p. 120.

8. CSP Spanish, V, parte 2, p. 20.

9. Cit. Dowling, «Boleyn and Reform», p. 43.

10. Wriothesley, I, p. 33; L & P, X, p. 104; De Carles, p. 242; Warnicke, *Boleyn*, pp. 202 y sigs., sostiene que la caída de Ana siguió inevitablemente al parto de un feto deforme, pero no hay ninguna evidencia contemporánea de la deformidad que sin duda se hubiese señalado en el caso de existir (véase Bernard, «Fall», p. 586); Sander, que escribió en 1584, se refiere a «una masa informe de carne», palabras que podrían aplicarse a cualquier feto abortado.

11. Cit. Ives, *Boleyn*, p. 344; Wyatt, p. 444.

12. CSP Spanish, V, parte 2, p. 28.

13. CSP Spanish, V, parte 2, p. 20; Clifford, p. 79.

14. Para la literatura sobre «facción», ver esp. Ives, *Faction*.

15. Ver St Maur, p. 10 y sigs.; Seymour, pp. 17 y sigs.

16. Cit. Miller, *Nobility*, pp. 154-155.

17. Su tradicional fecha de nacimiento es 1506, basada en una inscripción en un retrato, pero su carrera sugiere que alrededor de 1502 es más realista.

18. SP, I, parte 2, p. 577; a veces se afirma incorrectamente que es la hija mayor, pero St Maur, p. 20, no deja ninguna duda de que ella era la quinta, con 1509 como la fecha más plausible.

19. *Anglica Historia*, p. 337; Herbert, p. 575; SP, V, parte 2, p. 7, nota 1.

20. Seymour, p. 36.

21. Williams, *Henry VIII*, p. 142.

22. Starkey, «Representation», p. 189; Starkey, *English Court*, p. 110.

23. L & P, X, pp. 242-245.

24. L & P, X, pp. 200-201; pp. 242-245; Ridley, *Letters*, p. 75.

25. L & P, X, p. 245.

26. L & P, X, p. 245; Ives, *Boleyn*, p. 361.

27. Cit. Hume, *Wives*, p. 267; CSP, V, parte 2, p. 10.

28. Por cierto se rumoreaba que Smeaton había sido torturado como lo informó George Constantine (Amyot, p. 64), aunque él no lo pudo confirmar; Hume, *Chronicle*, pp. 60-61; Lowinsky, pp. 192 y sigs.

29. David Lyon, National Maritime Museum, a la autora.

30. Geoffrey Parnell, English Heritage, a la autora.

31. Wriothesley, I, pp. 36 y sigs.

CAPÍTULO DOCE

1. L & P, VI, p. 164.

2. CSP Spanish, V, parte 2, p. 125.

3. Pero Ives, *Boleyn*, pp. 361 y sigs., cree que el 30 de abril fue la fecha crucial.

4. CSP Spanish, V, parte 1, p. 376.

5. Ver Ives, *Boleyn*, p. 374 y sigs.; Wyatt, p. 225.

6. Ver Ives, *Boleyn*, p. 390, que correctamente lo considera «médicamente improbable».

7. Cit. Hume, *Wives*, p. 272.

8. Ives, *Boleyn*, p. 386.

9. Amyot, p. 66.

10. Ver Ives, *Boleyn*, cap. 17, para el relato moderno más completo del juicio, junto con una detallada discusión de las fuentes.

11. Wriothesley, I, p. 38.

12. Ives, *Boleyn*, pp. 377 y sigs.

13. Ives, *Boleyn*, y Warnicke, *Boleyn*, comparten esa opinión; pero ver Bernard, «Fall», para la teoría de que Ana fue culpable.

14. Clifford, p. 79; cit. Ives, *Boleyn*, p. 376; Amyot, p. 66.

15. CSP Spanish, V, parte 2, p. 126.

16. Smith, «Treason», p. 488.

17. Wriothesley, I, pp. 39-40; *Chronicle of Calais*, p. 46.

18. Ver L & P, X, pp. 381-382 y Ellis, 1.ª serie, vol. II, pp. 52-68 para las cartas de sir William Kingston relativas a Ana en la Torre.

19. *Chronicle of Calais*, p. 46; Whittington.

20. Kelly, *Trials*, p. 244.

21. Kelly, *Trials*, pp. 245 y sigs.

22. Ridley, *Cranmer*, p. 104.

23. Ridley, *Cranmer*, pp. 109-111; una carta desdeñosa de Ana de la que se dice que fue escrita poco antes de su ejecución, refiriéndose a Juana Seymour, sin duda es una falsificación: los sentimientos no coinciden con sus conocidas manifestaciones y la caligrafía no se parece en nada, BL Otho C, X fol. 218. Del mismo modo, la historia de un libro de devociones dado en el último minuto a la hermana de Wyatt data sólo de 1745, y ha sido descrito como «incapaz de prueba»: ver Marsham, «Manuscript Book», pp. 259-272.

24. L & P, X, p. 381.

25. Ver Hume, *Chronicle*, pp. 70 y sigs.

26. De Carles, pp. 269-271; Wriothesley, I, p. 41; Hamy, p. ccccxxxvii.

27. Ellis, 1a. Serie, II, p. 63.

28. Kelly, *Trials*, p. 259; L & P, X, p. 384.

29. Jackson, p. 144; L & P, X, p. 411; pp. 413-414.

30. L & P, X, p. 413; Nichols, *Foxe*, p. 283.

31. BL Add. MS 34, 150, fols. 47-52; Newcastle MS, Ne 01, no foliado, para Libro de Cuentas de James Nedham.

32. Colvin, IV, parte 2, p. 45; p. 105; parte 1, p. 27.

33. Wriothesley, I, pp. 43 y sigs.

34. Wriothesley, I, p. 42; p. 50.

35. CSP Venetian, IV, p. 287; Rowlands, p. 113.

36. CSP Spanish, IV, parte 1, p. 300; parte 2, p. 124; SP, I, parte 2, pp. 454-455; Goldsmid, pp. 4-190.

37. CSP Spanish, V, parte 2, p. 124.

38. HMC Rutland, I, pp. 309-311.

39. CSP Spanish, V, parte 2, p. 195; Wood, *Letters*, p. 262; Madden, pp. 6-8; p. 34.

40. Cit. Madden, p. clv.

41. L & P, X, p. 450.

42. Strype, I, parte 2, p. 304.

43. Seymour, p. 43.

44. L & P, X, p. 447.

45. Wriothesley, I, p. 55.

CAPÍTULO TRECE

1. Miller, *Nobility*, p. 177.

2. Starkey, *Henry VIII; European Court*, p. 127.

3. L & P, XII, p. 254; p. 286.

4. L & P, XVII, p. 40; Rowlands, p. 114; Madden, p. 8; Savage, p. 71; HMC Bath, IV, p. 338.

5. Hume, *Chronicle*, p. 72.

6. Cit. Mackie, p. 381.

7. SP. VII, p. 685.

8. L & P, XI, p. 346.

9. Ver Ridley, *Henry VIII*, p. 285 y sigs.

10. Byrne, *Leiters*, pp. 141-143.

11. James, «Kateryn», p. 110.

12. Byrne, *Letters*, pp. 150-154.

13. L & P, XI, p. 346; p. 510.

14. Starkey, *Reign of Henry VIII*, p. 117; L & P, XI, p. 188.

15. Ver Levine, pp. 120-121: dado que los comisionados del rey sólo escribieron su informe favorable para absolver a Catesby el 12 de mayo de 1536, cuando la reina Ana Bolena estaba ya en la Torre aguardando el juicio, la reina que imploró por Catesby en adelante debió haber sido Juana Seymour, no su predecesora.

16. CSP Spanish, Further Supplement, p. 453.

17. Byrne, *Letters*, pp. 168-170.

18. Wriothesley, I, p. 64.

19. GEC. xii/i, p. 61, notas a y d (Somerset).

20. Miller, *Nobility*, pp. 233 y sigs.

21. L & P, XII, parte 1, p. 600.

22. SP, I, parte 2, p. 551.

23. L & P, Addenda I, parte 1, pp. 430-431.

24. Cit. Chapman, p. 121; Rowlands, pp. 113-115.

25. Wriothesley, I, p. 65.

26. Hume, *Chronicle*, p. 73.

27. Ver Dewhurst, *Confinements*, p. 7.

28. «Queen Jane», ver Bell, pp. 113-156; Hume, *Chronicle*, p. 73.

29. BL MSS Catalogue, III, p. 504 (Cotton Julius XII).

30. SP, I, parte 2, p. 571.

31. BL Cotton Nero C, X fol. 1; Nichols, *Edward the Sixth*, I, p. xxiii.

32. L & P, XII, parte 2, p. 319.

33. Wriothesley, I, p. 68 y nota d, que como heraldo era improbable que se equivocara; aunque Eduardo escribió en su diario que estaba por ser nombrado cuando murió su padre, eso presumiblemente se refiriera a su ascenso.

34. SP, VIII, parte 2, p. 1; SP, I, parte 2, p. 572.

35. L & P, XII, parte 2, p. 339.

36. L & P, XII, parte 2, p. 339.

37. SP, VIII, parte 2, p. 1.

38. Hall, II, p. 280.

39. Nichols, *Edward the Sixth*, p. xxv, nota a; L & P, XXI, parte 2, p. 442; Smith, *Henry VIII*, p. 224; para el testamento, ver L & P, XII, parte 2, pp. 372-374.

40. L & P, XII, parte 2, pp. 340-341.
41. Hall, II, p. 280.
42. SP, V, parte 2, pp. 5-7.

CAPÍTULO CATORCE

1. Williams, *Henry VIII*, p. 174.
2. Humes, *Wives*, p. 315, nota 1.
3. L & P, XII, parte 2, p. 449.
4. Kaulek, pp. 80-81.
5. Ver Campbell, pp. 197 y sigs.
6. Byrne, *Letters*, p. 198.
7. Rowland, pp. 116-117.
8. SP, VIII, p. 15; p. 21; p. 59.
9. Byrne, *Letters*, p. 186.
10. Byrne, *Letters*, pp. 192 y sigs.
11. Kelly, *Trials*, p. 14.
12. Chamberlain, II, p. 149.
13. SP, VIII, pp. 142-146.
14. Ver Wenham, pp. 142 y sigs.
15. Cit. Mackie, p. 396.
16. Loades, pp. 120-121, escribe la evidencia como «insignificante».
17. SP, VIII, p. xxxiv; p. 507; cit. Harris, «Women», p. 278.
18. McConica, p. 178.
19. L & P, XIV, parte 1, p. 15; p. 18; Miller, *Nobility*, pp. 64-68 y nota 142.
20. Miller, *Nobility*, p. 68.
21. Ver Bouterwek, pp. 359 y sigs.; Isenburg, I, tafel 44; VI, tafel 17.
22. Iserloh, V, pp. 523 y sigs.; Bouterwek, pp. 339 y sigs.; Dolan, p. 9.
23. Mathew, p. 167; Bouterwek. p. 367; Ellis, 1.ª serie, II, pp. 122 y sigs.
24. Ellis, 1.ª serie, II, p. 123.
25. Bouterwek, p. 367.
26. SP, I, p. 605.
27. Chamberlain, *Holbein*, II, p. 178.
28. Rowlands, p. 117.
29. Ver Hacker y Kuhl, pp. 172-175; Mac-Entegart en Starkey, *Henry VIII: European Court*, p. 142 y Cat. xi, 2.
30. Campbell, pp. 84 y sigs.; Pope-Hennessy, p. 321, nota 41.
31. Bouterwek, Ap. A; Ellis, 1.ª serie, II, p. 121.
32. Peter Holman, BBC Radio 3, 23 de junio de 1991.
33. L & P, XIV, parte 2, pp. 139 y sigs.
34. Colvin, IV, parte 2, p. 241.
35. Bouterwek, pp. 374 y sigs.
36. Bouterwek, p. 375; *Chronicle of Calais*, p. 167 y sigs.
37. SP, VIII, pp. 208 y sigs.

38. Colvin, IV, p. 39.
39. Goldsmid, p. 6; Wriothesley, I, p. 109.
40. Strype, I, parte 2, p. 455.
41. Wriothesley, I, p. 109, nota g; Strype, I, p. 459.
42. Strickland, III, p. 48.
43. Burnet, I, p. 434.
44. L & P, XVIII, parte 1, p. 513.
45. Campbell, p. 85; Hacker y Kuhl, p. 175.
46. Strype, I, parte 2, p. 453.

CAPÍTULO QUINCE

1. Hall, II, p. 302; Wriothesley I, pp. 111-112 y nota c.
2. Goldsmid, p. 6.
3. Strype, I, parte 2, p. 452; Goldsmid, *Rare Tracts*, p. 8.
4. Kelly, *Trials*, pp. 268-269.
5. Goldsmid, p. 8.
6. L & P, XIV, parte 2, p. 280; *Original Letters from Zürich*, I, p. 627.
7. Goldsmid, p. 9; Strype, I, parte 2, p. 454.
8. Goldsmid, p. 10.
9. Goldsmid, p. 10 y sigs.; Strype, I, parte 2, pp. 458 y sigs.
10. Strype, I, parte 2, p. 460.
11. Strype, I, parte 2, p. 459.
12. Strype, I, parte 2, p. 462.
13. Cit. King, *Women*, p. 41.
14. Wriothesley, I, pp. 112 y nota c.
15. Cit. Loades, pp. 127-128.
16. Brigden, p. 309.
17. Ver Strong, *Tudor Portraits*, I, pp. 41-44.
18. Smith, *Tragedy*, App., pp. 209-211.
19. Kaulek, p. 218; L & P, XVI, p. 5; cit. Strickland, III, p. 118.
20. L & P, XVI, p. 655; *Original Letters from Zürich*, I, p. 205.
21. Dowling, *Humanism*, p. 242.
22. Strickland, III, p. 98.
23. Ver Smith, *Tragedy*, pp. 37-71.
24. Cit. Harris, «Marriage», p. 373.
25. Ellis, 1.ª serie, II, pp. 28-29.
26. J. M. Robinson, bibliotecario del duque de Norfolk, carta a la autora; HMC Bath, II, p. 8.
27. Cit. Smith, *Tragedy*, p. 55.
28. Survey of London, XXIII, parte 1, pp. 138 y sigs.; HMC Bath, II, p. 8.
29. L & P, XVI, p. 618; Hall, II, p. 380.
30. Cit. Smith, *Tragedy*, p. 59.
31. Hall, II, p. 380.

32. L & P, XV, p. 254; p. 321; Smith, *Tragedy*, p. 124, sugiere que las relaciones sexuales se produjeron «tres meses antes» del matrimonio, lo cual concuerda; L & P, XV, p. 446.

33. L & P, XV, p. 363.

34. Ver Scarisbrick, p. 423; y Starkey, *Reign of Henry VIII*, p. 123.

35. Goldsmid, pp. 5 y sigs.

36. Cit. Hume, *Wives*, p. 361.

37. SP, VIII, p. 372.

38. *Original Letters from Zürich*, II, p. 205.

39. Goldsmid, p. 12.

40. L & P, XV, p. 446; Williams, *Henry VIII*, pp. 178 y sigs.; p. 196; Ellis, 2.ª serie, II, p. 158.

41. SP, VIII, p. 395.

42. Goldsmid, pp. 16-22; Kelly, *Trials*, p. 273.

43. Kelly, *Trials*, p. 261.

44. SP, I, pp. 638 y sigs.

45. BL Cotton MS, Otho, C, X pp. 232; 236; 238; pp. 240-241; Burnet, I, pp. 446 y sigs.; Goldsmid, p. 24.

46. SP, VIII, p. 419.

47. SP, VIII, p. 412; L & P, XV, p. 61.

48. L & P, XV, p. 438.

49. Wriothesley, I, p. 123.

50. Williams, *Residences*, p. 179; cit. Smith, *Tragedy*, p. 123.

CAPÍTULO DIECISÉIS

1. *Rutilans Rosa Sine Spina* (Rosa ruborizada sin espina), cit. Strickland, III, p. 122 y nota 2.

2. Nichols, *Foxe*, p. 260.

3. BL Stowe MS 559 fols. 55-68.

4. Colvin, III, parte 2, p. 234; Ballantyne, pp. 297 y sigs.

5. Wayment, *Kings College: Great Windows*, p. 38.

6. H. C. Wayment a la autora; Wayment, *Kings College: Great Windows*, p. 21.

7. L & P, XVI, p. 5.

8. HMC Bath, II, pp. 8 y sigs.

9. L & P, XVI, p. 149.

10. Smith, *Tragedy*, p. 161.

11. L & P, XVI, pp. 148-149.

12. L & P, XVI, p. 60.

13. Mac Nalty, *Henry VIII*, pp. 159-165; para la teoría del escorbuto, ver Kybett.

14. L & P, XVI, p. 148.

15. L & P, XVI, pp. 284 y sigs.

16. CSP Spanish, VI, p. 305; Folger Shakespeare MS 115/27 (STC 15982).
17. L & P, XV, p. 493.
18. L & P, XV, p. 446; cit. Strickland, III, p. 82.
19. Leti, *Vita di Elisabetta*, cit. Strickland, III, p. 81.
20. CSP Spanish, VI, p. 305.
21. CSP Spanish, VI, parte 1, p. xix.
22. L & P, XVI, p. 550.
23. APC, VII, pp. 352-353.
24. La práctica de dos hijos de la misma familia que lleven el mismo nombre de pila se presentaba cuando se esperaba que el primer hijo muriera; a veces se daba ese nombre de pila a un nuevo hijo y ocurría que el primero sobrevivía. La existencia de tres Thomas Culpeper en alguna clase de relación con Catalina Howard por supuesto hace que sus detalles biográficos resulten notablemente difíciles de desenredar.
25. Ver Smith, *Tragedy*, pp. 162 y sigs.
26. Hall, II, p. 313.
27. La fecha no está comprobada, pero Smith, *Tragedy*, p. 168, plausiblemente la asigna a ese período en que la reina ya estaba mostrando «marcados favores» a Culpeper, aunque la Oficina de Registro Público (PRO, SP. I, vol. 167, fol. 14) lo pone en agosto de 1541.
28. PRO SP. I, vol. 167, fol. 14.
29. L & P, XVI, p. 435; p. 507.
30. L & P, XVI, pp. 517-518.
31. L & P, XVI, p. 636.
32. Ridley, *Cranmer*, p. 220.
33. Nichols, *Foxe*, p. 260.
34. Ridley, *Cranmer*, p. 220.
35. Burnet, I, p. 493.
36. L & P, XVI, pp. 665-666.
37. L & P, XVI, pp. 689 y sigs.
38. L & P, XVI, p. 691.
39. *Hampton Court Palace*, p. 32; por ejemplo, Green, *Haunting at Hampton Court*, tiene a Catalina golpeando a la puerta: «Enrique, Enrique, por amor de Dios, recíbeme»; para la reconstrucción, Simon Thurley a la autora.
40. Kelly, *Trials*, p. 275.
41. Strickland, III, p. 155.
42. L & P, XVI, pp. 617-618.
43. L & P, XVI, pp. 618-619; Wriothesley, I, p. 132.
44. L & P, XVI, pp. 630-631.
45. SP, I, p. 692.
46. Aungier, p. 90; SP, I, p. 691.
47. APC VII, pp. 352-356; L & P, XVI, p. 649.
48. L & P, XVI, p. 642.
49. L & P, XVI, pp. 570-572.
50. SP, I, p. 721.

51. L & P, XVII, p. 1.
52. L & P, XVII, p. 44.
53. L & P, XVII, p. 50.
54. L & P, XVII, p. 1 y nota 1.
55. L & P, XVII, p. 44; p. 50.
56. Ellis, 1.ª serie, II, p. 128.
57. Hume, *Chronicle*, p. 86.

CAPÍTULO DIECISIETE

1. CSP Spanish, VI, parte 1, p. 411.
2. Colvin, IV, parte 2, p. 234.
3. L & P, XVII, p. 13; cit. Burnet, I, p. 495.
4. Burnet, I, p. 496.
5. CSP Spanish, VI, parte 1, p. 473.
6. Herbert, p. 677; Nucius, p. 48.
7. L & P, XVI, p. 614; XVII, p. 17.
8. CSP Spanish, VI, parte 1, p. 408; p. 414.
9. Cit. Strickland, III, pp. 84-85.
10. Ver Macray, pp. 249-264; L & P, XVII, p. 52.
11. L & P, XVII, p. 676; SP, I, p. 716; Ridley, *Cranmer*, p. 225.
12. L & P, XIX, parte 1, p. 369.
13. Pitscottie, I, p. 406.
14. L & P, XVII, parte 1, p. 29.
15. Burnet, I, p. 495.
16. Ver James, «Kateryn», p. 12, y el hecho de que las negociaciones matrimoniales se realizaron primero por Catalina, aunque se ha sugerido una fecha tan tardía como 1514 (Martienssen, p. 18); sabemos que Catalina nació en julio de 1511, ya que la madre se refería a su hija como de menos de doce años en una carta del 14 de julio de 1523; William Parr debe de haber sido concebido en noviembre de 1512, lo que sugiere que Catalina nació antes de 1512 y no después (o aun en el invierno de 1511); James, carta a la autora.
17. J. C. Flugel, «The Character and Married Life of Henry VIII» en *Psychoanalysis and History*, cit. Smith, *Henry VIII*, p. 65.
18. James, «Kateryn», p. 108.
19. Martienssen, p. 24; James, «Kateryn», p. 108, y carta a la autora; Dowling, *Humanism*, p. 236; Nichols, *Edward the Sixth*, I, p. 16.
20. Cit. Martienssen, p. 34; pero James, «Kateryn», p. 108, implica la oposición de Dacre a pesar de ese elogio.
21. La confusión ha surgido como consecuencia del hecho de que el abuelo del joven Edward, otro Edward (Lord) Borough, de más de sesenta años para esa fecha, se había vuelto loco; terminó su vida cuidado en la casa del hijo, donde Catalina Parr pasó su breve vida matrimonial; ver James, «Kateryn», pp. 108-109; G.E.C., II, pp. 422-423.
22. G.E.C. (Latimer) VII, p. 484 nota a.

23. Cit. James, «Kateryn», p. 110.

24. L & P, XX, parte 1, p. 266; Dent-Brocklehurst MS.

25. L & P, XVIII, parte 1, p. 478.

26. L & P, XVIII, parte 1, p. 483; Somerset, p. 14.

27. Auerbach, p. 20; L & P, XVIII, parte I, p. 483.

28. L & P, XVIII, parte 1, p. 472; p. 513; XX, parte 1, p. 65.

29. Strong, *Tudor Portraits*, I, App. 2, pp. 363-365; Strickland, III, p. 295.

30. L & P, XVIII, parte 1, p. 266; CSP Spanish, VII, p. 55.

31. Williams, *Henry VIII*, p. 234; L & P, XIX, parte 2, pp. 688 y sigs.

32. L & P, XVIII, parte 1, p. 50.

33. Strong, *Eworth*, p. ix; Auerbach, p. 69, notas 1 y 2.

34. Williams, *Henry VIII*, p. 35; L & P, XXI, parte 1, p. 321; *Legend of Throckmorton*, p. 18.

35. Hume, *Chronicle*, p. 108.

36. CSP Spanish, VI, parte 2, p. 447; SP, IX, p. 505.

37. G.E.C., IX, pp. 669-674, nota a (Northampton); nota b; nota d; X, pp. 309-311 (Parr).

38. Nichols, *Edward the Sixth*, I, p. xxxviii; Bryne, *Letters*, p. 365.

39. Loades, p. 117.

40. CSP Spanish, VIII, p. 2.

41. SP, I, p. 763.

42. Scarisbrick, p. 486.

43. Williams, *Henry VIII*, p. 246.

44. Cit. Strickland, III, p. 214; Madden, p. xcii.

45. BL Lansdowne MS 1236, fol. 9; Strype, II, parte 2, pp. 331-332.

46. Bryne, *Letters*, pp. 365-367.

47. SP, X, p. 13, nota 2.

48. Hamilton, II, p. 326.

49. L & P, XIX, parte 2, p. 58; cit. Martienssen, p. 180.

50. Ridley, *Cranmer*, p. 248; Colvin, III, p. 261.

51. Hume, *Chronicle*, p. 107.

CAPÍTULO DIECIOCHO

1. L & P, XVIII, parte 1, p. 283.

2. Haugaard, p. 358.

3. Cit. Claremont, p. 159, nota 2; cit. Read, p. 42.

4. Harris, «Women», p. 280.

5. James, «Devotional Writings», p. 135.

6. Warnicke, *Women*, p. 95.

7. Ver Mueller, p. 177 para «esa eliminación del género de las explícitas normas masculinistas en el sentido de una universalización del evangelio cristiano».

8. Haugaard, pp. 354-355.

9. Haugaard, p. 347.

10. *Lamentation of Queene Catherine*, pp. 293-313 y nota 3; James, «Devotional Writings», p. 136.

11. *Lamentation of Queene Catherine*, pp. 295 y sigs.

12. Brigden, p. 347 y nota 120.

13. *Lamentation of Queene Catherine*, p. 311.

14. Ver James, «Devotional Writings», pp. 137-138.

15. Dowling, «Woman's Place», p. 42.

16. Brigden, p. 359; Bindoff, III, pp. 550-551.

17. L & P, XX, parte 1, p. 1.

18. CSP Spanish, VIII, p. 104.

19. Rule, p. 22; L & P, XX, parte 1, p. 3.

20. SP, X, pp. 715 y sigs.

21. BL Cotton MS, Vespasian, F, III, 18, fol. 42; Nero, C, X 4, fol. 7; Strype, II, parte 2.

22. Nichols, *Edward the Sixth*, p. 9.

23. Cit. Somerset, p. 13; Wood, *Letters*, III, p. 178.

24. Somerset, p. 13.

25. Cit. Martienssen, p. 15; Bindoff, I, pp. 440-441; Muir, p. 273.

26. L & P, XXI, parte 1, p. 136; pp. 514-515; p. 436.

27. Read, p. 42; Starkey, *Reign of Henry VIII*, pp. 143-144.

28. Brigden, pp. 370 y sigs.

29. Herbert, p. 735; Foxe, *Book of Martyrs*, publicado por primera vez en el extranjero en 1559; publicado por primera vez en Inglaterra en 1563; Burnet, I, p. 540.

30. Burnet, I, p. 540.

31. Martienssen, pp. 215 y sigs.

32. Foxe, pp. 553-561; Woods, *Letters*, II, p. 98.

33. L & P, XXI, parte 1, p. 696.

34. Ridley, *Cranmer*, p. 396 y nota.

35. Cit. Knecht, p. 411.

36. Strype, II, parte 2, pp. 337-338.

37. Strype, II, parte 2, p. 339.

38. Cit. Starkey, *Reign of Henry VIII*, pp. 133-134: L & P, XXI, p. 395.

39. SP, XI, p. 395.

40. L & P, XXI, parte 2, p. 307.

41. Cit. Robinson, p. 49.

42. Williams, *Norfolk*, pp. 9 y sigs.; Robinson, pp. 49 y sigs.

43. Robinson, p. 243, nota 12.

44. Williams, *Norfolk*, p. 13; SP, I, p. 891 y notas 1 y 2.

45. L & P, XXI, parte 2, pp. 359-360.

46. L & P, XXI, parte 2, p. 282.

47. Smith, *Henry VIII*, p. 13; Starkey, *English Court*, pp. 116 y sigs.; Ridley, *Cranmer*, pp. 257 y sigs.

48. Ver Miller, «Unwritten Will», pp. 87-105; Tyler, I, p. 18.

49. L & P, XXI, parte 2, pp. 320-321; *Foedera*, pp. 142-145.

CAPÍTULO DIECINUEVE

1. Strype, II, parte 2, p. 517.

2. *Foedera*, pp. 142-145.

3. HMC Salisbury, I, p. 61; Hume, *Chronicle*, p. 158; Jordan, *Edward VI*, I, pp. 368 y sigs.

4. Seymour, p. 73; CSP Domestic, pp. 19-22; Jordan, *Edward VI*, I, p. 370.

5. Tyler, I, p. 64.

6. Ellis, 1.ª serie, II, p. 152.

7. Colvin, II, parte 2, p. 64.

8. Ellis, 1.ª serie, II, p. 152.

9. Maclean, pp. 44-45; Dent-Brocklehurst MSS.

10. Nichols, *Edward the Sixth*, I, p. 41.

11. BL Lansdowne MS, 1236, fol. 26.

12. Jordan, *Edward VI*, I, pp. 374 y sigs.

13. Nichols, *Edward the Sixth*, I, p. 46.

14. Jordan, *Chronicle*, p. 6; L & P, XIX, parte 1, p. 394.

15. Seymour, p. 222.

16. CSP Spanish, IX, p. 123; Seymour, p. 225.

17. Cit. Martienssen, p. 232.

18. *Legend of Throckmorton*, p. 18; Jordan, *Edward VI*, I, pp. 369 y sigs.

19. Cit. Williams, *Elizabeth*, pp. 13 y sigs.

20. Cit. James, «Kateryn», p. 117.

21. Bentley, *Monument*, II, «Fourth Lampe»; I, «Second Lampe».

22. Tyler, I, p. 102.

23. L & P, VIII, p. 989; *Legend of Throckmorton*, p. 18 (a menudo mal citado como «*His* house...»).

24. CSP Domestic, p. 9; Strickland, III, p. 278.

25. CSP Domestic, p. 11.

26. Tyler, I, p. 140.

27. Tyler, I, p. 140.

28. Cit. Martienssen, p. 237.

29. BL Lansdowne MS, 2, fol. 46; fol. 47; Harris, «Women», p. 279, nota 145; CSP Domestic, p. 21.

30. Ver Strickland, III, p. 295 y nota 1.

31. BL Cotton, Nero, C, X fol. 10/13; Jordan, *Chronicle*, pp. 10-11; p. 107.

32. Nichols, *Machyn*, p. 45; p. 46; Nichols, *Chronicle*, p. 27.

33. Bouterwek, p. 139.

34. CSP Spanish, XI, p. 279.

35. Bouterwek, p. 140.

36. Para el asunto Brouckhusen, ver CSP Domestic, p. 87; p. 47; Macray, p. 264; Bouterwek, pp. 146 y sigs.

37. APC, New Series, V, p. 353.

38. Bouterwek, p. 139; Tyler, II, p. 433.

39. CSP Domestic, p. 63.

40. APC, New Series, II, p. 81; p. 471.

41. *Loseley MSS*, pp. 9-14; Colin, IV, parte 2, p. 73; Williams, *Henry VIII*, p. 178.

42. Cit. *Foedera*, XIV, pp. 709-714; *Excerpta*, pp. 295-302.

43. APC, New Series, VI, p. 128; Nichols, *Machyn*, pp. 144 y sigs.

44. Ayloff, p. 2; pp. 15 y sigs.; *Excerpta*, pp. 303-313.

CAPÍTULO VEINTE

1. Cit. Mattingly, *Catherine*, p. 310, nota 18.

2. L & P, VI, p. 163.

3. Cit. Harris, «Property», p. 615.

4. SP, II, p. 560.

5. Ver McLaren, pp. 22-46.

6. L & P, XVI, pp. 50-51.

7. Wayment, «St Margaret's», pp. 292-298.

8. HMC Bath, IV, p. 371.

9. Hammond, *Tower of London*, pp. 34-35.

10. Morshead, p. 49, nota a; Scarisbrick, p. 497, nota 4.

11. Ballard, p. 69.

12. Garnett, p. 13.

13. Garnett, pp. 15 y sigs.

14. Cit. Loades, App. 3, p. 371.

15. Gunton, p. 57; p. 335; Swain, p. 42.

16. Barcroft, p. 45; Sweeting, p. 30.

BIBLIOGRAFÍA

Detalles sólo de esos libros, documentos, etcétera, citados en forma abreviada en las Notas; una bibliografía completa es imposible por razones de espacio. El lugar de publicación es Londres, a menos que se indique otro lugar.

(APC) Acts of the Privy Council.

Amyot, Thomas: «Transcript of an original Manuscript containing a Memorial from George Constantyne To Thomas Lord Cromwell», *Archaeologia*, 22, 1831.

The Anglica Historia of Polydore Vergil AD 1485-1537 (comp. con una traducción de Denys Hay), Camden Series, 74, 1950.

Anglo, Sydney: *Spectacle, Pageantry and Early Tudor Policy*, Oxford, 1969.

—: «*The British History* in early Tudor propaganda. With an appendix of manuscript pedigrees of the Kings of England, Henry VI to Henry VIII», *Bulletin of the John Rylands Library*, 44, Manchester, 1961.

—: «The Court Festivals of King Henry VII: A study based upon the account books of John Heron, Treasurer of the Chamber», *Bulletin of the John Rylands Library*, 43, Manchester, 1960.

—: «The London Pageants for the Reception of Katherine of Aragon: November 1501», *Journal of the Warburg and Courtland Institutes*, 26, 1963.

Arber, Edward: *An English Garner*, II, 1879.

Armstrong, C. A. J.: *England, France and Burgundy in the Fifteenth Century*, 1983.

Armostrong, Edward: *The Emperor Charles V*. 2 vols., 1910.

Auerbach, Erna: *Tudor Artists. A Study of Painters in the Royal Service and of Portraiture on Illuminated Documents from the Accession of Henry VIII to the death of Elizabeth I*, 1954.

Aungier, G. J.: *The History of Antiquities of Syon Monastery*, 1840.

Ayloff, sir Joseph, Bart.: «An Account of some ancient monuments in Westminster Abbey», en *Vetusta Monumento quae ad Rerum Britannicarum Memoriam Conservandum*, Society of Antiquaries, 2 vols., 1747.

(BL) British Library MSS.

Ballantyne, J. W.: «The "Byrth of Mankynde"», *Journal of Obstetrics and Gynaecology of the British Empire*, 10, 1906.

Ballard, George: *Memoirs of Several Ladies of Great Britain who have been celebrated for their Writings...* (1.ª ed., 1752) Oxford, 1775.

Barcroft, Michael: «Luckiest of All. An Insight into a crucial period of Peterborough history», 1983.

Behrens, Betty: «A note on Henry VIII's divorce proyect of 1514», *Bulletin of the Institute of Historical Research*, 11, 1934.

Bell, Robert (comp.): *Ancient Poems, Ballads and Songs of the Pleasantry of England*, 1857.

Bentley, Thomas: *The Monuments of Matrones: containing seven several Lamps of Virginitie*, 3 vols., 1582.

Bernard, G. W.: «The Fall of Anne Boleyn», *English Historical Review*, 106, 1991.

—: «The rise of Sir William Compton, early Tudor courtier», *English Historical Review*, 96, 1981.

Bindoff, S. T.: *The House of Commons, 1509-1558*, 3 vols., 1982.

Bouterwek, A. W.: «Anna von Cleve, Gemahlin Heinrich VIII, König von England», *Zeitschrift des Bergischen Geschichtsvereins*, 4, 1867 y 6, 1869.

Brandi, C.: *Charles-Quint. 1500-1558* (traducido del alemán por Guy de Budé), París, 1939.

Brigden, Susan: *London and the Reformation*, Oxford, 1989.

Burnet, Gilbert, DD: *The History of the Reformation of the Church of England* (nueva ed. revisada por Nicholas Pocock), I, Oxford, 1865.

Busch, Dr. Wilhelm: *England under the Tudors*, I, 1895.

Byrne, M. St Clare (comp.): *The Letters of King Henry VIII. A Selection with a few other Documents* (nueva edición), 1968.

—: *The Lisle Letters*, Chicago, 1981.

(CSP) Calendar of State Papers, Spanish.

(CSP) Calendar of State Papers, Spanish, Further Supplement to Vols. 1 and 2, ed. Garrett Mattingly, 1947.

(CSP) Calendar of State Papers, Spanish, Supplement to Vols. 1 and 2, comp. G. A. Bergenroth, 1868.

(CSP) Calendar of State Papers, Venetian.

(CSP) Calendar of State Papers, Domestic, 1547-1580.

Camden, W.: *Annales rerum Anglicarum et Hibernicarum...*, 1615.

Campbell, Lorne: *Renaissance Portraits. European Portrait-Painting in the Fourteenth, Fifteenth and Sixteenth Centuries*, 1990.

Carles, Lancelot de: «Poème sur la morte d'Anne Boleyn», en Georges Ascoli: *La Grande-Bretagne devant l'Opinion Française, depuis la guerre de cent ans jusqu'à la fin du XVIe siècle*, París, 1927.

Castro, Américo: *The Structure of Spanish History*, Princeton, 1954.

Cavendish, George: *The Life and Death of Cardinal Wolsey*, comp. R. S. Sylvester, Early English Text Society, 1959.

Chamberlain, Arthur B.: *Hans Holbein The Younger*, 2 vols., 1913.

Chambers, R. W.: *Thomas More*, 1935.

Chapman, Hester W.: *The Last Tudor King. A Study of Edward VI*, 1958.

Chrimes, S. B.: *Henry VII*, 1972. *The Chronicle of Calais in the reigns of Henry VII and Henry VII to the year 1540* (comp. N. G. Nichols), Camden Society, 1846.

Claremont, Francesca: *Catherine de Aragon*, 1939.

Clifford, Henry: *The Life of Jane Dormer Duchess of Feria* (comp. rev. Joseph Stevenson), SJ, 1887.

Clive, Mary: *This Sun of York. A Biography of Edward IV*, 1973.

Coleman, Christopher y David Starkey (comps.): *Revolution Reassessed. Revisions in the History of Tudor Government and Administration*, Oxford, 1986.

Colvin, H., (comp.): *The History of the King's Works*, III, 1975; IV, 1982.

Cooper, C. H.: *Annals of Cambridge*, 1, 1842.

—: *Memoir of Margaret Countess of Richmond and Derby*, Cambridge, 1874.

Davey, Henry: *History of English Music*, 1895.

Dent-Brocklehurst MSS, Sudeley Castle, Gloucestershire.

Dewhurst, Jack: *Royal Confinements*, 1980.

Dewhurst, John: «The alleged miscarriages of Catherine of Aragon and Anne Boleyn», *Medical History*, 28, 1984.

Dickens, A. G.: *Thomas Cromwell and the English Reformation*, 1959.

Dodds, M. H.: «Political Prophecies in the Reign of Henry VIII», *Modern Language Review*, 11, 1916.

Dolan, J. P. (CSC): *The Influence of Erasmus, Witzel and Cassander in the Church Ordinances and Reform Proposals of the United Duchies of Cleve during the Middle Decades of the 16th Century*, Münster, Westfalen, 1957.

Dowling, Maria: *Humanism in the Age of Henry VIII*, 1986.

—: «A Woman's Place?» Learning and de Wives of Henry VIII», *History Today*, 41, 1991.

—: «Anne Boleyn and Reform», *Journal of Ecclesiastical History*, 35, 1984.

—: «Humanist Support for Katherine of Aragon», *Bulletin of the Institute of Historical Research*, 56, 1982.

Dowling, Maria (comp.): *William Latymer's Chronickille of Anne Boleyn*, Camden Miscellany, 4th Series, 39, 1990.

Dowling, Maria y Joy Shakespeare: «Religion and Politics in mid-Tudor England through the eyes of an English Protestant Woman: the Recollections of Rose Hickman», *Bulletin of the Institute of Historical Research*, 54, 1980.

Eaves, R. G.: *Henry VIII's Scottish Diplomacy. 1513-1524. England's relations with the Regency Government of James V*, Nueva York, 1971.

Elliot, J. H.: *Imperial Spain 1469-1716*, 1969.

—: *Spain and Its World. 1500-1700*, 1989.

Ellis, Henry: *Original Letters illustrative of English History*, 1.ª serie, 3 vols., 1825.

—: *Original Letters illustrative of English History*, 2.ª serie, 4 vols., 1827.

—: *Original Letters illustrative of English History*, 3.ª serie, 3 vols., 1846.

Elton, G. R.: *Policy and Police. The Enforcement of the Reformation in the Age of Thomas Cromwell*, Cambridge, 1972.

—: *The Tudor Revolution in Government. A Study of Administrative Changes in the Reign of Henry VIII*, Cambridge, 1953.

Erickson, Carolly: *Anne Boleyn*, 1984.

Excerpta Historica, or, Illustrations of English History, impreso por Samuel Bentley, 1831.

Fernández-Armesto, Felipe: *Ferdinand and Isabella*, 1975.

Foedera..., comp. Thomas Rymer, VI, 1741, reeditado en 1967.

Folger Shakespeare MSS, Folger Shakespeare Library, Washington D.C., Estados Unidos.

Forrest, William: *The History of Grisild the Second: A Narrative in Verse, of the Divorce of Queen Katharine of Aragon* (comp. W. D. Macray), Roxburghe Club, 1875.

Foxe, John: *Book of Martyrs (Actes and Monuments of these latter perillous dayes...)*, 1563.

Franklyn, Charles A. H.: *The Genealogy of Anne the Queene*, Brighton, Sussex, 1977.

Friedmann, Paul: *Anne Boleyn. A Chapter in English History. 1527-1536*, 2 vols., 1884.

Furnivall, F. J.: *Early English Meals and Manners*, Early English Text Society, 1931.

Gairdner, James (comp.): *Memorials of Henry VII*, 1858.

Garnett, F. B.: «Queen Katherine Parr and Sudeley Castle», *Transactions of the Cumberland and Westmorland Antiquarian and Archaeological Society*, Kendall, 1894.

G.E.C. (comp.): *The Complete Peerage*, 13 vols., nueva ed. 1982.

Giustinian, Sebastian: *Four Years at the Court of Henry VIII. January 12 1515 to July 26 1519*, trad. ingl. de Rawdon Brown, 2 vols., 1854.

Goldsmid, E. y G. (comps.): *A Collection of Eighteen Rare and Curious Historical Tracts and Pamphlets*, Edimburgo, 1886.

Gray, J. H.: *The Queen College of St Margaret and St Bernard in the University of Cambridge*, 1899.

Green, Norah: *Haunting of Hampton Court*, 1980.

Gunn, S. J.: *Charles Brandon, Duke of Suffolk 1484-1545*, Oxford, 1988.

Gunton, Simon: *The History of the Church of Peterburgh*, 1686.

Gwyn, Peter: *The King's Cardinal. The Rise and Fall of Thomas Wolsey*, 1990.

(HMC) Historical Manuscripts Commission, Bath Papers, II y IV *(Seymour Papers)*, 1907 y 1968.

(HMC) Historical Manuscripts Commission, Rutland Papers, 12 Report, Appendix, Pt. IV, 1, 1888.

(HMC) Historical Manuscripts Commission, Salisbury Papers, I, 1883.

Hacker, Peter y Candy Kuhl: «A Portrait of Anne of Cleves», *Burlington Magazine*, marzo de 1992.

Hall, Edward: *Henry VIII*, introducción de Charles Whibley, 2 vols., 1904.

Hamilton Papers (comp.) J. Bain, 2 vols., Edimburgo, 1890.

Hammond, Peter: *The Tower of London*, Department of the Environment, 1987.

Hampton Court Palace, Department of the Environment, 1988.

Hamy, P. A., SJ: *Entrevue de François Premier avec Henry VIII, à Boulogne-sur-Mer, en 1532. Intervention de la France dans l'Affaire du Divorce*, 1905.

Hare, Christopher: *A Great Emperor: Charles V, 1519-1558*, 1917.

Harpsfield's Narrative of the Divorce (ed. lord Acton), 1913.

Harris, Barbara J.: *Edward Stafford, Thir Duke of Buckingham, 1478-1521*, Stanford, California, 1986.

—: «Marriage Sixteenth-Century Style: Elizabeth Stafford and the third Duke of Norfolk», *Journal of Social History*, 15, 1982.

—: «Property, Power and Personal Relations: Elite Mothers and Sons in Yorkist and Early Tudor England», *Signs*, 15, 1990.

—: «Women and Politics in early Tudor England», *The Historical Journal*, 33, 1990.

Hatfield Papers, Hatfield, Hertfordshire.

Haugaard, William P.: «Katherine Parr: The Religious Convictions of a Renaissance Queen», *Renaissance Quarterly*, XXII, 1969.

Hay, Denis (comp.): *The Letters of James V*, Edimburgo, 1954.

Herbert of Cherbury, lord: *The History of England under Henry VIII*, 1870.

Hogrefe, Pearl: *Tudor Women. Commoners and Queens*, Iowa, 1975.

Hume, Martin: *The Wives of Henry the Eighth and the parts they played in history*, 1905.

—: (trad. con notas e introducción): *Chronicle of King Henry VIII of England, being a contemporary record of some the principal events of the reigns of Henry VIII and Edward VI, written in Spanish by an unknown hand*, 1889.

Iongh, Jane de: *Margaret of Austria. Regent of the Netherlands*, trad. al inglés por M. D. Herter Norton, 1954.

Isenburg, Wilhelm Karl Prinz zu: *Europaische Stammtafeln*, fortgeführt von Frank Baron Freytag von Loringhoven, Band I, Marburg, 1980; Band II, Marburg, 1984; Band VI, Marburg, 1978.

Iserloh, Erwin, Joseph Glazik y Hubert Jedin: *Reformation and Counter Reformation. History of the Church*, V. 1980.

Ives, E. W: *Anne Boleyn*, Oxford, 1986.

—: *Faction in Tudor England*, edición revisada, 1986.

Jackson, Rev. Canon J. E., «Wulfhall and the Seymours», *Wiltshire Archaeological and Natural History Magazine*, 15, 1875.

James, Susan E.: «Queen Kateryn Parr. 1512-1548», *Transactions of the Cumberland and Westmorland Antiquarian and Archaeological Society*, 88, 1988.

—: «The Devotional Writings of Queen Catherine Parr», *Transactions of the Cumberland and Westmorland Antiquarian and Archaeological Society*, 82, 1982.

Jones, Michael K. y Malcolm G. Underwood: *The King's Mother. Lady Margaret Beaufort Countess of Richmond and Derby*, Cambridge, 1992.

Jordan, W. K.: *The Chronicle and Political Papers of King Edward VI*, Ithaca, Nueva York, 1966.

—: *Edward VI: (I) The Young King. The Protectorship of the Duke of Somerset*, 1968.

—: *Edward VI: (II) The Threshold of Power. The Dominance of the Duke of Northumberland*, 1970.

Jourda, Pierre: *Marguerite d'Angoulême. Duchesse d'Alençon. Reine de Navarre (1492-1549)*, París, 1930.

Kaulek, Jean (comp.): *Correspondence Politique de M. de Castillon et de Marillac*, París, 1885.

Kelly, H. A.: *The Matrimonial Trials of Henry VIII*, Stanford, California, 1976.

—: «Kinship, Incest, and the Dictates of the Law», *The American Journal of Jurisprudence*, 14, Indiana, 1969.

Kempe, A. J. (comp.): *The Loseley Manuscripts*, 1835.

King, John N.: *Tudor Royal Iconography. Literatura and Art in an Age of Religious Crisis*, Princeton, 1989.

King, Margaret L.: *Women of the Renaissance*, Chicago, 1991.

King Henry VIII's Jewel Book, ed. Rt. Rev. Edward, Bishop Suffragan of Nottingham, Lincoln Diocesan Architectural Society, 17, 1883-1884.

Kingsford, C. L. (comp.): *The First English Life of King Henry the Fifth, written in 1513 by an anonymous Author known commonly as the Translator of Livius*, 1913.

Knecht, R. J.: *Francis I*, Cambridge, 1982.

Knowles, M. D.: «The Matter of Wilton in 1528», *Bulletin of Institute of Historical Research*, 31, 1958.

—: *The Religious Orders in England*, 1971.

Kybett, Susan Macken: «Henry VIII: A Malnourished King?», *History Today*, 39, 1989.

(L & P) Letters and Papers of Henry VIII.

The Lamentation, or Complaint of a Sinner, made by the most virtuous and right gratious Ladie, Queene Catherine; bewailing the Ignorance of her blind life, led in Superstition: verie profitable to the Amendment of our Lives, The Harleian Miscellany, V, 1810.

Langley, R.: *Buckden Palace. A Short Account*, 1932.

Levine, Mortimer: *The place of women in Tudor government in Tudor rule and revolution. Essay for G. R. Elton from his American friends* (comp. J. Guth y John W. McKenna), Cambridge, 1982.

Lewis, C. S.: *English Literature in the Sixteenth Century excluding Drama*, Oxford, 1954.

Loades, David, *Mary Tudor. A Life*, Oxford, 1989.

Lockyer, Roger: *Henry VII, Seminar Studies in History*, 1968.

Lowinsky, Edward E.: «A music book for Anne Boleyn», en *Florigilegium Historiale*, J. G. Rowe y W. H. Stock (comp.).

Mackie, J. D.: *The Early Tudors 1485-1558*, Oxford, ed. rev., 1966.

Maclean, John, F.S.A.: *The Life of Sir Thomas Seymour, Kt, Baron Seymour of Sudeley, Lord High Admiral of England and Master of the Ordenance*, 1869.

Macnalty, sir Arthur Salusbury: *Henry VIII. A Difficult Patient*, 1952.

—: «The Death of Queen Catherine of Aragon», *Nursing Mirror*, 28 de diciembre de 1962.

Macray, William Dunn (rev.): «The "Remonstrance" of Anne of Cleves», *Archaeologia*, 47, 1883.

Madden, Frederick: *Privy Purse Expenses of the Princess Mary, daughter of King Henry the Eighth, afterward Queen Mary*, 1831.

Marius, Richard: *Thomas More. A biography*, Nueva York, 1984.

Marsham, Robert: «On a Manuscript Book of Prayers in a Binding of Gold Enamelled, said to have been given by Queen Anne Boleyn to a lady of the Wyatt family; together with a Transcript of its Contents», *Archaeologia*, 44, 1873.

Martienssen, Anthony: *Queen Katherine Parr*, 1973.

Mathew, David: *The Courtiers of Henry VIII*, 1970.

Mattingly, Garrett: *Catherine of Aragon*, 1942.

—: *Renaissance Diplomacy*, 1955.

—: «A Humanist Ambassador», *Journal of Modern History*, 4, 1932.

—: «The Reputation of Doctor de Puebla», *English Historical Review*, 55, 1940.

McConica, J. K.: *English Humanists and Reformation Politics under Henry VIII and Edward VI*, Oxford, 1965.

McLaren, Dorothy: «Marital fertility and lactation 1570-1720», en *Women in English Society 1500-1800*, comp. Mary Prior, 1985.

Miller, Helen: *Henry VIII and the English Nobility*, Oxford, 1986.

—: «Henry VIII's Unwritten Will: Grants of Lands and Honours in 1547», en *Wealth and Power in Tudor England, Essays presented to S. T. Bindoff* (comp. E. W. Knives, R. J. Knecht y J. J. Scarisbrick), 1978.

Moore, sir Norman: «The Death of Catherine of Aragon», *The Athenaeum*, 1885.

Morshead, sir Owen: *Windsor Castle*, 2.ª ed. rev., 1957.

Mueller, Janet: «Katherine Parr's Prayers and Meditations», *Huntington Library Quarterly*, 53, 1990.

Muir, Kenneth: *Life and Letters of Sir Thomas Wyatt*, Liverpool, 1963.

Neame, Alan: *The Holy Maid of Kent. The Life of Elizabeth Barton, 1506-1534*, 1911.

Newcastle MSS, Nottingham University Library, Nottingham.

Nichols, J. G. (comp.): *A Collection of Ordinances and Regulations for the Government of the Royal Household made in diverse reigns...*, 1790.

—: *Chronicle of Queen Jane, and of two years of Queen Mary*, 1850.

—: *Inventories of the Wardrobes, Plate, Chapel Stuff etc. of Henry Fitzroy, Duke of Richmond and of the Wardrobe Stuff at Baynard's Castle of Katharine, Princess Dowager*, Camden Society, 1855.

—: *Literary Remains of King Edward the Sixth*, Roxburghe Club, 2 vols., 1857.

—: *Narratives of the days of the Reformation chiefly from the manuscripts of John Foxe the Martyrologist*, Camden Society, 1859.

—: *The Diary of Henry Machyn 1550-1563*, Camden Society, 1848.

—: *The Legend of Sir Nicholas Throckmarton*, 1874.

Nicolas, N. H. (comp.): *The Privy Purse Expenses of Elizabeth of York... with A Memoir and Notes*, 1830.

—: *The Privy Purse Expenses of King Henry the Eighth. November 1529-end of December 1532*, 1827.

Nicolas, sir Harris (comp.): *Proceedings and Ordinances of the Privy Council of England*, VII, 1837.

Noreña, Carlos G.: *Juan Luis Vives*, La Haya, 1970.

—: «Juan Luis Vives and Henry VIII», *Renaissance and Reformation,* 12, 1976.

Notes and Queries.

Nucius, Nicander: *The Second Book of the Travels* (comp. rev. J. A. Cramer), Camden Society, 1841.

«Original documents relating to Queen Katharine of Aragon», *Gentleman's Magazine,* New Series, vol. 42, 1854.

Original Letters relative to the English Reformation, Written during the reigns of King Henry VIII, King Edward VI and Queen Mary: chiefly from the archives of Zürich (comp. rev. Hastings Robinson), 2 vols., 1846-1847.

(PRO) Public Record Office MSS.

Paget, Hugh: «The Youth of Anne Boleyn», *Bulletin of the Institute of Historical Research,* 55, 1981.

Paul, John E.: *Catherine of Aragon and her friends,* 1966.

Pitscottie, Robert Lindsay of, *History and Chronicles of Scotland,* 2 vols., 1899.

Pope-Hennessy, John: *The Portrait in the Renaissance,* 1966.

Prescott, William H.: *Ferdinand and Isabella,* 3 vols., 1838.

Pugh, R. B. (comp.): *Cambridgeshire and Isle of Ely,* Victoria County History, III, 1959.

Rawlinson MSS, Bodleian Library, Oxford.

Read, Evelyn: *Catherine Duchess of Suffolk,* 1962.

Reynolds, E. E.: *Thomas More and Erasmus,* 1965.

Richardson, Walter C.: *Mary Tudor. The White Queen,* 1970.

Ridley, Jasper: *Henry VIII,* 1984.

—: *The Statesman and the Fanatic,* 1982.

—: *Thomas Cranmer,* Oxford, 1962.

—: (comp. y con una nueva introducción), *The Love Letters of Henry VIII,* 1988.

Robinson, John Martin: *The Dukes of Norfolk. A Quincentennial History,* Oxford, 1982.

Roper, William: *The Lyfe of Sir Thomas More, knighte* (comp. E. V. Hitchcock), 1935.

Rowlands, John: *Holbein. The Paintings of Hans Holbein the Younger,* Oxford, 1985.

Rule, Margaret, *The Mary Rose. The Excavation and Raising of Henry VIII's Flagship* (prólogo de HRH el príncipe de Gales, ed. rev.), 1983.

Russell, Joycelyne G.: *The Field of Cloth of Gold, Men and Manners in 1520*, 1969.

(SP) State Papers, King Henry the Eighth.

Sander, Nicholas: *Rise and Growth of the Anglican Schism* (trad. con notas de Davis Lewis), 1877.

Savage, Henry (comp.): *The Love Letters of Henry VIII*, 1949.

Scalingi, P. L.: «The Scepter of the Distaff: The Question of Female Sovereignity 1516-1607», *The Historian*, 41, 1978.

Scarisbrick, J. J.: *Henry VIII*, 1968.

Schnucker, R. V.: «Elizabethan Birth Control and Puritan Attitudes», *Journal of Interdisciplinary History*, 5, 1975.

Seward, Desmond: *Prince of the Renaissance. The Life of François I*, 1974.

Seymour, William: *Ordeal by Ambition. An English Family in the Shadow of the Tudors*, 1972.

Skeel, C. A. J.: *The Council in the Marches of Wales*, 1904.

Smith, Lacey Baldwin: *A Tudor Tragedy. The Life and Times of Catherine Howard*, 1961.

—: *Henry VIII. The Mask of Royalty*, 1971.

—: «English Treason Trials and Confessions in the Sixteenth Century», *Journal of the History of Ideas*, 15, 1954.

Somerset, Anne: *Elizabeth I*, 1991.

St Maur, H.: *Annals of the Seymours*, 1902.

Starkey, David (comp.): *Henry VIII. A European Court in England*, 1991.

—: *The English Court: from the Wars of the Roses to the Civil War*, 1987.

Starkey, David: «Representation through Intimacy. A study in the symbolism of monarchy and court office in early modern England» en *Symbols and Sentiments, Cross-cultural studies in Symbolism*, comp. Ioan Lewis, 1977.

—: *The Reign of Henry VIII. Personalities and Politics*, 1985.

—: «A head of her time», entrevista en *The Independent*, 23 de abril de 1991.

Stow, John: *A Survey of London*, introducción y notas de C. L. Kingsford, 1908.

Strickland, Agnes: *Lives of the Queens of England from the Norman Conquest*, 8 vols., reed. 1972.

Strong, Roy: *Hans Ewort. A Tudor artist and his circle*, Leicester, 1965.

—: *The Renaissance Garden in England*, 1979.

—: *Tudor and Jacobean Portraits*, 2 vols., HMSO, 1969.

Strype, John: *Ecclesiastical Memorials... of the Church of England under King Henry VIII*, 3 vols., 1822.

Surtz, Edward, SJ y Virginia Murphy (comps.): *The Divorce Tracts of Henry VIII* (prólogo de John Guy), Angers, Francia, 1988.

Survey of London, XXIII. South Bank and Vauxhall. The Parish of St Mary Lambeth, parte 1, 1951.

Swain, E. G.: *The Story of Peterborough Cathedral*, 1932.

Sweeting, W. D.: *A New Guide of Peterborough Cathedral*, 1893.

Thomas, Keith: *Religion and the Decline of Magic*, 1971.

Trefusis, lady Mary (reunidos y ordenados), *Songs, ballads and Instrumental Pieces composed by King Henry the Eighth*, Roxburghe Club, Oxford, 1912.

Tytler, Patrick Fraser: *England under the Reigns of Edward VI and Mary*, 2 vols., 1839.

Warnicke, Retha M.: *The Rise and Fall of Anne Boleyn. Family Politics at the Court of Henry VIII*, Cambridge, 1989.

—: *Women of the English Renaissance and Reformation. Contributions in Women's Studies*, 38, 1983.

Watson, Foster (comp.): *Vives and the Renascence Education of Women*, 1912.

—: *Luis Vives, El Gran Valenciano, 1492-1540*, Oxford, 1922.

Wayment, Hilary: *King's College Chapel, Cambridge. The Great Windows*, 1982.

—: «The East Window of St Margaret's, Westminster», *The Antiquaries Journal*, 61, 1981.

Wernham, R. B.: *Before the Armada. The Emergence of the English Nation. 1485-1588*, Nueva York, 1972.

Whittington, Robert: *In laudem illustrissimae et formosissimae Heroines dominae Annae, Marchionissae penbrochiae... Carmen panegyriton*, Hatfield MSS, Hatfield, Hertfordshire.

Willement, Thomas: *Regal Heraldry*, 1821.

Williams, Neville: *Elizabeth I*, 1967.

—: *Henry VIII and his Court*, 1971.

—: *The Royal Residences of Great Britain. A Social History*, 1960.

—: *Thomas Howard, Fourth Duke of Norfolk*, 1964.

Wood, Mary Anne Everett (comp.): *Letters of Royal and Illustrious Ladies of Great Britain*, 3 vols., 1846.

Wright, Thomas: *Historical and Descriptive Sketch of Ludlow Castle*, Ludlow, 1924.

Wriothesley, Charles, heraldo de Windsor: *A Chronicle of England during the Reigns of the Tudors, From AD 1485 to 1559* (comp. William Douglas Hamilton), Camden Society, 2 vols., 1875.

Wyatt, George: «Some particulars of The Life of Queen Anne Boleigne», en *The Life of Cardinal Wolsey by George Cavendish* (comp. S. W. Singer), 1827.

ÍNDICE ONOMÁSTICO